丛书总主编／熊秋红

Zhongguo Susong Fazhi Fazhan Baogao

中国诉讼法治发展报告
（2019）

熊秋红　等／著

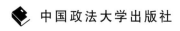中国政法大学出版社

2022·北京

图书在版编目（ＣＩＰ）数据

中国诉讼法治发展报告.2019 ／ 熊秋红等著.—北京：中国政法大学出版社，2022.1
ISBN 978-7-5764-0287-2

Ⅰ．①中… Ⅱ．①熊… Ⅲ．①诉讼法－研究报告－中国－2019 Ⅳ．①D925.04

中国版本图书馆CIP数据核字(2022)第003009号

出 版 者	中国政法大学出版社
地　　址	北京市海淀区西土城路 25 号
邮　　箱	fadapress@163.com
网　　址	http://www.cuplpress.com (网络实名：中国政法大学出版社)
电　　话	010-58908435(第一编辑部) 58908334(邮购部)
承　　印	固安华明印业有限公司
开　　本	720mm×960mm　1/16
印　　张	24.5
字　　数	508 千字
版　　次	2022 年 1 月第 1 版
印　　次	2022 年 1 月第 1 次印刷
印　　数	1～1500 册
定　　价	69.00 元

作者
简介

熊秋红　中国政法大学诉讼法学研究院院长、教授

肖建华　中国政法大学诉讼法学研究院教授

高家伟　中国政法大学诉讼法学研究院教授

谭秋桂　中国政法大学诉讼法学研究院教授

王万华　中国政法大学诉讼法学研究院教授

王贞会　中国政法大学诉讼法学研究院教授

罗海敏　中国政法大学诉讼法学研究院副教授

倪　润　中国政法大学诉讼法学研究院副教授

汪诸豪　中国政法大学证据科学研究院副教授

胡思博　中国政法大学诉讼法学研究院副教授

黄　河　中国政法大学比较法学研究院副教授

张　璐　中国政法大学诉讼法学研究院讲师

朱　卿　中国政法大学诉讼法学研究院讲师

陈锦波　中国政法大学诉讼法学研究院讲师

何　锋　中国政法大学诉讼法学研究院研究馆员

刘科学　中国社会科学院大学法学系博士生

陈姿君　中国政法大学博士生

田新萌　中国政法大学硕士生

高润青　中国政法大学硕士生

编写 说明

　　诉讼法是以宪法为核心的中国特色社会主义法律体系的重要组成部分，在我国法律体系里居于基本法律之列，由刑事诉讼法、民事诉讼法和行政诉讼法三大支柱组成。诉讼法是实现宪法规范实定化与具体化的桥梁，上通宪法，是宪法的权威注脚；下贯司法解释，是司法解释的标准尺度。诉讼法是沟通国家与公民、权力与权利的纽带，在规范国家权力行使、保障公民合法权益、维护社会公平正义、实现社会和谐稳定等方面起着决定性作用，具有不可替代的社会价值。诉讼法治、程序法治是深化司法体制改革、建设中国特色社会主义法治体系不可缺少的重要内容，是建设社会主义法治国家的司法根基和程序保障。

　　2019 年是中华人民共和国成立 70 周年，是决胜全面建成小康社会第一个百年奋斗目标的关键之年。在以习近平同志为核心的党中央坚强领导下，全面依法治国深入推进，为保障社会和谐稳定、服务经济健康发展发挥了重要作用，取得了新的成绩。在诉讼法治领域，新修订的《刑事诉讼法》进入全面实施阶段，《关于适用认罪认罚从宽制度的指导意见》《人民检察院刑事诉讼规则》等司法解释的制定、修改发挥了重要的细化作用；多项司法解释的制定与修改，进一步完善了民事诉讼、民事执行以及行政诉讼方面的程序性规范。在司法体制改革方面，全国政法机关统筹推进政法机构改革、司法体制综合配套改革和政法各单位改革，不仅为司法权更加健全、高效运行提供了助力，也有利于进一步提升司法权威和司法公信力。

为了客观全面地记录和描述 2019 年我国诉讼法治发展的整体状况，跟进立法脚步，追踪司法轨迹，展现研究成果，根据教育部人文社会科学重点研究基地中国政法大学诉讼法学研究院的发展规划，中国政法大学诉讼法学研究院继续汇聚全院科研之力，在有关院校诉讼法学科的大力支持下，精心编制《中国诉讼法治发展报告（2019）》，旨在为全国的法学研究者、司法实务工作者以及广大读者概要介绍 2019 年我国诉讼法治发展的基本状况和诉讼法学理论研究的主要成果，并为诉讼法学的教学科研人员和广大学生学习研究提供必要的参考资料。

本书是对 2019 年我国诉讼法治发展状况的概括与综述。首先对 2019 年司法体制改革的重要举措及其内容作了梳理和盘点，然后分章节阐述了 2019 年刑事诉讼法、民事诉讼法和行政诉讼法的立法发展、实践状况、研究状况。此外，为了更好地使读者了解国外诉讼法领域的最新发展动态，本书邀请有相关国家法律研习背景、长期关注有关国家诉讼发展动态的学者或者学生，介绍了美国、加拿大、德国、日本等国诉讼法治的发展动向和最新研究状况，以期开拓视野。最后，以"附录"形式列举国内诉讼法学领域 2019 年的重要学术论文、著作、教材、科研项目等数据，供读者参考。

不忘初心，牢记使命。希望《中国诉讼法治发展报告（2019）》在保证体系连贯性、内容完整性与资料权威性的同时，将 2019 年诉讼法治发展的精华予以汇总、整理、归纳、提炼，清晰地呈现给广大读者，为法律研习者、应用者省却查找之苦、检索之累、摘录之耗。

本书出版得到了中国政法大学出版社的大力支持，在此表示感谢。对于本书编撰中的不足与疏漏之处，敬请批评指正。

中国政法大学诉讼法学研究院

2021 年 12 月

目录

第一章
在更高起点上推进的司法体制改革*

第一节　中央有关司法体制改革的决策部署

一、2019 年中央政法工作会议

2019 年是中华人民共和国成立 70 周年，是决胜全面建成小康社会第一个百年奋斗目标的关键之年，政法领域改革进入系统性、整体性变革的新阶段。

2019 年 1 月 15 日至 16 日，中央政法工作会议在北京召开。中共中央总书记、国家主席、中央军委主席习近平出席会议并发表重要讲话，明确提出了政法领域改革的目标要求，就加快推进政法领域全面深化改革作出了重要部署。他强调，要加快推进政法领域全面深化改革，加快推进政法队伍革命化、正规化、专业化、职业化建设，"政法系统要在更高起点上，推动改革取得新的突破性进展"。

在更高起点推进政法领域改革，就要加快构建优化协同高效的政法机构职能体系。习近平总书记在讲话中指出："要优化政法机关职权配置，构建各尽其职、配合有力、制约有效的工作体系。要推进政法机关内设机构改革，优化职能配置、机构设置、人员编制，让运行更加顺畅高效。"

在更高起点推进政法领域改革，就要深化司法体制综合配套改革。习近平总书记在讲话中指出："要全面落实司法责任制，让司法人员集中精力尽好责、办好案，提高司法质量、效率、公信力。要聚焦人民群众反映强烈的突出问题，抓紧完善权力运行监督和制约机制，坚决防止执法不严、司法不公甚至执法犯法、司法腐败。要深化诉讼制度改革，推进案件繁简分流、轻重分离、快慢分道，推动大数据、人工智能等科技创新成果同司法工作深度融合。"

---

* 执笔人：中国政法大学诉讼法学研究院院长熊秋红教授、中国政法大学诉讼法学研究院朱卿讲师、中国社会科学院大学法学系博士生刘科学。

在更高起点推进政法领域改革，就要通过改革给人民群众带来更多获得感。习近平总书记在讲话中强调："政法机关承担着大量公共服务职能，要努力提供普惠均等、便捷高效、智能精准的公共服务。要持续开展'减证便民'行动，加快推进跨域立案诉讼服务改革，推动诉讼事项跨区域远程办理、跨层级联动办理，解决好异地诉讼难等问题。要深化公共法律服务体系建设，加快整合律师、公证、司法鉴定、仲裁、司法所、人民调解等法律服务资源，尽快建成覆盖全业务、全时空的法律服务网络。要加快构建海外安全保护体系，保障我国在海外的机构、人员合法权益。"

二、《中共中央关于坚持和完善中国特色社会主义制度、推进国家治理体系和治理能力现代化若干重大问题的决定》

2019 年 10 月 31 日，中共第十九届中央委员会第四次全体会议审议通过了《中共中央关于坚持和完善中国特色社会主义制度、推进国家治理体系和治理能力现代化若干重大问题的决定》（本部分简称《决定》）。《决定》首次系统梳理了我国国家制度和国家治理体系 13 个方面的显著优势，并就坚持和完善中国特色社会主义制度提出了具体的工作和改革要求。关于司法体制改革，《决定》提出要深化司法体制综合配套改革，完善审判制度、检察制度，全面落实司法责任制，完善律师制度，加强对司法活动的监督，确保司法公正高效权威，努力让人民群众在每一个司法案件中感受到公平正义。

三、《关于政法领域全面深化改革的实施意见》

中共中央总书记、国家主席、中央军委主席、中央全面深化改革委员会主任习近平 2019 年 1 月 23 日下午主持召开中央全面深化改革委员会第六次会议并发表重要讲话。会议指出，推进政法领域改革，要坚持党的绝对领导，加强统筹谋划和协调推进，加快构建优化协同高效的政法机构职能体系，优化政法机关职权配置，深化司法体制综合配套改革，全面落实司法责任制，深化诉讼制度改革，完善维护安全稳定工作机制，构建普惠均等、便民利民的政法公共服务体系，推进政法队伍革命化正规化专业化职业化建设，推动科技创新成果同政法工作深度融合，抓紧完善权力运行监督和制约机制。

这次会议通过了《关于政法领域全面深化改革的实施意见》，明确了全面深化政法领域改革的各项任务，要求分阶段、有步骤推进，并在 2023 年前全部完成；深化党委政法委改革、深化司法责任制综合配套改革等 42 项工作在 2019 年完成；推进民事诉讼制度改革、建立法治人才培养机制改革等 49 项工作在 2020 年完成；建立刑事侦查责任制、推进社区矫正制度改革、深化律师制度改革等 9 项工作在 2023 年前完成。

四、《关于进一步优化司法资源配置 全面提升司法效能的意见》

为贯彻党的十九大和十九届二中、三中全会精神，深化司法体制综合配套改革，全面落实司法责任制，中共中央政法委员会、最高人民法院、最高人民检察院于2019 年 3 月 15 日联合印发了《关于进一步优化司法资源配置 全面提升司法效能的意见》（本部分简称《意见》）。《意见》从 5 个方面提出了 20 点具体要求。

第一，关口前移，健全多元化解机制。具体要求包括：引导纠纷合理分流，推动纠纷多元化解，完善诉调对接机制，依法规范诉讼行为。

第二，繁简分流，优化诉讼资源配置。具体要求包括：完善分案机制，推动简案快办，推进庭审方式改革，简化法律文书，完善送达机制。

第三，集约统筹，健全组织管理体系。具体要求包括：加快推进内设机构改革，科学组建新型办案团队，提升司法辅助事务集约化、社会化水平。

第四，智能辅助，深化现代科技应用。具体要求包括：建设政法机关跨部门大数据办案平台、推进电子卷宗共享，强化办案智能辅助，推动执行信息化建设，积极推进司法服务网格化。

第五，综合配套，完善执法办案保障。具体要求包括：建立政法编制和员额动态调整机制，严格落实入额领导干部办案责任，优化司法辅助人员管理培养，完善激励保障制度。

五、《关于加强司法权力运行监督管理的意见》

为贯彻党的十九大和十九届二中、三中全会精神，深化司法体制综合配套改革，全面落实司法责任制，正确处理有序放权和有效监管的关系，中共中央政法委员会、最高人民法院、最高人民检察院于 2019 年 3 月 15 日联合印发了《关于加强司法权力运行监督管理的意见》（本部分简称《意见》）。《意见》从 4 个方面提出了 18 点具体要求。

第一，明确职责权限，规范司法权力配置。具体要求包括：突出法官、检察官办案主体地位，明确法院院长、庭长的监督管理权限，明确检察院检察长、业务部门负责人的监督管理权限，规范审委会、检委会的职能范围。

第二，完善工作机制，加强案件监督管理。具体要求包括：健全案件承办确定机制，完善办案留痕和节点监控机制，发挥专业法官会议、检察官联席会议的作用，加强对特殊案件的管理监督，依法充分保障当事人的诉讼权利，加强上级法院对下级法院的审级监督指导，加强上级检察院对下级检察院司法办案工作的领导。

第三，加强考核评查，严格司法责任追究。具体要求包括：健全司法绩效考核评价体制，加强案件质量评查，强化廉政风险防控，规范司法责任的认定与追究。

第四，深化科技运用，提高监督管理水平。具体要求包括：加强人工智能辅助办案平台建设，完善智能化案件监督机制，构建开放动态透明的阳光司法机制。

六、2019 年 7 月政法领域全面深化改革推进会

2019 年 7 月 19 日，政法领域全面深化改革推进会在成都召开。与 2018 年 7 月在深圳召开的全面深化司法体制改革推进会相比，从"司法体制"到"政法领域"的四字之变，意味着改革的内涵、外延、力度和成效都将得到空前提升。这次会议，是对一年以来改革成效和经验的总结，也是对未来继续深化改革的"强心针"。通过分析改革新形势、新阶段、新特点，就下一步如何打好政法领域改革攻坚战，明确

了思路和系统方案。[1] 在这次会上，中共中央政法委员会书记郭声琨对下一阶段的政法领域改革任务作出了新部署。

党的十九大报告提出了"深化司法体制综合配套改革，全面落实司法责任制，努力让人民群众在每一个司法案件中感受到公平正义"的新要求。随着改革的深入推进，权责平衡难题、监督制约难题、案多人少难题逐步浮现。要破解这"三大难题"，必须全面强化执法司法责任，全面增强执法司法公信力，全面提升执法司法效能。本次推进会对此提出了解决方案。

第一，针对权责平衡难题，会议提出：①要完善权力清单制度，尊重法官、检察官办案主体地位，研究制定法官检察官权力清单和履职指引，细化法官、检察官、助理、书记员职责清单，形成分工负责、运行有序的司法办案工作机制；严格落实独任法官、合议庭办案责任制，坚持突出检察官办案主体地位与检察长领导检察工作相统一，真正做到"谁办案、谁负责"。②要建立健全领导干部办案情况汇集、分析机制，完善内部公示、考核监督制度，促进领导干部办案常态化。③要科学确定入额领导干部办理的案件类型，配套完善分案机制和司法辅助人员配备模式，推动领导干部主要办理疑难复杂、影响重大、新类型案件，充分发挥办案示范引领作用。④要准确厘清干预过问案件和正当监督管理的界限，强化院庭长监督管理职责，完善案件监管全程留痕制度，将履行监管职责情况纳入考核评价体系，切实解决不愿管、不敢管、不会管问题；检察长或者受检察长委托的副检察长、检委会专职委员，发现检察官的处理意见有问题的，可以要求检察官复核或者提请检委会讨论，也可直接作出决定。⑤要健全类案和关联案件强制检索制度，完善专业法官会议和检察官联席会议制度，健全审委会、检委会讨论决定重大、疑难、复杂案件的工作机制，确保司法标准统一、法律适用统一；完善检察机关退回补充侦查工作机制，给公安机关开列补充侦查提纲，必须明确案件的侦查方向、证据要求、取证意图，避免出现不必要的退回补充侦查；建立公安机关办理重大、疑难案件听取检察机关意见建议制度，全面推行刑事案件法制部门统一审核、统一出口工作机制。

第二，针对监督制约难题，会议提出：①要强化政法系统执法监督。尽快制定出台加强政法系统执法监督的意见，完善和改进党委政法委执法监督制度；中央政法单位组织开展执法司法大检查和专项治理，最高法、最高检适时组织开展虚假诉讼和民事审判深层次违法问题监督专项活动；推动在市、县公安机关建设执法办案管理中心，探索建立派驻检察机制，引入速裁法庭、援助律师，前移监督端口，着力构建一站式、全要素、即时性的执法监督管理新模式。②要强化检察监督。尽快修订《人民检察院民事诉讼监督规则》，改变"重刑轻民"的法律监督格局；推动加强对民事案件审判的检察监督制度机制建设，对重大案件发挥检察一体化优势，拓宽监督的广度和深度；落实检察长列席审委会会议制度，强化监督质量和效果；全

---

〔1〕 樊蕊："推进政法领域改革在新起点上再续新篇"，载《长安》2019 年第 8 期。

面推开监狱巡回检察，充分发挥"巡"的优势、"驻"的便利，主动发现违法减刑、假释、保外就医等突出问题，防止有钱人、有权人成为法外之人。③要强化惩戒问责。明确法官、检察官惩戒与纪检监察职能的边界，理顺惩戒程序与纪检监察程序的衔接机制，建立程序严格、保障有力、处罚慎重的法官、检察官惩戒制度，确保错案责任倒查问责机制落到实处；健全公安机关执法监督管理委员会机制，完善执法过错纠正和责任追究程序。④要强化执法司法公开。在法院、检察院系统内部对律师代理情况进行公开，对司法人员办理案件长期由同一名律师或者同一个律师事务所代理的建立动态监测分析机制，对涉嫌利益输送等问题的依法严肃查处，严防司法人员与律师互相"勾兑"。

第三，针对案多人少难题，会议提出：①要深化多元化纠纷解决机制改革，推进"无讼"乡村（社区）创建，加强一体化矛盾纠纷调处中心建设，努力实现矛盾就地解决；按照自愿、合法原则，探索开展立案前先行调解，完善委派调解工作机制，引导鼓励当事人选择非诉讼方式解决纠纷；充分发挥人民调解在化解矛盾纠纷中的基础性作用，健全行政调解制度，完善律师调解机制，探索专业调解组织、公证处按照市场化方式参与纠纷化解，推广建立统一的在线矛盾纠纷化解平台。②要深化民事案件繁简分流机制改革。探索开展民事诉讼制度改革综合试点，优化司法确认程序，完善小额诉讼程序适用机制，探索扩大独任制适用范围，深化"分调裁审"机制改革，推进案件繁简分流、轻重分离、快慢分道；扎实推进互联网法院和移动微法院试点工作，探索构建适应互联网时代需求的在线诉讼规则，推动诉讼理念重塑、模式重构和流程再造。③要深化认罪认罚从宽制度改革。尽快制定《关于适用认罪认罚从宽制度的指导意见》，完善速裁程序运行机制，规范简易程序、普通程序适用，完善程序转换机制，构建中国特色多层次刑事诉讼程序；健全法律援助值班律师制度，完善认罪认罚自愿性审查机制，建立听取被害人及其诉讼代理人意见机制；探索建立刑拘直诉机制，规范起诉裁量权、量刑建议权，在全程提速的同时防止"幕后交易"等司法腐败问题。④要发挥律师在以审判为中心的刑事诉讼制度改革中的重要作用。扩大刑事案件通知辩护范围，推进律师辩护全覆盖试点，制定为死刑复核案件被告人提供法律援助的规定，落实律师代理申诉制度。⑤要继续深化执行体制机制改革，健全完善执行工作长效机制，强化全国法院统一管理、统一协调、统一指挥的执行管理模式，健全繁简分流、事务集约的执行权运行机制，健全综合治理执行难工作格局，印发《关于加强综合治理从源头上切实解决执行难问题的意见》，防止执行难反弹。

第二节　司法体制改革具体推进情况

2019 年，政法领域改革呈现全面发力、多点突破、蹄疾步稳、纵深推进的良好局面。全国政法机关统筹推进政法机构改革、司法体制综合配套改革和政法各单位改革。党委政法委机构改革全面落实，政法机构职能体系不断优化，跨军地改革有序高效完成，司法权运行机制更加健全，诉讼制度改革取得突破，严格规范公正文明执法水平稳步提升，维护安全稳定工作机制不断完善，政法公共服务改革持续深化，政法智能化建设加速推进，政法职业保障体系逐步健全。[1]

一、政法领域改革取得的新成就

2019 年政法领域全面深化改革推进会总结了一年来政法领域改革取得的成就，具体包括：

1. 党委政法委机构改革全面落实。各级党委政法委机构改革任务顺利完成，综治、维稳、反邪教等职能有序整合，统筹协调政法工作的体制机制进一步完善。《中国共产党政法工作条例》发布施行，党领导新时代政法工作的总体格局和运行体系已经形成。

2. 政法机构职能体系不断优化。最高人民法院知识产权法庭、金融法院、互联网法院相继设立，法院检察院内设机构改革加快推进。公安部机构改革任务全面完成，行业公安机关实现重大体制性变革，组建国家移民管理局并实现高效运转。司法行政机关重新组建工作全部完成，机构履职更加顺畅高效。法学会改革深入推进，党建工作得到加强。

3. 跨军地改革有序高效完成。公安边防、消防、警卫部队改制，海警队伍转隶，武警黄金、森林、水电部队转隶，武警部队撤收参与海关执勤的兵力等 6 项改革任务按计划圆满完成，队伍指挥领导关系及时调整到位，部门职能有效衔接。现役官兵和非现役人员实现顺利转隶移交。

4. 司法权运行机制更加健全。入额领导干部办案制度加快落实，新型办案机制不断健全，直接由独任法官、合议庭签署的裁判文书达 98% 以上，入额办案、办案担责、有责追究的司法权运行机制正在形成。

5. 诉讼制度改革取得突破。"分调裁审"机制改革深入实施，江苏、浙江、四川等地案件增幅下降。以审判为中心的刑事诉讼制度改革持续深化，认罪认罚从宽制度和刑事速裁程序不断完善。执行制度改革加快推进，如期实现"基本解决执行难"的目标。公安机关、检察机关配合解决留置场所、证据收集审查等问题，刑事诉讼程序与监察委员会调查程序衔接机制更加健全。

6. 严格规范公正文明执法水平稳步提升。公安机关受立案制度改革深入推进，执法全流程记录机制不断健全。司法行政机关对行政执法的指导、协调、监督进一步加强，关系人民群众切身利益的重点领域执法力度进一步加大。

7. 维护安全稳定工作机制不断完善。建立多部门协作、跨地区联合、军警民一

---

[1] 本报评论员："谱写政法领域全面深化改革新篇章"，载《法制日报》2019 年 7 月 20 日，第 1 版。

体反恐怖侦查模式和指挥处置体系，不断完善国家反间谍机制，维护国家政治安全能力稳步提升。警种合作、部门协作、区域联动机制加快完善，防范打击犯罪能力不断提高。

8. 政法公共服务改革持续深化。公安机关在移民和出入境服务管理、户籍制度、交通管理等方面推出 50 多项便民利民新举措。跨域立案诉讼服务改革不断深化，检察服务中心建设取得进展，公共法律服务体系建设不断健全。

9. 政法智能化建设加速推进。跨部门大数据办案平台建设深入推进，全国 55% 以上的法院实现网上直接立案、47% 以上的法院实现网上预约立案、51% 以上的法院实现电子送达。"雪亮工程"全面推进，45 个示范城市（区）重点公共区域视频覆盖率达到 96%。公安大数据战略、智慧检务、"数字法治·智慧司法"建设深入实施。

10. 政法职业保障体系逐步健全。国家统一法律职业资格考试制度基本形成，政法机关和法学教育研究机构人员交流机制不断健全，政法干警职务序列及工资制度逐步完善，职业保障政策基本落实，职业尊荣感明显提高。[1]

二、人民法院司法改革举措

2019 年，最高人民法院制定发布"第五个五年改革纲要"，在更高站位、更深层次、更宽领域，以更大力度深化司法体制综合配套改革，全面落实司法责任制，努力推动中国特色社会主义司法制度优势更加显现，维护社会公平正义的审判效果更加可期可感。[2]

1. 制定人民法院"五五改革纲要"。2019 年 2 月 27 日，最高人民法院印发了《关于深化人民法院司法体制综合配套改革的意见——人民法院第五个五年改革纲要（2019—2023）》（本部分简称"五五改革纲要"）。这份长达 1.5 万字的纲要开宗明义指出，要"在更高站位、更深层次、更宽领域、以更大力度深化新时代人民法院司法体制综合配套改革，全面落实司法责任制"，并将改革分为十大部分，细化为 65 项举措、160 多项任务，进一步提升人民群众的获得感、幸福感、安全感。"五五改革纲要"是未来指导人民法院改革规划和实施推进的纲领性文件，也是人民法院深化司法体制综合配套改革的重要依据和关键抓手。

"五五改革纲要"提出了 10 个方面的总体目标：

（1）把党的政治建设摆在首位，把执行党的政策与执行国家法律统一起来，确保党的领导和党的建设统领人民法院司法改革全领域、贯穿司法改革全过程，推动实现党的组织覆盖审判执行工作基本单元，构建人民法院坚持党的领导制度体系。

---

〔1〕　参见"55%以上法院网上直接立案！政法改革十大成就发布"，载 http：//www. chinapeace. gov. cn/chinapeace/c54222/2019-07/19/content_ 12273314. shtml，最后访问日期 2020 年 12 月 1 日。

〔2〕　胡仕浩、何帆："司改 2019：更高起点 更进一步"，载《人民法院报》2020 年 1 月 2 日，第 1 版。

（2）坚持围绕中心、服务大局，充分发挥积极性主动性创造性，从更高层次、更高站位上找准切入点、着力点，通过依法履行职能、锐意改革创新，推动人民法院各项工作深度融入党和国家工作大局，构建人民法院服务和保障大局制度体系。

（3）把满足人民群众不断增长的司法需求作为人民法院工作基本导向，加强诉讼服务体系建设，深化多元化纠纷解决机制改革，推动把非诉讼纠纷解决机制挺在前面，完善司法救助和涉诉信访制度，努力实现司法更加亲民、诉讼更加便民、改革更加惠民，构建以人民为中心的诉讼服务制度体系。

（4）进一步深化司法公开，不断完善审判流程公开、庭审活动公开、裁判文书公开、执行信息公开四大平台，全面拓展司法公开的广度和深度，健全司法公开形式，畅通当事人和律师获取司法信息渠道，构建更加开放、动态、透明、便民的阳光司法制度体系。

（5）全面落实司法责任制，完善审判监督管理机制和法律统一适用机制，健全司法履职保障和违法审判责任追究机制，让法官集中精力尽好责、办好案，推动实现有权必有责、用权必担责、失职必问责、滥权必追责，构建以司法责任制为核心的中国特色社会主义审判权力运行体系。

（6）优化四级法院职能定位和审级设置，健全适应国家发展战略需要的人民法院组织体系，深化人民法院内设机构改革，加强人民法庭建设和专业化审判机制建设，完善司法经费保障配套机制，构建优化协同高效的人民法院组织体系和机构职能体系。

（7）推动民事、行政诉讼制度改革，深化以审判为中心的刑事诉讼制度改革，改革法律文书送达机制，推动实现审判资源优化配置、司法效能全面提升，构建顺应时代进步和科技发展的诉讼制度体系。

（8）全面推进执行信息化、规范化建设，健全完善综合治理执行难工作格局，深入推进失信被执行人联合惩戒工作，推动完善社会诚信体系，依法保障胜诉当事人及时实现权益，推动完善和发展中国特色社会主义现代化执行制度，构建切实解决执行难长效制度体系。

（9）全面推进人民法院队伍革命化、正规化、专业化、职业化建设，遵循干部成长规律，完善法官培养、选任和培训机制，强化干警政治训练、知识更新、能力培训、实践锻炼，努力提升队伍政治素质、职业素养、司法能力和专业水平，确保各类人员职能分工明晰、职业保障到位，构建中国特色社会主义法院人员分类管理和职业保障制度体系。

（10）全面推进智慧法院建设，推动建立跨部门大数据办案平台，促进语音识别、远程视频、智能辅助、电子卷宗等科技创新手段深度运用，有序扩大电子诉讼覆盖范围，推动实现审判方式、诉讼制度与互联网技术深度融合，构建中国特色社会主义现代化智慧法院应用体系。

对应上述10个方面的总体目标，"五五改革纲要"明确了10个方面的改革任务、65 项改革举措，提出构建坚持党的领导制度体系、服务和保障大局制度体系、以人民为中心的诉讼服务制度体系、以司法责任制为核心的审判权力运行体系等十大制度体系，努力建设更加公正高效权威中国特色社会主义司法制度。截至 2019 年底，65 项改革举措正有序推进，并已出台 29 件改革文件推进落地落实。

2. 健全司法责任配套机制。全面落实司法责任制，是党的十九大部署的重要改革任务，在深化司法体制改革中具有基础性地位、标志性意义、全局性影响。只有牵好这个"牛鼻子"，才能确保法官集中精力尽好责、办好案，提高司法质量、效率和公信力。[1] 2019 年，最高人民法院出台了多项落实司法责任制的新规定，为构建审判权力运行和监督管理的新机制、新格局提供了制度保障。

第一，完善审判监督管理机制。2019 年 3 月，中共中央政法委员会、最高人民法院、最高人民检察院联合印发了《关于加强司法权力运行监督管理的意见》，就如何全面落实司法责任制、正确处理有序放权和有效监管的关系提出了总体要求。2019 年 9 月，最高人民法院办公厅印发《进一步加强最高人民法院审判监督管理工作的意见（试行）》，立足最高审判机关职能特点和案件类型，细化分案规则、合议庭组成模式，以及重大、疑难、复杂案件的审判监督管理机制，进一步规范案件办理流程，确保监督有序、监督有责、监督留痕。

第二，完善审判权力和责任清单。2019 年，最高人民法院印发《关于完善人民法院审判权力和责任清单的指导意见》和《最高人民法院法官审判权力和责任清单（试行）》，明确了院庭长、审判组织和承办法官依法行使职权的边界和责任。权力清单与责任清单逐项对应，不允许有不受责任制约的特权，科学构建"有权必有责、用权必担责、失职必问责、滥权必追责"的审判权力运行体系。

第三，完善审判委员会制度。2019 年 8 月，最高人民法院的《关于健全完善人民法院审判委员会工作机制的意见》施行，其优化审判委员会人员组成，科学定位审判委员会职能，健全完善审判委员会议事程序和议事规则，确保审判委员会委员客观、公正、独立、平等发表意见，防止和克服议而不决、决而不行，切实在审判领域发挥民主集中制优势，推动审判委员会从侧重讨论个案向侧重宏观指导转变。

第四，完善法律统一适用机制。2019 年 10 月，最高人民法院的《关于建立法律适用分歧解决机制的实施办法》印发，其推动从审判机制上避免本级生效裁判之间发生法律适用分歧，并及时解决业已存在的法律适用差异。这一解决机制与类案及关联案件强制检索机制、专业（主审）法官会议机制、审判委员会制度形成合力，构成有机衔接、对应互补的制度体系，能够有效避免和解决"类案不同判"等影响司法公正和司法公信的问题。

3. 推进多元化纠纷解决机制和现代化诉讼服务体系建设。2019 年 6 月，最高人

---

〔1〕　胡仕浩、何帆："司改 2019：更高起点　更进一步"，载《人民法院报》2020 年 1 月 2 日，第 1 版。

民法院院长周强在全国高级法院院长座谈会上要求，全国法院要充分发挥中国特色社会主义司法制度的优势，建立线上线下相结合的一站式纠纷解决平台，为人民群众提供更加优质、高效、便捷的司法服务，创造多元解纷和诉讼服务的"中国经验"。最高人民法院提出了同步推进多元化纠纷解决机制和现代化诉讼服务体系建设的战略目标，要求全力推进一站式多元解纷机制、一站式诉讼服务中心建设，全面提升人民法院解决纠纷和服务群众的能力水平。

2019年7月，最高人民法院发布了《关于建设一站式多元解纷机制 一站式诉讼服务中心的意见》（本部分简称《意见》）。《意见》围绕全面建设集约高效、多元解纷、便民利民、智慧精准、开放互动、交融共享的现代化诉讼服务体系，以实现一站式多元解纷、一站式诉讼服务为主线，提出了推进工作的具体措施。

围绕建设一站式多元解纷机制，《意见》从两个维度四个层次提出了工作要求。两个维度分别是"走出去"和"引进来"。"走出去"强调主动发挥人民法院职能作用，向前延伸触角，为非诉讼方式解决纠纷提供司法保障；"引进来"是为了满足当前群众更愿意在法院解决纠纷的实际需求，在诉讼服务中心建立类型多样的调解平台，引入各类调解人员，配备速裁法官或团队，按照自愿、合法原则，为当事人提供多途径、多层次、多种类的解纷方案和方便、快捷、低成本的解纷服务。四个层次是从源头到诉前再到诉讼前后端的分层递进、繁简结合、衔接配套的多元解纷体系。具体为：一是参与、推动、规范和保障党委政府领导下的诉源治理，从源头上预防纠纷；二是健全诉非程序衔接机制，畅通联络对接渠道，为诉前多元解纷提供司法保障；三是完善诉调一体对接机制，实行法官、法官助理和调解员一个团队一体办理，强化诉调统筹衔接，促进诉调对接实质化，做到能调则调，当判则判；四是完善"分调裁审"机制，加强繁简分流，推进诉讼程序简捷化，从简从快审理简单案件，精细化审理疑难复杂案件，做到简案快审，繁案精审。此外，《意见》还强调推动建设应用在线调解平台，为当事人提供线上一站式解纷服务。

《意见》对一站式诉讼服务中心的规定可以概括为"三化""四立""一平台"。"三化"是诉讼服务立体化集约化信息化。健全立体化诉讼服务渠道，通过大厅、网络、电话、巡回"厅网线巡"为一体的诉讼服务中心，为当事人提供一站通办、一网通办、一号通办、一次通办的诉讼服务。完善集约化诉讼服务机制，将全部对外服务工作、影响诉讼进程和审判效率的辅助性、事务性工作以及多元解纷工作集约在诉讼服务中心，方便当事人"一次办好"各类诉讼事务。发挥信息化效能，将现代科技与司法为民相结合，打造"智慧诉讼服务"新模式，推动导诉、立案、交退费、保全、庭审等全部诉讼事务网上办、掌上办，努力实现当事人诉讼"零跑腿"。"四立"是案件"当场立、自助立、网上立、就近立"相结合的便民立案模式。《意见》除了要求对符合受理条件的起诉原则上当场立案外，还对网上立案和跨域立案服务两项重点工作提出明确要求。强调对当事人选择网上立案的，除确有必要现场提交材料外，一律网上立案；普遍推行跨域立案服务，实现就近能立、多点可立、少跑快立。"一平台"是诉讼服务指导中心信息平台。这是推动两个"一站式"建设的重要抓手，也是最高人民法院的一项重点亮点工作，通过建立质效评估体系，实现对全国法院诉讼服务工作的大数据管理。上级法院可以自动监测、全程监管和评估分析下级法院诉讼服务工作，一旦发现推进不力、工作不规范的情形，即时督促整改。

2019 年以来，人民法院以诉讼服务指导中心信息平台为总枢纽，建成"一网统管"诉讼服务运行平台，联通中国移动微法院、人民法院调解平台、全国法院统一送达平台、12368 诉讼服务平台、人民法院网上保全系统、人民法院委托鉴定系统、全国法院涉诉信访管理系统、全国法院视频监控系统八大系统。全国 98% 的法院建立诉讼服务大厅，88% 的法院运行诉讼服务网，当事人能够随时随地办理诉讼事务。

最高人民法院制定《人民法院跨域立案服务工作规范》等文件，大力推行网上立案和跨域立案。截至 2019 年底，跨域立案服务已经在全国中基层人民法院全面实现。根据最高人民法院 12 月 25 日通报的数据，自 7 月启动跨域立案服务改革以来，截至 12 月 23 日，共提供跨域立案服务 19 471 件。其中，提供省级行政区内跨域立案服务 15 810 件，跨省级行政区服务 3661 件。全国 43% 的法院支持网上交退费，当场立案率在达 95% 以上。

除了依托两个"一站式"建设，最高人民法院还不断拓宽多元解纷渠道，最大限度汇聚解纷资源，先后会同全国工商联印发《关于发挥商会调解优势　推进民营经济领域纠纷多元化解机制建设的意见》，会同中国人民银行、中国银行保险监督管理委员会印发《关于全面推进金融纠纷多元化解机制建设的意见》，会同国家发展和改革委员会、司法部印发《关于深入开展价格争议纠纷调解工作的意见》，会同全国妇联发布《关于进一步加强合作建立健全妇女儿童权益保护工作机制的通知》，有力促进民营企业领域、金融领域、价格领域、家事领域纠纷多元化解、快速化解和有效化解。

2019 年，全国法院设立调解工作室近 7000 个，专门的诉调对接中心 3866 个，专门工作人员 26 416 名，建立特邀调解组织 2.2 万个，特邀调解员 7 万人，立案前调解 297.58 万件，同比增加 66%。庭前在诉讼服务中心调解 217.09 万件，同比增长 83%。通过速裁快审方式审理案件 335 万件，同比增长 80% 以上。平均审理时间约 30.6 天，比一审民事案件平均审理周期缩短 49.2%。全国法院 40% 左右的民商事案件在诉讼服务中心实现一站式解决，初步形成"多数法官办理少数疑难复杂案件，少数法官办理多数简单案件"的工作格局。受理司法确认案件 34.1 万件，确认有效 32.2 万件。公布实施最高人民法院《关于审理生态环境损害赔偿案件的若干规定（试行）》，受理生态环境损害赔偿司法确认案件 28 件，审结 23 件。

4. 优化法治化营商环境。2019 年，为打造法治化、国际化、便利化的营商环境，最高人民法院制定、出台了一系列司法解释及司法政策。

最高人民法院修正完善了《关于严格规范民商事案件延长审限和延期开庭问题

的规定》，明确了休庭、延期审理的次数、情形、程序、时间间隔等问题，力求提高庭审效率。最高人民法院结合审判实践，针对办理破产、执行合同、保护中小投资者等领域存在的制度性短板，公布施行了《关于适用〈中华人民共和国企业破产法〉若干问题的规定（三）》《关于适用〈中华人民共和国公司法〉若干问题的规定（五）》等多项司法解释，完善了我国的公司、破产法律制度；最高人民法院还在北京、上海、深圳、广州、天津、杭州等地设立破产法庭，切实提升破产审判专业化水平，努力提升破产案件债权回收率，进一步保障了债权人及中小投资者的合法权益和话语权，取得了积极的改革成效。

2019年10月24日，世界银行发布2020年营商环境报告。我国营商环境排名跃居全球第31位，较2018年上升15位，连续2年跻身全球优化营商环境改善幅度最大的十大经济体。在我国被世界银行营商环境报告记录的8项改革措施中，最高人民法院牵头负责"执行合同""办理破产"和"保护中小投资者"3个指标，改革成效得到报告高度认可。评价民商事司法制度与法院工作质效的"执行合同"指标全球第五，其中，体现司法制度与工作机制的"司法程序质量"排名第一；评价市场救治退出机制与质效的"办理破产"指标较去年上升10位；评价在投资者发生利益冲突时法律对中小投资者保护力度的"保护中小投资者"指标排名较2018年上升了36位。

5. 综合治理执行难。2019年3月，最高人民法院院长周强在十三届全国人大二次会议上作工作报告时表示，"基本解决执行难"这一阶段性目标已如期实现，正在向"切实解决执行难"持续攻坚。2019年7月14日，中央全面依法治国委员会印发了《关于加强综合治理从源头切实解决执行难问题的意见》，从推进执行联动机制建设、加强和改进人民法院执行工作、强化执行难源头治理制度建设等方面对切实解决执行难问题作出了全面部署。

最高人民法院还制定了《关于深化执行改革健全解决执行难长效机制的意见——人民法院执行工作纲要（2019—2023）》（本部分简称《纲要》），作为人民法院执行工作2019年至2023年工作纲要予以实施。《纲要》提出，要巩固和深化"基本解决执行难"工作成果，建立健全解决执行难长效机制，全面提高执行工作水平，奋力向"切实解决执行难"目标迈进。《纲要》要求，要通过确保"五个常态化"工作要求实现目标，即执行工作良性循环状态和"3+1"核心指标高标准运行常态化，"一把手抓、抓一把手"工作机制常态化，以现代信息技术为支撑的执行工作模式常态化，对消极执行、选择性执行、乱执行等不规范执行行为严肃整治常态化，对规避执行、抗拒执行、干预执行的高压态势常态化。《纲要》还提出了建立健全解决执行难长效机制的目标，具体包括：进一步推进综合治理执行难工作格局制度化机制化，把执行工作纳入国家治理体系和治理能力现代化总体框架，从源头综合治理执行难。进一步深化执行体制机制改革，完善执行法律体系及配套制度，逐步形成成熟、稳定的中国特色执行制度、执行机制和执行模式。进一步推进现代信息科技在执行领域的广泛应用、深度应用，全面提升执行信息化、智能化水平，实现执行管理监督模式、执行保障模式、执行查控模式、执行财产变现模式现代化。进一步转变执行理念，严格公正规范文明执行，更加注重执行方法与执行效果，切实提高执行公信力，努力实现执行工作法律效果、政治效果和社会效果的有机统一。进一步优化各种强制执行措施综合应用，努力实现高效、精准、精细打击规避执行、抗拒执行、干预执行及惩戒失信行为，推进社会诚信体系建设，大幅提高当事人主动履行生效法律文书的比例。进一步加强队伍建设，充实执行力量，优化人员结构，全面提升执行队伍"四化"水平，锻造一支对党忠诚、服务人民、勇于担当、执法公正、纪律严明的执行铁军。《纲要》还明确提出了完善综合治理执行难工作大格局、推进执行难源头治理、深入推进执行体制改革等 10 项主要任务、53 项具体举措。

6. 启动民事诉讼繁简分流改革试点。2019 年 1 月，习近平总书记在中央政法工作会议上指出："要深化诉讼制度改革，推进案件繁简分流、轻重分离、快慢分道。" 3 月，中共中央政法委员会会同"两高"联合印发的《关于进一步优化司法资源配置全面提升司法效能的意见》也明确提出了"繁简分流，优化诉讼资源配置"的要求。5 月，《关于政法领域全面深化改革的实施意见》将"推进民事诉讼制度改革"确定为重大改革任务，由最高人民法院牵头推进。

按照重大改革先行先试要求，最高人民法院进行了扎实深入的调研，广泛征求意见。2019 年 12 月 23 日，在十三届全国人大常委会第十五次会议上，最高人民法院院长周强对《关于授权在部分地区开展民事诉讼程序繁简分流改革试点工作的决定（草案）》作说明。2019 年 12 月 28 日，十三届全国人大常委会第十五次会议授权最高人民法院在北京、上海等 20 个城市的中级、基层人民法院和部分专门人民法院开展民事诉讼程序繁简分流改革试点工作，就优化司法确认程序、完善小额诉讼程序、完善简易程序规则、扩大独任制适用范围、健全电子诉讼规则等进行试点。

7. 深入推进互联网司法。2019 年，人民法院互联网司法探索初步形成了规模效应，改革成效逐步显现，人民法院全面推进智慧法院建设，重点工作取得较大进展，探索互联网司法新模式取得显著进展。2019 年 3 月，最高人民法院在总结浙江法院实践经验的基础上，推动在北京等 12 个省（自治区、直辖市）辖区内法院全面试点移动微法院。全国 3516 个法院已经全部对接中国移动微法院，实现了对在线诉讼各项活动的有效支持。截至 2019 年 10 月底，"中国移动微法院"注册当事人已达 116 万人，注册律师 73 200 人，在线开展诉讼活动达 314 万件，让当事人和法官充分感受到指尖诉讼、掌上办案的便利。北京、杭州、广州互联网法院在案件审理、平台建设、诉讼规则、技术运用、网络治理等方面积极探索，形成了一批可复制可推广的经验。截至 2019 年 10 月 31 日，杭州、北京、广州互联网法院共受理互联网案件 118 764 件，审结 88 401 件，在线立案申请率为 96.8%，在线送达文书 96 857 次，全流程在线审结 80 819 件，在线庭审平均用时 45 分钟，案件平均审理周期约 38 天，比传统审理模式分别节约时间约五分之三和二分之一，一审服判息诉率达 98.0%，审判质量、效率和效果呈现良好态势。

2019 年 12 月 5 日，由最高人民法院举办的世界互联网法治论坛在浙江乌镇成功举办。25 个国家和地区的最高法院首席大法官、大法官、专家学者以及互联网企业代表围绕"以法治方式推动建立网络空间命运共同体"主题深入研讨。与会各方一致通过《乌镇宣言》，全面展现了中国互联网司法改革创新成效。中国互联网司法实践的前瞻性和引领力，得到了与会代表的高度评价。最高人民法院会前以中英文双语形式发布了《中国法院的互联网司法》白皮书，图文并茂地展示了中国互联网司法发展的基本路径、价值取向、主要举措和重要成果，为世界互联网司法建设贡献了中国智慧和中国方案。

8. 完善认罪认罚从宽制度。完善刑事诉讼中认罪认罚从宽制度，是党的十八届四中全会确立的重大司法改革举措。为认真贯彻实施 2018 年修正后的《刑事诉讼法》[1]，最高人民法院、最高人民检察院会同公安部、国家安全部、司法部联合印发了《关于适用认罪认罚从宽制度的指导意见》（本部分简称《指导意见》），于 2019 年 10 月 11 日正式发布。

《指导意见》对认罪认罚从宽制度的基本原则、适用范围和条件、从宽幅度、审前程序、量刑建议、审判程序、律师参与、当事人权益保障等作出了具体规定，这些规定是对认罪认罚从宽制度试点和推行中经验的总结，全面细致地回应了司法实践中的问题，对认罪认罚从宽制度的完善和有效落实将起到重要作用。[2]

2019 年，全国法院以积极、稳妥、务实的态度继续推进认罪认罚从宽制度的正确实施。2019 年 2 月，最高人民法院召开全国法院推进刑事案件认罪认罚从宽制度工作部署会，总结交流认罪认罚从宽制度试点改革经验，部署全面开展认罪认罚从宽审判工作。地方法院也积极推进认罪认罚从宽制度落地落实。例如，2019 年 9 月，宁夏回族自治区高级人民法院与自治区监察委员会、检察院、公安厅、司法厅以及国家安全厅联合印发《关于开展刑事案件适用认罪认罚从宽制度工作实施细则（试行）》，确保认罪认罚从宽制度有序开展、有效实施；2019 年 11 月 13 日，由山东省人民检察院牵头，与山东省高级人民法院、山东省公安厅、山东省国家安全厅、山东省司法厅联合会签《关于适用认罪认罚从宽制度办理刑事案件的实施细则（试行）》，结合山东实际，对《指导意见》进行了扩充和延伸，就程序选择及转换等具体实务问题提出了明确意见。

9. 加强知识产权的司法保护。2019 年，人民法院大力加强知识产权司法保护工作，有力服务创新型国家建设。1 月 1 日，最高人民法院知识产权法庭正式挂牌办

---

〔1〕《刑事诉讼法》，即《中华人民共和国刑事诉讼法》，为表述方便，本书涉及的我国法律直接使用简称，省去"中华人民共和国"字样，全书统一，不再赘述。

〔2〕《指导意见》的具体规定内容，详见第二章第一节"刑事诉讼法的立法发展"。

公，统一集中审理专利等技术类知识产权民事、行政二审案件。3 月 18 日，最高人民法院公布了《关于技术调查官参与知识产权案件诉讼活动的若干规定》，进一步完善了技术调查官制度。4 月 26 日，"法信知识产权版"在最高人民法院内网上线，这是最高人民法院首个针对专门审判领域的法律知识大数据平台，是加快法院信息化 3.0 和"智慧法院"建设，推进知识产权审判体系和审判能力现代化的一项重要举措。2019 年，各地法院还在知识产权案件的审理中推行民事、行政、刑事"三审合一"的新机制，反映出人民法院在知识产权司法保护上的积极态度。

10. 优化人民法院组织机构设置。2019 年 1 月 1 日，最高人民法院知识产权法庭正式揭牌办公。这是世界上首个在最高司法机构层面统一审理专利等专业技术性较强的知识产权上诉案件的专业审判机构。人民法院稳步推进基层法院内设机构改革。截至 2019 年 12 月底，除西藏外，30 省（自治区、直辖市）和新疆生产建设兵团基层法院内设机构改革方案已完成备案程序并下发组织实施。人民法院推进专业化审判机构建设，先后在北京等 8 个省（直辖市）的 10 个中级人民法院设立破产法庭。在海口中院设立知识产权法庭，在海南一中院、三亚中院设立涉外民商事法庭。

11. 推进智慧辅助和人工智能技术应用。建设"人民法院司法区块链统一平台"，以大数据、云存储和区块链技术为基础，利用区块链技术防伪造、防篡改优势，大幅提高电子证据可信度和真实性。截至 2019 年 12 月 31 日，全国法院已完成超过 3.2 亿条数据上链存证、固证，支持链上取证核验。全国 93% 的法院建成电子卷宗随案同步生成系统，逐步实现深度应用。在广东、浙江等 7 个省市开展以电子档案为主、纸质档案为辅的案件归档方式试点工作。初步建成人民法院智能语音云平台。

12. 深入开展扫黑除恶专项斗争。2019 年是全国扫黑除恶专项斗争承上启下的关键之年。2 月 19 日召开的全国扫黑除恶专项斗争领导小组会议对这一年的工作作出了部署。中共中央政法委员会书记郭声琨指出："要打好'攻坚仗'，全力侦办涉黑涉恶重大案件和群众反映强烈的案件，彻底摧毁黑恶势力经济基础，坚决查处背后'关系网'、'保护伞'。要打好'法律仗'，创新完善办案机制，完善相关法律政策依据，确保每一起涉黑涉恶案件都经得起法律和历史检验。要打好'治理仗'，推动建强基层组织，完善落实重点行业领域常态化监管机制，从源头上防范黑恶势力滋生蔓延。"人民法院坚决贯彻上级的决策部署，充分发挥审判职能，加大"打伞破网""打财断血"的力度，在依法严惩、深化打击、深挖幕后、综合整治上持续发力。

2019 年，全国法院审结涉黑涉恶犯罪案件 12 639 件、83 912 人。依法审理孙小果案、杜少平操场埋尸案，对主犯孙小果、杜少平坚决判处并执行死刑，让正义最终得以实现。会同最高人民检察院有关单位出台办理恶势力、"套路贷"、非法放贷等刑事案件意见，明确政策法律界限，确保打得狠、打得准。坚决"打伞破网"，严惩公职人员涉黑涉恶犯罪。实行"打财断血"，综合运用判处财产刑、追缴、没收违法所得等手段，彻底铲除黑恶势力经济基础。专项斗争开展以来，依法惩处了一批作恶多端的"沙霸""路霸""菜霸""村霸"，净化了社会风气。

三、人民检察院司法改革举措

2019 年，人民检察院统筹政法领域全面深化改革各项任务和中央全面依法治国委员会 2019 年工作任务，与《2018—2022 年检察改革工作规划》（本部分简称《改革规划》）部署的改革任务协同推进，一体落实，各项改革任务稳步推进，一些重点改革任务取得突破性进展。

1. 制定《改革规划》。为落实党的十九大对司法改革的总体部署，解决当前检察工作中存在的突出问题，满足人民群众更高的司法需求，最高人民检察院自 2018年初起着手起草制定《改革规划》。经过反复修改和广泛征求意见，并经中央司法体制改革领导小组会议审议通过，于 2018 年 12 月下旬正式印发。

《改革规划》进一步明确了新时代检察改革的方向和路径，对今后几年的检察改革做了系统规划和部署。根据《改革规划》，今后一个时期检察改革的总目标是：全面、充分履行宪法和法律赋予检察机关的法律监督职责，构建以刑事检察、民事检察、行政检察、公益诉讼检察为主要内容的检察机关法律监督职能体系，提升司法办案专业化、组织体系科学化、检察队伍职业化水平，构建与国家治理体系和治理能力现代化要求相符合，与建设中国特色社会主义法治国家相适应的新时代检察体制和工作机制。

《改革规划》提出了 6 个方面的改革目标：①坚持党对检察改革的绝对领导，完善检察机关坚持党的政治领导、思想领导和组织领导的工作制度，健全检察机关坚持党的领导制度体系。②完善检察机关法律监督职能，健全符合宪法法律定位、符合深化依法治国实践要求、符合人民美好生活需要，各项法律监督职权全面、协调、充分发挥作用的检察机关法律监督体系。③深化司法体制综合配套改革，全面落实司法责任制，健全与司法责任制相适应的检察权运行监督制约机制，突出检察官在司法办案中的主体地位，形成与"谁办案谁负责、谁决定谁负责"要求适应的检察权运行体系。④加强检察官队伍正规化专业化职业化建设，健全检察人员分类管理制度规范，形成检察官、检察辅助人员、司法行政人员各归其位、各司其职、各行其道的检察人员分类管理体系。⑤推动检察机关内设机构改革，健全和规范检察机关组织机构，落实省以下地方检察机关人财物统一管理改革要求，构建科学高效的检察组织体系。⑥加强法律监督能力建设，培育双赢多赢共赢监督理念，全面提高检察队伍政治素质、业务素质、职业道德素质，推进检察工作与科技信息技术深度融合，完善检察人员专业能力专业素养提升体系。《改革规划》确定了 6 个方面 46项改革任务，通过完善检察机关坚持党的领导制度、检察机关法律监督、检察权运行、检察人员分类管理、检察机关组织管理、法律监督专业能力专业素养提升等六大体系，推动检察职能得到全面、充分履行，为人民群众提供更丰富、更优质的法治产品、检察产品。

2. 形成"四大检察""十大业务"检察工作新格局。2018 年底，最高人民检察院将内设机构作了系统性、重塑性、重构性改革，重组十大业务机构，刑事、民事、行政、公益诉讼"四大检察"并行。2019年1月3日，张军检察长在新闻发布会答记者问中，将检察职能系统地划分为四大检察，即刑事检察、民事检察、行政检察、公益诉讼检察。在2019年1月召开的全国检察长会议上，张军检察长对"四大检察"全面协调充分发展提出了明确要求：一要做优刑事检察工作，突出专业化。一类刑事检察业务，由一个机构、一个办案组、一个主办检察官办到底；同一案件的批捕、起诉，由同一名检察官负责到底。通过完善办案机制，把"捕诉一体"在办案质量和效率方面的优势发挥出来。二要做强民事检察工作，在"深"字上做文章。要以贯彻落实全国人大常委会审议意见为契机，进一步拓宽思路、积极作为，将民事检察工作做得更实更富成效。三要做实行政检察工作。行政检察要围绕行政诉讼监督展开，做到精准，抓好典型性、引领性案件的监督，做一件成一件、成一件影响一片。多与审判机关、行政机关沟通，争取双赢多赢共赢的效果。四要做好公益诉讼检察工作，加大工作力度。最高检和省级院要认真总结，把握规律，发现问题，加强指导，与法院和有关行政执法部门进一步加强衔接，完善顶层设计。2019年3月15日，第十三届全国人民代表大会第二次会议表决通过最高人民检察院检察长张军所作的工作报告并通过《关于最高人民检察院工作报告的决议》，要求检察机关更好发挥人民检察院刑事、民事、行政、公益诉讼各项检察职能，为决胜全面建成小康社会提供更高水平司法保障。这是"四大检察"首次明确写进全国人大决议，标志着检察机关法律监督体系、职能运行模式的重塑与基本定型，对丰富和发展中国特色社会主义检察制度具有里程碑意义。

"四大检察"这一新的职能理念确立后，必然要进行相应的内设机构改革。2019年1月3日，张军检察长在新闻发布会上向媒体介绍了最高人民检察院重新调整组建的10个检察业务机构，即第一至第十检察厅：按照案件类型重新组建4个专业化刑事办案机构，为第一至第四检察厅，分别负责普通犯罪、重大犯罪、职务犯罪、经济犯罪案件的办理和对下指导；调整刑事执行检察厅职能，将司法工作人员利用职权实施的非法拘禁、刑讯逼供、非法搜查等14个罪名案件的侦查职责划入，为第五检察厅；设立民事检察、行政检察机构，为第六检察厅和第七检察厅；专设公益诉讼检察机构，为第八检察厅；设立专门未成年人检察机构，为第九检察厅；将控告检察厅、申诉检察厅合并设立为第十检察厅。此外，撤销铁路运输检察厅，其原有部分职能继续由其他业务厅行使，将原司法体制改革领导小组办公室整合到法律政策研究室。2019年，地方检察机关按照最高人民检察院部署要求全面开展内设机构改革，也设立了相对应的办案部门。由此，"十大业务"板块正式确立，检察机关法律监督总体布局实现刑事、民事、行政、公益诉讼检察并行发展的态势。

3. 全面推进公益诉讼检察工作。2019年，检察公益诉讼工作实现了飞跃式发展，取得了一系列耀眼成绩。1月，最高人民检察院重新调整业务机构，组建了第八检察厅专门履行公益诉讼检察职责。地方检察机关结合内设机构改革同步落实，截至 2019 年 9 月，已有 25 个省级检察院单设了公益诉讼检察机构。市、县两级检察院组建了专门机构或专门办案组。2019 年 4 月起，最高人民检察院组织开展了为期 3 个月的公益诉讼"回头看"专项活动，对 2018 年办理的 10 万余件诉前检察建议持续落实情况进行评查，督促行政机关履职整改 4138 件，依法提起诉讼 59 件。10 月 10 日，最高人民检察院召开新闻发布会介绍 2017 年 7 月以来检察机关公益诉讼工作情况。2019 年 10 月 23 日，在第十三届全国人民代表大会常务委员会第十四次会议第二次全体会议上，张军检察长作了《关于开展公益诉讼检察工作情况的报告》，这是全面推行公益诉讼检察工作以来，最高人民检察院首次向全国人大常委会专门报告该项工作。报告客观、全面反映了开展公益诉讼检察工作情况和存在的问题，并提出了下一步工作措施和建议。11 月 22 日，全国政协召开以"协同推进公益诉讼检察工作"为主题的双周协商座谈会，这是最高人民检察院首次在全国政协双周协商座谈会上就检察工作与全国政协委员进行协商座谈。这两次会议充分体现了全国人大和全国政协对公益诉讼检察工作的重视、支持和监督。

2019 年 1 月至 11 月，全国检察机关共受理公益诉讼案件线索 132 590 件；立案公益诉讼案件 113 848 件，同比增长 27.17%；向行政机关发出诉前检察建议 91 124 件，同比增长 18.45%；发布民事公益诉讼公告 3779 件，同比增长 1.49 倍；提起诉讼 4019 件，同比增长 56.99%，在保护国家利益和社会公共利益、促进社会治理方面发挥了积极作用。最高人民检察院部署开展了"守护海洋"、黄河"清四乱"、汾渭平原大气污染治理等专项监督活动，服务蓝天、碧水、净土保卫战，共办理生态环境和资源保护领域案件 65 477 件，占办案总数的 57.51%，督促恢复被毁损的耕地、林地、湿地、草原 93.47 万余亩，回收和清理各类垃圾、固体废物 526.44 万余吨，追偿修复生态、治理环境费用 6.23 亿元。2019 年 1 月至 11 月，共办理食品药品安全领域案件 35 048 件，占办案总数的 30.78%，督促查处、回收假冒伪劣食品 17.86 万千克，假药、走私药品 2.79 万千克。共办理国有财产和国有土地保护领域案件 13 259 件，占办案总数的 11.65%，督促职能部门追偿受损国有财产 32.63 亿元，追缴国有土地出让金 76.08 亿元，收回被非法占用国有土地 707.46 亩、没收地上建筑物 31.39 万余平方米。办理英烈权益保护领域案件 64 件。自 2019 年以来，行政机关对检察建议的回复整改率达 97.65%，绝大多数公益受损问题在诉前得到解决。

4. 完善未成年人检察工作机制。2018 年，最高人民检察院向教育部发出了进一步健全完善预防校园性侵害、推动校园安全建设等机制的检察建议，称为"一号检察建议"。2019 年人民检察院持续推进落实"一号检察建议"，推动性违法犯罪人员从业禁止、校园性侵强制报告、女生宿舍封闭管理等制度落实。2019 年 7 月 3 日至 4 日，张军检察长在河北对"一号检察建议"落实情况进行专题调研，对于一些具体问题现场督促落实。一年来，河北、黑龙江、江苏、贵州等省级检察院检察长也都通过实地调研、讲法治课等形式推动"一号检察建议"真落实、见实效。2019 年 12 月 20 日，最高人民检察院、公安部联合召开以"从严惩处涉未成年人犯罪，加强未成年人司法保护"为主题的新闻发布会透露,最高人民检察院正在联合相关部门着手建立全国层面的侵害未成年人犯罪信息库和强制报告制度等一系列制度。

5. 服务和保障非公有制经济发展。2019年,检察机关坚持把服务和保障非公有制经济发展作为服务党和国家工作大局的重要组成部分,多举措持续发力。1月,最高人民检察院发布首批涉民营企业司法保护典型案例,明确对民营企业负责人涉嫌犯罪"可捕可不捕的不捕,可诉可不诉的不诉"。2月,最高人民检察院与中华全国工商业联合会印发《关于建立健全检察机关与工商联沟通联系机制的意见》,明确了保护民营经济13条具体举措。6月和7月,最高人民检察院与全国工商联分别在浙江、陕西、甘肃等地开展联合调研,为保护民营企业健康发展问计寻策。7月,最高人民检察院部署开展为期10个月的涉民营企业案件立案监督和羁押必要性审查专项活动,强调对专项活动和办案中发现以刑事手段插手民营经济纠纷的案件,要坚决纠正;对于涉民营企业家的羁押案件,要坚持每案必审,坚决纠正超期羁押或久押不决,以更为良好的司法环境,促进民营企业家依法经营、放手发展。11月,最高人民检察院举办"检察护航民企发展"主题检察开放日活动,并与全国工商联负责人召开会商会,就细化完善涉民营企业案件办理司法执法标准、建立民营企业法律服务绿色通道等问题进行了会商。

6. 严格依法推进扫黑除恶专项斗争。2019年,最高人民检察院先后与最高人民法院、公安部、司法部联合印发了《关于办理恶势力刑事案件若干问题的意见》《关于办理"套路贷"刑事案件若干问题的意见》《关于办理黑恶势力刑事案件中财产处置若干问题的意见》《关于办理实施"软暴力"的刑事案件若干问题的意见》;与国家监察委员会、最高人民法院、公安部、司法部联合发布《关于在扫黑除恶专项斗争中分工负责、互相配合、互相制约 严惩公职人员涉黑涉恶违法犯罪问题的通知》;与最高人民法院、公安部、司法部联合印发《关于办理非法放贷刑事案件若干问题的意见》《关于办理利用信息网络实施黑恶势力犯罪刑事案件若干问题的意见》《关于跨省异地执行刑罚的黑恶势力罪犯坦白检举构成自首立功若干问题的意见》等法律政策文件,为依法严惩黑恶势力违法犯罪提供坚实法制保障。最高人民检察院积极参与扫黑除恶百日追逃活动,2019年11月4日会同最高人民法院、公安部、司法部发布《关于敦促涉黑涉恶在逃人员投案自首的公告》,促进"一网打尽、除恶务尽"。

为进一步加强对全国检察机关办理重大黑恶势力犯罪案件的业务指导,2019年初,最高人民检察院扫黑办出台了重大黑恶案件专家指导机制。3月,最高人民检察院印发《关于建立健全省级检察院对涉黑和重大涉恶案件统一严格把关制度的通知》,实现涉黑和重大涉恶案件认定标准由省级检察院统一把握,审查意见由省级检察院统一把关。全国检察机关坚决贯彻中央部署,严格依法办理涉黑涉恶案件,把办案效率和质量放到同等重要位置,坚决做到"是黑恶犯罪一个不放过,不是黑恶犯罪一个不凑数"。截至2019年底,全国检察机关共批捕各类涉黑涉恶犯罪4.4万余件 13.2 万余人，起诉 2.5 万件 15.9 万余人，监督公安机关对涉黑涉恶案件立案1300 余件 2900 余人，撤案 110 余件 150 余人，纠正漏捕 8890 余人，纠正遗漏同案犯7900 余人，纠正移送起诉遗漏罪行 1.1 万余人。

7. 扎实推进反腐败斗争。检察机关与监察机关等部门在查办职务犯罪案件过程中，应当互相配合、互相制约，这既是政治要求也是法定责任。2019 年，最高人民检察院出台了《人民检察院提前介入监察委员会办理职务犯罪案件工作规定》，从提前介入的案件类型、介入时间、介入主体，商请提前介入的程序、介入的工作方式等方面进行明确，为规范开展提前介入工作提供了标准和依据。此外，修订后的《人民检察院刑事诉讼规则》也对监察委员会办理案件的提前介入工作作出了相应规定。

2019 年，全国检察机关受理各级监委移送职务犯罪 24 234 人，同比上升 50.6%。已起诉 18 585 人，同比上升 89.6%；不起诉 704 人，退回补充调查 7806 人次，不起诉率、退补率同比分别增加 1.1 和 16.3 个百分点。对秦光荣、陈刚等 16 名原省部级干部提起公诉。对 13 起贪污贿赂犯罪嫌疑人逃匿、死亡案件提出没收违法所得申请。对司法工作人员侵犯公民权利、损害司法公正犯罪立案侦查 871 人，坚决清除司法队伍中的害群之马。

8. 深化司法责任制综合配套改革。2019 年，检察机关司法体制改革在巩固中深化。全面完成省市县三级检察院内设机构重塑性改革，专业化建设又有加强。深化司法责任制综合配套改革，制定检察官员额退出办法，建立员额省级统筹、动态调整机制。担任领导职务的检察官带头办理重大疑难复杂案件，四级检察长办理案件57 636 件、列席审委会 5682 次，同比分别上升 57.2% 和 56.4%。突出检察官办案主体地位，同步强化检察长、业务部门负责人监督责任。

9. 加强检察服务工作。在 2019 年两会上，最高人民检察院向全国人民承诺落实"群众来信件件有回复"制度。一年来，最高人民检察院坚持办信就是办案，以高度负责的态度认真处理每一封群众来信。首席大检察官以上率下带头领办信访案件，不仅使个案得到妥善解决，成功息诉罢访，更给各地方检察机关作了表率，产生广泛示范效应。2019 年，全国检察机关新收群众来信 491 829 件，均在 7 日内告知"收到了、谁在办"；3 个月内办理过程或结果答复率 99.2%。四级检察长接待信访群众16 135 次。邀请人大代表、政协委员、人民监督员、社区代表等对 1244 件申诉多年的疑难案件公开听证，摆事实、举证据、释法理。12 月 19 日，全国检察机关网上信访信息系统 2.0 版正式上线运行。全国四级检察机关可以对受理的每一件信访、每一个办理环节的网上录入、流转、跟踪督办和查询、反馈，实现全流程、信息化管理，将有效提高信访件办理质量、效率和规范化水平，更快更好地解决人民群众的诉求。

10. 完善认罪认罚从宽制度。2019 年 10 月 11 日，最高人民法院、最高人民检察院会同公安部、国家安全部、司法部共同印发了《关于适用认罪认罚从宽制度的指导意见》（本部分简称《指导意见》）。《指导意见》对认罪认罚从宽制度的基本原则、适用范围和条件、从宽幅度、审前程序、量刑建议、审判程序、律师参与、当事人权益保障等作出了具体规定。[1]

2019 年以来，全国检察机关积极落实认罪认罚从宽制度的主导责任，多措并举推动认罪认罚从宽制度规范运行。最高人民检察院两次召开全国检察机关适用认罪认罚从宽制度电视电话会议，并在 8 月底全国检察机关刑事检察工作会议上提出适用率要提高至 70% 左右。一年来，经过各级检察机关的共同努力，2019 年 12 月，全国检察机关认罪认罚从宽制度适用率已经达到 83.2%，量刑建议采纳率达到 75.5%。

11. 坚持全面从严治检、落实"三个规定"。2015 年，中办国办、中共中央政法委员会、两高三部先后印发了《领导干部干预司法活动、插手具体案件处理的记录、通报和责任追究规定》《司法机关内部人员过问案件的记录和责任追究规定》《关于进一步规范司法人员与当事人、律师特殊关系人、中介组织接触交往行为的若干规定》（本部分统称"三个规定"），要求对于领导干部插手干预司法、内部人员过问案件，以及与当事人、律师等不当接触交往行为，司法人员都要主动记录报告，并进行通报和责任追究。2019 年 8 月，为更好将"三个规定"落实到位，最高人民检察院根据新时代检察工作新要求，以问题为导向，印发了《关于建立过问或干预、插手检察办案等重大事项记录报告制度的实施办法》（本部分简称《实施办法》），并面向全国四级检察机关同步开展 2018 年 1 月 1 日至 2019 年 8 月 31 日期间过问或干预、插手检察办案等重大事项情况集中填报。2019 年 9 月起，要求一月一填报。

《实施办法》将报送制度规定为月报制，并在吸收"三个规定"要求基础上，将包括检察机关及下属单位的离退休人员、工勤人员、借调人员、挂职实习人员等在内的全部检察人员纳入填报范围，填报内容也从单一过问或干预、插手司法办案拓展至干部选拔任用、项目安排、工程建设、监督执纪等重大事项。检察机关落实"三个规定"和"过问或干预、插手检察办案等重大事项记录报告制度"正式建立。

12. 修订《人民检察院刑事诉讼规则》（本部分简称《规则》）。2019 年 12 月 30 日，最高人民检察院公布了修订后的《规则》，并于同日起正式实施。修订后的《规则》共 17 章 684 条，相比 2012 年《规则》减少了 24 条。司法责任制改革、以审判为中心的刑事诉讼制度改革、认罪认罚从宽制度改革、检察机关内设机构改革、监检衔接、捕诉一体等改革成果在修订后的《规则》中得以落实。[2]

四、公安机关司法改革举措

2019 年，公安改革进入了系统性重塑、整体性变革的新阶段。3 月 18 日，公安部召开直属机关干部大会。会议指出，要统筹推进公安机关机构改革、人民警察管理制度改革、公安大数据建设应用、执法权力运行机制改革、公安"放管服"改革，努力在实施改革强警战略和公安大数据战略上取得决定性成果。

---

〔1〕《指导意见》的具体规定内容，详见第二章第一节"刑事诉讼法的立法发展"。

〔2〕 修订后的《规则》的具体内容，详见第二章第一节"刑事诉讼法的立法发展"。

1. 全国公安工作会议。2019 年 5 月 7 日至 8 日，全国公安工作会议在北京召开。习近平总书记出席并发表重要讲话。他强调，新的历史条件下，公安机关要坚持以新时代中国特色社会主义思想为指导，坚持总体国家安全观，坚持以人民为中心的发展思想，坚持稳中求进工作总基调，坚持政治建警、改革强警、科技兴警、从严治警，履行好党和人民赋予的新时代职责使命，努力使人民群众安全感更加充实、更有保障、更可持续，为决胜全面建成小康社会、实现"两个一百年"奋斗目标和中华民族伟大复兴的中国梦创造安全稳定的政治社会环境。习近平总书记的讲话深刻阐述了加强新时代公安工作的一系列重大问题，为新时代公安工作明确了大政方针、指明了前进方向、提供了根本遵循。

2. 深入推进公安体制改革。2019 年，全国公安机关坚决贯彻落实党中央全面深化改革的决策部署，持续深入推进公安体制改革，在一些重点领域和关键环节上取得了重大突破。①公安现役部队改革全部完成。2018 年 3 月，中共中央印发《深化党和国家机构改革方案》，明确公安现役部队不再列武警部队序列，全部退出现役，公安现役部队改革正式拉开序幕。公安部党委按照"军是军、警是警、民是民"原则推进公安现役部队改革，各项改革工作平稳有序、安全顺利。2019 年 1 月 1 日，公安边防、警卫部队转改官兵举行集体换装和入警宣誓仪式，正式换着人民警察制服，这标志着继公安消防部队移交应急管理部门之后，公安现役部队全部完成改制任务。②公安机关机构改革迈出新步伐。按照"党委领导、部级抓总、省厅主责、市县主战"的思路，根据"做精机关、做优警种、做强基层、做实基础"的原则，各级公安机关机构改革全面推进，公安部机关改革顺利完成，各地公安机关深入推进机构改革、大部门大警种制改革，着力形成自上而下的高效率组织体系。③行业公安管理体制调整积极推进。2019 年，民航、铁路、森林等行业公安机关深入推进体制改革，努力构建符合新时代要求的管理体制。④公安队伍管理体制改革有序推进。以全面推进两个职级序列改革为牵引，全面深化人民警察管理制度改革，进一步深化招录培养机制、职业保障制度和警务辅助人员管理制度改革，不断激发队伍活力。

3. 深化执法规范化建设。2019 年，全国公安机关继续深化执法规范化建设，切实加强和改进公安执法工作，努力实现严格规范公正文明执法。5 月 27 日至 28 日，全国公安机关执法规范化建设推进会指出，进一步加强公安立法和执法制度建设，针对打击新型违法犯罪和新技术新业态安全监管等法律问题，加强法律政策研究，及时制定完善执法制度，提高规范性文件质量，为基层执法提供更加健全完善的执法依据和操作性强的执法指引。进一步加强执法监督管理，继续深化受立案改革，继续深化刑事案件重点环节法制部门统一审核、统一对接检察院"两统一"改革，继续深化执法办案中心建设和执法信息化建设，努力构建全流程、全要素、系统性、即时性的执法监督管理体系。进一步加强执法主体能力建设，加强法治思维养成教育，丰富执法培训方式方法，进一步抓好执法资格等级考试工作，全面提升公安机关依法履职能力和执法公信力。

2019 年，公安机关执法规范化建设取得显著成效：

第一，全力推进执法办案管理中心建设。近年来，公安部大力推进基层公安机关专门办案区建设和使用管理，有力地保障了执法安全，提升了规范执法水平。在此基础上，地方公安机关纷纷探索开展执法办案管理中心建设，围绕执法办案这一核心，不断拓展案件监督管理、警种合成作战、执法服务保障等各种功能。经对各地经验进行总结，公安部于 2019 年 5 月 27 日发布《关于加强公安机关执法办案管理中心建设的指导意见》，要求在市、县两级公安机关因地制宜开展执法办案管理中心建设，打造集办案区、案件管理区、涉案财物管理区及合成作战、智能辅助等功能于一体的"一站式"办案场所。执法办案管理中心针对过去执法管理较为零散、不成体系等问题，明确管理部门，配备专职管理人员，建立系统化、精细化、全流程执法管理机制。

第二，大力推进行政执法三项制度落实。公安部印发《关于贯彻落实〈国务院办公厅关于全面推行行政执法公示制度执法全过程记录制度重大执法决定法制审核制度的指导意见〉的通知》，推动全国公安机关深化实施三项制度。严格执行执法公示制度，拓展公开途径和范围，完善相关信息系统自动生成公开信息功能，健全公开信息审核、更新机制，着力打造"阳光警务"，以公开促公正。继续深化执法全过程记录制度，加强执法视音频资料、文字记录与信息系统记载信息的衔接和自动关联，优化预警提示功能，形成全覆盖、可回溯、闭环式的执法记录链条。完善重大执法决定法制审核制度，制定审核目录清单，明确审核内容和流程，强化审核力量，落实审核责任，保证每一次重大执法决定符合法治要求。

此外，2019 年 12 月公安部发布《关于进一步推进严格规范公正文明执法的意见》（本部分简称《意见》），围绕新时代公安执法工作面临的新形势、新挑战，就进一步深化公安执法规范化建设提出了 5 个方面的要求：狠抓重点执法环节，着力提升执法公信力；健全执法监督管理，保证执法权力规范运行；推进执法办案管理中心建设，打造一体化办案新模式；深入推进执法信息化建设，助推执法工作提速增效；加强执法队伍建设，全面提升依法履职能力和法律素养。围绕这 5 方面要求，《意见》还提出了规范现场执法活动、依法及时受理立案、细化规范办案活动等 18 项改革举措。

4. 深入推进扫黑除恶专项斗争。2019 年，公安部会同最高人民法院、最高人民检察院、司法部联合下发了多个指导性文件，为确保扫黑除恶专项斗争始终在法治轨道运行提供了基本遵循。全国公安机关坚决贯彻落实中央关于开展扫黑除恶专项斗争的决策部署，聚焦"深挖根治"阶段性目标，保持凌厉严打攻势，先后打掉黑社会性质组织 2806 个、恶势力犯罪集团 9460 个，沉重打击了黑恶势力犯罪的嚣张气焰。

5. 坚持发展新时代"枫桥经验"。2019 年 3 月，公安部印发《关于全国公安机关坚持发展新时代"枫桥经验"的意见》，针对公安机关如何坚持发展新时代"枫桥经验"，建设更高水平的平安中国，从坚持党建统领、强化基层所队战斗堡垒作用，坚持群众路线、创新新时代群众工作，坚持源头治理、切实做到"矛盾不上交"，坚持以防为主、切实做到"平安不出事"，深化改革创新、切实做到"服务不缺位"，大力加强以派出所为重点的基层基础建设以及全面加强对坚持发展新时代"枫桥经验"的统筹推动等7个方面提出了若干措施。

2019年初，公安部部署全国公安机关开展创建"枫桥式公安派出所"活动。活动开展期间，各级公安机关组织动员广大公安派出所大力坚持发展新时代"枫桥经验"，充分发扬党的优良传统，忠实践行人民公安为人民的初心使命，坚持专门工作与群众路线相结合，努力构建多元化化解矛盾、全时空守护平安、零距离服务群众工作机制，着力提升基层社会治理能力，为中华人民共和国成立70周年创造了安全稳定的政治社会环境。11月29日，公安部作出决定，命名北京市公安局西城分局牛街派出所等100个派出所为全国首批"枫桥式公安派出所"。其中辽宁沈阳公安机关把社区警务工作打造成维护平安稳定、深化公安"放管服"改革、服务人民群众的第一窗口，持续推进警务工作前移、提升警务运行效能、提高管理服务水平；浙江舟山公安机关把普陀山打造成"全国最安全旅游目的地"，为深化具有海岛特色的"海上枫桥"经验提供了普陀山样板。[1]

五、司法行政机关司法改革举措

2019年，司法部以2019年年初印发的《全面深化司法行政改革纲要（2018—2022年）》（本部分简称《纲要》）为指引，深入推进司法行政工作理念思路、体制机制、方法手段创新，构建优化协同高效的职能体系和工作机制，全面提升服务党和国家工作大局的能力和水平，努力为建设中国特色社会主义法治体系、建设社会主义法治国家提供坚强有力的法治保障和优质高效的法律服务。

1. 制定《纲要》。党的十九大和十九届二中、三中全会围绕新时代党和国家事业发展新要求，对全面深化改革、全面依法治国提出了新任务，对深化党和国家机构改革、深化司法体制改革作出了新部署。党中央从全面依法治国的全局和战略高度，重新组建司法部，将中央全面依法治国委员会办公室设在司法部，赋予了司法部更大的政治责任和全新的历史使命。为认真贯彻落实党的十九大和十九届二中、三中全会精神，主动适应新时代新任务新要求，司法部研究制定了《纲要》，于2019年1月11日印发。《纲要》立足于重新组建后的司法部职责和使命，全面发力、精准施策，在更高起点上谋划和推进司法行政各项工作改革发展，为今后一个时期全面深化司法行政改革作出了顶层设计和总体部署，为司法行政改革工作开启新篇章、开创新局面明确了路线图和施工图。

---

〔1〕丁可宁："最美'枫景' 做新时代'枫桥经验'的践行者"，载《人民公安报》2020年1月17日，第8版。

《纲要》提出，到 2022 年司法行政改革工作要努力实现七大目标：一是政治机关建设持续巩固。二是司法部改革全面深化，以履行中央全面依法治国委员会办公室职责为统领，统筹行政立法、行政执法、刑事执行、公共法律服务为主要内容的职能体系优化协同高效运转，司法行政系统服务党和国家工作大局和事业发展全局的能力和水平切实增强，人民群众的法治需求得到更好满足。三是法治政府建设成效显著，行政立法的引领、规范、保障和推动作用有效发挥，行政执法体制机制改革创新不断推进，严格规范公正文明执法水平显著提高。四是刑事执行体制更加健全完善，统筹推进政治改造为统领的"五大改造"基本形成，戒毒和社区矫正教育矫治水平明显提高。五是公共法律服务体系更加健全，法治宣传教育、律师、公证、法律援助、基层法律服务、法律顾问、调解、仲裁、司法鉴定、法律职业资格考试等各项法律服务质量和水平显著提升。六是司法行政各项工作保障更加有力，工作规范化、标准化、信息化、智能化水平明显提高。七是司法行政队伍素质明显提高，革命化、正规化、专业化、职业化水平全面提升。

《纲要》确定的主要任务，包括持续强化政治机关建设，完善司法行政系统机构职能体系，加快推进法治政府建设，完善行政立法体制机制，统筹推进行政执法体制机制改革，健全完善刑事执行体制，建设完备的公共法律服务体系，大力发展涉外法律服务业、建立健全国际法治交流与合作工作机制，完善司法行政保障机制，健全完善司法行政系统队伍政治建设和革命化正规化专业化职业化建设长效机制 10 个方面，共 132 项改革举措。

2. 完善司法行政系统机构职能体系。推进省以下司法厅（局）、政府法制办机构改革，指导各地司法行政部门、政府法制部门完成机构改革工作，统筹优化机构设置和职能配置。强化基层司法所建设，健全完善司法所组织机构，多措并举充实司法所力量，提高司法所人员队伍素质。

3. 完善刑事执行体制机制。2019 年，司法部继续推进新型监狱体制机制建设，各地方监狱系统积极推进以政治改造为统领的五大改造，深入推进智慧监狱建设和新技术运用，"智慧监狱"管理应用体系建设初步形成。实施监狱大数据战略，着力构建监狱信息动态感知、知识深度学习、数据精准分析、业务智能辅助、网络安全可控的科技应用新格局。实施以智能安防体系、业务应用系统建设、大数据应用、执法联动体系为主要内容的监狱信息化工程建设，加快指挥中心、物联网平台、罪犯数据库建设。

2019 年 12 月 28 日，《社区矫正法》经十三届全国人大常委会第十五次会议表决通过，将于 2020 年 7 月 1 日实施。这是我国首次就社区矫正工作进行专门立法。社区矫正是完善刑罚执行、推进国家治理体系和治理能力现代化的一项重要制度，也是立足我国基本国情发展起来的具有中国特色的刑事执行制度，自 2003 年开始试点以来，由点到面、由小到大，现已在全国全面推进。此次社区矫正立法特别注意吸收试点试行经验，将社区矫正工作实践中一些成功有效的做法固定下来上升为制度，将为今后的社区矫正工作提供有力的法律保障。

4. 加快推进公共法律服务体系建设。2019 年 7 月 10 日，中共中央办公厅、国务院办公厅印发了《关于加快推进公共法律服务体系建设的意见》（本部分简称《意见》）。《意见》明确提出了加快推进公共法律服务体系建设的近期目标和中远期目标，前者是指到 2022 年，基本形成覆盖城乡、便捷高效、均等普惠的现代公共法律服务体系。公共法律服务体制机制不断完善，服务平台功能有效发挥，服务网络设施全面覆盖、互联互通，公共法律服务标准化规范化体系基本形成，城乡基本公共法律服务均等化持续推进，人民群众享有的基本公共法律服务质量和水平日益提升。后者是指到 2035 年，基本形成与法治国家、法治政府、法治社会基本建成目标相适应的公共法律服务体系。公共法律服务网络全面覆盖、服务机制更加健全、服务供给优质高效、服务保障坚实有力，基本公共法律服务均衡发展基本实现，法律服务的群众满意度和社会公信力显著提升，人民群众共享公共法律服务成果基本实现。《意见》从 4 个方面提出了加快推进公共法律服务体系建设的重点任务和具体要求：一是推进基本公共法律服务的均衡发展，均衡配置城乡基本公共法律服务资源，加强欠发达地区公共法律服务建设，保障特殊群体的基本公共法律服务权益；二是促进公共法律服务多元化专业化，积极为促进经济高质量发展、促进党政机关依法全面履行职能、促进司法公正和社会公平正义、国家重大经贸活动和全方位对外开放提供法律服务；三是创新公共法律服务管理体制和工作机制，建立统筹协调机制，健全管理机制，推进公共法律服务平台建设，建立健全评价机制；四是加大保障力度，推进制度建设，加强队伍建设，强化经费保障，加强科技保障。

为贯彻落实《意见》的部署要求，司法部制定印发了《公共法律服务事项清单》，明确了 16 类服务项目及其提供主体，更好地满足了新时代人民群众的法律服务需求。司法部开发了农民工欠薪求助网上绿色通道，开通了中国法律服务网英文频道和全国法律服务电子地图，2019 年 5 月，3 项新功能在中国法律服务网正式上线运行。

5. 完善法律援助制度。2019 年 2 月 15 日，司法部、财政部联合印发了《关于完善法律援助补贴标准的指导意见》，就指导地方合理确定和及时调整法律援助补贴标准作出部署，进一步调动社会律师等法律援助事项承办人员开展法律援助工作的积极性，更好地满足人民群众的法律援助需求。2019 年 2 月 25 日，司法部发布了《全国刑事法律援助服务规范》，系司法部首次出台全国刑事法律援助服务行业标准，要求各地自标准发布之日起组织实施，为受援人提供符合标准的刑事法律援助服务，不断提高刑事法律援助案件受援人满意度。2019 年 11 月 15 日，司法部发布《全国民事行政法律援助服务规范》，规定了民事行政法律援助的服务原则、服务类型、法律咨询、诉讼案件代理、非诉讼案件代理以及服务质量控制等要求，并明确立案及结案归档材料目录。

6. 深化律师制度改革。2019 年，司法部扩大了多项律师制度改革试点的范围：

①为推动刑事案件律师辩护全覆盖试点工作深入开展，确保试点工作取得实际效果，最高人民法院、司法部于1月发布通知，决定将试点期限延长，工作范围扩大到全国31个省（自治区、直辖市）和新疆生产建设兵团。②为进一步推动律师调解试点工作的深入开展，最高人民法院、司法部于1月发布通知，决定将试点工作扩大至全国范围。③为推动律师专业水平评价体系和评定机制试点工作深入开展，司法部于3月发布通知，决定把试点范围扩大到全国31个省（自治区、直辖市）和新疆生产建设兵团。

2019年10月，司法部还联合公安部发布了《关于进一步保障和规范看守所律师会见工作的通知》（本部分简称《通知》）。《通知》明确要求：看守所应当依法安排及时会见，保障律师正常执业；看守所应当加强制度硬件建设，满足律师会见需求；公安部、司法部要加强信息共享和协助配合，看守所应当确保羁押秩序与安全。

7. 完善仲裁制度。2019年3月28日，全国仲裁工作会议指出，健全完善仲裁工作体制机制，实现仲裁进驻公共法律服务平台、推进互联网仲裁和信息化建设、开展行业发展秩序清理整顿专项行动、开展仲裁机构完善内部治理结构综合改革试点、启动仲裁法修改工作、加快中国仲裁协会筹建等工作，开创中国特色社会主义仲裁工作新局面。

8. 开展证明事项告知承诺制试点工作。2019年5月7日，司法部印发《关于印发开展证明事项告知承诺制试点工作方案的通知》，推动形成标准公开、规则公平、预期合理、各负其责、信用监管的治理模式，进一步从制度层面解决群众办事难、办事慢、多头跑、来回跑等问题，通过试点先行、积极探索，形成可复制、可推广的证明事项告知承诺标准和规范。

9. 扩大公证参与人民法院司法辅助事务试点工作。2019年6月25日，最高人民法院和司法部联合发布《关于扩大公证参与人民法院司法辅助事务试点工作的通知》，进一步发挥公证参与司法辅助事务在提高司法效率、推动司法改革、维护司法公信中的专业优势，在更大范围、更高层次上实现公证职能与法院审判执行工作的有机衔接。

10. 完善价格争议纠纷调解工作机制。2019年12月9日，司法部和最高人民法院、国家发展和改革委员会联合印发《关于深入开展价格争议纠纷调解工作的意见》，以建立制度完善、组织健全、规范高效的价格争议纠纷调解体系，提供价格争议化解公共服务，构建调解和诉讼制度有机衔接的价格争议纠纷化解机制为目标，创新调解方式、建立健全对接机制、完善价格争议纠纷调解工作制度，加强对价格争议纠纷调解的司法保障。

第二章

中国诉讼法的立法发展

第一节　刑事诉讼法的立法发展[*]

一、《公安机关办理刑事案件电子数据取证规则》

为规范公安机关办理刑事案件过程中的电子数据取证工作，公安部发布了《公安机关办理刑事案件电子数据取证规则》（本部分简称公安部《规则》），自 2019 年 2 月 1 日起施行。

自 2012 年修改后的《刑事诉讼法》将电子数据确立为一种法定证据类型后，我国刑事司法领域逐步建立起了电子数据取证规则体系：2014 年，最高人民法院、最高人民检察院、公安部联合发布了《关于办理网络犯罪案件适用刑事诉讼程序若干问题的意见》，其中对电子数据的取证、审查、移送的程序以及电子数据的专门性问题等事项作出了规定。2016 年，最高人民法院、最高人民检察院、公安部联合印发了《关于办理刑事案件收集提取和审查判断电子数据若干问题的规定》（本部分简称"两高一部"《规定》），进一步统一了公检法部门对电子数据的认识和判断标准，提出了电子数据收集提取、审查判断的具体方法。在上述规定的基础上，2019 年公安部《规则》进一步明确和细化了公安机关电子数据取证的相关程序、条件、范围等事项，并对"两高一部"《规定》中的未尽事项和争议问题进行了补充。该公安部《规则》共 5 章 61 条，其主要内容包括：明确了电子数据取证的阶段划分，进一步强调了原始存储介质的扣押封存，进一步统一了电子数据现场取证规范，明确了"拍照打印"方式的适用情形，明确了无见证人时的录像规范，明确了登记保存的适用情形，明确了网络在线提取和远程勘验的区别，明确了网络在线提取的适用范围，

---

　　[*]　执笔人：中国政法大学诉讼法学研究院朱卿讲师。

明确了冻结电子数据的程序和期限问题，明确了调证的异地协作流程，明确了电子数据检查的性质，对电子数据检查见证人未作硬性要求。

二、《关于死刑复核及执行程序中保障当事人合法权益的若干规定》

为规范死刑复核及执行程序，依法保障当事人合法权益，最高人民法院于 2019 年 8 月 8 日公布了《关于死刑复核及执行程序中保障当事人合法权益的若干规定》（本部分简称《规定》），于 9 月 1 日起施行。

《规定》共 13 条，其要点主要包括：明确规定被告人在死刑复核阶段有权委托辩护律师，高级人民法院有"委托辩护权利"的告知及通知义务；明确规定复核裁定作出后，律师提交的辩护意见及证据材料可能影响死刑复核结果的，应当暂停交付执行或者停止执行；明确规定执行死刑前，罪犯有权申请会见其近亲属，近亲属也有权申请会见罪犯，并规定了会见近亲属以外的亲友及会见未成年子女的条件和程序。

三、《关于适用认罪认罚从宽制度的指导意见》

为正确实施刑事诉讼法新规定，精准适用认罪认罚从宽制度，确保严格公正司法，推动国家治理体系和治理能力现代化，最高人民法院、最高人民检察院会同公安部、国家安全部、司法部联合制定了《关于适用认罪认罚从宽制度的指导意见》（本部分简称《指导意见》），于 2019 年 10 月 11 日正式印发并施行。

《指导意见》以刑法、刑事诉讼法的基本原则和宽严相济的刑事政策为指导，坚持以问题为导向，对认罪认罚从宽制度的基本原则、适用范围和条件、从宽幅度、审前程序、量刑建议、审判程序、律师参与、当事人权益保障等作出了具体规定。主要内容包括：

1. 明确了适用认罪认罚从宽制度应当坚持的基本原则，包括贯彻宽严相济刑事政策、坚持罪责刑相适应原则、坚持证据裁判原则、坚持公检法三机关配合制约原则 4 个方面。

2. 明确了认罪认罚从宽制度的适用范围和适用条件。认罪认罚从宽制度适用于侦查、起诉、审判各个诉讼阶段，没有适用罪名和可能判处刑罚的限定，所有刑事案件都可以适用。但"可以"适用不是一律适用，认罪认罚后是否从宽，由司法机关根据案件具体情况决定。

3. 明确了认罪认罚后"从宽"的把握。从宽处理既包括实体上从宽处罚，也包括程序上从简处理。"可以从宽"，是指一般应当从宽，但不是一律从宽，应当区别认罪认罚的不同诉讼阶段、对查明案件事实的价值和意义、是否有悔罪表现以及罪行严重程度等，综合考量确定从宽的限度和幅度。

4. 明确了犯罪嫌疑人、被告人辩护权的保障。办理认罪认罚案件，应当保障犯罪嫌疑人、被告人获得有效法律帮助，确保其了解认罪认罚的性质和法律后果，自愿认罪认罚。法律援助机构可以在人民法院、人民检察院、看守所派驻值班律师。值班律师应当为认罪认罚的犯罪嫌疑人、被告人提供法律咨询、程序适用建议等法律帮助，可以会见犯罪嫌疑人、被告人，自人民检察院审查起诉之日起，值班律师可以查阅案卷材料。

5. 明确了被害方权益的保障。办理认罪认罚案件，应当听取被害人及其诉讼代理人的意见，促进当事人之间达成和解或促进犯罪嫌疑人、被告人获得被害方的谅解，被害人及其诉讼代理人不同意对认罪认罚的犯罪嫌疑人、被告人从宽处理的，不影响认罪认罚从宽制度的适用。

6. 关于强制措施的适用，明确规定人民法院、人民检察院、公安机关应当将犯罪嫌疑人、被告人认罪认罚作为其是否具有社会危险性的重要考虑因素。

7. 明确了侦查机关办理认罪认罚案件的职责。公安机关应当依法履行权利告知义务，应当听取犯罪嫌疑人及其辩护人或者值班律师的意见，应当同步开展认罪教育工作，但不得强迫犯罪嫌疑人认罪，不得作出具体的从宽承诺，对移送审查起诉的案件，应当在起诉意见书中写明犯罪嫌疑人自愿认罪认罚情况。

8. 明确了审查起诉阶段检察机关的职责。人民检察院应当履行权利告知义务。应当就相关事项听取犯罪嫌疑人、辩护人或者值班律师的意见。应当加强对侦查阶段认罪认罚的自愿性、合法性的审查；可以针对案件具体情况，探索证据开示制度，保障犯罪嫌疑人的知情权和认罪认罚的真实性及自愿性。要完善起诉裁量权，充分发挥不起诉的审前分流和过滤作用，逐步扩大相对不起诉在认罪认罚案件中的适用。犯罪嫌疑人自愿认罪、同意量刑建议和程序适用的，应当在辩护人或者值班律师在场的情况下签署认罪认罚具结书。人民检察院向人民法院提起公诉的，应当在起诉书中写明被告人认罪认罚情况，提出量刑建议，并移送认罪认罚具结书等材料。犯罪嫌疑人认罪认罚的，人民检察院应当就主刑、附加刑、是否适用缓刑等提出量刑建议，一般应当提出确定刑量刑建议，提出量刑建议前，应当充分听取犯罪嫌疑人、辩护人或者值班律师的意见，尽量协商一致。

9. 明确了侦查阶段、审查起诉阶段和审判阶段的社会调查评估工作程序。

10. 进一步细化了审判程序的相关规定，明确了人民法院的职责。办理认罪认罚案件，人民法院应当履行权利告知义务，听取被告人及其辩护人或者值班律师的意见，庭审中应当对认罪认罚的自愿性、具结书内容的真实性和合法性进行审查核实。对于人民检察院提出的量刑建议，人民法院应当依法进行审查，对于事实清楚，证据确实、充分，指控的罪名准确，量刑建议适当的，人民法院应当采纳，经审理认为量刑建议明显不当，或者被告人、辩护人对量刑建议有异议且有理有据的，人民法院应当告知人民检察院，人民检察院可以调整量刑建议。人民法院适用速裁程序审理案件，必须开庭审理，但可以集中开庭，逐案审理，人民检察院可以指派公诉人集中出庭支持公诉。被告人不服适用速裁程序作出的第一审判决提出上诉的案件，可以不开庭审理。基层人民法院管辖的被告人认罪认罚案件，事实清楚、证据充分，被告人对适用简易程序没有异议的，可以适用简易程序审判。适用普通程序办理认罪认罚案件，可以适当简化法庭调查、辩论程序。被告人在侦查、审查起诉阶段没有认罪认罚，但当庭认罪，愿意接受处罚的，人民法院应当根据审理查明的事实，就定罪和量刑听取控辩双方意见，依法作出裁判。被告人在第一审程序中未认罪认罚，在第二审程序中认罪认罚的，第二审人民法院应当根据认罪认罚的价值、作用决定是否从宽，确定从宽幅度时应当与第一审程序认罪认罚有所区别。

11. 明确了认罪认罚的反悔与撤回。因犯罪嫌疑人认罪认罚，人民检察院作出相对不起诉决定后，犯罪嫌疑人否认指控的犯罪事实或者不积极履行赔礼道歉、退赃退赔、赔偿损失等义务的，人民检察院应当进行审查，区分情形依法作出处理。犯罪嫌疑人认罪认罚，签署认罪认罚具结书，在人民检察院提起公诉前反悔的，具结书失效，人民检察院应当在全面审查事实证据的基础上，依法提起公诉。案件审理过程中，被告人反悔不再认罪认罚的，人民法院应当根据审理查明的事实，依法作出裁判。

12. 专门就未成年人认罪认罚案件的办理作出了规定。人民法院、人民检察院办理未成年人认罪认罚案件，应当听取未成年犯罪嫌疑人、被告人的法定代理人的意见，法定代理人无法到场的，应当听取合适成年人的意见。未成年犯罪嫌疑人签署认罪认罚具结书时，其法定代理人应当到场并签字确认，法定代理人、辩护人对未成年人认罪认罚有异议的，不需要签署认罪认罚具结书。未成年人认罪认罚案件，不适用速裁程序，但应当贯彻教育、感化、挽救的方针，坚持从快从宽原则，确保案件及时办理，最大限度保护未成年人合法权益。

四、《人民检察院刑事诉讼规则》

党的十八大以来，国家监察体制改革、司法体制改革、以审判为中心的刑事诉讼制度改革以及认罪认罚从宽制度改革、检察机关内设机构改革等对 2012 年《人民检察院刑事诉讼规则》（本部分简称《规则》）的适用带来了重大影响。2018 年 10 月 26 日，第十三届全国人大常委会第六次会议通过了《关于修改〈中华人民共和国刑事诉讼法〉的决定》，对人民检察院的部分刑事诉讼职能作出了调整，作为适用刑事诉讼法的司法解释，《规则》应当在制度设计、职能履行、权利保障等具体规定上与刑事诉讼法保持一致。同时，通过 6 年多的实践检验，2012 年《规则》确定的一些工作机制、部门分工等也需要进一步调整、完善。在上述背景下，2018 年 10 月，最高人民检察院正式启动了《规则》的修订工作。2019 年 12 月 2 日，修订后的《规则》经最高人民检察院第十三届检察委员会第二十八次会议通过，于 12 月 30 日正式公布并于同日起施行。

2019 年《规则》的修订坚持以下原则：一是坚持法治思维，遵循立法精神；二是充分体现司法体制改革成果；三是坚持问题导向、回应实践需求；四是坚持突出重点，力求详略得当。修订后的《规则》共 17 章 684 条，相比 2012 年《规则》减少了 24 条。减少的条文主要是由于刑事诉讼法对检察机关的侦查职权作出了调整，检察机关直接受理侦查案件的范围有所限缩，因此侦查部分的条文作了适当精简。对 2012 年《规则》中有关刑事司法协助的内容已经在国际刑事司法协助法中有明确规定的，作了删减。此外，对一些互相关联的条文进行了整合。修改的内容主要包括：

1. 落实司法责任制。为贯彻落实检察官办案责任制，突出检察官办案主体地位，落实"谁办案谁负责、谁决定谁负责"的要求，《规则》明确规定：人民检察院办理刑事案件，由检察官、检察长、检察委员会在各自职权范围内对办案事项作出决定，并依照规定承担相应司法责任。为了体现对检察官的适度放权，《规则》减少了需要由检察长决定或者批准的事项，明确保留了 60 项应当由检察长决定和 6 项应当由检察委员会决定的重大办案事项。在突出检察官办案主体地位的同时，为了进一步完善办案机制、提升办案质量，《规则》还对检察长、业务机构负责人的监督、管理职责作了具体规定，体现了对检察官放权与监督管理的有机统一。

2. 关于监察法与刑事诉讼法的衔接。《规则》从 4 个方面对监察机关与检察机关的办案程序衔接作了细化规定。一是对监察机关移送案件的证据及相关问题作出了规定，二是对指定管辖作出了规定，三是细化了强制措施的衔接，四是细化了派员介入调查、退回补充调查、自行补充调查的规定。

3. 完善检察机关直接受理案件的办理程序。修改后的刑事诉讼法对检察机关的侦查职权作出了调整，《规则》也作出了相应的修改。一是明确了直接受理侦查案件的级别管辖，二是完善了并案管辖的规定，三是不再使用"初查"的概念，改用"调查核实"。

4. 完善捕诉一体的办案机制。为适应捕诉一体的要求，《规则》进一步完善了审查逮捕、审查起诉的办案机制。一是确立了捕诉一体办案机制的一般原则，二是将原《规则》第十章审查逮捕与第十一章审查起诉合并为一章，三是完善了退回补充侦查引导和说理机制，以提升退回补充侦查的实效性和补充收集证据的精准度，四是增加了不批准逮捕后监督公安机关撤销案件的规定。

5. 完善认罪认罚从宽制度和刑事速裁程序。依据修改后的刑事诉讼法和"两高三部"的《关于适用认罪认罚从宽制度的指导意见》，《规则》对认罪认罚从宽制度和速裁程序作了具体规定。一是对认罪认罚从宽作了原则性规定，明确认罪认罚从宽制度可以适用于所有刑事案件，并要求检察机关在办理案件的各个诉讼环节都应当做好认罪认罚的相关工作。二是在第十章"审查逮捕和审查起诉"增加一节"认罪认罚从宽案件办理"，对审查逮捕、审查起诉环节涉及认罪认罚从宽的内容相对集中作出规定。三是在第十一章"出席法庭"部分专设一节规定速裁程序，规定了速裁程序的适用范围以及程序如何简化等内容。

6. 完善检察机关对刑事诉讼的监督。一是梳理了各项监督手段、方式、程序等共性特征予以集中规定。二是根据近年来司法实践经验和相关文件的规定，进一步完善立案监督、侦查活动监督、审判活动监督、判决裁决监督、死刑复核监督的程序和内容。三是调整羁押必要性审查工作的部门分工。四是新增第十四章"刑罚执行和监管执法监督"。

7. 加强对诉讼参与人诉讼权利的保障。一是简化了接待律师的程序，让辩护律师"少跑路"。二是缩短办案期限，提高诉讼效率。三是落实"群众来信件件有回复"承诺。四是便利诉讼，减轻诉讼参与人经济负担。五是加强对未成年人合法权益的保护。

8. 完善缺席审判制度检察环节办案程序。《规则》明确规定了对缺席审判案件提起公诉的人民检察院的级别、人民检察院提交被告人已出境证据的义务和报请最高人民检察院核准的程序等问题，为与监察机关、公安机关、人民法院的办案程序衔接设定了"接口"。

第二节　民事诉讼法的立法发展*

一、2019 年民事诉讼立法发展概况

2019 年全国人大及其常委会没有制定或者修改民事诉讼法律规范。最高人民法院通过制定、修改司法解释，完善了民事诉讼和执行的程序性规范。

二、最高人民法院制定的有关民事诉讼的司法解释

（一）《关于技术调查官参与知识产权案件诉讼活动的若干规定》（法释〔2019〕2 号）

2019 年 1 月 28 日最高人民法院审判委员会第 1760 次会议通过《关于技术调查官参与知识产权案件诉讼活动的若干规定》（本部分简称《若干规定》），2019 年 3 月 18 日最高人民法院以"法释〔2019〕2 号"公布，自 2019 年 5 月 1 日起施行。

《若干规定》共 15 条，明确了技术调查官参与知识产权案件诉讼活动的适用范围、技术调查官的诉讼地位、职责、在法庭审理活动中的地位等内容。

《若干规定》规定，人民法院审理专利、植物新品种、集成电路布图设计、技术秘密、计算机软件、垄断等专业技术性较强的知识产权案件时，可以指派技术调查官参与诉讼活动。技术调查官属于审判辅助人员，人民法院可以设置技术调查室，负责技术调查官的日常管理，指派技术调查官参与知识产权案件诉讼活动、提供技术咨询。根据案件审理需要，上级人民法院可以对本辖区内各级人民法院的技术调查官进行调派。人民法院审理依规定可以指派技术调查官参与诉讼活动的案件时，可以申请上级人民法院调派技术调查官参与诉讼活动。

参与知识产权案件诉讼活动的技术调查官就案件所涉技术问题履行下列职责：①对技术事实的争议焦点以及调查范围、顺序、方法等提出建议。②参与调查取证、勘验、保全。③参与询问、听证、庭前会议、开庭审理。④提出技术调查意见。⑤协助法官组织鉴定人、相关技术领域的专业人员提出意见。⑥列席合议庭评议等

---

* 执笔人：中国政法大学诉讼法学研究院谭秋桂教授。

有关会议。⑦完成其他相关工作。技术调查官违反与审判工作有关的法律及相关规定，贪污受贿、徇私舞弊，故意出具虚假、误导或者重大遗漏的不实技术调查意见的，应当追究法律责任；构成犯罪的，依法追究刑事责任。

技术调查官在法庭上的座位设在法官助理的左侧，书记员的座位设在法官助理的右侧。技术调查官参与知识产权案件诉讼活动的，应当在裁判文书上署名，技术调查官的署名位于法官助理之下、书记员之上。

技术调查官应当在案件评议前就案件所涉技术问题提出技术调查意见。技术调查官列席案件评议时，其提出的意见应当记入评议笔录，并由其签名。技术调查官对案件裁判结果不具有表决权。技术调查官提出的技术调查意见可以作为合议庭认定技术事实的参考，合议庭对技术事实认定依法承担责任。技术调查意见由技术调查官独立出具并签名，不对外公开。

技术调查官参与知识产权案件诉讼活动，适应了知识产权案件的特性，有利于提高审判质量。《若干规定》的颁行，对于规范技术调查官参与知识产权案件诉讼活动，具有十分重要的意义。

（二）《关于适用〈中华人民共和国企业破产法〉若干问题的规定（三）》（法释〔2019〕3 号）

2019 年 2 月 25 日最高人民法院审判委员会第 1762 次会议通过《关于适用〈中华人民共和国企业破产法〉若干问题的规定（三）》（本部分简称《规定》），2019 年 3 月 27 日最高人民法院以"法释〔2019〕3 号"予以公布，自 2019 年 3 月 28 日起施行。

《规定》共 16 条，主要规定了破产程序中特定费用的清偿顺序、保证债权在破产程序中的处理规范、破产债权的确认程序、债权人会议决议表决和救济程序、债权人委员会的职能、管理人处分债务人重大财产的程序等内容。

《规定》指出，人民法院受理破产申请前债务人尚未支付的公司强制清算费用、未终结的执行程序中产生的评估费、公告费、保管费等执行费用，可以参照企业破产法关于破产费用的规定，由债务人财产随时清偿。受理破产申请前债务人尚未支付的案件受理费、执行申请费，可以作为破产债权清偿。

破产申请受理后，经债权人会议决议通过，或者第一次债权人会议召开前经人民法院许可，管理人或者自行管理的债务人可以为债务人继续营业而借款。提供借款的债权人主张参照《企业破产法》第 42 条第 4 项的规定优先于普通破产债权清偿的，人民法院应予支持，但其主张优先于此前已就债务人特定财产享有担保的债权清偿的，人民法院不予支持。管理人或者自行管理的债务人可以为前述借款设定抵押担保，抵押物在破产申请受理前已为其他债权人设定抵押的，债权人主张按照《物权法》（已失效）第 199 条规定的顺序清偿，人民法院应予支持。破产申请受理后，债务人欠缴款项产生的滞纳金，包括债务人未履行生效法律文书应当加倍支付的迟延利息和劳动保险金的滞纳金，债权人作为破产债权申报的，人民法院不予确认。

保证人被裁定进入破产程序的，债权人有权申报其对保证人的保证债权。主债务未到期的，保证债权在保证人破产申请受理时视为到期。一般保证的保证人主张行使先诉抗辩权的，人民法院不予支持，但债权人在一般保证人破产程序中的分配额应予提存，待一般保证人应承担的保证责任确定后再按照破产清偿比例予以分配。保证人被确定应当承担保证责任的，保证人的管理人可以就保证人实际承担的清偿额向主债务人或其他债务人行使求偿权。债务人、保证人均被裁定进入破产程序的，债权人有权向债务人、保证人分别申报债权。债权人向债务人、保证人均申报全部债权的，从一方破产程序中获得清偿后，其对另一方的债权额不作调整，但债权人的受偿额不得超出其债权总额。保证人履行保证责任后不再享有求偿权。

债务人、债权人对债权表记载的债权有异议的，应当说明理由和法律依据。经管理人解释或调整后，异议人仍然不服的，或者管理人不予解释或调整的，异议人应当在债权人会议核查结束后15日内向人民法院提起债权确认的诉讼。当事人之间在破产申请受理前订立有仲裁条款或仲裁协议的，应当向选定的仲裁机构申请确认债权债务关系。债务人对债权表记载的债权有异议向人民法院提起诉讼的，应将被异议债权人列为被告。债权人对债权表记载的他人债权有异议的，应将被异议债权人列为被告；债权人对债权表记载的本人债权有异议的，应将债务人列为被告。对同一笔债权存在多个异议人，其他异议人申请参加诉讼的，应当列为共同原告。

债权人会议的决议具有以下情形之一，损害债权人利益，债权人申请撤销的，人民法院应予支持：①债权人会议的召开违反法定程序。②债权人会议的表决违反法定程序。③债权人会议的决议内容违法。④债权人会议的决议超出债权人会议的职权范围。人民法院可以裁定撤销全部或者部分事项决议，责令债权人会议依法重新作出决议。债权人申请撤销债权人会议决议的，应当提出书面申请。债权人会议采取通信、网络投票等非现场方式进行表决的，债权人申请撤销的期限自债权人收到通知之日起算。

债权人会议可以依照《企业破产法》第68条第1款第4项的规定，委托债权人委员会行使《企业破产法》第61条第1款第2、3、5项规定的债权人会议职权。债权人会议不得作出概括性授权，委托其行使债权人会议所有职权。债权人委员会决定所议事项应获得全体成员过半数通过，并作成议事记录。债权人委员会成员对所议事项的决议有不同意见的，应当在记录中载明。债权人委员会行使职权应当接受债权人会议的监督，以适当的方式向债权人会议及时汇报工作，并接受人民法院的指导。

管理人处分《企业破产法》第69条规定的债务人重大财产的，应当事先制作财产管理或者变价方案并提交债权人会议进行表决，债权人会议表决未通过的，管理人不得处分。管理人实施处分前，应当根据《企业破产法》第69条的规定，提前10日书面报告债权人委员会或者人民法院。债权人委员会可以依照《企业破产法》第

68 条第 2 款的规定，要求管理人对处分行为作出相应说明或者提供有关文件依据。债权人委员会认为管理人实施的处分行为不符合债权人会议通过的财产管理或变价方案的，有权要求管理人纠正。管理人拒绝纠正的，债权人委员会可以请求人民法院作出决定。人民法院认为管理人实施的处分行为不符合债权人会议通过的财产管理或变价方案的，应当责令管理人停止处分行为。管理人应当予以纠正，或者提交债权人会议重新表决通过后实施。

《规定》的颁行，为规范破产费用的范围、破产债权的确认、破产财产的处分提供了明确的依据，有利于进一步规范破产秩序，维护债权人和债务人的合法权益。

（三）《关于修改〈最高人民法院关于严格规范民商事案件延长审限和延期开庭问题的规定〉的决定》（法释〔2019〕4 号）

2019 年 2 月 25 日最高人民法院审判委员会第 1762 次会议通过《关于修改〈最高人民法院关于严格规范民商事案件延长审限和延期开庭问题的规定〉的决定》（本部分简称《决定》），2019 年 3 月 27 日最高人民法院以"法释〔2019〕4 号"公布，自 2019 年 3 月 28 日起施行。

《决定》增加规定第 2 条："民事诉讼法第一百四十六条第四项规定的'其他应当延期的情形'，是指因不可抗力或者意外事件导致庭审无法正常进行的情形。"增加规定第 3 条："人民法院应当严格限制延期开庭审理次数。适用普通程序审理民商事案件，延期开庭审理次数不超过两次；适用简易程序以及小额速裁程序审理民商事案件，延期开庭审理次数不超过一次。"增加规定第 4 条，分 4 款："基层人民法院及其派出的法庭审理事实清楚、权利义务关系明确、争议不大的简单民商事案件，适用简易程序。""基层人民法院及其派出的法庭审理符合前款规定且标的额为各省、自治区、直辖市上年度就业人员年平均工资两倍以下的民商事案件，应当适用简易程序，法律及司法解释规定不适用简易程序的案件除外。""适用简易程序审理的民商事案件，证据交换、庭前会议等庭前准备程序与开庭程序一并进行，不再另行组织。""适用简易程序的案件，不适用公告送达。"将《关于严格规范民商事案件延长审限和延期开庭问题的规定》第 2 条的"再次开庭"修改为："延期开庭审理"。

《决定》体现了严格执行审限制度，防止滥用延长审限和延期开庭制度，有利于提高民商事案件的审判效率。

（四）《关于适用〈中华人民共和国人民陪审员法〉若干问题的解释》（法释〔2019〕5 号）

2019 年 2 月 18 日最高人民法院审判委员会第 1761 次会议通过《关于适用〈中华人民共和国人民陪审员法〉若干问题的解释》（本部分简称《解释》），2019 年 4 月 24 日最高人民法院以"法释〔2019〕5 号"公布，自 2019 年 5 月 1 日起施行。

《解释》共 19 条，主要规定了《人民陪审员法》第 15 条和第 16 条规定之外的第一审案件的刑事案件被告人、民事案件原告和被告、行政案件原告申请人民陪审员参加合议庭的适用，人民法院确定参加合议庭的人民陪审员的程序，人民法院对参加合议庭的人民陪审员或者候补人民陪审员的告知义务，人民陪审员不得参加审理的案件类型，保障人民陪审员行使职权的程序措施，保障人民陪审员均衡参审的具体措施等内容。

《解释》第 2 条规定，对于《人民陪审员法》第 15 条、第 16 条规定之外的第一审普通程序案件，人民法院应当告知刑事案件被告人、民事案件原告和被告、行政案件原告，在收到通知 5 日内有权申请由人民陪审员参加合议庭审判案件。人民法院接到当事人在规定期限内提交的申请后，经审查决定由人民陪审员和法官组成合议庭审判的，合议庭成员确定后，应当及时告知当事人。

《解释》第 3 条规定，人民法院应当在开庭 7 日前从人民陪审员名单中随机抽取确定人民陪审员。人民法院可以根据案件审判需要，从人民陪审员名单中随机抽取一定数量的候补人民陪审员，并确定递补顺序，一并告知当事人。因案件类型需要具有相应专业知识的人民陪审员参加合议庭审判的，可以根据具体案情，在符合专业需求的人民陪审员名单中随机抽取确定。

根据《解释》第 5 条的规定，下列案件不适用人民陪审员参加合议庭审理：①依照民事诉讼法适用特别程序、督促程序、公示催告程序审理的案件。②申请承认外国法院离婚判决的案件。③裁定不予受理或者不需要开庭审理的案件。根据《解释》第 6 条的规定，人民陪审员不得参与审理由其以人民调解员身份先行调解的案件。

《解释》第 9 条规定，7 人合议庭开庭前，应当制作事实认定问题清单，根据案件具体情况，区分事实认定问题与法律适用问题，对争议事实问题逐项列举，供人民陪审员在庭审时参考。事实认定问题和法律适用问题难以区分的，视为事实认定问题。第 12 条规定，合议庭评议案件时，先由承办法官介绍案件涉及的相关法律、证据规则，然后由人民陪审员和法官依次发表意见，审判长最后发表意见并总结合议庭意见。第 13 条规定，7 人合议庭评议时，审判长应当归纳和介绍需要通过评议讨论决定的案件事实认定问题，并列出案件事实问题清单。人民陪审员全程参加合议庭评议，对于事实认定问题，由人民陪审员和法官在共同评议的基础上进行表决。对于法律适用问题，人民陪审员不参加表决，但可以发表意见，并记录在卷。

《解释》第 17 条规定，中级、基层人民法院应当保障人民陪审员均衡参审，结合本院实际情况，一般在不超过 30 件的范围内合理确定每名人民陪审员年度参加审判案件的数量上限，报高级人民法院备案，并向社会公告。第 18 条规定，人民法院应当依法规范和保障人民陪审员参加审判活动，不得安排人民陪审员从事与履行法定审判职责无关的工作。

《解释》的颁行，为人民陪审员参加合议庭审理案件提供了明确的程序依据，有利于人民陪审员法的实施。

（五）《关于审理生态环境损害赔偿案件的若干规定（试行）》（法释〔2019〕8号）

2019年5月20日最高人民法院审判委员会第1769次会议通过《关于审理生态环境损害赔偿案件的若干规定（试行）》（本部分简称《规定》），2019年6月4日最高人民法院以"法释〔2019〕8号"公布，自2019年6月5日起施行。

《规定》共23条，明确了生态环境损害赔偿诉讼案件受理条件、证据规则、责任范围、诉讼衔接、赔偿协议司法确认、强制执行等问题。

《规定》第1条规定了人民法院受理生态环境损害赔偿诉讼案件的原告范围、具体情形和前置程序。根据《规定》，可以提起生态环境损害赔偿诉讼的原告范围，明确省级、市地级人民政府及其指定的相关部门、机构或者受国务院委托行使全民所有自然资源资产所有权的部门可以作为原告提起诉讼。其中"市地级人民政府"包括设区的市，自治州、盟、地区，不设区的地级市，直辖市的区、县人民政府。可以提起生态环境损害赔偿诉讼的具体情形包括：①发生较大、重大、特别重大突发环境事件的。②在国家和省级主体功能区规划中划定的重点生态功能区、禁止开发区发生环境污染、生态破坏事件的。③发生其他严重影响生态环境后果的。《规定》明确原告在与损害生态环境的责任者经磋商未达成一致或者无法进行磋商的，可以提起生态环境损害赔偿诉讼，将磋商确定为提起诉讼的前置程序。同时，《规定》第2条规定了不适用本解释的2类情形：①因污染环境、破坏生态造成人身损害、个人和集体财产损失要求赔偿的，适用侵权责任法等法律规定。②因海洋生态环境损害要求赔偿的，适用海洋环境保护法等法律及相关规定。

基于案件的特殊性，《规定》特别规定了生态环境损害赔偿案件的审理程序和证据规则。一是明确了管辖法院和审理机构。《规定》第3条规定，第一审生态环境损害赔偿诉讼案件由生态环境损害行为实施地、损害结果发生地或者被告住所地的中级以上人民法院管辖，并根据生态环境损害跨地域、跨流域特点，就跨行政区划集中管辖作出明确规定。同时，生态环境损害赔偿案件由人民法院环境资源审判庭或者指定的专门法庭审理。二是明确了审判组织。《规定》明确人民法院审理第一审生态环境损害赔偿诉讼案件，应当由法官和人民陪审员组成合议庭进行。三是明确了原告的举证责任。《规定》明确原告应当就被告实施了污染环境、破坏生态行为或者具有其他应当依法承担责任的情形，生态环境受到损害以及所需修复费用、损害赔偿等具体数额，以及被告污染环境、破坏生态行为与生态环境损害之间具有关联性，承担相应举证责任。四是明确了证据审查判断规则。《规定》分别就生效刑事裁判涉及的相关事实、行政执法过程中形成的事故调查报告等证据、当事人诉前委托作出的鉴定评估报告等证据的审查判断规则作出明确规定。

《规定》规定了生态环境损害赔偿责任体系。一是突出修复生态环境的诉讼目的，将"修复生态环境"作为承担生态环境损害赔偿责任的方式。二是突出修复生态环境和赔偿生态环境的服务功能损失在责任体系中的重要意义。三是完善了责任承担范围，根据生态环境是否能够修复对损害赔偿责任范围分类规定，在受损生态环境能够修复的情况下，被告应承担修复责任，人民法院可以同时确定被告不履行修复义务时应承担的生态环境修复费用。原告请求被告赔偿生态环境受到损害至修复完成期间服务功能损失并有足够事实根据的，人民法院依法予以支持。在受损生态环境无法修复或者无法完全修复的情况下，被告应就生态环境功能永久性损害造成的损失承担赔偿责任。在受损生态环境无法完全修复的情况下，即受损生态环境部分可以修复，部分不能修复，赔偿义务人需要同时承担可修复部分的修复义务以及支付可修复部分在修复期间的生态环境服务功能损失，不可修复部分，则需支付永久性损害造成的损失赔偿资金。

《规定》第16条至第18条规定了生态环境损害赔偿诉讼与环境民事公益诉讼的审理关系。根据《规定》第16条的规定，在生态环境损害赔偿诉讼案件审理过程中，同一损害生态环境行为又被提起民事公益诉讼，符合起诉条件的，应当由受理生态环境损害赔偿诉讼案件的人民法院受理并由同一审判组织审理。第17条规定，人民法院受理因同一损害生态环境行为提起的生态环境损害赔偿诉讼案件和民事公益诉讼案件，应先中止民事公益诉讼案件的审理，待生态环境损害赔偿诉讼案件审理完毕后，就民事公益诉讼案件未被涵盖的诉讼请求依法作出裁判。第18条规定，生态环境损害赔偿诉讼案件的裁判生效后，有权提起民事公益诉讼的机关或者社会组织就同一损害生态环境行为有证据证明存在前案审理时未发现的损害，并提起民事公益诉讼的，人民法院应予受理。民事公益诉讼案件的裁判生效后，有权提起生态环境损害赔偿诉讼的主体就同一损害生态环境行为有证据证明存在前案审理时未发现的损害，并提起生态环境损害赔偿诉讼的，人民法院应予受理。

《规定》第20条规定了生态环境损害赔偿协议司法确认规则。根据《规定》，经磋商达成生态环境损害赔偿协议的，当事人可以向人民法院申请司法确认。人民法院受理申请后，应当公告协议内容，公告期间不少于30日。公告期满后，人民法院经审查认为协议的内容不违反法律法规强制性规定且不损害国家利益、社会公共利益的，裁定确认协议有效。裁定书应当写明案件的基本事实和协议内容，并向社会公开。

《规定》第21条规定了生态环境损害赔偿案件裁判的执行程序。一方当事人拒绝履行、未全部履行发生法律效力的生态环境损害赔偿诉讼案件裁判或者经司法确认的生态环境损害赔偿协议的，对方当事人可以向人民法院申请强制执行。需要修复生态环境的，依法由省级、市地级人民政府及其指定的相关部门、机构组织实施。

《规定》的颁行，将为生态环境损害赔偿制度的全面试行提供有力司法保障。

（六）《关于民事诉讼证据的若干规定》（法释〔2019〕19号）

2019年10月14日最高人民法院审判委员会第1777次会议通过《关于修改〈关于民事诉讼证据的若干规定〉的决定》，2019年12月25日最高人民法院以"法释〔2019〕19号"公布，自2020年5月1日起施行。

修改后的《关于民事诉讼证据的若干规定》（本部分简称《民事证据规定》）保留原《民事证据规定》条文 5 条，删除原条文 34 条，在原《民事证据规定》条文的基础上修改而成 46 条，新增加条文 49 条，条文数量由原来的 83 条增加到 100 条。此次修改的主要内容包括：

1. 进一步弱化人民法院依职权调查收集证据，将原《民事证据规定》第二部分"人民法院调查收集证据"修改为"证据的调查收集和保全"。为了充分调动当事人提供证据的积极性，新《民事证据规定》加大了当事人提供证据的责任。同时，为了查明事实、提高审判效率和司法公信力，新《民事证据规定》并没有完全废除人民法院调查收集证据的责任。新《民事诉讼证据》第二部分的标题删除"人民法院"四字，明显释放出了进一步平衡当事人举证和人民法院调查收集证据之间的关系的信号。

2. 完善"书证提出命令"制度，扩展当事人收集证据的途径。新《民事证据规定》在《最高人民法院关于适用〈中华人民共和国民事诉讼法〉的解释》（本部分简称《民事诉讼法解释》）第 112 条原则规定"书证提出命令"的基础上，规定了"书证提出命令"申请条件、审查程序、书证提出义务范围以及不遵守"书证提出命令"的后果，完善了"书证提出命令"制度。同时规定"关于书证的规定适用于视听资料、电子数据"，将视听资料和电子数据纳入"书证提出命令"的适用范围，扩展了当事人收集证据的途径。

3. 修改、完善当事人自认规则，更好平衡当事人处分权行使和人民法院发现真实的需要。新《民事证据规定》修改、补充和完善了原《民事证据规定》规定的当事人自认规则。首先，对于诉讼代理人的自认，不再考虑诉讼代理人是否经过特别授权，除授权委托书明确排除的事项外，诉讼代理人的自认视为当事人本人的自认；其次，适当放宽当事人撤销自认的条件，对于当事人因胁迫或者重大误解作出的自认，不再要求当事人证明自认的内容与事实不符；最后，明确规定了共同诉讼人自认、附条件自认和限制自认等内容。

4. 完善当事人、证人具结和鉴定人承诺制度以及当事人、证人虚假陈述和鉴定人虚假鉴定的制裁措施，推动民事诉讼诚实信用原则的落实。新《民事证据规定》根据《民事诉讼法》的精神，在《民事诉讼法解释》的基础上，一方面对于当事人接受询问时的具结和证人作证时具结的方式、内容进行完善，增加规定了鉴定人签署承诺书的规定，以增强其内心约束；另一方面，对于当事人、证人故意作虚假陈述以及鉴定人故意作虚假鉴定的行为，规定了相应的处罚措施，以促进民事诉讼诚实信用原则的落实。

5. 补充、完善电子数据范围的规定，明确电子数据的审查判断规则。新《民事证据规定》详细规定了电子数据的范围，规定了当事人提供和人民法院调查收集、保全电子数据的要求，规定了电子数据审查判断规则，完善了电子数据证据规则体系。

《民事证据规定》的修改，对于规范各方诉讼主体的证据行为，调适审判主体和诉讼当事人在举证、取证和认证方面的职能分工，提高诉讼效率，维护司法公正和司法公信力，具有十分重要的意义。

（七）《关于内地与香港特别行政区法院相互认可和执行民商事案件判决的安排》

2019 年 1 月 18 日，最高人民法院和香港特别行政区政府律政司在北京签署《关于内地与香港特别行政区法院相互认可和执行民商事案件判决的安排》（本部分简称《安排》）。最高人民法院副院长杨万明、香港特区政府律政司司长郑若骅分别代表双方在有关文件上签字。这是自香港特别行政区回归祖国以来，内地与香港特别行政区商签的第六项司法协助安排。

《安排》共 31 条，对两地相互认可和执行民商事案件判决的范围和判项内容、申请认可和执行的程序和方式、对原审法院管辖权的审查、不予认可和执行的情形、救济途径等作出了规定。《安排》扩大了两地相互认可和执行民商事案件判决的范围，将非金钱判项以及部分知识产权案件的判决也纳入相互认可和执行的范围。

《安排》的签署，标志着两地民商事领域司法协助已基本全面覆盖，充分体现了最大限度减少重复诉讼、增进两地民众福祉、增进两地司法互信、贯彻"一国两制"方针的精神，为两地进一步深化民商事司法合作奠定了坚实基础，标志着两地司法协助工作进入新阶段。

第三节　行政诉讼法的立法发展 *

一、《关于在检察公益诉讼中加强协作配合依法打好污染防治攻坚战的意见》

2019 年 1 月 2 日，为贯彻落实党中央、国务院关于打好污染防治攻坚战的各项决策部署，充分发挥检察机关、行政执法机关职能作用，最高人民检察院、生态环境部会同国家发展和改革委员会、司法部、自然资源部、住房城乡建设部、交通运输部、水利部、农业农村部、国家林业和草原局，就在检察公益诉讼中加强协作配合，合力打好污染防治攻坚战，共同推进生态文明建设，印发了《关于在检察公益诉讼中加强协作配合依法打好污染防治攻坚战的意见》（本部分简称《意见》）。《意见》共 21 条，于发布之日生效实施，主要内容如下：

（一）关于线索移送

1. 完善公益诉讼案件线索移送机制。各方应积极借助行政执法与刑事司法衔接信息共享平台的经验做法，逐步实现生态环境和资源保护领域相关信息实时共享。行政执法机关发现涉嫌破坏生态环境和自然资源的公益诉讼案件线索，应及时移送检察机关办理。

---

*　执笔人：中国政法大学诉讼法学研究院王万华教授、博士生陈姿君、硕士生田新萌。

2. 建立交流会商和研判机制。各单位确定相关职能部门共同建立执法情况和公益诉讼线索交流会商和研判机制，由检察机关召集，每年会商一次，确有需要的，可随时召开。有关行政机关也可就本系统行政执法和公益诉讼线索情况单独进行交流会商，共同研究解决生态环境和资源保护执法中的突出问题。检察机关对生态环境和资源保护领域易发、高发的系统性、领域性问题，可以集中提出意见建议；行政执法机关对检察机关办案中的司法不规范等问题，可以提出改进的意见和建议。

3. 建立健全信息共享机制。根据检察机关办理公益诉讼案件需要，行政执法机关向检察机关提供行政执法信息平台中涉及生态环境和资源保护领域的行政处罚信息和监测数据，以及环保督察等专项行动中发现的问题和线索信息。检察机关定期向行政执法机关提供已办刑事犯罪、公益诉讼等案件信息和数据信息。进一步明确移送标准，逐步实现行政执法机关发现公益诉讼案件线索及时移送检察机关、检察机关发现行政执法机关可能存在履职违法性问题提前预警等功能。

（二）关于立案管辖

1. 探索建立管辖通报制度。检察机关办理行政公益诉讼案件，一般由违法行使职权或者不作为的行政机关所在地的同级人民检察院立案并进行诉前程序。对于多个检察机关均有管辖权的情形，上级检察机关可与被监督行政执法机关的上级机关加强沟通、征求意见，从有利于执法办案、有利于解决问题的角度，确定管辖的检察机关。

2. 坚持根据监督对象立案。对于一个行政执法机关涉及多个行政相对人的同类行政违法行为，检察机关可作为一个案件立案；对于一个污染环境或者破坏生态的事件，多个行政机关存在违法行使职权或者不作为情形的，检察机关可以分别立案。

3. 探索立案管辖与诉讼管辖适当分离。上级检察机关可根据案件情况，综合考虑被监督对象的行政层级、生态环境损害程度、社会影响、治理效果等因素，根据案件线索指定辖区内其他下级检察机关立案。在人民法院实行环境资源案件集中管辖的地区，需要提起诉讼的，一般移送集中管辖法院对应的检察院提起诉讼。

（三）关于调查取证

1. 建立沟通协调机制。检察机关在调查取证过程中，要加强与行政执法机关的沟通协调。对于重大敏感案件线索，应及时向被监督行政执法机关的上级机关通报情况。行政执法机关应积极配合检察机关调查收集证据。

2. 建立专业支持机制。各行政执法机关可根据自身行业特点，为检察机关办案在调查取证、鉴定评估等方面提供专业咨询和技术支持，如协助做好涉案污染物的检测鉴定工作等。检察机关可根据行政执法机关办案需要或要求，提供相关法律咨询。

3. 做好公益诉讼与生态环境损害赔偿改革的衔接。深化对公益诉讼与生态环境损害赔偿诉讼关系的研究，加强检察机关、行政执法机关与审判机关的沟通协调，做好公益诉讼制度与生态环境损害赔偿制度的配合和衔接。

（四）关于司法鉴定

1. 探索建立检察公益诉讼中生态环境损害司法鉴定管理和使用衔接机制。遵循统筹规划、合理布局、总量控制、有序发展的原则，针对司法实践中存在的司法鉴定委托难等问题，适当吸纳相关行政执法机关的鉴定检测机构，加快准入一批诉讼急需、社会关注的生态环境损害司法鉴定机构。针对鉴定规范不明确、鉴定标准不统一等问题，加快对生态环境损害鉴定评估相关标准规范的修订、制定等工作，建立健全标准规范体系。加强对鉴定机构及其鉴定人的监督管理，实行动态管理，完善退出机制，建立与司法机关的管理和使用衔接机制，畅通联络渠道，实现信息共享，不断提高鉴定质量和公信力。

2. 探索完善鉴定收费管理和经费保障机制。司法部、生态环境部会同国家发展和改革委员会等部门指导地方完善司法鉴定收费政策。与相关鉴定机构协商，探索检察机关提起生态环境损害公益诉讼时先不预交鉴定费，待人民法院判决后由败诉方承担。

3. 依法合理使用专家意见等证据。检察机关在办案过程中，涉及案件的专门性问题难以鉴定的，可以结合案件其他证据，并参考行政执法机关意见、专家意见等予以认定。

（五）关于诉前程序

1. 明确行政执法机关履职尽责的标准。对行政执法机关不依法履行法定职责的判断和认定，应以法律规定的行政执法机关法定职责为依据，对照行政执法机关的执法权力清单和责任清单，以是否采取有效措施制止违法行为、是否全面运用法律法规规章和规范性文件规定的行政监管手段、国家利益或者社会公共利益是否得到了有效保护为标准。检察机关和行政执法机关要加强沟通和协调，可通过听证、圆桌会议、公开宣告等形式，争取诉前工作效果最大化。最高人民检察院会同有关行政执法机关及时研究出台文件，明确行政执法机关不依法履行法定职责的认定标准。

2. 强化诉前检察建议释法说理。检察机关制发诉前检察建议，要准确写明行政执法机关违法行使职权或者不作为的事实依据和法律依据，意见部分要精准、具体，并进行充分的释法说理。要严守检察权边界，不干涉行政执法机关的正常履职和自由裁量权。

3. 依法履行行政监管职责。行政执法机关接到检察建议书后应在规定时间内书面反馈，确属履职不到位或存在不作为的，应当积极采取有效措施进行整改；因客观原因难以在规定期限内整改完毕的，应当制作具体可行的整改方案，及时向检察机关说明情况；不存在因违法行政致国家利益和社会公共利益受损情形的，应当及时回复并说明情况。

（六）关于提起诉讼

1. 检察机关应依法提起公益诉讼。经过诉前程序，行政执法机关仍未依法全面履行职责，国家利益或者社会公共利益受侵害状态尚未得到实质性遏制的，人民检察院依法提起行政公益诉讼。

2. 行政执法机关应依法参与诉讼活动。进入诉讼程序的，行政执法机关应按照行政应诉规定相关要求积极参加诉讼，做好应诉准备工作，根据诉讼类型和具体请求积极应诉答辩。对于国家利益或者社会公共利益受到损害的情形，在诉讼过程中要继续推动问题整改落实，力争实质解决。对于法院作出的生效判决要严格执行，及时纠正违法行政行为或主动依法履职。

（七）关于建立完善日常联络机制

1. 建立日常沟通联络制度。各方应明确专门联络机构和具体联络人员，负责日常联络及文件传输等工作。各方可定期或不定期召开联席会议，共同研讨解决生态环境和资源保护领域中存在的具体问题，以及司法办案中突出存在的确定管辖难、调查取证难、司法鉴定难、法律适用难、从严惩治难等问题。对于达成一致的事项，以会议纪要、会签文件、共同出台指导意见等形式予以明确。检察机关和各相关行政执法机关可以在日常工作层面进一步拓宽交流沟通的渠道和方式，建立经常性、多样化的交流沟通机制。

2. 建立重大情况通报制度。为切实保护国家利益和社会公共利益，及时处置突发性、普遍性等重大问题，对于涉及生态环境行政执法及检察公益诉讼的重大案件、事件和舆情，各方应当及时相互通报，共同研究制定处置办法，及时回应社会关切。在办案中发现相关国家机关工作人员失职渎职等职务违法犯罪线索的，应当及时移送纪检监察机关。

3. 建立联合开展专项行动机制。各方开展的涉及对方工作范围的专项行动等，可邀请对方参与，真正形成检察机关与行政执法机关司法、执法工作合力，共同促进生态环境和资源保护领域依法行政。

4. 建立人员交流和培训机制。各方可定期互派业务骨干挂职，强化实践锻炼，进一步优化干部队伍素质。检察机关可聘请部分行政执法机关业务骨干任命为特邀检察官助理，共同参与公益诉讼办案工作。检察机关和行政执法机关举办相关培训时，可以为各方预留名额，或邀请各方单位领导和办案骨干介绍情况，定期开展业务交流活动，共同提高行政执法和检察监督能力。

二、《人民检察院检察建议工作规定》

2018年12月25日由最高人民检察院第十三届检察委员会第十二次会议通过《人民检察院检察建议工作规定》（本部分简称《规定》），共分为五章，共计32条，于2019年2月26日公布施行。2009年印发的《人民检察院检察建议工作规定（试行）》同时废止。

（一）起草背景

2009年，最高人民检察院印发了《人民检察院检察建议工作规定（试行）》（已失效），对检察机关充分发挥检察监督职能、规范开展检察建议工作发挥了积极作用。近年来，检察机关运用检察建议推动有关部门建章立制、堵塞漏洞、消除隐患，取得了良好效果，但是暴露出 4 个主要问题：一是适用范围不清。二是制发和管理不规范。三是存在重数量轻质量的问题。四是监督实效不够理想。同时，原试行规定对检察建议适用范围、内容、制发程序等规定较为粗疏，无法满足新时代检察建议工作实践的需要。最高人民检察院在深入调查研究的基础上，对原试行规定进行了修订。修订后的《规定》以提高检察建议质量和效果为导向，对监督事项的调查核实和检察建议书的制发程序、督促落实机制等进行了细化完善，为检察建议工作的规范有序开展提供了更加明确具体的依据。

（二）主要内容

1. 一般性规定。《规定》就检察建议的性质、制发对象、制发主体、制发原则等事项作出规定。具体为：

（1）检察建议的性质。检察建议是人民检察院依法履行法律监督职责，参与社会治理，维护司法公正，促进依法行政，预防和减少违法犯罪，保护国家利益和社会公共利益，维护个人和组织合法权益，保障法律统一正确实施的重要方式。

（2）检察建议的制发对象。《规定》区分不同情形，明确了检察建议的制发对象：其一是人民检察院可以直接向本院所办理案件的涉案单位、本级有关主管机关以及其他有关单位提出检察建议；其二是需要向涉案单位以外的上级有关主管机关提出检察建议的，应当层报被建议单位的同级人民检察院决定并提出检察建议，或者由办理案件的人民检察院制作检察建议书后，报被建议单位的同级人民检察院审核并转送被建议单位；其三是需要向下级有关单位提出检察建议的，应当指令对应的下级人民检察院提出检察建议；其四是需要向异地有关单位提出检察建议的，应当征求被建议单位所在地同级人民检察院意见。被建议单位所在地同级人民检察院提出不同意见，办理案件的人民检察院坚持认为应当提出检察建议的，层报共同的上级人民检察院决定。

（3）制发主体。检察建议由检察官办案组或者检察官办理。

（4）制发原则。提出检察建议，应当立足检察职能，结合司法办案工作，坚持严格依法、准确及时、必要审慎、注重实效的原则。

（5）制发检察建议的平台要求。制发检察建议应当在统一业务应用系统中进行，实行以院名义统一编号、统一签发、全程留痕、全程监督。

2. 检察建议的类型和适用条件。《规定》明确了 4 种类型的检察建议及其适用条件，并用兜底条款的形式预留了检察建议的适用范围。

（1）再审检察建议。人民检察院发现同级人民法院已经发生法律效力的判决、裁定具有法律规定的应当再审情形的，或者发现调解书损害国家利益、社会公共利益的，可以向同级人民法院提出再审检察建议。

（2）纠正违法检察建议。纠正违法检察建议适用于下列与行政机关或行政诉讼相关的情形：①人民法院审判人员在行政审判活动中存在违法行为的。②人民法院在执行生效行政判决、裁定等法律文书过程中存在违法执行、不执行、怠于执行等行为，或者有其他重大隐患的。③人民检察院办理行政诉讼监督案件或者执行监督案件，发现行政机关有违反法律规定、可能影响人民法院公正审理和执行行为的。④诉讼活动中其他需要以检察建议形式纠正违法的情形。

（3）公益诉讼检察建议。人民检察院在履行职责中发现生态环境和资源保护、食品药品安全、国有财产保护、国有土地使用权出让等领域负有监督管理职责的行政机关违法行使职权或者不作为，致使国家利益或者社会公共利益受到侵害，符合法律规定的公益诉讼条件的，应当按照公益诉讼案件办理程序向行政机关提出督促依法履职的检察建议。

（4）社会治理检察建议。人民检察院在办理案件中发现社会治理工作存在与行政机关相关的下列情形之一的，可以向有关单位和部门提出改进工作、完善治理的检察建议：①一定时期某类违法犯罪案件多发、频发，或者已发生的案件暴露出明显的管理监督漏洞，需要督促行业主管部门加强和改进管理监督工作的。②涉及一定群体的民间纠纷问题突出，可能导致发生群体性事件或者恶性案件，需要督促相关部门完善风险预警防范措施，加强调解疏导工作的。③相关单位或者部门不依法及时履行职责，致使个人或者组织合法权益受到损害或者存在损害危险，需要及时整改消除的。④需要给予有关涉案人员、责任人员或者组织行政处罚、政务处分、行业惩戒，或者需要追究有关责任人员的司法责任的。⑤其他需要提出检察建议的情形。

（5）其他检察建议。《规定》对检察建议的适用范围作出兜底规定。

3. 调查核实。检察官在履行职责中发现有应当依照本规定提出检察建议情形的，应当报经检察长决定，对相关事项进行调查核实，做到事实清楚、准确。

检察官可以采取以下 7 项调查核实措施：①查询、调取、复制相关证据材料。②向当事人、有关知情人员或者其他相关人员了解情况。③听取被建议单位意见。④咨询专业人员、相关部门或者行业协会等对专门问题的意见。⑤委托鉴定、评估、审计。⑥现场走访、查验。⑦查明事实所需要采取的其他措施。进行调查核实，不得采取限制人身自由和查封、扣押、冻结财产等强制性措施。

检察官一般应当在检察长作出决定后 2 个月以内完成检察建议事项的调查核实。情况紧急的，应当及时办结。检察官调查核实完毕，应当制作调查终结报告。认为需要提出检察建议的，应当起草检察建议书，一并报送检察长，由检察长或者检察委员会讨论决定是否提出检察建议。经调查核实，查明相关单位不存在需要纠正或者整改的违法事实或者重大隐患，决定不提出检察建议的，检察官应当将调查终结报告连同相关材料订卷存档。

4. 发出检察建议。《规定》就发出检察建议作出如下规定：

（1）检察建议书应当载明的事项。检察建议书要阐明相关的事实和依据，提出的建议应当符合法律、法规及其他有关规定，明确具体、说理充分、论证严谨、语言简洁、有操作性。检察建议书一般包括以下内容：①案件或者问题的来源。②依法认定的案件事实或者经调查核实的事实及其证据。③存在的违法情形或者应当消除的隐患。④建议的具体内容及所依据的法律、法规和有关文件等的规定。⑤被建议单位提出异议的期限。⑥被建议单位书面回复落实情况的期限。⑦其他需要说明的事项。

（2）进行内部法制审核。检察官起草的检察建议书，报送检察长前，应当送本院负责法律政策研究的部门对检察建议的必要性、合法性、说理性等进行审核。检察建议书正式发出前，可以征求被建议单位的意见。

（3）报送备案。发出的检察建议书，应当于5日内报上一级人民检察院对口业务部门和负责法律政策研究的部门备案。

（4）抄送相关单位。涉及事项社会影响大、群众关注度高、违法情形具有典型性、所涉问题应当引起有关部门重视的检察建议书，可以抄送同级党委、人大、政府、纪检监察机关或者被建议单位的上级机关、行政主管部门以及行业自律组织。

（5）检察建议的送达。检察建议书应当以人民检察院的名义送达有关单位。检察建议书可以书面送达，也可以宣告送达。宣告送达检察建议书应当商请被建议单位同意，可以在人民检察院、被建议单位或者其他适宜场所进行，由检察官向被建议单位负责人当面宣读检察建议书并进行示证、说理，听取被建议单位负责人意见。宣告送达可以邀请人大代表、政协委员或者特约检察员、人民监督员等第三方人员参加。

（6）检察建议的变更或撤回。检察长认为本院发出的检察建议书确有不当的，应当决定变更或者撤回，并及时通知有关单位，说明理由。上级人民检察院认为下级人民检察院发出的检察建议书确有不当的，应当指令下级人民检察院变更或者撤回，并及时通知有关单位，说明理由。

5. 检察建议的执行。

（1）行政机关回复期限。人民检察院提出检察建议，除另有规定外，应当要求被建议单位自收到检察建议书之日起2个月以内作出相应处理，并书面回复人民检察院。因情况紧急需要被建议单位尽快处理的，可以根据实际情况确定相应的回复期限。

（2）对异议进行复核。被建议单位对检察建议提出异议的，检察官应当立即进行复核。经复核，异议成立的，应当报经检察长或者检察委员会讨论决定后，及时对检察建议书作出修改或者撤回检察建议书；异议不成立的，应当报经检察长同意后，向被建议单位说明理由。

（3）督促落实检察建议。人民检察院应当积极督促和支持配合被建议单位落实检察建议。督促落实工作由原承办检察官办理，可以采取询问、走访、不定期会商、召开联席会议等方式，并制作笔录或者工作记录。

（4）对行政机关的监督。被建议单位在规定期限内经督促无正当理由不予整改或者整改不到位的，经检察长决定，可以将相关情况报告上级检察院，通报被建议单位的上级机关、行政主管部门或者行业自律组织等，必要时可以报告同级党委、人大，通报同级政府、纪检监察机关。符合提起公益诉讼条件的，依法提起公益诉讼。

6. 监督管理。

（1）检察建议评估。各级人民检察院检察委员会应当定期对本院制发的检察建议的落实效果进行评估。

（2）检察建议管理。人民检察院案件管理部门负责检察建议的流程监控和分类统计，定期组织对检察建议进行质量评查，对检察建议工作情况进行综合分析。

（3）绩效考核。人民检察院应当将制发检察建议的质量和效果纳入检察官履职绩效考核。

（4）工作指导。上级人民检察院应当加强对下级人民检察院开展检察建议工作的指导，及时通报情况，帮助解决检察建议工作中的问题。

三、《安全生产行政执法与刑事司法衔接工作办法》

为贯彻落实《中共中央、国务院关于推进安全生产领域改革发展的意见》的相关要求，建立健全安全生产行政执法与刑事司法衔接工作机制，依法惩治安全生产违法犯罪行为，保障人民群众生命财产安全和社会稳定，自 2018 年 4 月开始，应急管理部、公安部、最高人民法院、最高人民检察院联合开展深入调研，广泛征求各方面意见，并向社会公开征求意见，根据各方面意见认真研究修改，于 2019 年 4 月 16 日印发《安全生产行政执法与刑事司法衔接工作办法》（本部分简称《办法》）。《办法》全文共计 33 条，自印发之日起施行。

（一）适用范围

1. 适用对象。《办法》适用于应急管理部门（含煤矿安全监察机构、消防机构）、公安机关、人民法院、人民检察院办理的生产经营单位及有关人员涉嫌安全生产犯罪案件。属于《监察法》规定的公职人员在行使公权力过程中发生的涉嫌安全生产犯罪案件，不适用本办法，应当依法及时移送监察机关处理。

2. 适用的案件范围。《办法》适用于下列案件：①重大责任事故案件。②强令违章冒险作业案件。③重大劳动安全事故案件。④危险物品肇事案件。⑤消防责任事故、失火案件。⑥不报、谎报安全事故案件。⑦非法采矿，非法制造、买卖、储存爆炸物，非法经营，伪造、变造、买卖国家机关公文、证件、印章等涉嫌安全生产的其他犯罪案件。

（二）日常执法中的案件移送与法律监督

1. 案件移送。

（1）规范案件移送程序。应急管理部门在查处违法行为过程中发现涉嫌安全生产犯罪案件的，应当立即指定 2 名以上行政执法人员组成专案组专门负责，核实情况后提出移送涉嫌犯罪案件的书面报告。应急管理部门正职负责人或者主持工作的负责人应当自接到报告之日起 3 日内作出批准移送或者不批准移送的决定。批准移送的，应当在 24 小时内向同级公安机关移送；不批准移送的，应当将不予批准的理由记录在案。

（2）明确案件移送材料。应急管理部门向公安机关移送案件时应当附下列材料：①案件移送书。案件移送书应当附移送材料清单，并加盖应急管理部门公章。②案件调查报告。③涉案物品清单，并附采取行政强制措施、现场笔录等表明涉案物品来源的相关材料。④附有鉴定机构和鉴定人资质证明或者其他证明文件的检验报告或者鉴定意见。⑤现场照片、询问笔录、电子数据、视听资料、认定意见、责令整改通知书等其他与案件有关的证据材料。⑥对有关违法行为已经作出行政处罚决定的，还应当附行政处罚决定书。

（3）移送材料的补正及调查。公安机关审查发现移送的涉嫌安全生产犯罪案件材料不全的，应当在接受案件的 24 小时内书面告知应急管理部门在 3 日内补正。公安机关审查发现涉嫌安全生产犯罪案件移送材料不全、证据不充分的，可以就证明有犯罪事实的相关证据要求等提出补充调查意见，由移送案件的应急管理部门补充调查或者依法自行调查。

2. 立案。

（1）立案决定的作出。公安机关对移送的涉嫌安全生产犯罪案件，应当自接受案件之日起 3 日内作出立案或者不予立案的决定。涉嫌犯罪线索需要查证的，应当自接受案件之日起 7 日内作出决定。重大疑难复杂案件，经县级以上公安机关负责人批准，可以自受案之日起 30 日内作出决定。依法不予立案的，应当说明理由，相应退回案件材料。

（2）立案决定的通知。公安机关作出立案、不予立案决定的，应当自作出决定之日起 3 日内书面通知应急管理部门，并抄送同级人民检察院。

（3）立案后移送材料。应急管理部门应当自接到公安机关立案通知书之日起 3 日内将涉案物品以及与案件有关的其他材料移交公安机关，并办理交接手续。对保管条件、保管场所有特殊要求的涉案物品，可以在公安机关采取必要措施固定留取证据后，由应急管理部门代为保管。应急管理部门应当妥善保管涉案物品，并配合公安机关、人民检察院、人民法院在办案过程中对涉案物品的调取、使用及鉴定等工作。

（4）立案后的撤销。对移送的涉嫌安全生产犯罪案件，公安机关立案后决定撤销案件的，应当将撤销案件决定书送达移送案件的应急管理部门，并退回案卷材料。对依法应当追究行政法律责任的，可以同时提出书面建议。有关撤销案件决定书应当抄送同级人民检察院。

3. 立案监督。立案监督分为 2 种情形，一种是对公安机关立案的监督，另一种是对应急管理部门的监督。

（1）对公安机关立案的监督。对公安机关立案的监督包括以下 3 个方面的内容：第一，监督情形。包括 3 种：第一种，公安机关作出不予立案决定的。应急管理部门接到公安机关不予立案的通知书后，认为依法应当由公安机关决定立案的，可以自接到不予立案通知书之日起 3 日内提请作出不予立案决定的公安机关复议，也可以建议人民检察院进行立案监督。公安机关应当自收到提请复议的文件之日起 3 日内作出复议决定，并书面通知应急管理部门。应急管理部门对公安机关的复议决定仍有异议的，应当自收到复议决定之日起 3 日内建议人民检察院进行立案监督。第二种，公安机关逾期未作出是否立案决定的。应急管理部门对公安机关逾期未作出是否立案决定的，可以建议人民检察院进行监督。第三种，公安机关立案后撤销案件的。应急管理部门对公安机关立案后撤销案件决定有异议的，可以建议人民检察院进行监督。

应急管理部门建议人民检察院进行立案监督的，应当提供立案监督建议书、相关案件材料，并附公安机关不予立案通知、复议维持不予立案通知或者立案后撤销案件决定及有关说明理由材料。

第二，审查与说明理由。人民检察院应当对应急管理部门立案监督建议进行审查，认为需要公安机关说明不予立案、立案后撤销案件的理由的，应当要求公安机关在 7 日内说明理由。公安机关应当书面说明理由，回复人民检察院。

第三，检察意见。人民检察院经审查认为公安机关不予立案或者立案后撤销案件理由充分，符合法律规定情形的，应当作出支持不予立案、撤销案件的检察意见。认为有关理由不能成立的，应当通知公安机关立案。公安机关收到立案通知书后，应当在 15 日内立案，并将立案决定书送达人民检察院。

（2）对应急管理部门的监督。人民检察院发现应急管理部门不移送涉嫌安全生产犯罪案件的，可以派员查询、调阅有关案件材料，认为应当移送的，应当提出检察意见。应急管理部门应当自收到检察意见后 3 日内将案件移送公安机关，并将案件移送书抄送人民检察院。

（三）事故调查中的案件移送与法律监督

1. 案件移送与报告。事故调查中发现涉嫌安全生产犯罪的，事故调查组或者负责火灾调查的消防机构应当及时将有关材料或者其复印件移交有管辖权的公安机关依法处理。事故调查过程中，事故调查组或者负责火灾调查的消防机构可以召开专题会议，向有管辖权的公安机关通报事故调查进展情况。

2. 立案。事故发生地有管辖权的公安机关根据事故的情况，对涉嫌安全生产犯罪的，应当依法立案侦查。有管辖权的公安机关对涉嫌安全生产犯罪案件立案侦查的，应当在 3 日内将立案决定书抄送同级应急管理部门、人民检察院和组织事故调查的应急管理部门。

3. 上级的指导和督促。对有重大社会影响的涉嫌安全生产犯罪案件，上级公安机关采取挂牌督办、派员参与等方法加强指导和督促，必要时，可以按照有关规定直接组织办理。

4. 部门之间的意见沟通。组织事故调查的应急管理部门及同级公安机关、人民检察院对涉嫌安全生产犯罪案件的事实、性质认定、证据采信、法律适用以及责任追究有意见分歧的，应当加强协调沟通。必要时，可以就法律适用等方面问题听取人民法院意见。

5. 调查结论的抄送。对发生一人以上死亡的情形，经依法组织调查，作出不属于生产安全事故或者生产安全责任事故的书面调查结论的，应急管理部门应当将该调查结论及时抄送同级监察机关、公安机关、人民检察院。

（四）证据的收集与使用

1. 证据的收集与保存。具体措施包括：①在查处违法行为的过程中，有关应急管理部门应当全面收集、妥善保存证据材料。②对容易灭失的痕迹、物证，应当采取措施提取、固定。③对查获的涉案物品，如实填写涉案物品清单，并按照国家有关规定予以处理。④对需要进行检验、鉴定的涉案物品，由法定检验、鉴定机构进行检验、鉴定，并出具检验报告或者鉴定意见。

2. 证据材料的使用与效力。在查处违法行为或者事故调查的过程中依法收集制作的物证、书证、视听资料、电子数据、检验报告、鉴定意见、勘验笔录、检查笔录等证据材料，在刑事诉讼中可以作为证据使用。

事故调查组依照有关规定提交的事故调查报告应当由其成员签名。没有签名的，应当予以补正或者作出合理解释。

3. 证据的异议及处理。当事人及其辩护人、诉讼代理人对检验报告、鉴定意见、勘验笔录、检查笔录等提出异议，申请重新检验、鉴定、勘验或者检查的，应当说明理由。人民法院经审理认为有必要的，应当同意。人民法院同意重新鉴定申请的，应当及时委托鉴定，并将鉴定意见告知人民检察院、当事人及其辩护人、诉讼代理人；也可以由公安机关自行或者委托相关机构重新进行检验、鉴定、勘验、检查等。

（五）协作机制

1. 日常沟通与协作机制。各级应急管理部门、公安机关、人民检察院、人民法院应当明确本单位牵头机构和联系人，加强日常工作沟通与协作，定期召开联席会议，协调解决重要问题，并以会议纪要等方式明确议定事项。

2. 联合通报制度。各省、自治区、直辖市应急管理部门、公安机关、人民检察院、人民法院应当每年定期联合通报辖区内有关涉嫌安全生产犯罪案件移送、立案、批捕、起诉、裁判结果等方面信息。

3. 双向咨询制度。应急管理部门对重大疑难复杂案件，可以就刑事案件立案追诉标准、证据的固定和保全等问题咨询公安机关、人民检察院；公安机关、人民检察院可以就案件办理中的专业性问题咨询应急管理部门。受咨询的机关应当及时答复；书面咨询的，应当在 7 日内书面答复。

4. 人民法院裁判文书的送达范围。《办法》对于安全生产犯罪案件的裁判文书送达范围，区分 2 种情况作出了规定：一种是适用职业禁止措施的，应当在判决、裁定生效后 10 日内将判决书、裁定书送达罪犯居住地的县级应急管理部门和公安机关，同时抄送罪犯居住地的县级人民检察院；另一种是具有国家工作人员身份的，应当将判决书、裁定书送达罪犯原所在单位。

5. 检察建议和司法建议的作出。人民检察院、人民法院发现有关生产经营单位在安全生产保障方面存在问题或者有关部门在履行安全生产监督管理职责方面存在违法、不当情形的，可以发出检察建议、司法建议，有关生产经营单位或者有关部门应当按规定及时处理并书面反馈处理情况。

6. 信息化手段的运用。各级应急管理部门、公安机关、人民检察院应当运用信息化手段，逐步实现涉嫌安全生产犯罪案件的网上移送、网上受理和网上监督。

四、《关于审理行政协议案件若干问题的规定》

2019 年 11 月 12 日，最高人民法院审判委员会第 1781 次会议讨论通过《关于审理行政协议案件若干问题的规定》（本部分简称《行政协议规定》），共计 29 条，自 2020 年 1 月 1 日起施行。

（一）起草背景

2014 年修改后的《行政诉讼法》将行政协议纳入行政诉讼的受案范围，并规定了行政协议案件的裁判方式。随后通过的《关于适用〈中华人民共和国行政诉讼法〉若干问题的解释》（法释〔2015〕9 号）（已失效，本部分简称《行政诉讼法解释》）用 6 个条文进一步明确了行政协议案件审理的相关内容，对于人民法院正确审理行政协议案件起到了积极的推动作用。但是，《行政诉讼法解释》（已失效）仅就涉及行政协议案件的主要问题作了规定，还远远不能满足司法实践的需要。由于行政协议是一种特殊的行政管理活动，兼具"行政性"的一般属性和"协议性"的特别属性，导致行政协议案件的审理与一般行政行为案件的审理不同，需要通过司法解释作出更为详细和科学的规定。

（二）《行政协议规定》的主要内容

《行政协议规定》就行政协议案件作出专门规定，实现了若干重大制度创新，主要内容如下：

1. 行政协议的内涵和范围。

（1）明确规定行政协议的内涵。行政协议指"行政机关为了实现行政管理或者公共服务目标，与公民、法人或者其他组织协商订立的具有行政法上权利义务内容的协议"。根据这一定义，行政协议包含 4 个要素：一是主体要素，即一方当事人必须为行政机关；二是目的要素，即协议的签订必须是为了实现行政管理或者公共服务目标；三是内容要素，即协议必须具有行政法上的权利义务内容；四是意思要素，即协议双方当事人必须协商一致。

（2）明确规定行政协议的范围。《行政协议规定》从正反两方面规定了行政协议的范围。一方面，《行政协议规定》肯定性地列举了行政协议的类型，除行政诉讼法规定的政府特许经营协议、土地房屋征收补偿协议，还包括：矿业权等国有自然资源使用权出让协议；政府投资的保障性住房的租赁、买卖等协议；符合《行政协规定》第 1 条的政府与社会资本合作协议；其他行政协议。另一方面，《行政协议规定》明确将以下 2 类协议排除在行政协议范围之外：一是行政机关之间因公务协助等事由而订立的协议；二是行政机关与其工作人员订立的劳动人事协议。

2. 行政协议诉讼当事人。

（1）明确行政协议案件的原告和被告。基于行政协议诉讼"民告官"的定位，《行政协议规定》规定，因行政协议的订立、履行、变更、终止等产生纠纷，公民、法人或者其他组织作为原告，以行政机关为被告提起行政诉讼的，人民法院应当依法受理。人民法院受理行政协议案件后，被告就该协议的订立、履行、变更、终止等提起反诉的，人民法院不予准许。

（2）明确了利害关系人的原告资格。下列几类利害关系人可以成为行政协议诉讼的原告：①公平竞争权人。指参与招标、拍卖、挂牌等竞争性活动，认为行政机关应当依法与其订立行政协议但行政机关拒绝订立，或者认为行政机关与他人订立行政协议损害其合法权益的公民、法人或者其他组织。②用益物权人、公房承租人。指认为征收征用补偿协议损害其合法权益的被征收征用土地、房屋等不动产的用益物权人、公房承租人。③其他认为行政协议的订立、履行、变更、终止等行为损害其合法权益的公民、法人或者其他组织。

3. 管辖制度。

（1）明确了约定管辖制度。为了保障行政相对人一方的协议利益，同时考虑到行政协议是基于平等自愿签订的，《行政协议规定》参考民事合同案件的管辖，规定行政协议的当事人可以约定管辖的法院。当事人书面协议约定选择被告所在地、原告所在地、协议履行地、协议订立地、标的物所在地等与争议有实际联系地点的人民法院管辖的，人民法院从其约定，但违反级别管辖和专属管辖的除外。

（2）明确了 2 类诉讼的立案衔接机制。为了更好地保障公民、法人或其他组织的诉权，《行政协议规定》规定，公民、法人或者其他组织向人民法院提起民事诉讼，生效民事裁定以涉案协议属于行政协议为由不予立案或者驳回起诉，当事人又提起行政诉讼的，人民法院应当依法立案。

4. 行政协议案件诉讼请求的内容。判决需正面回应原告的诉讼请求，才能真正化解争议，实现定分止争。要回应原告的诉讼请求，需先明确诉讼请求的内容。对此，《行政协议规定》区分行为争议和协议争议，列举了行政协议案件的 6 项具体诉讼请求：①请求判决撤销行政机关变更、解除行政协议的行政行为，或者确认该行政行为违法。②请求判决行政机关依法履行或者按照行政协议约定履行义务。③请求判决确认行政协议的效力。④请求判决行政机关依法或者按照约定订立行政协议。⑤请求判决撤销、解除行政协议。⑥请求判决行政机关赔偿或者补偿。

5. 行政协议案件审理机制。

（1）明确了举证责任分配规则。其一，被告承担举证责任的事项。被告对于自己具有法定职权、履行法定程序、履行相应法定职责以及订立、履行、变更、解除行政协议等行为的合法性承担举证责任。其二，原告承担举证责任的事项。原告主张撤销、解除行政协议的，对撤销、解除行政协议的事由承担举证责任。其三，双方均需承担举证责任的事项。对行政协议是否履行发生争议的，由负有履行义务的当事人承担举证责任。

（2）明确了人民法院的审查范围。其一是明确对被告的协议行为的合法性进行全面审查。人民法院审理行政协议案件，应当根据行政诉讼法的规定对被告订立、履行、变更、解除行政协议的行为是否具有法定职权、是否滥用职权、适用法律法规是否正确、是否遵守法定程序、是否明显不当、是否履行相应法定职责进行全面的合法性审查，不受原告诉讼请求的限制。其二是明确对原告请求的审查规则。原告认为被告未依法或者未按照约定履行行政协议的，人民法院应当针对其诉讼请求，对被告是否具有相应义务或者履行相应义务等进行审查。

（3）明确了法律适用规则。《行政协议规定》主要从3个方面对行政协议案件的法律适用规则作出规定。一是人民法院审理行政协议案件，应当适用行政诉讼法的规定；行政诉讼法没有规定的，参照适用民事诉讼法的规定。二是人民法院审理行政协议案件，可以参照适用民事法律规范关于民事合同的相关规定。三是以2015年5月1日为节点，之后订立的行政协议发生纠纷的，适用《行政诉讼法》及《行政协议规定》；之前订立的行政协议发生纠纷的，适用当时的法律、行政法规及司法解释。

6. 行政协议案件裁判方式。《行政协议规定》全面回应审判实践中的问题，完善了行政协议判决类型，明确了各类判决的适用条件，形成契合行政协议争议特点、结构合理的行政协议判决体系。

（1）针对被告变更解除协议行为的裁判方式。①在履行行政协议过程中，可能出现严重损害国家利益、社会公共利益的情形，被告作出变更、解除协议的行政行为后，原告请求撤销该行为，人民法院经审理认为该行为合法的，判决驳回原告诉讼请求；给原告造成损失的，判决被告予以补偿。②被告行使行政优益权的行为违法的，人民法院判决撤销或者部分撤销，并可以责令被告重新作出行政行为。③被告行使行政优益权的行政行为违法，人民法院可以判决继续履行协议、采取补救措施；给原告造成损失的，判决被告予以赔偿。

（2）重点完善协议争议的裁判方式。行政协议案件多数为协议争议，《行政协议规定》重点完善了协议争议的判决方式，根据原告提出的不同诉讼请求，分别适用如下判决：

第一，确认协议无效判决。适用情形包括：行政协议存在《行政诉讼法》第75条规定的重大且明显违法情形的，人民法院应当确认行政协议无效；人民法院可以适用民事法律规范确认行政协议无效。但是，行政协议无效的原因在一审法庭辩论终结前消除的，人民法院可以确认行政协议有效。

第二，撤销协议判决。适用情形为：原告认为行政协议存在胁迫、欺诈、重大误解、显失公平等情形而请求撤销，人民法院经审理认为符合法律规定的可撤销情形的，可以依法判决撤销该协议。新增的撤销协议判决有利于扩大对协议当事人权利的救济，有的案件中行政协议具备可撤销情形，但不具备无效情形，很难通过确认协议无效保障当事人的权利。

第三，解除协议判决。适用情形为：原告请求解除行政协议，人民法院认为符合约定或者法定解除情形且不损害国家利益、社会公共利益和他人合法权益的，可以判决解除该协议。

第四，履行协议判决。适用情形为：被告未依法履行、未按照约定履行行政协议，人民法院可以依法判决被告继续履行，并明确继续履行的具体内容；被告无法履行或者继续履行无实际意义的，人民法院可以判决被告采取相应的补救措施；给原告造成损失的，判决被告予以赔偿。原告要求按照约定的违约金条款或者定金条款予以赔偿的，人民法院应予支持。

第五，补偿判决。适用情形为：被告或者其他行政机关因国家利益、社会公共利益的需要依法行使行政职权，导致原告履行不能、履行费用明显增加或者遭受损失，原告请求判令被告给予补偿的，人民法院应予支持。

第六，驳回诉讼请求判决。适用情形为：原告以被告违约为由请求人民法院判令其承担违约责任，人民法院经审理认为行政协议无效的，应当向原告释明，并根据原告变更后的诉讼请求判决确认行政协议无效；因被告的行为造成行政协议无效的，人民法院可以依法判决被告承担赔偿责任。原告经释明拒绝变更诉讼请求的，人民法院可以判决驳回其诉讼请求。

第七，补救判决。适用情形为：因被告的原因导致协议被确认无效或者被撤销，可以同时判决责令被告采取补救措施；给原告造成损失的，人民法院应当判决被告予以赔偿。

第八，应经批准的行政协议案件的处理。《行政协议规定》明确了应当经过批准程序的协议的处理方式：法律、行政法规规定应当经过其他机关批准等程序后生效的行政协议，在一审法庭辩论终结前未获得批准的，人民法院应当确认该协议未生效。行政协议约定被告负有履行批准程序等义务而被告未履行，原告要求被告承担赔偿责任的，人民法院应予支持。

7. 行政协议强制执行机制。为解决公民、法人或其他组织不履行或不按约定履行行政协议的问题，《行政协议规定》规定，行政机关认为行政相对人不依法、不依约履行行政协议的，可以根据行政诉讼法和行政强制法的规定，向人民法院申请强制执行，确保国家利益、社会公共利益及时实现。主要包括 2 种情形：

（1）以行政机关作出的履行协议决定作为执行名义，向人民法院申请强制执行。如果行政相对人未按照行政协议履行，行政机关可以依法作出相应的履行协议决定。相对人对此未申请行政复议或者提起行政诉讼，且仍不履行，协议内容具有可执行性的，行政机关可以将该行政决定作为执行名义向人民法院申请强制执行。

（2）以行政机关作出的处理决定作为执行名义，向人民法院申请强制执行。如果法律、行政法规规定行政机关对行政协议享有监督协议履行的职权，行政机关可以对不履行协议的行政相对人作出处理决定。相对人在收到处理决定后未申请行政复议或者提起行政诉讼，且仍不履行，协议内容具有可执行性的，行政机关可以向人民法院申请强制执行。

8. 诉讼时效和起诉期限。行政相对人对行政机关不依法履行、未按照约定履行行政协议提起诉讼的，参照民事法律规范确定诉讼时效；对行政机关变更、解除行政协议等行政行为提起诉讼的，依照行政诉讼法及其司法解释确定起诉期限。

第三章
中国诉讼法的实践状况

第一节 刑事诉讼法的实践状况

一、刑事诉讼的基本数据*

（一）刑事侦查工作数据[1]

1. 深入开展打黑除恶专项斗争。2019 年，全国公安机关坚决贯彻落实中央关于开展扫黑除恶专项斗争的决策部署，保持凌厉严打攻势，先后打掉一大批黑社会性质组织和恶势力犯罪集团，沉重打击了黑恶势力犯罪的嚣张气焰。据统计，截至2020 年 1 月 14 日，3880 名涉黑恶目标逃犯到案，到案率超 8 成，50 名 A 级通缉令逃犯到案 39 名，220 名潜逃境外的逃犯到案；专项斗争以来，截至 2019 年 12 月 20日，全国立案查处涉黑涉恶腐败和"保护伞"案件 51 734 件，处理 61 227 人，给予党纪政务处分 42 769 人，移送司法机关 6837 人。[2]

2. 开展"云剑"行动，重点打击电信诈骗等犯罪。2019 年 7 月，公安部部署全国公安机关开展"打诈骗、抓逃犯、保大庆"的专项打击行动，这次行动被称为"云剑"行动，剑锋直指人民群众深恶痛绝的电信网络诈骗、民族资产解冻类诈骗、套路贷等新型犯罪；同时，强力缉捕一批严重刑事犯罪在逃人员，最大限度地消除社会治安隐患、确保社会大局持续稳定，为中华人民共和国成立 70 周年大庆创造安全稳定的社会环境。行动开展以来，全国破获电信网络诈骗案件 11.8 万起，同比上

---

　*　执笔人：中国政法大学诉讼法学研究院罗海敏副教授。

　〔1〕除特别标明外，本部分数据来自公安部官网"公安要闻"栏目，载 https：//www.mps.gov.cn/n2253534/n2253535/index.html，最后访问日期：2021 年 3 月 12 日。

　〔2〕"击楫中流正当时——全国扫黑除恶专项斗争推进纪实"，载 http：//www.moj.gov.cn/subject/content/2020-01/17/1439_3240415.html，最后访问日期：2021 年 3 月 12 日。

升 62.7%；抓获犯罪嫌疑人 9.9 万名，同比上升 135.6%；组织 13 个省份公安机关多次赴柬埔寨、菲律宾、老挝等国家开展警务执法合作，捣毁了一大批诈骗窝点，先后 14 次将 2553 名电信网络诈骗犯罪嫌疑人押解回国，极大震慑了境外电信网络诈骗犯罪集团；破获套路贷犯罪案件 5.8 万起，打掉团伙 4205 个，抓获犯罪嫌疑人 4.1 万人，查缴涉案资金 577 亿元，据监测，套路贷网络平台下降了 77%；共打掉民族资产解冻类诈骗团伙 576 个，抓获犯罪嫌疑人 8982 人；追逃工作取得 8 年来最好成绩，共抓获逃犯 24.3 万名，其中公安部 A 级通缉令逃犯 96 名。开展"云剑"行动，带动了社会治安大局的持续稳定，1 月至 11 月全国刑事案件立案数下降 3.9%，严重暴力犯罪案件数下降 10.4%。

3. 开展"净网 2019"专项行动，严厉打击网络违法犯罪活动。2019 年 1 月，公安部部署组织全国公安机关开展"净网 2019"专项行动，依法严厉打击侵犯公民个人信息、黑客攻击破坏等网络违法犯罪活动。专项行动一方面聚焦重点、以打开路，创新实施网络违法犯罪生态打击策略，努力全面铲除网络违法犯罪赖以生存的网上土壤，最大程度打击和遏制违法犯罪活动；另一方面以打促管、以打促治，按照国家治理体系和治理能力现代化的要求，会同相关方面积极推动有关政策、法律、机制和措施的健全完善，进一步从源头上规范网络空间秩序、防范治理网络违法乱象。按照公安部部署，各地公安机关精心组织、严密措施、稳步有序推进专项行动深入开展，对群众反映强烈、严重侵犯网民权益的网上违法犯罪活动重拳出击。截至 10 月 31 日，共侦破涉网案件 45 743 起，抓获犯罪嫌疑人 65 832 名，取得了显著成效。其中，侦破侵犯公民个人信息类案件 2868 起，抓获犯罪嫌疑人 7647 名；侦破黑客类案件 1361 起，抓获犯罪嫌疑人 2133 名；侦破网络诈骗类案件 21 933 起，抓获犯罪嫌疑人 22 743 名；侦破网络赌博类案件 5797 起，抓获犯罪嫌疑人 9490 名；侦破网络色情类案件 2406 起，抓获犯罪嫌疑人 4512 名。其中侦破了一系列人民群众关心关切的案件，成为重点热点典型案件，如打掉多个利用"暗网"倒卖公民信息的犯罪团伙，捣毁一批为"套路贷"提供技术、数据服务的科技公司，斩断多条非法生产、销售针孔摄像头等偷拍器材的黑色产业链条，清剿了多个制售迷奸药物的犯罪网络。同时，针对互联网企业及联网单位开展安全监督检查 17 万余家次，清理违法有害信息 445 万余条，关闭网络账号 60 万余个，约谈整改相关网站及 APP 3.7 万余家次，行政查处 9.1 万家次。

4. 组织开展打击涉枪涉爆犯罪行为等其他多个专项行动。针对人民群众反映强烈的突出问题，全国公安机关还在 2019 年集中组织了针对枪爆违法犯罪、涉非洲猪瘟相关犯罪、长江流域黑恶势力非法采砂违法犯罪、破坏野生动物资源违法犯罪、伪造和买卖居民身份证违法犯罪等专项整治行动，有效遏制了相关违法犯罪的高发态势。例如，在打击整治枪支爆炸物品违法犯罪专项行动开展以来，全国共破获涉枪涉爆案件 3.7 万起，打掉团伙 416 个，捣毁窝点 599 个，抓获违法犯罪嫌疑人 4.3 万人；收缴猎枪 1.2 万支、气枪 4.2 万支、火药枪 3.8 万支、射钉器改制枪和其他枪支 5.4 万支，收缴各类子弹 369 万发、炸药 416 吨、雷管 50 万枚。在打击整治伪造和买卖居民身份证违法犯罪专项行动中，截至 2019 年 8 月，各地公安机关共破获伪造、买卖居民身份证案件 3.2 万余起，抓获犯罪嫌疑人 1.6 万余人，捣毁制贩假证窝点 1900 余处，缴获一大批伪造居民身份证，发现清理网上涉居民身份证违法信息 4460 余条。

（二）刑事检察工作数据[1]

1. 平安中国、法治中国建设。2019 年，全国检察机关共办理审查逮捕案件 935 432 件。经审查，批准逮捕各类犯罪嫌疑人 1 088 490 人，同比上升 3%；不批准逮捕 313 743 人，同比上升 4.7%，不捕率 22.4%，同比增加 0.3 个百分点。共办理审查起诉案件 1 413 742 件。经审查，提起公诉 1 818 808 人，同比分别上升 7.2%、7.4%；不起诉 190 258 人，同比上升 35.3%，不起诉率 9.5%，同比增加 1.8 个百分点。

（1）坚决维护国家政治安全和社会稳定。2019 年，检察机关贯彻总体国家安全观，依法严惩分裂国家、间谍等犯罪；支持新疆等地检察机关健全反恐维稳常态机制；坚决惩治"法轮功"等邪教组织犯罪。检察机关严惩严重暴力犯罪，起诉 60 654 人，同比上升 1.6%；依法惩治盗窃等多发性侵财犯罪，起诉 393 587 人，同比上升 5.1%；突出惩治重大责任事故等安全生产领域犯罪，起诉 3543 人，同比上升 5.9%；加大惩治电信网络诈骗以及利用网络赌博、泄露个人信息等犯罪力度，起诉 71 765 人，同比上升 33.3%。起诉侵害残疾人权益犯罪 5928 人，同比上升 9%。起诉侵害老年人权益犯罪 46 610 人，同比上升 12.4%。起诉伤医、聚众扰医等涉医犯罪 1637 人，同比下降 48.9%。起诉破坏军事设施、破坏军婚等涉军犯罪 510 人，同比上升 25.3%。

（2）严格依法推进扫黑除恶专项斗争。2019 年，检察机关会同有关部门制定 8 个指导性文件，对 107 起重大案件直接挂牌督办，派出专家组督导孙小果案、杜少平操场埋尸案、黄鸿发家族案等重大案件。共起诉涉黑犯罪 30 547 人、涉恶犯罪 67 689 人，同比分别上升 194.8% 和 33.2%。坚持"是黑恶犯罪一个不放过、不是黑恶犯罪一个不凑数"，省级检察院对涉黑和重大涉恶案件统一把关。侦查机关以涉黑涉恶移送审查起诉，检察机关依法不认定 9007 件；未以涉黑涉恶移送的，依法认定 2148 件。促进深挖根治，起诉"保护伞"1385 人，同比上升 295.7%。

（3）打好三项攻坚战。2019 年，检察机关共起诉金融诈骗、破坏金融管理秩序犯罪 40 178 人，同比上升 25.3%。最高人民检察院向中央有关部门发出第三号检察

---

〔1〕 参见"2019 年全国检察机关主要办案数据"，载中国人民检察院官网，https：//www.spp.gov.cn/spp/xwfbh/wsfbt/202006/t20200602_463796.shtml#1，最后访问日期：2021 年 3 月 12 日；"最高人民检察院 2020 年工作报告"，载最高人民检察院官网，https：//www.spp.gov.cn/spp/gzbg/202006/t20200601_463798.shtml，最后访问日期：2021 年 3 月 12 日。

建议，推动强化监管、源头防控。检察机关为脱贫攻坚助力，起诉扶贫领域"蝇贪"877 人；向因案致贫返贫的 6000 个受害家庭发放司法救助金 7589 万元，同比分别上升 42.4%和 54.7%；起诉恶意欠薪犯罪 902 人，支持农民工起诉 10 322 件。检察机关对污染环境、走私洋垃圾、非法采矿等犯罪从严惩处，起诉 50 800 人，同比上升 20.4%；办理生态环境领域公益诉讼案件 69 236 件，同比上升 16.7%。山西浑源 32 家采矿企业私挖滥采，最高人民检察院挂牌督办，省委和省政府重视、支持，三级检察院联动，以公益诉讼推动生态治理 4 万余亩。

（4）支持企业经营发展。2019 年，检察机关持续落实服务民营经济 11 项检察政策，切实做到慎捕、慎诉，并发布典型案例加强指导；对 1971 名依法可不继续羁押的民营企业负责人建议办案机关取保候审；对既未撤案又未移送审查起诉、长期搁置的"挂案"组织专项清理，排查出 2687 件，已督促结案 1181 件。

（5）加大知识产权司法保护力度。2019 年，检察机关起诉侵犯商标权、专利权、著作权及技术信息、经营信息等犯罪 11 003 人，同比上升 32.2%。针对查处的侵犯知识产权案件中，有的被侵权企业因不了解案件信息、难以行使救济权问题，推广上海经验，在 6 个省、直辖市试点审查起诉时主动告知被侵权企业诉讼权利，刑事追诉与民事维权并重。

（6）推进反腐败斗争。2019 年，检察机关受理各级监委移送职务犯罪 24 234 人，同比上升 50.6%。已起诉 18 585 人，同比上升 89.6%；不起诉 704 人，退回补充调查 7806 人次，不起诉率、退补率同比分别增加 1.1 和 16.3 个百分点。对秦光荣、陈刚等 16 名原省部级干部提起公诉。对 13 起贪污贿赂犯罪嫌疑人逃匿、死亡案件提出没收违法所得申请。对司法工作人员侵犯公民权利、损害司法公正犯罪立案侦查 871 人，坚决清除司法队伍中的害群之马。

（7）持续推进"一号检察建议"落实。最高人民检察院 2018 年就防治校园性侵发出第一号检察建议后，2019 年又会同教育部赴 8 个省、自治区、直辖市督导，与河北、河南、陕西等地省领导夜查寄宿学校安全管理；地方检察机关与教育部门联合查访中小学校、幼儿园 3.8 万余所，推动平安校园建设。推广上海、湖北、重庆等地经验，与公安部、教育部共建教职工入职前查询相关违法记录制度；与教育部、国家卫健委等 8 部委共建未成年人被侵害强制报告制度，把对孩子的保护做得更实、更细。起诉性侵、拐卖、虐待等侵害未成年人犯罪 62 948 人，同比上升 24.1%。专门发布检察政策：凡拉拢、诱迫未成年人参与有组织犯罪，一律依法从严追诉、从重提出量刑建议。依法惩治未成年人犯罪，对主观恶性深、犯罪手段残忍、后果严重的决不纵容；未达刑事责任年龄不追诉的，依法送交收容教养或专门学校从严矫治。3 万余名检察官担任中小学法治副校长，落实法治教育从娃娃抓起。

（8）落实群众来信回复制度。2019 年，全国检察机关新收群众来信 491 829 件，均在 7 日内告知"收到了、谁在办"；3 个月内办理过程或结果答复率 99.2%。四级检察长接待信访群众 16 135 次。邀请人大代表、政协委员、人民监督员、社区代表等对 1244 件申诉多年的疑难案件公开听证，摆事实、举证据、释法理。2019 年底又开通联网办信，流转、查询、反馈全程提速。

（9）引领社会法治观念、弘扬社会主义核心价值观。2019 年，最高人民检察院指导地方检察机关查明涞源反杀案、邢台董民刚案、杭州盛春平案、丽江唐雪案等影响性防卫案件事实，依法认定正当防卫，引领、重塑正当防卫理念。山西、陕西等地检察机关协同军事检察机关，对改进英烈纪念设施管理提出检察建议 1047 件。会同有关部门发布惩治袭警违法犯罪指导意见，维护民警执法安全就是维护国家法治尊严。

2. 履行刑事检察职责。

（1）秉持客观公正立场方面。2019 年，全国检察机关对不构成犯罪或证据不足的决定不批捕 191 290 人、不起诉 41 409 人，较 5 年前分别上升 62.8% 和 74.6%。对羁押必要性审查立案 87 210 人，同比上升 9.6%；提出变更强制措施或释放建议 75 457 人，同比上升 6%，较 5 年前上升 279%；有关机关采纳 69 557 人，占提出数的 92.2%，同比增加 2.2 个百分点。最高人民检察院检察委员会讨论"张志超强奸案"，认为原起诉、裁判证据不足，按照疑罪从无原则，支持山东检察机关提出改判无罪意见。

（2）贯彻宽严相济刑事政策方面。最高人民检察院与有关部门制定认罪认罚从宽制度实施意见，大力推进落实。2019 年 12 月适用率达 83.1%，量刑建议采纳率 79.8%；一审服判率 96.2%，高出其他刑事案件 10.9 个百分点，有力促进了矛盾化解、社会和谐。

（3）开展刑事诉讼监督方面。检察机关推广北京、山西、广东经验，向公安机关执法办案管理中心、法制部门或派出所派驻检察室，加强对立案和侦查活动同步监督。对认为确有错误的刑事裁判提出抗诉 8302 件，法院已改判、发回重审 4364 件；常态化清理久押不决案件，对侦查、审判环节羁押 5 年以上未结案的 367 人逐案核查，已依法纠正 189 人。对"减刑、假释、暂予监外执行"不当提出纠正 40 271 人，同比下降 4.9%；同期已纠正 38 035 人，占提出数的 94.4%，同比增加 1.6 个百分点。对刑事执行活动违法提出纠正 29 135 件，同比下降 17.4%；同期已纠正 28 847 件，占提出数的 99%，同比增加 1 个百分点。对监外执行活动违法提出纠正 40 571 人，同比下降 7.1%；同期已纠正 39 762 人，占提出数的 98%，同比增加 0.5 个百分点。

3. 自觉接受监督。2019 年，检察机关认真办理全国人大代表提出的书面建议 150 件，对 36 件有新进展的往年建议跟进反馈；邀请 376 名全国人大代表视察检察工作、参与案件公开审查，获得监督、赢得支持；对监察机关提请复议的不起诉案件和公安机关提请复议复核的不批捕、不起诉案件，严格依法重新审查，改变原决定 740 人，同比下降 4.8%；对法院作出无罪判决的，逐案评查、落实司法责任；与司法部建立联席会议机制，共同促进刑罚执行严格公正。

（三）刑事审判工作数据[1]

1. 坚决维护国家安全和社会稳定。2019年，全国法院审结一审刑事案件129.7万件，判处罪犯166万人。依法严惩各种渗透颠覆破坏、暴力恐怖、民族分裂、宗教极端等犯罪，坚定捍卫国家政治安全和人民根本利益。始终保持对严重危害社会治安犯罪高压态势，审结严重暴力犯罪案件4.9万件，多发性侵财犯罪案件27.2万件，涉枪涉爆、涉赌涉黄犯罪案件6.5万件，严重暴力犯罪案件连续10年呈下降态势，社会治安保持平稳有序。深入开展禁毒斗争，审结毒品犯罪案件8.6万件。会同应急管理部等强化行政执法与刑事司法衔接，依法惩治安全生产违法犯罪，保障人民群众生命财产安全。会同最高人民检察院、公安部发布惩治袭警违法犯罪意见，切实维护人民警察人身安全和执法权威。依法审理劫持公交车撞人、校园门口砍杀无辜、杀害顺风车乘客等一批重大恶性案件，对罪行极其严重的犯罪分子依法判处死刑，充分发挥刑罚震慑作用。

2. 深入开展扫黑除恶专项斗争。全国法院审结涉黑涉恶犯罪案件12 639件83 912人；依法审理孙小果案、杜少平操场埋尸案，对主犯孙小果、杜少平坚决判处并执行死刑，让正义最终得以实现；会同有关单位出台办理恶势力、"套路贷"、非法放贷等刑事案件意见，明确政策法律界限，确保打得狠、打得准；坚决"打伞破网"，严惩公职人员涉黑涉恶犯罪；实行"打财断血"，综合运用判处财产刑、追缴、没收违法所得等手段，彻底铲除黑恶势力经济基础；专项斗争开展以来，依法惩处了一批作恶多端的"沙霸""路霸""菜霸"，净化了社会风气。

3. 保持惩治腐败高压态势。全国法院审结贪污贿赂、渎职等案件2.5万件2.9万人，其中被告人原为中管干部的27人；准确体现宽严相济刑事政策，对艾文礼等主动投案被告人依法从宽处理，对邢云等严重腐败分子适用终身监禁；与国家监察委员会等完善国家监察与刑事司法衔接机制；积极配合境外追逃追赃，审结外逃腐败分子回国受审案件321件，依法没收彭旭峰等人转移至境外的违法所得，决不让腐败分子逍遥法外、逃避惩罚。

4. 切实维护人民群众安全感。人民法院严惩危害食品药品安全犯罪，依法妥善审理长生疫苗案、肖平辉生产销售注水牛肉案等重大案件；河北、上海、江苏等地法院依法审理涉及未经批准进口仿制药刑事案件，准确把握罪与非罪界限，让司法既有力度也不失温度；针对民族资产解冻类电信网络诈骗高发态势，会同公安部等出台意见，加大惩处力度；严惩暴力伤医犯罪，对杀害北京民航总医院医生的孙文斌等一批犯罪分子依法判处并执行死刑，为医务人员筑牢安全保障；针对高空抛物坠物严重威胁群众安全问题，出台司法政策，加强依法惩治和源头预防，公开审判一批高空抛物危害公共安全案件。

---

[1] "最高人民法院2020年工作报告"，载http://www.court.gov.cn/zixun-xiangqing-231301.html，最后访问日期：2021年3月12日。

5. 依法裁定特赦。人民法院认真落实习近平主席特赦令和全国人大常委会特赦决定，在中华人民共和国成立 70 周年前夕，依法裁定特赦罪犯 23 593 人。

6. 加强人权司法保障。各级法院按照审判监督程序再审改判刑事案件 1774 件，山东等法院依法纠正张志超等重大冤错案件；审结国家赔偿案件 1.8 万件，保障赔偿请求人合法权益。坚持罪刑法定、疑罪从无、证据裁判，依法宣告 637 名公诉案件被告人和 751 名自诉案件被告人无罪；陕西法院依法宣告范太应无罪，避免了重大冤错案件发生；坚持宽严相济刑事政策，该严则严，当宽则宽，罚当其罪；深入推进以审判为中心的刑事诉讼制度改革，全面准确适用认罪认罚从宽制度；会同司法部推进刑事案件律师辩护全覆盖，保障律师依法履职。

7. 保护未成年人健康成长。各级法院依法严惩侵害少年儿童身心健康的犯罪，对性侵儿童的赵志勇、何龙等罪行极其严重的一批犯罪分子，坚决依法判处死刑；会同民政部等出台意见，加强对无人抚养儿童的保护，贵州等法院专门制定保护农村留守儿童合法权益文件，让每一个孩子都沐浴在法治的阳光下；加强校园欺凌预防处置，审结相关案件 4192 件；会同教育部等完善校园安全事故处理机制，依法惩治涉及"校闹"的犯罪；积极推进司法保护与行政、家庭、学校、社区保护联动机制试点。

二、刑事诉讼法的实施状况 *

我国 2018 年修改的《刑事诉讼法》自 2018 年 10 月 26 日公布之日即开始施行，2019 年是其正式施行后的第一个完整年份。在 2019 年，《监察法》与《刑事诉讼法》的衔接、认罪认罚从宽制度的适用、刑事案件律师辩护全覆盖等问题是与《刑事诉讼法》实施状况密切相关的几方面问题。

（一）《监察法》与《刑事诉讼法》的衔接

根据中央纪委国家监委的通报，2019 年全国纪检监察机关共接受信访举报 329.4 万件次，立案 61.9 万件，处分 58.7 万人，包括省部级干部 41 人，厅局级干部 0.4 万人，县处级干部 2.4 万人，乡科级干部 8.5 万人，一般干部 9.8 万人，农村、企业等其他人员 37.7 万。根据通报，2019 年，全国纪检监察机关运用"四种形态"批评教育帮助和处理共 184.9 万人次。其中，运用第一种形态批评教育帮助 124.6 万人次，占总人次的 67.4%；运用第二种形态处理 46.3 万人次，占 25%；运用第三种形态处理 7.2 万人次，占 3.9%；运用第四种形态处理 6.8 万人次，占 3.7%。[1]

经过磨合，监察机关与检察机关、法院的衔接逐步规范。根据最高人民检察院 2020 年工作报告，检察机关在 2019 年共受理各级监委移送职务犯罪 24 234 人，同比上升 50.6%；已起诉 18 585 人，同比上升 89.6%；不起诉 704 人，退回补充调查

---

* 执笔人：中国政法大学诉讼法学研究院罗海敏副教授。

〔1〕 "2019 年全国纪检监察机关处分 58.7 万人，包括 41 名省部级干部"，载 http://www.gov.cn/xinwen/2020-01/17/content_ 5470136.htm，最后访问日期：2021 年 3 月 12 日。

7806 人次，不起诉率、退补率同比分别增加 1.1 和 16.3 个百分点。在国家监察委员会办理的中管干部职务犯罪案件中，最高人民检察院件件提前介入。[1] 同时，根据最高人民法院 2020 年工作报告，全国法院共审结贪污贿赂、渎职等案件 2.5 万件 2.9 万人。[2]

（二）认罪认罚从宽制度

2019 年 1 月，检察环节认罪认罚从宽制度适用率为 20.9%，2019 年 6 月达到 39%。针对刑事案件一审后认罪服判率在 80% 以上、判处 3 年有期徒刑以下刑罚案件也在 80% 以上，最高人民检察院提出要坚持实事求是，积极主动担当，全面落实制度规定。经过持续有力督导，2019 年 12 月检察机关办理刑事案件适用认罪认罚从宽制度的比例已达 83.1%。[3] 具体而言，全国检察机关 2019 年适用认罪认罚从宽制度办理案件 971 038 人，占同期审结数的 48.3%。适用比例呈逐月上升趋势，1 月至 12 月适用人数分别为 31 069 人、19 880 人、38 454 人、42 780 人、45 491 人、58 659 人、81 225 人、92 530 人、115 590 人、113 164 人、152 692 人、179 504 人；占审结人数的比例分别为：20.5%、20.7%、25%、26%、29.9%、38.4%、43.7%、52.5%、59.8%、67.7%、75.7%、83.1%。[4] 在这些适用认罪认罚案件的审判中，检察机关量刑建议的采纳率为 79.8%；一审服判率达到 96.2%。[5]

2019 年 10 月，最高人民法院、最高人民检察院会同公安部、国家安全部、司法部联合印发《关于适用认罪认罚从宽制度的指导意见》，对适用案件范围和条件、"认罪""认罚"的界定、从宽的把握、提出量刑建议等作出具体规定，为办案一线提供操作指引。同时，各地执法司法机关密切沟通，相互通报制度适用情况，共同研究工作中的具体问题，统一适用标准和程序衔接。不少地方检察机关还专门在公安机关执法办案管理中心设立派驻检察室。这些措施都对认罪认罚从宽制度的正确适用发挥了积极作用。

（三）刑事案件律师辩护全覆盖

2017 年 10 月，司法部会同最高人民法院联合印发《关于开展刑事案件律师辩护

---

〔1〕 "国家监委办理的中管干部职务犯罪案件，最高检件件提前介入"，载 http://news.ynet.com/2020/01/18/2335036t70.html，最后访问日期：2021 年 3 月 12 日。

〔2〕 "最高人民法院 2020 年工作报告"，载 http://www.court.gov.cn/zixun-xiangqing-231301.html，最后访问日期：2021 年 3 月 12 日。

〔3〕 参见 "最高人民检察院关于人民检察院适用认罪认罚从宽制度情况的报告" 中有关 2019 年的数据，载 https://www.spp.gov.cn/zdgz/202010/t20201017_482200.shtml，最后访问日期：2021 年 3 月 12 日。

〔4〕 "2019 年全国检察机关主要办案数据"，载 https://www.spp.gov.cn/spp/xwfbh/wsfbt/202006/t20200602_463796.shtml#1，最后访问日期：2021 年 3 月 12 日。

〔5〕 参见 "最高人民检察院关于人民检察院适用认罪认罚从宽制度情况的报告" 中有关 2019 年的数据，载 https://www.spp.gov.cn/zdgz/202010/t20201017_482200.shtml，最后访问日期：2021 年 3 月 12 日。

全覆盖试点工作的办法》，在北京等 8 个省（直辖市）开展刑事案件审判阶段律师辩护全覆盖试点工作，对于审判阶段被告人没有委托辩护人的案件，由人民法院通知法律援助机构指派律师为其提供辩护，充分发挥辩护律师在刑事案件审判中的重要作用，进一步保障刑事案件中被告人获得律师辩护的权利。2018 年 12 月，司法部又会同最高人民法院联合发布《关于扩大刑事案件律师辩护全覆盖试点范围的通知》，将试点工作扩大至全国。

目前，刑事案件律师辩护全覆盖已在全国普遍推开。全国共有 2195 个县（市、区）开展了刑事案件律师辩护全覆盖试点，占全国县级行政区域总数的 77%。北京等 14 个省（自治区、直辖市）实现县级行政区域试点工作全覆盖。各试点地区不断创新和完善工作机制，为开展试点工作打下良好基础。随着试点工作推进，刑事辩护律师队伍建设也不断加强。上海、浙江、江苏等地建立刑事案件律师辩护全覆盖律师库。仅上海市就拥有各类法律援助律师库 98 个，刑事法律援助律师 1743 人，法律援助值班律师 1248 人。陕西建立由 1200 多名律师组成的律师库，积极探索从高校法学类优秀大学毕业生中选拔法律援助人才。同时，各地大力优化整合律师资源，通过开展对口支援、政府购买服务等方式解决欠发达地区刑辩律师存在的缺口。此外，各刑事辩护全覆盖试点地区还积极创新工作模式，努力提高工作效率，确保改革措施落实到位。截至 2020 年 1 月，全国因开展试点扩大通知辩护的法律援助案件累计达到 38.7 万件，试点期间值班律师提供法律帮助的案件达到 32.3 万件。通过试点工作不断开展，全国刑事案件审判阶段律师辩护率不断提升，北京等 11 个省（自治区、直辖市）刑事案件律师辩护率超过 80%，切实提高了司法人权保障水平，促进了司法公正。[1]

三、刑事诉讼实践中的热点问题 *

（一）刑事案件智能辅助办案系统正式启用

"'刑事案件智能辅助办案系统'主要是充分运用图文识别（OCR）、自然语言理解（NLP）、智能语音识别、司法实体识别、实体关系分析、司法要素自动提取等人工智能技术，通过制定统一适用的证据标准指引、证据规则指引，并依托互联网、大数据、云计算等技术，嵌入公检法司机关刑事办案系统中，为办案人员收集固定证据提供指引，并对证据进行校验、把关、提示、监督。"[2]该系统针对公安、检察院、法院设置个性化操作界面，兼具"法律文书自动生成、电子卷宗移送（一键

---

〔1〕　张昊："全国 2195 个县试点刑事案件律师辩护全覆盖"，载《法治日报》2020 年 1 月 18 日，第 1 版。

＊　执笔人：中国政法大学诉讼法学研究院倪润副教授。中国政法大学刑事司法学院硕士生徐一铭和周璐媛在本部分的资料整理方面做了大量工作，特此感谢。

〔2〕　"全国首次！刑事案件智能辅助办案系统正式启用"，载 http://m.news.cctv.com/2019/01/24/ARTIGcDmb0cxECd3ZuvDwY7U190124.shtml，最后访问日期：2021 年 2 月 9 日。

传输）、要素式讯问指引、类案推送、量刑参考等多项功能",[1] 统一了各机关证据适用标准，增强了刑事案件审判规范性。

2019 年 1 月 23 日，上海市第二中级人民法院公开开庭审理某抢劫杀人案，此系全国法院首次运用"刑事案件智能辅助办案系统"辅助庭审。庭审过程中，控辩双方、法官以及被告人的发言被实时转化为文字记录。涉案案卷内容在电子屏幕上被实时清晰标注，旁听席亦可及时获知证据笔录。传统庭审流程中引入人工智能技术的这一做法，显示了互联网时代刑事法治的发展趋势。同年，调研机构 CB Insights 发布了关于全球人工智能独角兽公司的报告，在 32 家估值高达 10 亿美元以上的公司中，中国占了 10 家。[2] 人工智能成为中国经济发展高地，应用前景一片向好。但是，"人工智能可能给人类带来重大社会风险，这一风险不仅在于人工智能是否进化出自主意识和超级智能，而是人类社会不能对其有效控制。"[3] 一旦失去法律规制，尚处初步发展阶段的人工智能所造成的社会后果将难以预测。此外，司法机关的技术瓶颈、人工智能的大数据特性等，也对刑事案件处理程序改革提出挑战。在程序规则适用、公民隐私保护、智能技术应用等领域，人工智能仍有较大发展空间。中国应理性面对可预见风险，及时弥补制度与技术漏洞，提升诉讼效率，保证案件审理公平。借助大数据、人工智能与刑事司法的融合发展，构建起成熟的智慧司法体系，实现建成新时代法治国家的宏愿。

（二）检察机关内设机构改革

检察机关内设机构改革，是检察机关针对我国社会主要矛盾变化，以协调发展、专业化建设、提升司法质量效率、规范统一为目标，对原有机构设置进行的改革。检察机关反贪职能转隶后，刑事检察与民事、行政、公益诉讼检察工作发展不平衡等问题相继出现。该次改革按照案件类型，设立第六检察厅、第七检察厅和第八检察厅，分别负责民事检察、行政检察、公益诉讼检察工作。重新调整组建了 10 个检察业务机构，按数序统一命名，明确划分职能，以培养检察官的专业能力及精神，满足人民司法需求。为了保证检察机关履行法律监督职能，提升刑事检察工作效率，改革特别强调统一和规范。要求下级检察机关跟上级检察机关的主要业务机构设置原则上对应。针对上级有机构，下级没有相应机构的情形，可以设置检察官专业化办案组，或者有独任检察官，以便对应上级检察机关的业务。改革表明，检察机关正在以机构改革为抓手，最大程度降低机构内耗，畅通工作流程机制。

---

〔1〕 "全国首次！刑事案件智能辅助办案系统正式启用"，载 http：//m. news. cctv. com/2019/01/24/ ARTIGcDmb0cxECd3ZuvDwY7U190124. shtml，最后访问日期：2021 年 2 月 9 日。

〔2〕 "中国 AI 产业走在世界前列，这种'领先'究竟意味着什么？"，载 https：//baijiahao. baidu. com/s？ id=1691132475353775115&wfr=spider&for=pc，最后访问日期：2021 年 2 月 9 日。

〔3〕 皮勇："人工智能刑事法治的基本问题"，载《比较法研究》2018 年第 5 期。

"2019 年是检察机关内设机构改革的推进之年、关键之年。"[1] 2019 年 1 月 3 日，最高检"十大检察厅"在国务院新闻发布会上向中外媒体亮相，检察机关"四大检察"法律监督新格局和"十大业务"板块正式确立；同年 4 月 23 日，新修订的《检察官法》第一次明文规定"四大检察"职能；年底，省以下检察机关内设机构改革基本完成。该次改革具有重塑性、整体性、系统性，明确了检察机关宪法定位和法律监督职责，强调了以人民为中心的工作导向。检察机关通过改革加强专业化分工，具体表现在"民事检察办案数量上升、质效提高；行政检察重自强、补短板，积极与审判机关、行政机关、涉案当事人沟通；公益诉讼检察主动作为，补强公益保护领域治理短板。"[2] 同时，"捕诉一体"办案模式得以深化，认罪认罚从宽制度也逐步落实。检察机关内设机构的变动，为检察权运行提供全新模式，强化了检察官角色和检察职能，深化了检察工作的发展。

（三）企业刑事合规向纵深发展

企业合规内涵分为 3 个层面："一是企业在运营过程中要遵守法律法规；二是企业要遵守商业行为守则和企业伦理规范；三是企业要遵守自身所制定的规章制度。"[3] 企业刑事合规是企业经营活动与国家刑事法律制度的联结点。对于企业犯罪，企业合规程度与其刑事责任的有无、轻重直接相关。为了防控企业新型刑事风险，建立有效的合规管理体系至关重要。因此，制定完善的公司章程、规范股东会、董事会、监事、高管们等法人治理机构、注重内部制度审查整改、主动提交责任人等成为企业防范刑事责任风险的基本手段。

企业刑事合规的典型案例是华为"251 事件"。基本案情是，华为离职员工李洪元发现业务部门造假，基于获得与高层对话等动机向公司进行举报。举报之后，其因公司没有启动举报人保护机制，遭到报复并被拘押 251 天。2019 年 8 月 23 日，李洪元因事实不清、证据不足被释放。整个事件涉及人力资源部门的劳动人事合规问题、知识产权和商业秘密保护的合规问题、财务制度合规以及法人治理合规等。事件争议焦点在于各领域"合规"的认定，引发实务部门的热烈讨论。同年 11 月 1 日，"2019 企业合规国际论坛"在北京全国人大会议中心举行，企业合规作为理论课题受到学界高度关注。该届论坛主题为"合规助力企业高质量发展"，共设 3 个分论坛，分别围绕"电力行业""医药行业"和"企业境外经营合规"展开讨论。论坛"邀请中外法律、合规领域的 50 余名合规专家分析企业合规建设的机遇与挑战，探讨企业如何提升合规管理能力，防范境外经营合规风险，以合规推动企业全球竞争

---

〔1〕 "内设机构改革势在必行恰逢其时"，载 https：//www.spp.gov.cn/spp/zdgz/201901/t20190107_404511.shtml，最后访问日期：2021 年 3 月 2 日。

〔2〕 "内设机构改革一年间：'四大检察'齐头并进 检察生产力充分释放"，载 https：//www.spp.gov.cn/spp/zhuanlan/202004/t20200414_459045.shtml，最后访问日期：2021 年 2 月 9 日。

〔3〕 陈瑞华：《企业合规基本理论》，法律出版社 2021 年版，第 33 页。

力建设",[1] 将企业合规理论发展推向新的阶段。

企业刑事合规制度源自美国的暂缓起诉协议制度（DPA）和不起诉协议制度（NPA）。多数情况下，域外企业通过签署暂缓起诉协议或不起诉协议来处理犯罪。"检察官在协商结案之前，通常会权衡企业是否愿意与执法机关潜在的调查进行合作，以及是否促进并提升企业的合规文化。"[2] 近年来，企业刑事合规呈现向纵深发展的趋势。企业合规不再囿于制度层面，而以企业文化的形式渗入企业及其员工行为之中。合规影响也从企业治理成效，扩展至法律服务业、预防性刑事立法，乃至协商性司法改革等领域。企业刑事合规不起诉是刑事激励机制之一，能够与刑事诉讼规则产生联动效应。为了探究可行性，我国检察机关就合规不起诉制度展开多地试点。通过提出社会治理型检察建议，对重大违法违规企业提起公益诉讼等方式，督促企业进行整改，规范社会市场秩序。随着企业刑事合规向纵深发展，经济与法治建设获得更为紧密的联系。结合企业经营实务与刑事司法动向，汲取域外企业合规制度经验，将成为构建新型协商性司法体系、实现国家治理现代化的应有之义。

（四）《关于适用认罪认罚从宽制度的指导意见》发布

为准确及时惩罚犯罪、强化人权司法保障，最高人民法院、最高人民检察院会同公安部、国家安全部、司法部于 2019 年 10 月 11 日印发《关于适用认罪认罚从宽制度的指导意见》（本部分简称《指导意见》）。《指导意见》以刑事法律基本原则为指导，遵循宽严相济刑事政策，坚持以问题为导向，对基本原则、从宽幅度、辩护权保障、强制措施适用、司法机关职责、社会调查评估、认罪认罚的反悔和撤回等方面作出明确规定。《指导意见》指出，公安机关在侦查过程中，应当告知犯罪嫌疑人享有的诉讼权利、如实供述罪行可以从宽处理和认罪认罚的法律规定，听取犯罪嫌疑人及其辩护人或者值班律师的意见，记录在案并随案移送。《指导意见》还对未成年人认罪认罚案件作出规定，指出人民法院、人民检察院办理未成年人认罪认罚案件，应当听取未成年犯罪嫌疑人、被告人的法定代理人的意见。法定代理人无法到场的，应当听取合适成年人的意见，但受案时犯罪嫌疑人已经成年的除外。该规定确保及时办理未成年人案件，以期最大限度地保护未成年人合法权益。

认罪认罚从宽制度指犯罪嫌疑人、被告人自愿如实供述自己的犯罪，对指控犯罪事实没有异议，同意检察机关的量刑意见并签署具结书的案件，可以依法从宽处理。"从宽"分为"实体从宽"及"程序从宽"。认罪认罚从宽不是一律从宽，对犯罪性质和危害后果特别严重、犯罪手段特别残忍、社会影响特别恶劣的犯罪嫌疑人、被告人，认罪认罚不足以从轻处罚的，依法不予从宽处罚。该制度是推动案件繁简

---

[1] "2019 企业合规国际论坛在京举行"，载 http://news.cnr.cn/native/city/20191101/t20191101_524841631.shtml，最后访问日期：2021 年 3 月 12 日。

[2] 卞建林、陶加培："刑事诉讼法学：构建新时代刑事程序法治体系"，载《检察日报》2020 年 1 月 3 日，第 3 版。

分流的必要举措，能够实现惩罚犯罪、保障人权的有机统一。

"2019 年 1 月至 9 月，全国检察机关办理刑事案件认罪认罚从宽制度平均适用率为 40.1%，其中重庆、天津、江苏等省份平均适用率已经超过 70%。检察机关在认罪认罚制度中的主导责任充分履行，全国检察机关提出确定刑量刑建议比率逐步上升，量刑建议法院采纳率也逐步上升。2019 年 1 月至 9 月，全国检察机关提出确定刑量刑建议占比 33.5%，量刑建议法院采纳率 81.6%。"[1]认罪认罚从宽制度适用渐趋普遍化，量刑建议成为落实宽严相济刑事政策的切入点。《指导意见》的发布为各级公安机关、人民检察院、人民法院，乃至国家安全机关等开展工作提供统一参照，为完善国家治理体系、提高治理能力现代化提供制度基础。充分认识并理解认罪认罚从宽制度，将有效惩治犯罪，加强人权司法保障，优化司法资源配置。我国应继续坚守该制度要义，强化司法工作人员责任担当，推进制度贯彻实施，保证制度效用得到最大发挥。

（五）《人民检察院刑事诉讼规则》修订

为贯彻党中央重大决策部署，落实新刑事诉讼法精神，最高人民检察院于 2019 年 12 月 30 日公布修订后的《人民检察院刑事诉讼规则》（本部分简称《规则》）。《规则》共 17 章 684 条，较之 2012 年《人民检察院刑事诉讼规则（试行）》删减 24 条。鉴于刑事诉讼法对检察机关侦查职权的调整，检察院直接受理侦查案件范围缩小，故条文删减主要集中在侦查部分。"此次《规则》修订是继 1998 年和 2012 年之后的第三次修订，是检察机关贯彻落实党的十九届四中全会精神，推进法律监督体系和监督能力现代化的重要举措，对于保证检察机关严格依照法定程序正确履行职责，规范司法办案行为，提高办案质量，增强法律监督实效，实现惩罚犯罪与保障人权的统一具有重要意义"[2]。

针对部门分工模糊、处理流程冗杂等问题，《规则》强调司法机关监督职能，完善对立案、侦查、审判活动、判决裁定、死刑复核等的监督程序，明确规定检察机关针对不同情形的监督手段，为刑事诉讼法、监察法、人民检察院组织法、检察官法的衔接创造了新思路。《规则》"贯彻以人民为中心的司法理念，强化人权司法保障"[3]。对于辩护律师查阅、摘抄、复制本案的案卷材料；申请人民检察院收集、调取证据等都作出详细规定。《规则》还缩短办理期限，提高诉讼效率，完善不批准逮捕后监督撤案的规定，严格限制延长侦查羁押期限，保证人身自由不受侵犯。《规则》还将未成年人权益保护作为重点，在十二章就"未成年人刑事案件诉讼程序"

---

〔1〕"最高检等部门发布指导意见 明确认罪认罚从宽制度适用范围与条件"，载 https：//baijiahao. baidu. com/s？id＝1648269489647395631&wfr＝spider&for＝pc，最后访问日期：2021 年 3 月 3 日。

〔2〕最高人民检察院法律政策研究室："修订后的《人民检察院刑事诉讼规则》主要内容解读"，载《人民检察》2020 年第 1 期。

〔3〕"最高检发布修订后的《人民检察院刑事诉讼规则》"，载 https：//baijiahao. baidu. com/s？id＝1654347618905874226&wfr＝spider&for＝pc，最后访问日期：2021 年 1 月 19 日。

单列一节，旨在实现未成年人诉讼权益最大化，推进刑事司法保障体系多元化。

《规则》在整体上落实了司法体制改革要求，固定了以审判为中心的刑事诉讼制度改革成果、认罪认罚从宽制度改革成果、检察机关内设机构改革成果等。检察机关通过此次修订，一方面建立健全权责统一的检察权运行机制，贯彻了监检衔接、捕诉一体等先进诉讼理念；另一方面凸显中国当前司法改革的重难点，揭示了检察工作所面临的风险与挑战。及时修订法律规范是法治国家与时俱进的突出表现，也是促进制度落实的有效措施。《规则》修订表明，我国在走向体制创新的同时，理应紧密结合指导原则，强化检察机关工作效能，以期加快新时代司法体制改革步伐。

（六）认罪认罚从宽制度对刑事证明标准的影响

随着司法体制改革的逐步深入，我国在刑事诉讼法领域修改相应法律制度逐步建立了认罪认罚从宽制度，但是在 2018 年修改的《刑事诉讼法》和 2019 年印发的《关于适用认罪认罚从宽制度的指导意见》中都未曾提及认罪认罚从宽制度的刑事证明标准。由此导致了学术界和实务界开始了有关认罪认罚的案件证明标准问题的探讨。

学界关于认罪认罚从宽制度的证明标准有以下 2 种观点：其一为证明标准降低说，如部分案件适用"两个基本"标准。认罪认罚从宽制度的效率导向，实际上是探索一种基于认罪的新的资源节约型办案模式，而这种模式的核心应是证明标准的调整。坚持认罪认罚从宽制度的效率导向，破解困境的核心措施应是动摇"案件事实清楚，证据确实充分"的证明标准而设置层次化的证明标准，根据认罪与否、轻重程度和案件类型适用不同的标准，以克服认罪认罚从宽制度实施中程序简化、幕后工作精简与统一证明标准间的内在冲突。[1] 其二为证明标准维持说，认为当前证明标准应当适用原有的体系，并且内部呈现出多元的逻辑推演径路，主要包括证明责任变化说、证明对象限定说、证明程序条件说、证明方式转变说、定罪量刑事实区分说等 5 种学说。[2] 担心一旦降低证明标准，侦查或者调查机关不是将精力用于收集犯罪嫌疑人口供以外的其他证据，而是将精力用在犯罪嫌疑人口供的获取上。如果检察机关降低起诉的证明标准，在适用速裁程序审理的案件一般不再进行法庭调查、法庭辩论，而适用简易程序、普通程序审理的案件律师辩护率比较低，且值班律师不提供出庭辩护服务的情况下，冤假错案将难以防范。认罪认罚案件的证明标准也不能因为庭审程序简化而降低，相反，为使"事实认定符合客观真相"，应当坚持法定证明标准。这是由证明标准作为"最终对证明活动的结果加以衡量和评价的尺度"的地位所决定的。[3]

---

〔1〕 秦宗文："认罪案件证明标准层次化研究——基于证明标准结构理论的分析"，载《当代法学》2019 年第 4 期。

〔2〕 汪海燕："认罪认罚从宽案件证明标准研究"，载《比较法研究》2018 年第 5 期。

〔3〕 肖沛权："论认罪认罚案件的证明标准"，载《法学杂志》2019 年第 10 期。

认罪认罚从宽制度促使程序的推进方式发生了变化，进而引起了证明标准的争论，但是无论是"降低说"还是"维持说"都有其权衡考量之处。目前，我国还没有改变认罪认罚从宽制度的证明标准，仍应适用刑事诉讼法的一般证明标准，做到案件事实清楚，证据确实充分。在实践中，还应当注意如下几个问题：坚持客观证据优先、重视认罪认罚口供的合法性、注意克服认罪认罚案件证明标准研讨中的不良倾向。

（七）捕诉一体化机制

由于司法改革的不断深入，检察机关的职能也在不断变化，特别是员额制改革和监委会设立后导致了检察院办案人员配置被压缩加剧了人少案多的矛盾。在2019年7月20日举办的全国大检察官研讨班上，最高人民检察院明确要求，必须实行彻底的"捕诉合一"，统一履行审查逮捕和审查起诉职能。"捕诉一体"制度，是相对"捕诉分离"而言的，是指在现行的法律框架内，由检察机关内部同一职能部门的同一检察官依法承担审查批捕和审查起诉工作并履行相关法律监督职能的办案工作机制。我国最高检做出内设机构的设置改革，明确撤销了侦监部门和公诉部门，重设为10个负责不同案件类型的检察厅，确定了"捕诉一体"的办案模式，最高检提出的"捕诉一体化"在总结各地捕诉一体试点工作经验的基础上，进行正当性、可行性的探讨，以得出构建捕诉一体模式完善路径的研究。

2018年许多学者表达了对"捕诉一体"改革或赞同或反对的态度，有学者对捕诉一体化机制持反对意见，认为"捕诉合一"改革将是一条危险的抉择，我国应及时终止检察机关的所谓"捕诉一体"改革，废止"捕诉合一"的法律制度。[1] 还有学者指出，"捕诉合一"并非洪水猛兽，大可不必"危"言耸听。[2] 但2019年的关注热点便逐渐从捕诉应否一体的探讨转移到认识该制度对于促进刑事检察工作的意义究竟何在，论证不同观点对刑事司法发展的价值何在，以便通过这场讨论，推动相关问题的深入研究，使改革方案设定更理性，促进检察工作的改革与刑事司法改革相协调，并使刑事检察的改革能够提升刑事司法的品质。[3]

"捕诉一体"制度的争议焦点主要集中于以下几个方面：一是，职务犯罪侦查案件"捕诉一体"机制建立困难。《刑事诉讼法》修改后，赋予检察机关部分职务犯罪侦查权，就涉及检察机关对这类职务犯罪侦查案件如何实行捕诉一体的问题。这是检察机关反贪转隶后，检察实践中如何实行捕诉一体遇到的难题。二是，不利于对诉讼活动实现有效监督。实行捕诉一体办案机制后，如何在案多人少、检察官办案压力增大的情况下，保证检察官有时间和精力对诉讼活动进行有效的法律监督。这

---

〔1〕 "异哉，所谓'捕诉合一'者"，载 http://lawyer.fabao365.com/22152/article_196494，最后访问日期：2021年2月19日。

〔2〕 张建伟："'捕诉合一'的改革是一项危险的抉择？——检察机关'捕诉合一'之利弊分析"，载《中国刑事法杂志》2018年第4期。

〔3〕 王敏远："透视'捕诉一体'"，载《环球法律评论》2019年第5期。

不仅是学者担心的问题，也是司法实践中亟待解决的难题。三是，对检察官的内部监督难度增加。实行捕诉一体办案机制后，在检察官办案职权扩大的情况下，如何加强对检察官办案的内部监督，有效防止检察官滥用权力，保证案件质量，需要进一步寻找解决方案。从目前实践来看，大部分地方检察机关没有专门制定针对捕诉一体机制下检察官办案的监督制约制度，即使有的地方检察机关制定了相应的内部监督制约制度，执行效果也并不理想，难以实现对捕诉一体机制下检察官办案活动进行有效的内部监督。[1]

（八）《监察法》与《刑事诉讼法》的衔接

《刑事诉讼法》修改和《监察法》公布之后，法律空白使得两法衔接仍然存在制度设计上的硬伤，制约着监察案件的正常起诉及审判进程，衔接问题饱受学界和实务界讨论。

"法法衔接"的问题至少包括以下几个方面的内容：一是，立案工作的协调衔接问题。实务界基本上都参照受理公安机关移送审查起诉的做法，对起诉的案件办理受案手续而非立案手续，导致职务犯罪立案程序缺失。而理论界对于受案而非立案的操作实践提出了不少质疑，主张检察机关应当对接收的案件办理刑事立案手续。在审查起诉之前，检察机关必须依职权对监察机关移送之"监察案件"予以转化，按照管辖范围进行刑事立案，唯此审查起诉方有依据，职务犯罪案件的刑事诉讼程序才能依次进行。[2] 二是，强制措施的协调衔接问题。即检察机关审查起诉时决定逮捕的犯罪嫌疑人需要退回监察机关补充调查的应当如何处理。留置转为逮捕，已将嫌疑人从留置场所转押至看守所，如果退回补充调查，是在看守所继续羁押、计算逮捕时限，还是退回留置场所、计算留置时间，这是程序衔接需要解决的问题。[3] 在退回补充调查时，案件由起诉阶段回流到调查阶段，如果继续采用检察院适用的逮捕或者其他强制措施，欠缺法理正当基础，不符合宪法规定的人身自由权的法律保留条款，监察法是否需要新设强制措施章节？三是，证据适用的协调衔接问题。现行法律规定监察机关调取的证据可以作为证据使用，但是对于收集证据的规定较为粗糙，并不像《刑事诉讼法》中有证据收集一系列的具体规定，调查阶段也没有律师的介入，尤其是对于犯罪嫌疑人供述等言词证据直接适用的规定未免有些不合适。尤其是考虑到监察调查程序相对封闭，欠缺足够的司法审查与公众监督，加上职务犯罪案件本身就对言词类证据高度依赖，人民法院应以非法证据排除规则来作为制约监察机关调查权的主要手段。在适用非法证据排除规则时，人民法院应以《刑事诉讼法》及司法解释的相关规定为依据，严格适用刑事诉讼法规定的标准

---

〔1〕　邓思清："捕诉一体的实践与发展"，载《环球法律评论》2019 年第 5 期。

〔2〕　程雷："刑事诉讼法与监察法的衔接难题与破解之道"，载《中国法学》2019 年第 2 期。

〔3〕　龙宗智："监察与司法协调衔接的法规范分析"，载《政治与法律》2018 年第 1 期。

来认定及排除非法证据。[1] 四是，律师介入的协调衔接问题。允许律师介入也是有效维护犯罪嫌疑人人权的手段之一，但遗憾的是，当前的监察调查并未给律师介入留下空间，剥夺了被调查人的律师帮助权，架空了被调查人的防御权，使得监察案件适用认罪认罚从宽制度出现重大障碍。

监察调查与刑事诉讼程序的衔接应当在配合与制约的原则之上加以完善，即监察机关行使职权应当严格遵守监察法和其他法律的有关规定，与司法机关互相配合、互相制约，保证法律得到准确有效的执行。更为重要的是，监察调查与刑事诉讼程序的衔接必须贯彻法治精神，体现司法改革成果，发挥程序法治的价值。

（九）刑事附带民事公益诉讼规定的实施

《关于检察公益诉讼案件适用法律若干问题的解释》首次规定了我国的刑事附带民事公益诉讼制度。但是其仅有 1 条司法解释条文，如何适用成为重大疑难问题。尽管立法不足，当前刑事附带民事公益诉讼已经成为检察机关提起公益诉讼的主要形式，占到所有检察机关提起公益诉讼案件的 7 成多。

新规定的亮点主要表现在以下 4 个方面：一是，刑事附带民事公益诉讼的主体和范围限定。提起刑事附带民事公益诉讼的主体只能是人民检察院，提起刑事附带民事公益诉讼的范围有限，仅"对破坏生态环境和资源保护、食品药品安全领域侵害众多消费者合法权益等损害社会公共利益的犯罪行为提起刑事公诉时"，可以向人民法院一并提起刑事附带民事公益诉讼。其范围和《民事诉讼法》第 55 条的表述基本一致。二是，审理刑事附带民事公益诉讼的审理主体与管辖法院一致，"由人民法院同一审判组织审理"，人民检察院提起的刑事附带民事公益诉讼案件由审理刑事案件的人民法院管辖。三是，涉及领域不同。该解释将之规定在民事公益诉讼制度中，而不是在传统的刑事附带民事诉讼制度中。四是，检察院具有选择权，人民检察院"可以"提出，而不是必须提出。[2]

但刑事附带民事公益诉讼这一新生事物在发展过程中仍饱受争议。其一，学者对刑事附带民事公益诉讼的正当性基础质疑。有学者认为刑事附带民事公益诉讼增多只是检察机关为了应付公益诉讼业绩考核与排名压力而另寻出路的办法；又或者是检察机关在办理行政公益诉讼案件的外部压力无法化解的情形下，只能走到办理刑事案件的老路上去。另外，刑事诉讼法与民事诉讼法在诉讼目的、诉讼原则、诉讼类型、诉讼程序等方面都存在根本性差异。由检察机关主导的附带民事诉讼制度是否违反民事诉讼法的诉讼模式、诉讼目的和原则还需考察。[3] 其二，刑事附带民事公益诉讼提起前应否履行诉前公告程序，在很长的时间内众说纷纭。持否定观点

〔1〕 卞建林："配合与制约：监察调查与刑事诉讼的衔接"，载《法商研究》2019 年第 1 期。

〔2〕 谢小剑："刑事附带民事公益诉讼：制度创新与实践突围——以 207 份裁判文书为样本"，载《中国刑事法杂志》2019 年第 5 期。

〔3〕 刘艺："刑事附带民事公益诉讼的协同问题研究"，载《中国刑事法杂志》2019 年第 5 期。

的论者近乎一致地把"三十日的诉前公告程序会导致审查起诉期间的延长，会影响刑事公诉和附带民事公益诉讼的协同办理"作为首要的理由。实践中，对未履行诉前公告程序的刑事附带民事公益诉讼，有的法院予以受理，有的法院则不予受理，相同情形却被差异化对待的问题赫然出现并持续至今，很多未履行诉前公告程序的案件之所以能够获得法院的受理，是因为检察院和法院进行了有利于己方的沟通协调，这种非常态、任意性的操作降低了检察公益诉讼的法治化水平。[1] 司法解释不能直接成为刑事附带民事公益诉讼的法定依据，后续还需正式修法解决刑事附带民事诉讼制度和刑事附带民事公益诉讼制度这两种诉讼类型一并办理的法律依据问题。

（十）人民陪审员法的完善

自 2018 年《人民陪审员法》出台之后，我国在 2019 年通过了《关于适用〈中华人民共和国人民陪审员法〉若干问题的解释》（本部分简称《解释》）作为新立法的实施细则或配套规定，以此解决人民陪审员陪而不审、审而不议、陪审员选任精英化、编外法官现象、陪审制功能异化等问题。

司法解释的亮点包括以下几个方面：一是，规范了对当事人的告知程序和义务。规定了人民法院决定适用陪审制审理时对当事人的告知义务、当事人有权申请人民陪审员参加合议庭审判案件的告知义务等。二是，明确了人民陪审员不参加审判的案件范围。包括法律明确规定不予适用的案件、司法解释明确不予适用的案件、裁定不予受理或者不需要开庭审理的案件和以人民调解员身份先行调解的案件。三是，规范了参加庭审的活动规则。包括个案随机抽取、庭前准备工作和开庭时的法官指引。四是，完善了合议庭评议规则。其一，为了从程序上保证陪审员真正独立发表个人意见，规定合议庭评议案件时，先由承办法官介绍案件涉及的相关法律、证据规则，然后由人民陪审员和法官依次发表意见，审判长最后发表意见并总结合议庭意见。这是解决"陪而不议"最直接也最为有效的手段。其二，7 人合议庭事实问题清单制度是《解释》的一大创制，对于合理区分事实问题和法律问题意义重大。五是，进一步规范履职活动。不从事与履行法定审判职责无关的工作。《人民陪审员法》仅对人民陪审员每年的参审数上限作出原则规定，而司法解释进一步加以明确。

为确保《人民陪审员法》的有效实施，最高人民法院将制定《关于人民陪审员参加审判活动若干问题的规定》，对人民陪审员参审案件范围、庭审程序、评议规则等问题作出细化。司法解释看似兑现了前述承诺，然而该司法解释仅包含 19 个非常简单的条文，其中只有第 12、13 条涉及评议程序。这 2 条的内容，除了明确认可（但仍未细致规定）问题清单制度之外，不过是对《人民陪审员法》第 20、22 条的重述和变通。现有规范性文件尚未对陪审评议程序作出详细规定，已有的几个粗疏条文也缺乏必要的制度创新。亟须通过进一步的实践探索和规范性文件制定，合理、

---

[1] 刘加良："刑事附带民事公益诉讼的困局与出路"，载《政治与法律》2019 年第 10 期。

有效地重构人民陪审员的评议规则，将人民陪审员塑造为优秀的事实认定者。[1]

四、典型案例*

（一）最高人民法院指导案例

无最高人民法院指导案例。

（二）最高人民法院典型案例

1. 李建贩卖毒品案。[1]

【案情简介】

2017 年 4 月，李建通过微信等社交软件同某吸毒人员商谈交易毒品有关事宜。二人达成一致意见后，李建分 2 次向该吸毒人员出售甲基苯丙胺各 1 包并收取毒资 250 元，在同月 8 日二人欲再次交易甲基苯丙胺时被公安机关抓获。通过搜身，公安机关工作人员从李建处查获甲基苯丙胺 2 包，重 1.59 克，后在其住处搜查时从卧室床头柜抽屉内查获 10 小包甲基苯丙胺，共计重约 28.07 克。法院在审理本案的过程中发现侦查人员在取证过程中存在瑕疵行为，例如在当场抓获犯罪嫌疑人李建后对其人身和住处进行搜查时，并未出示搜查证以及现场勘验笔录不同于扣押物品清单中的对毒品甲基苯丙胺所处位置和查获数量。针对于此情况，相关负责侦查人员出庭，结合现场搜查时的同步录音录像，对该情况进行了详细的解释并辅以公安机关工作说明，同时搜查时在场的 2 名证人出庭为其作证。通过以上补正解释，法院认为该取证瑕疵行为能够做出合理解释，可以依法采纳相关证据。因此福建省霞浦县人民法院认为李建明知是毒品而多次贩卖 30 余克的行为已构成《刑法》第 347 条规定的贩卖毒品罪，同时因 2013 年李建犯寻衅滋事罪被判处有期徒刑 1 年，在同年 5 月刑罚执行完毕 5 年内再次犯罪系累犯，应当依法从重处罚。据此依法对被告人李建判处有期徒刑 11 年 9 个月，并处罚金人民币 5000 元。

【影响性】

该案为最高人民法院发布 2019 年十大毒品（涉毒）犯罪典型案例之一，其典型意义在于案件中对于取证瑕疵行为做出的合理解释，法院可以依法采纳相关证据。为了确保证据的质量以及保护犯罪嫌疑人、被告人的合法权利，及时、全面、规范、客观地收集证据是关键。对于打击毒品犯罪而言，因其交易手段等隐蔽性以及被告人反侦察能力增强导致证据收集困难，尤其是物证——毒品的迅速消耗性更增加了侦查人员工作的难度，因此在侦破毒品犯罪案件中法院对于瑕疵证据不应"一棒子打死"地排除，应给予机会允许侦查人员作出补正解释，若合理则该证据可予以采

〔1〕　樊传明："人民陪审员评议规则的重构"，载《比较法研究》2019 年第 6 期。

＊　执笔人：中国政法大学诉讼法学研究院倪润副教授。中国政法大学刑事司法学院硕士生白宇璇和韩潇在本部分的资料收整理方面做了大量工作，特此感谢。

〔1〕　"2019 年十大毒品（涉毒）犯罪典型案例"，载 http://www.court.gov.cn/zixun-xiangqing-166442.html，最后访问日期：2021 年 2 月 9 日。

纳。与此同时我们并不能因此而降低毒品犯罪中证据的质量，同样要严格通过法律规定规范侦查人员的侦查行为，规范毒品犯罪案件中的证据收集与审查工作，提高案件办理质量。

2. 吴振永申请司法救助案。[1]

【案情简介】

七旬老人吴振永因在张尚芝寻衅滋事案中证实其存在寻衅滋事事实而导致张尚芝被判处刑罚。随后张尚芝因报复心理对吴振永殴打，致其轻伤。被告人张尚芝的行为已经构成我国刑法所规定的打击、报复证人罪，因此北京市顺义区人民法院判处被告人张尚芝有期徒刑1年10个月，并赔偿附带民事诉讼原告人吴振永各项经济损失43 793.38元。

吴振永在判决生效后申请法院执行，法院查询到张尚芝名下并无存款以及房产，其名下仅有1辆货车达到报废条件，张尚芝将其报废后，将5000元报废款送至顺义区人民法院，其余无财产可供履行。同时张尚芝服刑的监狱调查到张尚芝患脑血栓，生活不能自理，不具备工作能力。剩余的执行标的已无法通过其他执行措施实现，然而吴振永已年过七旬，无法参与劳动也就代表着没有经济来源，生活窘迫。

顺义区法院经审查认为吴振永符合《关于加强和规范人民法院国家司法救助工作的意见》规定的应予救助情形，遂决定给予吴振永国家司法救助金38 793元。

【影响性】

该案系北京市高级法院与北京市顺义区法院联动救助的案件，同时入选最高法发布的10件国家赔偿和司法救助典型案例。保护证人的合法权益，为证人建立起有效的保护屏障是我们突破当前司法制度下证人出庭难、作证难的关键，不仅如此还要完善一系列衔接制度，解决其后顾之忧。"当赔则赔、应救尽救"是我们在国家赔偿审判和司法救助工作中所要坚持和贯彻的理念，也只有这样才能真正地实现国家赔偿审判和司法救助平冤理直、扶危济困的价值。本案中七旬老人作证后惨遭报复，若无法得到及时、全面的赔偿和救济则对于证人出庭作证制度而言无异于雪上加霜。因此在对证人做好事前保护的同时还要完善事后救济制度，让证人切身体会到温暖和可靠，向全社会彰显我国司法制度对证人全方位保障的决心和行动。

3. 顾雏军虚报注册资本、违规披露、不披露重要信息、挪用资金案。[2]

【案情简介】

2019年4月10日，历时14年的顾雏军案终于落下帷幕。最高人民法院终审判决：撤销顾雏军原判部分量刑，改判有期徒刑5年。顾雏军为格林柯尔集团的创始

---

〔1〕 "人民法院国家赔偿和司法救助典型案例"，载 http：//www. court. gov. cn/zixun－xiangqing－211061. html，最后访问日期：2021年2月9日。

〔2〕 "依法平等保护民营企业家人身财产安全十大典型案例"，载 http：//www. court. gov. cn/zixun－xiangqing－159542. html，最后访问日期：2021年2月9日。

人，2005 年 7 月，包括顾雏军在内的 9 名集团高管因涉嫌虚假出资、虚假财务报表、挪用资产和职务侵占等罪名被公安机关拘留。广东佛山市中级人民法院以及广东省高级人民法院均认为顾雏军的行为构成虚报注册资本罪、违规披露和不披露重要信息罪、挪用资金罪，对其判处有期徒刑 10 年，并处罚金 680 万元。2012 年顾雏军提前获释出狱，他做的第一件事就是向最高人民法院提出申诉，2017 年最高人民法院宣布顾雏军所提出的申诉申请符合法律规定，决定由最高人民法院第一巡回法庭提审此案。最高人民检察院高度重视此案，成立专门的办案组对该案进行全面的审查。2018 年 6 月 14 日，庭审进入法庭辩论阶段，检辩双方均认为顾雏军在调整、完善注册资本结构过程中虽然存在虚报注册资本的行为，但是因情节显著轻微不应追究其虚报注册资本罪的刑事责任；针对违规披露、不披露重要信息罪，检方认为目前存在的证据并不能达到法律规定的证明标准，因此可作无罪处理；针对挪用资金的 2 起事实，最高人民法院认为第一起原审人民法院所认定顾雏军、张宏挪用科龙电器2.5 亿元和江西科龙 4000 万元归个人使用，进行营利活动的事实清楚，证据确实、充分，构成挪用资金罪；第二起事实并不能认定顾雏军等人挪用扬州亚星 6300 万元是为了个人利益，因此该挪用行为不构成犯罪。综上，最高人民法院宣判原审被告人顾雏军等人犯挪用资金罪，但因挪用时间较短，对单位并未造成重大损失，因此可以依法从宽处罚，遂撤销顾雏军原判部分量刑，改判有期徒刑 5 年。

【影响性】

时隔 6 年顾雏军案峰回路转，最高人民法院对包括顾雏军案在内的 3 起重大涉产权案件进行再审。该案进行了 2 天的庭审，百余项证据均存在争议，最高人民法院、最高人民检察院坚持以事实为依据、以法律为准绳，全面、认真地审查核实该案的事实与证据，以公平公正的立场对顾雏军案再审改判。对于本案 3 个罪名的认定，检辩双方积极质证辩论、辨清事实证据，体现了证据裁判原则的要求。在处理涉产权案件时，公安、司法机关要理清经济纠纷与犯罪的界限，谨慎使用刑事措施。同时在审理涉产权案件时，司法机关也要坚持疑罪从无、罪刑法定原则，严格坚守证明标准。顾雏军案再审彰显了我国正在健全以公平公正为原则的产权保护制度，全面依法平等保护各种所有制经济产权和合法权益，同时也要加快构建完善的涉产权冤错案件的预防和纠错机制，营造良好的营商环境，加强对产权的司法保护，激发企业家创新创业的活力与动力。

4. 上海印达金属制品有限公司及被告人应伟达等 5 人污染环境案。[1]

【案情简介】

上海印达金属制品有限公司主要经营生产加工不锈钢、金属等制品，2017 年 12月，上海印达金属制品有限公司实际经营人应伟达将生产过程中所产生的废液储存

---

〔1〕 "环境污染刑事案件典型案例"，载 http：//www.court.gov.cn/zixun-xiangqing-142762.html，最后访问日期：2021 年 2 月 9 日。

于桶内交予被告人何海瑞进行处理，何海瑞随后与被告人王守波、徐鹏鹏、徐平平商谈倾倒废液具体事宜。同年12月22日，4人将废液储存桶转移至槽罐车上，驾车前往上海市青浦区某公路并将重约6吨废液倾倒至市政窨井内。所倾倒不锈钢、金属制品的生产加工废液属于有腐蚀性的危险废物，上海铁路运输检察院对上海印达金属制品有限公司实际经营人应伟达以及倾倒者何海瑞、王守波等5人提起公诉，由上海铁路运输法院对该案进行审理。在审理过程中上海铁路运输检察院认为上海印达金属制品有限公司同样符合《刑法》规定的单位犯罪要件，因此进行补充起诉。2018年8月，上海铁路运输法院认为上海印达金属制品有限公司犯污染环境罪，判处罚金10万元；被告人应伟达、何海瑞、王守波、徐鹏鹏、徐平平构成污染环境罪，判处有期徒刑，并处罚金。

【影响性】

在司法实践中存在单位犯罪追诉难的问题，自从2013年国家公布施行了《关于办理环境污染刑事案件适用法律若干问题的解释》（已修订），对于污染环境犯罪的追诉现状虽有好转，但在治理单位犯罪方面力度较小，在2014年至2020年的司法案例中，仅有1%左右的单位犯罪。并且通过访谈公安司法机关负责人，可以得知，在实践中合法的企业进行超标污染环境的行为较少，涉案企业大多都是"黑作坊"，查处起来较为困难。环境犯罪中的单位犯罪不同于其他犯罪中的单位犯罪，从裁判文书的数据看，历年在环境污染犯罪案件中自然人实施环境污染犯罪的数量都力压单位犯罪的数量。有关环境污染犯罪的单位犯罪的情形相关法律规定不够细致，难以有效规制单位犯罪，进而难以实现法律目的和公平价值。而事实上，许多的环境污染犯罪都是为了实现单位的经济利益，并且经由单位实际控制人、主要负责人等决定或同意，对于此类案件应当认定为单位犯罪。因此，在污染环境案件中准确认定单位是否构成犯罪是重点也是难点。在本案中上海铁路运输检察院在审理案件中认为上海印达公司符合单位犯罪要件并对其进行补充起诉，对于准确认定单位犯罪方面具有典型意义。

5. 李晶诉温颜擎、邢野等财产损害赔偿纠纷案。[1]

【案情简介】

2005年，温颜擎与姜某成立了香港桦源集团有限公司（本部分简称桦源集团），并在大连成立了该公司大连代表处，任命邢野为首席代表。邢野因以发包长兴岛工程为名对外骗取工程保证金被瓦房店公安局刑事拘留，随后桦源集团为邢野办理取保候审。2006年，桦源集团成立大连桦源置业有限公司（本部分简称大连桦源），指派邢野为大连桦源负责人、沈伟刚任公司副总经理、申海霞等人担任大连桦源董事，并以虚假账单骗取大连市政府信任，进而对外继续以发包工程或者签订合作协议的

---

[1] "最高人民法院公报案例2019年第3期"，载 http://gongbao.court.gov.cn/Details/3e680f3a7ae2bde2aacfc0a168841a.html，最后访问日期：2021年2月10日。

名义，大肆收取保证金、借款。至 2007 年 11 月，总共实施合同诈骗犯罪 11 起，骗取人民币共计 1598 万元并用于个人占有与挥霍。其中一起犯罪是 2006 年 11 月以大连桦源公司名义与沈阳欣桑达科技有限公司（本部分简称欣桑达公司）签订虚假《合同协议》骗取欣桑达公司、被害人李晶 943 万元。经追赃返还被害人李晶 1 台奥迪车，价值 60 万元，且温颜擎与李晶达成 500 万元的赔偿协议。但因该赔偿协议不足以弥补因合同诈骗罪造成的损失，李晶针对该赔偿以温颜擎、邢野等为被告提起民事诉讼请求赔偿。人民法院经审理认为，邢野、温颜擎、申海霞 3 人的行为性质属于恶意串通以合法形式掩盖非法目的，非法占有他人财产的行为，民事行为归属无效，理应将因该行为取得的财产返还给受损失方——李晶及欣桑达公司。因此除追赃退还的财产以及双方达成合意的赔偿财产之外，其余财产也应进行赔偿。但并未注明责令被告退赔被非法占有、处置的财产，且追缴财产的金额或财物的名称、数量等情况并不明确、具体。根据最高人民法院《关于刑事附带民事诉讼范围问题的规定》（已失效）第 5 条规定：犯罪分子非法占有、处置被害人财产而使其遭受物质损失的，人民法院应当依法予以追缴或者责令退赔。被追缴、退赔的情况，人民法院可以作为量刑情节予以考虑。经过追缴或者退赔仍不能弥补损失，被害人向人民法院民事审判庭另行提起民事诉讼的，人民法院可以受理。因此法院最终判令邢野、温颜擎、申海霞等赔偿李晶财产损失 383 万元。

【影响性】

本案为最高人民法院就刑民交叉问题发布的典型案例，本案意义主要在于刑事裁决未能弥补的财产性损失可通过民事诉讼实现救济。在本案中，生效的刑事裁决注明追缴的金额和财务不明确、具体，并且罪犯所赔偿、追缴的财产并不能弥补被害人所遭受的损失，针对此情况，被害人提出的赔偿诉求，法院应当予以支持。设立追缴和责令退赔制度的目的在于对被害人受损害的合法权益予以救济，裁判要旨首先要集中在保护受害人的权益，并且不能让犯罪人从犯罪行为中获益。因此不仅要完善有关涉案财物追缴、退赔等相关法律规定，同时在审理刑民交叉案件时要注重对被害人、利害关系人等的权利保障，对于刑事判决后经由追缴、退赔程序不足以弥补其损失的，被害人等另行提起民事诉讼要求赔偿损失的，[1] 人民法院应当予以支持。

6. 尹瑞军诉颜礼奎的侵害健康权、身体权纠纷案。[2]

【案情简介】

2012 年 11 月尹瑞军与邻居颜礼奎的妻子在小区菜地发生口角，颜礼奎心生愤

---

[1]　傅国庆等："关于非法集资犯罪的调研报告——以山东省 2013-2019 年案件为例"，载《山东法官培训学院学报》2020 年第 2 期。

[2]　"第十九期案例大讲坛发布'刑民交叉案件典型案例与办案规则'"，载 https://www.sohu.com/a/326213157_ 120025315，最后访问日期：2021 年 2 月 10 日。

憨，肆意报复，持刀将尹瑞军捅伤，致使尹瑞军 10 级伤残，全身多处刀刺伤、左坐骨神经挫伤、右腓总神经损伤，住院共计 108 天。2013 年 8 月淮南市田家庵区人民法院针对颜礼奎持刀捅伤尹瑞军一案进行审理并作出判决，认定颜礼奎犯故意伤害罪，判处有期徒刑 1 年 3 个月。2014 年尹瑞军为维护合法权益，向法院提起诉讼，请求法院判令颜礼奎赔偿医疗费、人体损伤程度鉴定费、残疾赔偿金、护理费等，随后申请追加诉讼请求：判令颜礼奎赔偿误工费、精神损害抚慰金、残疾赔偿金等。一审法院认为尹瑞军提出的误工费现有依据不足以认定，且残疾赔偿金、精神损害抚慰金等并不属于我国《刑事诉讼法》及相关司法解释规定的因犯罪行为所造成的物质损失，因此不予支持。尹瑞军不服提出上诉，二审法院归纳本案争议焦点为：颜礼奎应否对尹瑞军主张的误工费、残疾赔偿金、精神损害抚慰金承担赔偿责任。二审法院经审理后认为：尹瑞军所提交的误工费相关证据不足且误工时间较短，不予以支持，精神损害抚慰金不属于法律规定的"物质损失"的范畴。针对残疾赔偿金，二审法院认为根据公平原则的要求且被害人的残疾势必会影响其未来的生活和工作，因此对残疾赔偿金的诉讼请求予以支持。

【影响性】

因我国《刑事诉讼法》以及相关司法解释对于残疾赔偿金以及死亡赔偿金是否属于"物质损失"并未明确规定，长期以来刑事被害人主张的相关诉讼请求均不被支持，而此案的处理使之发生了变化。本案为 2019 年第 3 期最高人民法院的公报案例——刑事案件受害人主张残疾赔偿金属于物质损失，应当予以赔偿。因犯罪行为致被害人伤残甚至死亡的，必然会导致本人及家庭的劳动能力、收入下降，生活成本增高，极大地加大了经济负担，生活质量势必会受到影响，因此残疾赔偿金、死亡赔偿金应纳入物质损失的范畴。此项改变，更大限度地保护了受害人的合法权益，符合司法公正的要求，同时也是保护人权的应有之义。

7. 重庆英广房地产经纪有限公司申请重庆市公安局九龙坡区分局违法查封国家赔偿案。[1]

【案情简介】

2011 年 7 月重庆英广房地产经纪有限公司（本部分简称英广公司）将 1 套房屋出租给重庆鼎利茂业汽车租赁有限公司（本部分简称鼎利公司）、广东邦家健康产业超市有限公司（本部分简称邦家公司）办公，后因鼎利公司、邦家公司涉嫌非法吸收公众存款，重庆市公安局九龙坡区分局对此案进行侦查，2012 年 5 月对相关涉案人员采取强制措施并对涉案物品进行扣押，随后重庆市公安局九龙坡区分局以物品不宜挪动为由将物品滞留在此租赁房屋内。自 2013 年 5 月起，重庆市公安局九龙坡区分局将腾退的物资均放置于英广公司、重庆亚城房屋销售有限公司（本部分简称

---

[1] "人民法院国家赔偿和司法救助典型案例"，载 http://www.court.gov.cn/zixun - xiangqing - 211061.html，最后访问日期：2021 年 2 月 10 日。

亚城公司）车位内，并在使用期间造成了物业管理费、车位租金、水电费等损失。随后英广公司与亚城公司达成合意，由英广公司主张、享有该损失权利，英广公司遂向九龙坡区人民法院申请重庆市公安局九龙坡区分局赔偿使用期间所造成的损失。法院经审理认定，重庆市公安局九龙坡区分局在侦查鼎利公司与邦家公司非法吸收公共存款一案时并未对租赁房屋进行查封，并在其后查清英广公司与本案无关的情况下未及时退回相关房产，仍然对其进行使用，所造成的损失应当承担国家赔偿责任。据此决定由九龙坡区公安局赔偿英广公司 1 083 300 元。

【影响性】

要把权力关进制度的笼子里，必须依照法律规定行使权力，加强权力制约和权力监督。若要实现全面依法治国，依法治权、依法治官是关键。公权力是一把双刃剑，可造福人民亦可侵害公民合法权利，而公安司法机关工作人员在行使公权力的过程中可能逾越法律规定，损害公民和企业的合法权益。在本案中，九龙坡区公安局因非法使用未查封、扣押、冻结的公民财产而造成损失，应当承担国家赔偿责任。公安司法机关工作人员在办案过程中应当注意公权力行使的界限，严格遵守法律规定，谨慎适用可能损害公民、单位合法权益的强制性措施，在行使时符合办案规定以及手续，切忌知法犯法。

（三）最高人民检察院指导案例

无。

（四）最高人民检察院典型案例

1. 杨昊等 25 人恶势力犯罪集团案。[1]

【案情简介】

被告人杨昊 2013 年至 2017 年间召集杜沅孙、刘力、沈康康等人实施非法房贷行为，并在江苏省多地进行寻衅滋事、聚众斗殴等违法犯罪活动，形成了以杨昊为首要分子，杜沅孙、刘力为重要成员，沈康康、侯飞、臧袁坤、陈益敏等人为组织成员的犯罪集团。2016 年至 2018 年被告人方亚东为从事非法放贷活动，集结了张卫东、毛源、董香城等人共同进行，并与杨昊犯罪集团成员杜沅孙、沈康康联合在江苏省多地实施聚众斗殴、寻衅滋事行为，形成了第二股以方亚东为首要分子，杜沅孙、张卫东为重要成员，毛源、沈康康、董香城等人为组织成员的恶势力犯罪集团。两犯罪集团中刘力等部分成员在实施集团违法犯罪活动的同时，纠集被告人吴义平等人实施多起非法拘禁、寻衅斗殴等违法犯罪行为，形成以刘力为首要分子的恶势力犯罪。2018 年，杜沅孙因涉嫌寻衅滋事被江苏省镇江市公安局丹徒分局采取强制措施，在办案过程中江苏省镇江市公安局丹徒分局发现违法犯罪线索 60 余起，涉及相关犯罪嫌疑人 20 余人。为准确迅速地侦破这一案件，镇江市检察院与丹徒区检察

---

[1] "检察机关开展扫黑除恶专项斗争典型案例选编（第三辑）"，载 https：//www. spp. gov. cn/xwfbh/wsfbt/201907/t20190718_ 425470. shtml#2，最后访问日期：2021 年 2 月 11 日。

院组成办案组，提前介入侦查，协同公安机关侦破案件。经审查共发现犯罪行为 36 起，并甄别各犯罪嫌疑人在犯罪中的身份，其中杨昊是组织者、领导者，杜沅孙、刘力是骨干成员，吴义平、沈康康等人是积极参加者。对于该三股恶势力性质的认定，检察院与公安机关充分探讨后认为，以杨昊、方亚东为首的犯罪集团较之黑社会性质组织更为松散，组织性特征不明显，因此杨昊等人不构成黑社会性质组织犯罪，并基于此移送审查起诉。2018 年 11 月，检察机关将杨昊等人以 2 个恶势力犯罪集团和 1 个恶势力共同犯罪向法院提起公诉。

2018 年 12 月，镇江市丹徒区人民法院审理此案。检察机关在此前的法庭审理阶段充分向被告人阐述认罪认罚相关法律规定，25 名被告人均表示认罪认罚。最终法院认定因 25 名被告人认罪认罚，可以依法从宽处罚。对被告人杨昊、方亚东均以聚众斗殴罪、寻衅滋事罪，数罪并罚，决定执行有期徒刑 5 年；对杜沅孙等 23 名被告人分别判处拘役 6 个月至 5 年 3 个月有期徒刑。

【影响性】

准确认定黑社会性质组织犯罪，明晰黑社会性质组织与恶势力集团之间的区别，是有效打击黑恶势力犯罪的前提。进行扫黑除恶斗争，公安司法机关工作人员不能降低标准、随意认定，在办理案件尤其是办理黑恶势力案件时，要坚持以法律为准绳，遵循客观公正的原则，全面仔细地审查、梳理证据，对案件进行整体考察。同时要增强公安司法机关工作人员的办案能力，准确把握因违法犯罪活动的多样性而导致黑社会性质组织认定标准的不同。另外，对于黑恶势力案件也可以适用认罪认罚从宽制度，公安司法机关要及时全面告知犯罪嫌疑人、被告人所享有的认罪认罚从宽权利以及相关义务，并尊重其意愿，强化程序保障。符合认罪认罚从宽制度适用条件的案件，公安司法机关也要一视同仁，根据犯罪嫌疑人、被告人的犯罪事实、社会危害性等依法提出合理的量刑意见以及判决。

2. 蒙世升贩卖毒品案。[1]

【案情简介】

蒙世升因涉及张宗胜贩卖、运输毒品，李剑非法持有毒品案；其在侦查阶段被广西壮族自治区灵山县公安局提请逮捕。而灵山县检察院在审查逮捕中发现仅有蒙世升本人的供述能够证明其有罪，并无其他证据，且该犯罪嫌疑人在审查逮捕阶段已翻供，因此灵山县检察院秉持以事实为依据、以法律为准绳的原则，作出不批准逮捕决定。该案一审审结后，被告人张宗胜、李剑申请上诉。广西壮族自治区检察院在审查该上诉案件时通过自行补充侦查，将广西壮族自治区灵山县公安局在侦查阶段未进行数据恢复的手机进行检验，收集到蒙世升与本案被告人张宗胜、李剑相关毒品交易信息，且能与蒙世升之前的有罪供述相互印证。遂检察机关督促公安机

---

〔1〕 "惩治和预防毒品犯罪 6 大典型案例"，载 https://baike. baidu. com/item/蒙世升贩卖毒品案/23597385? fr=aladdin，最后访问日期：2021 年 2 月 11 日。

关依法批捕犯罪嫌疑人蒙世升，并追究其法律责任。最后，钦州市中级人民法院以被告人蒙世升犯贩卖毒品罪，判处死刑，缓期二年执行。

【影响性】

在"全链条"打击毒品犯罪时，如最高人民检察院副检察长陈国庆所言，应推动侦查由"抓人破案"向"证据定案"转变。公安、司法机关在办理毒品案件时同样要坚持证据裁判原则，若不符合法律规定，则应当做到不批铺、疑罪从无。同时检察机关要切实发挥诉前主导作用，准确定性、精准打击，协助、监督公安机关侦破毒品案件，同时要做好自行补充侦查工作，强化检察机关惩治毒品犯罪的能力。在本案中广西壮族自治区检察院发现了侦查机关遗漏的电子证据，而该证据成了认定蒙世升犯罪的关键。

3. 张某甲等 14 人组织、领导、参加黑社会性质组织案[1]

【案情简介】

张某甲于 2005 年在刑满释放后，与兄弟张某乙二人在湖北省洪湖市某镇上开设赌场并且通过放高利贷的方式聚敛钱财。张某甲不仅笼络李某某等人形成组织，称霸一方、为非作恶，多次实施故意伤害、寻衅滋事等违法犯罪活动，欺压镇上百姓，严重破坏当地经济、社会生活秩序；2014 年还通过向采砂船收取保护费的方式控制长江流域的非法采砂行业，对当地长江流域造成了一定的环境损害。通过上述行为，逐步形成了以张某甲为组织者、领导者，张某乙、张某丙、李某某、蔡某甲为骨干成员，胡某某、彭某某等人为一般参加者的黑社会性质组织。

2017 年 1 月，洪湖市检察院分别以涉嫌抢劫罪、强迫交易罪、聚众斗殴罪、非法拘禁罪，依法对张某甲（未到案）、张某乙等 11 人批准逮捕。洪湖市检察院通过实地走访，并根据被害人家属反映，初步认定该案与武汉市江岸区检察院正在办理的一起聚众斗殴致人死亡案（"1104"命案）存在关联。该院及时发出《逮捕案件继续侦查取证意见书》，引导调整下一步侦查方向，并建议公安机关向上级申请将"1104"命案指定到洪湖市公安局管辖。2017 年 3 月 21 日，湖北省公安厅商请长江航运公安局武汉分局将李某某等人涉嫌聚众斗殴案移交洪湖市公安局管辖侦办。同日，洪湖市公安局以犯罪嫌疑人张某乙等人涉嫌抢劫罪、寻衅滋事罪、非法拘禁罪、强迫交易罪向洪湖市检察院移送审查起诉。随后，4 月 28 日，该局以犯罪嫌疑人李某某等人涉嫌聚众斗殴罪向洪湖市检察院移送审查起诉。

洪湖市检察院经审查，确认上述两起案件均与张某甲有关联，决定并案审查。同时，洪湖市公安局移送审查起诉时未认定张某乙等人涉嫌黑社会性质组织犯罪，犯罪嫌疑人张某甲尚未到案。检察机关审查认为，从已经查明的证据和整体上判断，

---

〔1〕　参见最高人民检察院《检察机关开展扫黑除恶专项斗争典型案例选编（第三辑）》，载 https：// www. spp. gov. cn/xwfbh/wsfbt/201907/t20190718_ 425470. shtml#2，最后访问日期：2021 年 2 月 11 日。

张某甲犯罪团伙已经初步显示出具有黑社会性质组织的"四个特征"，但组织特征、经济特征的证据相对薄弱，建议公安机关加大对案件的取证力度。后张某甲被抓获到案。同时，洪湖市检察院建议将犯罪嫌疑人分所羁押，防止串供。公安机关根据该犯罪团伙成员各自作用及自身特点，制定了有针对性的审讯方案，最终证实了张某甲幕后操纵"1104"命案的犯罪事实。此后，洪湖市公安局将张某甲等人涉嫌组织、领导、参加黑社会性质组织罪移送洪湖市检察院审查起诉。因案情重大复杂，荆州市检察院加强对下指导，先后12次听取辩护律师意见，与公安机关共同梳理证据存在的问题。通过退回补充侦查和提出补充侦查意见，公安机关先后补充证据材料7卷190余份，特别是补强了证明"组织特征""经济特征"的证据，查清了张某甲在幕后指使李某某等人实施一系列违法犯罪活动。

2018年6月，荆州市检察院以组织、领导、参加黑社会性质组织罪和故意伤害罪、聚众斗殴罪、寻衅滋事罪、故意毁坏财物罪、非法拘禁罪、强迫交易罪等依法对张某甲等14名被告人提起公诉。

【影响性】

深入推进扫黑除恶专项斗争，准确认定黑社会性质组织犯罪，检察院与公安机关要共同承担起这项使命，增强使命感与责任感。在办理涉黑涉恶案件时，往往人数众多、证据隐蔽，难以入手，因此检察机关要引导侦查机关，高质高效地办理涉黑涉恶案件，严打涉黑犯罪。在本案中检察机关充分发挥诉前引导者的角色，协同公安机关办理此案，就证据收集、证据认定、措施采取、案情梳理等方面给予建议和意见，及时处理矛盾点；同时加强与辩护律师的交流沟通以保护犯罪嫌疑人、被告人合法权益。最终严厉打击了黑社会性质组织的嚣张气焰，并对全国公安司法机关办理此类案件起到了指导作用。

4. 吴某、黄某、廖某虚开增值税专用发票案。[1]

【案情简介】

2011年至2016年，被告人吴某与被告人廖某、黄某3人商议在没有实际货物交易的情况下，为吴某的公司虚开广州某贸易有限公司等17家公司的增值税专用发票抵扣税款，价税合计2314万余元，并将获取的利益用于公司运营以及被告人吴某、廖某、黄某3人的利润分配。[2] 案发后吴某投案自首，廖某、黄某到案后也如实坦白犯罪事实，据此广州市越秀区公安机关以涉嫌虚开增值税专用发票罪将3人予以逮捕。但是因3人为公司法定代表人、股东与实质控制人，逮捕措施的采取将导致公司经营困难、管理失调。为维持公司正常运营以及对3人到案后认罪态度等进行

---

〔1〕 "涉民营企业司法保护典型案例"，载 https：//www.spp.gov.cn/xwfbh/wsfbt/201812/t20181219_405690.shtml#2，最后访问日期：2021年2月12日。

〔2〕 张乐芸："吴某、黄某、廖某虚开增值税专用发票案——依法及时变更强制措施，帮助民营企业恢复生产经营"，载《中国检察官》2019年第4期。

考察，在审查起诉阶段，检察机关决定对廖某、黄某变更为取保候审并对其进行法制教育。在此期间，检察机关与廖某、黄某紧密联系，监督其法定义务的履行以及税款的补缴。因全额缴齐税款且考虑到3人自首、坦白以及认罪认罚等情节，广州市越秀区检察院在提起公诉的同时提出了从宽处理的量刑建议。广州市越秀区人民法院经过审理，认为在该共同犯罪中吴某起到主要作用为主犯，廖某、黄某为从犯。最终判令被告人吴某犯虚开增值税专用发票罪，判处有期徒刑3年，缓刑5年；被告人黄某、廖某犯虚开增值税专用发票罪，判处有期徒刑3年，缓刑4年。

【影响性】

支持民营经济发展重在务实，为保障民营经济平稳发展，对于民营企业家涉嫌犯罪时要慎用强制措施，例如在本案中采取取保候审不影响案件审理以及诉讼正常运行的，一般不要适用逮捕。公安司法机关在办理此类案件时要转变思维，贯彻宽严相济的司法理念，充分考虑民营企业发展的需要，既不放纵犯罪也不阻碍经济发展。对于民营企业家也要"一视同仁"，坚持各类市场主体诉讼地位、法律地位均平等，存在变更、解除强制措施的情形要及时变更、解除，存在依法从轻、减轻情节要依法从轻、减轻。同时随着2018年认罪认罚从宽制度的普遍适用，涉及民营企业家的案件也应囊括其中，检察机关要积极履行阐明义务，符合认罪认罚从宽规定的要依法提出量刑建议。

5. 北京王爽、谷小伟生产、销售假药抗诉案。[1]

【案情简介】

2016年3月至10月，王爽伙同其丈夫谷小伟，于北京市前门东路刘老根大舞台员工宿舍内，在未取得药品生产、销售许可的情况下，将从他人处购进的"纯中药减肥胶囊"进行装瓶、封袋，并自行制作说明书。随后，王爽利用映客直播平台对该药进行宣传，并以每瓶人民币1900元左右的价格销售。该药物造成多人身体不适，产生较大社会危害。2016年10月19日，王爽因涉嫌犯销售假药罪被羁押，同年11月25日被逮捕。2017年5月1日，谷小伟因涉嫌犯销售假药罪被羁押，同年6月7日被逮捕。2017年1月20日，北京市公安局东城分局将王爽销售假药一案移送东城区检察院审查起诉。2017年8月3日，东城区检察院以王爽、谷小伟涉嫌生产、销售假药罪向东城区法院提起公诉。2017年11月3日，东城区法院作出判决。2017年11月13日，东城区检察院以认定的犯罪金额低于实际犯罪金额，且应将谷小伟认定为主犯而非从犯为由，就本案向北京市第二中级法院提出抗诉。本案经北京市第二中级法院开庭审理，于2018年5月12日作出终审判决，认定犯罪数额为110余万元，且在共同犯罪中，王爽系主犯，谷小伟系从犯。改判王爽有期徒刑10年6个月，并处罚金180万元；谷小伟有期徒刑3年，并处罚金50万元。

---

〔1〕 "最高检发布8起打击侵犯消费者权益犯罪典型案例"，载 https://www.spp.gov.cn/zdgz/201903/t20190323_ 412658. shtml，最后访问日期：2021年2月12日。

【影响性】

随着网购的发展，利用网络平台侵犯消费者权益的犯罪案件日益增多。本案件系利用网络销售假药，侵犯消费者权益的典型案例，且案件涉及人数较多，取证难度较大，在犯罪金额认定、犯罪主体地位定性等方面都存在着较大困难。为此，国家专门机关分工负责，相互配合，及时调整案件取证处理思路，在充分贯彻有利于被告人原则的基础上，慎重审查全案证据，贯彻庭审实质化要求，对犯罪金额等争议问题作出认定，明确指出对于涉众型刑事案件，在受客观条件限制的情况下，公安司法机关不能向有关人员逐一取证的，法庭应综合全案证据对被告人犯罪数额作出认定。同时，检察机关认真履行监督职责，及时提出抗诉，并在了解到本案中购药者自发建立了维权微信群后，及时加入该群，向受害者了解情况，为受害者答疑解惑，最大程度保障了人民群众的生命财产安全，加强了司法机关的公信力。

（五）民间机构评选的影响性案例

1. 赵宇见义勇为案。

【案情简介】

2018 年 12 月 26 日 23 时许，李华与邹某酒后一同乘车到达邹某位于福州市晋安区岳峰镇村榕城公寓 4 楼 C118 的暂住处。二人在邹某暂住处发生争吵，李华被邹某关在门外，便酒后滋事，用力踢邹某暂住处防盗门，强行进入房间与邹某发生肢体冲突，引来邻居围观。此时，暂住在该楼 5 楼 C219 单元的赵宇，听到叫喊声，下楼查看，见李华把邹某按在墙上并殴打其头部，为制止李华的伤害行为，赵宇将李华向后拉拽，致李华倒地。李华起身后欲殴打赵宇，赵宇随即将李华推倒在地，并朝倒地的李华腹部踹了一脚。后赵宇拿起房间内的凳子欲砸向李华，被邹某拦下，随后赵宇被其女友劝离现场。事后，经鉴定，李华腹部横结肠破裂，属于重伤 2 级。2018 年 12 月 28 日赵宇被警方以故意伤害罪拘留。2019 年 1 月 10 日赵宇被取保候审。2019 年 2 月 20 日福州市公安局晋安分局以过失致人重伤罪向福州市晋安区检察院移送起诉。2019 年 2 月 21 日福州市晋安区检察院以防卫过当对本案做出相对不起诉决定。2019 年 3 月 1 日，检察机关对赵宇见义勇为一案的处理作出纠正，认定赵宇的行为属于正当防卫，依法不负刑事责任。

【影响性】

从 2017 年于欢案到 2018 年昆山"龙哥"案，被称为"沉睡条款"的正当防卫制度被重新激活。随后，福州赵宇见义勇为案等一系列正当防卫案件在社会上引起巨大反响，得到了人民群众的广泛关注。对此，检察机关尽职办案，依法履行监督职能，对属于正当防卫的案件及时依法认定，对于防卫过当的案件也及时依法处理，进一步通过案件办理，划清正当防卫和防卫过当的界限，让公安司法机关和人民群众都了解了这些法律规定,[1] 最大限度保障了人民群众的合法权益,传递了"邪不压正"的司法立场。2019 年两会上,张军检察长在报告当中又对赵宇见义勇为案做了专门汇报,充分回应了社会关切,体现出我国专门机关的司法担当,得到了与会代表和人民群众的高度赞赏。随后,最高人民检察院在 2019 年发布了一批正当防卫典型案例,进一步强化了办案人员处理正当防卫相关案件的专业能力,打破了人民群众对正当防卫制度的认识壁垒,切实消除了"谁能闹谁有理""谁死伤谁有理"的错误认识,坚决捍卫了"法不能向不法让步"的法治精神。

2. 教师黄某权性侵女学生案。

【案情简介】

2019 年 3 月,马山县检察院指控当地某小学教师黄某权涉嫌强奸、猥亵其执教的 2 名学生。一审法院以到案作证的学生证言陈述不符合常理,证人之间陈述有矛盾为由,判决黄某权无罪。此后,南宁市检察院和马山县检察院共同研究案件,发现本案证据状况与最高检发布的第 11 批指导案例高度相似。而根据指导案例确定的裁判规则,对未成年人案件证据的审查应当有别于成年人案件。但本案一审判决存在问题且与该规则相悖,马山县检察院遂作出抗诉决定,南宁市检察院支持抗诉。经南宁市中级人民法院审理,2019 年 11 月 29 日案件宣判。二审法院认定,一审判决对言辞证据采信逻辑分析错误,导致认定事实、适用法律错误,应予纠正。原公诉机关指控黄某权行为构成强奸罪、猥亵儿童罪的事实清楚、证据确实充分,支持检察机关的抗诉意见,判决黄某权犯强奸罪、猥亵儿童罪,判处有期徒刑 12 年。[2]

【影响性】

未成年人自我保护能力弱,身心发育不完全,易受到伤害,故国家政府一直采取立法、司法等多种方式加强对未成年人的保护。但是,未成年人受到侵害的案件仍层出不穷,2019 年报道的几起侵害女童的案件,进一步引发了人民群众对未成年人的安全问题的担忧。同时,由于未成年人在语言表达,心理抗压性等方面能力较弱,很多未成年人受害者或证人无法准确有效地描述案发情况,导致案件办理进展困难,很多证据也难以被及时有效获取。为了更加及时有效地保护未成年人的合法权益,公检法机关须及时调整办案思路,对于与本案情况相似的未成年人案件,各机关应积极适用最高人民检察院发布的第十一批指导性案例确定的裁判规则,即未成年人案件证据的审查应当有别于成年人案件,根据未成年人年龄、认知阶段陈述的事实,没有违反认知规律和相反证据的应当予以采信,而对成年人提出的辩解不能作出合理解释或前后矛盾的,不应当采信。同时,该案作为 2019 年度最高人民检

---

〔1〕 "对话陈国庆:决胜扫黑除恶,检察机关办案'不放过、不凑数'",载 https://www.spp.gov.cn/zdgz/202005/t20200528_ 463499.shtml,最后访问日期:2021 年 2 月 9 日。

〔2〕 "2019 年度十大法律监督案例",载 https://www.spp.gov.cn/zdgz/202001/t20200117_ 453141.shtml,最后访问日期:2021 年 2 月 9 日。

察院发布的十大监督案例，不仅体现出各级人民检察院把最高人民检察院 2018 年向教育部发出的进一步健全完善预防校园侵害、推动校园安全建设等机制的一号检察建议落到实处的决心，也推动了全国层面的侵害未成年人犯罪案件犯罪信息库和强制报告制度等一系列制度的建立进程。

3. 上海高空抛物入刑案。

【案情简介】

2019 年 8 月 1 日 17 时许，蒋某因家庭矛盾，联系开锁人员撬开其父母位于上海市闵行区某小区 14 楼的房门。为发泄不满，其持棒球棍对家中物品进行打砸，又将手机、平板电脑、水果刀等物扔出窗外，部分物品砸落在小区公共道路上，砸坏该道路上停放的 3 辆机动车，造成各类损失共计 4293 元。案发后，蒋某第一时间主动打电话报警。2019 年 11 月 29 日，上海市闵行区人民法院对该案公开开庭审判，法院认为：蒋某行为虽未造成人身伤害或重大财产损失的严重后果，但足以危害公共安全，其行为已经构成以危险方法危害公共安全罪。考虑到被告人具有自首、认罪认罚等情节，对检察机关及辩护人关于减轻处罚、从宽处罚的意见，予以采纳。但蒋某在案发小区与其父母共同生活多年，熟悉环境，因家庭矛盾为泄愤将财物抛下楼，其危害公共安全故意性明显。被告人行为已对不特定人员的人身、财产构成严重威胁，不宜适用缓刑，最终以危险方法危害公共安全罪判处蒋某有期徒刑 1 年。

【影响性】

高空抛物现象被称为"悬在城市上空的痛"，为了有效预防和惩治该类行为，切实维护人民群众"头顶上的安全"，最高人民法院于 2019 年 10 月 21 日发布《关于依法妥善审理高空抛物、坠物案件的意见》（本部分简称《意见》），本案系该《意见》施行后，上海法院判决的首起高空抛物入刑案件。该案件的判决体现了刑事司法领域对于高空抛物治理的积极回应，对于有效预防高空抛物行为的发生、引领正向社会价值、形成良好社会风尚具有重要作用。此外，本案对高空抛物行为的司法认定，结合了行为人的生活阅历及生活常识，综合判断其对抛物场所、所抛的具体物品。抛物的时间、抛物的高度等因素的认识，认定行为人具有相关犯罪的故意。同时结合所抛物品在客观上造成的危害后果，全面考量行为的社会危害程度，认定其行为足以危害公共安全。为司法机关处理该类案件提供了重要参考，对于今后办理该类案件准确把握司法认定标准将发挥积极作用。[1]

4. 艾文礼受贿案。

【案情简介】

2018 年 7 月 10 日起，作为河北省政协原党组副书记、副主席的艾文礼先后 4 次主动到中央纪委国家监委交代有关问题，并上缴涉案款项及收受的礼金、礼品 3 大

---

[1] "2019 年度人民法院十大刑事案件"，载 https://mp.weixin.qq.com/s/xpZMRcz4tmGmQ9H7s9keMQ，最后访问日期：2021 年 2 月 9 日。

箱。2018 年 10 月 19 日，中央纪委国家监委对艾文礼严重违纪违法问题进行了立案调查。2018 年 10 月，最高人民检察院依法以涉嫌受贿罪对艾文礼作出逮捕决定。2018 年 12 月，案件调查终结，经最高人民检察院指定，移送江苏省苏州市人民检察院审查起诉。2018 年 12 月 27 日，江苏省苏州市中级人民法院一审公开开庭审理了河北省政协副主席艾文礼受贿一案，经法院审查认定：2005 年至 2013 年，艾文礼利用其职务上的便利，为有关单位和个人在企业改制、项目开发、工作安排等事项上谋取利益。2006 年至 2014 年，艾文礼直接或通过其近亲属收受上述单位和个人给予的财物，共计折合 6478 万余元。2019 年 4 月 18 日，江苏省苏州市中级人民法院公开宣判艾文礼受贿案，法院认为，被告人艾文礼的行为构成受贿罪，数额特别巨大，应依法惩处。鉴于艾文礼于案发前携带赃款赃物主动到中央纪委国家监委投案，并如实供述自己的罪行，构成自首；真诚认罪、悔罪、避免、减少损害结果的发生；积极主动退缴全部赃款赃物，具有法定、酌定从轻、减轻处罚情节，依法可对其减轻处罚。法庭遂对艾文礼以受贿罪判处有期徒刑 8 年，并处罚金 300 万元。艾文礼当庭表示服从判决，不上诉。

【影响性】

党的十八大以来，中共中央加大了反腐的决心和信心，提高了反腐的力度。2018 年《监察法》的通过，进一步推动了我国监察体制的完善，推进了国家监察全覆盖的进程，为深入开展反腐败提供了有力的法律保障。艾文礼系《监察法》出台以来，首位携带赃款赃物主动到中央纪委国家监委投案的官员。投案后，中央纪委国家监委及时公开案件进展，人民法院严格依法审判，对其他腐败贪污分子产生了强大威慑和示范效果。同时，由于艾文礼主动投案，对自己的受贿行为真心悔过，积极配合中央纪委国家监委调查，自愿签署认罪认罚具结书，人民法院依法予以从宽处理，贯彻落实了我国宽严相济的刑事政策和 2018 年《刑事诉讼法》所确立的认罪认罚从宽基本原则，在鼓励其他腐败分子积极主动投案，诚心悔罪认罪，推进案件繁简分流等方面具有重要的引导作用。

5. 孙小果涉黑案。

【案情简介】

1995 年 12 月，孙小果因犯强奸罪被昆明市盘龙区人民法院一审判处有期徒刑 3 年。案件办理期间，孙小果父母通过伪造假病历的方式，帮助孙小果办理非法保外就医。1997 年 4 月至 6 月，在非法监外执行期间，孙小果以暴力和胁迫手段在公共场所强奸 4 名未成年少女，同时具有多个法定或酌定从重处罚情节。1997 年 11 月 7 日，孙小果伙同他人在公共场所挟持 2 名少女，造成严重后果。同年 7 月 13 日、10 月 22 日，孙小果及其同伙在公共场所肆意追逐、拦截、殴打他人，致使 3 名被害人受伤，情节恶劣。1998 年 2 月 18 日，昆明市中级人民法院作出一审判决，孙小果因犯强奸罪、强制侮辱妇女罪、故意伤害罪和寻衅滋事罪，数罪并罚，判决死刑立即执行，剥夺政治权利终身。宣判后，孙小果不服，提出上诉。云南省高级人民法院于 1999 年 3 月 9 日作出终审判决，对孙小果所犯强奸罪改判死刑，缓期二年执行，剥夺政治权利终身，维持其余定罪量刑，决定执行死刑，缓期二年执行，剥夺政治权利终身。判决生效后，孙小果及其近亲属提出申诉。云南省高级人民法院于 2006 年 7 月 3 日作出再审决定，对孙小果案启动再审，并于 2007 年 9 月 27 日作出再审刑事判决，对孙小果所犯强奸罪改判有期徒刑 15 年，维持其余定罪量刑，决定执行有期徒刑 20 年。2019 年，云南省高级人民法院院长发现，本案原审过程中审判人员涉嫌受贿、徇私舞弊，已经发生法律效力的再审刑事判决认定事实和适用法律确有错误，经提交云南省高级人民法院审判委员会讨论，于 2019 年 7 月 18 日作出再审决定，对本案涉及原审被告人孙小果的犯罪部分进行再审。2019 年 12 月 20 日，云南省高级人民法院对孙小果案做出判决，孙小果因犯强奸罪、强制侮辱妇女罪、故意伤害罪和寻衅滋事罪，数罪并罚，判决执行死刑，剥夺政治权利终身。2020 年 2 月 20 日，最高人民法院核准执行孙小果死刑。此外，2019 年 5 月至 6 月，云南省检察机关对孙小果案中涉案监狱干警立案侦查，6 人被云南省检察机关以涉嫌徇私舞弊减刑罪立案侦查并采取逮捕措施。同年 12 月 15 日，经检察机关提起公诉，对涉孙小果案 19 名公职人员和重要关系人职务犯罪案公开宣判。

【影响性】

2019 年是扫黑除恶的攻坚之年，而孙小果案无疑是 2019 年扫黑除恶行动中最具社会关注度的案件之一。随着孙小果案件经过和细节报道的深入，司法运作中存在的非正义乱象逐渐暴露出来，官官勾结，相互包庇，司法腐败等一系列问题都是造成孙小果逍遥法外、罚不当罪的重要因素。而通过本案的再审，不仅合法合理处理了黑恶势力孙小果，并且整治了一批司法腐败官员，积极回应了社会关切，让公众感受到了司法公信力，弘扬了邪不压正的社会风气，体现出中共中央扫黑除恶的决心和行动力，树立了正义或许会迟到，但是绝对不会缺席的社会价值观。同时，孙小果案虽然完结，但是如此黑势力何以长时间逍遥法外的实情却值得我们深刻反思。对此，国家应继续深入推进扫黑除恶工作，弘扬清正廉洁的工作作风，真正落实"让人民群众在每一起司法案件中都感受到公平正义"的重要指示，杜绝"孙小果案"再次出现。

6. 全国首例"爬虫"技术侵入计算机系统犯罪案。

【案情简介】

2016 年至 2017 年间，上海晟品网络科技有限公司系有限责任公司，经营计算机网络科技领域内相关业务。被告人张某某、宋某、侯某某经共谋，采用技术手段抓取被害单位北京字节跳动网络技术有限公司服务器中存储的视频数据，并由侯某某指使被告人郭某破解北京字节跳动网络技术有限公司的防抓取措施，使用"tt_ spider"文件实施视频数据抓取行为，造成被害单位北京字节跳动网络技术有限公司损失技术服务费 2 万元。2017 年 2 月 27 日，被告人宋某、侯某某被公安机关抓获。同年 3 月 4 日，被告人张某某、郭某被公安机关抓获。2017 年 11 月 24 日，北京市海淀区法院依法作出判决，判处被告单位上海晟品网络科技有限公司犯非法获取计算机信息系统数据罪，判处罚金 20 万元。被告人张某某犯非法获取计算机信息系统数据罪，判处有期徒刑 1 年，缓刑 1 年，罚金 5 万元。被告人宋某犯非法获取计算机信息系统数据罪，判处有期徒刑 10 个月，罚金 4 万元。被告人侯某犯非法获取计算机信息系统数据罪，判处有期徒刑 10 个月，罚金 4 万元。被告人郭某犯非法获取计算机信息系统数据罪，判处有期徒刑 9 个月，罚金 3 万元。[1]

【影响性】

网络爬虫（web crawler）也叫网页蜘蛛、网络机器人，是一种用来自动浏览万维网的程序或者脚本。[2] 其作为一种网络技术，在采集数据、处理信息、舆情监督等方面都发挥着重要作用。但是任何技术都必须在法律规范许可的范围内使用，不得侵犯其他用户的合法权益。本案所使用的技术采了伪造手段逃避服务器的身份校验以及使用伪造 UA 及 IP 绕过服务器的访问频率限制，构成法律所规定的"具有避开或者突破计算机信息系统安全保护措施，未经授权或者超越授权获取计算机信息系统数据的功能"的"专门用于侵入、非法控制计算机信息系统的程序、工具"，构成非法获取计算机信息系统数据罪。[3] 而本案获得广泛关注的重要原因之一即在于首次确认了此类行为的刑事违法性。在本案中，法官突破性地将"反爬虫"机制认定为与用户身份信息认证机制同态的计算机信息系统安全措施，并将常见的对抗"反爬虫"措施的技术行为认定为"侵入"计算机信息系统行为，这实际上等于创设数据流转领域新的规则，为规范数据流转行为起到了一定的积极意义。[4]

7. 不起诉走步机案。

【案情简介】

2017 年 10 月至 12 月，刘某公司生产、销售的 3756 台总金额达 700 余万元的走步机，因质监部门抽样检测认为产品不符合跑步机的国家强制性标准，被认定为不合格产品。2018 年 2 月，质监部门将线索移送公安机关，公安机关以涉嫌生产、销售伪劣产品罪立案侦查。2018 年 11 月 2 日，该案移送检察机关审查起诉。2019 年 3 月 11 日，检察机关对这一有重大影响的案件召开座谈会，侦查人员、辩护人、相关职能部门、人大代表和跑步机生产企业代表参加，发表意见。综合审查分析后，永康市人民检察院认为，刘某公司生产的走步机系创新产品，而非伪劣产品，对该部

---

[1] "【2019 年度人民法院十大刑事案件】全国首例'爬虫技术'犯罪案（附判决）"，载 https://m.sohu.com/a/367818946_120432103/，最后访问日期：2021 年 2 月 9 日。

[2] "搜狗百科：网络爬虫"，载 https://baike.sogou.com/v77860.htm? fromTitle=%E7%88%AC%E8%99%AB，最后访问日期：2021 年 2 月 9 日。

[3] "观点 ｜ 2019 年人民法院报十大刑事案例评析"，载 https://mp.weixin.qq.com/s/GYxNjrQb-mbE2Dl7pkB7ZNA，最后访问日期：2021 年 2 月 9 日。

[4] "2019 年度人民法院十大刑事案件"，载 https://mp.weixin.qq.com/s/xpZMRcz4tmGmQ9H7s9ke MQ，最后访问日期：2021 年 2 月 9 日。

分事实不认定犯罪；但该公司生产、销售电动走步机的行为已经构成生产、销售伪劣产品罪，但销售金额仅为 5 万余元，且未造成人身、财产损失，社会危害性较小。同时考虑到刘某公司属于创新型企业，正处于升级发展的关键期，遂依法对刘某作出不起诉决定。2019 年 3 月 27 日，国家市场监督管理总局发函认定走步机为一种创新产品，不适用跑步机国家标准，并就产品名称、宣传、技术要求等方面给出了规范性的明确意见。

【影响性】

习近平总书记曾在不同时期、不同场合，反复强调民营经济在增加就业岗位、推动市场发展、促进技术创新等方面的重要作用和重要地位。本案作为最高人民检察院评选的 2019 年十大法律监督案件，不仅体现了司法机关对民营经济的平等保护，而且助推了走步机国家标准的确立，促进了该行业的健康规范发展。在该案办理的过程中，检察机关认真负责，敢于担当，在了解情况后，高度重视，提前介入案件，贯彻"对涉案民营企业负责人慎捕慎诉"原则，积极与公安机关沟通交流，将被刑事拘留的涉案民营企业家变更强制措施为取保候审，最大限度地保护了该民营企业的正常生产经营。同时，检察院成立案件领导小组，主动与行业主管、监管部门讨论研究，在认定涉案走步机在运行速度、产品结构等方面均与传统跑步机存在显著区别后，及时纠正了检测报告根据跑步机的国家强制性标准径行认定产品不合格的错误结论，保护了民营企业家的创新热情，为民营企业持续健康发展营造了良好的法治环境。

8. 长江沿线倾倒固体废物污染环境系列案件。

【案情简介】

2017 年 7 月群众举报称铜陵市境内的一处长江江滩上，被人为倾倒大量工业垃圾。经专业机构鉴定，确定现场倾倒物为危险废物酸洗污泥。2017 年 10 月 12 日，长江航运公安局芜湖分局以污染环境罪立案侦查。2017 年 11 月，长江航运公安局芜湖分局根据线索，在铜陵段共截获 7 艘非法转移疑似固体废物的船舶，在马鞍山段查扣 1 艘非法转移生活垃圾的船舶，8 艘船舶共计装载固体废物近 7000 吨。而随着案件侦办的深入，有关部门发现了多条由浙江、江苏向安徽境内非法转移危险废物和固体废物的案件线索。经警方查明发现，利用长江水道，将发达地区各种垃圾非法运输至欠发达地区倾倒，已经形成了一条黑色"产业链"。经法院审理查明，2016 年 7 月 27 日至 2017 年 5 月 22 日期间，被告单位浙江宝勋精密螺丝有限公司及相关负责人黄冠群、姜家清违反国家有关规定，将酸洗污泥交由无危险废物处置资质的被告人李长红等 3 人进行处置。被告人李长红等 3 人通过伪造国家机关、公司印章，制作虚假的公文、证件，非法处置酸洗污泥。最终在江苏省淮安市、扬州市、苏州市、安徽省铜陵市非法处置危险废物酸洗污泥共计 1071.61 吨，其中在铜陵市长江堤坝内非法倾倒酸洗污泥 62.88 吨。法院还查明部分被告人非法处置有毒、有害固体废物及造成财产损失的事实。2018 年 9 月 28 日上午，法院对本案进行了公开宣判，一审判处浙江宝勋精密螺丝有限公司犯污染环境罪，判处罚金 1000 万元。其他 12 名被告人均犯污染环境罪，判处有期徒刑或拘役，并处罚金，法院也对刑事附带民事公益诉讼作出一审判决。同时判决被告单位及被告人连带赔偿因非法处置产生的应急处置、环境修复等费用合计 665 万余元。

【影响性】

良好的生态环境是人类发展和生存的基本前提，十八大以来，中共中央多次对生态文明建设作出重要指示，强调"绿水青山就是金山银山"的发展理念。但是近年来，长江流域跨省倾倒固废危废事件易发多发，"10·12""1·26""1·29"等一系列环境污染案件的危害范围更是令人震惊。本案系长江沿线倾倒固体废物污染环境的代表性案件，通过案件的报道，使人民群众更加明确地了解了固体废物倾倒对环境的危害，提高了排污企业、危险废物处置企业的法律意识，震慑了潜在的犯罪分子，有效推动了长江流域环境污染综合治理工作。同时，本案也是公益诉讼的代表性案件，体现了司法机关的责任担当，积极回应了党中央对完善环境公益诉讼制度的要求，对进一步推动公益诉讼制度实施、完善制度设计等方面具有重要意义。

第二节　民事诉讼法的实践状况[*]

一、民事审判执行的基本数据

根据最高人民法院工作报告公布的数据，2019 年，最高人民法院受理案件 38 498 件，审结 34 481 件，同比分别上升 10.7% 和 8.2%，制定司法解释 20 件，发布指导性案例 33 个；地方各级法院受理案件 3156.7 万件，审结、执结 2902.2 万件，结案标的额 6.6 万亿元，同比分别上升 12.7%、15.3% 和 20.3%。全国陪审员参审案件 340.7 万件。

各级法院审结一审民事案件 939.3 万件，其中涉及教育、就业、医疗、住房、消费、社会保障等民生领域案件 144 万件，审结婚姻家庭案件 185 万件，签发人身安全保护令 2004 份。审结一审商事案件 453.7 万件，审结一审涉外民商事案件 1.7 万件，海事海商案件 1.6 万件，审结涉港澳台案件 2.7 万件，办理司法协助互助案件 9648 件，审结涉侨案件 2475 件。审结专利、商标、著作权等知识产权案件 41.8 万件，审结一审环境资源案件 26.8 万件。审结英烈保护公益诉讼案件 22 件，涉及侵害方志敏、董存瑞、黄继光、木里救火牺牲勇士等英烈权益的行为。审结破产重整等案件 4626 件，涉及债权 6788 亿元，让 482 家有发展前景的企业通过重整走出困境，帮助 10.8 万名员工保住就业岗位。

全国法院诉讼服务中心化解案件 849.7 万件，其中速裁快审案件平均审理周期较

---

* 执笔人：中国政法大学诉讼法学研究院谭秋桂教授。

一审民商事案件缩短 49.2%。全国 10 759 个人民法庭共调解、审结案件 473.1 万件。

全国法院共受理执行案件 1041.4 万件，执结 954.7 万件，执行到位金额 1.7 万亿元，同比分别上升 17.4%、22.4% 和 10.8%。针对涉民生、金融、拖欠民营企业账款等案件，集中开展专项执行行动，全国法院执结涉民生案件 21 万件，执行到位金额 98 亿元；执结涉金融案件 47 万件，执行到位金额 2000 亿元；执结拖欠民营企业账款案件 5870 件，执行到位金额 127 亿元。

截至 2020 年 4 月，中国裁判文书网公布文书 9195 万份，中国审判流程信息公开网向当事人公开案件 2900 万件，公开信息 15 亿项；中国庭审公开网直播案件 696 万件，观看量 237 亿人次。

2019 年，全国法院法官人均办案 228 件，同比增长 13.4%；各类案件一审后当事人服判息诉率 89.2%，二审后达到 98.2%；涉诉信访总量、涉诉进京访同比分别下降 13.3% 和 40%；互联网法院案件平均审理周期 42 天，比传统模式缩短 57.1%。

根据《最高人民检察院工作报告》，2019 年全国各级检察机关提出民事抗诉 5103 件，同比上升 29.8%；法院已改判、发回重审、调解、和解撤诉 3172 件，改变率同比增加 1.9 个百分点。提出再审检察建议 7972 件，同比上升 95.1%；法院已裁定再审 4583 件，采纳率同比增加 5.3 个百分点。最高检组织专项监督，纠正虚假诉讼 3300 件，对涉嫌犯罪的起诉 1270 人，同比分别上升 122.4% 和 154%。对执行活动中的违法情形提出检察建议 23 437 件，对拒不执行判决、裁定的批捕 2318 人，同比分别下降 1.6% 和 2.4%。

二、印发《全国法院民商事审判工作会议纪要》

2019 年 7 月 3 日至 4 日，最高人民法院在黑龙江省哈尔滨市召开了全国法院民商事审判工作会议。最高人民法院党组书记、院长周强出席会议并讲话。各省、自治区、直辖市高级人民法院分管民商事审判工作的副院长、承担民商事案件审判任务的审判庭庭长、解放军军事法院的代表、最高人民法院有关部门负责人在主会场出席会议，地方各级人民法院的其他负责同志和民商事审判法官在各地分会场通过视频参加会议。中共中央政法委员会、全国人大常委会法工委的代表、部分全国人大代表、全国政协委员、最高人民法院特约监督员、专家学者应邀参加会议。会议对民商事审判工作中的一些疑难法律问题取得了基本一致的看法，并形成了《全国法院民商事审判工作会议纪要》（本部分简称《九民纪要》）。2019 年 9 月 11 日，最高人民法院审判委员会民事行政专业委员会第 319 次会议原则通过《九民纪要》，2019 年 11 月 8 日最高人民法院以"法〔2019〕254 号"通知印发《九民纪要》。

"法〔2019〕254 号"通知指出，《九民纪要》针对民商事审判中的前沿疑难争议问题，在广泛征求各方面意见的基础上，经最高人民法院审判委员会民事行政专业委员会讨论决定。《九民纪要》的出台，对统一裁判思路，规范法官自由裁量权，增强民商事审判的公开性、透明度以及可预期性，提高司法公信力，具有重要意义。各级人民法院要正确把握和理解适用《九民纪要》的精神实质和基本内容。为使各级人民法院尽快准确理解掌握《九民纪要》的内涵，在案件审理中正确理解适用，各级人民法院要在妥善处理好工学关系的前提下，通过多种形式组织学习培训，做好宣传工作。《九民纪要》不是司法解释，不能作为裁判依据进行援引。《九民纪要》发布后，人民法院尚未审结的一审、二审案件，在裁判文书"本院认为"部分具体分析法律适用的理由时，可以根据《九民纪要》的相关规定进行说理。

《九民纪要》共计12部分130个问题。会议明确，民商事审判工作必须坚持正确的政治方向，必须以习近平新时代中国特色社会主义思想武装头脑、指导实践、推动工作。一是要坚持党的绝对领导。这是中国特色社会主义司法制度的本质特征和根本要求，是人民法院永远不变的根和魂。在民商事审判工作中，要切实增强"四个意识"、坚定"四个自信"、做到"两个维护"，坚定不移走中国特色社会主义法治道路。二是要坚持服务党和国家大局。认清形势，高度关注中国特色社会主义进入新时代背景下经济社会的重大变化、社会主要矛盾的历史性变化、各类风险隐患的多元多变，提高服务大局的自觉性、针对性，主动作为，勇于担当，处理好依法办案和服务大局的辩证关系，着眼于贯彻落实党中央的重大决策部署、维护人民群众的根本利益、维护法治的统一。三是要坚持司法为民。牢固树立以人民为中心的发展思想，始终坚守人民立场，胸怀人民群众，满足人民需求，带着对人民群众的深厚感情和强烈责任感去做好民商事审判工作。在民商事审判工作中要弘扬社会主义核心价值观，注意情理法的交融平衡，做到以法为据、以理服人、以情感人，既要义正词严讲清法理，又要循循善诱讲明事理，还要感同身受讲透情理，争取广大人民群众和社会的理解与支持。要建立健全方便人民群众诉讼的民商事审判工作机制。四要坚持公正司法。公平正义是中国特色社会主义制度的内在要求，也是我党治国理政的一贯主张。司法是维护社会公平正义的最后一道防线，必须把公平正义作为生命线，必须把公平正义作为镌刻在心中的价值坐标，必须把"努力让人民群众在每一个司法案件中感受到公平正义"作为矢志不渝的奋斗目标。

会议指出，民商事审判工作要树立正确的审判理念。注意辩证理解并准确把握契约自由、平等保护、诚实信用、公序良俗等民商事审判基本原则；注意树立请求权基础思维、逻辑和价值相一致思维、同案同判思维，通过检索类案、参考指导案例等方式统一裁判尺度，有效防止滥用自由裁量权；注意处理好民商事审判与行政监管的关系，通过穿透式审判思维，查明当事人的真实意思，探求真实法律关系；特别注意外观主义系民商法上的学理概括，并非现行法律规定的原则，现行法律只是规定了体现外观主义的具体规则，如《物权法》（已失效）第106条规定的善意取得，《合同法》（已失效）第49条、《民法总则》（已失效）第172条规定的表见代理，《合同法》（已失效）第50条规定的越权代表，审判实务中应当依据有关具体法律规则进行判断，类推适用亦应当以法律规则设定的情形、条件为基础。从现行法律规则看，外观主义是为保护交易安全设置的例外规定，一般适用于因合理信赖权利外观或意思表示外观的交易行为。实际权利人与名义权利人的关系，应注重财产的实质归属，而不单纯地取决于公示外观。总之，审判实务中要准确把握外观主义的适用边界，避免泛化和滥用。

2019 年举行的全国法院民商事审判工作会议是中华人民共和国成立以来举行的第九次全国法院民商事审判工作会议，会议形成了《九民纪要》。《九民纪要》内容涉及公司、合同、担保、金融、破产等民商事审判的绝大部分领域，对民商事审判中的前沿疑难争议问题作出了较为明确的规定，有利于统一裁判思路，规范法官自由裁量权，增强民商事审判的公开性、透明度以及可预期性，提高司法公信力。

三、推行的主要民事司法政策

（一）发挥商会在民营经济领域的调解优势，继续完善纠纷多元化解机制

2019 年 1 月 14 日，最高人民法院与中华全国工商业联合会联合印发《关于发挥商会调解优势 推进民营经济领域纠纷多元化解机制建设的意见》（本部分简称《意见》）的通知（法〔2019〕11 号），就民营经济领域纠纷多元化解机制建设作出安排。

《意见》共 14 条，主要规定了发挥商会调解优势，推进民营经济领域纠纷多元化解机制建设的意义、工作目标、商会调解范围、商会调解组织运行、诉调对接机制、信息共享、指导培训等内容。

《意见》明确，要充分发挥商会调解化解民营经济领域纠纷的制度优势。通过完善商会职能，提升商会服务能力，培育和发展中国特色商会调解组织；促进和引导民营企业依法经营、依法治企、依法维权，促进产权平等保护，激发和弘扬企业家精神；推动商人纠纷商会解，协同参与社会治理；优化司法资源配置，营造良好的法治营商环境，为民营经济健康发展提供司法保障。

《意见》明确，发挥商会调解优势，推进民营经济领域纠纷多元化解机制的工作目标是加强商会调解组织和调解员队伍建设，健全完善商会调解制度和机制，为企业提供多元的纠纷解决渠道。进一步转变司法理念，发挥司法在商会纠纷化解中的引领、推动和保障作用，满足民营企业纠纷多元化解、快速化解和有效化解的实际需求，为民营企业创新创业营造良好法治环境。建立健全商会调解机制与诉讼程序有机衔接的纠纷化解体系，不断提升工商联法律服务能力，促进民营经济健康发展。

《意见》指出，商会调解以民营企业的各类民商事纠纷为主，包括商会会员之间的纠纷，会员企业内部的纠纷，会员与生产经营关联方之间的纠纷，会员与其他单位或人员之间的纠纷，以及其他涉及适合商会调解的民商事纠纷。工商联加强对所属商会的指导、引导和服务，支持商会依照法律法规及相关程序设立调解组织、规范运行，使调解成为化解民营经济领域矛盾纠纷的重要渠道。支持商会建立人民调解委员会，为企业提供基础性公益性纠纷解决服务。支持企业、商会建立劳动争议调解组织，及时化解劳动争议，维护劳动关系的和谐稳定。鼓励行业商会组织发挥自身优势，建立专业化的行业调解组织。鼓励具备条件的商会设立商事调解组织，发挥商事调解组织化解专业纠纷的重要作用。商会设立的商事调解组织应当在省级

工商联和全国工商联备案。完善商会调解员培训机制，制定调解员职业道德规范，通过调解培训、座谈研讨、观摩庭审、法律讲座等方式，不断提高调解员职业修养、法律素养、专业知识和调解技能；加强调解员队伍建设，推动建立调解员资格认定和考核评估机制，完善调解员管理。

《意见》明确，人民法院吸纳符合条件的商会调解组织或者调解员加入特邀调解组织名册或者特邀调解员名册。名册实行动态更新和维护，并向当事人提供完整、准确的调解组织和调解员信息，供当事人选择。落实委派调解和委托调解机制，加强与商会调解组织对接工作，探索设立驻人民法院调解室。加强诉讼与非诉讼解决方式的有机衔接，引导当事人优先选择商会调解组织解决纠纷。经商会调解达成的调解协议，具有法律约束力，当事人应当按照约定履行。能够即时履行的，调解组织应当督促当事人即时履行。当事人申请司法确认的，人民法院应当及时审查，依法确认调解协议的效力。人民法院在立案登记后委托商会调解组织进行调解达成协议的，当事人申请出具调解书或者撤回起诉的，人民法院应当依法审查并制作民事调解书或者裁定书。对调解不成的纠纷，依法导入诉讼程序，切实维护当事人的诉权。人民法院与工商联建立联席会议机制，加强工作沟通交流。完善信息互通和数据共享，建立相关信息和纠纷处理的工作台账，通过挖掘分析数据，研判纠纷类型特点、规律和问题，为更好地推进商会调解、做好纠纷预防提供数据支撑。各级人民法院和工商联要大力支持商会调解工作，将其作为保障民营经济健康发展的重要举措，作为构建社会矛盾纠纷多元化解格局的重要内容，结合当地实际，把握政策精神，抓好贯彻落实。各高级人民法院和省级工商联及所属商会要对辖区内商会调解组织的工作加强指导，建立完善联络沟通机制，对工作中遇到的情况和问题，及时层报最高人民法院和全国工商联。

商会在民营经济领域具有重要作用，充分发挥商会在多元解纷机制中的优势，对于运用法治手段服务保障民营经济健康发展，构建共建共治共享的社会治理格局，加强诉调对接工作具有十分重要的意义。《意见》的颁行，也是我国继续完善多元解纷机制的重要内容。

（二）为深化两岸融合发展提供司法服务

2019 年 3 月 25 日，最高人民法院印发《关于为深化两岸融合发展提供司法服务的若干措施》（本部分简称《若干措施》）的通知（法发〔2019〕9 号），以更好发挥人民法院在服务、保障、促进两岸经济文化交流合作与融合发展方面的职能作用。

《若干措施》分为 4 个部分共 36 条，从"公正高效审理案件，全面保障诉讼权利""完善便民利民措施，提供优质司法服务""加强组织机构建设，健全服务保障机制""扩大参与司法工作，推动两岸司法交流" 4 个方面提出了 36 项深化两岸融合发展的司法服务措施。

在全面保障台湾同胞诉讼权利方面，提出了 12 项措施：①坚持公正高效司法，维护台湾同胞的各项实体权利和诉讼权利，依法保障台湾同胞在大陆学习、创业、就业、生活逐步享有同等待遇。②加强产权司法保护，依法保障台湾同胞在大陆的投资安全、财产安全，加强知识产权保护，让台湾同胞在大陆专心创业、放心投资、安心经营。③对台湾同胞、台湾企业因涉及在大陆享有国家各项政策优惠、补贴、奖励、激励、准入等同等待遇产生的纠纷，属于人民法院受案范围、符合起诉条件的，应当依法及时受理。④依法慎用强制措施、查封扣押冻结措施、限制出境措施，最大限度降低对台湾同胞、台湾企业正常生活、经营的不利影响。⑤人民法院决定对我国台湾地区当事人采取拘留、指定居所监视居住或者逮捕措施的，应当在 24 小时以内通知其家属；无法通知其家属的，可以通知其在大陆的工作单位、就读学校等。⑥受审在押的我国台湾地区被告人，其监护人、近亲属申请会见，经审查认为不妨碍案件审判的，应当准许。⑦对因犯罪受审或者执行刑罚的我国台湾地区居民，应当依法平等适用缓刑、判处管制、裁定假释、决定或者批准暂予监外执行，实行社区矫正。⑧向我国台湾地区居民送达司法文书，应当采取直接送达、两岸司法互助送达等有利于其实际知悉送达内容、更好行使诉讼权利的送达方式；未采取过直接送达、两岸司法互助送达方式的，不适用公告送达。⑨对涉台案件当事人及其诉讼代理人因客观原因不能自行收集的证据，应当依申请或者主动依职权调查收集；相关证据在我国台湾地区的，可以通过两岸司法互助途径调查收集。⑩根据国家法律和司法解释中选择适用法律的规则，确定适用我国台湾地区民商事法律的，应当适用，但违反国家法律基本原则和社会公共利益的，不予适用。⑪依法及时审查认可和执行我国台湾地区民事判决和仲裁裁决的申请；经裁定认可的我国台湾地区民事判决，与人民法院的生效判决具有同等效力；经裁定认可的仲裁裁决，应当依法及时执行。⑫涉台案件判决生效后，督促败诉方及时履行生效裁判确定的义务，提高涉台案件执行效率，保障涉台案件执行效果。

在便民利民司法服务方面，提出了 9 项措施：①完善涉台案件诉前、诉中、诉后全流程便民利民措施，为台湾同胞提供便捷、高效的司法服务。②受理涉台案件较多的人民法院可以设立涉台案件专门立案窗口。为伤病、残疾、老年、未成年的台湾同胞提供立案、送达、调解等方面的便利。适应涉台案件特点，不断完善便利台湾同胞的在线起诉、应诉、举证、质证、参与庭审、申请执行等信息化平台。③不断完善对台湾同胞的诉讼指导，为台湾同胞编制在大陆诉讼的指导材料。涉台案件较多的人民法院可以开设专门网站、电话、微博、微信等涉台司法服务平台。推广在台湾同胞聚集区、台湾同胞投资区、我国台湾地区创业园区等设立法院联络点、法官工作室等司法服务机构。④完善各项诉讼服务措施与司法管理设施，便利台湾同胞使用台湾居民居住证、台湾居民来往大陆通行证作为身份证明参与诉讼活动和旁听审判。⑤持有台湾居民居住证的我国台湾地区当事人委托大陆律师或者其他人代理诉讼，代理人向人民法院转交的授权委托书无需公证认证或者履行其他证明手续。⑥经济确有困难的我国台湾地区当事人向人民法院提起民事、行政诉讼的，可以依法准予缓交、减交、免交诉讼费用。⑦对符合法律援助条件的我国台湾地区当事人，主动协调法律援助机构及时提供法律援助。我国台湾地区被告人没有委托辩护人的，可以通知法律援助机构指派律师为其提供辩护。⑧对权利受到侵害无法获得有效赔偿的我国台湾地区当事人，符合有关规定条件的，可以提供一次性国家司法救助，帮助解决其生活面临的急迫困难。⑨我国台湾地区当事人申请司法救助和法律援助，依照有关规定应当提交经济困难等有关证明材料，其户籍地难以或者不予提供，而其台湾居民居住证颁发地、在大陆经常居住地的村（居）民委员会或者在大陆的工作单位、就读学校等依照有关规定提供的，可予认可。

在组织机构建设方面，提出了7项措施：①受理涉台案件较多的人民法院可以设立专门的审判庭、合议庭、审判团队、执行团队等审判、执行组织，负责涉台案件的审理、执行。未设立专门审判、执行组织的法院可以指定相对固定的人员审理和执行涉台案件。探索建立涉台案件综合审判组织，集中负责涉台刑事、民事、行政案件的审理。②涉台案件分散的地区，可以探索实行涉台案件跨区域集中管辖制度。③不断完善便利台湾同胞在互联网法院、知识产权法院、金融法院等新类型法院进行诉讼、维护权利、解决纠纷的制度机制。④建立与涉台案件特点相适应的审判管理机制和绩效考核机制。办理两岸司法互助案件情况纳入司法统计和绩效考核范围。⑤充分发挥调解机构、仲裁机构作用，完善调解、仲裁、诉讼等有机衔接、相互协调的多元化纠纷解决机制，提高涉台纠纷解决效率，降低纠纷解决成本。⑥支持涉台案件较多的地区设立台湾地区民商事法律查明专业机构、涉台社区矫正专门机构等。⑦及时发布涉台审判司法解释、指导性案例、规范性文件和典型案例，探索建立涉台案件审判指导委员会制度，统一涉台案件裁判标准和尺度。

在参与司法工作、推进两岸交流方面，提出了多项措施：①选任符合条件的台湾同胞担任涉台案件的人民陪审员，为其更好履行职责提供培训等保障。②探索聘请符合相关条件的台湾同胞担任人民法院书记员等司法辅助人员，逐步扩大台湾同胞参与审判工作范围。③依法保障获得大陆律师执业证书的台湾居民的执业权利，鼓励其在人民法院参与律师调解等工作。④聘请台湾同胞担任人民法院监督员、联络员，以及特邀调解员、家事调查员、心理咨询员、缓刑考察员、法庭义工等。⑤聘请符合条件的台湾同胞担任涉台、知识产权、生态环境、医疗、海事、金融、互联网等审判领域的咨询专家或者鉴定人。聘请对相关法律领域有精深造诣及较大影响力的台湾同胞担任国际商事专家委员会专家委员。⑥推动人民法院与两岸教学、科研机构共同建立两岸青年学生教学实践基地。鼓励、支持我国台湾地区青年学生到人民法院实习，并积极提供相应便利与保障。积极打造两岸青年学生、青年法官的交流交往平台。⑦鼓励支持我国台湾地区法律界人士到国家法官学院及其分院研修、培训、讲学，加入中华司法研究会等专业性社团组织，申报人民法院及其主管的事业单位、社会团体组织发布的司法调研、理论研究课题。⑧鼓励支持我国台湾地区各界人士到人民法院参访、交流，参加人民法院举办的论坛、研讨会等活动。

《若干措施》为发挥人民法院在服务、保障、促进两岸经济文化交流合作与融合发展方面的职能作用提出了明确、具体、可操作的规范，有利于促进两岸融合发展。

（三）发布审理高空抛物、坠物案件的原则和工作机制

2019 年 10 月 21 日，最高人民法院发布《关于依法妥善审理高空抛物、坠物案件的意见》（本部分简称《意见》）（法发〔2019〕25 号），明确了高空抛物、坠物案件的审理原则和相关工作机制。

《意见》分为 4 个部分共计 16 条。《意见》从"加强源头治理，监督支持依法行政，有效预防和惩治高空抛物、坠物行为""依法惩处构成犯罪的高空抛物、坠物行为，切实维护人民群众生命财产安全""坚持司法为民、公正司法，依法妥善审理高空抛物、坠物民事案件""注重多元化解，坚持多措并举，不断完善预防和调处高空抛物、坠物纠纷的工作机制" 4 个方面，从行政审判、刑事审判、民事审判和纠纷多元化解的角度，提出了人民法院审理高空抛物、坠物案件的原则和相关工作机制。

《意见》的颁行，对于充分发挥司法审判的惩罚、规范和预防功能，依法妥善审理高空抛物、坠物案件，切实维护人民群众"头顶上的安全"，保障人民安居乐业，维护社会公平正义具有重要的指导意义。

四、典型案例

（一）最高人民法院指导案例

1. 指导案例 117 号：中建三局第一建设工程有限责任公司与澳中财富（合肥）投资置业有限公司、安徽文峰置业有限公司执行复议案（最高人民法院审判委员会讨论通过 2019 年 12 月 24 日发布）。

【关键词】

执行/执行复议/商业承兑汇票/实际履行

【裁判要点】

根据民事调解书和调解笔录，第三人以债务承担方式加入债权债务关系的，执行法院可以在该第三人债务承担范围内对其强制执行。债务人用商业承兑汇票来履行执行依据确定的债务，虽然开具并向债权人交付了商业承兑汇票，但因汇票付款账户资金不足、被冻结等不能兑付的，不能认定实际履行了债务，债权人可以请求对债务人继续强制执行。

【相关法条】

《民事诉讼法》第 225 条

【基本案情】

中建三局第一建设工程有限责任公司（本部分简称中建三局一公司）与澳中财富（合肥）投资置业有限公司（本部分简称澳中公司）建设工程施工合同纠纷一案，经安徽省高级人民法院（本部分简称安徽高院）调解结案，安徽高院作出民事调解书，确认各方权利义务。调解书中确认的调解协议第 1 条第 6 款第 2 项、第 3 项约定，本协议签订后为偿还澳中公司欠付中建三局一公司的工程款，向中建三局一公司交付付款人为安徽文峰置业有限公司（本部分简称文峰公司）、收款人为中建三局

一公司（或收款人为澳中公司并背书给中建三局一公司），金额总计为6000万元的商业承兑汇票。同日，安徽高院组织中建三局一公司、澳中公司、文峰公司调解的笔录载明，文峰公司明确表示自己作为债务承担者加入调解协议，并表示知晓相关的义务及后果。之后，文峰公司分2次向中建三局一公司交付了金额总计为6000万元的商业承兑汇票，但该汇票因文峰公司相关账户余额不足、被冻结而无法兑现，也即中建三局一公司实际未能收到6000万元工程款。

中建三局一公司以澳中公司、文峰公司未履行调解书确定的义务为由，向安徽高院申请强制执行。案件进入执行程序后，执行法院冻结了文峰公司的银行账户。文峰公司不服，向安徽高院提出异议称，文峰公司不是本案被执行人，其已经出具了商业承兑汇票；另外，即使其应该对商业承兑汇票承担代付款责任，也应先执行债务人澳中公司，而不能直接冻结文峰公司的账户。

【裁判结果】

安徽省高级人民法院于2017年9月12日作出（2017）皖执异1号执行裁定：①变更安徽省高级人民法院（2015）皖执字第00036号执行案件被执行人为澳中财富（合肥）投资置业有限公司。②变更合肥高新技术产业开发区人民（2016）皖0191执10号执行裁定被执行人为澳中财富（合肥）投资置业有限公司。中建三局第一建设工程有限责任公司不服，向最高人民法院申请复议。最高人民法院于2017年12月28日作出（2017）最高法执复68号执行裁定：撤销安徽省高级人民法院（2017）皖执异1号执行裁定。

【裁判理由】

最高人民法院认为，涉及票据的法律关系，一般包括原因关系（系当事人间授受票据的原因）、资金关系（系指当事人间在资金供给或资金补偿方面的关系）、票据预约关系（系当事人间有了原因关系之后，在发出票据之前，就票据种类、金额、到期日、付款地等票据内容及票据授受行为订立的合同）和票据关系（系当事人间基于票据行为而直接发生的债权债务关系）。其中，原因关系、资金关系、票据预约关系属于票据的基础关系，是一般民法上的法律关系。在分析具体案件时，要具体区分原因关系和票据关系。

本案中，调解书作出于2015年6月9日，其确认的调解协议第1条第6款第2项约定：本协议签订后7个工作日内向中建三局一公司交付付款人为文峰公司、收款人为中建三局一公司（或收款人为澳中公司并背书给中建三局一公司）、金额为3000万元、到期日不迟于2015年9月25日的商业承兑汇票；第3项约定：于本协议签订后7个工作日内向中建三局一公司交付付款人为文峰公司、收款人为中建三局一公司（或收款人为澳中公司并背书给中建三局一公司）、金额为3000万元、到期日不迟于2015年12月25日的商业承兑汇票。同日，安徽高院组织中建三局一公司、澳中公司、文峰公司调解的笔录载明以下内容。承办法官询问文峰公司："你方作为债务承担者，对于加入本案和解协议的义务及后果是否知晓？"文峰公司代理人邵红卫答："我方知晓。"承办法官询问中建三局一公司："你方对于安徽文峰置业有限公司加入本案和解协议承担债务是否同意？"中建三局一公司代理人付琦答："我方同意。"综合上述情况，可以看出，三方当事人在签订调解协议时，有关文峰公司出具汇票的意思表示不仅对文峰公司出票及当事人之间授受票据等问题作出了票据预约关系范畴的约定，也对文峰公司加入中建三局一公司与澳中公司债务关系、与澳中公司一起向中建三局一公司承担债务问题作出了原因关系范畴的约定。因此，根据调解协议，文峰公司在票据预约关系层面有出票和交付票据的义务，在原因关系层面有就 6000 万元的债务承担向中建三局一公司清偿的义务。文峰公司如期开具真实、足额、合法的商业承兑汇票，仅是履行了其票据预约关系层面的义务，而对于其债务承担义务，因其票据付款账户余额不足、被冻结而不能兑付案涉汇票，其并未实际履行，中建三局一公司申请法院对文峰公司强制执行，并无不当。（生效裁判审判人员：毛宜全、朱燕、邱鹏）

2. 指导案例 118 号：东北电气发展股份有限公司与国家开发银行股份有限公司、沈阳高压开关有限责任公司等执行复议案（最高人民法院审判委员会讨论通过，2019 年 12 月 24 日发布）。

【关键词】

执行/执行复议/撤销权/强制执行

【裁判要点】

第一，债权人撤销权诉讼的生效判决撤销了债务人与受让人的财产转让合同，并判令受让人向债务人返还财产，受让人未履行返还义务的，债权人可以债务人、受让人为被执行人申请强制执行。

第二，受让人未通知债权人，自行向债务人返还财产，债务人将返还的财产立即转移，致使债权人丧失申请法院采取查封、冻结等措施的机会，撤销权诉讼目的无法实现的，不能认定生效判决已经得到有效履行。债权人申请对受让人执行生效判决确定的财产返还义务的，人民法院应予支持。

【相关法条】

《民事诉讼法》第 225 条

【基本案情】

国家开发银行股份有限公司（本部分简称国开行）与沈阳高压开关有限责任公司（本部分简称沈阳高开）、东北电气发展股份有限公司（本部分简称东北电气）、沈阳变压器有限责任公司、东北建筑安装工程总公司、新东北电气（沈阳）高压开关有限公司（现已更名为沈阳兆利高压电器设备有限公司，本部分简称新东北高开）、新东北电气（沈阳）高压隔离开关有限公司（原沈阳新泰高压电气有限公司，本部分简称新东北隔离）、沈阳北富机械制造有限公司（原沈阳诚泰能源动力有限公司，本部分简称北富机械）、沈阳东利物流有限公司（原沈阳新泰仓储物流有限公司，本部分简称东利物流）借款合同、撤销权纠纷一案，经北京市高级人民法院

（本部分简称北京高院）一审、最高人民法院二审，最高人民法院于 2008 年 9 月 5 日作出（2008）民二终字第 23 号民事判决，最终判决结果为：①沈阳高开偿还国开行借款本金 15 000 万元及利息、罚息等，沈阳变压器有限责任公司对债务中的 14 000 万元及利息、罚息承担连带保证责任，东北建筑安装工程总公司对债务中的 1000 万元及利息、罚息承担连带保证责任。②撤销东北电气以其对外享有的 7666 万元对外债权及利息与沈阳高开持有的在北富机械 95% 的股权和在东利物流 95% 的股权进行股权置换的合同；东北电气与沈阳高开相互返还股权和债权，如不能相互返还，东北电气在 24 711.65 万元范围内赔偿沈阳高开的损失，沈阳高开在 7666 万元范围内赔偿东北电气的损失。③撤销沈阳高开以其在新东北隔离 74.4% 的股权与东北电气持有的在沈阳添升通讯设备有限公司（本部分简称沈阳添升）98.5% 的股权进行置换的合同。双方相互返还股权，如果不能相互返还，东北电气应在 13 000 万元扣除 2787.88 万元的范围内赔偿沈阳高开的损失。依据上述判决内容，东北电气需要向沈阳高开返还下列 3 项股权：在北富机械的 95% 股权、在东利物流的 95% 股权、在新东北隔离的 74.4% 股权，如不能返还，扣除沈阳高开应返还东北电气的债权和股权，东北电气需要向沈阳高开支付的款项总额为 27 000 万余元。判决生效后，经国开行申请，北京高院立案执行，并于 2009 年 3 月 24 日，向东北电气送达了执行通知，责令其履行法律文书确定的义务。

2009 年 4 月 16 日，被执行人东北电气向北京高院提交了《关于履行最高人民法院（2008）民二终字第 23 号民事判决的情况说明》（本部分简称说明一），表明该公司已通过支付股权对价款的方式履行完毕生效判决确定的义务。北京高院经调查认定，根据中信银行沈阳分行铁西支行的有关票据记载，2007 年 12 月 20 日，东北电气支付的 17 046 万元分为 5800 万元、5746 万元、5500 万元，通过转账付给沈阳高开；当日，沈阳高开向辽宁新泰电气设备经销有限公司（沈阳添升 98.5% 股权的实际持有人，本部分简称辽宁新泰），辽宁新泰向新东北高开，新东北高开向新东北隔离，新东北隔离向东北电气通过转账支付了 5800 万元、5746 万元、5500 万元。故北京高院对东北电气已经支付完毕款项的说法未予认可。此后，北京高院裁定终结本次执行程序。

2013 年 7 月 1 日，国开行向北京高院申请执行东北电气因不能返还股权而按照判决应履行的赔偿义务，请求控制东北电气相关财产，并为此提供保证。2013 年 7 月 12 日，北京高院向工商管理机关发出协助执行通知书，冻结了东北电气持有的沈阳高东加干燥设备有限公司 67.887% 的股权及沈阳凯毅电气有限公司 10%（10 万元）的股权。

对此，东北电气于 2013 年 7 月 18 日向北京高院提出执行异议，理由是：①北京高院在查封财产前未作出裁定。②履行判决义务的主体为沈阳高开与东北电气，国开行无申请强制执行的主体资格。③东北电气已经按本案生效判决之规定履行完毕向沈阳高开返还股权的义务，不应当再向国开行支付 17 000 万元。同年 9 月 2 日，东北电气向北京高院出具《关于最高人民法院（2008）民二终字第 23 号判决书履行情况的说明》（本部分简称说明二），具体说明本案终审判决生效后的履行情况：一是关于在北富机械 95%股权和东利物流 95%股权返还的判项。2008 年 9 月 18 日，东北电气、沈阳高开、新东北高开（当时北富机械 95%股权的实际持有人）、沈阳恒宇机械设备有限公司（当时东利物流 95%股权的实际持有人，本部分简称恒宇机械）签订四方协议，约定由新东北高开、恒宇机械代东北电气向沈阳高开分别返还北富机械 95%股权和东利物流 95%股权。二是关于新东北隔离 74.4%的股权返还的判项。东北电气与沈阳高开、阜新封闭母线有限责任公司（当时新东北隔离 74.4%股权的实际持有人，本部分简称阜新母线）、辽宁新泰于 2008 年 9 月 18 日签订四方协议，约定由阜新母线代替东北电气向沈阳高开返还新东北隔离 74.4%的股权。2008 年 9 月 22 日，各方按照上述协议交割了股权，并完成了股权变更工商登记。相关协议中约定，股权代返还后，东北电气对代返还的 3 个公司承担对应义务。

2008 年 9 月 23 日，沈阳高开将新东北隔离的股权、北富机械的股权、东利物流的股权转让给沈阳德佳经贸有限公司，并在工商管理机关办理完毕变更登记手续。

【裁判结果】

北京市高级人民法院审查后，于 2016 年 12 月 30 日作出（2015）高执异字第 52 号执行裁定，驳回了东北电气发展股份有限公司的异议。东北电气发展股份有限公司不服，向最高人民法院申请复议。最高人民法院于 2017 年 8 月 31 日作出（2017）最高法执复 27 号执行裁定，驳回东北电气发展股份有限公司的复议请求，维持北京市高级人民法院（2015）高执异字第 52 号执行裁定。

【裁判理由】

最高人民法院认为：①关于国开行是否具备申请执行人的主体资格问题。经查，北京高院 2016 年 12 月 20 日的谈话笔录中显示，东北电气的委托代理人雷爱民明确表示放弃执行程序违法、国开行不具备主体资格 2 个异议请求。从雷爱民的委托代理权限看，其权限为：代为申请执行异议、应诉、答辩，代为承认、放弃、变更执行异议请求，代为接收法律文书。因此，雷爱民在异议审查程序中所作的意思表示，依法由委托人东北电气承担。故，东北电气在异议审查中放弃了关于国开行不具备申请执行人的主体资格的主张，在复议审查程序再次提出该项主张，本院依法可不予审查。即使东北电气未放弃该主张，国开行申请执行的主体资格也无疑问。本案诉讼案由是借款合同、撤销权纠纷，法院经审理，判决支持了国开行的请求，判令东北电气偿还借款，并撤销了东北电气与沈阳高开股权置换的行为，判令东北电气和沈阳高开之间相互返还股权，东北电气如不能返还股权，则承担相应的赔偿责任。相互返还这一判决结果不是基于东北电气与沈阳高开双方之间的争议，而是基于国开行的诉讼请求。东北电气向沈阳高开返还股权，不仅是对沈阳高开的义务，而且实质上主要是对胜诉债权人国开行的义务。故国开行完全有权利向人民法院申请强制有关义务人履行该判决确定的义务。②关于东北电气是否履行了判决确定的义务问题。其一，不能认可本案返还行为的正当性。法律设置债权人撤销权制度的目的，在于纠正债务人损害债权的不当处分财产行为，恢复债务人责任财产以向债权人清偿债务。东北电气返还股权、恢复沈阳高开的偿债能力的目的，是为了向国开行偿还其债务。只有在通知胜诉债权人，以使其有机会申请法院采取冻结措施，从而能够以返还的财产实现债权的情况下，完成财产返还行为，才是符合本案诉讼目的的履行行为。任何使国开行诉讼目的落空的所谓返还行为，都是严重背离该判决实质要求的行为。因此，认定东北电气所主张的履行是否构成符合判决要求的履行，都应以该判决的目的为基本指引。尽管在本案诉讼期间及判决生效后，东北电气与沈阳高开之间确实有运作股权返还的行为，但其事前不向人民法院和债权人作出任何通知，且股权变更登记到沈阳高开名下的次日即被转移给其他公司，在此情况下，该种行为实质上应认定为规避判决义务的行为。其二，不能确定东北电气协调各方履行无偿返还义务的真实性。东北电气主张因为案涉股权已实际分别转由新东北高开、恒宇机械、阜新母线等 3 家公司持有，无法由东北电气直接从自己名下返还给沈阳高开，故由东北电气协调新东北高开、恒宇机械、阜新母线等 3 家公司将案涉股权无偿返还给沈阳高开。如其所主张的该事实成立，则也可以视为其履行了判决确定的返还义务。但依据本案证据不能认定该事实。一是，东北电气的证据前后矛盾，不能做合理解释。本案在执行过程中，东北电气向北京高院提交过 2 次说明，即 2009 年 4 月 16 日提交的说明一和 2013 年 9 月 2 日提交的说明二。其中，说明一显示，东北电气与沈阳高开于 2007 年 12 月 18 日签订协议，鉴于双方无法按判决要求相互返还股权和债权，约定东北电气向沈阳高开支付股权转让对价款，东北电气已于 2007 年 12 月 20 日（二审期间）向沈阳高开支付了 17 046 万元，并以 2007 年 12 月 18 日东北电气与沈阳高开签订的《协议书》、2007 年 12 月 20 日中信银行沈阳分行铁西支行的 3 张银行进账单作为证据。说明二则称，2008 年 9 月 18 日，东北电气与沈阳高开、新东北高开、恒宇机械签订四方协议，约定由新东北高开、恒宇机械代东北电气向沈阳高开返还了北富机械 95% 股权、东利物流 95% 股权；同日，东北电气与沈阳高开、阜新母线、辽宁新泰亦签订四方协议，约定由阜新母线代东北电气向沈阳高开返还新东北隔离 74.4% 的股权；2008 年 9 月 22 日，各方按照上述协议交割了股权，并完成了股权变更工商登记。对于其所称的履行究竟是返还上述股权还是以现金赔偿，东北电气的前后 2 个说明自相矛盾。其一，说明一表明，东北电气在二审期间已履行了支付股权对价款义务，而对于该支付行为，经过北京高院调查，该款项经封闭循环，又返回到东北电气，属虚假给付。其二，在执行程序中，东北电气 2009 年 4 月 16 日提交说明一时，案涉股权的交割已经完成，但东北电气并未提及 2008 年 9 月 18 日东北电气与沈阳高开、新东北高开、恒宇机械签订的四方协议。其三，既然 2007 年 12 月 20 日东北电气与沈阳高开已就股权对价款进行了交付，那么 2008 年 9 月 22 日又通过四方协议，将案涉股权返还给沈阳高开，明显不符合常理。其四，东北电气的《重大诉讼公告》于 2008 年 9 月 26 日发布，其中提到接受本院判决结果，但并未提到其已经于 9 月 22 日履行了判决，且称其收到诉讼代理律师转交的本案判决书的日期是 9 月 24 日，现在又坚持其在 9 月 22 日履行了判决，难以自圆其说。由此只能判断其在执行过程中所谓履行最高法院判决的说法，可能是对过去不同时期已经发生了的某种与涉案股权相关的转让行为，自行解释为是对本案判决的履行行为。故对四方协议的真实性及东北电气不同阶段的解释的可信度高度存疑。二是，经东北电气协调无偿返还涉案股权的事实不能认定。工商管理机关有关登记备案的材料载明，2008 年 9 月 22 日，恒宇机械持有的东利物流的股权、新东北高开持有的北富机械的股权、阜新母线持有的新东北隔离的股权已过户至沈阳高开名下。但登记资料显示，沈阳高开与新东北高开、沈阳高开与恒宇机械、沈阳高开与阜新母线签订的《股权转让协议书》中约定有沈阳高开应分别向 3 家公司支付相应的股权转让对价款。东北电气称，《股权转让协议书》系按照工商管理部门的要求而制作，实际上没有也无须支付股权转让对价款。对此，东北电气不能提供充分的证据予以证明，北京高院到沈阳市有关工商管理部门调查，亦未发现足以证明提交《股权转让协议书》确系为了满足工商备案登记要求的证据。且北京高院经查询案涉股权变更登记的工商登记档案，其中除了有《股权转让协议书》，还有主管部门同意股权转让的批复、相关公司同意转让、受让或接收股权的股东会决议、董事会决议等材料，这些材料均未提及作为本案执行依据的生效判决以及 2 份四方协议。在四方协议本身存在重大疑问的情况下，人民法院判断相关事实应当以经工商备案的资料为准，认定本案相关股权转让和变更登记是以备案的相关协议为基础的，即案涉股权于 2008 年 9 月 22 日登记到沈阳高开名下，属于沈阳高开依据转让协议有偿取得，与四方协议无关。沈阳高开自取得案涉股权至今是否实际上未支付对价，以及东北电气在异议复议过程中所提出的恒宇机械已经注销的事实，新东北高开、阜新母线关于放弃向沈阳高开要求支付股权对价的承诺等，并不具有最终意义，因其不能排除新东北高开、恒宇机械、阜新母线的债权人依据经工商登记备案的有偿《股权转让协议》，向沈阳高开主张权利，故不能改变《股权转让协议》的有偿性质。因此，依据现有证据无法认定案涉股权曾经变更登记到沈阳高开名下系经东北电气协调履行四方协议的结果，无法认定系东北电气履行了生效判决确定的返还股权义务。（生效裁判审判人员：黄金龙、杨春、刘丽芳）

3. 指导案例 119 号：安徽省滁州市建筑安装工程有限公司与湖北追日电气股份有限公司执行复议案（最高人民法院审判委员会讨论通过，2019 年 12 月 24 日发布）。

【关键词】

执行/执行复议/执行外和解/执行异议/审查依据

【裁判要点】

执行程序开始前，双方当事人自行达成和解协议并履行，一方当事人申请强制执行原生效法律文书的，人民法院应予受理。被执行人以已履行和解协议为由提出执行异议的，可以参照最高人民法院的《关于执行和解若干问题的规定》第 19 条的规定审查处理。

【相关法条】

《民事诉讼法》第 225 条

【基本案情】

安徽省滁州市建筑安装工程有限公司（本部分简称滁州建安公司）与湖北追日电气股份有限公司（本部分简称追日电气公司）建设工程施工合同纠纷一案，青海省高级人民法院（本部分简称青海高院）于 2016 年 4 月 18 日作出（2015）青民一初字第 36 号民事判决，主要内容为：①追日电气公司于本判决生效后 10 日内给付滁州建安公司工程款 1405.025 33 万元及相应利息。②追日电气公司于本判决生效后 10 日内给付滁州建安公司律师代理费 24 万元。此外，还对案件受理费、鉴定费、保全费的承担作出了判定。后追日电气公司不服，向最高人民法院提起上诉。

二审期间，追日电气公司与滁州建安公司于 2016 年 9 月 27 日签订了《和解协议书》，约定："1、追日电气公司在青海高院一审判决书范围内承担总金额 463.3 万元，其中 1) 合同内本金 413 万元；2) 受理费 11.4 万元；3) 鉴定费 14.9 万元；4) 律师费 24 万元。……3、滁州建安公司同意在本协议签订后 7 个工作日内申请青海高院解除对追日电气公司全部银行账户的查封，解冻后 3 日内由追日电气公司支付上述约定的 463.3 万元，至此追日电气公司与滁州建安公司所有账务结清，双方至此不再有任何经济纠纷。"和解协议签订后，追日电气公司依约向最高人民法院申请撤回上诉，滁州建安公司也依约向青海高院申请解除了对追日电气公司的保全措施。追日电气公司于 2016 年 10 月 28 日向滁州建安青海分公司支付了 412.880 667 万元，滁州建安青海分公司开具了 1 张 413 万元的收据。2016 年 10 月 24 日，滁州建安青海分公司出具了 1 份《情况说明》，要求追日电气公司将诉讼费、鉴定费、律师费共计 50.3 万元支付至程一男名下。后为开具发票，追日电气公司与程一男、王兴刚、何寿倒签了 1 份标的额为 50 万元的工程施工合同，追日电气公司于 2016 年 11 月 23 日向王兴刚支付 40 万元、2017 年 7 月 18 日向王兴刚支付了 10 万元，青海省共和县国家税务局代开了 1 张 50 万元的发票。

后滁州建安公司于 2017 年 12 月 25 日向青海高院申请强制执行。青海高院于 2018 年 1 月 4 日作出（2017）青执 108 号执行裁定：查封、扣押、冻结被执行人追日电气公司所有的人民币 1000 万元或相应价值的财产。实际冻结了追日电气公司 3 个银行账户内的存款共计 126.605 118 万元，并向追日电气公司送达了（2017）青执 108 号执行通知书及（2017）青执 108 号执行裁定。

追日电气公司不服青海高院上述执行裁定，向该院提出书面异议。异议称：双方于 2016 年 9 月 27 日协商签订《和解协议书》，现追日电气公司已完全履行了上述协议约定的全部义务。现滁州建安公司以协议的签字人王兴刚没有代理权而否定《和解协议书》的效力，提出强制执行申请的理由明显不能成立，并违反诚实信用原则，青海高院作出的执行裁定应当撤销。为此，青海高院作出（2017）青执异 18 号执行裁定，撤销该院（2017）青执 108 号执行裁定。申请执行人滁州建安公司不服，向最高人民法院提出了复议申请。主要理由是：案涉《和解协议书》的签字人为"王兴刚"，其无权代理滁州建安公司签订该协议，该协议应为无效；追日电气公司亦未按《和解协议书》履行付款义务；追日电气公司提出的《和解协议书》亦不是在执行阶段达成的，若其认为《和解协议书》有效，一审判决不应再履行，应申请再审或另案起诉处理。

【裁判结果】

青海省高级人民法院于 2018 年 5 月 24 日作出（2017）青执异 18 号执行裁定，撤销该院（2017）青执 108 号执行裁定。安徽省滁州市建筑安装工程有限公司不服，向最高人民法院申请复议。最高人民法院于 2019 年 3 月 7 日作出（2018）最高法执复 88 号执行裁定，驳回安徽省滁州市建筑安装工程有限公司的复议请求，维持青海省高级人民法院（2017）青执异 18 号执行裁定。

【裁判理由】

最高人民法院认为：①关于案涉《和解协议书》的性质。案涉《和解协议书》系当事人在执行程序开始前自行达成的和解协议，属于执行外和解。与执行和解协议相比，执行外和解协议不能自动对人民法院的强制执行产生影响，当事人仍然有权向人民法院申请强制执行。追日电气公司以当事人自行达成的《和解协议书》已履行完毕为由提出执行异议的，人民法院可以参照最高人民法院的《关于执行和解若干问题的规定》第 19 条的规定对和解协议的效力及履行情况进行审查，进而确定是否终结执行。②关于案涉《和解协议书》的效力。虽然滁州建安公司主张代表其在案涉《和解协议书》上签字的王兴刚未经其授权，其亦未在《和解协议书》上加盖公章，《和解协议书》对其不发生效力，但是《和解协议书》签订后，滁州建安公司根据约定向青海高院申请解除了对追日电气公司财产的保全查封，并就《和解协议书》项下款项的支付及开具收据发票等事宜与追日电气公司进行多次协商，接收《和解协议书》项下款项、开具收据、发票，故滁州建安公司以实际履行行为表明其对王兴刚的代理权及《和解协议书》的效力是完全认可的，《和解协议书》有效。③关于案涉《和解协议书》是否已履行完毕。追日电气公司依据《和解协议书》的约定以及滁州建安公司的要求，分别向滁州建安公司和王兴刚等支付了 412.880 667 万元、50 万元款项，虽然与《和解协议书》约定的 463.3 万元尚差 4000 余元，但是滁州建安公司予以接受并为追日电气公司分别开具了 413 万元的收据及 50 万元的发票，根据最高人民法院《关于贯彻执行〈中华人民共和国民法通则〉若干问题的意见（试行）》（已失效）第 66 条的规定，结合滁州建安公司在接受付款后较长时间未对付款金额提出异议的事实，可以认定双方以行为对《和解协议书》约定的付款金额进行了变更，构成合同的默示变更，故案涉《和解协议书》约定的付款义务已经履行完毕。关于付款期限问题，根据最高人民法院的《关于执行和解若干问题的规定》第 15 条的规定，若滁州建安公司认为追日电气公司延期付款对其造成损害，可另行提起诉讼解决，而不能仅以此为由申请执行一审判决。（生效裁判审判人员：于明、朱燕、杨春）

4. 指导案例 120 号：青海金泰融资担保有限公司与上海金桥工程建设发展有限公司、青海三工置业有限公司执行复议案（最高人民法院审判委员会讨论通过，2019 年 12 月 24 日发布）。

【关键词】

执行/执行复议/一般保证/严重不方便执行

【裁判要点】

在案件审理期间保证人为被执行人提供保证，承诺在被执行人无财产可供执行或者财产不足清偿债务时承担保证责任的，执行法院对保证人应当适用一般保证的执行规则。在被执行人虽有财产但严重不方便执行时，可以执行保证人在保证责任范围内的财产。

【相关法条】

《民事诉讼法》第 225 条

《担保法》（已失效）第 17 条第 1 款、第 2 款

【基本案情】

青海省高级人民法院（本部分简称青海高院）在审理上海金桥工程建设发展有限公司（本部分简称金桥公司）与青海海西家禾酒店管理有限公司（后更名为青海三工置业有限公司，本部分简称家禾公司）建设工程施工合同纠纷一案期间，依金桥公司申请采取财产保全措施，冻结家禾公司账户存款 1500 万元（账户实有存款余额 23 万余元），并查封该公司 32 438.8 平方米土地使用权。之后，家禾公司以需要办理银行贷款为由，申请对账户予以解封，并由担保人宋万玲以银行存款 1500 万元提供担保。青海高院冻结宋万玲存款 1500 万元后，解除对家禾公司账户的冻结措施。2014 年 5 月 22 日，青海金泰融资担保有限公司（本部分简称金泰公司）向青海高院提供担保书，承诺家禾公司无力承担责任时，愿承担家禾公司应承担的责任，担保最高限额 1500 万元，并申请解除对宋万玲担保存款的冻结措施。青海高院据此解除对宋万玲 1500 万元担保存款的冻结措施。案件进入执行程序后，经青海高院调查，被执行人青海三工置业有限公司（原青海海西家禾酒店管理有限公司）除已经抵押的土地使用权及在建工程外（在建工程价值 4 亿余元），无其他可供执行财产。保全阶段冻结的账户，因提供担保解除冻结后，进出款 8900 余万元。执行中，青海高院作出执行裁定，要求金泰公司在 3 日内清偿金桥公司债务 1500 万元，并扣划担保人金泰公司银行存款 820 万元。金泰公司对此提出异议称，被执行人青海三工置业有限公司尚有在建工程及相应的土地使用权，请求返还已扣划的资金。

【裁判结果】

青海省高级人民法院于 2017 年 5 月 11 日作出（2017）青执异 12 号执行裁定：

驳回青海金泰融资担保有限公司的异议。青海金泰融资担保有限公司不服，向最高人民法院提出复议申请。最高人民法院于 2017 年 12 月 21 日作出（2017）最高法执复 38 号执行裁定：驳回青海金泰融资担保有限公司的复议申请，维持青海省高级人民法院（2017）青执异 12 号执行裁定。

【裁判理由】

最高人民法院认为，《关于人民法院执行工作若干问题的规定（试行）》第 85 条规定："人民法院在审理案件期间，保证人为被执行人提供保证，人民法院据此未对被执行人的财产采取保全措施或解除保全措施的，案件审结后如果被执行人无财产可供执行或其财产不足清偿债务时，即使生效法律文书中未确定保证人承担责任，人民法院有权裁定执行保证人在保证责任范围内的财产。"上述规定中的保证责任及金泰公司所做承诺，类似于担保法规定的一般保证责任。《担保法》（已失效）第 17 条第 1 款及第 2 款规定："当事人在保证合同中约定，债务人不能履行债务时，由保证人承担保证责任的，为一般保证。一般保证的保证人在主合同纠纷未经审判或者仲裁，并就债务人财产依法强制执行仍不能履行债务前，对债权人可以拒绝承担保证责任。"最高人民法院的《关于适用〈中华人民共和国担保法〉若干问题的解释》（已失效）第 131 条规定："本解释所称'不能清偿'指对债务人的存款、现金、有价证券、成品、半成品、原材料、交通工具等可以执行的动产和其他方便执行的财产执行完毕后，债务仍未能得到清偿的状态。"依据上述规定，在一般保证情形，并非只有在债务人没有任何财产可供执行的情形下，才可以要求一般保证人承担责任，即债务人虽有财产，但其财产严重不方便执行时，可以执行一般保证人的财产。参照上述规定精神，由于青海三工置业有限公司仅有在建工程及相应的土地使用权可供执行，既不经济也不方便，在这种情况下，人民法院可以直接执行金泰公司的财产。（生效裁判审判人员：赵晋山、葛洪涛、邵长茂）

5. 指导案例 121 号：株洲海川实业有限责任公司与中国银行股份有限公司长沙市蔡锷支行、湖南省德奕鸿金属材料有限公司财产保全执行复议案（最高人民法院审判委员会讨论通过，2019 年 12 月 24 日发布）。

【关键词】

执行/执行复议/协助执行义务/保管费用承担

【裁判要点】

财产保全执行案件的保全标的物系非金钱动产且被他人保管，该保管人依人民法院通知应当协助执行。当保管合同或者租赁合同到期后未续签，且被保全人不支付保管、租赁费用的，协助执行人无继续无偿保管的义务。保全标的物价值足以支付保管费用的，人民法院可以维持查封直至案件作出生效法律文书，执行保全标的物所得价款应当优先支付保管人的保管费用；保全标的物价值不足以支付保管费用，申请保全人支付保管费用的，可以继续采取查封措施，不支付保管费用的，可以处置保全标的物并继续保全变价款。

【相关法条】

《民事诉讼法》第 225 条

【基本案情】

湖南省高级人民法院（本部分简称湖南高院）在审理中国银行股份有限公司长沙市蔡锷支行（本部分简称中行蔡锷支行）与湖南省德奕鸿金属材料有限公司（本部分简称德奕鸿公司）等金融借款合同纠纷案中，依中行蔡锷支行申请，作出民事诉讼财产保全裁定，冻结德奕鸿公司银行存款 4800 万元，或查封、扣押其等值的其他财产。德奕鸿公司因生产经营租用株洲海川实业有限责任公司（本部分简称海川公司）厂房，租期至 2015 年 3 月 1 日；将该公司所有并质押给中行蔡锷支行的铅精矿存放于此。2015 年 6 月 4 日，湖南高院作出协助执行通知书及公告称，人民法院查封德奕鸿公司所有的堆放于海川公司仓库的铅精矿期间，未经准许，任何单位和个人不得对上述被查封资产进行转移、隐匿、损毁、变卖、抵押、赠送等，否则，将依法追究其法律责任。2015 年 3 月 1 日，德奕鸿公司与海川公司租赁合同期满后，德奕鸿公司既未续约，也没有向海川公司交还租用厂房，更没有交纳房租、水电费。海川公司遂以租赁合同纠纷为由，将德奕鸿公司诉至湖南省株洲市石峰区人民法院。后湖南省株洲市石峰区人民法院作出判决，判令案涉租赁合同解除，德奕鸿公司于该判决生效之日起 15 日内向海川公司返还租赁厂房，将囤放于租赁厂房内的货物搬走；德奕鸿公司于该判决生效之日起 15 日内支付欠缴租金及利息。海川公司根据判决，就德奕鸿公司清场问题申请强制执行。同时，海川公司作为利害关系人对湖南高院作出的协助执行通知书及公告提出执行异议，并要求保全申请人中行蔡锷支行将上述铅精矿搬离仓库，并赔偿其租金损失。

【裁判结果】

湖南省高级人民法院于 2016 年 11 月 23 日作出（2016）湘执异 15 号执行裁定：驳回株洲海川实业有限责任公司的异议。株洲海川实业有限责任公司不服，向最高人民法院申请复议。最高人民法院于 2017 年 9 月 2 日作出（2017）最高法执复 2 号执行裁定：①撤销湖南省高级人民法院（2016）湘执异 15 号执行裁定。②湖南省高级人民法院应查明案涉查封财产状况，依法确定查封财产保管人并明确其权利义务。

【裁判理由】

最高人民法院认为，湖南高院在中行蔡锷支行与德奕鸿公司等借款合同纠纷诉讼财产保全裁定执行案中，依据该院相关民事裁定中"冻结德奕鸿公司银行存款4800 万元，或查封、扣押其等值的其他财产"的内容，对德奕鸿公司所有的存放于海川公司仓库的铅精矿采取查封措施，并无不当。但在执行实施中，虽然不能否定海川公司对保全执行法院负有协助义务，但被保全人与场地业主之间的租赁合同已经到期未续租，且有生效法律文书责令被保全人将存放货物搬出；此种情况下，要求海川公司完全无条件负担事实上的协助义务，并不合理。协助执行人海川公司的异议，实质上是主张在场地租赁到期的情况下，人民法院查封的财产继续占用场地，导致其产生相当于租金的损失难以得到补偿。湖南高院在发现该情况后，不应回避实际保管人的租金损失或保管费用的问题，应进一步完善查封物的保管手续，明确相关权利义务关系。如果查封的质押物确有较高的足以弥补租金损失的价值，则维持查封直至生效判决作出后，在执行程序中以处置查封物所得价款，优先补偿保管人的租金损失。但海川公司委托质量监督检验机构所做检验报告显示，案涉铅精矿系无价值的废渣，湖南高院在执行中，亦应对此事实予以核实。如情况属实，则应采取适当方式处理查封物，不宜要求协助执行人继续无偿保管无价值财产。保全标的物价值不足以支付保管费用，申请保全人支付保管费用的，可以继续采取查封措施，不支付保管费用的，可以处置保全标的物并继续保全变价款。执行法院仅以对德奕鸿公司财产采取保全措施合法，海川公司与德奕鸿公司之间的租赁合同纠纷是另一法律关系为由，驳回海川公司的异议不当，应予纠正。（生效裁判审判人员：黄金龙、刘少阳、马岚）

6. 指导案例 122 号：河南神泉之源实业发展有限公司与赵五军、汝州博易观光医疗主题园区开发有限公司等执行监督案（最高人民法院审判委员会讨论通过，2019 年 12 月 24 日发布）。

【关键词】

执行/执行监督/合并执行/受偿顺序

【裁判要点】

执行法院将同一被执行人的几个案件合并执行的，应当按照申请执行人的各个债权的受偿顺序进行清偿，避免侵害顺位在先的其他债权人的利益。

【相关法条】

《民事诉讼法》第 204 条

【基本案情】

河南省平顶山市中级人民法院（本部分简称平顶山中院）在执行陈冬利、郭红宾、春少峰、贾建强申请执行汝州博易观光医疗主题园区开发有限公司（本部分简称博易公司）、闫秋萍、孙全英民间借贷纠纷 4 案中，原申请执行人陈冬利、郭红宾、春少峰、贾建强分别将其依据生效法律文书拥有的对博易公司、闫秋萍、孙全英的债权转让给了河南神泉之源实业发展有限公司（本部分简称神泉之源公司）。依据神泉之源公司的申请，平顶山中院于 2017 年 4 月 4 日作出（2016）豫 04 执 57-4 号执行裁定，变更神泉之源公司为上述 4 案的申请执行人，债权总额为 129 605 303.59 元（包括本金、利息及其他费用），并将 4 案合并执行。

案涉国有土地使用权证号为汝国用【2013】第 0069 号，证载该宗土地总面积为 258 455.39 平方米。平顶山中院评估、拍卖土地为该宗土地的一部分，即公司园区内东西道路中心线以南的土地，面积为 160 720.03 平方米，委托评估、拍卖的土地面积未分割，未办理单独的土地使用证。

涉案土地及地上建筑物被多家法院查封，本案所涉当事人轮候顺序为：①陈冬利一案。②郭红宾一案。③郭志娟、蔡灵环、金爱丽、张天琪、杨大棉、赵五军等案。④贾建强一案。⑤春少峰一案。

平顶山中院于 2017 年 4 月 4 日作出（2016）豫 04 执 57-5 号执行裁定："将扣除温泉酒店及 1 号住宅楼后的流拍财产，以保留价 153 073 614.00 元以物抵债给神泉之源公司。对于博易公司所欠施工单位的工程款，在施工单位决算后，由神泉之源公司及其股东陈冬利、郭红宾、春少峰、贾建强予以退还。"

赵五军提出异议，请求法院实现查封在前的债权人债权以后，严格按照查封顺位对申请人的债权予以保护、清偿。

【裁判结果】

河南省平顶山市中级人民法院于 2017 年 5 月 2 日作出（2017）豫 04 执异 27 号执行裁定，裁定驳回赵五军的异议。赵五军向河南省高级人民法院申请复议。河南省高级人民法院作出（2017）豫执复 158 号等执行裁定，裁定撤销河南省平顶山市中级人民法院（2017）豫 04 执异 27 号等执行裁定及（2016）豫 04 执 57-5 号执行裁定。河南神泉之源实业发展有限公司向最高人民法院申诉。2019 年 3 月 19 日，最高人民法院作出（2018）最高法执监 848、847、845 号裁定，驳回河南神泉之源实业发展有限公司的申诉请求。

【裁判理由】

最高人民法院认为，赵五军以以物抵债裁定损害查封顺位在先的其他债权人利益为由提出异议的问题是本案的争议焦点问题。平顶山中院在陈冬利、郭红宾、春少峰、贾建强将债权转让给神泉之源公司后将 4 个案件合并执行，但该 4 个案件查封土地、房产的顺位情况不一，也并非全部首封案涉土地或房产。贾建强虽申请执行法院对案涉土地 B29 地块运营商总部办公楼采取了查封措施，但该建筑占用范围内的土地使用权此前已被查封。根据最高人民法院的《关于人民法院民事执行中查封、扣押、冻结财产的规定》第 23 条第 1 款有关查封土地使用权的效力及于地上建筑物的规定精神，贾建强对该建筑物及该建筑物占用范围内的土地使用权均系轮候查封。执行法院虽将春少峰、贾建强的案件与陈冬利、郭红宾的案件合并执行，但仍应按照春少峰、贾建强、陈冬利、郭红宾依据相应债权申请查封的顺序确定受偿顺序。平顶山中院裁定将全部涉案财产抵债给神泉之源公司，实质上是将查封顺位在后的原贾建强、春少峰债权受偿顺序提前，影响了在先轮候的债权人的合法权益。（生效裁判审判人员：向国慧、毛宜全、朱燕）

7. 指导案例 123 号：于红岩与锡林郭勒盟隆兴矿业有限责任公司执行监督案（最高人民法院审判委员会讨论通过，2019 年 12 月 24 日发布）。

【关键词】

执行/执行监督/采矿权转让/协助执行/行政审批

【裁判要点】

生效判决认定采矿权转让合同依法成立但尚未生效，判令转让方按照合同约定办理采矿权转让手续，并非对采矿权归属的确定，执行法院依此向相关主管机关发出协助办理采矿权转让手续通知书，只具有启动主管机关审批采矿权转让手续的作用，采矿权能否转让应由相关主管机关依法决定。申请执行人请求变更采矿权受让人的，也应由相关主管机关依法判断。

【相关法条】

《民事诉讼法》第 204 条

《探矿权采矿权转让管理办法》第 10 条

【基本案情】

2008 年 8 月 1 日，锡林郭勒盟隆兴矿业有限责任公司（本部分简称隆兴矿业）作为甲方与乙方于红岩签订《矿权转让合同》，约定隆兴矿业将阿巴嘎旗巴彦图嘎三队李瑛萤石矿的采矿权有偿转让给红岩。于红岩依约支付了采矿权转让费 150 万元，并在接收采矿区后对矿区进行了初步设计并进行了采矿工作。而隆兴矿业未按照《矿权转让合同》的约定，为于红岩办理矿权转让手续。2012 年 10 月，双方当事人发生纠纷诉至内蒙古自治区锡林郭勒盟中级人民法院（本部分简称锡盟中院）。锡盟中院认为，隆兴矿业与于红岩签订的《矿权转让合同》，系双方当事人真实意思表示，该合同已经依法成立，但根据相关法律规定，该合同系行政机关履行行政审批手续后生效的合同，对于矿权受让人的资格审查，属行政机关的审批权力，非法院职权范围，故隆兴矿业主张于红岩不符合法律规定的采矿权人的申请条件，请求法院确认《矿权转让合同》无效并给付违约金的诉讼请求，该院不予支持。对于于红岩反诉请求判令隆兴矿业继续履行办理采矿权转让的各种批准手续的请求，因双方在《矿权转让合同》中明确约定，矿权转让手续由隆兴矿业负责办理，故该院予以支持。对于于红岩主张由隆兴矿业承担给付违约金的请求，因《矿权转让合同》虽然依法成立，但处于待审批尚未生效的状态，而违约责任以合同有效成立为前提，故不予支持。锡盟中院作出民事判决，主要内容为隆兴矿业于判决生效后 15 日内，按照《矿权转让合同》的约定为于红岩办理矿权转让手续。

隆兴矿业不服提起上诉。内蒙古自治区高级人民法院（本部分简称内蒙古高院）认为，《矿权转让合同》系隆兴矿业与于红岩的真实意思表示，该合同自双方签字盖章时成立。根据《合同法》（已失效）第 44 条规定，依法成立的合同，自成立时生效。法律、行政法规规定应当办理批准、登记等手续生效的，依照其规定。《探矿权采矿权转让管理办法》第 10 条规定，申请转让探矿权、采矿权的，审批管理机关应当自收到转让申请之日起 40 日内，作出准予转让或者不准转让的决定，并通知转让人和受让人；批准转让的，转让合同自批准之日起生效；不准转让的，审批管理机关应当说明理由。最高人民法院《关于适用〈中华人民共和国合同法〉若干问题的解释（一）》（已失效）第 9 条第 1 款规定，依照《合同法》（已失效）第 44 条第 2 款的规定，法律、行政法规规定合同应当办理批准手续，或者办理批准、登记手续才生效，在一审法庭辩论终结前当事人仍未办理登记手续的，或者仍未办理批准、登记等手续的，人民法院应当认定该合同未生效。双方签订的《矿权转让合同》尚未办理批准、登记手续，故《矿权转让合同》依法成立，但未生效，该合同的效力属效力待定。于红岩是否符合采矿权受让人条件，《矿权转让合同》能否经相关部门批准，并非法院审理范围。原审法院认定《矿权转让合同》成立，隆兴矿业应按照合同继续履行办理矿权转让手续并无不当。如《矿权转让合同》审批管理机关不予批准，双方当事人可依据合同法的相关规定另行主张权利。内蒙古高院作出民事判决，维持原判。

锡盟中院根据于红岩的申请，立案执行，向被执行人隆兴矿业发出执行通知，要求其自动履行生效法律文书确定的义务。因隆兴矿业未自动履行，故向锡林郭勒盟国土资源局发出协助执行通知书，请其根据生效判决的内容，协助为本案申请执行人于红岩按照《矿权转让合同》的约定办理矿权过户转让手续。锡林郭勒盟国土资源局答复称，隆兴矿业与于红岩签订《矿权转让合同》后，未向其提交转让申请，且该合同是一个企业法人与自然人之间签订的矿权转让合同。依据法律、行政法规及地方法规的规定，对锡盟中院要求其协助执行的内容，按实际情况属协助不能，无法完成该协助通知书中的内容。

于红岩于 2014 年 5 月 19 日成立自然人独资的锡林郭勒盟辉澜萤石销售有限公司，并向锡盟中院申请将申请执行人变更为该公司。

【裁判结果】

内蒙古自治区锡林郭勒盟中级人民法院于 2016 年 12 月 14 日作出（2014）锡中法执字第 11 号执行裁定，驳回于红岩申请将申请执行人变更为锡林郭勒盟辉澜萤石销售有限公司的请求。于红岩不服，向内蒙古高院申请复议。内蒙古高院于 2017 年 3 月 15 日作出（2017）内执复 4 号执行裁定，裁定驳回于红岩的复议申请。于红岩不服内蒙古高院复议裁定，向最高人民法院申诉。最高人民法院于 2017 年 12 月 26 日作出（2017）最高法执监 136 号执行裁定书，驳回于红岩的申诉请求。

【裁判理由】

最高人民法院认为，本案执行依据的判项为隆兴矿业按照《矿权转让合同》的约定为于红岩办理矿权转让手续。根据现行法律法规的规定，申请转让探矿权、采矿权的，须经审批管理机关审批，其批准转让的，转让合同自批准之日起生效。本案中，一、二审法院均认为对于矿权受让人的资格审查，属审批管理机关的审批权力，于红岩是否符合采矿权受让人条件、《矿权转让合同》能否经相关部门批准，并非法院审理范围，因该合同尚未经审批管理机关批准，因此认定该合同依法成立，但尚未生效。二审判决也认定，如审批管理机关对该合同不予批准，双方当事人对于合同的法律后果、权利义务，可另循救济途径主张权利。鉴于转让合同因未经批准而未生效的，不影响合同中关于履行报批义务的条款的效力，结合判决理由部分，本案生效判决所称的隆兴矿业按照《矿权转让合同》的约定为于红岩办理矿权转让手续，并非对矿业权权属的认定，而首先应是指履行促成合同生效的合同报批义务，合同经过审批管理机关批准后，才涉及办理矿权转让过户登记。因此，锡盟中院向锡林郭勒盟国土资源局发出协助办理矿权转让手续的通知，只是相当于完成了隆兴矿业向审批管理机关申请办理矿权转让手续的行为，启动了行政机关审批的程序，且在当前阶段，只能理解为要求锡林郭勒盟国土资源局依法履行转让合同审批的职能。

矿业权因涉及行政机关的审批和许可问题，不同于一般的民事权利，未经审批的矿权转让合同的权利承受问题，与普通的民事裁判中的权利承受及债权转让问题有较大差别，通过执行程序中的申请执行主体变更的方式，并不能最终解决。本案中于红岩主张以其所成立的锡林郭勒盟辉澜萤石销售有限公司名义办理矿业权转让手续问题，本质上仍属于矿业权受让人主体资格是否符合法定条件的行政审批范围，应由审批管理机关根据矿权管理的相关规定作出判断。于红岩认为，其在履行生效判决确定的权利义务过程中，成立锡林郭勒盟辉澜萤石销售有限公司，是在按照行政机关的行政管理性规定完善办理矿权转让的相关手续，并非将《矿权转让合同》的权利向第三方转让，亦未损害国家利益和任何当事人的利益，其申请将采矿权转让手续办至锡林郭勒盟辉澜萤石销售有限公司名下，完全符合《矿产资源法》《矿业权出让转让管理暂行规定》（部分失效）、《矿产资源开采登记管理办法》，及内蒙古自治区国土资源厅的《关于规范探矿权采矿权管理有关问题的补充通知》等行政机关在自然人签署矿权转让合同情况下办理矿权转让手续的行政管理规定，此观点应向相关审批管理机关主张。锡盟中院和内蒙古高院裁定驳回于红岩变更主体的申请，符合本案生效判决就矿业权转让合同审批问题所表达的意见，亦不违反执行程序的相关法律和司法解释的规定。（生效裁判审判人员：黄金龙、刘少阳、朱燕）

8. 指导案例 124 号：中国防卫科技学院与联合资源教育发展（燕郊）有限公司执行监督案（最高人民法院审判委员会讨论通过　2019 年 12 月 24 日发布）。

【关键词】

执行／执行监督／和解协议／执行原生效法律文书

【裁判要点】

申请执行人与被执行人对执行和解协议的内容产生争议，客观上已无法继续履行的，可以执行原生效法律文书。对执行和解协议中原执行依据未涉及的内容，以及履行过程中产生的争议，当事人可以通过其他救济程序解决。

【相关法条】

《民事诉讼法》204 条

【基本案情】

联合资源教育发展（燕郊）有限公司（本部分简称联合资源公司）与中国防卫科技学院（本部分简称中防院）合作办学合同纠纷案，经北京仲裁委员会审理，于2004 年 7 月 29 日作出（2004）京仲裁字第 0492 号裁决书（本部分简称 0492 号裁决书），裁决：①终止本案合同。②被申请人（中防院）停止其燕郊校园内的一切施工活动。③被申请人（中防院）撤出燕郊校园。④驳回申请人（联合资源公司）其他仲裁请求和被申请人（中防院）仲裁反请求。⑤本案仲裁费 363 364.91 元，由申请人（联合资源公司）承担 50%，以上裁决第 2、3 项被申请人（中防院）的义务，应于本裁决书送达之日起 30 日内履行完毕。

联合资源公司依据 0492 号裁决书申请执行，三河市人民法院立案执行。2005 年 12 月 8 日双方签订《联合资源教育发展（燕郊）有限公司申请执行中国防卫科技学院撤出校园和解执行协议》（本部分简称《协议》）。《协议》序言部分载明："为履行裁决，在法院主持下经过调解，双方同意按下述方案执行。本执行方案由人民法院监督执行，本方案分 3 个步骤完成。"具体内容如下：一是，评估阶段：其一，资产的评估。联合资源公司资产部分：①双方同意在人民法院主持下对联合资源公司资产进行评估。②评估的内容包括联合资源公司所建房产、道路及设施等投入的整体评估，土地所有权的评估。③评估由双方共同选定评估单位，评估价作为双方交易的基本参考价。中防院部分：①双方同意在人民法院主持下对中防院投入联合资源公司校园中的资产进行评估。②评估的内容包括：双方《合作办学合同》执行期间联合资源公司同意中防院投资的固定资产；双方《合作办学合同》执行期间联合资源公司未同意中防院投资的固定资产；双方《合作办学合同》裁定终止后中防院投资的固定资产。具体情况由中防院和联合资源公司共同向人民法院提供相关证据。其二，校园占用费由双方共同商定。其三，关于教学楼施工，鉴于在北京仲裁委员会仲裁时教学楼基础土方工作已完成，如不进行施工和填平，将会影响周边建筑及学生安全，同时为有利于中防院的招生，联合资源公司同意中防院继续施工。其四，违约损失费用评估。①鉴于中防卫技术服务中心 1000 万元的实际支付人是中防院，同时校园的实际使用人也是中防院，为此联合资源公司依据过去各方达成的意向协议，同意该 1000 万元在方案履行过程中进行考虑。②由中防卫技术服务中心违约给联合资源公司造成的实际损失，应由中防卫技术服务中心承担。③该部分费用双方协商解决，解决不成双方同意在法院主持下进行执行听证会，法院依听证结果进行裁决。二是，交割阶段：其一，联合资源公司同意在双方达成一致的情况下，转让其所有的房产和土地使用权，中防院收购上述财产。其二，在中防院不同意收购联合资源公司资产情况下，联合资源公司收购中防院资产。其三，当 1、2 均无法实现时，双方同意由人民法院委托拍卖。其四，拍卖方案如下：①起拍价，按评估后全部资产价格总和为起拍价。②如出现流拍，则下次拍卖起拍价下浮 15%，但流拍不超过 2 次。③如拍卖价高于首次起拍价，则按下列顺序清偿，首先清偿联合资源公司同意中防院投资的固定资产和联合资源公司原资产，不足清偿则按比例清偿。当不足以清偿时联合资源公司同意将教学楼所占土地部分（含周边土地部分）出让给中防院，其资产由中防院独立享有。拍卖过程中双方均有购买权。

上述协议签订后，执行法院委托华信资产评估公司对联合资源公司位于燕郊开发区地块及地面附属物进行价值评估，评估报告送达当事人后联合资源公司对评估报告提出异议，此后在执行法院的主持下，双方多次磋商，一直未能就如何履行上述和解协议达成一致。双方当事人分别对本案在执行过程中所达成的和解协议的效力问题，向执行法院提出书面意见。

【裁判结果】

三河市人民法院于 2016 年 5 月 30 日作出（2005）三执字第 445 号执行裁定：①申请执行人联合资源教育发展（燕郊）有限公司与被执行人中国防卫科技学院于 2005 年 12 月 8 日达成的和解协议有效。②申请执行人联合资源教育发展（燕郊）有限公司与被执行人中国防卫科技学院在校园内的资产应按双方于 2005 年 12 月 8 日达成的和解协议约定的方式处置。联合资源教育发展（燕郊）有限公司不服，向廊坊市中级人民法院申请复议。廊坊市中级人民法院于 2016 年 7 月 22 日作出（2016）冀 10 执复 46 号执行裁定：撤销（2005）三执字第 445 号执行裁定。三河市人民法院于 2016 年 8 月 26 日作出（2005）三执字第 445 号之一执行裁定：①申请执行人联合资源教育发展（燕郊）有限公司与被执行人中国防卫科技学院于 2005 年 12 月 8 日达成的和解协议有效。②申请执行人联合资源教育发展（燕郊）有限公司与被执行人中国防卫科技学院在校园内的资产应按双方于 2005 年 12 月 8 日达成的和解协议约定的方式处置。联合资源教育发展（燕郊）有限公司不服，向河北省高级人民法院提起执行申诉。河北省高级人民法院于 2017 年 3 月 21 日作出（2017）冀执监 130 号执行裁定：①撤销三河市人民法院作出的（2005）三执字第 445 号执行裁定书、（2005）三执字第 445 号之一执行裁定书及廊坊市中级人民法院作出的（2016）冀 10 执复 46 号执行裁定书。②继续执行北京仲裁委员会作出的（2004）京仲裁字第 0492 号裁决书中的第 3、5 项内容（即被申请人中国防卫科技学院撤出燕郊校园、被申请人中国防卫科技学院应向申请人联合资源教育发展（燕郊）有限公司支付代其垫付的仲裁费用 173 407.45 元）。③驳回申诉人联合资源教育发展（燕郊）有限公司的其他申诉请求。中国防卫科技学院不服，向最高人民法院申诉。最高人民法院于 2018 年 10 月 18 日作出（2017）最高法执监 344 号执行裁定：①维持河北省高级人民法院（2017）冀执监 130 号执行裁定第 1、3 项。②变更河北省高级人民法院（2017）冀执监 130 号执行裁定第 2 项为继续执行北京仲裁委员会作出的（2004）京仲裁字第 0492 号裁决书中的第 3 项内容，即"被申请人中国防卫科技学院撤出燕郊校园"。③驳回中国防卫科技学院的其他申诉请求。

【裁判理由】

最高人民法院认为：

第一，本案和解执行协议并不构成民法理论上的债的更改。所谓债的更改，即设定新债务以代替旧债务，并使旧债务归于消灭的民事法律行为。构成债的更改，应当以当事人之间有明确的以新债务的成立完全取代并消灭旧债务的意思表示。但在本案中，中防院与联合资源公司并未约定《协议》成立后 0492 号裁决书中的裁决内容即告消灭，而是明确约定双方当事人达成执行和解的目的，是为了履行 0492 号裁决书。该种约定实质上只是以成立新债务作为履行旧债务的手段，新债务未得到履行的，旧债务并不消灭。因此，本案和解协议并不构成债的更改。而按照一般执行和解与原执行依据之间关系的处理原则，只有通过和解协议的完全履行，才能使得原生效法律文书确定的债权债务关系得以消灭，执行程序得以终结。若和解协议约定的权利义务得不到履行，则原生效法律文书确定的债权仍然不能消灭。申请执行人仍然得以申请继续执行原生效法律文书。从本案的和解执行协议履行情况来看，该协议中关于资产处置部分的约定，由于未能得以完全履行，故其并未使原生效法律文书确定的债权债务关系得以消灭，即中防院撤出燕郊校园这一裁决内容仍需执行。中防院主张和解执行协议中的资产处置方案是对 0492 号裁决书中撤出校园一项的有效更改的申诉理由理据不足，不能成立。

第二，涉案和解协议的部分内容缺乏最终确定性，导致无法确定该协议的给付内容及违约责任承担，客观上已无法继续履行。在执行程序中，双方当事人达成的执行和解，具有合同的性质。由于合同是当事人享有权利承担义务的依据，这就要求权利义务的具体给付内容必须是确定的。本案和解执行协议约定了 0492 号裁决书未涵盖的双方资产处置的内容，同时，协议未约定双方如不能缔结特定的某一买卖法律关系，则应由何方承担违约责任之内容。整体来看，涉案和解协议客观上已经不能履行。中防院将该和解协议理解为有强制执行效力的协议，并认为法院在执行中应当按照和解协议的约定落实，属于对法律的误解。

鉴于本案和解协议在实际履行中陷入僵局，双方各执己见，一直不能达成关于资产收购的一致意见，导致本案长达十几年不能执行完毕。如以存在和解协议约定为由无限期僵持下去，本案继续长期不能了结，将严重损害生效裁判文书债权人的合法权益，人民法院无理由无限期等待双方自行落实和解协议，而不采取强制执行措施。

第三，从整个案件进展情况看，双方实际上均未严格按照和解协议约定履行，执行法院也一直是在按照 0492 号裁决书的裁决推进案件执行。一方面，从 2006 年资产评估开始，联合资源公司即提出异议，要求继续执行，此后虽协商在一定价格基础上由中防院收购资产，但双方均未实际履行。并不存在中防院所述其一直严格遵守和解协议，联合资源公司不断违约的情况。此外双方还提出了政府置换地块安置方案等，上述这些内容，实际上均已超出原和解协议约定的内容，改变了原和解协议约定的内容和条件。不能得出和解执行协议一直在被严格履行的结论。另一方面，执行法院在执行过程中，自 2006 年双方在履行涉案和解协议发生分歧时，一直是以 0492 号裁决书为基础，采取各项执行措施，包括多次协调、组织双方调解、说服教育、现场调查、责令中防院保管财产、限期迁出等，上级法院亦持续督办此案，要求尽快执行。在执行程序中，执行法院组织双方当事人进行协商、促成双方落实和解协议等，只是实务中的一种工作方式，本质上仍属于对生效裁判的执行，不能被理解为对和解协议的强制执行。中防院认为执行法院的上述执行行为不属于执行

0492 号裁决书的申诉理由，没有法律依据且与事实不符。

此外，关于本案属于继续执行还是恢复执行的问题。从程序上看，本案执行过程中，执行法院并未下发中止裁定，中止过对 0492 号裁决书的执行；从案件实际进程上看，根据前述分析和梳理，自双方对和解执行协议履行产生争议后，执行法院实际上也一直没有停止过对 0492 号裁决书的执行。因此，本案并不存在对此前已经中止执行的裁决书恢复执行的问题，而是对执行依据的继续执行，故中防院认为本案属于恢复执行而不是继续执行的申诉理由依据不足，河北省高级人民法院（2017）冀执监 130 号裁定认定本案争议焦点是对 0492 号裁决书是否继续执行，与本案事实相符，并无不当。

第四，和解执行协议中约定的原执行依据未涉及的内容，以及履行过程中产生争议的部分，相关当事人可以通过另行诉讼等其他程序解决。从履行执行依据内容出发，本案明确执行内容即为中防院撤出燕郊校园，而不在本案执行依据所包含的争议及纠纷，双方当事人可通过另行诉讼等其他法律途径解决。（生效裁判审判人员：黄金龙、刘少阳、朱燕）

9. 指导案例 125 号：陈载果与刘荣坤、广东省汕头渔业用品进出口公司等申请撤销拍卖执行监督案（最高人民法院审判委员会讨论通过，2019 年 12 月 24 日发布）。

【关键词】

执行/执行监督/司法拍卖/网络司法拍卖/强制执行措施。

【裁判要点】

网络司法拍卖是人民法院通过互联网拍卖平台进行的司法拍卖，属于强制执行措施。人民法院对网络司法拍卖中产生的争议，应当适用民事诉讼法及相关司法解释的规定处理。

【相关法条】

《民事诉讼法》第 204 条

【基本案情】

广东省汕头市中级人民法院（本部分简称汕头中院）在执行申请执行人刘荣坤与被执行人广东省汕头渔业用品进出口公司等借款合同纠纷一案中，于 2016 年 4 月 25 日通过淘宝网司法拍卖网络平台拍卖被执行人所有的位于汕头市升平区永泰路 145 号 13-1 地号地块的土地使用权，申请人陈载果先后出价 5 次，最后一次于 2016 年 4 月 26 日 10 时 17 分 26 秒出价 5 282 360.00 元确认成交，成交后陈载果未缴交尚欠拍卖款。

2016 年 8 月 3 日，陈载果向汕头中院提出执行异议，认为拍卖过程一些环节未适用拍卖法等相关法律规定，请求撤销拍卖，退还保证金 23 万元。

【裁判结果】

广东省汕头市中级人民法院于 2016 年 9 月 18 日作出（2016）粤 05 执异 38 号执

行裁定，驳回陈载果的异议。陈载果不服，向广东省高级人民法院申请复议。广东省高级人民法院于 2016 年 12 月 12 日作出（2016）粤执复字 243 号执行裁定，驳回陈载果的复议申请，维持汕头市中级人民法院（2016）粤 05 执异 38 号执行裁定。申诉人陈载果不服，向最高人民法院申诉。最高人民法院于 2017 年 9 月 2 日作出（2017）最高法执监 250 号，驳回申诉人陈载果的申诉请求。

【裁判理由】

最高人民法院认为：①关于对网络司法拍卖的法律调整问题。根据《拍卖法》规定，拍卖法适用于中华人民共和国境内拍卖企业进行的拍卖活动，调整的是拍卖人、委托人、竞买人、买受人等平等主体之间的权利义务关系。拍卖人接受委托人委托对拍卖标的进行拍卖，是拍卖人和委托人之间"合意"的结果，该委托拍卖系合同关系，属于私法范畴。人民法院司法拍卖是人民法院依法行使强制执行权，就查封、扣押、冻结的财产强制进行拍卖变价进而清偿债务的强制执行行为，其本质上属于司法行为，具有公法性质。该强制执行权并非来自当事人的授权，无须征得当事人的同意，也不以当事人的意志为转移，而是基于法律赋予的人民法院的强制执行权，即来源于民事诉讼法及相关司法解释的规定。即便是在传统的司法拍卖中，人民法院委托拍卖企业进行拍卖活动，该拍卖企业与人民法院之间也不是平等关系，该拍卖企业的拍卖活动只能在人民法院的授权范围内进行。因此，人民法院在司法拍卖中应适用民事诉讼法及相关司法解释对人民法院强制执行的规定。网络司法拍卖是人民法院司法拍卖的一种优选方式，亦应适用民事诉讼法及相关司法解释对人民法院强制执行的规定。②关于本项网络司法拍卖行为是否存在违法违规情形问题。在网络司法拍卖中，竞价过程、竞买号、竞价时间、是否成交等均在交易平台展示，该展示具有一定的公示效力，对竞买人具有拘束力。该项内容从申诉人提供的竞买记录也可得到证实。且在本项网络司法拍卖时，民事诉讼法及相关司法解释均没有规定网络司法拍卖成交后必须签订成交确认书。因此，申诉人称未签订成交确认书、不能确定权利义务关系的主张不能得到支持。关于申诉人提出的竞买号牌 A7822 与 J8809 蓄谋潜入竞买场合恶意串通，该标的物从底价 230 万抬至 530 万，事后经过查证号牌 A7822 竞买人是该标的物委托拍卖人刘荣坤等问题。网络司法拍卖是人民法院依法通过互联网拍卖平台，以网络电子竞价方式公开处置财产，本质上属于人民法院"自主拍卖"，不存在委托拍卖人的问题。最高人民法院的《关于人民法院民事执行中拍卖、变卖财产的规定》第 15 条第 2 款明确规定申请执行人、被执行人可以参加竞买，作为申请执行人刘荣坤只要满足网络司法拍卖的资格条件即可以参加竞买。在网络司法拍卖中，即竞买人是否加价竞买、是否放弃竞买、何时加价竞买、何时放弃竞买完全取决于竞买人对拍卖标的物的价值认识。从申诉人提供的竞买记录看，申诉人在 2016 年 4 月 26 日 9 时 40 分 53 秒出价 2 377 360 元后，在竞买人叫价达到 5 182 360 元时，分别在 2016 年 4 月 26 日 10 时 1 分 16 秒、10 时 5 分 10 秒、10时 8 分 29 秒、10 时 17 分 26 秒加价竞买，足以认定申诉人对于自身的加价竞买行为有清醒的判断。以竞买号牌 A7822 与 J8809 连续多次加价竞买就认定该 2 位竞买人系蓄谋潜入竞买场合恶意串通理据不足，不予支持。（生效裁判审判人员：赵晋山、万会峰、邵长茂）

10. 指导案例 126 号：江苏天宇建设集团有限公司与无锡时代盛业房地产开发有限公司执行监督案（最高人民法院审判委员会讨论通过，2019 年 12 月 24 日发布）。

【关键词】

执行/执行监督/和解协议/迟延履行/履行完毕

【裁判要点】

在履行和解协议的过程中，申请执行人因被执行人迟延履行申请恢复执行的同时，又继续接受并积极配合被执行人的后续履行，直至和解协议全部履行完毕的，属于民事诉讼法及相关司法解释规定的和解协议已经履行完毕不再恢复执行原生效法律文书的情形。

【相关法条】

《民事诉讼法》第 204 条

【基本案情】

江苏天宇建设集团有限公司（本部分简称天宇公司）与无锡时代盛业房地产开发有限公司（本部分简称时代公司）建设工程施工合同纠纷一案，江苏省无锡市中级人民法院（本部分简称无锡中院）于 2015 年 3 月 3 日作出（2014）锡民初字第 00103 号民事判决，时代公司应于本判决发生法律效力之日起 5 日内支付天宇公司工程款 14 454 411.83 元以及相应的违约金。时代公司不服，提起上诉，江苏省高级人民法院（本部分简称江苏高院）二审维持原判。因时代公司未履行义务，天宇公司向无锡中院申请强制执行。

在执行过程中，天宇公司与时代公司于 2015 年 12 月 1 日签订《执行和解协议》，约定：①时代公司同意以其名下 3 套房产（云港佳园 53-106、107、108 商铺，非本案涉及房产）就本案所涉金额抵全部债权。②时代公司在 15 个工作日内，协助天宇公司将抵债房产办理到天宇公司名下或该公司指定人员名下，并将 3 套商铺的租赁合同关系的出租人变更为天宇公司名下或该公司指定人员名下。③本案目前涉案拍卖房产中止 15 个工作日拍卖（已经成交的除外）。待上述事项履行完毕后，涉案房产将不再拍卖，如未按上述协议处理完毕，申请人可以重新申请拍卖。④如果上述协议履行完毕，本案目前执行阶段执行已到位的财产，返还时代公司指定账户。⑤本协议履行完毕后，双方再无其他经济纠葛。

和解协议签订后，2015 年 12 月 21 日（和解协议约定的最后 1 个工作日），时代公司分别与天宇公司签订 2 份商品房买卖合同，与李思奇签订 1 份商品房买卖合同，并完成 3 套房产的网签手续。2015 年 12 月 25 日，天宇公司向时代公司出具 2 份转账证明，载明：兹有本公司购买硕放云港佳园 53-108、53-106、53-107 商铺，购房款冲抵本公司在空港一号承建工程中所欠工程余款，金额以法院最终裁决为准。2015

年 12 月 30 日，时代公司、天宇公司在无锡中院主持下，就和解协议履行情况及查封房产解封问题进行沟通。无锡中院同意对查封的 39 套房产中的 30 套予以解封，并于 2016 年 1 月 5 日向无锡市不动产登记中心新区分中心送达协助解除通知书，解除了对时代公司 30 套房产的查封。因上述 3 套商铺此前已由时代公司于 2014 年 6 月出租给江苏银行股份有限公司无锡分行（本部分简称江苏银行）。2016 年 1 月，时代公司（甲方）、天宇公司（乙方）、李思奇（丙方）签订了 1 份《补充协议》，明确自该补充协议签订之日起时代公司完全退出原《房屋租赁合同》，天宇公司与李思奇应依照原《房屋租赁合同》中约定的条款，直接向江苏银行主张租金。同时三方确认，2015 年 12 月 31 日前房屋租金已付清，租金收款单位为时代公司。2016 年 1 月 26 日，时代公司向江苏银行发函告知。租赁关系变更后，天宇公司和李思奇已实际收取自 2016 年 1 月 1 日起的租金。2016 年 1 月 14 日，天宇公司弓奎林接该 3 套商铺初始登记证和土地分割证。2016 年 2 月 25 日，时代公司就上述 3 套商铺向天宇公司、李思奇开具共计 3 张《销售不动产统一发票（电子）》，3 张发票金额总计 11 999 999 元。发票开具后，天宇公司以时代公司违约为由拒收，时代公司遂邮寄至无锡中院，请求无锡中院转交。无锡中院于 2016 年 4 月 1 日将发票转交给天宇公司，天宇公司接受。2016 年 11 月，天宇公司、李思奇办理了 3 套商铺的所有权登记手续，李思奇又将其名下的商铺转让给案外人罗某明、陈某。经查，登记在天宇公司名下的 2 套商铺于 2016 年 12 月 2 日被甘肃省兰州市七里河区人民法院查封，并被该院其他案件轮候查封。

2016 年 1 月 27 日及 2016 年 3 月 1 日，天宇公司 2 次向无锡中院提交书面申请，以时代公司违反和解协议，未办妥房产证及租赁合同变更事宜为由，请求恢复本案执行，对时代公司名下已被查封的 9 套房产进行拍卖，扣减 3 张发票载明的 11 999 999 元之后，继续清偿生效判决确定的债权数额。2016 年 4 月 1 日，无锡中院通知天宇公司、时代公司：时代公司未能按照双方和解协议履行，由于之前查封的财产中已经解封 30 套，故对于剩余 9 套房产继续进行拍卖，对于和解协议中 3 套房产价值按照双方合同及发票确定金额，可直接按照已经执行到位金额认定，从应当执行总金额中扣除。同日即 2016 年 4 月 1 日，无锡中院在淘宝网上发布拍卖公告，对查封的被执行人的 9 套房产进行拍卖。时代公司向无锡中院提出异议，请求撤销对时代公司财产的拍卖，按照双方和解协议确认本执行案件执行完毕。

【裁判结果】

江苏省无锡市中级人民法院于 2016 年 7 月 27 日作出（2016）苏 02 执异 26 号执行裁定：驳回无锡时代盛业房地产开发有限公司的异议申请。无锡时代盛业房地产开发有限公司不服，向江苏省高级人民法院申请复议。江苏省高级人民法院于 2017 年 9 月 4 日作出（2016）苏执复 160 号执行裁定：①撤销江苏省无锡市中级人民法院（2016）苏 02 执异 26 号执行裁定。②撤销江苏省无锡市中级人民法院于 2016 年 4 月 1 日作出的对剩余 9 套房产继续拍卖且按合同及发票确定金额扣减执行标的的通知。

③撤销江苏省无锡市中级人民法院于 2016 年 4 月 1 日发布的对被执行人无锡时代盛业房地产开发有限公司所有的云港佳园 39-1203、21-1203、11-202、17-102、17-202、36-1402、36-1403、36-1404、37-1401 室 9 套房产的拍卖。江苏天宇建设集团有限公司不服江苏省高级人民法院复议裁定，向最高人民法院提出申诉。最高人民法院于 2018 年 12 月 29 日作出（2018）最高法执监 34 号执行裁定：驳回申诉人江苏天宇建设集团有限公司的申诉。

【裁判理由】

最高人民法院认为，根据最高人民法院的《关于适用〈中华人民共和国民事诉讼法〉的解释》第 467 条的规定，一方当事人不履行或者不完全履行在执行中双方自愿达成的和解协议，对方当事人申请执行原生效法律文书的，人民法院应当恢复执行，但和解协议已履行的部分应当扣除。和解协议已经履行完毕的，人民法院不予恢复执行。本案中，按照和解协议，时代公司违反了关于协助办理抵债房产转移登记等义务的时间约定。天宇公司在时代公司完成全部协助义务之前曾先后 2 次向人民法院申请恢复执行。但综合而言，本案仍宜认定和解协议已经履行完毕，不应恢复执行。

主要理由如下：其一，和解协议签订于 2015 年 12 月 1 日，约定 15 个工作日即完成抵债房产的所有权转移登记并将 3 套商铺租赁合同关系中的出租人变更为天宇公司或其指定人，这本身具有一定的难度，天宇公司应该有所预知。其二，在约定期限的最后 1 日即 2015 年 12 月 21 日，时代公司分别与天宇公司及其指定人李思奇签订商品房买卖合同并完成 3 套抵债房产的网签手续。从实际效果看，天宇公司取得该抵债房产已经有了较充分的保障。而且时代公司又于 2016 年 1 月与天宇公司及其指定人李思奇签订《补充协议》，就抵债房产变更租赁合同关系及时代公司退出租赁合同关系作出约定；并于 2016 年 1 月 26 日向江苏银行发函，告知租赁标的出售的事实并函请江苏银行尽快与新的买受人办理出租人变更手续。租赁关系变更后，天宇公司和李思奇已实际收取自 2016 年 1 月 1 日起的租金。同时，2016 年 1 月 14 日，时代公司交付了 3 套商铺的初始登记证和土地分割证。由此可见，在较短时间内时代公司又先后履行了变更抵债房产租赁关系、转移抵债房产收益权、交付初始登记证和土地分割证等义务，即时代公司一直在积极地履行义务。其三，对于时代公司上述一系列积极履行义务的行为，天宇公司在明知该履行已经超过约定期限的情况下仍一一予以接受，并且还积极配合时代公司向人民法院申请解封已被查封的财产。天宇公司的上述行为已充分反映其认可超期履行，并在继续履行和解协议上与时代公司形成较强的信赖关系，在没有新的明确约定的情况下，应当允许时代公司在合理期限内完成全部义务的履行。其四，在时代公司履行完一系列主要义务，并于 1 月 26 日函告抵债房产的承租方该房产产权变更情况，使得天宇公司及其指定人能实际取得租金收益后，天宇公司在 1 月 27 日即首次提出恢复执行，并在时代公司开出发票后拒收，有违诚信。其五，天宇公司并没有提供充分的证据证明本案中的迟延履行行为会导致签订和解协议的目的落空，严重损害其利益。相反从天宇公司积极接受履行且未及时申请恢复执行的情况看，迟延履行并未导致和解协议签订的目的落空。其六，在时代公司因天宇公司拒收发票而将发票邮寄法院请予转交时，其全部协助义务即应认为已履行完毕，此时法院尚未实际恢复执行，此后再恢复执行亦不适当。综上，本案宜认定和解协议已经履行完毕，不予恢复执行。（生效裁判审判人员：黄金龙、薛贵忠、熊劲松）

11. 指导案例 127 号：吕金奎等 79 人诉山海关船舶重工有限责任公司海上污染损害责任纠纷案（最高人民法院审判委员会讨论通过，2019 年 12 月 26 日发布）。

【关键词】

民事/海上污染损害责任/污染物排放标准

【裁判要点】

根据海洋环境保护法等有关规定，海洋环境污染中的"污染物"不限于国家或者地方环境标准明确列举的物质。污染者向海水水域排放未纳入国家或者地方环境标准的含有铁物质等成分的污水，造成渔业生产者养殖物损害的，污染者应当承担环境侵权责任。

【相关法条】

《侵权责任法》（已失效）第 65 条、第 66 条

《海洋环境保护法》（2017 年修正）第 94 条第 1 项（本案适用的是 2013 年修正的《海洋环境保护法》第 95 条第 1 项）

【基本案情】

2010 年 8 月 2 日上午，秦皇岛山海关老龙头东海域海水出现异常。当日 11 时 30 分，秦皇岛市环境保护局接到举报，安排环境监察、监测人员，协同秦皇岛市山海关区渤海乡副书记、纪委书记等相关人员到达现场，对海岸情况进行巡查。根据现场巡查情况，海水呈红褐色、浑浊。秦皇岛市环境保护局的工作人员同时对海水进行取样监测，并于 8 月 3 日作出《监测报告》对海水水质进行分析，分析结果显示海水 pH 值 8.28、悬浮物 24mg/L、石油类 0.082mg/L、化学需氧量 2.4mg/L、亚硝酸盐氮 0.032mg/L、氨氮 0.018mg/L、硝酸盐氮 0.223mg/L、无机氮 0.273mg/L、活性磷酸盐 0.006mg/L、铁 13.1mg/L。

大连海事大学海事司法鉴定中心（本部分简称司法鉴定中心）接受法院委托，就涉案海域污染状况以及污染造成的养殖损失等问题进行鉴定。《鉴定意见》的主要内容：一是，关于海域污染鉴定。①鉴定人采取卫星遥感技术，选取 NOAA 卫星 2010 年 8 月 2 日北京时间 5 时 44 分和 9 时 51 分 2 幅图像，其中 5 时 44 分图像显示山海关船舶重工有限责任公司（本部分简称山船重工公司）附近海域存在一片污染海水异常区，面积约 5 平方千米；9 时 51 分图像显示距山船重工公司以南约 4 千米海域存在污染海水异常区，面积约 10 平方千米。②对污染源进行分析，通过排除赤潮、大面积的海洋溢油等污染事故，确定卫星图像上污染海水异常区应由大型企业污水

排放或泄漏引起。根据山船重工公司系山海关老龙头附近临海唯一大型企业，修造船舶会产生大量污水，船坞刨锈污水中铁含量很高，一旦泄漏将严重污染附近海域，推测出污染海水源地系山船重工公司，泄漏时间约在 2010 年 8 月 2 日北京时间 0 时至 4 时之间。③对养殖区受污染海水进行分析，确定了王丽荣等 21 人的养殖区地理坐标，并将上述当事人的养殖区地理坐标和污染水域的地理坐标一起显示在电子海图上，得出污染水域覆盖了全部养殖区的结论。二是，关于养殖损失分析。鉴定人对水质环境进行评价，得出涉案海域水质中悬浮物、铁及石油类含量较高，已远远超过《渔业水质标准》和《海水水质标准》，污染最严重的因子为铁，对渔业和养殖水域危害程度较大。同时，确定吕金国等人存在养殖损失。

山船重工公司对《鉴定意见》养殖损失部分发表质证意见，主要内容为认定海水存在铁含量超标的污染无任何事实根据和鉴定依据。①鉴定人评价养殖区水质环境的唯一依据是秦皇岛市环境保护局出具的《监测报告》，而该报告在格式和内容上均不符合《海洋监测规范》的要求，分析铁含量所采用的标准是针对地面水、地下水及工业废水的规定，《监测报告》对污染事实无任何证明力。②《鉴定意见》采用的《渔业水质标准》和《海水水质标准》中，不存在对海水中铁含量的规定和限制，故铁含量不是判断海洋渔业水质标准的指标。即使铁含量是指标之一，其达到多少才能构成污染损害，亦无相关标准。

又查明，《鉴定意见》鉴定人之一在法院审理期间提交《分析报告》，其主要内容：一是，介绍分析方法。二是，对涉案海域污水污染事故进行分析。①对山海关老龙头海域卫星图像分析和解译。②污染海水漂移扩散分析。③污染源分析。因卫星图像上污染海水异常区灰度值比周围海水稍低，故排除海洋赤潮可能；因山海关老龙头海域无油井平台，且 8 月 2 日前后未发生大型船舶碰撞、触礁搁浅事故，故排除海洋溢油可能。据此，推测污染海水区应由大型企业污水排放或泄漏引起，山船重工公司为山海关老龙头附近临海唯一大型企业，修造船舶会产生大量污水，船坞刨锈污水中铁含量较高，向外泄漏将造成附近海域严重污染。④养殖区受污染海水分析。将养殖区地理坐标和污染水域地理坐标一起显示在电子海图上，得出污染水域覆盖全部养殖区的结论。

吕金奎等 79 人诉至法院，以山船重工公司排放的大量红色污水造成扇贝大量死亡，使其受到重大经济损失为由，请求判令山船重工公司赔偿。

【裁判结果】

天津海事法院于 2013 年 12 月 9 日作出（2011）津海法事初字第 115 号民事判决：①驳回原告吕金奎等 50 人的诉讼请求。②驳回原告吕金国等 29 人的诉讼请求。宣判后，吕金奎等 79 人提出上诉。天津市高级人民法院于 2014 年 11 月 11 日作出（2014）津高民四终字第 22 号民事判决：①撤销天津海事法院（2011）津海法事初字第 115 号民事判决。②山海关船舶重工有限责任公司于本判决送达之日起 15 日内赔偿王丽荣等 21 人养殖损失共计 1 377 696 元。③驳回吕金奎等 79 人的其他诉讼请求。

【裁判理由】

法院生效裁判认为，《侵权责任法》（已失效）第66条规定，因污染环境发生纠纷，污染者应当就法律规定的不承担责任或者减轻责任的情形及其行为与损害之间不存在因果关系承担举证责任。吕金奎等79人应当就山船重工公司实施了污染行为、该行为使自己受到了损害之事实承担举证责任，并提交污染行为和损害之间可能存在因果关系的初步证据；山船重工公司应当就法律规定的不承担责任或者减轻责任的情形及行为与损害之间不存在因果关系承担举证责任。

关于山船重工公司是否实施污染行为。吕金奎等79人为证明污染事实发生，提交了《鉴定意见》《分析报告》《监测报告》以及秦皇岛市环境保护局出具的函件等予以证明。关于上述证据对涉案污染事实的证明力，原审法院依据吕金奎等79人的申请委托司法鉴定中心进行鉴定，该司法鉴定中心业务范围包含海事类司法鉴定，3位鉴定人均具有相应的鉴定资质，对鉴定单位和鉴定人的资质予以确认。而且，《分析报告》能够与秦皇岛市山海关区在《询问笔录》中的陈述以及秦皇岛市环境保护局出具的函件相互佐证，上述证据可以证实秦皇岛山海关老龙头海域在2010年8月2日发生污染的事实。《海洋环境保护法》（2013年修正）第95条第1项规定："海洋环境污染损害，是指直接或者间接地把物质或者能量引入海洋环境，产生损害海洋生物资源、危害人体健康、妨害渔业和海上其他合法活动、损害海水使用素质和减损环境质量等有害影响。"《鉴定意见》根据污染海水异常区灰度值比周围海水稍低的现象，排除海洋赤潮的可能；通过山海关老龙头海域无油井平台以及2010年8月2日未发生大型船舶碰撞、触礁搁浅等事实，排除海洋溢油的可能；进而，根据《监测报告》中海水呈红褐色、浑浊，铁含量为13.1mg/L的监测结果，得出涉案污染事故系严重污水排放或泄漏导致的推论。同时，根据山船重工公司为山海关老龙头附近临海唯一大型企业以及公司的主营业务为船舶修造的事实，得出污染系山船重工公司在修造大型船舶过程中泄漏含铁量较高的刨锈污水导致的结论。山船重工公司虽不认可《鉴定意见》的上述结论，但未能提出足以反驳的相反证据和理由，故对《鉴定意见》中关于污染源分析部分的证明力予以确认，并据此认定山船重工公司实施了向海水中泄漏含铁量较高污水的污染行为。

关于吕金奎等79人是否受到损害。《鉴定意见》中海域污染鉴定部分在确定了王丽荣等21人养殖区域的基础上，进一步通过将养殖区地理坐标与污染海水区地理坐标一起显示在电子海图上的方式，得出污染海水区全部覆盖养殖区的结论。据此，认定王丽荣等21人从事养殖且养殖区域受到了污染。

关于污染行为和损害之间的因果关系。王丽荣等21人在完成上述证明责任的基础上，还应提交证明污染行为和损害之间可能存在因果关系的初步证据。《鉴定意见》对山海关老龙头海域水质进行分析，其依据秦皇岛市环境保护局出具的《监测报告》将该海域水质评价为悬浮物、铁物质及石油含量较高，污染最严重的因子为铁，对渔业和养殖水域危害程度较大。至此，王丽荣等21人已完成海上污染损害赔偿纠纷案件的证明责任。山船重工公司主张其非侵权行为人，应就法律规定的不承担责任或者减轻责任的情形及行为与损害之间不存在因果关系承担举证责任。山船重工公司主张因《鉴定意见》采用的评价标准中不存在对海水中铁含量的规定和限制，故铁不是评价海水水质的标准；且即使铁含量是标准之一，其达到多少才能构成污染损害亦无相关指标。对此，人民法院认为：一是，《海洋环境保护法》明确规定，只要行为人将物质或者能量引入海洋造成损害，即视为污染；《侵权责任法》（已失效）第 65 条亦未将环境污染责任限定为排污超过国家标准或者地方标准。故，无论国家或地方标准中是否规定了某类物质的排放控制要求，或排污是否符合国家或地方规定的标准，只要能够确定污染行为造成环境损害，行为人就须承担赔偿责任。二是，我国现行有效评价海水水质的《渔业水质标准》和《海水水质标准》实施后长期未进行修订，其中列举的项目已不足以涵盖当今可能造成污染的全部物质。据此，《渔业水质标准》和《海水水质标准》并非判断某类物质是否造成污染损害的唯一依据。三是，秦皇岛市环境保护局亦在《秦皇岛市环保局复核意见》中表示，因国家对海水中铁物质含量未明确规定污染物排放标准，故是否影响海水养殖需相关部门专家进一步论证。本案中，出具《鉴定意见》的鉴定人具备海洋污染鉴定的专业知识，其通过对相关背景资料进行分析判断，作出涉案海域水质中铁物质对渔业和养殖水域危害程度较大的评价，具有科学性，应当作为认定涉案海域被铁物质污染的依据。（生效裁判审判人员：耿小宁、唐娜、李善川）

12. 指导案例 128 号：李劲诉华润置地（重庆）有限公司环境污染责任纠纷案（最高人民法院审判委员会讨论通过，2019 年 12 月 26 日发布）。

【关键词】

民事/环境污染责任/光污染/损害认定/可容忍度

【裁判要点】

由于光污染对人身的伤害具有潜在性、隐蔽性和个体差异性等特点，人民法院认定光污染损害，应当依据国家标准、地方标准、行业标准，是否干扰他人正常生活、工作和学习，以及是否超出公众可容忍度等进行综合认定。对于公众可容忍度，可以根据周边居民的反应情况、现场的实际感受及专家意见等判断。

【相关法条】

《侵权责任法》（已失效）第 65 条、第 66 条

《环境保护法》第 42 条第 1 款

【基本案情】

原告李劲购买位于重庆市九龙坡区谢家湾正街某小区某幢的住宅 1 套，并从 2005 年入住至今。被告华润置地（重庆）有限公司开发建设的万象城购物中心与原告住宅相隔 1 条双向六车道的公路，双向六车道中间为轻轨线路。万象城购物中心与原告住宅之间无其他遮挡物。在正对原告住宅的万象城购物中心外墙上安装有 1 块 LED 显示屏用于播放广告等，该 LED 显示屏广告位从 2014 年建成后开始投入运

营，每天播放宣传资料及视频广告等，其产生强光直射入原告住宅房间，给原告的正常生活造成影响。

2014年5月，原告小区的业主向市政府公开信箱投诉反映：从5月3日开始，谢家湾华润二十四城的万象城购物中心的巨型LED屏幕开始工作，LED巨屏的强光直射进其房间，造成严重的光污染，并且宣传片的音量巨大，影响了其日常生活，希望有关部门让万象城购物中心减小音量并且调低LED屏幕亮度。2014年9月，黄杨路某小区居民向市政府公开信箱投诉反映：万象城购物中心有块巨型LED屏幕通宵播放资料广告，产生太强光线，导致夜间无法睡眠，无法正常休息。万象城购物中心大屏夜间光污染严重影响周边小区高层住户，请相关部门解决，禁止夜间播放，或者禁止通宵播放，只能在晚上8点前播放，并调低亮度。2018年2月，原告小区的住户向市政府公开信箱投诉反映：万象城购物中心户外广告大屏就是住户的噩梦，该广告屏每天播放视频广告，光线极强还频繁闪动，住在对面的业主家里夜间如同白昼，严重影响老人和小孩的休息，希望相关部门尽快对其进行整改。

本案审理过程中，人民法院组织原、被告双方于2018年8月11日晚到现场进行了查看，正对原告住宅的1块LED显示屏正在播放广告视频，产生的光线较强，可直射入原告住宅居室，当晚该LED显示屏播放广告视频至20时58分关闭。被告公司员工称该LED显示屏面积为160m^2。

就案涉光污染问题是否能进行环境监测的问题，人民法院向重庆市九龙坡区生态环境监测站进行了咨询，该站负责人表示，国家与重庆市均无光污染环境监测方面的规范及技术指标，所以监测站无法对光污染问题开展环境监测。重庆法院参与环境资源审判专家库专家、重庆市永川区生态环境监测站副站长也表示从环保方面光污染没有具体的标准，但从民事法律关系的角度，可以综合其余证据判断是否造成光污染。从本案原告提交的证据看，万象城购物中心电子显示屏对原告的损害客观存在，主要体现为影响原告的正常休息。就LED显示屏产生的光辐射相关问题，法院向重庆大学建筑城规学院教授、中国照明学会副理事长以及重庆大学建筑城规学院高级工程师、中国照明学会理事等专家作了咨询，专家表示，LED的光辐射一是对人有视觉影响，其中失能眩光和不舒适眩光对人的眼睛有影响；另一方面是生物影响：人到晚上随着光照强度下降，渐渐入睡，是褪黑素和皮质醇2种激素发生作用的结果——褪黑素晚上上升、白天下降，皮质醇相反。如果光辐射太强，使人生物钟紊乱，长期就会有影响。另外LED的白光中有蓝光成分，蓝光对人的视网膜有损害，而且不可修复。但户外蓝光危害很难检测，时间、强度的标准是多少，有待标准出台确定。关于光照亮度对人的影响，有研究结论认为一般在400cd/m^{2}以下对人的影响会小一点，但动态广告屏很难适用。对于亮度的规范，不同部门编制的规范对亮度的限值不同，但LED显示屏与直射的照明灯光还是有区别，以LED显示屏的相关国家标准来认定比较合适。

【裁判结果】

重庆市江津区人民法院于 2018 年 12 月 28 日作出（2018）渝 0116 民初 6093 号判决。一是，被告华润置地（重庆）有限公司从本判决生效之日起，立即停止其在运行重庆市九龙坡区谢家湾正街万象城购物中心正对原告李劲位于重庆市九龙坡区谢家湾正街某小区某幢住宅外墙上的 1 块 LED 显示屏时对原告李劲的光污染侵害：①前述 LED 显示屏在 5 月 1 日至 9 月 30 日期间开启时间应在 8 时 30 分之后，关闭时间应在 22 时之前；在 10 月 1 日至 4 月 30 日期间开启时间应在 8 时 30 分之后，关闭时间应在 21 时 50 分之前。②前述 LED 显示屏在每日 19 时后的亮度值不得高于 600cd/m² 。二是，驳回原告李劲的其余诉讼请求。一审宣判后，双方当事人均未提出上诉，判决已发生法律效力。

【裁判理由】

法院生效裁判认为：保护环境是我国的基本国策，一切单位和个人都有保护环境的义务。《民法总则》（已失效）第 9 条规定："民事主体从事民事活动，应当有利于节约资源、保护生态环境。"《物权法》（已失效）第 90 条规定："不动产权利人不得违反国家规定弃置固体废物，排放大气污染物、水污染物、噪声、光、电磁波辐射等有害物质。"《环境保护法》第 42 条第 1 款规定："排放污染物的企业事业单位和其他生产经营者，应当采取措施，防治在生产建设或者其他活动中产生的废气、废水、废渣、医疗废物、粉尘、恶臭气体、放射性物质以及噪声、振动、光辐射、电磁辐射等对环境的污染和危害。"本案系环境污染责任纠纷，根据《侵权责任法》（已失效）第 65 条规定："因污染环境造成损害的，污染者应当承担侵权责任。"环境污染侵权责任属特殊侵权责任，其构成要件包括以下 3 个方面：一是污染者有污染环境的行为；二是被侵权人有损害事实；三是污染者污染环境的行为与被侵权人的损害之间有因果关系。

第一，关于被告是否有污染环境的行为。被告华润置地（重庆）有限公司作为万象城购物中心的建设方和经营管理方，其在正对原告住宅的购物中心外墙上设置 LED 显示屏播放广告、宣传资料等，产生的强光直射进入原告的住宅居室。根据原告提供的照片、视频资料等证据，以及组织双方当事人到现场查看的情况，可以认定被告使用 LED 显屏播放广告、宣传资料等所产生的强光已超出了一般公众普遍可容忍的范围，就大众的认知规律和切身感受而言，该强光会严重影响相邻人群的正常工作和学习，干扰周围居民正常生活和休息，已构成由强光引起的光污染。被告使用 LED 显示屏播放广告、宣传资料等造成光污染的行为已构成污染环境的行为。

第二，关于被侵权人的损害事实。环境污染的损害事实主要包含了污染环境的行为致使当事人的财产、人身受到损害以及环境受到损害的事实。环境污染侵权的损害后果不同于一般侵权的损害后果，不仅包括症状明显并可计量的损害结果，还包括那些症状不明显或者暂时无症状且暂时无法用计量方法反映的损害结果。本案系光污染纠纷，光污染对人身的伤害具有潜在性和隐蔽性等特点，被侵权人往往在开始受害时显露不出明显的受损害症状，其所遭受的损害往往暂时无法用精确的计量方法来反映。但随着时间的推移，损害会逐渐显露。参考本案专家意见，光污染对人的影响除了能够感知的对视觉的影响外，太强的光辐射会造成人生物钟紊乱，短时间看不出影响，但长期会带来影响。本案中，被告使用 LED 显示屏播放广告、宣传资料等所产生的强光，已超出了一般人可容忍的程度，影响了相邻居住的原告等居民的正常生活和休息。根据日常生活经验法则，被告运行 LED 显示屏产生的光污染势必会给原告等人的身心健康造成损害，这也为公众普遍认可。综上，被告运行 LED 显示屏产生的光污染已致使原告居住的环境权益受损，并导致原告的身心健康受到损害。

第三，被告是否应承担污染环境的侵权责任。《侵权责任法》（已失效）第 66 条规定："因污染环境发生纠纷，污染者应当就法律规定的不承担责任或者减轻责任的情形及其行为与损害之间不存在因果关系承担举证责任。"本案中，原告已举证证明被告有污染环境的行为及原告的损害事实。被告需对其在本案中存在法律规定的不承担责任或者减轻责任的情形，或被告污染行为与损害之间不存在因果关系承担举证责任。但被告并未提交证据对前述情形予以证实，对此被告应承担举证不能的不利后果，应承担污染环境的侵权责任。根据最高人民法院的《关于审理环境侵权责任纠纷案件适用法律若干问题的解释》第 13 条规定："人民法院应当根据被侵权人的诉讼请求以及具体案情，合理判定污染者承担停止侵害、排除妨碍、消除危险、恢复原状、赔礼道歉、赔偿损失等民事责任。"环境侵权的损害不同于一般的人身损害和财产损害，对侵权行为人承担的侵权责任有其独特的要求。由于环境侵权是通过环境这一媒介侵害到一定地区不特定的多数人的人身、财产权益，而且一旦出现可用计量方法反映的损害，其后果往往已无法弥补和消除。因此在环境侵权中，侵权行为人实施了污染环境的行为，即使还未出现可计量的损害后果，即应承担相应的侵权责任。本案中，从市民的投诉反映看，被告作为万象城购物中心的经营管理者，其在生产经营过程中，理应认识到使用 LED 显示屏播放广告、宣传资料等发出的强光会对居住在对面以及周围住宅小区的原告等人造成影响，并负有采取必要措施以减少对原告等人影响的义务。但被告仍然一直使用 LED 显示屏播放广告、宣传资料等，其产生的强光明显超出了一般人可容忍的程度，构成光污染，严重干扰了周边人群的正常生活，对原告等人的环境权益造成损害，进而损害了原告等人的身心健康。因此即使原告尚未出现明显症状，其生活受到光污染侵扰、环境权益受到损害也是客观存在的事实，故被告应承担停止侵害、排除妨碍等民事责任。（生效裁判审判人员：姜玲、罗静、张志贵）

13. 指导案例 129 号：江苏省人民政府诉安徽海德化工科技有限公司生态环境损害赔偿案（最高人民法院审判委员会讨论通过，2019 年 12 月 26 日发布）。

【关键词】

民事/生态环境损害赔偿诉讼/分期支付

【裁判要点】

企业事业单位和其他生产经营者将生产经营过程中产生的危险废物交由不具备危险废物处置资质的企业或者个人进行处置，造成环境污染的，应当承担生态环境损害责任。人民法院可以综合考虑企业事业单位和其他生产经营者的主观过错、经营状况等因素，在责任人提供有效担保后判决其分期支付赔偿费用。

【相关法条】

《侵权责任法》（已失效）第 65 条

《环境保护法》第 64 条

【基本案情】

2014 年 4 月 28 日，安徽海德化工科技有限公司（本部分简称海德公司）营销部经理杨峰将该公司在生产过程中产生的 29.1 吨废碱液，交给无危险废物处置资质的李宏生等人处置。李宏生等人将上述废碱液交给无危险废物处置资质的孙志才处置。2014 年 4 月 30 日，孙志才等人将废碱液倾倒进长江，造成了严重环境污染。2014 年 5 月 7 日，杨峰将海德公司的 20 吨废碱液交给李宏生等人处置，李宏生等人将上述废碱液交给孙志才处置。孙志才等人于 2014 年 5 月 7 日及同年 6 月 17 日，分 2 次将废碱液倾倒进长江，造成江苏省靖江市城区 5 月 9 日至 11 日集中式饮用水源中断取水 40 多个小时。2014 年 5 月 8 日至 9 日，杨峰将 53.34 吨废碱液交给李宏生等人处置，李宏生等人将上述废碱液交给丁卫东处置。丁卫东等人于 2014 年 5 月 14 日将该废碱液倾倒进新通扬运河，导致江苏省兴化市城区集中式饮用水源中断取水超过 14 小时。上述污染事件发生后，靖江市环境保护局和靖江市人民检察院联合委托江苏省环境科学学会对污染损害进行评估。江苏省环境科学学会经调查、评估，于 2015 年 6 月作出了《评估报告》。江苏省人民政府向江苏省泰州市中级人民法院提起诉讼，请求判令海德公司赔偿生态环境修复费用 3637.90 万元，生态环境服务功能损失费用 1818.95 万元，承担评估费用 26 万元及诉讼费等。

【裁判结果】

江苏省泰州市中级人民法院于 2018 年 8 月 16 日作出（2017）苏 12 民初 51 号民事判决：①被告安徽海德化工科技有限公司赔偿环境修复费用 3637.90 万元。②被告安徽海德化工科技有限公司赔偿生态环境服务功能损失费用 1818.95 万元。③被告安徽海德化工科技有限公司赔偿评估费用 26 万元。宣判后，安徽海德化工科技有限公司提出上诉，江苏省高级人民法院于 2018 年 12 月 4 日作出（2018）苏民终 1316 号民事判决：①维持江苏省泰州市中级人民法院（2017）苏 12 民初 51 号民事判决。安徽海德化工科技有限公司应于本判决生效之日起 60 日内将赔偿款项 5482.85 万元支付至泰州市环境公益诉讼资金账户。②安徽海德化工科技有限公司在向江苏省泰州市中级人民法院提供有效担保后，可于本判决生效之日起 60 日内支付上述款项的 20%（1096.57 万元），并于 2019 年 12 月 4 日、2020 年 12 月 4 日、2021 年 12 月 4 日、2022 年 12 月 4 日前各支付上述款项的 20%（每期 1096.57 万元）。如有 1 期未按时履行，江苏省人民政府可以就全部未赔偿款项申请法院强制执行。如安徽海德化工科技有限公司未按本判决指定的期限履行给付义务，应当依照《民事诉讼法》第253条之规定，加倍支付迟延履行期间的债务利息。

【裁判理由】

法院生效裁判认为，海德公司作为化工企业，对其在生产经营过程中产生的危险废物废碱液，负有防止污染环境的义务。海德公司放任该公司营销部负责人杨峰将废碱液交给不具备危险废物处置资质的个人进行处置，导致废碱液被倾倒进长江和新通扬运河，严重污染环境。《环境保护法》第64条规定，因污染环境和破坏生态造成损害的，应当依照《侵权责任法》（已失效）的有关规定承担侵权责任。《侵权责任法》（已失效）第65条规定，因污染环境造成损害的，污染者应当承担侵权责任。《侵权责任法》（已失效）第15条将恢复原状、赔偿损失确定为承担责任的方式。环境修复费用、生态环境服务功能损失、评估费等均为恢复原状、赔偿损失等法律责任的具体表现形式。依照《侵权责任法》（已失效）第15条第1款第6项、第65条，最高人民法院的《关于审理环境侵权责任纠纷案件适用法律若干问题的解释》第1条第1款、第13条之规定，判决海德公司承担侵权赔偿责任并无不当。

海德公司以企业负担过重、资金紧张，如短期内全部支付赔偿将导致企业破产为由，申请分期支付赔偿费用。为保障保护生态环境与经济发展的有效衔接，江苏省人民政府在庭后表示，在海德公司能够提供证据证明其符合国家经济结构调整方向、能够实现绿色生产转型，在有效提供担保的情况下，同意海德公司依照《民事诉讼法》第231条之规定，分5期支付赔偿款。（生效裁判审判人员：陈迎、赵黎、吴晓玲）

14. 指导案例130号：重庆市人民政府、重庆两江志愿服务发展中心诉重庆藏金阁物业管理有限公司、重庆首旭环保科技有限公司生态环境损害赔偿、环境民事公益诉讼案（最高人民法院审判委员会讨论通过，2019年12月26日发布）。

【关键词】

民事/生态环境损害赔偿诉讼/环境民事公益诉讼/委托排污/共同侵权/生态环境修复费用/虚拟治理成本法

【裁判要点】

第一，取得排污许可证的企业，负有确保其排污处理设备正常运行且排放物达到国家和地方排放标准的法定义务，委托其他单位处理的，应当对受托单位履行监管义务；明知受托单位违法排污不予制止甚或提供便利的，应当对环境污染损害承担连带责任。

第二，污染者向水域排污造成生态环境损害，生态环境修复费用难以计算的，可以根据环境保护部门关于生态环境损害鉴定评估有关规定，采用虚拟治理成本法对损害后果进行量化，根据违法排污的污染物种类、排污量及污染源排他性等因素计算生态环境损害量化数额。

【相关法条】

《侵权责任法》（已失效）第8条

【基本案情】

重庆藏金阁电镀工业园（又称藏金阁电镀工业中心）位于重庆市江北区港城工业园区内，是该工业园区内唯一的电镀工业园，园区内有若干电镀企业入驻。重庆藏金阁物业管理有限公司（本部分简称藏金阁公司）为园区入驻企业提供物业管理服务，并负责处理企业产生的废水。藏金阁公司领取了排放污染物许可证，并拥有废水处理的设施设备。2013年12月5日，藏金阁公司与重庆首旭环保科技有限公司（本部分简称首旭公司）签订为期4年的《电镀废水处理委托运行承包管理运行协议》（本部分简称《委托运行协议》），首旭公司承接藏金阁电镀工业中心废水处理项目，该电镀工业中心的废水由藏金阁公司交给首旭公司使用藏金阁公司所有的废水处理设备进行处理。2016年4月21日，重庆市环境监察总队执法人员在对藏金阁公司的废水处理站进行现场检查时，发现废水处理站中2个总铬反应器和1个综合反应器设施均未运行，生产废水未经处理便排入外环境。2016年4月22日至26日期间，经执法人员采样监测分析发现外排废水重金属超标，违法排放废水总铬浓度为55.5mg/L，总锌浓度为2.85x102mg/L，总铜浓度为27.2mg/L，总镍浓度为41mg/L，分别超过《电镀污染物排放标准》（GB21900-2008）的规定标准54.5倍、189倍、53.4倍、81倍，对生态环境造成严重影响和损害。2016年5月4日，执法人员再次进行现场检查，发现藏金阁废水处理站1号综合废水调节池的含重金属废水通过池壁上的120mm口径管网未经正常处理直接排放至外环境并流入港城园区市政管网再进入长江。经监测，1号池内渗漏的废水中六价铬浓度为6.10mg/L，总铬浓度为10.9mg/L，分别超过国家标准29.5倍、9.9倍。从2014年9月1日至2016年5月5日违法排放废水量共计145 624吨。还查明，2014年8月，藏金阁公司将原废酸收集池改造为1号综合废水调节池，传送废水也由地下管网改为高空管网作业。该池池壁上原有110mm和120mm口径管网各1根，改造时只封闭了110mm口径管网，而未封闭120mm口径管网，该未封闭管网系埋于地下的暗管。首旭公司自2014年9月起，在明知池中有1根120mm管网可以连通外环境的情况下，仍然一直利用该管网将未经处理的含重金属废水直接排放至外环境。

受重庆市人民政府委托，重庆市环境科学研究院对藏金阁公司和首旭公司违法排放超标废水造成生态环境损害进行鉴定评估，并于2017年4月出具《鉴定评估报告书》。该评估报告载明：本事件污染行为明确，污染物迁移路径合理，污染源与违法排放至外环境的废水中污染物具有同源性，且污染源具有排他性。污染行为发生持续时间为2014年9月1日至2016年5月5日，违法排放废水共计145 624吨，其主要污染因子为六价铬、总铬、总锌、总镍等，对长江水体造成严重损害。《鉴定评估报告书》采用《生态环境损害鉴定评估技术指南总纲》《环境损害鉴定评估推荐方法（第Ⅱ版）》推荐的虚拟治理成本法对生态环境损害进行量化，按22元/吨的实际治理费用作为单位虚拟治理成本，再乘以违法排放废水数量，计算出虚拟治理成本为 320.3728 万元。违法排放废水点为长江干流主城区段水域，适用功能类别属Ⅲ类水体，根据虚拟治理成本法的"污染修复费用的确定原则"Ⅲ类水体的倍数范围为虚拟治理成本的 4.5 倍至 6 倍，本次评估选取最低倍数 4.5 倍，最终评估出 2 被告违法排放废水造成的生态环境污染损害量化数额为 1441.6776 万元（即 320.3728 万元×4.5＝1441.6776 万元）。重庆市环境科学研究院是《关于印发〈环境损害鉴定评估推荐机构名录（第一批）〉的通知》中确认的鉴定评估机构。

2016 年 6 月 30 日，重庆市环境监察总队以藏金阁公司从 2014 年 9 月 1 日至 2016 年 5 月 5 日通过 1 号综合调节池内的 120mm 口径管网将含重金属废水未经废水处理站总排口便直接排入港城园区市政废水管网进入长江为由，作出行政处罚决定，对藏金阁公司罚款 580.72 万元。藏金阁公司不服申请行政复议，重庆市环境保护局作出维持行政处罚决定的复议决定。后藏金阁公司诉至重庆市渝北区人民法院，要求撤销行政处罚决定和行政复议决定。重庆市渝北区人民法院于 2017 年 2 月 28 日作出（2016）渝 0112 行初 324 号行政判决，驳回藏金阁公司的诉讼请求。判决后，藏金阁公司未提起上诉，该判决发生法律效力。

2016 年 11 月 28 日，重庆市渝北区人民检察院向重庆市渝北区人民法院提起公诉，指控首旭公司、程龙（首旭公司法定代表人）等构成污染环境罪，应依法追究刑事责任。重庆市渝北区人民法院于 2016 年 12 月 29 日作出（2016）渝 0112 刑初 1615 号刑事判决，判决首旭公司、程龙等人构成污染环境罪。判决后，未提起抗诉和上诉，该判决发生法律效力。

【裁判结果】

重庆市第一中级人民法院于 2017 年 12 月 22 日作出（2017）渝 01 民初 773 号民事判决：①被告重庆藏金阁物业管理有限公司和被告重庆首旭环保科技有限公司连带赔偿生态环境修复费用 1441.6776 万元，于本判决生效后 10 日内交付至重庆市财政局专用账户，由原告重庆市人民政府及其指定的部门和原告重庆两江志愿服务发展中心结合本区域生态环境损害情况用于开展替代修复；②被告重庆藏金阁物业管理有限公司和被告重庆首旭环保科技有限公司于本判决生效后 10 日内，在省级或以上媒体向社会公开赔礼道歉；③被告重庆藏金阁物业管理有限公司和被告重庆首旭环保科技有限公司在本判决生效后 10 日内，给付原告重庆市人民政府鉴定费 5 万元，律师费 19.8 万元；④被告重庆藏金阁物业管理有限公司和被告重庆首旭环保科技有限公司在本判决生效后 10 日内，给付原告重庆两江志愿服务发展中心律师费 8 万元；⑤驳回原告重庆市人民政府和原告重庆两江志愿服务发展中心其他诉讼请求。判决后，各方当事人在法定期限内均未提出上诉，判决发生法律效力。

【裁判理由】

法院生效裁判认为，重庆市人民政府依据《生态环境损害赔偿制度改革试点方案》规定，有权提起生态环境损害赔偿诉讼，重庆两江志愿服务发展中心具备合法的环境公益诉讼主体资格，二原告基于不同的规定而享有各自的诉权，均应依法予以保护。鉴于两案原告基于同一污染事实与相同被告提起诉讼，诉讼请求基本相同，故将两案合并审理。

本案的争议焦点为：

第一，关于《鉴定评估报告书》认定的污染物种类、污染源排他性、违法排放废水计量以及损害量化数额是否准确。首先，关于《鉴定评估报告书》认定的污染物种类、污染源排他性和违法排放废水计量是否准确的问题。污染物种类、污染源排他性及违法排放废水计量均已被（2016）渝 0112 行初 324 号行政判决直接或者间接确认，本案中二被告并未提供相反证据来推翻原判决，故对《鉴定评估报告书》依据的上述环境污染事实予以确认。具体而言，一是关于污染物种类的问题。除了生效刑事判决所认定的总铬和六价铬之外，二被告违法排放的废水中还含有重金属物质如总锌、总镍等，该事实得到了江北区环境监测站、重庆市环境监测中心出具的环境监测报告以及（2016）渝 0112 行初 324 号生效行政判决的确认，也得到了首旭公司法定代表人程龙在调查询问中的确认。二是关于污染源排他性的问题。二被告辩称，江北区环境监测站出具的江环（监）字〔2016〕第 JD009 号分析报告单确定的取样点 W4、W6 位置高于藏金阁废水处理站，因而该 2 处检出污染物超标不可能由二被告的行为所致。由于被污染水域具有流动性的特征和自净功能，水质得到一定程度的恢复，鉴定机构在鉴定时客观上已无法再在废水处理站周围提取到违法排放废水行为持续时所流出的废水样本，故只能依据环境行政执法部门在查处二被告违法行为时通过取样所固定的违法排放废水样本进行鉴定。在对藏金阁废水处理情况进行环保执法的过程中，先后在多个取样点进行过数次监测取样，除江环（监）字〔2016〕第 JD009 号分析报告单以外，江北区环境监测站与重庆市环境监测中心还出具了数份监测报告，重庆市环境监察总队的行政处罚决定和重庆市环境保护局的复议决定是在对上述监测报告进行综合评定的基础上作出的，并非单独依据其中 1 份分析报告书或者监测报告作出。环保部门在整个行政执法包括取样等前期执法过程中，其行为的合法性和合理性已经得到了生效行政判决的确认。同时，上述监测分析结果显示废水中的污染物系电镀行业排放的重金属废水，在案证据证实涉案区域唯有藏金阁 1 家电镀工业园，而且环境监测结果与藏金阁废水处理站违法排放废水种类一致，以上事实证明上述取水点排出的废水来源仅可能来自藏金阁废水处理站，故可以认定污染物来源具有排他性。三是关于违法排污计量的问题。根据生效刑事判决和行政判决的确认，并结合行政执法过程中的调查询问笔录，可以认定铬调节池的废水进入 1 号综合废水调节池，利用 1 号池安装的 120mm 口径管网将含重金属的废水直接排入外环境并进入市政管网这一基本事实。经庭审查明，《鉴定评估报告书》综合证据，采用用水总量减去消耗量、污泥含水量、在线排水量、节假日排水量的方式计算出违法排放废水量，其所依据的证据和事实或者已得到被告方认可或生效判决确认，或者相关行政行为已通过行政诉讼程序的合法性审查，其所采用的计量方法具有科学性和合理性。综上，藏金阁公司和首旭公司提出的污染物种类、违法排放废水量和污染源排他性认定有误的异议不能成立。其次，关于《鉴定评估报告书》认定的损害量化数额是否准确的问题。原告方委托重庆市环境科学研究院就本案的生态环境损害进行鉴定评估并出具了《鉴定评估报告书》，该报告确定二被告违法排污造成的生态环境损害量化数额为 1441.6776 万元。经查，重庆市环境科学研究院是《关于印发〈环境损害鉴定评估推荐机构名录（第一批）〉的通知》中确立的鉴定评估机构，委托其进行本案的生态环境损害鉴定评估符合司法解释之规定，其具备相应鉴定资格。根据《生态环境损害鉴定评估技术指南总纲》《环境损害鉴定评估推荐方法（第 II 版）》，鉴定评估可以采用虚拟治理成本法对事件造成的生态环境损害进行量化，量化结果可以作为生态环境损害赔偿的依据。鉴于本案违法排污行为持续时间长、违法排放数量大，且长江水体处于流动状态，难以直接计算生态环境修复费用，故《鉴定评估报告书》采用虚拟治理成本法对损害结果进行量化并无不当。《鉴定评估报告书》将 22 元/吨确定为单位实际治理费用，系根据重庆市环境监察总队现场核查藏金阁公司财务凭证，并结合对藏金阁公司法定代表人孙启良的调查询问笔录而确定。《鉴定评估报告书》根据《环境损害鉴定评估推荐方法（第 II 版）》，III 类地表水污染修复费用的确定原则为虚拟治理成本的 4.5 倍至 6 倍，结合本案污染事实，取最小倍数即 4.5 倍计算得出损害量化数额为 320.3728 万元 ×4.5 = 1441.6776 万元，亦无不当。最后，综上所述，《鉴定评估报告书》的鉴定机构和鉴定评估人资质合格，鉴定评估委托程序合法，鉴定评估项目负责人亦应法庭要求出庭接受质询，鉴定评估所依据的事实有生效法律文书支撑，采用的计算方法和结论科学有据，故对《鉴定评估报告书》及所依据的相关证据予以采信。

　　第二，关于藏金阁公司与首旭公司是否构成共同侵权。首旭公司是明知 1 号废水调节池池壁上存在 120 毫米（mm）口径管网并故意利用其违法排污的直接实施主体，其理应对损害后果承担赔偿责任，对此应无疑义。本争议焦点的核心问题在于如何评价藏金阁公司的行为，其与首旭公司是否构成共同侵权。法院认为，藏金阁公司与首旭公司构成共同侵权，应当承担连带责任。其一，我国实行排污许可制，该制度是国家对排污者进行有效管理的手段，取得排污许可证的企业即是排污单位，负有依法排污的义务，否则将承担相应法律责任。藏金阁公司持有排污许可证，必须确保按照许可证的规定和要求排放。藏金阁公司以委托运行协议的形式将废水处理交由专门从事环境治理业务（含工业废水运营）的首旭公司作业，该行为并不为法律所禁止。但是，无论是自行排放还是委托他人排放，藏金阁公司都必须确保其废水处理站正常运行，并确保排放物达到国家和地方排放标准，这是取得排污许可证企业的法定责任，该责任不能通过民事约定来解除。申言之，藏金阁公司作为排污主体，具有监督首旭公司合法排污的法定责任，依照《委托运行协议》其也具有监督首旭公司日常排污情况的义务，本案违法排污行为持续了 1 年 8 个月的时间，藏金阁公司显然未尽监管义务。其二，无论是作为排污设备产权人和排污主体的法定责任，还是按照双方协议约定，藏金阁公司均应确保废水处理设施设备正常、完好。2014 年 8 月藏金阁公司将废酸池改造为 1 号废水调节池并将地下管网改为高空管网作业时，未按照正常处理方式对池中的 120 毫米（mm）口径暗管进行封闭，藏金阁公司亦未举证证明不封闭暗管的合理合法性，而首旭公司正是通过该暗管实施违法排放，也就是说，藏金阁公司明知为首旭公司提供的废水处理设备留有可以实施违法排放的管网，据此可以认定其具有违法故意，且客观上为违法排放行为的完成提供了条件。其三，待处理的废水是由藏金阁公司提供给首旭公司的，那么藏金阁公司知道需处理的废水数量，同时藏金阁公司作为排污主体，负责向环保部门缴纳排污费，其也知道合法排放的废水数量，加之作为物业管理部门，其对于园区企业产生的实际用水量亦是清楚的，而这几个数据结合起来，即可确知违法排放行为的存在，因此可以认定藏金阁公司知道首旭公司在实施违法排污行为，但其放任首旭公司违法排放废水，同时还继续将废水交由首旭公司处理，可以视为其与首旭公司形成了默契，具有共同侵权的故意，并共同造成了污染后果。其四，环境侵权案件具有侵害方式的复合性、侵害过程的复杂性、侵害后果的隐蔽性和长期性，其证明难度尤其是对于排污企业违法排污主观故意的证明难度较高，且本案又涉及对环境公益的侵害，故应充分考虑到此类案件的特殊性，通过准确把握举证证明责任和归责原则来避免责任逃避和公益受损。综上，根据本案事实和证据，藏金阁公司与首旭公司构成环境污染共同侵权的证据已达到高度盖然性的民事证明标准，应当认定藏金阁公司和首旭公司对于违法排污存在主观上的共同故意和客观上的共同行为，二被告构成共同侵权，应承担连带责任。（生效裁判审判人员：裴晓音、贾科、张力）

15. 指导案例 131 号：中华环保联合会诉德州晶华集团振华有限公司大气污染责任民事公益诉讼案（最高人民法院审判委员会讨论通过，2019 年 12 月 26 日发布）。

【关键词】

民事/环境民事公益诉讼/大气污染责任/损害社会公共利益/重大风险

【裁判要点】

企业事业单位和其他生产经营者多次超过污染物排放标准或者重点污染物排放总量控制指标排放污染物，环境保护行政管理部门作出行政处罚后仍未改正，原告依据最高人民法院的《关于审理环境民事公益诉讼案件适用法律若干问题的解释》第 1 条规定的"具有损害社会公共利益重大风险的污染环境、破坏生态的行为"对其提起环境民事公益诉讼的，人民法院应予受理。

【相关法条】

《民事诉讼法》第 55 条

《环境保护法》第 58 条

【基本案情】

被告德州晶华集团振华有限公司（本部分简称振华公司）成立于 2000 年，经营范围包括电力生产、平板玻璃、玻璃空心砖、玻璃深加工、玻璃制品制造等。2002

年 12 月，该公司 600T/D 优质超厚玻璃项目通过环境影响评价的审批，2003 年 11 月，通过"三同时"验收。2007 年 11 月，该公司高档优质汽车原片项目通过环境影响评价的审批，2009 年 2 月，通过"三同时"验收。

根据德州市环境保护监测中心站的监测，2012 年 3 月、5 月、8 月、12 月，2013 年 1 月、5 月、8 月，振华公司废气排放均能达标。2013 年 11 月、2014 年 1 月、5 月、6 月、11 月，2015 年 2 月排放二氧化硫、氮氧化物及烟粉尘存在超标排放情况。德州市环境保护局分别于 2013 年 12 月、2014 年 9 月、2014 年 11 月、2015 年 2 月对振华公司进行行政处罚，处罚数额均为 10 万元。2014 年 12 月，山东省环境保护厅对其进行行政处罚，处罚数额 10 万元。2015 年 3 月 23 日，德州市环境保护局责令振华公司立即停产整治，2015 年 4 月 1 日之前全部停产，停止超标排放废气污染物。原告中华环保联合会起诉之后，2015 年 3 月 27 日，振华公司生产线全部放水停产，并于德城区天衢工业园以北养马村新选厂址，原厂区准备搬迁。

本案审理阶段，为证明被告振华公司超标排放造成的损失，2015 年 12 月，原告中华环保联合会与环境保护部环境规划院订立技术咨询合同，委托其对振华公司排放大气污染物致使公私财产遭受损失的数额，包括污染行为直接造成的财产损坏、减少的实际价值，以及为防止污染扩大、消除污染而采取必要合理措施所产生的费用进行鉴定。2016 年 5 月，环境保护部环境规划院环境风险与损害鉴定评估研究中心根据已经双方质证的人民法院调取的证据作出评估意见，鉴定结果为：振华公司位于德州市德城区市区内，周围多为居民小区，原有浮法玻璃生产线 3 条，1#浮法玻璃生产线已于 2011 年 10 月全面停产，2#生产线 600t/d 优质超厚玻璃生产线和 3#生产线 400t/d 高档优质汽车玻璃原片生产线仍在生产。①污染物性质，主要为烟粉尘、二氧化硫和氮氧化物。根据《德州晶华集团振华有限公司关于落实整改工作的情况汇报》有关资料显示：截止到 2015 年 3 月 17 日，振华公司浮法二线未安装或未运行脱硫和脱硝治理设施；浮法三线除尘、脱硫设施已于 2014 年 9 月投入运行。②污染物超标排放时段的确认，二氧化硫超标排放时段为 2014 年 6 月 10 日至 2014 年 8 月 17 日，共计 68 天，氮氧化物超标排放时段为 2013 年 11 月 5 日至 2014 年 6 月 23 日、2014 年 10 月 22 日至 2015 年 1 月 27 日，共计 327 天，烟粉尘超标排放时段为 2013 年 11 月 5 日至 2014 年 6 月 23 日，共计 230 天。③污染物排放量，在鉴定时段内，由于企业未安装脱硫设施造成二氧化硫全部直接排放进入大气的超标排放量为 255 吨，由于企业未安装脱硝设施造成氮氧化物全部直接排放进入大气的排放量为 589 吨，由于企业未安装除尘设施或除尘设施处理能力不够造成烟粉尘部分直接排放进入大气的排放量为 19 吨。④单位污染物处理成本，根据数据库资料，二氧化硫单位治理成本为 0.56 万元/吨，氮氧化物单位治理成本为 0.68 万元/吨，烟粉尘单位治理成本为 0.33 万元/吨。⑤虚拟治理成本，根据《环境空气质量标准》《环境损害鉴定评估推荐方法（第 II 版）》《突发环境事件应急处置阶段环境损害评估技术规范》，本案项目处环境功能二类区，生态环境损害数额为虚拟治理成本的 3 倍至 5 倍，本报告取参数 5，二氧化硫虚拟治理成本共计 713 万元，氮氧化物虚拟治理成本 2002 万元，烟粉尘虚拟治理成本 31 万元。鉴定结论：被告企业在鉴定期间超标向空气排放二氧化硫共计 255 吨、氮氧化物共计 589 吨、烟粉尘共计 19 吨，单位治理成本分别按 0.56 万元/吨、0.68 万元/吨、0.33 万元/吨计算，虚拟治理成本分别为 713 万元、2002 万元、31 万元，共计 2746 万元。

【裁判结果】

德州市中级人民法院于 2016 年 7 月 20 日作出（2015）德中环公民初字第 1 号民事判决：①被告德州晶华集团振华有限公司于本判决生效之日起 30 日内赔偿因超标排放污染物造成的损失 2198.36 万元，支付至德州市专项基金账户，用于德州市大气环境质量修复。②被告德州晶华集团振华有限公司在省级以上媒体向社会公开赔礼道歉。③被告德州晶华集团振华有限公司于本判决生效之日起 10 日内支付原告中华环保联合会所支出的评估费 10 万元。④驳回原告中华环保联合会其他诉讼请求。

【裁判理由】

法院生效裁判认为，根据最高人民法院的《关于审理环境民事公益诉讼案件适用法律若干问题的解释》第 1 条规定，法律规定的机关和有关组织依据《民事诉讼法》第 55 条、《环境保护法》第 58 条等法律的规定，对已经损害社会公共利益或者具有损害社会公共利益重大风险的污染环境、破坏生态的行为提起诉讼，符合《民事诉讼法》第 119 条第 2 项、第 3 项、第 4 项规定的，人民法院应予受理；第 18 条规定，对污染环境、破坏生态，已经损害社会公共利益或者具有损害社会公共利益重大风险的行为，原告可以请求被告承担停止侵害、排除妨碍、消除危险、恢复原状、赔偿损失、赔礼道歉等民事责任。法院认为，企业事业单位和其他生产经营者超过污染物排放标准或者重点污染物排放总量控制指标排放污染物的行为可以视为是具有损害社会公共利益重大风险的行为。被告振华公司超量排放的二氧化硫、氮氧化物、烟粉尘会影响大气的服务价值功能。其中，二氧化硫、氮氧化物是酸雨的前导物，超量排放可致酸雨从而造成财产及人身损害，烟粉尘的超量排放将影响大气能见度及清洁度，亦会造成财产及人身损害。被告振华公司自 2013 年 11 月起，多次超标向大气排放二氧化硫、氮氧化物、烟粉尘等污染物，经环境保护行政管理部门多次行政处罚仍未改正，其行为属于司法解释规定的"具有损害社会公共利益重大风险的行为"，故被告振华公司是本案的适格被告。（生效裁判审判人员：刘立兵、张小雪、高晓敏）

16. 指导案例 132 号：中国生物多样性保护与绿色发展基金会诉秦皇岛方圆包装玻璃有限公司大气污染责任民事公益诉讼案（最高人民法院审判委员会讨论通过，2019 年 12 月 26 日发布）。

【关键词】

民事/环境民事公益诉讼/大气污染责任/降低环境风险/减轻赔偿责任

【裁判要点】

在环境民事公益诉讼期间，污染者主动改进环保设施，有效降低环境风险的，人民法院可以综合考虑超标排污行为的违法性、过错程度、治理污染设施的运行成本以及防污采取的有效措施等因素，适当减轻污染者的赔偿责任。

【相关法条】

《环境保护法》第1条、第4条、第5条

【基本案情】

被告秦皇岛方圆包装玻璃有限公司（本部分简称方圆公司）系主要从事各种玻璃包装瓶生产加工的企业，现拥有玻璃窑炉4座。在生产过程中，因超标排污被秦皇岛市海港区环境保护局（本部分简称海港区环保局）多次作出行政处罚。2015年2月12日，方圆公司与无锡格润环保科技有限公司签订《玻璃窑炉脱硝脱硫除尘总承包合同》，对方圆公司的4座窑炉进行脱硝脱硫除尘改造，合同总金额3617万元。

2016年中国生物多样性保护与绿色发展基金会（本部分简称中国绿发会）对方圆公司提起环境公益诉讼后，方圆公司加快了脱硝脱硫除尘改造提升进程。2016年6月15日，方圆公司通过了海港区环保局的环保验收。2016年7月22日，中国绿发会组织相关专家对方圆公司脱硝脱硫除尘设备运行状况进行了考查，并提出相关建议。2016年6月17日、2017年6月17日，环保部门为方圆公司颁发《河北省排放污染物许可证》。2016年12月2日，方圆公司再次投入1965万元，为4座窑炉增设脱硝脱硫除尘备用设备1套。

方圆公司于2015年3月18日缴纳行政罚款8万元。中国绿发会2016年提起公益诉讼后，方圆公司自2016年4月13日起至2016年11月23日止，分24次缴纳行政罚款共计1281万元。

2017年7月25日，中国绿发会向法院提交《关于诉讼请求及证据说明》，确认方圆公司非法排放大气污染物而对环境造成的损害期间从行政处罚认定发生损害时起至环保部门验收合格为止。法院委托环境保护部环境规划院环境风险与损害鉴定评估研究中心对方圆公司因排放大气污染物对环境造成的损害数额及采取替代修复措施修复被污染的大气环境所需费用进行鉴定，起止日期为2015年10月28日（行政处罚认定损害发生日）至2016年6月15日（环保达标日）。

2017年11月，鉴定机构作出《方圆公司大气污染物超标排放环境损害鉴定意见》，按照虚拟成本法计算方圆公司在鉴定时间段内向大气超标排放颗粒物总量约为2.06t，二氧化硫超标排放总量约为33.45t，氮氧化物超标排放总量约为75.33t，方圆公司所在秦皇岛地区为空气功能区Ⅱ类。按照规定，环境空气Ⅱ类区生态损害数额为虚拟治理成本的3倍至5倍，鉴定报告中取3倍计算对大气环境造成损害数额分别约为0.74万元、27.10万元和127.12万元，共计154.96万元。

另查明，2015年3月，河北广播网、燕赵都市网的网页显示，因被上诉人方圆公司未安装除尘脱硝脱硫设施超标排放大气污染物被按日连续处罚200多万。对于该网页显示内容的真实性，被上诉人方圆公司予以认可，故对其在 2015 年 10 月 28 日之前存在超标排污的事实予以确认。

【裁判结果】

河北省秦皇岛市中级人民法院于 2018 年 4 月 10 日作出（2016）冀 03 民初 40 号民事判决：①秦皇岛方圆包装玻璃有限公司赔偿因超标排放大气污染物造成的损失 154.96 万元，上述费用分 3 期支付至秦皇岛市专项资金账户（每期 51.65 万元，第一期于判决生效之日起 7 日内支付，第二、三期分别于判决生效后第二、第三年的 12 月 31 日前支付），用于秦皇岛地区的环境修复。②秦皇岛方圆包装玻璃有限公司于判决生效后 30 日内在全国性媒体上刊登因污染大气环境行为的致歉声明（内容须经一审法院审核后发布）。如秦皇岛方圆包装玻璃有限公司未履行上述义务，河北省秦皇岛市中级人民法院将本判决书内容在全国性的媒体公布，相关费用由秦皇岛方圆包装玻璃有限公司承担。③秦皇岛方圆包装玻璃有限公司于判决生效后 15 日内支付中国生物多样性保护与绿色发展基金会因本案支出的合理费用 3 万元。④驳回中国生物多样性保护与绿色发展基金会的其他诉讼请求。案件受理费 80 元，由秦皇岛方圆包装玻璃有限公司负担，鉴定费用 15 万元由秦皇岛方圆包装玻璃有限公司负担（已支付）。宣判后，中国生物多样性保护与绿色发展基金会提出上诉。河北省高级人民法院于 2018 年 11 月 5 日作出（2018）冀民终 758 号民事判决：驳回上诉，维持原判。

【裁判理由】

法院生效判决认为，最高人民法院的《关于审理环境民事公益诉讼案件适用法律若干问题的解释》第 23 条规定，生态环境修复费用难以确定的，人民法院可以结合污染环境、破坏生态的范围和程度、防止污染设备的运行成本、污染企业因侵权行为所得的利益以及过错程度等因素予以合理确定。本案中，方圆公司于 2015 年 2 月与无锡市格瑞环保科技有限公司签订《玻璃窑炉脱硝脱硫除尘总承包合同》，对其 4 座窑炉配备的环保设施进行升级改造，合同总金额 3617 万元，体现了企业防污整改的守法意识。方圆公司在环保设施升级改造过程中出现超标排污行为，虽然行为具有违法性，但在超标排污受到行政处罚后，方圆公司积极缴纳行政罚款共计 1280 余万元，其超标排污行为受到行政制裁。在提起本案公益诉讼后，方圆公司加快了环保设施的升级改造，并在环保设施验收合格后，再次投资 1965 万元建造 1 套备用排污设备，是秦皇岛地区首家实现大气污染治理环保设备开二备一的企业。

《环境保护法》第 1 条、第 4 条规定了保护环境、防止污染，促进经济可持续发展的立法目的，体现了保护与发展并重原则。环境公益诉讼在强调环境损害救济的同时，亦应兼顾预防原则。本案诉讼过程中，方圆公司加快环保设施的整改进度，积极承担行政责任，并在其安装的环保设施验收合格后，出资近 2000 万元再行配备 1 套环保设施，以确保生产过程中环保设施的稳定运行，大大降低了再次造成环境污染的风险与可能性。方圆公司自愿投入巨资进行污染防治，是在中国绿发会一审提出"环境损害赔偿与环境修复费用"的诉讼请求之外实施的维护公益行为,实现了《环境保护法》第5条规定的"保护优先,预防为主"的立法意图,以及环境民事公益诉讼风险预防功能,具有良好的社会导向作用。人民法院综合考虑方圆公司在企业生产过程中超标排污行为的违法性、过错程度、治理污染的运行成本以及防污采取的积极措施等因素,对于方圆公司在一审鉴定环境损害时间段之前的超标排污造成的损害予以折抵,维持一审法院依据鉴定意见判决环境损害赔偿及修复费用的数额。(生效裁判审判人员:窦淑霞 、李学境、邢会丽)

17. 指导案例 133 号:山东省烟台市人民检察院诉王振殿、马群凯环境民事公益诉讼案(最高人民法院审判委员会讨论通过,2019 年 12 月 26 日发布)。

【关键词】

民事/环境民事公益诉讼/水污染/生态环境修复责任/自净功能

【裁判要点】

污染者违反国家规定向水域排污造成生态环境损害,以被污染水域有自净功能、水质得到恢复为由主张免除或者减轻生态环境修复责任的,人民法院不予支持。

【相关法条】

《侵权责任法》(已失效)第 4 条第 1 款、第 8 条、第 65 条、第 66 条

《环境保护法》第 64 条

【基本案情】

2014 年 2 月至 4 月期间,王振殿、马群凯在未办理任何注册、安检、环评等手续的情况下,在莱州市柞村镇消水庄村沙场大院北侧车间从事盐酸清洗长石颗粒项目,王振殿提供场地、人员和部分资金,马群凯出资建设反应池、传授技术、提供设备、购进原料、出售成品。在作业过程中产生约 60 吨的废酸液,该废酸液被王振殿先储存于厂院北墙外的废水池内。废酸液储存于废水池期间存在明显的渗漏迹象,渗漏的废酸液对废水池周边土壤和地下水造成污染。废酸液又被通过厂院东墙和西墙外的排水沟排入村北的消水河,对消水河内水体造成污染。2014 年 4 月底,王振殿、马群凯盐酸清洗长石颗粒作业被莱州市公安局查获关停后,盐酸清洗长石颗粒剩余的 20 余吨废酸液被王振殿填埋在反应池内。该废酸液经莱州市环境监测站监测和莱州市环境保护局认定,监测 PH 值小于 2,根据国家危险废物名录及危险废物鉴定标准和鉴别方法,属于废物类别为"HW34 废酸中代码为 900-300-34"的危险废物。2016 年 6 月 1 日,被告人马群凯因犯污染环境罪,被判处有期徒刑 1 年 6 个月,缓刑 2 年,并处罚金 2 万元(所判罚金已缴纳);被告人王振殿犯污染环境罪,被判处有期徒刑 1 年 2 个月,缓刑 2 年,并处罚金 2 万元(所判罚金已缴纳)。

莱州市公安局办理王振殿污染环境刑事一案中,莱州市公安局食药环侦大队《现场勘验检查工作记录》中记载"中心现场位于消水沙场院内北侧一废弃车间内。车间内西侧南北方向排列有 2 个长 20 米(m)、宽 6 米(m)、平均深 1.5 米(m)的反应池,反应池底部为斜坡。车间北侧见一夹道,夹道内见 3 个长 15 米(m)、宽

2.6 米（m）、深 2 米（m）的水泥池。"现车间内西侧的北池废酸液被沙土填埋，受污染沙土总重为 223 吨。

2015 年 11 月 27 日，莱州市公安局食药环侦大队委托山东省环境保护科学研究设计院环境风险与污染损害鉴定评估中心对莱州市王振殿、马群凯污染环境案造成的环境损害程度及数额进行鉴定评估。该机构于 2016 年 2 月作出莱州市王振殿、马群凯污染环境案环境损害检验报告，认定：本次评估可量化的环境损害为应急处置费用和生态环境损害费用，应急处置费用为酸洗池内受污染沙土的处置费用 5.6 万元，生态环境损害费用为偷排酸洗废水造成的生态损害修复费用 72 万元，合计为77.6 万元。

2016 年 4 月 6 日，莱州市人民检察院向莱州市环境保护局发出莱检民（行）行政违监〔2016〕37068300001 号检察建议，"建议对消水河流域的其他企业、小车间等的排污情况进行全面摸排，看是否还存在向消水河流域排放污染物的行为"。莱州市环境保护局于同年 5 月 3 日回复称，"我局在收到莱州市人民检察院检察建议书后，立即组织执法人员对消水河流域的企业、小车间的排污情况进行全面排查，经严格执法，未发现有向消水河流域排放废酸等危险废物的环境违法行为"。

2017 年 2 月 8 日，山东省烟台市中级人民法院会同公益诉讼人及王振殿、马群凯、烟台市环境保护局、莱州市环境保护局、消水庄村委对王振殿、马群凯实施侵权行为造成的污染区域包括酸洗池内的沙土和周边居民区的部分居民家中水井地下水进行了现场勘验并取样监测，取证现场拍摄照片 22 张。环保部门向人民法院提交了 2017 年 2 月 13 日水质监测达标报告（8 个监测点位水质监测结果均为达标）及其委托山东恒诚检测科技有限公司出具的 2017 年 2 月 14 日酸洗池固体废物检测报告（酸洗反应南池 -40cm PH 值 = 9.02，-70cm PH 值 = 9.18，北池 -40cm PH 值 = 2.85，-70cm PH 值 = 2.52）。公益诉讼人向人民法院提交的 2017 年 3 月 3 日由莱州市环境保护局委托山东恒诚检测科技有限公司对王振殿酸洗池废池的检测报告，载明：反应池南池 -1.2m PH 值 = 9.7，北池 -1.2m PH 值 < 2。公益诉讼人认为，《危险废物鉴别标准浸出毒性鉴别 GB5085.3 - 2007》和《土壤环境监测技术规范》（HJ/t166-2004）规定，PH 值 ≥12.5 或者 ≤2.0 时为具有腐蚀性的危险废物。国家危险废物名录（2016 年版）HW34 废酸一项 900-300-34 类为"使用酸进行清洗产生的废酸液"；HW49 其他废物一项 900-041-49 类为"含有或沾染毒性、感染性危险废物的废弃包装物、容器、过滤吸附介质"。涉案酸洗池内受污染沙土属于危险废物，酸洗池内的受污染沙土总量都应该按照危险废物进行处置。

公益诉讼人提交的山东省地质环境监测总站水工环高级工程师刘炜金就地下水污染演变过程所做的咨询报告专家意见载明：一是，地下水环境的污染发展过程。①污染因子通过地表入渗进入饱和带（潜水含水层地下水水位以上至地表的地层），通过渗漏达到地下水水位进入含水层。②进入含水层，初始在水头压力作用下向四周扩散形成 1 个沿地下水流向展布的似圆状污染区。③当污染物持续入渗，在地下水水动力的作用下，污染因子随着地下水径流，向下游扩散，一般沿地下水流向以初始形成的污染区为起点呈扇形或椭圆形向下流拓展扩大。④随着地下水径流形成的污染区不断拓展，污染面积不断扩大，污染因子的浓度不断增大，造成对地下水环境的污染，在污染源没有切断的情况下，污染区将沿着地下水径流方向不断拓展。二是，污染区域的演变过程、地下水污染的演变过程，主要受污染的持续性，包气带的渗漏性，含水层的渗透性，土壤及含水层岩土的吸附性，地下水径流条件等因素密切相关。其一，长期污染演变过程。在污染因子进入地表通过饱和带向下渗漏的过程中，部分被饱和带岩土吸附，污染包气带的岩土层；初始进入含水层的污染因子浓度较低，当经过一段时间渗漏途经吸附达到饱和后，进入含水层的污染因子浓度将逐渐接近或达到污水的浓度。进入含水层向下游拓展过程中，通过地下水的稀释和含水层的吸附，开始会逐渐降低。达到饱和后，随着污染因子的不断注入，达到一定浓度的污染区将不断向下游拓展，污染区域面积将不断扩大。其二，短期污染演变过程。短期污染是指污水进入地下水环境经过一定时期，消除污染源，已进入地下水环境的污染因子和污染区域的变化过程。①污染因子的演变过程。在消除污染源阻断污染因子进入地下水环境的情况下，随着上游地下水径流和污染区地下水径流扩大区域的地下水的稀释，及含水层岩土的吸附作用，污染水域的地下水浓度将逐渐降低，水质逐渐好转。②污染区域的变化。在消除污染源，污水阻止进入含水层后，地下水污染区域将随着时间的推移，在地下水径流水动力的作用下，整个污染区将逐渐向下游移动扩大，随着污染区扩大、岩土吸附作用的加强，含水层中地下水水质将逐渐好转，在经过一定时间后，污染因子将吸附于岩土层和稀释于地下水中，改善污染区地下水环境，最终使原污染区达到有关水质要求标准。

【裁判结果】

山东省烟台市中级人民法院于 2017 年 5 月 31 日作出（2017）鲁 06 民初 8 号民事判决：①被告王振殿、马群凯在本判决生效之日起 30 日内在烟台市环境保护局的监督下按照危险废物的处置要求将酸洗池内受污染沙土 223 吨进行处置，消除危险；如不能自行处置，则由环境保护主管部门委托第三方进行处置，被告王振殿、马群凯赔偿酸洗危险废物处置费用 5.6 万元，支付至烟台市环境公益诉讼基金账户。②被告王振殿、马群凯在本判决生效之日起 90 日内对莱州市柞村镇消水庄村沙场大院北侧车间周边地下水、土壤和消水河内水体的污染治理制定修复方案并进行修复，逾期不履行修复义务或者修复未达到保护生态环境社会公共利益标准的，赔偿因其偷排酸洗废水造成的生态损害修复费用 72 万元，支付至烟台市环境公益诉讼基金账户。该案宣判后，双方均未提出上诉，判决已发生法律效力。

【裁判理由】法院生效裁判认为：

第一，关于王振殿、马群凯侵权行为认定问题。其一，关于涉案危险废物数量及处置费用的认定问题。审理中，山东恒诚检测科技有限公司出具的检测报告指出涉案酸洗反应南池-40cm、-70cm 及-1.2m 深度的 PH 值均在正常值范围内；北池-

1.2m PH 值<2 属于危险废物。涉案酸洗池的北池内原为王振殿、马群凯使用盐酸进行长石颗粒清洗产生的废酸液，后其用沙土进行了填埋，根据国家危险废物名录（2016 版）HW34 废酸 900-300-34 和 HW49 其他废物一项 900-041-49 类规定，现整个池中填埋的沙土吸附池中的废酸液，成为含有或沾染腐蚀性毒性的危险废物。山东省环境保护科学研究设计院环境风险与污染损害鉴定评估中心出具的环境损害检验报告中将酸洗池北池内受污染沙土总量 223 吨作为危险废物量，参照《环境污染损害数额计算推荐方法》中给出的"土地资源参照单位修复治理成本"清洗法的单位治理成本 250-800 元/吨，本案取值 250 元/吨予以计算处置费用 5.6 万元，具有事实和法律依据，并无不当，予以采信。（具体计算方法为：20m×6m×平均深度 1.3m×密度 1.3t/m3=203t 沙土+20t 废酸=223t×250 元/t=5.6 万元）。其二，关于涉案土壤、地表水及地下水污染生态损害修复费用的认定问题。莱州市环境监测站监测报告显示，废水池内残留废水的 PH 值<2，属于强酸性废水。王振殿、马群凯通过废水池、排水沟排放的酸洗废水系危险废物亦为有毒物质污染环境，致部分居民家中水井颜色变黄，味道呛人，无法饮用。监测发现部分居民家中井水的 PH 值低于背景值，氯化物、总硬度远高于背景值，且明显超标。储存于废水池期间渗漏的废水渗透至周边土壤和地下水，排入沟内的废水流入消水河。涉案污染区域周边没有其他类似污染源，可以确定受污染地下水系黄色、具有刺鼻气味，且氯化物浓度较高的污染物，即王振殿、马群凯实施的环境污染行为造成。2017 年 2 月 13 日水质监测报告显示，在原水质监测范围内的部分监测点位，水质监测结果达标。根据地质环境监测专家出具的意见，可知在消除污染源阻断污染因子进入地下水环境的情况下，随着上游地下水径流和污染区地下水径流扩大区域的地下水稀释及含水层岩土的吸附作用，污染水域的地下水浓度将逐渐降低，水质逐渐好转。地下水污染区域将随着时间的推移，在地下水径流水动力的作用下，整个污染区将逐渐向下游移动扩大。经过一定时间，原污染区可能达到有关水质要求标准，但这并不意味着地区生态环境好转或已修复。王振殿、马群凯仍应当承担其污染区域的环境生态损害修复责任。在被告不能自行修复的情况下，根据《环境污染损害数额计算推荐方法》和《突发环境事件应急处置阶段环境损害评估推荐方法》的规定，采用虚拟治理成本法估算王振殿、马群凯偷排废水造成的生态损害修复费用。虚拟治理成本是指工业企业或污水处理厂治理等量的排放到环境中的污染物应该花费的成本，即污染物排放量与单位污染物虚拟治理成本的乘积。单位污染物虚拟治理成本是指突发环境事件发生地的工业企业或污水处理厂单位污染物治理平均成本。在量化生态环境损害时，可以根据受污染影响区域的环境功能敏感程度分别乘以 1.5~10 的倍数作为环境损害数额的上下限值。本案受污染区域的土壤、Ⅲ类地下水及消水河Ⅴ类地表水生态损害修复费用，山东省环境保护科学研究设计院环境风险与污染损害鉴定评估中心出具的环境损害检验报告中取虚拟治理成本的 6 倍，按照已生效的莱州市人民法院（2016）鲁 0683 刑初 136 号刑事判决书认定的偷排酸洗废水 60 吨的数额计算，造成

的生态损害修复费用为 72 万元，即单位虚拟治理成本为"2000 元/t×60t×6 倍＝72 万元"具有事实和法律依据，并无不当。

第二，关于侵权责任问题。《侵权责任法》（已失效）第 65 条规定，"因污染环境造成损害的，污染者应当承担侵权责任。"第 66 条规定，"因污染环境发生纠纷，污染者应当就法律规定的不承担责任或者减轻责任的情形及其行为与损害之间不存在因果关系承担举证责任。"莱州市人民法院作出的（2016）鲁 0683 刑初 136 号刑事判决书认定王振殿、马群凯实施的环境污染行为与所造成的环境污染损害后果之间存在因果关系，王振殿、马群凯对此没有异议，并且已经发生法律效力。根据《环境保护法》第 64 条、《侵权责任法》（已失效）第 8 条、第 65 条、第 66 条、最高人民法院的《关于审理环境侵权责任纠纷案件适用法律若干问题的解释》第 14 条之规定，王振殿、马群凯应当对其污染环境造成社会公共利益受到损害的行为承担侵权责任。（生效裁判审判人员：曲振涛、鲁晓辉、孙波）

18. 指导案例 134 号：重庆市绿色志愿者联合会诉恩施自治州建始磺厂坪矿业有限责任公司水污染责任民事公益诉讼案（最高人民法院审判委员会讨论通过，2019年 12 月 26 日发布）。

【关键词】

民事/环境民事公益诉讼/停止侵害/恢复生产/附条件/环境影响评价

【裁判要点】

环境民事公益诉讼中，人民法院判令污染者停止侵害的，可以责令其重新进行环境影响评价，在环境影响评价文件经审查批准及配套建设的环境保护设施经验收合格之前，污染者不得恢复生产。

【相关法条】

《环境影响评价法》第 24 条第 1 款

《水污染防治法》第 17 条第 3 款

【基本案情】

原告重庆市绿色志愿者联合会（本部分简称重庆绿联会）对被告恩施自治州建始磺厂坪矿业有限责任公司（本部分简称建始磺厂坪矿业公司）提起环境民事公益诉讼，诉请判令被告停止侵害，承担生态环境修复责任。重庆市人民检察院第二分院支持起诉。

法院经审理查明，千丈岩水库位于重庆市巫山县、奉节县和湖北省建始县交界地带。水库设计库容 405 万立方米，2008 年开始建设，2013 年 12 月 6 日被重庆市人民政府确认为集中式饮用水源保护区，供应周边 5 万余人的生活饮用和生产用水。湖北省建始县毗邻重庆市巫山县，被告建始磺厂坪矿业公司选矿厂位于建始县业州镇郭家淌国有高岩子林场，距离巫山县千丈岩水库直线距离约 2.6 公里，该地区属喀斯特地貌的山区，地下裂缝纵横，暗河较多。建始磺厂坪矿业公司硫铁矿选矿项目于 2009 年编制可行性研究报告，2010 年 4 月 23 日取得恩施土家族苗族自治州发展和改革委员会批复。2010年7月开展环境影响评价工作，2011年5月16日取得恩施土家族苗族自治州环境保护局环境影响评价批复。2012年开工建设，2014年6月基本完成，但水污染防治设施等未建成。建始磺厂坪矿业公司选矿厂硫铁矿生产中因有废水和尾矿排放，属于排放污染物的建设项目。其项目建设可行性报告中明确指出尾矿库库区为自然成库的岩溶洼地，库区岩溶表现为岩溶裂隙和溶洞。同时，尾矿库工程安全预评价报告载明："建议评价报告做下列修改和补充：1. 对库区渗漏分单元进行评价，提出对策措施；2. 对尾矿库运行后可能存在的排洪排水问题进行补充评价。"但建始磺厂坪矿业公司实际并未履行修改和补充措施。

2014年8月10日，建始磺厂坪矿业公司选矿厂使用硫铁矿原矿约500吨、乙基钠黄药、2号油进行违法生产，产生的废水、尾矿未经处理就排入临近有溶洞漏斗发育的自然洼地。2014年8月12日，巫山县红椿乡村民反映千丈岩水库饮用水源取水口水质出现异常，巫山县启动重大突发环境事件应急预案。应急监测结果表明，被污染水体无重金属毒性，但具有有机物毒性，COD（化学需氧量）、Fe（铁）分别超标0.25倍、30.3倍，悬浮物高达260mg/L。重庆市相关部门将污染水体封存在水库内，对受污染水体实施药物净化等应急措施。

千丈岩水库水污染事件发生后，环境保护部明确该起事件已构成重大突发环境事件。环境保护部环境规划院环境风险与损害鉴定评估研究中心作出《重庆市巫山县红椿乡千丈岩水库突发环境事件环境损害评估报告》。该报告对本次环境污染的污染物质、突发环境事件造成的直接经济损失、本次污染对水库生态环境影响的评价等进行评估。并判断该次事件对水库的水生生态环境没有造成长期的不良影响，无需后续的生态环境修复，无需进行进一步的中长期损害评估。湖北省环保厅于2014年9月4日作出行政处罚决定，认定建始磺厂坪矿业公司硫铁矿选矿项目水污染防治设施未建成，擅自投入生产，非法将生产产生的废水和尾矿排放、倾倒至厂房下方的洼地内，造成废水和废渣经洼地底部裂隙渗漏，导致千丈岩水库水体污染。责令停止生产直至验收合格，限期采取治理措施消除污染，并处罚款1 000 000元。行政处罚决定作出后，建始磺厂坪矿业公司仅缴纳了罚款1 000 000元，但并未采取有效消除污染的治理措施。

2015年4月26日，法院依原告申请，委托北京师范大学对千丈岩环境污染事件的生态修复及其费用予以鉴定，北京师范大学鉴定认为：①建始磺厂坪矿业公司系此次千丈岩水库生态环境损害的唯一污染源，责任主体清楚，环境损害因果关系清晰。②对《重庆市巫山县红椿乡千丈岩水库突发环境事件环境损害评估报告》评价的对水库生态环境没有造成长期的不良影响，无需后续生态环境修复，无需进行中长期损害评估的结论予以认可。③本次污染土壤的生态环境损害评估认定：经过9个月后，事发区域土壤中的乙基钠黄药已得到降解，不会对当地生态环境再次带来损害，但洼地土壤中的Fe污染物未发生自然降解，超出当地生态基线，短期内不能自然恢复，将对千丈岩水库及周边生态环境带来潜在污染风险，需采取人工干预方式进行生态修复。根据《突发环境事件应急处置阶段环境损害评估推荐方法》（环办〔2014〕118 号），采用虚拟治理成本法计算洼地土壤生态修复费用约需 991 000 元。④建议后续进一步制定详细的生态修复方案，开展事故区域生态环境损害的修复，并做好后期监管工作，确保千丈岩水库的饮水安全和周边生态环境安全。在案件审理过程中，重庆绿联会申请通知鉴定人出庭，就生态修复接受质询并提出意见。鉴定人王金生教授认为，土壤元素本身不是控制性指标，就饮用水安全而言，洼地土壤中的 Fe 高于饮用水安全标准；被告建始磺厂坪矿业公司选矿厂所处位置地下暗河众多，地区降水量大，污染饮用水的风险较高。

【裁判结果】

重庆市万州区人民法院于 2016 年 1 月 14 日作出（2014）万法环公初字第 00001 号民事判决：①恩施自治州建始磺厂坪矿业有限责任公司立即停止对巫山县千丈岩水库饮用水源的侵害，重新进行环境影响评价，未经批复和环境保护设施未经验收，不得生产。②恩施自治州建始磺厂坪矿业有限责任公司在判决生效后 180 日内，对位于恩施自治州建始县业州镇郭家淌国有高岩子林场选矿厂洼地土壤制定修复方案进行生态修复，逾期不履行修复义务或修复不合格，由恩施自治州建始磺厂坪矿业有限责任公司承担修复费用 991 000 元支付至指定的账号。③恩施自治州建始磺厂坪矿业有限责任公司对其污染生态环境，损害公共利益的行为在国家级媒体上赔礼道歉。④恩施自治州建始磺厂坪矿业有限责任公司支付重庆市绿色志愿者联合会为本案诉讼而产生的合理费用及律师费共计 150 000 元。⑤驳回重庆市绿色志愿者联合会的其他诉讼请求。一审宣判后，恩施自治州建始磺厂坪矿业有限责任公司不服，提起上诉。重庆市第二中级人民法院于 2016 年 9 月 13 日作出（2016）渝 02 民终 77 号民事判决：驳回上诉，维持原判。

【裁判理由】

法院生效裁判认为，本案的焦点问题之一为是否需判令停止侵害并重新作出环境影响评价。

环境侵权行为对环境的污染、对生态资源的破坏往往具有不可逆性，被污染的环境、被破坏的生态资源很多时候难以恢复，单纯事后的经济赔偿不足以弥补对生态环境所造成的损失，故对于环境侵权行为应注重防患于未然，才能真正实现环境保护的目的。本案建始磺厂坪矿业公司只是暂时停止了生产行为，其"三同时"工作严重滞后、环保设施未建成等违法情形并未实际消除，随时可能恢复违法生产。由于建始磺厂坪矿业公司先前的污染行为，导致相关区域土壤中部分生态指标超过生态基线，因当地降水量大，又地处喀斯特地貌山区，裂隙和溶洞较多，暗河纵横，而其中的暗河水源正是千丈岩水库的聚水来源，污染风险明显存在。考虑到建始磺厂坪矿业公司的违法情形尚未消除、项目所处区域地质地理条件复杂特殊，在不能确保恢复生产不会再次造成环境污染的前提下，应当禁止其恢复生产，才能有效避免当地生态环境再次遭受污染破坏，亦可避免在今后发现建始磺厂坪矿业公司重新恢复违法生产后需另行诉讼的风险，减轻当事人诉累、节约司法资源。故建始磺厂坪矿业公司虽在起诉之前已停止生产，仍应判令其对千丈岩水库饮用水源停止侵害。

此外，千丈岩水库开始建设于 2008 年，而建始磺厂坪矿业公司项目的环境影响评价工作开展于 2010 年 7 月，并于 2011 年 5 月 16 日才取得当地环境行政主管部门的批复。《环境影响评价法》第 23 条第 3 规定："建设项目可能造成跨行政区域的不良环境影响，有关环境保护行政主管部门对该项目的环境影响评价结论有争议的，其环境影响评价文件由共同的上一级环境保护行政主管部门审批。"考虑到该项目的性质、与水库之间的相对位置及当地特殊的地质地理条件，本应在当时项目的环境影响评价中着重考虑对千丈岩水库的影响，但由于两者分处不同省级行政区域，导致当时的环境影响评价并未涉及千丈岩水库，可见该次环境影响评价是不全面且有着明显不足的。由于新增加了千丈岩水库这一需要重点考量的环境保护目标，导致原有的环境影响评价依据发生变化，在已发生重大突发环境事件的现实情况下，涉案项目在防治污染、防止生态破坏的措施方面显然也需要作出重大变动。根据《环境影响评价法》第 24 条第 1 款"建设项目的环境影响评价文件经批准后，建设项目的性质、规模、地点、采用的生产工艺或者防治污染、防止生态破坏的措施发生重大变动的，建设单位应当重新报批建设项目的环境影响评价文件"及《水污染防治法》第 17 条第 3 款"建设项目的水污染防治设施，应当与主体工程同时设计、同时施工、同时投入使用。水污染防治设施应当经过环境保护主管部门验收，验收不合格的，该建设项目不得投入生产或者使用"的规定，鉴于千丈岩水库的重要性、作为一级饮用水水源保护区的环境敏感性及涉案项目对水库潜在的巨大污染风险，在应当作为重点环境保护目标纳入建设项目环境影响评价而未能纳入且客观上已经造成重大突发环境事件的情况下，考虑到原有的环境影响评价依据已经发生变化，出于对重点环境保护目标的保护及公共利益的维护，建始磺厂坪矿业公司应在考虑对千丈岩水库环境影响的基础上重新对项目进行环境影响评价并履行法定审批手续，未经批复和环境保护设施未经验收，不得生产。（生效裁判审判人员：王剑波、杨超、沈平）

19. 指导案例 135 号：江苏省徐州市人民检察院诉苏州其安工艺品有限公司等环境民事公益诉讼案（最高人民法院审判委员会讨论通过，2019 年 12 月 26 日发布）。

【关键词】

民事/环境民事公益诉讼/环境信息/不利推定

【裁判要点】

在环境民事公益诉讼中，原告有证据证明被告产生危险废物并实施了污染物处置行为，被告拒不提供其处置污染物情况等环境信息，导致无法查明污染物去向的，人民法院可以推定原告主张的环境污染事实成立。

【相关法条】

《固体废物污染环境防治法》第 55 条、第 57 条、第 59 条

【基本案情】

2015 年 5、6 月份，苏州其安工艺品有限公司（本部分简称其安公司）将其工业生产活动中产生的 83 桶硫酸废液，以每桶 1300 元至 3600 元不等的价格，交由黄克峰处置。黄克峰将上述硫酸废液运至苏州市区其租用的场院内，后以每桶 2000 元的价格委托何传义处置，何传义又以每桶 1000 元的价格委托王克义处置。王克义到物流园马路边等处随机联系外地牌号货车车主或司机，分多次将上述 83 桶硫酸废液直接从黄克峰存放处运出，要求他们带出苏州后随意处置，共支出运费 43 000 元。其中，魏以东将 15 桶硫酸废液从苏州运至沛县经济开发区后，在农地里倾倒 3 桶，余下 12 桶被丢弃在某工地上。除以上 15 桶之外，其余 68 桶硫酸废液王克义无法说明去向。2015 年 12 月，沛县环保部门巡查时发现 12 桶硫酸废液。经鉴定，确定该硫酸废液是危险废物。2016 年 10 月，其安公司将 12 桶硫酸废液合法处置，支付费用 116 740.08 元。

2017 年 8 月 2 日，江苏省沛县人民检察院对其安公司、江晓鸣、黄克峰、何传义、王克义、魏以东等向徐州铁路运输法院提起公诉，该案经江苏省徐州市中级人民法院二审后，终审判决认定其安公司、江晓鸣、黄克峰、何传义、王克义、魏以东等构成污染环境罪。

江苏省徐州市人民检察院在履行职责中发现以上破坏生态环境的行为后，依法公告了准备提起本案诉讼的相关情况，公告期内未有法律规定的机关和有关组织提起诉讼。2018 年 5 月，江苏省徐州市人民检察院向江苏省徐州市中级人民法院提起本案诉讼，请求判令其安公司、黄克峰、何传义、王克义、魏以东连带赔偿倾倒 3 桶硫酸废液和非法处置 68 桶硫酸废液造成的生态环境修复费用，并支付其为本案支付的专家辅助人咨询费、公告费，要求 5 被告共同在省级媒体上公开赔礼道歉。

【裁判结果】

江苏省徐州市中级人民法院于 2018 年 9 月 28 日作出（2018）苏 03 民初 256 号民事判决：①苏州其安工艺品有限公司、黄克峰、何传义、王克义、魏以东于判决生效后 30 日内，连带赔偿因倾倒 3 桶硫酸废液所产生的生态环境修复费用 204 415 元，支付至徐州市环境保护公益金专项资金账户。②苏州其安工艺品有限公司、黄克峰、何传义、王克义于判决生效后 30 日内，连带赔偿因非法处置 68 桶硫酸废液所产生的生态环境修复费用 4 630 852 元，支付至徐州市环境保护公益金专项资金账户。③苏州其安工艺品有限公司、黄克峰、何传义、王克义、魏以东于判决生效后 30 日内连带支付江苏省徐州市人民检察院为本案支付的合理费用 3800 元。④苏州其安工艺品有限公司、黄克峰、何传义、王克义、魏以东于判决生效后 30 日内共同在省级媒体上就非法处置硫酸废液行为公开赔礼道歉。一审宣判后，各当事人均未上诉，判决已发生法律效力。

【裁判理由】法院生效裁判认为：

第一，关于在沛县经济开发区倾倒 3 桶硫酸废液造成的生态环境损害，5 被告应否承担连带赔偿责任及赔偿数额如何确定问题。《固体废物污染环境防治法》（本部分简称固体废物法）第55条规定："产生危险废物的单位，必须按照国家有关规定处置危险废物，不得擅自倾倒、堆放。"第57条规定："从事收集、贮存、处置危险废物经营活动的单位，必须向县级以上人民政府环境保护行政主管部门申请领取经营许可证……禁止无经营许可证或者不按照经营许可证规定从事危险废物收集、贮存、利用、处置的经营活动。"本案中，其安公司明知黄克峰无危险废物经营许可证，仍将危险废物硫酸废液交由其处置；黄克峰、何传义、王克义、魏以东明知自己无危险废物经营许可证，仍接收其安公司的硫酸废液并非法处置。其安公司与黄克峰、何传义、王克义、魏以东分别实施违法行为，层层获取非法利益，最终导致危险废物被非法处置，对此造成的生态环境损害，应当承担赔偿责任。5被告的行为均系生态环境遭受损害的必要条件，构成共同侵权，应当在各自参与非法处置危险废物的数量范围内承担连带责任。

本案中，倾倒3桶硫酸废液污染土壤的事实客观存在，但污染发生至今长达3年有余，且倾倒地已进行工业建设，目前已无法将受损的土壤完全恢复。根据《环境损害鉴定评估推荐方法（第Ⅱ版）》和原环境保护部《关于虚拟治理成本法适用情形与计算方法的说明》（本部分简称《虚拟治理成本法说明》），对倾倒3桶硫酸废液所产生的生态环境修复费用，可以适用"虚拟治理成本法"予以确定，其计算公式为：污染物排放量×污染物单位治理成本×受损害环境敏感系数。公益诉讼起诉人委托的技术专家提出的倾倒3桶硫酸废液所致生态环境修复费用为204 415元（4.28×6822.92×7）的意见，理据充分，应予采纳。该项生态环境损害系其安公司、黄克峰、何传义、王克义、魏以东五被告的共同违法行为所致，五被告应连带承担204 415元的赔偿责任。

第二，关于五被告应否就其余68桶硫酸废液承担生态环境损害赔偿责任，赔偿数额如何确定问题。根据固体废物法等法律法规，我国实行危险废物转移联单制度，申报登记危险废物的流向、处置情况等，是危险废物产生单位的法定义务；如实记载危险废物的来源、去向、处置情况等，是危险废物经营单位的法定义务；产生、收集、贮存、运输、利用、处置危险废物的单位和个人，均应设置危险废物识别标志，均有采取措施防止危险废物污染环境的法定义务。本案中，其安公司对硫酸废液未履行申报登记义务，未依法申请领取危险废物转移联单，黄克峰、何传义、王克义三被告非法从事危险废物经营活动，没有记录硫酸废液的流向及处置情况等，其安公司、黄克峰、何传义、王克义四被告逃避国家监管，非法转移危险废物，不能说明68桶硫酸废液的处置情况，没有采取措施防止硫酸废液污染环境，且68桶硫酸废液均没有设置危险废物识别标志，而容器上又留有出水口，即使运出苏州后被整体丢弃，也存在液体流出污染环境甚至危害人身财产安全的极大风险。因此，根据最高人民法院的《关于审理环境民事公益诉讼案件适用法律若干问题的解释》（2015年印发）第13条"原告请求被告提供其排放的主要污染物名称、排放方式、排放浓度和总量、超标排放情况以及防治污染设施的建设和运行情况等环境信息，法律、法规、规章规定被告应当持有或者有证据证明被告持有而拒不提供，如果原告主张相关事实不利于被告的，人民法院可以推定该主张成立"之规定，本案应当推定其余 68 桶硫酸废液被非法处置并污染了环境的事实成立。

关于该项损害的赔偿数额，根据《虚拟治理成本法说明》，该项损害的具体情况不明确，其产生的生态环境修复费用，也可以适用"虚拟治理成本法"予以确定。如前所述，68 桶硫酸废液的重量仍应以每桶 1.426 吨计算，共计 96.96 吨；单位治理成本仍应确定为 6822.92 元。关于受损害环境敏感系数，本案非法处置 68 桶硫酸废液实际损害的环境介质及环境功能区类别不明，可能损害的环境介质包括土壤、地表水或地下水中的一种或多种。而不同的环境介质、不同的环境功能区类别，其所对应的环境功能区敏感系数不同，存在 2-11 等多种可能。公益诉讼起诉人主张适用的系数 7，处于环境敏感系数的中位，对应 Ⅱ 类地表水、Ⅱ 类土壤、Ⅲ 类地下水，而且本案中已经查明的 3 桶硫酸废液实际污染的环境介质即为 Ⅱ 类土壤。同时，四被告也未能举证证明 68 桶硫酸废液实际污染了敏感系数更低的环境介质。因此，公益诉讼起诉人的主张具有合理性，同时体现了对逃避国家监管、非法转移处置危险废物违法行为的适度惩罚，应予采纳。综上，公益诉讼起诉人主张非法处置 68 桶硫酸废液产生的生态环境修复费用为 4 630 852 元（96.96×6822.92×7），应予支持。同时，如果今后查明 68 桶硫酸废液实际污染了敏感系数更高的环境介质，以上修复费用尚不足以弥补生态环境损害的，法律规定的机关和有关组织仍可以就新发现的事实向被告另行主张。该项生态环境损害系其安公司、黄克峰、何传义、王克义四被告的共同违法行为所致，四被告应连带承担 4 630 852 元的赔偿责任。

综上所述，生态文明建设是关系中华民族永续发展的根本大计，生态环境没有替代品，保护生态环境人人有责。产生、收集、贮存、运输、利用、处置危险废物的单位和个人，必须严格履行法律义务，切实采取措施防止危险废物对环境的污染。被告其安公司、黄克峰、何传义、王克义、魏以东没有履行法律义务，逃避国家监管，非法转移处置危险废物，任由危险废物污染环境，对此造成的生态环境损害，应当依法承担侵权责任。（生效裁判审判人员：马荣、李娟、张演亮、陈虎、费艳、韩正娟、吴德恩）

20. 指导案例 136 号：吉林省白山市人民检察院诉白山市江源区卫生和计划生育局、白山市江源区中医院环境公益诉讼案（最高人民法院审判委员会讨论通过，2019 年 12 月 26 日发布）。

【关键词】

行政/环境行政公益诉讼/环境民事公益诉讼/分别立案/一并审理

【裁判要点】

人民法院在审理人民检察院提起的环境行政公益诉讼案件时，对人民检察院就同一污染环境行为提起的环境民事公益诉讼，可以参照行政诉讼法及其司法解释规定，采取分别立案、一并审理、分别判决的方式处理。

【相关法条】

《行政诉讼法》第 61 条

【基本案情】

白山市江源区中医院新建综合楼时，未建设符合环保要求的污水处理设施即投入使用。吉林省白山市人民检察院发现该线索后，进行了调查。调查发现白山市江源区中医院通过渗井、渗坑排放医疗污水。经对其排放的医疗污水及渗井周边土壤取样检验，化学需氧量、五日生化需氧量、悬浮物、总余氯等均超过国家标准。还发现白山市江源区卫生和计划生育局在白山市江源区中医院未提交环评合格报告的情况下，对其医疗机构执业许可证校验为合格，且对其违法排放医疗污水的行为未及时制止，存在违法行为。检察机关在履行了提起公益诉讼的前置程序后，诉至法院，请求：①确认被告白山市江源区卫生和计划生育局于 2015 年 5 月 18 日为第三人白山市江源区中医院校验医疗机构执业许可证的行为违法。②判令白山市江源区卫生和计划生育局履行法定监管职责，责令白山市江源区卫生和计划生育局限期对白山市江源区中医院的医疗污水净化处理设施进行整改。③判令白山市江源区中医院立即停止违法排放医疗污水。

【裁判结果】

白山市中级人民法院于 2016 年 7 月 15 日以（2016）吉 06 行初 4 号行政判决，确认被告白山市江源区卫生和计划生育局于 2015 年 5 月 18 日对第三人白山市江源区中医院医疗机构执业许可证校验合格的行政行为违法；责令被告白山市江源区卫生和计划生育局履行监管职责，监督第三人白山市江源区中医院在 3 个月内完成医疗污水处理设施的整改。同日，白山市中级人民法院作出（2016）吉 06 民初 19 号民事判决，判令被告白山市江源区中医院立即停止违法排放医疗污水。一审宣判后，各方均未上诉，判决已经发生法律效力。

【裁判理由】

法院生效裁判认为，根据国务院《医疗机构管理条例》第 5 条及第 40 条的规定，白山市江源区卫生和计划生育局对辖区内医疗机构具有监督管理的法定职责。《吉林省医疗机构审批管理办法（试行）》第 44 条规定，医疗机构申请校验时应提交校验申请、执业登记项目变更情况、接受整改情况、环评合格报告等材料。白山市江源区卫生和计划生育局在白山市江源区中医院未提交环评合格报告的情况下，对其医疗机构执业许可证校验为合格，违反上述规定，该校验行为违法。白山市江源区中医院违法排放医疗污水，导致周边地下水及土壤存在重大污染风险。白山市江源区卫生和计划生育局作为卫生行政主管部门，未及时制止，其怠于履行监管职责的行为违法。白山市江源区中医院通过渗井、渗坑违法排放医疗污水，且污水处理设施建设完工及环评验收需要一定的时间，故白山市江源区卫生和计划生育局应当继续履行监管职责，督促白山市江源区中医院污水处理工程及时完工，达到环评要求并投入使用，符合《吉林省医疗机构审批管理办法（试行）》第44条规定的校验医疗机构执业许可证的条件。

《侵权责任法》（已失效）第65条、第66条规定，因污染环境造成损害的，污染者应当承担侵权责任。因污染环境发生纠纷，污染者应当就法律规定的不承担责任或者减轻责任的情形及其行为与损害之间不存在因果关系承担举证责任。本案中，根据公益诉讼人的举证和查明的相关事实，可以确定白山市江源区中医院未安装符合环保要求的污水处理设备，通过渗井、渗坑实施了排放医疗污水的行为。从检测机构的检测结果及检测意见可知，其排放的医疗污水，对附近地下水及周边土壤存在重大环境污染风险。白山市江源区中医院虽辩称其未建设符合环保要求的排污设备系因政府对公办医院投入建设资金不足所致，但该理由不能否定其客观上实施了排污行为，产生了周边地下水及土壤存在重大环境污染风险的损害结果，以及排污行为与损害结果存在因果关系的基本事实。且环境污染具有不可逆的特点，故作出立即停止违法排放医疗污水的判决。（生效裁判审判人员：张文宽、王辉、历彦飞）

（二）最高人民检察院公布的指导性案例

2019年5月21日，最高人民检察院印发《关于印发最高人民检察院第十四批指导性案例的通知》，经2019年4月22日最高人民检察院第十三届检察委员会第十七次会议决定，将广州乙置业公司等骗取支付令执行虚假诉讼监督案等5件指导性案例（检例第52—56号）作为第十四批指导性案例发布，供参照适用。

1. 广州乙置业公司等骗取支付令执行虚假诉讼监督案（检例第52号）。

【关键词】

骗取支付令　侵吞国有资产　检察建议

【要旨】

当事人恶意串通、虚构债务，骗取法院支付令，并在执行过程中通谋达成和解协议，通过以物抵债的方式侵占国有资产，损害司法秩序，构成虚假诉讼。检察机关对此类案件应当依法进行监督，充分发挥法律监督职能，维护司法秩序，保护国有资产。

【基本案情】

2003年起，国有企业甲农工商公司因未按期偿还银行贷款被诉至法院，银行账户被查封。为转移甲农工商公司及其下属公司的资产，甲农工商公司班子成员以个人名义出资，于2003年5月26日成立广州乙置业公司，甲农工商公司经理张某任广州乙置业公司董事长，其他班子成员任广州乙置业公司股东兼管理人员。

2004年6月23日和2005年2月20日，广州乙置业公司分别与借款人甲农工商公司下属丙实业公司和丁果园场签订金额为251.846万元和1600万元的借款协议，丙实业公司以自有房产为借款提供抵押担保。广州乙置业公司没有自有流动运营资金和自有业务，其出借的资金主要来源于甲农工商公司委托其代管的资金。

丙实业公司借款时，甲农工商公司在广州乙置业公司已经存放有13 893 401.67

元理财资金可以调拨，但甲农工商公司未调拨理财资金，反而由下属的丙实业公司以房产抵押的方式借款。丁果园场借款时，在 1600 万元借款到账的 1 天至 3 天内便以"往来款"名义划付到案外人账户，案外人又在 5 天内通过银行转账方式将等额资金划给广州乙置业公司。

上述借款到期后，广州乙置业公司立即向广州市白云区人民法院申请支付令，要求偿还借款。2004 年 9 月 6 日，法院作出（2004）云法民二督字第 23 号支付令，责令丙实业公司履行付款义务；2005 年 11 月 9 日，法院作出（2005）云法民二督字第 16 号支付令，责令丁果园场履行付款义务。丙实业公司与丁果园场未提出异议，并在执行过程中迅速与广州乙置业公司达成以房抵债的和解协议。2004 年 10 月 11 日，丙实业公司与广州乙置业公司签署和解协议，以自有房产抵偿 251.846 万元债务。丙实业公司还主动以自有的 36 栋房产为丁果园场借款提供执行担保。2006 年 2 月、4 月，法院先后裁定将丁果园场的房产作价 611.7212 万元、丙实业公司担保房产作价 396.9387 万元以物抵债给广州乙置业公司。

案发后，甲农工商公司的主管单位于 2013 年 9 月 10 日委托评估，评估报告显示，以法院裁定抵债日为评估基准日，涉案房产评估价值合计 1.09 亿余元，比法院裁定以物抵债的价格高出 9640 万余元，国有资产受到严重损害。

【检察机关监督情况】

线索发现：2016 年 4 月，广东省人民检察院在办理甲农工商公司经理张某贪污、受贿刑事案件的过程中，发现广州乙置业公司可能存在骗取支付令、侵吞国有资产的行为，遂将案件线索交广州市人民检察院办理。广州市人民检察院依职权启动监督程序，与白云区人民检察院组成办案组共同办理该案。

调查核实：办案组调取法院支付令与执行案件卷宗，经审查发现，广州乙置业公司与丙实业公司、丁果园场在诉讼过程中对借款事实等问题的陈述高度一致；三方在执行过程中主动、迅速达成以物抵债的和解协议，而缺乏通常诉讼所具有的对抗性；经审查张某贪污、受贿案的刑事卷宗，发现甲农工商公司、广州乙置业公司的班子成员存在合谋串通、侵吞国有资产的主观故意；经审查工商登记资料，发现广州乙置业公司没有自有资金，其资金来源于代管的甲农工商公司资金；经调取银行流水清单，核实了借款资金流转情况。办案组沿涉案资金、房产的转移路径，逐步厘清案情脉络，并重新询问相关涉案人员，最终获取张某等人的证言，进一步夯实证据。

监督意见：2016 年 10 月 8 日，白云区人民检察院就广州市白云区人民法院前述 2 份支付令分别发出穗云检民（行）违监（2016）4 号、5 号检察建议书，指出广州乙置业公司与丙实业公司、丁果园场恶意串通、虚构债务、骗取法院支付令，借执行和解程序侵吞国有资产，损害了正常司法秩序，建议法院撤销涉案支付令。

监督结果：2018 年 5 月 15 日，广州市白云区人民法院作出（2018）粤 0111 民督监 1 号、2 号民事裁定书，分别确认前述涉案支付令错误，裁定予以撤销，驳回广州乙置业公司的支付令申请。同年10月，广州市白云区人民法院依据生效裁定执行回转，至此，1.09亿余元的国有资产损失得以挽回。甲农工商公司原班子成员张某等人因涉嫌犯贪污罪、受贿罪，已被广州市人民检察院提起公诉。

【指导意义】

第一，虚构债务骗取支付令已成为民事虚假诉讼的一种表现形式，应当加强法律监督。民事诉讼法规定的督促程序，旨在使债权人便捷高效地获得强制执行依据，解决纠纷。司法实践中，有的当事人正是利用法院发出支付令以形式审查为主、实质问题不易被发现的特点，恶意串通、虚构债务骗取支付令并获得执行，侵害其他民事主体的合法权益。本案广州乙置业公司与丙实业公司、丁果园场恶意串通、虚构债务申请支付令，构成虚假诉讼。由于法院在发出支付令时无需经过诉讼程序，仅对当事人提供的事实、证据进行形式审查，因此，骗取支付令的虚假诉讼案件通常具有一定的隐蔽性，检察机关应当加强对此类案件的监督，充分发挥法律监督职能。

第二，办理虚假诉讼案件重点围绕捏造事实行为进行审查。虚假诉讼通常以捏造的事实启动民事诉讼程序，检察机关应当以此为重点内容开展调查核实工作。本案办理过程中，办案组通过调阅张某刑事案件卷宗材料掌握案情，以刑事案件中固定的证据作为本案办理的突破口；通过重点审查涉案公司的企业法人营业执照、公司章程、公司登记申请书、股东会决议等工商资料，确认丙实业公司和丁果园场均由甲农工商公司设立，均系全民所有制企业，名下房产属于国有财产，上述公司的主要班子成员存在交叉任职等事实；通过调取报税资料、会计账册、资金代管协议等档案材料发现，广州乙置业公司没有自有流动运营资金和业务，其资金来源于代管的甲农工商公司资金；通过调取银行流水清单，发现丁果园场在借款到账后即以"往来款"名义划付至案外人账户，案外人随即将等额资金划还至广州乙置业公司，查明了借款资金流转的情况。一系列事实和证据均指向当事人存在恶意串通、虚构债务骗取支付令的行为。

第三，发现和办理虚假诉讼案件，检察机关应当形成整体合力。虚假诉讼不仅侵害其他民事主体的合法权益，影响经济社会生活秩序，更对司法公信力、司法秩序造成严重侵害，检察机关应当形成整体合力，加大法律监督力度。检察机关各业务部门在履行职责过程中发现民事虚假诉讼线索的，均应及时向民事检察部门移送；并积极探索建立各业务部门之间的线索双向移送、反馈机制，线索共享、信息互联机制。本案即是检察机关在办理刑事案件过程中发现可能存在民事虚假诉讼线索，民事检察部门由此进行深入调查的典型案例。

【相关规定】

《民事诉讼法》第14条、第216条

《最高人民法院关于适用〈中华人民共和国民事诉讼法〉的解释》第414条

《人民检察院民事诉讼监督规则（试行）》第99条

2. 武汉乙投资公司等骗取调解书虚假诉讼监督案（检例第53号）。

【关键词】

虚假调解　逃避债务　民事抗诉

【要旨】

伪造证据、虚构事实提起诉讼，骗取人民法院调解书，妨害司法秩序、损害司法权威，不仅可能损害他人合法权益，而且损害国家和社会公共利益的，构成虚假诉讼。检察机关办理此类虚假诉讼监督案件，应当从交易和诉讼中的异常现象出发，追踪利益流向，查明当事人之间的通谋行为，确认是否构成虚假诉讼，依法予以监督。

【基本案情】

2010年4月26日，甲商贸公司以商品房预售合同纠纷为由向武汉市蔡甸区人民法院起诉乙投资公司，称双方于2008年4月30日签订《商品房订购协议书》，约定甲商贸公司购买乙投资公司天润工业园项目约4万平方米的商品房，总价款人民币7375万元，甲商贸公司支付1475万元定金，乙投资公司于收到定金后30日内完成上述项目地块的抵押登记注销，双方再签订正式《商品房买卖合同》。协议签订后，甲商贸公司依约支付定金，但乙投资公司未解除土地抵押登记，甲商贸公司遂提出4起商品房预售合同纠纷诉讼，诉请判令乙投资公司双倍返还定金，诉讼标的额分别为700万元、700万元、750万元、800万元，共计2950万元。武汉市蔡甸区人民法院受理后，适用简易程序审理、以调解方式结案，作出（2010）蔡民二初字第79号、第80号、第81号、第82号民事调解书，分别确认乙投资公司双倍返还定金700万元、700万元、750万元、800万元，合计2950万元。甲商贸公司随即向该法院申请执行，领取可供执行的款项2065万元。

【检察机关监督情况】

线索发现：2015年，武汉市人民检察院接到案外人相关举报，经对上述案件进行审查，初步梳理出如下案件线索：一是法院受理异常。双方只签订有1份《商品房订购协议书》，甲商贸公司却拆分提出4起诉讼；甲商贸公司已支付定金为1475万元，依据当时湖北省法院案件级别管辖规定，基层法院受理标的额在800万元以下的案件，本案明显属于为回避级别管辖规定而拆分起诉，法院受理异常。二是均适用简易程序由同一名审判人员审结，从受理到审理、制发调解书在5天内全部完成。三是庭审无对抗性，乙投资公司对甲商贸公司主张的事实、证据及诉讼请求全部认可，双方当事人及代理人在整个诉讼过程中陈述高度一致。四是均快速进入执行程序、快速执结。

调查核实：针对初步梳理的案件线索，武汉市人民检察院随即开展调查核实。第一步，通过裁判文书网查询到乙投资公司作为被告或被执行人的案件在武汉市蔡甸区人民法院已有40余件，总标的额1.3亿余元，乙投资公司已经资不抵债；第二步，通过银行查询执行款流向，发现甲商贸公司收到2065万元执行款后，将其中

1600 万元转账至乙投资公司法定代表人方某的个人账户，320 万元转账至丙公司、丁公司；第三步，通过查询工商信息，发现方某系乙投资公司法定代表人，而甲商贸公司、乙投资公司、丙、丁 4 公司系关联公司，实际控制人均为成某某；第四步，调阅法院卷宗，发现方某本人参加了 4 起案件的全部诉讼过程；第五步，经进一步调查方某个人银行账户，发现方某在本案诉讼前后与武汉市蔡甸区人民法院民二庭原庭长杨某某之间存在金额达 100 余万元的资金往来。检察人员据此判断该 4 起案件可能是乙投资公司串通关联公司提起的虚假诉讼。经进一步审查发现，甲商贸公司、乙投资公司的实际控制人成某某通过受让债权取得乙投资公司 80% 的股权，后因经营不善产生巨额债务，遂指使甲商贸公司，伪造了以上《商品房订购协议书》，并将甲商贸公司其他业务的银行资金往来明细作为支付定金 1475 万元的证据，由甲商贸公司向武汉市蔡甸区人民法院提起诉讼，请求"被告乙投资公司双倍返还定金 2950 万元"，企图达到转移公司资产、逃避公司债务的非法目的。该院民二庭原庭长杨某某在明知甲商贸公司、乙投资公司的实际控制人为同一人，且该院对案件无管辖权的情况下，主动建议甲商贸公司将一案拆分为 4 个案件起诉；案件转审判庭后，杨某某向承办法官隐瞒上述情况，指示其按照简易程序快速调解结案；进入执行后，杨某某又将该案原、被告公司的实际控制人为同一人的情况告知本院执行二庭原庭长童某，希望快速执行。在杨某某、童某的参与下，案件迅速执行结案。

监督意见：2016 年 10 月 21 日，武汉市人民检察院就（2010）蔡民二初字第 79 号、第 80 号、第 81 号、第 82 号民事调解书，向武汉市中级人民法院提出抗诉，认为本案调解书认定的事实与案件真实情况明显不符，4 起诉讼均系双方当事人恶意串通为逃避公司债务提起的虚假诉讼，应当依法纠正。首先，从《商品房订购协议书》的表面形式来看，明显与正常的商品房买卖交易惯例不符，连所订购房屋的具体位置、房号都没有约定；其次，乙投资公司法定代表人方某在刑事侦查中供述双方不存在真实的商品房买卖合同关系，4 份商品房订购协议书系伪造，目的是通过双倍返还购房定金的方式转移公司资产，逃避公司债务；最后，在双方无房屋买卖交易的情况下，不存在支付及返还"定金"之说。证明甲商贸公司支付 1475 万元定金的证据是 7 张银行凭证，其中 1 笔 600 万的汇款人为案外人戊公司；甲商贸公司陆续汇入乙投资公司 875 万元后，乙投资公司又向甲商贸公司汇回 175 万元，甲商贸公司汇入乙投资公司账户的金额实际仅有 700 万元，且属于公司内部的调度款。

监督结果：2018 年 1 月 16 日，武汉市中级人民法院对武汉市人民检察院抗诉的 4 起案件作出民事裁定，指令武汉市蔡甸区人民法院再审。2018 年 11 月 19 日，武汉市蔡甸区人民法院分别作出再审判决：撤销武汉市蔡甸区人民法院（2010）蔡民二初字第 79 号、第 80 号、第 81 号、第 82 号 4 份民事调解书，驳回甲商贸公司全部诉讼请求。2017 年，武汉市蔡甸区人民法院民二庭原庭长杨某某、执行二庭原庭长童某被以受贿罪追究刑事责任。

【指导意义】

第一，对于虚假诉讼形成的民事调解书，检察机关应当依法监督。虚假诉讼的民事调解有其特殊性，此类案件以调解书形式出现，从外表看是当事人在处分自己的民事权利义务，与他人无关。但其实质是当事人利用调解书形式达到了某种非法目的，获得了某种非法利益，或者损害了他人的合法权益。当事人这种以调解形式达到非法目的或获取非法利益的行为，利用了人民法院的审判权，从实质上突破了调解各方私益的范畴，所处分和损害的利益已不仅仅是当事人的私益，还妨碍司法秩序，损害司法权威，侵害国家和社会公共利益，应当依法监督。对于此类虚假民事调解，检察机关可以依照民事诉讼法的相关规定提出抗诉。

第二，注重对案件中异常现象的调查核实，查明虚假诉讼的真相。检察机关对办案中发现的异于常理的现象要进行调查，这些异常既包括交易的异常，也包括诉讼的异常。例如，合同约定和合同履行明显不符合交易惯例和常识，可能存在通谋的；案件的立、审、执较之同地区同类型案件异常迅速的；庭审过程明显缺乏对抗性，双方当事人在诉讼过程对主张的案件事实和证据高度一致的等。检察机关要敏锐捕捉异常现象，有针对性地运用调查核实措施，还案件事实以本来面目。

【相关规定】

《民事诉讼法》第 112 条、第 113 条、第 208 条、第 210 条

《刑法》第 307 条之一

3. 陕西甲实业公司等公证执行虚假诉讼监督案（检例第 54 号）。

【关键词】

虚假公证　非诉执行监督　检察建议

【要旨】

当事人恶意串通、捏造事实，骗取公证文书并申请法院强制执行，侵害他人合法权益，损害司法秩序和司法权威，构成虚假诉讼。检察机关对此类虚假诉讼应当依法监督，规范非诉执行行为，维护司法秩序和社会诚信。

【基本案情】

2011 年，甲实业公司董事长高某因非法吸收公众存款罪被追究刑事责任；2012 年底，甲实业公司名下资产陕西某酒店被西安市中级人民法院查封拍卖，拍卖所得用于退赔集资款和偿还债务。

2013 年 11 月，高某保外就医期间与郗某、高某萍、高某云、王某、杜某、唐某、耿某等人商议，由高某以甲实业公司名义出具借条，虚构甲实业公司曾于 2006 年、2007 年向郗某等 7 人借款的事实，并分别签订还款协议书。2013 年 12 月，甲实业公司委托代理人与郗某等 7 人前往西安市莲湖区公证处，对涉案还款协议书分别办理《具有强制执行效力的债权文书公证书》，莲湖区公证处向郗某等 7 人出具《执行证书》。2013 年 12 月，郗某等 7 人依据《执行证书》，向西安市雁塔区人民法院申请执行。2014 年 3 月，西安市雁塔区人民法院作出执行裁定书，以甲实业公司名下

财产被西安市中级人民法院拍卖，尚需等待分配方案确定后再恢复执行为由，裁定本案执行程序终结。西安市中级人民法院确定分配方案后，西安市雁塔区人民法院恢复执行并向西安市中级人民法院上报郗某等7人债权请求分配。

【检察机关监督情况】

线索发现：2015年11月，检察机关接到债权人不服西安市中级人民法院制定的债权分配方案，提出高某所涉部分债务涉嫌虚构的举报。雁塔区人民检察院接到举报后，根据债权人提供的线索对高某所涉债务进行清查，发现该7起虚假公证案件线索。

调查核实：雁塔区人民检察院对案件线索依法进行调查核实。其一，到高某服刑的监狱和保外就医的医院对其行踪进行调查，并随即询问了王某、郗某、耿某，郗某等人承认了基于利益因素配合高某虚构甲实业公司借款的事实；其二，雁塔区人民检察院到公证机关调取公证卷宗，向西安市中级人民法院了解甲实业公司执行案件相关情况。经调查核实发现，高某与郗某等7人为套取执行款，逃避债务，虚构甲实业公司向郗某等7人借款1180万元的事实、伪造还款协议书等证据，并对虚构的借款事实进行公证，向西安市雁塔区人民法院申请强制执行该公证债权文书。

监督意见：在查明相关案件事实的基础上，2015年11月，雁塔区人民检察院将涉嫌虚假诉讼刑事案件的线索移交西安市公安局雁塔分局立案侦查。2016年9月23日，雁塔区人民检察院针对西安市雁塔区人民法院的执行活动发出检察建议，指出甲实业公司与郗某等7人恶意串通，伪造借款凭据和还款协议，《执行证书》中的内容与事实不符，由于公证债权文书确有错误，建议依法不予执行。

监督结果：2016年10月24日，西安市雁塔区人民法院回函称，经调取刑事卷宗中郗某等人涉嫌虚假诉讼犯罪的相关证据材料，确认相关公证内容确系捏造，经合议庭合议决定，对相关执行证书裁定不予执行。2017年7月16日，西安市雁塔区人民法院作出（2017）陕0113执异153至159号7份执行裁定书，认定郗某等申请执行人在公证活动进行期间存在虚假行为，公证债权文书的内容与事实不符，裁定对相关公证书及执行证书不予执行。后高某等4人因构成虚假诉讼罪被追究刑事责任。

【指导意义】

第一，利用虚假公证申请法院强制执行是民事虚假诉讼的一种表现形式，应当加强检察监督。对债权文书赋予强制执行效力是法律赋予公证机关的特殊职能，经赋强公证的债权文书，可以不经诉讼直接成为人民法院的执行依据。近年来，对虚假债权文书进行公证的行为时有发生，一些当事人与他人恶意串通，对虚假的赠与合同、买卖合同，或抵偿债务协议进行公证，并申请法院强制执行，以达到转移财产、逃避债务的目的。本案中，甲实业公司与郗某等7人捏造虚假借款事实申请公证，并向人民法院申请强制执行、参与执行财产分配就属于此类情形，不仅损害了案外人的合法债权，同时也损害了诉讼秩序和司法公正，影响社会诚信。本案中，检察机关和公安机关已经查实系虚假公证，由检察机关建议人民法院不予执行较之利害关系人申请公证机关撤销公证更有利于保护债权人合法权益。

第二，加强对执行公证债权文书等非诉执行行为的监督，促进公证活动依法有序开展。根据《公证法》规定，公证机关应当对当事人的身份、申请办理该项公证的资格以及相应的权利；提供的文书内容是否完备，含义是否清晰，签名、印鉴是否齐全；提供的证明材料是否真实、合法、充分；申请公证的事项是否真实、合法等内容进行审查。检察机关在对人民法院执行公证债权文书等非诉执行行为进行监督时，如果发现公证机关未依照法律规定程序和要求进行公证的，应当建议公证机关予以纠正。

【相关规定】

《民事诉讼法》第 235 条

最高人民法院、最高人民检察院《关于民事执行活动法律监督若干问题的规定》第 3 条

《公证法》第 28 条

4. 福建王某兴等人劳动仲裁执行虚假诉讼监督案（检例第 55 号）。

【关键词】

虚假劳动仲裁　仲裁执行监督　检察建议

【要旨】

为从执行款项中优先受偿，当事人伪造证据将普通债权债务关系虚构为劳动争议申请劳动仲裁，获取仲裁裁决或调解书，据此向人民法院申请强制执行，构成虚假诉讼。检察机关对此类虚假诉讼行为应当依法进行监督。

【基本案情】

2014 年，王某兴借款 339 500 元给甲茶叶公司原法定代表人王某贵，多次催讨未果。2017 年 5 月，甲茶叶公司因所欠到期债务未偿还，厂房和土地被武平县人民法院拍卖。2017 年 7 月下旬，王某兴为实现其出借给王某贵个人的借款能从甲茶叶公司资产拍卖款中优先受偿的目的，与甲茶叶公司新法定代表人王某福（王某贵之子）商议申请仲裁事宜。双方共同编造甲茶叶公司拖欠王某兴、王某兴妻子及女儿等 13 人 414 700 元工资款的书面材料，并向武平县劳动人事争议仲裁委员会申请劳动仲裁。2017 年 7 月 31 日，仲裁员曾某明在明知该 13 人不是甲茶叶公司员工的情况下，作出武劳仲案（2017）19 号仲裁调解书，确认甲茶叶公司应支付给王某兴等 13 人工资款合计 414 700 元，由武平县人民法院在甲茶叶公司土地拍卖款中直接支付到武平县人力资源和社会保障局农民工工资账户，限于 2017 年 7 月 31 日履行完毕。同年 8 月 1 日，王某兴以另外 12 人委托代理人的身份向武平县人民法院申请强制执行。同月 4 日，武平县人民法院立案执行，裁定：①冻结、划拨甲茶叶公司在银行的存款。②查封、扣押、拍卖、变卖甲茶叶公司的所有财产。③扣留、提取甲茶叶公司的收入。

【检察机关监督情况】

线索发现：2017 年 8 月初，武平县人民检察院在开展执行监督专项活动中发现，在武平县人民法院对被执行人甲茶叶公司的拍卖款进行分配时，突然新增多名自称甲茶叶公司员工的申请执行人，以仲裁调解书为依据申请参与执行款分配。鉴于甲茶叶公司 2014 年就已停产，本案存在虚假仲裁的可能性。

调查核实：首先，检察人员调取了法院的执行卷宗，从 13 个申请执行人的住址、年龄和性别等身份信息初步判断，他们可能存在夫妻关系或其他亲戚关系，随后至公安机关查询户籍信息证实了申请执行人之间的上述亲属关系；其次，经查询工商登记信息，2013 年至 2015 年底，王某兴独资经营一家汽车修配公司，2015 年以后在广东佛山经营不锈钢制品，王某兴之女一直在外地居住，王某兴一家在甲茶叶公司工作的可能性不存在；再其次，检察人员经对申请人执行人李某林、曾某秀夫妇进行调查询问，发现其长期经营百货商店，亦未在甲茶叶公司工作过，仲裁员曾某明与其有亲属关系；最后，检察人员经对王某福进行说服教育，王某福交待了其与王某兴合谋提起虚假仲裁的事实，王某兴亦承认其与另外 12 人均与甲茶叶公司不存在劳动关系，"授权委托书"上的签名系伪造，仲裁员曾某明清楚申请人与甲茶叶公司之间不存在劳动关系但仍出具了仲裁调解书。

监督意见：2017 年 8 月 24 日，武平县人民检察院向武平县劳动人事争议仲裁委员会发出检察建议书，指出王某兴、王某福虚构事实申请劳动仲裁，仲裁员在明知的情况下仍作出虚假仲裁调解书，使得王某贵的个人借款变成了甲茶业公司的劳动报酬债务，损害了甲茶业公司其他债权人的合法权益，建议撤销该案仲裁调解书。仲裁委撤销仲裁调解书后，2017 年 8 月 28 日，武平县人民检察院向武平县人民法院发出检察建议书，指出王某兴与王某福共同虚构事实获取仲裁调解书后向法院申请执行，法院据此裁定执行，损害了甲茶业公司其他债权人的合法权益，妨碍民事诉讼秩序，损害司法权威，且据以执行的仲裁调解书已被撤销，建议法院终结执行。

监督结果：2017 年 8 月 24 日，武平县劳动人事争议仲裁委员会作出武劳仲决（2017）1 号决定书，撤销武劳仲案（2017）19 号仲裁调解书。2017 年 8 月 29 日，武平县人民法院裁定终结（2017）闽 0824 执 888 号执行案件的执行，并于同年 9 月 25 日书面回复武平县人民检察院。王某兴、王某福因构成虚假诉讼罪被追究刑事责任，曾某明因构成枉法仲裁罪被追究刑事责任。

【指导意义】

第一，以虚假劳动仲裁申请执行是民事虚假诉讼的一种情形，应当加强检察监督。在清算、破产和执行程序中，立法和司法对职工工资债权给予了优先保护：在公司清算程序中职工工资优先支付；在破产程序中职工工资属于优先受偿债权；在执行程序中追索劳动报酬优先考虑。正是由于立法和司法的优先保护，有的债权人为实现自身普通债权优先受偿的目的，与债务人甚至仲裁员恶意串通，伪造证据，捏造拖欠劳动报酬的事实申请劳动仲裁，获取仲裁文书向人民法院申请执行。检察机关在对人民法院执行仲裁裁决书、调解书的活动进行法律监督时，应重点审查是否存在虚假仲裁行为，对查实为虚假仲裁的，应建议法院终结执行，防止执行款错误分配。注重加强与仲裁机构及其主管部门的沟通，共同防范虚假仲裁行为。

第二，办理虚假诉讼监督案件，应当保持对线索的高度敏感性。虚假诉讼案件的表面事实和证据与真实情况往往具有较大差距，当事人之间利益纠葛复杂，多存在通谋，检察机关要敏于发现案件线索，充分做好调查核实工作。本案中，检察人员在执行监督活动中发现虚假仲裁线索，及时开展调查核实工作，认真审查当事人之间的身份关系、户籍信息、经济往来等事项，分析当事人的从业、居住等情况，有步骤地开展调查工作，夯实证据基础，最终查清虚假劳动仲裁的事实。

第三，检察机关在办理虚假诉讼案件中，发现仲裁活动违法的，应当依法进行监督。根据《仲裁法》及《劳动争议调解仲裁法》的规定，仲裁裁决被撤销的法定情形包括：仲裁庭组成或者仲裁程序违反法定程序，裁决所根据的证据系伪造，对方当事人隐瞒了足以影响公正裁决的证据，仲裁员在仲裁该案时有索贿受贿、徇私舞弊、枉法裁决行为等。根据《人民检察院检察建议工作规定》，人民检察院可以直接向本院所办理案件的涉案单位、本级有关主管机关以及其他有关单位提出检察建议。检察机关在办理虚假诉讼案件中，发现仲裁裁决虚假的，应当依法发出检察建议要求纠正；发现仲裁员涉嫌枉法仲裁犯罪的，依法移送犯罪线索。

【相关规定】

《民事诉讼法》第235条

《关于民事执行活动法律监督若干问题的规定》第1条

《关于办理虚假诉讼刑事案件适用法律若干问题的解释》第1条第3款、第2条第1款

《关于防范和制裁虚假诉讼的指导意见》第8条

《仲裁法》第58条、第59条

《劳动争议调解仲裁法》第49条

《人民检察院检察建议工作规定》第3条

5. 江西熊某等交通事故保险理赔虚假诉讼监督案（检例第56号）。

【关键词】

保险理赔　伪造证据　民事抗诉

【要旨】

假冒原告名义提起诉讼，采取伪造证据、虚假陈述等手段，取得法院生效裁判文书，非法获取保险理赔款，构成虚假诉讼。检察机关在履行职责过程中发现虚假诉讼案件线索，应当强化线索发现和调查核实的能力，查明违法事实，纠正错误裁判。

【基本案情】

2012年10月21日，张某驾驶轿车与熊某驾驶摩托车发生碰撞，致使熊某受伤、

车辆受损，交通事故责任认定书认定张某负事故全部责任，熊某无责任。熊某伤情经司法鉴定为9级伤残。张某驾驶的轿车在甲保险公司投保交强险和商业第三者责任险。

事故发生后，熊某经他人介绍同意由周某与保险公司交涉该案保险理赔事宜，但并未委托其提起诉讼，周某为此向熊某支付了5万元。张某亦经同一人介绍同意将该案保险赔偿事宜交周某处理，并出具了委托代理诉讼的《特别授权委托书》。2013年3月18日，周某冒用熊某的名义向上饶市信州区人民法院提起诉讼，周某冒用熊某名义签署起诉状和授权委托书，冒用委托代理人的名义签署庭审笔录、宣判笔录和送达回证，熊某及被冒用的"委托代理人"对此均不知情。该案中，周某还作为张某的诉讼代理人参加诉讼。

此外，本案事故发生时，熊某为农村户籍，从事钢筋工工作，居住上饶县某某村家中，而周某为实现牟取高额保险赔偿金的目的，伪造公司证明和工资表，并利用虚假材料到公安机关开具证明，证明熊某在2011年9月至2012年10月在县城工作并居住。2013年6月17日，上饶市信州区人民法院作出（2013）信民一初字第470号民事判决，判令甲保险公司在保险限额内向原告熊某赔偿医疗费、伤残赔偿金、被抚养人生活费等共计118 723.33元。甲保险公司不服一审判决，上诉至上饶市中级人民法院。2013年10月18日，上饶市中级人民法院作出（2013）饶中民一终字第573号民事调解书，确认甲保险公司赔偿熊某医疗费、残疾赔偿金、被抚养人生活费等共计106 723元。

【检察机关监督情况】

线索发现：2016年3月，上饶市检察机关在履行职责中发现，熊某在人民法院作出生效裁判后又提起诉讼，经调阅相关卷宗，发现周某近2年来代理10余件道路交通事故责任涉保险索赔案件，相关案件中存在当事人本人未出庭、委托代理手续不全、熊某的工作证明与个人基本情况明显不符等疑点，初步判断有虚假诉讼嫌疑。

调查核实：根据案件线索，检察机关重点开展了以下调查核实工作：一是向熊某本人了解情况，查明2013年3月18日的民事起诉状非熊某本人的意思表示，起诉状中签名也非熊某本人所签，熊某本人对该起诉讼毫不知情，并不认识起诉状中所载原告委托代理人，亦未委托其参加诉讼；二是向有关单位核实熊某出险前的经常居住地和工作地，查明周某为套用城镇居民人均可支配收入的赔偿标准获取非法利益，指使某汽车服务公司伪造了熊某工作证明和居住证明；三是对周某代理的13件道路交通事故保险理赔案件进行梳理，发现均涉嫌虚假诉讼，本案最为典型；四是及时将线索移送公安机关，进一步查实了周某通过冒用他人名义虚构诉讼主体、伪造授权委托书、伪造工作证明以及利用虚假证据材料骗取公安机关证明文件等事实。

监督意见：2016年6月26日，上饶市人民检察院提请抗诉。2016年11月5日，江西省人民检察院提出抗诉，认为上饶市中级人民法院（2013）饶中民一终字第573号民事调解书系虚假调解，周某伪造原告起诉状、假冒原告及其诉讼代理人提起虚假诉讼，非法套取高额保险赔偿金，扰乱诉讼秩序，损害社会公共利益和他人合法权益。

监督结果：2017 年 8 月 1 日，江西省高级人民法院作出（2017）赣民再第 45 号民事裁定书，认为本案是一起由周某假冒熊某诉讼代理人向法院提起的虚假诉讼案件，熊某本人及被冒用的诉讼代理人并未提起和参加诉讼，原一审判决和原二审调解书均有错误，裁定撤销，终结本案审理程序。同时，江西省高级人民法院还作出（2017）赣民再第 45 号民事制裁决定书，对周某进行民事制裁。2019 年 1 月，上饶市中级人民法院决定对一审法官、上饶市信州区人民法院立案庭副庭长戴某给予撤职处分。

【指导意义】

检察机关办理民事虚假诉讼监督案件，应当强化线索发现和调查核实的能力。虚假诉讼具有较强的隐蔽性和欺骗性，仅从诉讼活动表面难以甄别，要求检察人员在履职过程中有敏锐的线索发现意识。本案中，就线索发现而言，检察人员注重把握了以下几个方面：一是庭审过程的异常，"原告代理人"或无法发表意见，或陈述、抗辩前后矛盾；二是案件材料和证据异常，熊某工作证明与其基本情况、履历明显不符；三是调解结案异常，甲保险公司二审中并未提交新的证据，"原告代理人"为了迅速达成调解协议，主动提出减少保险赔偿数额，不符合常理。以发现的异常情况为线索，开展深入的调查核实工作，是突破案件瓶颈的关键。根据案件具体情况，可以综合运用询问有关当事人或者知情人，查阅、调取、复制相关法律文书或者证据材料、案卷材料，查询财务账目、银行存款记录，勘验、鉴定、审计以及向有关部门进行专业咨询等调查措施。同时，应主动加强与公安机关、人民法院、司法行政部门的沟通协作。本案中，检察机关及时移送刑事犯罪案件线索，通过公安机关侦查取证手段，查实了周某虚假诉讼的事实。

【相关规定】

《民事诉讼法》第 208 条

《人民检察院民事诉讼监督规则（试行）》第 23 条

（三）人民法院保障生态环境损害赔偿制度改革典型案例

2019 年 6 月 5 日，最高人民法院公布 5 件人民法院保障生态环境损害赔偿制度改革典型案例。

1. 山东省生态环境厅诉山东金诚重油化工有限公司、山东弘聚新能源有限公司生态环境损害赔偿诉讼案。

【基本案情】

2015 年 8 月，山东弘聚新能源有限公司（本部分简称弘聚公司）委托无危险废物处理资质的人员将其生产的 640 吨废酸液倾倒至济南市章丘区普集街道办上皋村的一个废弃煤井内。2015 年 10 月 20 日，山东金诚重油化工有限公司（本部分简称金诚公司）采取相同手段将其生产的 23.7 吨废碱液倾倒至同一煤井内，因废酸、废碱发生剧烈化学反应，4 名涉嫌非法排放危险废物人员当场中毒身亡。经监测，废液对井壁、井底土壤及地下水造成污染。事件发生后，原章丘市人民政府进行了应急处置，并开展生态环境修复工作。山东省人民政府指定山东省生态环境厅为具体工作部门，开展生态环境损害赔偿索赔工作。山东省生态环境厅与金诚公司、弘聚公司磋商未能达成一致，遂根据山东省环境保护科学研究设计院出具的《环境损害评估报告》向济南市中级人民法院提起诉讼，请求判令被告承担应急处置费用、生态环境服务功能损失、生态环境损害赔偿费用等共计 2.3 亿余元，二被告对上述各项费用承担连带责任，并请求判令二被告在省级以上媒体公开赔礼道歉。

【裁判结果】

济南市中级人民法院经审理认为，弘聚公司生产过程中产生的废酸液和金诚公司生产过程中产生的废碱液导致案涉场地生态环境损害，应依法承担生态环境损害赔偿责任。就山东省生态环境厅请求的赔偿金额，山东省生态环境厅提交了《环境损害评估报告》，参与制作的相关评估及审核人员出庭接受了当事人的质询，环境保护部环境规划院的专家也出庭对此给出说明，金诚公司、弘聚公司未提供充分证据推翻该《环境损害评估报告》，故对鉴定评估意见依法予以采信。山东省生态环境厅主张的生态环境服务功能损失和帷幕注浆范围内受污染的土壤、地下水修复费及鉴定费和律师代理费，均是因弘聚公司的废酸液和金诚公司的废碱液造成生态环境损害引起的，故应由该二公司承担。因废酸液和废碱液属不同种类危险废液，二者在案涉场地的排放量不同，对 2 种危险废液的污染范围、污染程度、损害后果及其与损害后果之间的因果关系、污染修复成本等，山东省生态环境厅、弘聚公司、金诚公司、专家辅助人、咨询专家之间意见不一，《环境损害评估报告》对此也未明确区分。综合专家辅助人和咨询专家的意见，酌定弘聚公司承担 80% 的赔偿责任，金诚公司承担 20% 的赔偿责任，并据此确定二被告应予赔偿的各项费用。弘聚公司、金诚公司生产过程中产生的危险废液造成环境污染，严重损害了国家利益和社会公共利益，为警示和教育环境污染者，增强公众环境保护意识，依法支持山东省生态环境厅要求弘聚公司、金诚公司在省级以上媒体公开赔礼道歉的诉讼请求。

【典型意义】

本案系因重大突发环境事件导致的生态环境损害赔偿案件。污染事件发生后，受到社会广泛关注。因二被告排放污染物的时间、种类、数量不同，认定二被告各自行为所造成的污染范围、损害后果及相应的治理费用存在较大困难。人民法院充分借助专家专业技术优势，在查明专业技术相关事实，确定生态环境损害赔偿数额，划分污染者责任等方面进行了积极探索。一是由原、被告分别申请专家辅助人出庭从专业技术角度对案件事实涉及的专业问题充分发表意见；二是由参与《环境损害评估报告》的专业人员出庭说明并接受质询；三是由人民法院另行聘请 3 位咨询专家参加庭审，并在庭审后出具《损害赔偿责任分担的专家咨询意见》；四是在评估报告基础上，综合专家辅助人和咨询专家的意见，根据主观过错、经营状况等因素，合理分配二被告各自应承担的赔偿责任。人民法院还针对金诚公司应支付的赔偿款项，确定金诚公司可申请分期赔付，教育引导企业依法开展生产经营，在保障生态环境得到及时修复的同时，维护了企业的正常经营，妥善处理了经济社会发展和生态环境保护的辩证关系。同时，人民法院在受理就同一污染环境行为提起的生态环境损害赔偿诉讼和环境民事公益诉讼后，先行中止环境公益诉讼案件审理，待生态环境损害赔偿案件审理完毕后，就环境公益诉讼中未被前案涵盖的诉讼请求依法作出裁判，对妥善协调2类案件的审理进行了有益探索。

2. 重庆市人民政府、重庆两江志愿服务发展中心诉重庆藏金阁物业管理有限公司、重庆首旭环保科技有限公司生态环境损害赔偿诉讼案。

【基本案情】

重庆藏金阁物业管理有限公司（本部分简称藏金阁公司）的废水处理设施负责处理重庆藏金阁电镀工业园园区入驻企业产生的废水。2013年12月，藏金阁与重庆首旭环保科技有限公司（本部分简称首旭公司）签订为期4年的《委托运行协议》，由首旭公司承接废水处理项目，使用藏金阁公司的废水处理设备处理废水。2014年8月，藏金阁公司将原废酸收集池改造为废水调节池，改造时未封闭池壁120毫米（mm）口径管网，该未封闭管网系埋于地下的暗管。首旭公司自2014年9月起，在明知池中有管网可以连通外部环境的情况下，利用该管网将未经处理的含重金属废水直接排放至外部环境。2016年4月、5月，执法人员在2次现场检查藏金阁公司的废水处理站时发现，重金属超标的生产废水未经处理便排入外部环境。经测算2014年9月1日至2016年5月5日，违法排放废水量共计145 624吨。受重庆市人民政府委托，重庆市环境科学研究院以虚拟治理成本法对生态环境损害进行量化评估，2被告造成的生态环境污染损害量化数额为1441.6776万元。

2016年6月30日，重庆市环境监察总队以藏金阁公司从2014年9月1日至2016年5月5日将含重金属废水直接排入港城园区市政废水管网进入长江为由，对其作出行政处罚决定。2016年12月29日，重庆市渝北区人民法院作出刑事判决，认定首旭公司及其法定代表人、相关责任人员构成污染环境罪。

重庆两江志愿服务发展中心对2被告提起环境民事公益诉讼并被重庆市第一中级人民法院受理后，重庆市人民政府针对同一污染事实提起生态环境损害赔偿诉讼，人民法院将2案分别立案，在经各方当事人同意后，对2案合并审理。

【判决结果】

重庆市第一中级人民法院审理认为，重庆市人民政府有权提起生态环境损害赔偿诉讼，重庆两江志愿服务发展中心具备合法的环境公益诉讼主体资格，二原告基于不同的规定而享有各自的诉权，对二案分别立案受理并无不当。二被告违法排污的事实已被生效刑事判决、行政判决所确认，本案在性质上属于环境侵权民事案件，其与刑事犯罪、行政违法案件所要求的证明标准和责任标准存在差异，故最终认定的案件事实在不存在矛盾的前提条件下，可以不同于刑事案件和行政案件认定的事实。鉴于藏金阁公司与首旭公司构成环境污染共同侵权的证据已达到高度盖然性的民事证明标准，应当认定藏金阁公司和首旭公司对于违法排污存在主观上的共同故意和客观上的共同行为，二被告构成共同侵权，应当承担连带责任。遂判决二被告连带赔偿生态环境修复费用 1441.6776 万元，由二原告结合本区域生态环境损害情况用于开展替代修复等。

【典型意义】

本案系第三方治理模式下出现的生态环境损害赔偿案件。藏金阁公司是承担其所在的藏金阁电镀工业园区废水处置责任的法人，亦是排污许可证的申领主体。首旭公司通过与藏金阁公司签订《委托运行协议》，成为负责前述废水处理站日常运行维护工作的主体。人民法院依据排污主体的法定责任、行为的违法性、客观上的相互配合等因素进行综合判断，判定藏金阁公司与首旭公司之间具有共同故意，应当对造成的生态环境损害承担连带赔偿责任，有利于教育和规范企业切实遵守环境保护法律法规，履行生态环境保护的义务。同时，本案还明确了生态环境损害赔偿诉讼与行政诉讼、刑事诉讼应适用不同的证明标准和责任构成要件，不承担刑事责任或者行政责任并不当然免除生态环境损害赔偿责任，对人民法院贯彻落实习近平总书记提出的"用最严格制度最严密法治保护生态环境"的严密法治观，依法处理 3 类案件诉讼衔接具有重要指导意义。

3. 贵州省人民政府、息烽诚诚劳务有限公司、贵阳开磷化肥有限公司生态环境损害赔偿协议司法确认案。

【基本案情】

2012 年 6 月，贵阳开磷化肥有限公司（本部分简称开磷化肥公司）委托息烽诚诚劳务有限公司（本部分简称息烽劳务公司）承担废石膏渣的清运工作。按要求，污泥渣应被运送至正规磷石膏渣场集中处置。但从 2012 年底开始息烽劳务公司便将污泥渣运往大鹰田地块内非法倾倒，形成长 360 米，宽 100 米，堆填厚度最大 50 米，占地约 100 亩，堆存量约 8 万立方米的堆场。环境保护主管部门在检查时发现上述情况。贵州省环境保护厅委托相关机构进行评估并出具的《环境污染损害评估报告》显示，此次事件前期产生应急处置费用 134.2 万元，后期废渣开挖转运及生态环境修复费用约为 757.42 万元。2017 年 1 月，贵州省人民政府指定贵州省环境保护厅作为代表人，在贵州省律师协会指定律师的主持下，就大鹰田废渣倾倒造成生态环境损害事宜，与息烽劳务公司、开磷化肥公司进行磋商并达成《生态环境损害赔偿协议》。2017 年 1 月 22 日，上述各方向清镇市人民法院申请对该协议进行司法确认。

【裁判结果】

清镇市人民法院依法受理后，在贵州省法院门户网站将各方达成的《生态环境损害赔偿协议》、修复方案等内容进行了公告。公告期满后，清镇市人民法院对协议内容进行了审查并依法裁定确认贵州省环境保护厅、息烽劳务公司、开磷化肥公司于 2017 年 1 月 13 日在贵州省律师协会主持下达成的《生态环境损害赔偿协议》有效。一方当事人拒绝履行或未全部履行的，对方当事人可以向人民法院申请强制执行。

【典型意义】

本案是生态环境损害赔偿制度改革试点开展后，全国首例由省级人民政府提出申请的生态环境损害赔偿协议司法确认案件。该案对磋商协议司法确认的程序、规则等进行了积极探索，提供了可借鉴的有益经验。人民法院在受理磋商协议司法确认申请后，及时将《生态环境损害赔偿协议》、修复方案等内容通过互联网向社会公开，接受公众监督，保障了公众的知情权和参与权。人民法院对生态环境损害赔偿协议进行司法确认，赋予了赔偿协议强制执行效力。一旦发生一方当事人拒绝履行或未全部履行赔偿协议情形的，对方当事人可以向人民法院申请强制执行，有力保障了赔偿协议的有效履行和生态环境修复工作的切实开展。本案的实践探索已为《生态环境损害赔偿制度改革方案》所认可和采纳，最高人民法院《关于审理生态环境损害赔偿案件的若干规定（试行）》也对生态环境损害赔偿协议的司法确认作出明确规定。

4. 绍兴市环境保护局、浙江上峰建材有限公司、诸暨市次坞镇人民政府生态环境损害赔偿协议司法确认案。

【基本案情】

2017年4月11日，诸暨市环境保护局会同诸暨市公安局对浙江上峰建材有限公司（本部分简称上峰建材公司）联合突击检查时发现，该企业存在采用在大气污染物在线监控设施监测取样管上套装管子并喷吹石灰中和后的气体等方式，达到干扰自动监测数据目的。上峰建材公司超标排放氮氧化物、二氧化硫等大气污染物，对周边大气生态环境造成损害。经绍兴市环保科技服务中心鉴定评估，造成生态环境损害数额110.4143万元，鉴定评估费用12万元，合计122.4143万元。上峰建材公司违法排放的大气污染物已通过周边次坞镇大气生态环境稀释自净，无须实施现场修复。

绍兴市环境保护局经与上峰建材公司、诸暨市次坞镇人民政府进行磋商，达成了《生态环境损害修复协议》，主要内容为：①各方同意上峰建材公司以替代修复的方式承担生态环境损害赔偿责任。上峰建材公司在承担生态环境损害数额110.4143万元的基础上，自愿追加资金投入175.5857万元，合计总额286万元用于生态工程修复，并于2018年10月31日之前完成修复工程。②诸暨市次坞镇人民政府对修复工程进行组织、监督管理、资金决算审计，修复后移交大院里村。③修复工程完成后，由绍兴市环境保护局委托第三方评估机构验收评估，提交验收评估意见。④生态环境损害鉴定评估费、验收鉴定评估费由上峰建材公司承担，并于工程验收通过后7日内支付给鉴定评估单位。⑤如上峰建材公司中止修复工程，或者不按约定时间、约定内容完成修复的，绍兴市环境保护局有权向上峰建材公司追缴全部生态环境损害赔偿金。

【裁判结果】

绍兴市中级人民法院受理司法确认申请后，对《生态环境损害修复协议》内容进行了公告。公告期内，未收到异议或意见。绍兴市中级人民法院对协议内容审查后认为，申请人达成的协议符合司法确认的条件，遂裁定确认协议有效。一方当事人拒绝履行或者未全部履行的，对方当事人可以向人民法院申请强制执行。

【典型意义】

本案是涉大气污染的生态环境损害赔偿案件。大气污染是人民群众感受最为直接、反映最为强烈的环境问题，打赢蓝天保卫战是打好污染防治攻坚战的重中之重。今年，世界环境日主题聚焦空气污染防治，提出"蓝天保卫战，我是行动者"的口号，显示了中国政府推动打好污染防治攻坚战的决心。本案中，上峰建材公司以在大气污染物在线监控设施监测取样管上套装管子并喷吹石灰中和后的气体等方式，干扰自动监测数据，超标排放氮氧化物、二氧化硫等大气污染物。虽然污染物已通过周边大气生态环境稀释自净，无须实施现场修复，但是大气经过扩散等途径仍会污染其他地区的生态环境，不能因此免除污染者应承担的生态环境损害赔偿责任。人民法院对案涉赔偿协议予以司法确认，明确由上峰建材公司以替代方式承担生态环境损害赔偿责任，是对多样化责任承担方式的积极探索。本案体现了环境司法对大气污染的"零容忍"，有利于引导企业积极履行生态环境保护的主体责任，自觉遵守环境保护法律法规，推动企业形成绿色生产方式。此外，经磋商，上峰建材公司在依法承担110.4143万元生态环境损害赔偿的基础上，自愿追加资金投入175.5857万元用于生态环境替代修复，体现了生态环境损害赔偿制度在推动企业主动承担社会责任方面起到了积极作用。

5. 贵阳市生态环境局诉贵州省六盘水双元铝业有限责任公司、阮正华、田锦芳生态环境损害赔偿诉讼案。

【基本案情】

贵阳市生态环境局诉称：2017年以来，贵州省六盘水双元铝业有限责任公司（本部分简称双元铝业公司）、田锦芳、阮正华将生产过程中产生的电解铝固体废物运输至贵阳市花溪区溪董家堰村塘边寨旁进行倾倒，现场未采取防雨防渗措施。2018年4月10日，又发现花溪区查获的疑似危险废物被被告转移至修文县龙场镇营关村一废弃洗煤厂进行非法填埋。事发后环保部门及时对该批固体废物及堆场周边水体进行采样送检，检测结果表明，送检样品中含有大量的水溶性氟化物，极易对土壤、地下水造成严重污染，该批固体废物为疑似危险废物。经委托环境损害鉴定评估显示，该生态环境损害行为所产生的危险废物处置费用、场地生态修复费用、送检化验费用、环境损害评估费用、后期跟踪检测费用、综合整治及生态修复工程监督及修复评估费合计413.78万元。贵阳市生态环境局与三赔偿义务人多次磋商未果，遂向贵阳市中级人民法院提起生态环境损害赔偿诉讼。

【裁判结果】

案件审理过程中，贵阳市中级人民法院多次主持调解，当事人自愿达成调解协议。主要内容包括：①涉及边寨违法倾倒场地的危险废物处置费用、送检化验费用、鉴定费用、场地生态修复费用及后期跟踪监测费用由三被告承担。②涉及修文县龙场镇营关村废弃洗煤厂的危险废物处置费用、送检化验费用、鉴定费用、场地生态修复费用、后期跟踪监测费用由三被告承担。③由赔偿权利人的代表贵阳市生态环境局于 2019 年 6 月 1 日前牵头组织启动案涉 2 宗被污染地块后期修复及监测等工作。三被告按协议约定支付相应款项后，应于支付之日起 10 日内将相关单据提供给法院。贵阳市中级人民法院对调解协议进行公告，公告期内未收到异议。贵阳市中级人民法院经审查后依法制作民事调解书并送达各方当事人。现双元铝业公司、阮正华、田锦芳已按调解书内容履行了支付义务。

【典型意义】

本案是由生态环境保护主管部门直接提起的生态环境损害赔偿诉讼案件。人民法院在审理过程中严格遵循以生态环境修复为中心的损害救济制度，多次主持调解，力促各方当事人在充分考虑受损生态环境修复的基础上达成调解，并在调解书中明确了被污染地块修复的牵头单位、启动时限等，确保生态环境修复工作得以有效开展。同时，人民法院考虑到生态环境修复的长期性，在调解书中明确将后期修复工作的实际情况纳入法院的监管范围，要求三被告及时向法院报送相关履行单据，最大限度保障生态修复目标的实现。

（四）2018 年全国海事审判典型案例

2019 年 9 月 11 日，最高人民法院发布 "2018 年全国海事审判典型案例"。分别为：

1. 三井住友海上火灾保险株式会社（Mitsui Sumitomo Insurance Company Limited）诉中远海运集装箱运输有限公司国际多式联运合同纠纷案。

【基本案情】

2015 年 3 月，案外人 SONY EMCS（MALAYSIA）SDN BHD 公司（本部分简称索尼公司）委托中远海运集装箱运输有限公司（本部分简称中远海运公司）运输一批液晶显示面板，先经海运自马来西亚巴生港至希腊比雷埃夫斯港，再经铁路至斯洛伐克尼特拉。中远海运公司签发了 4 套不可转让已装船清洁联运海运单。货物在位于希腊境内的铁路运输区段因火车脱轨而遭受货损。三井住友海上火灾保险株式会社（本部分简称三井保险公司）作为涉案货物保险人，在对索尼公司进行理赔取得代位求偿权后，向中远海运公司提出追偿。中远海运公司抗辩称，火车脱轨的原因是事故时段当地持续暴雨，引起地质塌陷，承运人可以免责；即使不能免责，其可依法享受承运人单位赔偿责任限制。

【裁判结果】

上海海事法院一审认为，三井保险公司注册成立于日本、运输目的地为斯洛伐克，事故发生地位于希腊，案件争议属于涉外民事法律关系下的纠纷，当事人可以选择解决纠纷适用的法律。庭审中，双方当事人达成一致，对于涉案货物铁路运输区段的责任认定、责任承担方式等选择适用希腊法律，其余争议问题选择适用中华人民共和国法律，法院对此选择予以尊重。

希腊是《国际铁路运输公约》（Convention concerning International Carriage by Rail）的成员国，《国际铁路货物运输合同统一规则》（Uniform Rules Concerning the Contract of International Carriage of Goods by Rail）是《国际铁路运输公约》的附件 B。希腊在批准加入该公约时未作任何保留声明，公约在希腊优先于其国内法适用。根据《国际铁路运输公约》第 23.2 条，若货物的灭失、损坏或迟延交付是由于承运人无法避免并且无法阻止其发生的原因所造成的，承运人无须承担赔偿责任。本案事故发生前虽有持续降雨，但比较事故地区历史降水数据，事故月份降水量仅处于历史中等偏上水平，并未出现明显异常。然而，本次列车脱轨并非遭受雨水直接冲击所致，而是事故区域常年频繁降雨浸蚀土壤后产生的地质作用引起地层塌陷的结果，是一个由量变到质变的过程，具体何时发生非人力所能预见和控制。铁路养护是否得当或可延缓此种地质变化的进程，但并无证据表明可以准确预计、控制和绝对避免。因此，中远海运公司可以援引《国际铁路运输公约》第 23.2 条的规定，对货损不负赔偿责任。三井保险公司不服一审判决，向上海市高级人民法院提起上诉。二审期间，三井保险公司撤回上诉。

【典型意义】

本案是一起含海运在内的国际多式联运合同纠纷。海运始于马来西亚，中途经希腊转铁路，目的地为斯洛伐克，是一条典型的通过"21 世纪海上丝绸之路"，经由地中海转铁路将货物运送至中欧内陆国家的海铁联运。随着"一带一路"国家和地区间贸易往来的日益密切，国际贸易对多式联运的需求也呈现快速增长趋势。在跨越多国、涉及多种运输方式的国际多式联运合同纠纷中，对"网状责任制"与确定运输区段准据法之间的关系，存在认识不统一的情况。本案中法院坚持意思自治原则，充分尊重当事人的选择，铁路运输区段适用希腊法律，其余争议问题适用中华人民共和国法律，并根据希腊法下的法律渊源适用《国际铁路运输公约》《国际铁路货物运输合同统一规则》相关规定。此外，"一带一路"沿线国家和地区的自然气候状况、地理水文条件差别很大，基础设施的建设和养护水平也参差不齐，货运事故的发生又往往出现多种因素相互交织、并存的复杂局面，本案在评判风险责任承担时，较好地运用了原因力分析的方法，论证充分，说理透彻，为类似纠纷的处理提供了借鉴思路。

【一审案号】

（2016）沪 72 民初 288 号

【二审案号】

（2018）沪民终 140 号

2. 中国银行股份有限公司日照岚山支行与天津西南海运有限公司等海上货物运输合同纠纷案。

【基本案情】

中国银行股份有限公司日照岚山支行（本部分简称岚山中行）根据授信长期为日照广信化工科技有限公司（本部分简称广信公司）购买生产原料开立信用证，本案涉及岚山中行开立的3份90天远期不可撤销信用证，受益人均为发货人 Marubeni Corporation（本部分简称丸红公司）。鹰社海运公司代表承运人天津西南海运有限公司（本部分简称西南公司）向丸红公司签发3套指示提单，均记载托运人为丸红公司，装货港韩国蔚山，卸货港中国连云港，货物品名聚合级丙烯，船名"HONG YU"轮。涉案货物于2017年3月27日运抵连云港，西南公司根据丸红公司出具的保函将货物存入广信公司指定的岸罐并由广信公司提取。岚山中行根据信用证贸易单证流程于4月14日取得涉案3套提单，3个月后因广信公司无力全额付款赎单，岚山中行垫付2 033 796.85美元。岚山中行后收回488 086.33美元。为维护自身合法权益，岚山中行申请法院诉前扣押"HONG YU"轮，并依据所持有的涉案提单向西南公司主张无单放货，要求赔偿信用证项下实际垫付的款项及利息。西南公司抗辩称岚山中行明知依惯例广信公司必须无单提货，融资银行并非通常意义上的提单持有人，其所遭受的损失与无单放货行为之间无因果关系，西南公司不应承担赔偿责任。

【裁判结果】

宁波海事法院一审认为，岚山中行享有且未放弃《海商法》第71条规定的提单持有人权利，可以根据提单法律关系向承运人索赔，扣除岚山中行已收回的488 086.33美元款项后，判决西南公司赔偿岚山中行经济损失1 545 710.52美元。西南公司不服一审判决，提起上诉。

浙江省高级人民法院二审认为，最高人民法院《关于审理无正本提单交付货物案件适用法律若干问题的规定》第2条并未将跟单信用证的开证行、具有商业利益的合作方等其他经合法流转持有正本提单的主体排除在外，岚山中行主张的垫付款项的实际损失金额未超出提单项下货物装船时的价值以及法律规定的无单放货的赔偿范围，判决驳回上诉，维持原判。

【典型意义】

本案是一起涉及信用证贸易融资因素的海上货物运输合同纠纷，具有3个方面的典型意义：一是从文义、目的解释角度对涉及提单持有人定义、承运人无单放货赔偿责任的法律、司法解释规定进行解读，确认信用证开证行可以享有正本提单人的法律地位和索赔权利。二是在认定无单放货导致损失上有所创新。《海商法》第55条仅规定了货物灭失赔偿额的上限和一般计算方法，银行在该规定限额下主张实际垫付款损失，符合损失填补原则。三是对规范海上货物运输秩序具有积极意义。随着银行为企业提供贸易融资服务方式的变化，银行通过对提单的占有来维护自身的合法权益，符合商业需要，承运人对无单放货仍然应当承担赔偿责任。

【一审案号】

（2017）浙 72 民初 1601 号

【二审案号】

（2018）浙民终 624 号

3. 曲某某诉中国大地财产保险股份有限公司威海中心支公司、中国大地财产保险股份有限公司石岛支公司海上保险合同纠纷案。

【基本案情】

2011 年 5 月 25 日，曲某某与中国大地财产保险股份有限公司石岛支公司（本部分简称大地保险石岛支公司）就"鲁荣渔 1813""鲁荣渔 1814"船订立 2 份保险合同。2 份合同均约定险别为《中国大地财产保险股份有限责任格式远洋渔船保险条款》综合险，渔船保险价值 428.57 万元，保险金额 300 万元。涉案保险条款第 2 条（责任范围）载明：该保险分全损险和综合险，其中综合险承保以下 3 项原因造成被保险渔船的全部或部分损失以及该 3 项原因所引起的救助费用等 6 项责任和费用：①暴风雨、台风、雷电、流冰、地震、海啸、洪水、火山爆发、搁浅、触礁、沉没、碰撞、失火、锅炉或其他设备爆炸、油管破裂等自然灾害和意外事故。②船壳和机器的潜在缺陷。③船长、大副、船员、引水员或修船人员的疏忽。涉案保险条款第 3 条（除外责任）载明：保险人对所列 8 项损失、费用和责任不负责赔偿，其中第 1 项、第 2 项分别为：由于被保险渔船不具备适航条件所造成的损失；由于船东及其代表的疏忽，船东及其代表和船长的故意行为造成的损失。大地保险石岛支公司未提供证据证明其在订立保险合同时向曲某某明确说明保险条款中除外责任条款和保险单上的特别约定。2 艘渔船于 2011 年 6 月 1 日后在山东省荣成市烟墩角北港渔码头进行维修保养。2011 年 6 月 25 日，曲某某为避台风同部分船员试图单靠"鲁荣渔 1814"船动力将二船（"鲁荣渔 1813"主机已吊出船舱维修）驾驶至南码头，后在途中因舵机失灵，在台风大浪作用下，2 船搁浅导致报废。

【裁判结果】

青岛海事法院一审认为，涉案船舶在避台风过程中全损，该原因属于保险合同约定的保险赔偿范围，判决大地保险石岛支公司给付曲某某保险赔偿款 600 万元及利息；中国大地财产保险股份有限公司威海中心支公司（本部分简称大地保险威海支公司）对赔偿款承担补充给付责任。曲某某、大地保险威海支公司、大地保险石岛支公司均不服一审判决，提出上诉。

山东省高级人民法院二审认为，本案所涉事故，先有船舶所有人的疏忽，后有台风的影响，缺乏任何一个原因，事故均不会发生，直接、有效、起决定作用的原因难以确定，故大地保险威海支公司、大地保险石岛支公司应按照 50% 的比例，向曲某某支付保险金。二审判决大地保险石岛支公司给付曲某某保险赔偿款 300 万元及利息，大地保险威海支公司承担补充给付责任。曲某某不服二审判决，向最高人民法院申请再审。

最高人民法院再审认为，涉案事故系由台风、船东的疏忽、船长和船员的疏忽 3 个原因共同造成，其中台风是主要原因。涉案保险条款已明确约定船东疏忽不属其列明的承保范围。由于保险人未根据《保险法》第 17 条第 2 款规定就免除保险人责任条款向曲某某明确说明，案涉除外责任条款不生效。案涉船舶在港内移泊不属于《海商法》第 244 条第 1 款第 1 项规定的"船舶开航"，大地保险石岛支公司根据该条规定主张免除保险赔偿责任缺乏事实依据。在造成涉案事故的 3 个原因中，台风与船长船员的疏忽属于承保风险，而船东的疏忽为非承保风险。在保险事故系由承保风险和非承保风险共同作用而发生的情况下，根据各项风险（原因）对事故发生的影响程度，法院酌定大地保险石岛支公司对涉案事故承担 75% 的保险赔偿责任。最高人民法院再审判决大地保险石岛支公司给付曲某某保险赔偿款 450 万元及其利息，大地保险威海支公司承担补充给付责任。

【典型意义】

本案是一起典型的船舶保险合同纠纷案。该案再审判决在审理思路与实体规则适用方面均发挥了指导作用，主要体现在以下几个方面：一是保险赔偿责任的认定涉及的基本问题包括合同总体上的效力、事故原因、保险承保范围、除外责任、因果关系构成等，该案再审判决明确了有关基本问题的论证层次。二是关于多因一果的损害赔偿的处理，我国法律并没有规定保险赔偿的"近因原则"，从最高人民法院的《关于适用〈中华人民共和国保险法〉若干问题的解释（三）》第 25 条规定人身保险中按相应比例确定赔付的原则看，我国保险司法实践正在倾向采纳国际上逐步发展的比例因果关系理论，该案再审判决遵循了这一司法动向。三是该案再审判决明确了《海商法》第 244 条中"开航"的含义。

【一审案号】

（2016）青海法商初字第 240 号

【二审案号】

（2016）鲁民终 1542 号

【再审案号】

（2017）最高法民再 413 号

4. 中燃航运（大连）有限责任公司申请设立海事赔偿责任限制基金案。

【基本案情】

2017 年 3 月 9 日，中燃航运（大连）有限责任公司（本部分简称中燃公司）所有的中国籍"中燃 39"轮与朝鲜籍"昆山"轮（M. V KUM SAN）在中国连云港海域发生碰撞造成损失。"中燃 39"轮为沿海运输船舶，总吨 2548 吨，中燃公司就船舶碰撞引起的可以限制赔偿责任的非人身伤亡海事赔偿请求，向大连海事法院申请设立海事赔偿责任限制基金，基金数额按照《关于不满 300 总吨船舶及沿海运输、沿海作业船舶海事赔偿限额的规定》（本部分简称《赔偿限额规定》），为 254 508 特别提款权所换算的人民币数额及其利息。"昆山"轮所有人朝鲜金山船务公司没有向法院申请设立海事赔偿责任限制基金，其与"昆山"轮所载货物的收货人大连欧亚贸易有限公司就设立基金提出异议，认为应当按照《海商法》第 210 条的规定确定基金数额。

【裁判结果】

大连海事法院认为，"中燃 39"轮总吨 2548 吨，从事中国港口之间的运输，依照《海商法》第 210 条第 2 款关于"总吨位不满 300 吨的船舶，从事中华人民共和国港口之间的运输的船舶，以及从事沿海作业的船舶，其赔偿限额由国务院交通主管部门制定，报国务院批准后施行"的规定，"中燃 39"轮的赔偿限额应适用《赔偿限额规定》。但根据该规定第 5 条，同一事故中当事船舶的海事赔偿限额，有适用《海商法》第 210 条或者本规定第 3 条规定的，其他当事船舶的海事赔偿限额应当同样适用。与"中燃 39"轮发生碰撞的"昆山"轮所有人虽然没有向法院申请设立海事赔偿责任限制基金，但该轮总吨 5852 吨，从事国际运输，其海事赔偿限额应当适用《海商法》第 210 条的规定，故"中燃 39"轮作为同一事故的其他当事船舶，海事赔偿限额也应当同样适用《海商法》第 210 条的规定。综上，法院裁定准许中燃公司设立海事赔偿责任限制基金，基金数额为非人身伤亡赔偿限额 509 016 特别提款权所换算的人民币数额及其利息。一审裁定现已生效。

【典型意义】

依照国务院批准施行的《赔偿限额规定》，不满 300 总吨及沿海运输、沿海作业船舶的海事赔偿限额，为从事国际运输及作业船舶海事赔偿限额的 50%，但也存在例外情形，即同一事故中的当事船舶应适用同一海事赔偿限额的规定，且以较高的限额规定为准。中燃公司主张，只有在同一事故中的当事船舶权利人均主张享受海事赔偿责任限制或均申请设立海事赔偿责任限制基金时，才能适用上述"同一事故中的当事船舶适用同一规定"的规则。由于"昆山"轮所有人没有向法院申请设立海事赔偿责任限制基金，故本案不适用上述规则。法院认为，同一事故中当事船舶的海事赔偿限额有应当适用《海商法》第 210 条规定情形的，其他当事船舶的海事赔偿限额也同样适用《海商法》第 210 条的规定，而不考虑权利人是否实际申请设立海事赔偿责任限制基金。法院正确解读"同一事故中当事船舶适用同一规定"的规则，平等保护了中外当事人的合法权益，充分体现了中国法院公正审理涉外海事案件的态度。

【案号】

（2017）辽 72 民特 104 号

5. 韩某某申请设立海事赔偿责任限制基金案。

【基本案情】

"湘张家界货 3003"轮所有人为韩某某，总吨 2071 吨，该轮持有长江中下游及其支流省际普通货船运输许可证、内河船舶适航证书，准予航行 A 级航区，作自卸砂船用。2016 年 5 月 9 日，"湘张家界货 3003"轮在闽江口 D9 浮返航进港途中，与

"恩基1"轮发生碰撞，造成"恩基1"轮及船载货物受损。韩某某向法院申请设立海事赔偿责任限制基金。

【裁判结果】

厦门海事法院一审认为，韩某某系"湘张家界货3003"轮的登记所有人，该轮虽为内河船舶，但根据其提供的《内河船舶适航证书》，该轮航行区域为长江中下游及其支流省际内河航线，而且发生涉案事故时，正航行于闽江口，属于国务院批准施行的《关于不满300总吨船舶及沿海运输、沿海作业船舶海事赔偿限额的规定》（本部分简称《赔偿限额规定》）第4条规定的300总吨以上从事中华人民共和国港口之间货物运输或者沿海作业的船舶。一审裁定准许韩某某提出的设立海事赔偿责任限制基金的申请。相关利害关系人不服一审裁定，提起上诉。

福建省高级人民法院二审认为，涉案船舶"湘张家界货3003"轮虽为内河船舶，但其在沿海海域从事航行作业属于《赔偿限额规定》第4条所规定的从事沿海作业的船舶，依法可以申请设立海事赔偿责任限制基金。二审裁定驳回上诉，维持一审裁定。相关利害关系人不服二审裁定，提起再审。

最高人民法院再审认为，"湘张家界货3003"轮持有长江中下游及其支流省际普通货船运输许可证、内河船舶适航证书，准予航行A级航区，为内河船舶。涉案船舶碰撞事故发生在福建闽江口，并非"湘张家界货3003"轮准予航行的航区。"湘张家界货3003"轮的船舶性质及准予航行航区不因该船实际航行区域而改变。"湘张家界货3003"轮作为内河船舶，不属于《赔偿限额规定》适用的船舶范围。再审撤销一、二审裁定，驳回韩某某设立海事赔偿责任限制基金的申请。

【典型意义】

《海商法》第3条规定的船舶仅限于海船，关于内河船舶在海上航行是否适用海事赔偿责任限制制度，司法实践中存在争议。国务院批准施行的《赔偿限额规定》源于《海商法》第210条的授权，其规定的"从事中华人民共和国港口之间货物运输或者沿海作业的船舶"仍应限定为海船。受利益驱动，近年来内河船舶非法从事海上运输的问题非常突出，严重威胁着人员、财产和环境的安全。最高人民法院在该案中进一步明确，内河船舶性质及准予航行航区不因该船实际航行区域而改变，对于规范航运秩序、统一类似案件裁判尺度具有积极意义。

【一审案号】

（2016）闽72民特90号

【二审案号】

（2016）闽民终1587号

【再审案号】

（2018）最高法民再453号

6. 中国人民财产保险股份有限公司上海市分公司诉江苏华隆海运有限公司、宋某某通海水域货物运输合同纠纷案。

【基本案情】

2017 年 5 月 27 日，广州市海大饲料有限公司（本部分简称海大公司）向案外人订购东北产玉米，拟运到湖南省进行销售。同年 7 月 26 日，海大公司委托江苏华隆海运有限公司（本部分简称华隆公司）负责将案涉玉米由靖江码头分别运往湖南长沙、岳阳和汨罗。7 月 28 日，华隆公司与宋某某所属"远东 98"轮代表宋某（宋某某的女儿）约定由该轮将货物从靖江运至岳阳。8 月 3 日，华隆公司与宋某共同签名签发相关货票（运单），载明托运人和收货人均为海大公司。该货票注明：本运单经承托双方签认后，具有合同效力，承运人与托运人、收货人之间的权利、义务关系和责任界限均按《水路货物运输规则》（本部分简称《货规》）及运杂费用的有关规定办理。货物在起运港装船后准备盖帆布时突降暴雨，导致船头和货舱两侧玉米发霉。中国人民财产保险股份有限公司上海市分公司（本部分简称人保上海分公司）作为货物保险人向海大公司赔付后取得代位追偿权，要求华隆公司与宋某某承担连带责任。

【裁判结果】

武汉海事法院一审认为，运单是托运人与承运人形成运输合同关系的表现形式。本案运单载明的托运人为海大公司，承运船舶为宋某某所属和经营的"远东 98"轮，华隆公司与宋某某均在运单上盖章或者代表人签名。涉案运单上注明了关于托运人、承运人的权利、义务适用《货规》的相关规定，故《货规》的相关内容可视为华隆公司、宋某某与海大公司之间的运输合同关系的权利义务条款。华隆公司是合同承运人。宋某某答辩时对承担涉案货物运输事实并无异议，故宋某某实际承担了涉案货物运输义务，是本案实际承运人。一审判决华隆公司与宋某某对人保上海分公司承担连带赔偿责任。当事人不服一审判决提起上诉，湖北省高级人民法院维持一审判决。

【典型意义】

人民法院为减少当事人讼累，参照原交通部制定的《货规》，判决承运人与实际承运人承担连带责任，是我国海事司法实践长期形成的裁判规则。2016 年交通运输部宣布废止《货规》后，能否继续适用实际承运人制度，承运人与实际承运人是否承担连带责任，存在较大争议，导致司法裁判尺度不统一。本案中法院根据各方当事人约定，适用《货规》中承运人与实际承运人连带责任制度，有利于维护当事人的合法权益，有利于保持法律适用的稳定性，对于弥补现行法律漏洞具有积极意义。

【一审案号】

（2018）鄂 72 民初 1177 号

【二审案号】

（2018）鄂民终 1376 号

7. 江门市浩银贸易有限公司与联泰物流（Union Logistics，Inc）海上货物运输合同纠纷案。

【基本案情】

2014 年 9 月至 10 月间，江门市浩银贸易有限公司（本部分简称浩银公司）向阿多恩时装有限公司（本部分简称阿多恩公司）出售一批女裤。按照阿多恩公司的指示，浩银公司委托联泰物流（Union Logistics, Inc）将涉案货物自广东省深圳市盐田港运至美国加利福尼亚长滩港。联泰物流安排运输后，授权其代理人广州升扬国际货运代理有限公司（本部分简称升扬公司）向浩银公司签发了全套正本提单，载明托运人为浩银公司，承运人为联泰物流。2014 年 12 月 26 日，涉案货物装船起运。2015 年 1 月 16 日，涉案货物由联泰物流在目的港美国长滩交付于阿多恩公司。而浩银公司仍持有全套正本提单。2015 年 10 月 21 日，浩银公司以升扬公司为被告提起诉讼，广州海事法院审理后认为，升扬公司为联泰物流的签单代理人，并非涉案运输承运人，遂判决驳回浩银公司的诉讼请求。2016 年 2 月 24 日，浩银公司以联泰物流为被告提起诉讼，请求联泰物流赔偿其遭受的货物损失及利息。经公约送达，联泰物流到庭应诉，对无正本提单交付货物事实予以确认，但辩称浩银公司对其的起诉已超过海商法规定的 1 年诉讼时效，且本案不存在诉讼时效中止、中断的法定情形，请求法院依法驳回浩银公司诉讼请求。

【裁判结果】

广州海事法院认为，本案诉讼时效中断应适用《海商法》第 267 条的规定。该条规定"提起诉讼"可中断诉讼时效，但并未明确规定"提起诉讼"涵盖的具体情形，应适用其他法律、法规或司法解释的规定进行界定。根据最高人民法院的《关于审理民事案件适用诉讼时效制度若干问题的规定》第 13 条以及最高人民法院的《关于贯彻执行〈中华人民共和国民法通则〉若干问题的意见（试行）》（已失效）第 173 条第 2 款"权利人向债务保证人、债务人的代理人或者财产代管人主张权利的，可以认定诉讼时效中断"的规定，浩银公司于 2015 年 10 月 21 日以升扬公司为被告提起诉讼的行为可以认定为与提起诉讼具有同等诉讼时效中断效力的事项，该行为应被视为《海商法》第 267 条第 1 款规定的"提起诉讼"，即本案诉讼时效期间于 2015 年 10 月 21 日构成中断并重新开始计算。浩银公司于 2016 年 2 月 24 日提起诉讼，并未超过法定诉讼时效期间。联泰物流作为承运人，无正本提单交付货物，违反承运人法定义务，构成违约。该违约行为致使浩银公司丧失货物控制权，无法收回货款，联泰物流应赔偿损失。一审判决后，双方当事人均未上诉。

【典型意义】

我国海商法作为民法的特别法，规定了有别于一般民事法律的特殊诉讼时效制度。在涉及海商法调整的权利义务关系时，应优先适用海商法的相关规定。在海商法没有明确规定时，应适用民法通则等一般民事法律规定。《海商法》第 267 条第 1 款虽然规定了请求人提起诉讼方能中断诉讼时效，但该法并未明确规定"提起诉讼"的具体情形，此时应适用民法通则等法律及相关司法解释予以界定。此案对于处理海商法与一般民事法律诉讼时效制度的关系具有参考价值。

【案号】

（2016）粤 72 民初 311 号

8. 陈某某与中国人民财产保险股份有限公司高淳支公司等通海水域保险合同纠纷案。

【基本案情】

自 2014 年起，陈某某为其所有的"宁高鹏 3368"轮连续 4 年向中国人民财产保险股份有限公司高淳支公司（本部分简称人保高淳支公司）投保沿海内河船舶一切险，中国人民财产保险股份有限公司南京分公司（本部分简称人保南京分公司）根据陈某某的投保签发保险单，收取保险费并开具保险费发票。其中 2015 年的保险单载明被保险人为陈某某，投保险别为沿海内河船舶一切险。保险条件及特别约定部分第 9 条载明：附加船东对船员责任险，投保 3 人，每人保额 10 万，并列明了 3 名船员的姓名和公民身份号码。第 10 条载明：除以上特别约定外，其他条件严格按照《中国人民财产保险股份有限公司沿海内河船舶保险条款（2009 版）》执行。该保险条款第 3 条第 1 款规定，由于船舶不适航、不适拖（包括船舶技术状态、配员、装载等，拖船的拖带行为引起的被拖船舶的损失、责任和费用，非拖轮的拖带行为所引起的一切损失、责任和费用）所造成的损失、责任及费用，保险人不负责赔偿。2016 年 3 月 13 日，"宁高鹏 3368"轮在运输过程中，触碰位于长江中的中海油岳阳油库码头，造成趸船及钢引桥移位。事发时在船船员 3 人，均无适任证书。岳阳海事局认定该轮当班驾驶员未持有《内河船舶船员适任证书》，违规驾驶船舶，操作不当是造成事故的直接原因，该轮对上述事故负全部责任。陈某某就事故损失向人保高淳支公司提出保险理赔。人保南京分公司认为，船员操作不当是导致发生触碰的直接原因，且船员没有适任证书、船舶未达最低配员，船舶不适航属于除外责任，故有权拒绝赔偿。陈某某遂起诉人保南京分公司、人保高淳支公司及中国人民财产保险股份有限公司。

【裁判结果】

天津海事法院一审认为，在航运实践中，船员取得适任证书是预防船舶驾驶操作不当、确保船舶安全的重要举措。根据海事行政部门的认定，船员操作不当是造成事故的直接原因。当班船员未持有《内河船舶船员适任证书》违规驾驶船舶是诱使该行为最主要的实质上的原因，故应认定当班驾驶员未持有《内河船舶船员适任证书》违规驾驶船舶对事故发生具有直接的因果关系，涉案船舶未配备适任船员，构成船舶不适航。根据《中国人民财产保险股份有限公司沿海内河船舶保险条款（2009 版）》第 3 条第 1 款，因船舶不适航造成的损失，保险人不负赔偿责任。故一审法院判决驳回陈某某的诉讼请求。当事人不服一审判决提起上诉，天津市高级人民法院维持一审判决。

【典型意义】

长期以来，很多从事内河货物运输的企业、个人为降低经营成本，雇佣不持有适任证书的船员或不按最低配员标准配备船员，给内河航行安全造成了严重隐患，损害了内河航运经济健康有序的发展。2016 年，最高人民法院出台《关于为长江经济带发展提供司法服务和保障的意见》，提出要引导各类市场主体展开有序良性竞争，指引港口、航运、造船企业切实增强安全意识、质量意识，为平安黄金水道建设提供有力司法支撑。在该案审理中，人民法院依法认定涉案船舶未配备持有适任证书的船员属于船舶不适航，在船舶不适航与保险事故有因果关系的情况下，依照保险条款免除保险人的赔偿责任。该案对于强化内河航行安全意识，促进内河航运经济高质量发展具有积极意义。

【一审案号】

（2018）津 72 民初 53 号

【二审案号】

（2018）津民终 392 号

9. 中国平安财产保险股份有限公司上海分公司与中国太平洋财产保险股份有限公司镇江中心支公司等案外人执行异议之诉案。

【基本案情】

中国平安财产保险股份有限公司上海分公司（本部分简称平安上海分公司）为无船承运业务经营人上海旺嘉国际货运代理有限公司（本部分简称旺嘉公司）签发限额为 80 万元的无船承运保证金责任保险单，保险条款约定："在保险期间或保险合同载明的追溯期内，被保险人在从事无船承运业务经营过程中，由于不履行承运人义务或者履行义务不当造成委托人的损失，经司法机关判决或司法机关裁定执行的仲裁机构裁决应由被保险人承担经济赔偿责任，并在保险期间内要求协助执行的，保险人负责赔偿。"旺嘉公司在保险期间内经营无船承运业务过程中发生货损，中国太平洋财产保险股份有限公司镇江中心支公司（本部分简称太平洋镇江支公司）在向托运人赔付货物损失后，向旺嘉公司等提出索赔。上海海事法院于保险期间内作出一审判决。太平洋镇江支公司不服一审判决，提起上诉。上海市高级人民法院作出终审判决，判令旺嘉公司赔偿货物损失 130 余万元，但此时已经超出保险期间。在该案执行过程中，人民法院向平安上海分公司发出执行通知，要求将旺嘉公司的无船承运业务经营者保证金责任限额 80 万元划至法院账户。平安上海分公司提出执行异议，并在异议被驳回后提起执行异议之诉，认为该案终审判决作出的时间及当事人申请执行的时间均已经超出了保险期间，根据保险条款的约定其不应进行赔偿，故诉请确认其无须协助法院执行和支付保险赔款。

【裁判结果】

上海海事法院一审认为，涉案保险合同条款系平安上海分公司为了重复使用而预先拟定的合同条款，属于格式条款。平安上海分公司与旺嘉公司通过磋商订立合同，除遵循意思自治原则外，还应遵循公平原则确定双方的权利和义务。涉案合同条款中限制索赔权利人的内容，由于合同订立之时索赔权利人尚为潜在不特定对象，不具备磋商条件，应对相关条款的合理性提出更高要求，并要求合同订立人以诚实守信的原则拟定合同条款。涉案保险条款要求索赔权利人必须在保险期间内取得生效裁判并申请执行，系采取不合理方式免除保险人主要责任、加重索赔权利人责任、排除索赔权利人主要权利，违背了诚实信用原则，应为无效。据此判决驳回平安上海分公司的诉讼请求。平安上海分公司不服一审判决，提起上诉。

上海市高级人民法院二审认为，保险事故、保险责任的索赔和认定通常涉及多起相互关联的诉讼，前一个诉讼先确定被保险人是否承担责任，后一个诉讼才就该责任确定保险公司应否偿付保险金，多个诉讼前后相继。涉案格式条款规定保险赔付要同时满足多项索赔条件，即"司法机关判决＋保险期内＋通过司法程序要求协助执行"。上述情况都致使投保人、被保险人等发生保险事故后保险索赔难度明显加重，一定程度上排除了投保人、被保险人等依法享有的权利，一审法院对该条款的效力认定并无不妥，据此判决驳回上诉，维持原判。

【典型意义】

本案为依法确认无船承运业务经营者保证金责任保险格式条款无效的案例。无船承运业务经营者保证金责任保险制度，是无船承运业务经营保证金的一种替代形式，以保险的形式替代保证金，既减轻了无船承运业务经营者的现金压力，也可起到与保证金类似的效果。当前市场上很多无船承运业务经营者保证金责任保险采用类似格式条款，在保险责任条款中规定了索赔期间，要求索赔权利人必须在保险期间内起诉被保险人，且在保险期间内取得生效裁判文书并申请执行。类似条款为保险理赔设定了明显不合理的条件，实质上免除保险人的主要责任、加重索赔权利人的责任、排除索赔权利人的主要权利。该条款与合同目的明显背离，弱化了无船承运业务经营者责任保险的应有功能。本案判决认定涉案保险条款无效，既在个案中维护索赔权利人的合法权益，也发挥了司法裁判对社会行为的引导功能，对促进无船承运业务规范管理以及无船承运业务经营者保证金责任保险产品的健康有序发展均具有积极意义。

【一审案号】

（2017）沪 72 民初 2203 号

【二审案号】

（2018）沪民终 81 号

10. 申请执行人福安市海洋与渔业局与被执行人陈忠义等海事行政非诉执行案。

【基本案情】

福建宁德三都湾湿地是福建海湾型滨海湿地的典型代表，被列入《中国湿地保护行动计划》的"中国重要湿地名录"。宁德环三都澳湿地水禽红树林自然保护区是三都湾国家重要湿地的核心部分。陈某某、方某某、黄某某等多人未经海洋行政主管机关批准，擅自占用湿地海域实施围海养殖工程建设，严重侵害自然保护区，导致局部海洋生态系统遭受破坏，被中央环境保护督察组督察反馈列为整改对象。福安市海洋与渔业局于 2016 年 8 月 31 日作出行政处罚决定书，责令陈某某等退还非法占用的海域，恢复海域原状，并处以罚款。陈某某等在法定期限内未申请行政复议和提起行政诉讼。经福安市海洋与渔业局催告后，陈某某等仍拒不履行义务，该局向厦门海事法院申请执行行政处罚决定。

【裁判结果】

厦门海事法院认为，福安市海洋与渔业局是依法行使海域使用监督管理职能的行政机关，作出的行政处罚决定书主要证据确凿、认定事实清楚、适用法律正确、行政程序合法，裁定准予强制执行。随后，厦门海事法院启动非诉案件的"裁执分离"机制，确定由福安市海洋与渔业局负责具体组织实施退还海域、恢复原状，同时协调福安市人民政府组织多部门参与联合执法，并参照强制迁退不动产的执行程序，指导制定了《强制退海行动工作预案》《风险防控方案》等执行方案，明确实施强制执行的流程步骤和事前公告、第三人在场见证、执行笔录制作、执法活动视频记录、现场物品（养殖物）造册、保存、移交等工作规范和工作要点。2018 年 7 月 31 日至 8 月 3 日，在法院监督下，相关行政部门组织 1100 余人、挖掘机 12 台，通过四昼夜强制执行，拆除了违建的养殖管理房，在围海长堤上开挖豁口 4 个、拆除闸门 7 座、清除淤泥数万方，引入海水令 352.287 亩被占海域恢复自然状态。以此案为示范和带动，最终将不符合生态自然保护区规划的 170 公顷养殖设施全部清退，实现了滩涂内外水源的有效交换，还原湿地。经定期生态监测，退养还湿后保护区自然生态环境进一步优化，生态物种进一步丰富，生态效益初步显现。

【典型意义】

非法占海、围海、填海是近年来我国近海海洋生态遭受破坏的重要原因，也是海洋污染防治攻坚战中的"痛点"和"顽症"。对责令退还非法占用海域、恢复海域原状的强制执行，由于涉及海域面积广，责任主体人数众多，构筑物拆除、土方清运工程量浩大，往往难以有效实施。人民法院从强化司法审查、严格执行程序和规范执行行为入手，统筹司法和行政资源，缜密组织实施"裁执分离"，协调各方力量强力推进执行攻坚，拆塘清淤、退养还湿，还海洋以宁静、和谐、美丽，取得良好的生态效果。本案的圆满执结，为落实习近平生态文明思想中"用最严格制度、最严密法治保护生态环境"的要求，破解涉海洋生态司法"执行难"问题提供了可借鉴、可复制、可推广的样本。同时，通过监督支持海洋行政机关依法行政，健全完善环境司法与行政执法有效衔接机制，指引海事行政机关规范行政执法，提升海洋环境保护法治化水平。

【案号】

（2018）闽 72 行审 6 号

（五）2019 年度中国十大公益诉讼案件

中国法学会案例法学研究会、中国政法大学诉讼法学研究院、最高人民法院环境资源审判庭、最高人民检察院第八检察厅、最高人民法院司法案例研究院、《法治周末》报社联合主办并评出 2019 年度（第九届）中国十大公益诉讼。此次入选的十大公益诉讼，均系人民法院 2019 年审结、在社会上产生广泛影响并具有重大法治意义的公益诉讼案件，涉及未成年人权益保护、革命英烈名誉权保护、生态环境保护、消费者权益保护、食品药品安全、网络安全等广泛领域。

1. 广东省消费者委员会诉广州长隆集团有限公司消费公益诉讼案。

【案情简介】

2018 年 8 月始，广东消委会就未成年人优惠票身高标准问题进行了专项调查。随后于 2018 年 9 月 30 日约谈广州长隆集团有限公司（本部分简称长隆集团），直接指出其侵权行为并提出应当以年龄作为优惠标准。2019 年 2 月 18 日，广东消委会就广州长隆集团有限公司多个场所存在以身高作为未成年人优惠票标准的问题，代表消费者向广州市中级人民法院提起消费民事公益诉讼，广州市中级人民法院于当日立案受理。广东消委会要求长隆集团停止以身高为标准排除和限制不特定大多数未成年人的消费者权利，希望其以恰当方式给予未成年人优惠并就其行为公开赔礼道歉。2019 年 2 月 25 日，经法院裁定，准许广东消委会撤诉，广东消委会诉长隆集团有限公司公益诉讼案依法结案。其后，长隆集团进一步明晰了旗下主题公园各票种和适用条件，更新了官方网站相关内容，将旗下长隆野生动物世界、长隆欢乐世界和长隆飞鸟乐园等主题公园原"学生票"调整为"青少年/学生"票，身高达到 1.5 米及以上的未成年人可购买相关优惠票，并凭本人学生证件或居民身份证验票入园，明确了对全体未成年人的门票优惠。

【入选理由】

本案是全国首例未成年人消费者权益保护公益诉讼案，这在全社会引起了广泛讨论。早前由于未成年人无法办理身份证而难以证明身份，导致我国在文化、旅游、交通等方面都主要以身高作为未成年人享受优惠的标准。现在"身份证明难"等问题已经得到解决，但是身高标准却仍然为诸多行业所沿用，一直未曾纠正，影响到了未成年人消费权益的充分实现。本案的出现与解决充分体现了目前国家有关部门和社会各界对未成年人消费权益的普遍关注，有利于实现倒逼相关行业与企业保护未成年人合法权益的目的，加快推动老旧的行业惯例得到修正，从而营造和谐稳定的消费环境与营商环境。

2. 王某某诉上海迪士尼乐园禁带饮食消费维权案。

【案情简介】

2019 年 1 月 30 日，原告华东政法大学学生王某某前往上海迪士尼乐园游玩，并携带部分即食食品以备游玩时食用。在上海迪士尼乐园安检时，王某某被告知根据《上海迪士尼乐园游客须知》，游客不得携带食品入园。经交涉未果，原告自行处置食品后入园。3 月 15 日，原告诉至上海浦东法院，请求判令：①确认被告《上海迪士尼乐园游客须知》中"不得携带以下物品入园"部分的"食品、酒精饮料、超过 600 毫升的非酒精饮料"条款内容无效。②被告赔偿原告因上述入园规则被迫丢弃的食品损失 46.30 元。

上海浦东法院于 2019 年 3 月 15 日立案受理该案，于 4 月 23 日公开开庭审理，审理期间多次组织双方调解。期间，被告对入园规则中相关条款内容进行了修改：除仍禁止携带少数特殊食品外，游客可携带供本人食用的食品及饮料进入上海迪士尼乐园。9 月 12 日，经上海市浦东新区人民法院主持调解，原、被告双方自愿达成调解协议：对原告的食品损失 46.30 元，被告补偿原告 50 元（当庭给付）。该调解协议已经双方当事人签收生效。之后，上海迪士尼乐园实施主题乐园的食品携带和安检新规，游客可携带供本人食用的食品及饮料进入上海迪士尼乐园，但不允许携带需加热、再加热、加工、冷藏或保温的食品及带有刺激性气味的食品。安检方面，上海迪士尼乐园也将做出"优化"，建议游客在安检时可以自己打开包袋，如安检人员有要求，游客可自行将可疑物品取出，并在完成检查后放回。

【入选理由】

在消费领域，店大欺客往往是不愁客源、有一定规模的经营者的一种常见陋习。一些知名文旅企业采取各种店堂告示或者单方禁止性规定侵犯消费者的合法权益甚至人身权益，这种现象时有发生。本案原告是一名法科学生，遇到自身权利受到损害的情况不是像多数消费者一样忍气吞声，而是采用诉讼的方式依法维权，既维护了个人的合法权益，又维护了社会公众的切身利益，并且通过个案诉讼实现了帮助企业守法经营的客观效果，可谓一举多得。只有人人都行动起来，才能避免"公地悲剧"现象的重复发生，也许就是这一私益诉讼折射出来的公益价值。

3. 谢某诉北银消费金融有限公司、厦门市进步金融技术服务有限公司等征信黑名单侵犯姓名权纠纷案。

【案情简介】

2016 年 4 月 2 日和 5 月 18 日，谢艳在申办信用卡时 2 次被银行以信用有问题为由拒绝。谢艳遂于同年 5 月 27 日到中国人民银行进行查询，发现有 1 笔以自己名义向北银消费金融有限公司（本部分简称北银公司）的贷款。该贷款发生于 2014 年 9 月 28 日，已逾期 6 个月未按时还贷。经查询，谢艳发现有人冒名于 2014 年 9 月 22 日与北银公司签订了《合约书》，申请了 20 万元的装修贷款，后因该冒名者未及时还款，导致谢艳被中国人民银行征信中心列入失信名单。谢艳遂向法院起诉要求北银公司、农行厦门分行、厦门市进步金融技术服务有限公司（本部分简称进步公司）、卡玛卡公司立即消除谢艳在中国人民银行个人征信基础数据库系统中的不实记录，并赔偿谢艳律师费损失及精神损失。北银公司、农行厦门分行认为原告主张的被冒名事实应由原告承担证明责任。一审法院认为，根据谁主张谁举证的原则，谢艳主张有人冒名以其名义于 2014 年 9 月 22 日与北银公司签订了《合约书》，依法应由谢艳提供证据以证明谢艳被冒名，现谢艳提供的证据并不足以证明其上述主张，故驳回谢艳的全部诉讼请求。谢艳不服一审判决，上诉于厦门市中级人民法院，请求撤销一审判决，并依法改判北银公司等赔偿谢艳律师费和精神损失费，或将本案发回重审。二审法院将案由姓名权纠纷纠正为一般人格权纠纷，认为北银公司在办理贷款过程中，未对申请贷款人是否为本人进行审查核实，给他人冒名贷款进而损害谢艳的个人信用的行为提供了机会，存在过失。本案尚无卡玛卡公司存在过错的证据；农行厦门分行、进步公司的行为与本案损害后果不存在相当的因果关系，谢艳因不良征信记录遭受了一定的精神损失并产生了一些费用，二审判决撤销一审判决，北银公司赔偿谢艳精神损失 3000 元，驳回谢艳的其他诉讼请求。

【入选理由】

现实生活中冒名办证的现象时有发生，往往给被冒名者人格权等利益造成不利的后果，如果让被冒名者就被冒名行为承担证明责任，反而增加了受害者的负担。本案是典型的基于冒名贷款引发的人格权纠纷案例，法院采取让贷款公司证明与被冒名者存在借贷关系，否则将承担不利后果的方式，最大程度减轻了被冒名者的举证负担，保障了被冒名者的利益。该案判决回应时代和社会的需求，借鉴相关法理研究成果以及国外立法例，利用我国《侵权责任法》（已失效）对民事权益保护的开放性的立法特征，开创性地将信用权纳入一般人格权予以保护，不仅取得了良好的法律效果与社会效果，而且对于同类案件的处理亦具有一定的指导意义，值得其他法院借鉴。

4. 王某诉江某、浙江淘宝网络有限公司恶意投诉不正当竞争纠纷案。

【案情简介】

江某使用虚假的身份证明材料和商标证书，假冒"安德阿镆有限公司"的名义在阿里巴巴知识产权保护平台以王某经营的"雷恩体育"销售的涉案商品经其购买鉴定为假货且侵犯"安德玛"商标权为由，向淘宝公司投诉了同业竞争者王某经营的淘宝店铺。该恶意投诉行为导致王某淘宝链接被删除，且受到降权处罚。2018 年 9 月，王某向杭州铁路运输法院提起诉讼，请求法院判令江某赔偿自己因商品链接被删除造成的经济损失 800 万元及合理费用 3 万元。法院依法适用普通程序于 2018 年 12 月 20 日公开开庭进行审理，认定江某的恶意投诉行为构成不正当竞争，判令江某赔偿王某经济损失 210 万元。

【入选理由】

经营者应该依法开展各项经营活动，不得侵害其他同业者的合法权益。电子商务领域，恶意利用电子商务平台的相关规则，通过变造权利凭证，谎称被投诉的产品存在侵权，恶意投诉同业竞争者，严重损害对方的正当商业利益与合法权益，严重违反了诚实信用原则和商业道德准则，误导消费者，破坏营商环境。将同业竞争者的恶意投诉行为认定为不正当竞争行为并要求行为人承担赔偿责任，以民事诉讼制止不法企图，不失为互联网+交易领域保护相关经营者合法权益，维护正常市场经营秩序和诚信商业道德的有效途径。

5. 山东滨州市滨城区人民检察院诉滨城区食品药品监督管理局不依法履职行政公益诉讼案。

【案情简介】

2018 年 5 月，山东滨州市滨城区人民检察院（本部分简称滨城区检察院）在履行公益监督职责中发现，"美团""饿了么""百度外卖"等网络餐饮服务第三方平台及辖区内多家入网餐饮服务提供者存在未依法公示食品经营许可证、量化分级信息以及公示的食品经营许可证超过有效期限未及时更新等行为，违反了《网络餐饮服务食品安全监督管理办法》第 9 条、第 10 条的规定。滨州市滨城区食品药品监督管理局（本部分简称区食药局）作为本地的食品药品监督管理部门，对上述问题监管不到位，致使网络餐饮食品安全隐患长期存在，侵害了社会公共利益。

2018 年 6 月 8 日，滨城区检察院向区食药局发出诉前检察建议书，督促其对相关网络餐饮服务第三方平台和入网餐饮服务提供者未依法公示和更新相关信息的行为进行监管。2018 年 9 月 3 日，滨城区检察院依法向滨城区人民法院提起行政公益诉讼，请求：确认滨城区食品药品监督管理局对"美团""饿了么""百度外卖"3 家网络餐饮服务第三方平台及辖区内的入网餐饮服务提供者未公示和更新食品经营许可证等相关信息、怠于履行监管职责的行为违法。2019 年 1 月 9 日，滨城区人民法院作出判决，支持了检察机关的诉讼请求。区食药局表示今后将加强网络餐馆服务第三方平台监管，全力维护人民群众"舌尖上的安全"。

【入选理由】

食品药品安全领域造成众多不特定消费者合法权益等社会公共利益受到侵害的事实，既包括具体的侵害事实，也包括存在的侵害危险。只要存在重大食品安全隐患，危及众多不特定消费者身体健康，就应认定为损害社会公共利益的行为，食品监督管理部门应当依法履行监管职责。监管部门不履行法定职责的，检察机关有权依法提起公益诉讼，监督职能部门依法履责。人民法院依法作出确认违法的判决，对行政机关履职具有警示意义，能够更好地促进相关行政机关在今后的执法过程中依法行政、全面履职、保护公共利益。

6. 刘丽诉社工明星性骚扰维权案。

【案情简介】

2018 年 7 月 27 日，受"Metoo"运动鼓舞，受害人刘丽（化名）在公众号"女泉"上匿名发出公开举报信，称 2015 年夏天，汶川地震时被多家媒体称为"坚守灾区最久的志愿者"的社工明星刘猛在"一天公益"的温江工作站内对其强行拥抱，实施性骚扰。同年 9 月，北京市东城区源众家庭与社区发展服务中心李莹主任以及北京天驰君泰律师事务所合伙人田咚律师，作为刘丽的代理律师，向法院提起诉讼。2019 年 6 月 11 日，成都市武侯区人民法院对此案进行一审判决，被告刘猛存在性骚扰行为，要求被告在判决结果生效之日起 15 日内，向原告当面以口头或书面方式赔礼道歉。法院同时认为，刘猛的性骚扰行为系个人行为，"一天公益"并非该行为的共同侵权人，且刘丽与"一天公益"系基于劳动合同而产生相应的权利义务关系，应另案诉争。据此驳回了刘丽提出的精神损害赔偿和雇主机构"一天公益"承担连带赔偿责任的诉请。此案系国内法律史上第一起以"性骚扰"为案由判决的胜诉案。

【入选理由】

最高人民法院在 2018 年 12 月 12 日发文将"性骚扰损害责任纠纷"列为独立的民事案件案由。本案是性骚扰作为独立案由后法院审理的第一个案例，意味着我国对性骚扰争议的处理开启司法渠道。本案原告胜诉，不仅对施害人是一种制裁，也对相关机构强化教育管理提出了警示，彰显了司法对女性权利的保护，对反性骚扰具有标志性意义。以往若须将性骚扰立案，其案由往往不够清晰准确，不论是名誉权还是一般人格权，都未必能够准确描述性骚扰给受害者带来的损害。最高人民法院将"性骚扰损害责任纠纷"作为独立案由，为性骚扰受害者寻求司法保护提供了依据，也为法院处理性骚扰纠纷提供了依据。

7. 河北省保定市人民检察院诉霍某侵害凉山烈士名誉权、荣誉权公益诉讼案。

【案情简介】

2019 年 3 月 31 日下午，在四川省凉山州森林火灾救援过程中，27 名森林消防指战员和 3 名地方扑火队员壮烈牺牲。4 月 2 日，国家应急管理部、四川省人民政府批准 30 名同志为烈士。当日，霍某在其微信朋友圈中就凉山烈士救火牺牲一事发表侮辱性的不当言论，诋毁凉山烈士的品德和形象，造成了恶劣的社会影响。4 月 2 日，保定市莲池区人民检察院发现该线索后，迅速移送至保定市人民检察院（本部分简称保定市检察院），经初步调查，保定市检察院于 7 月 24 日立案，启动公益诉讼案件办理程序，并积极开展调查取证工作。7 月 31 日，保定市检察院依法履行民事公益诉讼诉前程序，在媒体上发布公告，告知凉山 30 名救火英雄的亲属可以就霍某发表侮辱烈士言论的行为提起民事诉讼，公告期满，30 名救火英雄的亲属未提起民事诉讼。

8 月 30 日，保定市检察院依法向保定市中级法院提起民事公益诉讼，要求追究被告霍某侵害凉山英雄烈士名誉权、荣誉权的民事责任，请求判令被告通过国家级媒体公开赔礼道歉，消除影响。9 月 24 日，保定市中级法院公开开庭审理本案并当庭宣判，支持了检察机关的诉讼请求。霍某当庭表示不上诉，并当众宣读致歉信，对自己发表侮辱性言论的违法行为深感后悔，希望得到英雄烈士的亲属及社会公众的原谅。9 月 26 日，霍某在《检察日报》上刊发致歉信，向凉山英烈的亲属以及全社会致歉。

【入选理由】

英雄烈士的形象是民族精神的体现，英雄烈士的姓名、肖像、名誉和荣誉等不仅是个人权益的重要内容，更是社会正义的重要组成内容，蕴含了社会主义核心价值观和民族的共同情感。对通过互联网损害英雄烈士名誉权、荣誉权的行为提起检察公益诉讼，依法捍卫英雄烈士的名誉，彰显了人民检察机关的鲜明司法价值导向，对于加强英雄烈士的保护，传承和弘扬英雄烈士精神，维护社会公众对英雄烈士的情感，匡正社会公序良俗，弘扬社会主义核心价值观，具有重要意义。

8. 自然之友诉现代汽车尾气污染达成公益信托协议案。

【案情简介】

2013 年 9 月，北京市环境保护局对现代汽车自韩国进口的全新胜达 3.0 车型进行了车辆环保一致性抽检。后经 2 次复检，于 2014 年 1 月 20 日对检测结果进行了确认。最终认定现代汽车自 2013 年 3 月 1 日至 2014 年 1 月 20 日进口中国并在北京地区销售的全新胜达 3.0 车辆的排气污染数值中颗粒物一项数值排放超过京 V 环保标准的限值。2016 年 5 月 11 日，北京市朝阳区自然之友环境研究所针对现代汽车的以上违法行为，向北京市第四中级人民法院提起环境公益诉讼，请求法院判令被告现代汽车停止销售并召回已销售的不符合京 V 环保标准的车型，并承担因此所造成的生态环境修复费用，同时在媒体上公开道歉。2016 年 6 月 2 日，法院立案受理了此案。

2019 年 5 月 21 日，经北京市第四中级人民法院审理，该案以调解方式结案。双方自愿达成调解协议，协议确认被告现代汽车已停止销售违规排放的全新胜达 3.0 车辆，并已经对在北京地区销售的全部违规排放的车辆予以维修并达到排放标准；同时，被告还应于调解书生效之日起 30 个工作日内设立公益信托，向信托受托人长安国际信托股份有限公司交付信托资金 120 万元，用于保护、修复大气环境、防治大气污染，支持环境公益事业，并就销售车辆不符合排放标准一事向社会公众致歉。原告为本案支出费用由被告承担。北京市第四中级人民法院于 2019 年 3 月 28 日将调解协议在《人民法院报》上进行了为期 30 日的公告。

【入选理由】

在环境公益诉讼中，生态环境损害赔偿金的赔付、管理和使用一直是实践中的一个难题。如何将损害赔偿金真正用于环境修复，实现专款专用，这是实现环境公益诉讼成效的一个非常重要的环节。本案历时数年，最终通过调解达成协议，有关各方一致同意用公益信托的方式实现赔付资金管理，并切实运用到环境修复中，这对于确保损害赔偿金有效利用，推进环境公益诉讼落到实处具有重要的价值和意义。

9. 海南省文昌市人民检察院诉文昌市海洋与渔业局不依法查处"绝户网"行政公益诉讼案。

【案情简介】

海南省文昌市人民检察院（本部分简称文昌市检察院）在履行职责时发现，在文昌市辖区海域内存在大量使用违法定置网（俗称"绝户网"）非法捕捞，破坏海洋渔业生态资源的违法情形。经聘请海南省海洋与渔业科学院专家现场抽查鉴定，此类渔具属于导陷建网陷阱类，最小网目尺寸（20mm），不符合国家规定的最小网目尺寸（35mm）。新闻媒体曾多次对当地禁渔期使用"绝户网"情况进行报道，检察机关也曾于 2016 年 8 月发出检察建议督促进行整改，但定置网非法捕捞行为仍未得到遏制、减少。文昌市检察院于 2018 年 8 月 2 日、9 月 3 日、12 月 21 日到冯家湾等海域跟进监督发现，该区域仍有大量违法定置网存在。

2018 年 12 月 28 日，文昌市检察院向海口海事法院提起行政公益诉讼。请求确认被告对辖区海域内大量存在的违法定置网怠于履行职责行政行为违法;判令被告在 6 个月内继续履行法定职责。海口海事法院于 2019 年 7 月 2 日进行开庭审理,2019 年 9 月 19 日开庭宣判,判决确认被告对辖区海域内的违法定置网未完全履行法定职责的行为违法,责令被告在判决生效后 6 个月内履行查处辖区海域内违法定置网的法定职责。判决后,文昌市农业农村局(原海洋与渔业局)没有上诉,并主动与文昌市检察院就如何查处定置网非法捕捞事宜进行沟通,同时制定专项行动方案。

【入选理由】

长期大量使用小于国家规定最小网目网具非法捕捞,是一种毁灭性的捕捞方式,严重破坏海洋渔业资源和环境。检察机关提出检察建议后,渔业行政主管部门开展的清理行动不符合法律规定的执法要求。在行政机关执法过程中采取"变通式"执法,未依法完全履职的情况下,违法行为不能被有效遏制,海洋资源将持续受到损害,检察机关通过提起行政公益诉讼的方式,有效促进了行政机关依法规范执法,有力打击了"绝户网"现象,切实保护了海洋自然资源和生态环境。

10. 江苏南京市鼓楼区人民检察院诉南京胜科水务公司污染环境刑事附带民事公益诉讼案。

【案情简介】

南京胜科水务有限公司(本部分简称胜科水务公司)于 2014 年 10 月 1 日至 2017 年 4 月 18 日,在一期 B 高浓度废水处理系统未运行、SBR 池无法正常使用的情况下,私设暗管多次向长江违法排放高浓度废水 284 583.04 立方米、具有有毒有害成分的污泥 4362.53 吨和含有危险物质的混合废液 54.06 吨。在二期废水处理系统中,人为篡改在线监测仪器数据,逃避环保部门监管,长期超标排放污水,共计违规排放超标废水 9 068 630.28 立方。经评估,上述环境侵权行为造成的生态环境损害数额高达 4.7 亿元左右。

2017 年 8 月 25 日,南京市公安局水上分局侦查终结,以被告单位胜科水务公司、被告人郑巧庚等 13 人犯污染环境罪向南京市鼓楼区人民检察院移送审查起诉。2017 年 9 月,南京市鼓楼区人民检察院对该案公益诉讼部分立案审查,走访了辖区内符合《环境保护法》条件的公益组织和相关行政机关,未有法律规定的机关和有关组织拟就本案起诉。2018 年 9 月,该院向南京市玄武区人民法院提起刑事附带民事公益诉讼。南京市玄武区人民法院于 2019 年 5 月 17 日作出刑事判决,以被告单位胜科水务公司犯污染环境罪,判处罚金人民币 5000 万元。被告单位胜科水务公司不服一审判决,上诉至南京市中级人民法院,南京市中级人民法院于 2019 年 10 月 15 日裁定驳回上诉,维持原判。2019 年 5 月 7 日,法院向检察机关转达胜科水务公司提出民事公益诉讼案件的调解申请,其控股股东胜科(中国)投资有限公司(本部分简称胜科中国)出具担保函。公益诉讼起诉人综合考虑实际情况,寻求保护公益"最优解",同意调解意见。创造性同意增加第三人胜科中国作为赔偿义务人,采取"现金赔偿+替代性修复"方式,经 35 轮 50 余次磋商,科学确定 4.7 亿总额的调解方案。2020 年 2 月 7 日，该调解书生效。

【入选理由】

因民事公益诉讼的调解程序仅有程序性和原则性的规定，特别是针对该案赔偿义务人无力支付赔偿款，由案外人提供担保的情况，具体调解方案难以把握。本案中刑事附带民事公益诉讼被告接受检察机关提出的诉讼请求，愿意积极赔偿损失，在不损害社会公共利益的前提下，检察机关可以与之和解。环境公益诉讼赔偿主体可以在不减损社会公共利益情况下，根据案外第三人主动申请增加。刑事附带民事诉讼被告履行损害赔偿责任的形式，人民检察院可以综合考虑被告赔偿能力、损害修复效果等因素，采用现金赔偿、替代性修复等多种方式。

第三节　行政诉讼法的实践状况*

一、行政诉讼司法的基本数据

2019 年的行政诉讼实践在习近平新时代中国特色社会主义思想的指导下，紧紧围绕"努力让人民群众在每一个司法案件中感受到公平正义"的目标，坚持服务大局、司法为民、公正司法，忠实履行宪法法律赋予的职责，各项工作都取得了新成效，为法治政府建设和依法行政提供了有力的司法保障。

（一）全国行政诉讼大数据报告

1. 检索条件。为了全面描绘 2019 年行政诉讼案件的司法实践样态，本次报告采集了 2019 年全国各地基层法院、中院以及高级人民法院审结且公开的行政诉讼案件数据样本，通过对行政诉讼案件数量分布、地域分布、行业分布、行政诉讼高发的具体行政行为种类、裁判文书的类型等多个维度的数据展开分析，总结归纳 2019 年行政诉讼所呈现的基本特点，以期用客观的数据、直观的图表、简明的分析，勾勒出 2019 年行政诉讼的画像，为公众更全面认识并参与行政诉讼案件，为各级行政机关严格依法行政提供参考和指引。

（1）数据来源：北大法宝司法案例库。

（2）审结时间：2019 年 1 月 1 日至 2019 年 12 月 31 日。

（3）案由：行政。

（4）程序：一审、二审、再审、执行。

按照上述检索条件共检索到 2019 年各级法院所审结的公开裁判文书共 526 733 份。[1] 通过行政诉讼数量变化、地域分布、行业分布、行政诉讼高发的具体行为种

---

* 执笔人：中国政法大学诉讼法学研究院高家伟教授、硕士研究生高润青。

[1] 因数据库收录裁判文书的数量、案件的公开程度和时间等因素，以及执笔人能力所限，本报告数据与实际情况可能存在一定误差。

类、审判级别、审判程序、结案方式、文书类型等多维度数据对行政诉讼实践展开分析。

2. 分类报告。

（1）案件数量增长

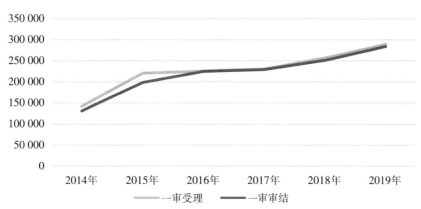

图 3-1　2014 年至 2019 年行政诉讼案件数量

（2）案件地域分布

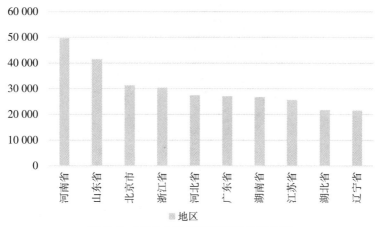

图 3-2　2019 年行政诉讼案件地域分布

（3）案件审判级别

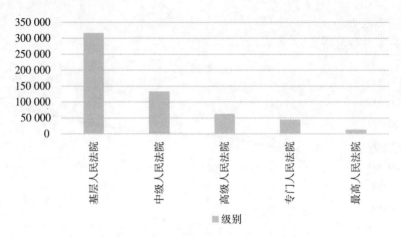

图 3-3　2019 年行政诉讼案件审判级别

（4）案件审判程序

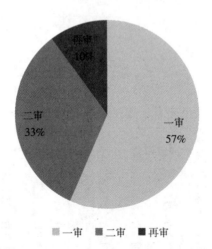

图 3-4　2019 年行政诉讼案件审判程序

（5）行政管理范围

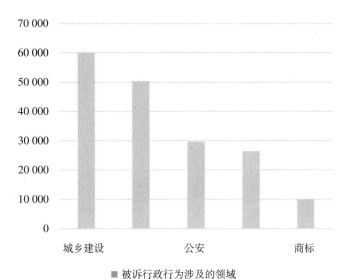

图 3-5 2019 年行政诉讼被诉行政行为涉及的领域（最多的 5 个领域）

（6）高频被诉的行政行为类型

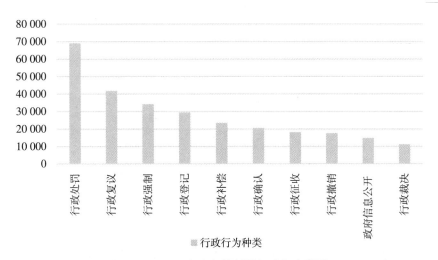

图 3-6 2019 年高频被诉的行政行为类型

（7）裁判文书类型

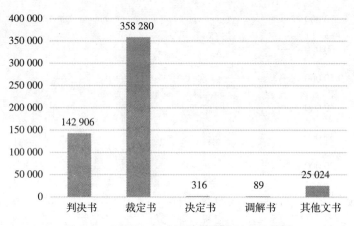

图 3-7　2019 年行政诉讼案件裁判文书类型

（8）裁判终审结果

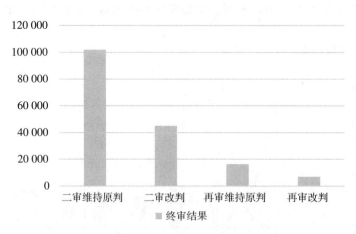

图 3-8　2019 年行政诉讼案件裁判终审结果

（二）全国行政诉讼大数据分析

1. 行政诉讼大数据动态过程分析。

（1）立案。根据最高人民法院发布的相关数据，2014 年至 2019 年行政诉讼立案数量有较大幅度的提升。2014 年全国法院一审受理的行政案件为 14 万余件，2019 年全国法院一审受理的行政案件为 28 万余件，5 年间一审行政案件受理量实现翻番。

同时，不同种类的行政案件数量也有明显的增长，例如在 2019 年全国法院登记立案的一审行政案件中，涉及城乡建设的行政案件共有 60 036 件，相较于 2018 年上升 27.76%。从这些数据可以看到，在行政诉讼立案登记制正式实施之后，我国行政诉讼的立案数量无论是总量还是不同类型的行政案件数量，都呈现了增长趋势，缓解了行政诉讼立案难的问题。

聚焦于 2019 年全国法院一审受理行政案件数量的高位运行态势，背后的原因除了立案登记制的持续、深入推进，还有 2019 年最高人民法院在全国中基层法院推行的跨域立案诉讼服务改革。跨域立案服务是立案登记制改革后，最高人民法院力推的又一重大改革，是贯彻落实习近平总书记提出的"加快推进跨域立案诉讼服务改革，推动诉讼事项跨区域远程办理、跨层级联动办理"[1] 重要指示要求，努力为人民群众提供优质高效便捷诉讼服务的重大举措。

在这一重大举措下，当事人及其代理人可以选择到就近的中基层人民法院诉讼服务中心，提交一审起诉申请材料，由该法院作为协作法院，代为核对、接收并向有管辖权的法院发送跨域立案服务申请。管辖法院收到后，及时回应，并向协作法院作出是否符合受理条件的反馈，由协作法院当场送达或告知当事人，构建起"家门口起诉"的新模式。

根据最高人民法院通报的数据显示，自 2019 年 8 月启动跨域立案服务改革至 2019 年 12 月 31 日，全国中基层法院共提供跨域立案服务 82 022 件。其中，管辖法院 30 分钟内回应的案件占总受理量的 88.77%。跨域立案服务，通过法院之间的系统联通，以及相互协作、业务协同，合力为当事人提供立案服务，为当事人诉讼权利提供保护，真正体现了司法为民。

（2）审判。2019 年，我国法院行政审判案件质效稳健提升，一审结案率高达 98.27%，二审改判和再审改判比例有所下降，努力将行政争议化解在基层。最高人民法院、各高院和中院通过办理二审和再审案件，推动建立发回重审、指令再审案件信息反馈机制，及时发现和纠正下级法院的错误裁判，进一步提升审判质量。针对司法实践中存在的部分行政案件裁判标准不统一、类案不同判现象，最高人民法院定期发布行政审判指导性案例和参考性案例，充分发挥案例的示范、指引作用，不断完善法律使用分歧的解决方式与制度安排，确保法律统一正确实施。2019 年，最高人民法院共发布行政案件公报案例 5 个，分别涉及行政许可、征收拆迁、工伤认定、发明专利和治安处罚，取得了良好的法律效果和社会效果。

从数据上看，我国行政审判中涉及民生领域案件保持较大比重，并呈现相对集中的态势。其中，城乡建设类 60 036 件，占 21.14%，案件数量绝对值占比很高，随

---

〔1〕　中共中央总书记、国家主席、中央军委主席习近平出席 2019 年中央政法工作会议并发表重要讲话，强调要持续开展"减证便民"行动，加快推进跨域立案诉讼服务改革，推动诉讼事项跨区域远程办理、跨层级联动办理，解决好异地诉讼难等问题。

着城建规模扩大，这类案件还将会继续增加；劳动与社会保障类 26 435 件，这类案件主要涉及人社部门作出的工伤认定决定；资源行政管理类 50 340 件，占 17.72%，这类案件主要涉及规划管理领域中建设用地和建设工程规划的行政许可。以上数据说明，涉及社会民生领域的行政案件，仍是我国行政审判工作的重点。

2019 年，行政机关败诉率有所下降。行政机关败诉率的下降不仅表明了行政机关依法行政水平和能力在逐步提升，也体现了法院司法审查力度的增强。通过对我国 2019 年行政机关败诉案件的分析研究，发现行政机关败诉案件集中在房屋拆迁补偿、工商认定、政府信息公开等领域，败诉原因主要表现为程序违法、拖延履行或拒绝履行法定职责、滥用职权、超越职权等。

（3）执法。近年来，执行难一直都是我国司法实践中难以解决的问题，尤以行政机关作为被执行对象时更甚。从当前司法实践看，以行政机关为对象不仅执行立案难，而且在立案后，鉴于其本身缺乏依法行政意识，千方百计拖延履行、甚至拒不履行的现象仍屡见不鲜。

为实现十八届四中全会提出的"切实解决执行难"总体目标，最高人民法院于 2019 年发布《关于深化执行改革健全解决执行难长效机制的意见——人民法院执行工作纲要（2019—2023）》（本部分简称《纲要》），指出要进一步加强综合治理、源头治理，深化执行改革，强化规范化、信息化建设，加强执行队伍建设等措施。切实解决执行难，不仅需要司法机关发挥监督作用，更需要行政机关和社会公众的努力。在《纲要》的指导下，各地纷纷采取一系列措施推进行政机关对法院生效裁判的履行，例如对不履行生效裁判的党政机关及其负责人，视情况采取约谈、通报、考核扣分、取消评优评先资格等措施予以问责，同时作为干部考核和任用的依据；为避免执行案件受到来自当地党政部门的影响或干扰，对涉党政机关等特殊主体案件予以交叉执行或提级执行；对一些党政机关确实无力执行的案件，可由财政统筹考虑建立专项资金来进行履行，纳入预算管理等。这些措施有利于保障执行工作步入良性循环的轨道，维护政府良好法治和诚信形象。

2. 行政诉讼大数据静态制度分析。

（1）行政诉讼集中管辖制度。近年来，各地集中管辖法院受理行政案件数量的稳步上升，表明集中管辖改革在我国的持续推进与深入。2019 年，最高人民法院就湖南省高级人民法院关于湖南省基层人民法院一审行政案件集中管辖改革方案的请示作出批复，同意湖南法院开展行政案件集中管辖改革。在全省范围内实行集中管辖模式的 1 年内，湖南省各集中管辖法院共立案受理一审行政案件 7731 件，结案 5970 件，行政争议实质化解率明显提升，各集中管辖法院调解撤诉案件共 1673 件，调撤率达到 20.6%。湖南省各集中管辖法院的一审行政案件平均办理天数为 85.2 天，上诉率由 50.1% 下降为 47.9%，服判息诉率由 49.9% 上升为 52.1%，被发改率由

9.5%下降为 8.9%，行政机关负责人出庭应诉案件占应出庭案件总数的 31.7%。[1]
福建省在 2015 年以来实施行政案件管辖制度改革的成功经验基础上，全面实施省级
基层法院对一审行政案件的集中管辖。除信息公开案件和移交福州铁路运输法院受
理的部分行政案件外，中级法院管辖的一审行政案件均异地管辖。深圳市两级法院
创新集中管辖平台，并于 2019 年全面启用深圳行政审判中心，集合了深圳全市行政
审判力量，集中受理审理全市行政诉讼一、二审案件和非诉行政审查案件，实现了
行政案件实现了 99.9%[2]以上的异地跨区域管辖，进一步深化了行政诉讼集中管
辖和跨区域管辖改革。

　　通过对 2019 年集中管辖行政案件的梳理，可以看到集中管辖制度的实施较好地
缓解了不同地区法院裁判标准不统一的问题，提升了行政诉讼案件审判质效。此外，
在行政诉讼集中管辖改革的背景下，司法便民原则更加深入贯彻，各集中管辖法院
坚持以人民为中心，强化便民诉讼服务，切实减轻当事人诉讼负担，及时有效保障
当事人诉权；行政机关应诉积极性明显增强，依法行政的自觉性也有所提高。

　　（2）行政协议案件审理制度。2019 年，全国法院审理行政协议案件 9435 件，同
比增长 18.73%。我国 2014 年出台的《行政诉讼法》第 12 条第 1 款第 11 项规定，公
民、法人或者其他组织认为行政机关不依法履行、未按照约定履行或者违法变更、
解除政府特许经营协议、土地房屋征收补偿协议等协议而提起诉讼，由人民法院受
理。这是我国行政诉讼法首次对行政协议诉讼作出明确规定。但有关行政协议的起
诉方式、举证责任、诉讼时效、判决方式等制度，《行政诉讼法》中并无规定。

　　2019 年最高人民法院公布《关于审理行政协议案件若干问题的规定》（本部分
简称《行政协议规定》）。这部司法解释对行政协议诉讼进行了专门规定，完善了行
政协议司法审查制度，推动行政机关在订约过程中审慎选择协议相对方，在履约过
程中诚信履行协议义务，在违约之后依法承担协议责任。

　　第一，明确行政协议的定义和范围。《行政协议规定》第 1 条规定，行政机关为
了实现行政管理或者公共服务目标，与公民、法人或者其他组织协商订立的具有行
政法上权利义务内容的协议，属于《行政诉讼法》第 12 条第 1 款第 11 项规定的行
政协议。根据这一规定，行政协议包括 4 个要素：一是主体要素，即一方当事人必
须为行政机关；二是目的要素，即必须是为了实现行政管理或者公共服务目标；三
是内容要素，协议内容必须具有行政法上的权利义务内容；四是意思要素，即协议
双方当事人必须协商一致。只有满足这 4 个要素，才属于行政协议。通过对行政协
议内涵的规定，明确行政协议与民事合同之间的区别。

　　《行政诉讼法》规定，政府特许经营协议、土地房屋征收补偿协议等协议属于行

---

〔1〕　"湖南法院交出一审行政案件集中管辖一周年'成绩单'"，载 https://baijiahao.baidu.com/s?
id=1666550163750645874&wfr=spider&for=pc，最后访问日期：2021 年 3 月 1 日。

〔2〕　参照数据为 2019 年度深圳市行政审判工作报告中公布的数据。

政协议范围。《行政协议规定》第2条对除上述2类协议之外的类型进行了列举。主要包括：矿业权出让协议等国有自然资源使用权出让协议；政府投资的保障性住房的租赁、买卖等协议；符合《行政协议规定》第1条规定的政府与社会资本合作协议；其他行政协议。司法实践中，有的行政机关签订的协议并非属于行政协议。《行政协议规定》第3条规定了2类容易与行政协议混淆的协议：对于行政机关之间因公务协助等事由而订立的协议、行政机关与其工作人员订立的劳动人事协议，不符合行政协议的基本要素，不属于人民法院行政诉讼受案范围。

第二，明确行政协议诉讼的当事人资格。基于行政协议诉讼"民告官"的定位，《行政协议规定》第4、6条规定，因行政协议的订立、履行、变更、终止等产生纠纷，公民、法人或者其他组织作为原告，以行政机关为被告提起行政诉讼的，人民法院应当依法受理。人民法院受理行政协议案件后，被告就该协议的订立、履行、变更、终止等提起反诉的，人民法院不予准许。另外，《行政协议规定》不再局限于民事合同的相对性原则，规定了行政协议中的利害关系人的原告资格。为了保证公平竞争权人在行政协议订立中的权益，规定了公平竞争权人的原告资格；为了保障被征收、征用人、公房承租人等弱势群体的实体权益，规定了用益物权人和公房承租人的原告资格。

第三，明确行政协议诉讼种类和举证责任。行政协议诉讼的具体种类主要包括：请求判决撤销行政机关变更、解除行政协议的行政行为，或者确认该行政行为违法；请求判决行政机关依法履行或者按照行政协议约定履行义务；请求判决确认行政协议的效力；请求判决行政机关依法或者按照约定订立行政协议；请求判决撤销、解除行政协议；请求判决行政机关赔偿或者补偿等。根据当事人的不同诉求，结合行政机关在行政协议中的地位，司法解释区别情况规定了举证责任。被告对于具有法定职权、履行法定程序、履行相应法定职责以及订立、履行、变更、解除行政协议等行为的合法性承担举证责任；原告主张撤销、解除行政协议的，对撤销、解除行政协议的事由承担举证责任；对行政协议是否履行发生争议的，由负有履行义务的当事人承担举证责任。

第四，明确对行政优益权行为的合法性审查。《行政协议规定》坚持对被诉行政行为合法性进行审查，明确规定，人民法院审理行政协议案件，应当根据《行政诉讼法》第70条的规定对被告订立、履行、变更、解除行政协议的行为是否具有法定职权、是否滥用职权、适用法律法规是否正确、是否遵守法定程序、是否明显不当、是否履行相应法定职责进行合法性审查。

第五，明确行政协议违约责任和被告缔约过失责任。行政机关违约的，应当充分赔偿当事人的实际损失，该实际损失不仅包括直接损失，也包括预期损失。原告要求按照约定的违约金条款或者定金条款予以赔偿的，人民法院应予支持。被告明确表示或者以自己的行为表明不履行行政协议义务，原告在履行期限届满之前向人民法院起诉请求其承担违约责任的，人民法院应予支持。《行政协议规定》依照合同法的规定明确了被告的缔约过失责任，即协议约定被告负责履行批准等程序而被告未履行，原告要求被告承担赔偿责任的，人民法院应予支持；因被告的原因导致协议被确认无效或者被撤销，可以同时判决责令被告采取补救措施；给原告造成损失的，人民法院应当判决被告予以赔偿。

3. 行政诉讼司法数据总体分析。根据 2019 年的行政诉讼司法数据来看，我国行政诉讼在 2019 年及未来将持续发挥在保障依法治国方略实施、实现国家治理能力现代化中的重要作用，助推法治环境、营商环境、生态环境的改善优化。

（1）优化法治环境。随着市场经济不断发展，政府在公共管理服务中更多通过平等协商的方式施行政策，实现行政管理目的。行政协议作为新行政管理手段在市场经济中发挥的作用日益明显。借助以上数据分析，可以看到 2019 年全国法院审理的行政协议纠纷案明显增多。法院通过依法裁判，监督和促进行政机关依法、依约、诚信履行行政协议，充分保护协议各方主体的合法权益。对行政机关不符合法定或约定条件，单方变更、解除协议或以其他方式拒绝履行协议义务的，法院依法判令行政机关承担违约责任，责令其继续履行行政协议义务。对行政机关因维护国家、公共利益需要变更行政协议，造成行政相对人合法权益损失的，法院依法判令行政机关承担补偿责任。对行政机关拒绝承认其与行政相对人签订的协议属于行政协议，逃避履行协议义务的，在该协议具备履行条件且不会损害国家、公共利益的情形下，法院判令行政机关限期履行协议，保护行政相对人信赖利益，推进法治政府建设。

（2）改善营商环境。2019 年，我国法院通过依法审理涉及政府招投标的行政案件，规范政府主管部门依法履行监管职责，为营造公平、公正、公开的市场竞争环境提供有力司法保障。对接到当事人有关招投标行为违法的投诉，相关财政主管部门未认真履行监管职责，未尽充分调查义务，或者回避投诉的关键问题的，法院依法判令其重启处理程序；对中标企业存在商业信誉不良不具备参与政府采购法定条件的，法院依法支持政府主管部门合法、合理行使自由裁量权，责令重新开展采购活动，促进政府采购的诚信建设。2019 年，我国法院在党的十九大精神及中央有关民营企业产权保护意见[1]的指导下，依法审结涉民营企业产权保护的行政案件，纠正违法侵害民营企业产权的行政行为，妥善认定政府与企业签订合同的效力，依法支持民营企业的合理诉求，确保民营企业的合法正当利益得到有效司法保护努力为民营企业发展营造良好的市场竞争环境。

（3）保护生态环境。当前，生态环境保护日益成为社会关注的焦点。为最大限度减少当公共环境资源遭到非法破坏时，因行政机关不依法履行监管职责，致使环境污染状况持续加重的情况出现，2019 年我国法院依法审理检察机关提起的环境行政公益诉讼，支持检察机关的合法诉讼请求，督促行政机关及时、充分、有效履行

---

[1]　参见 2016 年 11 月 4 日，中共中央、国务院发布的《关于完善产权保护制度依法保护产权的意见》。

环境保护职责，全力维护生态环境。对接到检察机关检察建议后，仍怠于履行环保监管职责的行政机关，责令其限期采取环保监管措施；对行政机关部分履行环保职责，但未能完全消除环境污染问题的，判令其继续履行职责，直至受污染的生态环境得到有效治理、修复。

二、行政诉讼法的实施状况

面对法治建设的新形势、新情况，2019年的行政审判工作坚持问题导向，积极探索，努力协调好法律和政策、公权力与私权利的关系，促进形式法治与实质法治、法律效果与社会效果的统一。

（一）行政争议实质性解决工作初显成效

行政争议是否能有效实质解决，直接关系到社会的和谐稳定，也影响着我国全面依法治国的法治进程。

1. 行政机关负责人出庭应诉率上升。近年来，行政机关负责人出庭应诉制度作为行政诉讼法的一大亮点，在司法实践中得到持续推进。2019年全国各地法院行政机关负责人出庭应诉率普遍上升。安徽省法院开庭审理各类行政诉讼案件8754件，行政机关负责人出庭应诉4475件，出庭率为51.12%，同比增长10.74个百分点。[1] 上海市各级人民法院监督行政机关依法履职，积极推动行政机关负责人出庭应诉1251人次，同比上升15.3%。[2] 黑龙江全省行政机关负责人出庭应诉率100%，连续3年全国第一。[3] 行政机关负责人出庭应诉率上升，体现了行政机关对原告的尊重，有利于查明案件事实找准争议焦点、增加诉讼和解概率、促进原告服判息诉，从而有效促进实现行政争议的实质化解。

2. 一并审理民事争议制度激活。一并审理民事争议制度作为行民交叉案件的处理机制，是推进实质性解决争议、防止行政诉讼程序空转的重要举措。然而，在2015年至2018年间，适用该制度的行政案件极少，意味着该制度在实践中并未有效运行。针对这一问题，2019年北京市第二中级人民法院课题组在《行政诉讼一并审理民事争议研究》[4] 中实证分析成因，以激活该制度为导向，从适用范围、立案申请及审查程序、审理与裁判程序、相关配套举措等方面提出具体可行的建议。尽管一并审理民事争议制度的构建不可能一蹴而就，但实务界、学界关于该项制度的思考、建议以及激发其活力的有益尝试，都将凝聚为推动一并审理制度公正高效运转的强大力量。

3. 行政判决方式的选择更科学。2014年修正后的《行政诉讼法》和2018年施

---

〔1〕 参照数据为《2019年安徽法院行政案件司法审查报告》中公布的数据。

〔2〕 参照数据为2019年度上海行政审判白皮书中公布的数据。

〔3〕 崔东凯、张冲："黑龙江行政机关负责人出庭应诉率100%"，载《法制日报》2020年1月24日，第3版。

〔4〕 北京市第二中级人民法院课题组："行政诉讼一并审理民事争议研究"，载《中国应用法学》2019年第1期。

行的最高人民法院的《关于适用〈中华人民共和国行政诉讼法〉的解释》进一步丰富和细化了行政审判的裁判方式。对此，各级法院行政审判部门更加注重结合原告的实质诉求，在对被诉行政行为进行合法性审查的基础上，结合司法环境、当事人行为的性质和裁判实际效果等多种因素进行适度的司法能动，灵活选择撤销判决、课以义务判决、一般给付判决等不同判决形式，着力增强判决的针对性和实效性，实现法律真实和客观真实的融合，维护行政诉讼原告的合法权益。

4. 行政诉讼协调和解机制更完善。2014 年《行政诉讼法》明确承认行政赔偿、补偿及行政裁量权案件可以调解，并将行政调解书列为与行政判决书和裁定书具有同等重要地位的法律文书。但行政审判实践中法院出具行政调解书的情形却非常少见，更多还是依赖惯常的协调化解促使原告撤诉方式结案。法院对行政机关具体行政行为存在过错的案件，不简单下判，而是指出行政机关存在的问题，给出一定时间让其自行纠正，取得行政相对人的谅解；对行政机关的具体行政行为无过错的案件，不简单一判了之，而是要深入了解当事人诉讼的真正目的，尽力解决当事人的实际困难。多地法院还将"枫桥经验"运用在行政诉讼中，尝试建立多元参与协调机制，争取当地党委和人民代表大会支持，积极引入第三方力量，邀请人大代表、政协委员和人民调解员、人民陪审员等，参与整个争议的化解过程，协助做好对当事人的释理说法工作，加大协商联调力度。

（二）司法与行政良性互动

2019 年，行政诉讼领域中具有中国特色的司法与行政互动呈常态发展，具体而言，主要表现为以下 3 种形式：一是司法建议。2019 年全国各级法院针对行政诉讼中行政行为存在的问题，继续以发送司法建议的方式，建议行政机关予以整改，以防止同类问题反复发生。有学者根据司法建议与审判过程的关联度将其分为直接关联型和间接关联型 2 类，若司法建议的内容没有超出本案的处理范围，在审判过程中能直接解决，但不适合用判决和裁定或执行等方式，而采用了司法建议的方式，这种类型的司法建议就被称为直接关联型司法建议；若司法建议的内容超出了本案的处理范围，不能在审判过程中直接解决，即不能用判决和裁定或执行等方式，只能采取司法建议的方式解决处理，这种类型的司法建议就被称为间接关联型司法建议。目前，我国法院在行政审判活动中大量适用的司法建议即为间接关联型，以温和、柔性方式向行政机关提出建议，减少法院和行政机关的冲突与矛盾，创新法院参与社会治理的手段。二是行政审判白皮书。在全面依法治国的新时代，行政审判白皮书应成为"延伸审判智能、助力法治政府建设的重要载体，其目的在于通过系统梳理、深度剖析和挖掘对比，推进行政机关提高依法行政能力和水平，实现人民法院和行政机关之间在更高层次上的良性互动。2019 年 5 月 29 日，上海市高院发布2018 年度行政审判白皮书，指出：在行政执法工作中，法治观念仍需进一步提升、行政程序需进一步完善、工作措施需进一步落实；在行政应诉工作中，应诉工作仍需进一步加强、争议实质性解决工作力度需进一步加强、司法与行政互动需进一步深入。[1] 2019 年 7 月 26 日，吉林省高院发布 2018 年度行政审判白皮书，白皮书全面梳理和总结了 2018 年全省法院行政案件司法审查的总体情况，并提出严格落实中央对法治政府建设的要求、完善政府守信践诺机制、提升行政执法水平、提高行政应诉能力、加强府院良性互动等司法建议。[2] 安徽、湖南、广东、浙江、云南等省的法院也都发布了行政审判白皮书，旨在延伸行政审判职能，提出具有针对性的司法建议，督促行政机关依法行政，强力推进法治国家、法治政府、法治社会一体建设。三是联席会议制度。2019 年 11 月 22 日，最高人民法院赔偿委员会与中国人民大学法学院联合举办国家责任研究基地 2019 年年会暨国家赔偿联席会议第三次会议。在国家责任研究基地年会上，与会代表围绕新时代国家赔偿的制度发展以及人民群众对人权保障和司法供给的新期待、国家赔偿既有制度的完善、国家赔偿与国家补偿的关系、监察赔偿责任的落实等重大问题进行了充分研讨。在国家赔偿联席会议上，联席单位代表就再审减轻刑罚致超期服刑、怠于履职致人伤亡、确定赔偿义务机关的特殊规则、财产损害赔偿的范围与计算时点等一批亟待统一或明确裁判规则的法律疑难问题进行了深入探讨。

随着行政复议体制改革的深化，2019 年我国各级行政机关和司法机关召开行政复议和行政审判联席会议，对 2018 年行政复议和行政诉讼工作进行总结回顾，围绕出庭应诉人员身份及负责人出庭应诉问题、集中承办行政复议案件及相关应诉问题、行政复议救济权利告知问题、机构改革后有关部门执法主体资格问题、行政诉讼案件诉前调解和司法确定问题以及行政复议体制改革过程中产生的法律适用等问题，进行深入交流探讨。与会代表通过联席会议各抒己见、沟通互动、达成共识，有利于统一法律适用标准和尺度，切实提高行政执法水平，提高法官的行政审判能力，促进依法行政和法治政府建设。

三、行政诉讼实践中的热点问题

2019 年是中华人民共和国成立 70 周年，改革开放 40 周年，行政诉讼法颁布 30 年。1989 年 4 月 4 日，第七届全国人民代表大会第二次会议通过了《行政诉讼法》，这部共 75 条的法律于 1990 年 10 月 1 日起施行。行政诉讼法的制定和施行，标志着"民告官"诉讼制度在中国变成一项具有普遍性的公民权利救济制度。[3]《行政诉讼法》颁布后，《国家赔偿法》《行政处罚法》《行政复议法》《行政许可法》等规范行政权力行使的法律相继出台，我国行政立法逐步完善。

从 1989 年到 2019 年，《行政诉讼法》施行的 30 年间，经过 2 次修正，根据国家发展的现实需要增补修正了大量内容，将行政诉讼制度的发展成果落实到法律条文

---

〔1〕 "上海高院发布 2018 年度行政审判白皮书 行政争议实质解决显成效"，载 https：//baijiahao. baidu. com/s? id=1634867681982493160&wfr=spider&for=pc，最后访问日期：2021 年 3 月 1 日。

〔2〕 "吉林高院发布行政审判白皮书"，载 https：//www. chinacourt. org/article/detail/2019/07/id/4208517. shtml，最后访问日期：2021 年 3 月 1 日。

〔3〕 周頔："行政诉讼法颁布 30 年回眸"，载《民主与法制时报》2019 年 5 月 12 日，第 2 版。

中。回顾行政法治事业和行政法学研究发展的历程，可以看到行政诉讼在改革开放中紧密联系实际，不断加强人权保障，不断回应时代发展的新要求，不断探索具有中国特色的机制体制，努力为中国特色社会主义事业保驾护航。

（一）行政协议的司法审查

行政协议作为政府职能转变的改革创新手段，体现了高权行政向平权行政的重要制度性变革。行政机关通过秩序行政与给付行政的统一、管制行政与服务行政的结合，更加高效公正地向人民群众提供公共服务和公共产品。2019 年《关于审理行政协议案件若干问题的规定》顺应时代需求，按照加强权利保障的要求完善和发展了行政诉讼制度，同时也为行政诉讼制度带来了挑战。行政协议在本质上属于行政行为，但在形式上又采用"合意"方式作出，具有公法和私法双重属性。行政协议的这种"二元性"在实践中易导致法律适用混乱。因此，如何在行政诉讼制度的框架下对其展开司法审查，是行政诉讼研究需要回答的关键问题。

关于行政协议的合法性审查，有学者提出，当前行政协议的司法审查面临步骤不清以及依据、规则不明的困境，因而要重构其思路。其一，应以意思表示一致、缔约主体、约定内容判断是否成立行政协议。其二，若非对人身权的处罚或强制，行政机关皆可缔约，除非法律法规规章禁止。其三，缔约行政机关未必是行政主体，但应有相应职权，并遵守程序和形式规定。其四，要分别双务协议与和解协议各自需遵守的规范，要求协议在内容上不得违反法律法规规章的规定，并审查有无民法上的效力瑕疵。其五，违法行政协议原则上无效。[1] 还有学者提出要确立行政争议为审查对象。现行《行政诉讼法》仍然聚焦于对行政行为是否合法进行审查。启动行政诉讼救济途径的首要步骤在于定位行政行为。要对兼具行政性与协议性双重属性的行政协议进行审查，必然需要将其行政性内容中的行政机关履职行为拆分出来。但是，无论是基于学理还是从诉讼制度构建的角度，拆分公式都应被尽早否弃。其一，即便可以拆分出来一个行政行为，现行诉讼制度仅能对其是否合法进行审查，对行政机关在合法性框架内的协议行为是否适当以及相关权利义务分配是否合理等问题难以作出判断。其二，对于行政机关在行政行为之外的履行协议行为以及行政相对人的行为，由于其既非行政行为亦不仅仅涉及合法性问题，法院必须作出不同于行政行为的另行处理，从而形成对同一争议中的不同部分给予不同救济的情况。[2] 学者希望借助"行政争议"而非"行政行为"界定行政诉讼受案范围，有助于缓解当下制度设计与学理之间的紧张关系，为未来行政协议诉讼制度的构建提供必要的制度空间。

关于合法性审查与合约性审查的关系问题，有学者从理论逻辑与实践样态 2 个方面，阐释合约性审查在行政协议中的价值，认为合约性审查与合法性审查同为行

〔1〕　张青波："行政协议司法审查的思路"，载《行政法学研究》2019 年第 1 期。

〔2〕　刘飞："行政协议诉讼的制度构建"，载《法学研究》2019 年第 3 期。

政协议司法审查的原则，宜将两者界定为"二元并存关系"。合法性审查的对象是行政协议或行政机关单方优益权合法与否，合约性审查的对象为行政协议双方是否合约，而"合法"与"合约"的界限可通过权力要素加以明确。通过厘定合约性审查的法律依据、适用范围及责任划分，用以规范行政协议双方的违约行为。[1] 行政协议固然拥有双重属性，但这 2 种属性，并不矛盾，也没有必要一定要在两者当中作出价值选择。人民法院对行政协议进行司法审查之时，可以根据行政协议案件的具体情况，适用不同的归责原则，在行政协议的合法性审查与合约性之间取得平衡，在权重上对二者不进行区分，而在司法审查的次序上可以先进行合法性审查，继而审查合约性，为行政协议的司法审查构建良好的框架。对行政协议的司法审查应以违法性为主，辅之以过错原则，加大对行政行为的制约。若在现有的制度框架下无法解决行政协议纠纷，人民法院需要灵活适用于行政协议相关的法律法规，在不违背强制性规定的情形下，可以适用相关民事法律。

（二）行政公益诉讼制度的创新发展

行政公益诉讼是新时代落实全面依法治国战略、深化依法治国实践的重要举措，能够有效维护国家和社会公共利益，监督行政机关依法行政，推动法治政府建设。2018 年 3 月 1 日，最高人民法院、最高人民检察院公布了《关于检察公益诉讼案件适用法律若干问题的解释》（本部分简称《行政公益诉讼解释》），增加了检察公益诉讼的案件类型，明确了检察机关的诉讼地位，完善了检察公益诉讼的诉前程序，细化了检察公益诉讼案件的受理程序，规范了检察公益诉讼案件的审理程序，明确列举了行政公益诉讼的裁判方式。《行政公益诉讼解释》为各地人民法院、人民检察院办理检察公益诉讼案件提供了统一的规范依据，同时也引发了实务界和学界的持续关注。

2019 年 12 月 7 日，中国政法大学检察公益诉讼研究基地揭牌签约仪式与学术座谈会在北京举行。在学术座谈会上，最高人民检察院第八检察厅厅长胡卫列就"推动检察公益诉讼工作"进行报告，指出公益诉讼实践快速发展，公众认同度越来越高。检察公益诉讼要坚持发挥检察机关法律监督职能的制度定位，检察机关要坚持双赢、多赢、共赢的工作理念，发挥督促、协同、兜底作用，公益诉讼中的问题解决要立足于我国的政治制度和国家治理框架。有学者就"检察公益诉讼的边界范围"进行报告，指出当前检察公益诉讼受案范围不能满足公益保护的需要，扩展诉讼领域要思考该领域之公益是否适合通过司法手段保护、是否符合检察机关监督职能的性质定位这 2 个原则问题。对此，可细化为 5 项标准：该领域是否已有管制性立法、传统规制机制是否充足、公共性是否明显、是否过于专业化、是否具有推进制度发

---

[1] 李凌云："行政协议合约性审查的逻辑进路"，载《南海法学》2019 年第 3 期。

展的撬动意义。[1]

2019 年有关检察机关提起公益诉讼的考察除了以上学术座谈会中的报告，还有学者在发文中对检察公益诉讼的"国家化"趋势进行实证研究，认为诉前程序的设置，发挥了检察机关督促执法、过滤案件、节约司法资源的作用，在案件调查证据收集过程中拥有法定方式，都是"国家化"安排的独特优势。但这样的安排在试点期间也暴露了问题：检察机关在案件的发现上高度依赖单一的案件线索获取方式；在选择案件上存在趋易避难、避重就轻的倾向；在地方政治生态中的微妙处境，制约了其在公益诉讼中的作为。[2] 鉴于此，学者在实证分析的基础上提出了围绕"国家化"行政公益诉讼的优势，激活检察系统内部责任机制、精细化相应的制度构建，拓展个人组织的诉讼资格等建议。

如何利用好检察公益诉讼这一环保利器，助力天蓝、地绿、水清的美丽中国建设，是行政诉讼法学界持续关注的热点问题。有学者对环境行政公益诉讼典型案例进行评析，探索环境正义的司法治理路径，提出环境行政公益诉讼制度的完善建议：一是建立环境行政公益诉讼全流程公开机制，应公开办案过程中的专家意见、诉前检察建议、判决文书，也可以网上直播庭审等；二是通过个案办理类案，通过类案找出司法治理与行政治理的耦合机制，展开专项的多系统同步整治活动，实现央地协同、部门协同、官（方）民（间）协同、地区协同；三是环境治理义务在国家、社会和个体之间的分配应该从整体角度进行全面衡量。[3] 还有学者在学术座谈会上就"试点期间行政检察公益诉讼对污染治理的实效检验"进行报告，针对试点期间行政检察公益诉讼对于环境污染的治理取得了何种实际效果的问题，其采用统计学分析的方法，得出检察公益诉讼的实施与工业二氧化硫没有检验出相关性，而对工业废水有相关性。但是该分析需进一步研究及统计数据的支撑，该研究方法亦需进一步探索。[4]

立足审判实践、保护绿水青山的实证考察让我们看到了 2019 年行政公益诉讼的创新发展，同时也让我们注意到虽然行政公益诉讼制度已经在中国建立，但离制度功能的完善及效用的真正发挥依然有很大的距离，构建中国特色的行政公益诉讼制度还任重而道远。

（三）数字时代行政法治的变革

在数字时代，伴随着大数据和人工智能技术的发展，行政权力的运作方式发生

---

〔1〕 "中国政法大学检察公益诉讼研究基地揭牌签约仪式与学术座谈会在京举行"，载 https：//mp. weixin. qq. com/s/m3Q43qCjJvbZnC-VBnZUAg，最后访问日期：2021 年 3 月 1 日。

〔2〕 覃慧："检察机关提起行政公益诉讼的实证考察"，载《行政法学研究》2019 年第 3 期。

〔3〕 刘艺："环境正义的司法治理路径探索——六枝特区人民检察院环境行政公益诉讼案评析"，载《中国法律评论》2019 年第 2 期。

〔4〕 "中国政法大学检察公益诉讼研究基地揭牌签约仪式与学术座谈会在京举行"，载 https：//mp. weixin. qq. com/s/m3Q43qCjJvbZnC-VBnZUAg，最后访问日期：2021 年 3 月 1 日。

了改变，并产生了新的问题。如何应对新技术和新领域所带来的挑战，是2019年行政法学和行政诉讼法学关注的热点问题。

在大数据时代，人们享受数据带来的便利，也面临个人信息被泄露的风险。关于大数据时代个人信息保护的议题，有学者从个人信息边界的界定出发，提出个人信息受“识别性”和“相关性”两方面的限制，即当某特定的人可被识别时，与该人有关的信息才属于个人信息。在大数据时代，“识别性”和“相关性”边界逐步扩大。在识别性方面，直接识别标准已向间接识别标准过渡，且大数据识别技术的进步和数据的海量化极大提高了信息的识别可能性，导致匿名化的崩溃。在相关性方面，随着大数据画像等分析技术的发展，许多原本不能反映个体特征的信息也可能成为个人信息。〔1〕进而指出，个人信息应采用最宽泛的定义，只要存在识别和相关的可能性，均应纳入个人信息的范畴，并对个人信息进行风险层级的划分，以相应风险层级确立相应的合规义务，从而避免个人信息保护制度因保护范围过宽而难以践行，同时也为数据控制者采取相应的保障措施提供有效激励。还有学者以大数据产业发展之公共福利为视角，重新思考“知情——同意”的个人信息保护机制，并认为个人信息权利化和“知情——同意”机制面临着个人信息内涵不明确、个人信息侵权实质为侵害信息主体人格权、“知情——同意”机制在实践中被消解和无法应对大数据挑战等诘问。个人信息是大数据的基础，在大数据时代，个人信息具有共享属性，具有公共利益价值。因此，应将个人信息视为一种非稀缺的和共享的公共物品，对利用个人信息侵害人格权益的行为，应纳入侵权法和人格权法中规制；大数据产业发展中应对个人信息处理者建立“使用者责任”机制。〔2〕大数据技术的影响并不局限于信息保护方面，有学者对大数据技术在行政执法调查运用中的问题进行了深入研究，得出的结论是大数据技术应用于行政执法调查时的优势和问题都相当明显，因此需要通过程序在公开相关信息和控制调查结果2个方面进行规范。

自动化行政存在于信息、数据的收集与处理，行政活动电子化以及直接作出行政决定3种情形中，在数字时代也备受关注。有学者尝试从自动化行政的主体、权利、程序3个方面对自动化行政的法律控制要素进行梳理，提出自动化行政在主体上需要厘清AI与人类的关系，在内容上要确保数据权保护为核心，在程序上着重考虑提高算法等技术的可理解性和数据跟踪、纠错等技术的完善，并认为说明理由、听证等基本程序制度的运行需要依赖富有专业性的技术官员，进而建构公开、透明且具有可救济途径的程序。〔3〕还有学者依据自动化行政需要完成的特定任务将其分为4个级别：0级，无自动化行政，该级别中行政任务的各个部分均由人工完成；1

〔1〕谢琳：“大数据时代下个人信息边界的界定”，载《学术研究》2019年第3期。

〔2〕刘迎霜：“大数据时代个人信息保护再思考——以大数据产业发展之公共福利为视角”，载《社会科学》2019年第3期。

〔3〕胡敏洁：“自动化行政的法律控制”，载《行政法学研究》2019年第2期。

级，自动化辅助行政，自动化系统在不同部分可以辅助人工完成一些任务，但是自动化系统尚不能独立承担一个部分；2级，部分自动化行政，自动化系统可以独立完成特定部分的任务，在该部分中，不再需要人工干预；3级，完全自动化行政，所有部分均由自动化系统完成，不再需要人工干预。接着依据完全自动化行政有能力适用的范围，对第三级进行第二轮分类，进一步细化为2个级别：无裁量能力的完全自动化和有裁量能力的完全自动化行政。[1] 目前的自动化行政尚不具有自主决策的裁量能力，然而随着技术的发展，正在发展的下一代人工智能将具备一定程度的裁量能力。这将是自动化行政上升到全新等级的质变。在解决现存问题、构建符合现实需要的法律体系的同时，也需要预判未来发展，如何在法律层面上应对未来裁量能力的完全自动化行政值得深思。

在数据技术、自动化行政的挑战外，网络平台的发展也带来了大量行政法问题。围绕网络平台的监管问题，有学者在事先聚焦于网络平台的数据报送义务研究上，认为无论是宏观的政府决策，还是具体的行政监管和个案调查，都需要平台及时报送准确充分的数据。[2] 履行数据报送义务是数字经济协同共治以促进公共利益的客观要求，但内外存在的多种因素也使之面临实践上的困境。因此数据报送义务不应无限扩大，应坚持比例原则和正当法律程序原则，对平台和政府都有必要设置明确的责任约束，不断推进平台数据报送的法治化，建构科学合理的平台数据报送义务机制。还有学者将研究中心放在了政府主体在互联网平台经济治理中的功能转型上，通过实证及规范分析发现，目前政府在认定监管对象合法性、划分监管机构职能、选择监管规制工具等方面存在困难。有鉴于此，政府应转变行政理念，利用市场方法完成公共目标；以行政任务为导向设置行政组织，并赋予其主动和弹性活动的空间；面向行政过程强化公众参与，选择成本收益率较高的规制工具并加强法律控制。[3]

透过以上的梳理，可以发现实现政府治理方式的透明化、治理结果的科学化和社会数据的资源化，政府治理能力都需要新技术提供支撑。在政府治理方面，数字时代网络技术的发展确实对政府传统的治理模式提出了挑战，同时也为政府治理提供了更好的解决方案，提供了国家治理体系和治理能力全面现代化的技术契机，通过新技术的应用把政府建设成为系统战略型政府、科学管理型政府、高效实施型政府以及精准服务型政府，从而最大限度地满足广大人民群众的根本利益，最高效率地解决社会发展不充分、不平衡的问题，数据技术、自动化行政的进一步普及必将成为未来发展的主要趋势。因此，行政法和行政诉讼法学是面向未来的，是需要实务界和学界紧跟数字时代的发展步伐，不断提高适应性和学习能力。

---

〔1〕 马颜昕："自动化行政的分级与法律控制变革"，载《行政法学研究》2019 年第 1 期。
〔2〕 刘权："论网络平台的数据报送义务"，载《当代法学》2019 年第 5 期。
〔3〕 魏小雨："政府主体在互联网平台经济治理中的功能转型"，载《电子政务》2019 年第 3 期。

四、典型案例

（一）最高人民法院指导案例

1. 迈克尔·杰弗里·乔丹与原国家工商行政管理总局商标评审委员会、乔丹体育股份有限公司"乔丹"商标争议行政纠纷案。

【基本案情】

再审申请人迈克尔·杰弗里·乔丹（本部分简称迈克尔·乔丹）与被申请人原国家工商行政管理总局商标评审委员会（本部分简称商标评审委员会）、一审第三人乔丹体育股份有限公司（本部分简称乔丹公司）商标争议行政纠纷案中，涉及乔丹公司的第6020569号"乔丹"商标（即涉案商标），核定使用在国际分类第28类的体育活动器械、游泳池（娱乐用）、旱冰鞋、圣诞树装饰品（灯饰和糖果除外）。再审申请人主张该商标含有其英文姓名的中文译名"乔丹"，属于2001年修正的《商标法》第31条规定的"损害他人现有的在先权利"的情形，故向商标评审委员会提出撤销申请。

商标评审委员会认为，涉案商标"乔丹"与"Michael Jordan"及其中文译名"迈克尔·乔丹"存在一定区别，并且"乔丹"为英美普通姓氏，难以认定这一姓氏与迈克尔·乔丹之间存在当然的对应关系，故裁定维持涉案商标。再审申请人不服，向北京市第一中级人民法院提起行政诉讼。

【裁判结果】

北京市第一中级人民法院于2015年4月1日作出（2014）一中行（知）初字第9163号行政判决，驳回迈克尔·杰弗里·乔丹的诉讼请求。迈克尔·杰弗里·乔丹不服一审判决，提起上诉。北京市高级人民法院于2015年8月17日作出（2015）高行（知）终字第1915号行政判决，驳回迈克尔·杰弗里·乔丹上诉，维持原判。迈克尔·杰弗里·乔丹仍不服，向最高人民法院申请再审。最高人民法院提审后，于2016年12月7日作出（2016）最高法行再27号行政判决：①撤销北京市第一中级人民法院（2014）一中行（知）初字第9163号行政判决。②撤销北京市高级人民法院（2015）高行（知）终字第1915号行政判决。③撤销原国家工商行政管理总局商标评审委员会商评字〔2014〕第052058号关于第6020569号"乔丹"商标争议裁定。④原国家工商行政管理总局商标评审委员会对第6020569号"乔丹"商标重新作出裁定。

【案件意义】

该案是最高人民法院首个以"全媒体"形式现场直播庭审和宣判的典型案件。该案判决明确了法律适用标准，有利于维护权利人的人格尊严，维护公平竞争的市场秩序，净化商标注册和使用环境。同时，对于引导市场主体诚信经营，尊重他人合法在先权利，积极培育自主品牌均具有重要的引导作用。

2. 克里斯蒂昂迪奥尔香料公司诉原国家工商行政管理总局商标评审委员会商标申请驳回复审行政纠纷案。

【基本案情】

2018 年 4 月 26 日，最高人民法院在第一法庭公开开庭审理并当庭宣判了克里斯蒂昂迪奥尔香料公司（本部分简称迪奥尔公司）与原国家工商行政管理总局商标评审委员会（本部分简称商标评审委员会）商标驳回复审行政纠纷案。最高人民法院终审判决认为，商标评审委员会作出的被诉决定有违行政程序正当性原则，且可能损害行政相对人合理的期待利益，一审、二审法院对此未予纠正的做法不当。遂判决撤销一审、二审判决，并判令商标评审委员会重新针对涉案商标作出复审决定。涉案申请商标为国际注册第 1221382 号商标，申请人为迪奥尔公司，指定使用在香水等商品上。申请商标经国际注册后，根据《商标国际注册马德里协定》《商标国际注册马德里协定有关议定书》的相关规定，迪奥尔公司通过世界知识产权组织国际局（本部分简称国际局），向澳大利亚、丹麦、芬兰、英国、中国等提出领土延伸保护申请。2015 年 7 月 13 日，原国家工商行政管理总局商标局向国际局发出申请商标的驳回通知书，以申请商标缺乏显著性为由，驳回全部指定商品在中国的领土延伸保护申请。迪奥尔公司不服，向商标评审委员会提出复审申请，但并未得到商标评审委员会的支持。迪奥尔公司遂提起行政诉讼，其主要理由为，迪奥尔公司已经在国际注册程序中明确，申请商标为指定颜色的三维立体商标，而非行政机关作为审查基础的普通商标，故被诉决定作出的审查基础明显有误。此外，申请商标设计独特并已在中国市场进行了广泛的宣传、使用，也在多个国家获得商标注册，故其在中国的领土延伸保护申请应当获得核准。一审、二审法院均未支持迪奥尔公司的主张。迪奥尔公司不服二审判决，向最高人民法院提出再审申请。最高人民法院裁定提审本案后，于 2018 年"世界知识产权日"当天，由中华人民共和国最高人民法院副院长、二级大法官陶凯元担任审判长，公开开庭审理了本案。合议庭经过审理后认为，本案中，商标局并未如实记载迪奥尔公司在国际注册程序中对商标类型作出的声明，且在未给予迪奥尔公司合理补正机会，并欠缺当事人请求与事实依据的情况下，遂行将申请商标类型变更为普通商标并作出不利于迪奥尔公司的审查结论。商标评审委员会在迪奥尔公司明确提出异议的情况下，对此未予纠正的做法，均可能损害行政相对人合理的期待利益，有违行政程序正当性的原则。据此，合议庭当庭宣判，判决撤销一审、二审判决及被诉决定，判令商标评审委员会在纠正关于申请商标类型不当认定的基础上，重新针对申请商标的领土延伸保护申请作出复审决定。

【裁判结果】

北京知识产权法院于 2016 年 9 月 29 日作出（2016）京 73 行初 3047 号行政判决，判决：驳回克里斯蒂昂迪奥尔香料公司的诉讼请求。克里斯蒂昂迪奥尔香料公司不服一审判决，提起上诉。北京市高级人民法院于 2017 年 5 月 23 日作出（2017）京行终 744 号行政判决，判决：驳回上诉，维持原判。克里斯蒂昂迪奥尔香料公司不服二审判决，向最高人民法院提出再审申请。最高人民法院于 2017 年 12 月 29 日作出（2017）最高法行申 7969 号行政裁定，提审本案，并于 2018 年 4 月 26 日作出（2018）最高法行再 26 号判决，撤销一审、二审判决及被诉决定，并判令原国家工商行政管理总局商标评审委员会重新作出复审决定。

【案件意义】

该案依法公开开庭并当庭宣判，平等保护了中外当事人的合法利益，进一步树立了中国加强知识产权司法保护的负责任大国形象。最高人民法院在本案中指出，作为商标申请人的迪奥尔公司已经根据《商标国际注册马德里协定》《商标国际注册马德里协定有关议定书》的规定，完成了申请商标的国际注册程序，以及我国商标法实施条例规定的必要的声明与说明责任，在申请材料仅欠缺部分视图等形式要件的情况下，商标行政机关应当充分考虑到商标国际注册程序的特殊性，本着积极履行国际公约义务的精神，给予申请人合理的补正机会，以平等、充分保护迪奥尔公司在内的商标国际注册申请人的合法权益。最高人民法院通过本案的司法审查程序，纠正了商标行政机关关于事实问题的错误认定，强化了对行政程序正当性的要求，充分体现了司法保护知识产权的主导作用。此外，优化国际商标注册程序，是我国积极履行《商标国际注册马德里协定》在内的国际公约义务的重要体现。本案通过为国际商标申请人提供及时有效的司法救济，全面保护了境外当事人的合法权利，对于宣传中国知识产权司法保护成果，努力将中国法院打造成当事人信赖的国际知识产权争端解决"优选地"，都将大有裨益。本案庭审以"全媒体"方式进行了全程直播，国内外多家新闻媒体、部分人大代表、政协委员、知识产权学者和社会公众以及有关国家的驻华使节旁听了审理过程。

3. 丹东益阳投资有限公司申请丹东市中级人民法院错误执行国家赔偿案。

【基本案情】

1997 年 11 月 7 日，交通银行丹东分行与丹东轮胎厂签订借款合同，约定后者从前者借款 422 万元，月利率 7.92‰。2004 年 6 月 7 日，该笔债权转让给中国信达资产管理公司沈阳办事处，后经转手由丹东益阳投资有限公司（本部分简称益阳公司）购得。2007 年 5 月 10 日，益阳公司提起诉讼，要求丹东轮胎厂还款。5 月 23 日，丹东市中级人民法院（本部分简称丹东中院）根据益阳公司财产保全申请，作出（2007）丹民三初字第 32-1 号民事裁定：冻结丹东轮胎厂银行存款 1050 万元或查封其相应价值的财产。次日，丹东中院向丹东市国土资源局发出协助执行通知书，要求协助事项为：查封丹东轮胎厂位于丹东市振兴区振七街 134 号土地 6 宗，并注明了各宗地的土地证号和面积。2007 年 6 月 29 日，丹东中院作出（2007）丹民三初字第 32 号民事判决书，判决丹东轮胎厂于判决发生法律效力后 10 日内偿还益阳公司欠款 422 万元及利息 6 209 022.76 元（利息暂计至 2006 年 12 月 20 日）。判决生效后，丹东轮胎厂没有自动履行，益阳公司向丹东中院申请强制执行。

2007 年 11 月 19 日，丹东市人民政府第 51 次市长办公会议议定，"关于丹东轮胎厂变现资产安置职工和偿还债务有关事宜""责成市国资委会同市国土资源局、市财政局等有关部门按照会议确定的原则对丹东轮胎厂所在地块土地挂牌工作形成切实可行的实施方案，确保该地块顺利出让"。11 月 21 日，丹东市国土资源局在《丹东日报》刊登将丹东轮胎厂土地挂牌出让公告。12 月 28 日，丹东市产权交易中心发布将丹东轮胎厂锅炉房、托儿所土地挂牌出让公告。2008 年 1 月 30 日，丹东中院作出（2007）丹立执字第 53-1 号、53-2 号民事裁定：解除对丹东轮胎厂位于丹东市振兴区振七街 134 号 3 宗土地的查封。随后，前述 6 宗土地被一并出让给太平湾电厂，出让款 4680 万元被丹东轮胎厂用于偿还职工内债、职工集资、普通债务等，但没有给付益阳公司。

2009 年起，益阳公司多次向丹东中院递交国家赔偿申请。丹东中院于 2013 年 8 月 13 日立案受理，但一直未作出决定。益阳公司遂于 2015 年 7 月 16 日向辽宁省高级人民法院（本部分简称辽宁高院）赔偿委员会申请作出赔偿决定。在辽宁高院赔偿委员会审理过程中，丹东中院针对益阳公司申请执行案于 2016 年 3 月 1 日作出（2016）辽 06 执 15 号执行裁定，认为丹东轮胎厂现暂无其他财产可供执行，裁定：（2007）丹民三初字第 32 号民事判决终结本次执行程序。

【裁判结果】

辽宁省高级人民法院赔偿委员会于 2016 年 4 月 27 日作出（2015）辽法委赔字第 29 号决定，驳回丹东益阳投资有限公司的国家赔偿申请。丹东益阳投资有限公司不服，向最高人民法院赔偿委员会提出申诉。最高人民法院赔偿委员会于 2018 年 3 月 22 日作出（2017）最高法委赔监 236 号决定，本案由最高人民法院赔偿委员会直接审理。最高人民法院赔偿委员会于 2018 年 6 月 29 日作出（2018）最高法委赔提 3 号国家赔偿决定：①撤销辽宁省高级人民法院赔偿委员会（2015）辽法委赔字第 29 号决定。②辽宁省丹东市中级人民法院于本决定生效后 5 日内，支付丹东益阳投资有限公司国家赔偿款 300 万元。③准许丹东益阳投资有限公司放弃其他国家赔偿请求。

【案件意义】

人民法院赔偿委员会对于人民法院在执行工作中存在的问题不推诿、不回避，敢于承担责任，用典型案例的形式对于如何理解和区分"执行程序终结""终结本次执行"，以及在执行程序、国家赔偿程序之间如何有机衔接，如何有效地保护和规范赔偿请求人的求偿权利等法律适用问题，进行了富有创造性的探索。本案对于全国法院进一步提升国家赔偿审判工作质效、切实加强产权司法保障、倒逼和规范执行行为起到助推和促进作用。本案经最高人民法院审判委员会讨论，被确定为第 116 号指导性案例。

（二）最高人民法院公布的典型案例

1. 杨国先诉桑植县水利局水利行政协议及行政赔偿案。

【基本案情】

桑植县水利局依据湖南省水利厅和桑植县人民政府的相关批复，委托拍卖机构对张家界市桑植县澧水干流、南、中、北源等河流河道砂石开采权进行公开拍卖。期间，张家界大鲵国家级自然保护区管理处（本部分简称大鲵自然保护区管理处）函告桑植县水利局在自然保护区河段采砂行为涉嫌违法，要求终止对相关河段采砂权的拍卖。通过竞标，杨国先竞得刘家河花兰电站库区，在缴清100万元成交价及5万元拍卖佣金后与桑植县水利局签订了《张家界市桑植县刘家河花兰电站库区河段河道砂石开采权出让合同》（本部分简称《出让合同》）。杨国先为履行《出让合同》修建公路1条，造采砂船2套（4艘），先后向银行贷款2笔。杨国先向桑植县水利局申请发放河道采砂许可证，桑植县水利局以杨国先未按要求提交资料为由未予办理。

【裁判结果】

湖南省桑植县人民法院一审认为，争议行政协议项下的采砂河段在实施拍卖和签订出让协议时已是国家级自然保护区范围，属于禁止采砂区域，大鲵自然保护区管理处在发现桑植县水利局的拍卖行为后，按照职责要求终止拍卖，桑植县水利局在未取得自然保护区主管部门批准的情况下不能继续实施出让行为。该河道采砂权有偿出让行为未经国务院授权的有关主管部门同意，桑植县水利局违反禁止性规定，实施拍卖出让，所签订的《出让合同》无效。双方当事人在签订《出让合同》后对采砂许可证的颁发产生误解，最终杨国先因不能提交完整申请材料、不符合颁证条件而未取得采砂许可证，《出让合同》没有实际履行与桑植县水利局在实施行政许可过程中未尽到公示告知职责有一定的关系。桑植县水利局的上述违法行为致使行政协议未能实际履行，造成的经济损失客观存在，应承担赔偿责任。一审法院判决确认案涉《出让合同》无效，桑植县水利局返还杨国先出让款并赔偿相关损失。湖南省张家界市中级人民法院二审维持一审判决。

【典型意义】

自然保护区是维护生态多样性、构建国家生态安全屏障、建设美丽中国的重要载体。自然保护区内环境保护与经济发展之间的矛盾较为突出，存在资源主管部门与自然保护区管理部门之间的职责衔接问题。现行法律对自然保护区实行最严格的保护措施，人民法院在审理相关案件时，应注意发挥环境资源司法的监督和预防功能，对涉及环境公共利益的合同效力依职权进行审查，通过依法认定合同无效，严禁任意改变自然生态空间用途的行为，防止不合理开发利用资源的行为损害生态环境。本案对在自然保护区签订的采矿权出让合同效力给予否定性评价，由出让人返还相对人出让款并赔偿损失，既是对相对人合法财产权利的保护，也是对行政机关、社会公众的一种政策宣示和行为引导，符合绿色发展和保障自然保护区生态文明安全的理念和要求。

2. 江苏省宿迁市宿城区人民检察院诉沭阳县农业委员会不履行林业监督管理法定职责行政公益诉讼案。

【基本案情】

2016 年 1 月至 3 月，仲兴年于沭阳县 7 处地点盗伐林木 444 棵，立木蓄积 122 余立方米。其中在沭阳县林地保护利用规划范围内盗伐杨树合计 253 棵。2017 年 3 月 7 日，沭阳县人民法院以盗伐林木罪判处仲兴年有期徒刑 7 年 6 个月，并处罚金 3 万元，追缴违法所得 2.4 万元。2017 年 9 月 29 日，江苏省宿迁市宿城区人民检察院（本部分简称宿城区检察院）向沭阳县农业委员会（本部分简称沭阳农委）发送检察建议，督促沭阳农委对仲兴年盗伐林木行为依法处理，确保受侵害林业生态得以恢复。沭阳农委于 2017 年 10 月 16 日、12 月 15 日 2 次电话反映该委无权对仲兴年履行行政职责，未就仲兴年盗伐林木行为进行行政处理，案涉地点林地生态环境未得到恢复。2018 年 3 月 27 日，沭阳农委仅在盗伐地点补植白蜡树苗 180 棵。

【裁判结果】

江苏省宿迁市宿城区人民法院一审认为，沭阳农委作为沭阳县林业主管部门，对案涉盗伐林木等违法行为负有监督和管理职责。仲兴年在林地保护利用规划范围内盗伐林木，不仅侵害了他人林木所有权，也损害了林木的生态效益和功能。宿城区检察院经依法向沭阳农委发送检察建议，督促沭阳农委依法履职无果后，提起行政公益诉讼，符合法律规定。仲兴年因盗伐林木行为已被追究的刑事责任为有期徒刑、罚金、追缴违法所得，不能涵盖补种盗伐株数 10 倍树木的行政责任。沭阳农委收到检察建议书后未责令仲兴年补种树木，其嗣后补种的株数和代履行程序亦不符合法律规定，未能及时、正确、完全履行法定职责。一审法院判决确认沭阳农委不履行林业监督管理法定职责的行为违法，应依法对仲兴年作出责令补种盗伐 253 棵杨树 10 倍树木的行政处理决定。

【典型意义】

本案是检察机关提起的涉林业行政公益诉讼。林木除具有经济价值外，还具有涵养水源、防风固沙、调节气候以及为野生动物提供栖息场所等生态价值。任何组织和个人均有义务保护林业生态环境安全。林业行政主管部门更应恪尽职守，依法履职。《森林法》（2009 年修正）第 39 条规定："盗伐森林或者其他林木的，依法赔偿损失；由林业主管部门责令补种盗伐株数十倍的树木，没收盗伐的林木或者变卖所得，并处盗伐林木价值三倍以上十倍以下的罚款。滥伐森林或者其他林木，由林业主管部门责令补种滥伐株数五倍的树木，并处滥伐林木价值二倍以上五倍以下的罚款。拒不补种树木或者补种不符合国家有关规定的，由林业主管部门代为补种，所需费用由违法者支付。盗伐、滥伐森林或者其他林木，构成犯罪的，依法追究刑事责任。"林业纠纷案件多具融合性，同一违法行为往往涉及刑事、民事和行政不同法律责任。本案的正确审理，有助于进一步厘清涉林业检察公益诉讼中刑事责任、行政责任以及民事责任的关系和界限，依法全面保护林业生态环境安全。本案审理法院还组织省市县 3 级 120 余家行政执法机关的 150 余名工作人员以及 10 位人大代表、政协委员旁听庭审，起到了宣传教育的良好效果。

3. 大英县永佳纸业有限公司诉四川省大英县人民政府不履行行政协议案。

【基本案情】

2013 年 7 月，中共四川省遂宁市大英县委为落实上级党委、政府要求，实现节能减排目标，出台中共大英县委第 23 期《关于研究永佳纸业处置方案会议纪要》（本部分简称《会议纪要》），决定对大英县永佳纸业有限公司（本部分简称永佳公司）进行关停征收。根据《会议纪要》，四川省大英县人民政府（本部分简称大英县政府）安排大英县回马镇政府（本部分简称回马镇政府）于 2013 年 9 月 6 日与永佳公司签订了《大英县永佳纸业有限公司资产转让协议书》（本部分简称《资产转让协议书》），永佳公司关停退出造纸行业，回马镇政府受让永佳公司资产并支付对价。

协议签订后，永佳公司依约定履行了大部分义务，回马镇政府接受了永佳公司的厂房等资产后，于 2014 年 4 月 4 日前由大英县政府、回马镇政府共计支付了永佳公司补偿金 322.4 万元，之后经多次催收未再履行后续付款义务。永佳公司认为其与回马镇政府签订的《资产转让协议书》系合法有效的行政合同，大英县政府、回马镇政府应当按约定履行付款义务。故诉至法院请求判令，大英县政府、回马镇政府支付永佳公司转让费人民币 894.6 万元及相应利息。

【裁判结果】

经四川省遂宁市中级人民法院一审，四川省高级人民法院二审判决《资产转让协议书》合法有效，大英县政府应当给付尚欠永佳公司的征收补偿费用 794.6 万元及资金利息。大英县政府、回马镇政府不服，向最高人民法院申请再审称，《资产转让协议书》系民事合同，若属行政协议，永佳公司不履行约定义务将导致其无法救济，故本案不属于行政诉讼受案范围。

最高人民法院再审裁定认为，界定行政协议有以下 4 个方面要素：一是主体要素，即必须一方当事人为行政机关，另一方为行政相对人；二是目的要素，即必须是为了实现行政管理或者公共服务目标；三是内容要素，协议内容必须具有行政法上的权利义务内容；四是意思要素，即协议双方当事人必须协商一致。

在此基础上，行政协议的识别可以从以下两方面标准进行：一是形式标准，即是否发生于履职的行政机关与行政相对人之间的协商一致；二是实质标准，即协议的标的及内容有行政法上的权利义务，该权利义务取决于是否行使行政职权、履行行政职责，是否为实现行政管理目标和公共服务，行政机关是否具有优益权。

本案所涉《资产转让协议书》系大英县政府为履行环境保护治理法定职责，由大英县政府通过回马镇政府与永佳公司订立协议替代行政决定，其意在通过受让涉污企业永佳公司资产，让永佳公司退出造纸行业，以实现节能减排和环境保护的行政管理目标，维护公共利益，符合上述行政协议的 4 个要素和 2 个标准，系行政协议，相应违约责任应由大英县政府承担。

同时，我国行政诉讼虽是奉行被告恒定原则，但并不影响作为行政协议一方当事人的行政机关的相关权利救济。在相对人不履行行政协议约定义务，行政机关又不能起诉行政相对人的情况下，行政机关可以通过申请非诉执行或者自己强制执行实现协议救济。行政机关可以作出要求相对人履行义务的决定，相对人拒不履行的，行政机关可以该决定为执行依据向人民法院申请强制执行或者自己强制执行。故不存在案涉《资产转让协议书》若属行政协议，永佳公司不履行约定义务将导致行政机关无法救济的问题。据此，最高人民法院裁定驳回大英县政府的再审申请。

4. 成都亿嘉利科技有限公司、乐山沙湾亿嘉利科技有限公司诉四川省乐山市沙湾区人民政府解除投资协议并赔偿经济损失案。

【基本案情】

成都亿嘉利科技有限公司（本部分简称成都亿嘉利公司）、乐山沙湾亿嘉利科技有限公司（本部分简称乐山亿嘉利公司）向四川省乐山市中级人民法院诉称，2011年4月1日，成都亿嘉利公司与四川省乐山市沙湾区人民政府（本部分简称沙湾区政府）签署《投资协议》，约定成都亿嘉利公司租赁约800亩土地，投资5000万元建设以鳗鱼养殖为主并与新农村建设相结合的现代观光农业项目，沙湾区政府负责提供"一站式服务"、为加快项目建设进度和协调相关部门的手续尽快落实。

2011年9月13日，设立乐山亿嘉利公司，为项目公司。成都亿嘉利公司、乐山亿嘉利公司认为沙湾区政府一直怠于协调其项目行政手续办理事宜，隐瞒土地性质真相，无法办理相关手续，未按照约定履行《投资协议》，直接造成二公司重大损失。为此，诉请解除成都亿嘉利公司与沙湾区政府于2011年8月29日签署的《投资协议》，判令沙湾区政府赔偿二公司经济损失400万元。

【裁判结果】

经四川省乐山市中级人民法院一审，四川省高级人民法院二审认为，对于行政诉讼法修改施行之前形成的行政协议，根据当时的法律规定和人民法院处理此类纠纷的通常做法，一般不纳入行政诉讼受案范围，主要通过当事人提起民事诉讼方式寻求司法救济，故依法裁定不予立案。成都亿嘉利公司、乐山亿嘉利公司不服，向最高人民法院申请再审。

最高人民法院经审查认为，案涉《投资协议》符合行政协议本质特征，对形成于2015年5月1日之前的案涉《投资协议》产生的纠纷，当时的法律、行政法规、司法解释或者我国缔结或参加的国际条约没有规定其他争议解决途径的，作为协议一方的公民、法人或者其他组织提起行政诉讼，人民法院可以依法受理。

行政协议作为一种行政手段，既有行政性又有协议性，应具体根据争议及诉讼的性质来确定相关的规则适用，在与行政法律规范不相冲突的情况下可以参照适用民事法律规范，故诉讼时效制度可以适用于公民、法人或者其他组织对行政机关不依法履行、未按照约定履行协议提起的行政诉讼案件。

本案系因成都亿嘉利公司、乐山亿嘉利公司对沙湾区政府未履行案涉《投资协议》而提起的请求解除协议的行政诉讼，应当参照适用民事法律规范关于诉讼时效的规定，不再适用起诉期限的规定。结合本案案情，成都亿嘉利公司、乐山亿嘉利公司于 2016 年 8 月 31 日提起本案诉讼，并未超过诉讼时效。故撤销一、二审裁定，指令一审法院受理本案。

5. 蒋某某诉重庆高新区管理委员会、重庆高新技术产业开发区征地服务中心行政协议纠纷案。

【基本案情】

2016 年 7 月 12 日，蒋某某不服其与重庆高新技术产业开发区征地服务中心签订的《征地拆迁补偿安置协议》，以重庆高新区管理委员会为被告向重庆市第五中级人民法院提起诉讼，请求撤销征地服务中心于 2015 年 12 月 25 日与其签订的《征地拆迁补偿安置协议》。

【裁判结果】

经重庆市第五中级人民法院一审，重庆市高级人民法院二审认为，《行政诉讼法》第 12 条第 1 款第 11 项规定，人民法院受理公民、法人或者其他组织认为行政机关不依法履行、未按照约定履行或者违法变更、解除政府特许经营协议、土地房屋征收补偿协议等协议提起的行政诉讼。蒋某某起诉请求撤销《征地拆迁补偿安置协议》，其起诉状中所诉理由均系对签订协议时主体、程序以及协议约定和适用法律所提出的异议，不属于行政机关不依法履行、未按照约定履行或者违法变更、解除协议内容的范畴，以蒋某某的起诉不属于人民法院行政诉讼受案范围为由裁定驳回蒋某某的起诉。

蒋某某不服，向最高人民法院申请再审。最高人民法院经审理后认为，通过对行政诉讼法、合同法及相关司法解释有关规定的梳理，行政协议争议类型，除《行政诉讼法》第 12 条第 1 款第 11 项列举的 4 种情形外，还包括协议订立时的缔约过失，协议成立与否，协议有效无效，撤销、终止行政协议，请求继续履行行政协议，采取相应的补救措施，请求行政赔偿和行政补偿责任，以及行政机关监督、指挥、解释等行为产生的行政争议。将行政协议案件的行政诉讼受案范围仅理解为《行政诉讼法》第 12 条第 1 款第 11 项规定的 4 种情形，既不符合现行法律及司法解释的规定，亦在理论上难于自圆其说且在实践中容易造成不必要的混乱。故裁定撤销一、二审裁定，指令一审法院继续审理本案。

6. 英德中油燃气有限公司诉英德市人民政府、英德市英红工业园管理委员会、英德华润燃气有限公司特许经营协议纠纷案。

【基本案情】

2008 年 8 月 20 日，英德市建设局与中油中泰燃气有限责任公司（本部分简称中油中泰公司）签订《英德市管道燃气特许经营协议》。同年 8 月 22 日，英德市人民政府向英德市建设局作出批复，同意将该市管道天然气特许经营权独家授予中油中泰公司，期限为 30 年，至 2038 年 8 月 20 日止。中油中泰公司组建英德中油燃气有限公司（本部分简称中油公司）负责经营涉案业务。2010 年至 2011 年间，英德市英红工业园管理委员会（本部分简称英红园管委会）先后与中油公司签订投资天然气站项目合同、补充协议等协议，就该公司在英红工业园内的管道燃气特许经营权具体实施，包括许可范围、开发建设及经营期限、建设用地等进行约定。

2012 年 9 月 4 日，英德市人民政府发布管道燃气特许经营权招投标公告。华润燃气投资（中国）有限公司参与招标并中标，并于 2013 年 2 月 20 日与英德市规划和城市综合管理局签订《英德市管道燃气特许经营协议》，取得包括英红工业园在内的英德管道燃气业务独家特许经营权，有效期限为 30 年，至 2043 年 2 月 20 日止。该公司随后成立了英德华润燃气有限公司（本部分简称华润公司）负责项目经营管理。

中油公司因与华润公司对英红工业园管道燃气特许经营权范围发生争议，向法院起诉，请求：判令英德市人民政府、英红园管委会继续履行涉案行政协议，授予其在英红工业园内管道燃气的独家特许经营权；判令该政府立即终止华润公司在涉案地域内的管道燃气建设及经营活动。

【裁判结果】

经清远市中级人民法院一审，广东省高级人民法院二审认为，涉案合法有效，中油公司享有的特许经营合同权利受法律保护，协议各方应当按照约定履行相关的合同义务。英德市人民政府作为该管委会这一事业单位的设立机关以及特许经营许可一方，应承担相应合同义务，保障合同履行，但英德市人民政府又将英红工业园的管道燃气特许经营权授予给华润公司，存在对同一区域将具有排他性的独家特许经营权先后重复许可给不同的主体的行为，应当认定为违法。法院同时认为，该重复许可系行政机关的行政行为所致，并不必然导致在后的华润公司所获得的独家特许经营权无效，华润公司基于其所签订的特许经营权协议的相关合同利益、信赖利益亦应当予以保护。且中油公司、华润公司均已进行了管道建设并对园区企业供气，若撤销任何一家的特许经营权均将影响到所在地域的公共利益。对于重复许可的相关法律后果，应当由行政机关承担，不应由华润公司承担。英德市人民政府应当采取补救措施，依法作出行政处理，对双方相应经营地域范围予以界定，妥善解决本案经营权争议。故判决：①确认涉案协议有效，确认中油公司在英红工业园内有管道燃气特许经营权，且不得授予第三方。②确认英德市人民政府、英红园管委会将英红工业园内特许经营权授予华润公司的行为违法。③责令英德市人民政府采取补救措施。④驳回中油公司其他诉讼请求。

7. 王某某诉江苏省仪征枣林湾旅游度假区管理办公室房屋搬迁协议案。

【基本案情】

为加快铜山小镇项目建设，改善农民居住环境，推进城乡一体化建设和枣林湾旅游产业的发展，2017 年，原仪征市铜山办事处（现隶属于省政府批准成立的江苏省仪征枣林湾旅游度假区管理办公室）决定对包括铜山村在内的部分民居实施协议搬迁，王某某所有的位于铜山村王营组 12 号的房屋在本次搬迁范围内。2017 年 8 月 4 日早晨，仪征市真诚房屋拆迁服务有限公司工作人员一行到王某某家中商谈搬迁补偿安置事宜。2017 年 8 月 5 日 1 时 30 分左右，王某某在本案被诉的《铜山体育建设特色镇项目房屋搬迁协议》上签字，同时在《房屋拆除通知单》上签字。2017年8月5日5时20分，王某某被送至南京鼓楼医院集团仪征医院直至8月21日出院，入院诊断为"1. 多处软组织挫伤……"。因认为签订协议时遭到了胁迫，王某某于2017年9月19日向扬州市中级人民法院提起诉讼。

【裁判结果】

扬州市中级人民法院一审认为，行政协议兼具单方意思与协商一致的双重属性，对行政协议的效力审查自然应当包含合法性和合约性2个方面。根据《合同法》（已失效）第54条第2款规定，一方以欺诈、胁迫的手段或者乘人之危，使对方在违背真实意思的情况下订立的合同，受损害方有权请求人民法院或者仲裁机构予以变更或撤销。在签订本案被诉的搬迁协议过程中，虽无直接证据证明相关拆迁人员对王某某采用了暴力、胁迫等手段，但考虑到协商的时间正处于盛夏的8月4日，王某某的年龄已近70岁，协商的时间跨度从早晨一直延续至第二日1时30分左右，综合以上因素，难以肯定王某某在签订搬迁协议时系其真实意思表示，亦有违行政程序正当原则。据此，判决撤销本案被诉的房屋搬迁协议。双方当事人未上诉。

8. 崔某某诉徐州市丰县人民政府招商引资案。

【基本案情】

2001年6月28日，中共丰县县委和丰县人民政府（本部分简称丰县政府）印发丰委发〔2001〕23号《关于印发丰县招商引资优惠政策的通知》（本部分简称《23号通知》），就丰县当地的招商引资奖励政策和具体实施作出相应规定。2003年，在崔某某及其妻子李某某的推介运作下，徐州康达环保水务有限公司建成并投产。后崔某某一直向丰县政府主张支付招商引资奖励未果。2015年5月，崔某某向一审法院提起本案之诉，请求判令丰县政府依照《23号通知》第25条和附则的规定兑现奖励义务。丰县政府在收到一审法院送达的起诉状副本后，其下属部门丰县发展改革与经济委员会（本部分简称丰县发改委）于2015年6月作出《关于对〈关于印发丰县招商引资优惠政策的通知〉部分条款的解释》（本部分简称《解释》），对《23号通知》第25条和附则作如下说明："……3. 本县新增固定资产投入300万元人民币以上者，可参照此政策执行。本条款是为了鼓励本县原有企业，增加固定资产投入，扩大产能，为我县税收作出新的贡献，可参照本优惠政策执行。"

【裁判结果】

经江苏省徐州市中级人民法院一审，江苏省高级人民法院二审认为，丰县人民政府作出的上述招商引资奖励承诺，以及崔某某因此开展的介绍行为，符合居间人向委托人报告订立合同的机会或者提供订立合同的媒介服务，委托人支付报酬的特征，具备诺成性、双务性和不要式性的特点。崔某某多次主张丰县政府应当按照《23号通知》的规定向其支付招商引资奖励未果，由此发生的纠纷属于行政合同争议，依法属于人民法院行政诉讼受理范围。

对于本案中丰县政府是否应当支付招商引资奖励费用的问题，要审查其行为有无违反准用的民事法律规范的基本原则。诚实信用原则不仅是合同法中的帝王条款，也是行政协议各方当事人应当遵守的基本行为准则。基于保护公共利益的考虑，可以赋予行政主体在解除和变更行政协议中具有一定的优益权，但这种优益权的行使不能与诚实信用原则相抵触，不能够被滥用，尤其是在行政协议案件中，对于关键条文的解释，应当限制行政主体在无其他证据佐证的情形下任意行使所谓的优益权。

本案一审中丰县发改委将《23 号通知》附则所规定的"本县新增固定资产投入"仅指丰县原有企业，追加投入，扩大产能，属于限缩性的解释。该解释与社会公众正常的理解不符。丰县人民政府通过对当时承诺重新界定的方式，推卸自身应负义务，是对优益权的滥用，显然有悖于诚实信用原则。故应当认为丰县发改委《解释》中的该相关内容无效，判令丰县政府继续依照《23 号通知》的承诺履行义务。

9. 安吉展鹏金属精密铸造厂诉安吉县人民政府搬迁行政协议案。

【基本案情】

2012 年 5 月 18 日，中共安吉县委办公室、安吉县人民政府办公室印发安委办〔2012〕61 号文件设立安吉临港经济区管理委员会（本部分简称临港管委会）。2013 年 12 月 30 日，安吉县编制委员会发文撤销临港管委会。2015 年 11 月 18 日，湖州振新资产评估有限公司接受临港管委会委托对安吉展鹏金属精密铸造厂（本部分简称展鹏铸造厂）进行资产评估，并出具《资产评估报告书》，评估目的是拆迁补偿。

2016 年 1 月 22 日，临港管委会与展鹏铸造厂就企业搬迁安置达成《企业搬迁补偿协议书》，约定临港管委会按货币形式安置，搬迁补偿总额合计 1 131 650 元。协议签订后，合同双方均依约履行各自义务，2017 年 7 月 12 日，展鹏铸造厂以安吉县人民政府为被告提起诉讼，请求判令被告作出的《企业搬迁补偿协议书》的具体行政行为违法应予以撤销，并责令依法与其重新签订拆迁补偿协议。

【裁判结果】

经湖州市中级人民法院一审，浙江省高级人民法院二审认为，行政协议既有行政性又有契约性。基于行政协议的双重性特点，在行政协议案件的司法审查中应坚持对行政机关行政协议行为全程监督原则、双重审查双重裁判原则。在具体的审查过程中，既要审查行政协议的契约效力性，又要审查行政协议行为特别是订立、履行、变更、解除行政协议等行为的合法性。

本案中，临港管委会系由安吉县人民政府等以规范性文件设立并赋予相应职能的机构，其不具有独立承担法律责任的能力，无权以自己的名义对外实施行政行为，该管委会被撤销后，更无权实施签约行为。虽然安吉县人民政府追认该协议的效力，并不能改变临港管委会签订涉案补偿协议行为违法的事实。但是，涉案补偿协议系双方基于真实意思表示自愿达成，且已经实际履行完毕，补偿协议的内容并未损害展鹏铸造厂的合法补偿权益，在安吉县人民政府对涉案补偿协议予以追认的情况下，协议效力应予保留。

故判决确认安吉县人民政府等设立的临港管委会与展鹏铸造厂签订案涉协议的行为违法；驳回展鹏铸造厂要求撤销案涉协议并依法与其重新签订拆迁补偿协议的诉讼请求。

10. 金华市光跃商贸有限公司诉金华市金东区人民政府拆迁行政合同案。

【基本案情】

2017年3月4日，原告金华市光跃商贸有限公司法定代表人严某某与被告金华市金东区人民政府设立的多湖中央商务区征迁指挥部签订《多湖中央商务区金华市光跃商贸有限公司房屋及土地收购货币补偿协议》1份，原告同意多湖中央商务区征迁指挥部收购其所有的坐落于金华市金东区浮桥东路88号华丰市场综合楼的房屋。但双方未就房屋的性质、面积及收购的补偿金额等内容进行约定。同日，原告法定代表人严某某作出书面承诺，承诺其本人会积极响应多湖中央商务区开发建设，同意先行拆除华丰市场所有建筑物，自愿承担先行拆除的所有法律效果。次日，多湖中央商务区征迁指挥部对原告所有的华丰市场综合楼实施了拆除。之后，因被收购房屋性质为商业用地、土地性质为工业用地，双方对适用何种补偿标准有争议，一直未就补偿金额协商一致。故原告起诉请求：确认《多湖中央商务区金华市光跃商贸有限公司房屋与土地收购货币补偿协议》无效；请求被告恢复原状并赔偿损失或按现行同类附近房地产价格赔偿原告损失。

【裁判结果】

经浙江省金华市中级人民法院一审，浙江省高级人民法院二审认为，建立在平等、自愿、等价、有偿基础上的收购协议，在一定层面上有利于提高旧城改造的效率，并有助于通过合理的价格来对房屋所有权人给予更加充分更加及时的补偿安置，具有现实合理性和可行性。对于原告同意收购、承诺可以先行拆除再行协商补偿款项并已实际预支部分补偿款、行政机关愿意对房屋所有权人进行公平合理的并不低于当时当地同区位同类房屋市场评估价格的补偿安置，且不存在《合同法》（已失效）第52条等规定的以欺诈、胁迫等手段签订收购协议情形的，不宜完全否定此种收购协议的合法性。故对原告事后要求确认该协议无效的请求，不予支持。同时鉴于协议约定的房屋已被拆除，对原告要求恢复房屋原状的请求，亦不予支持。对于涉案房屋的损失补偿问题，被告应采取补救措施，协商不成的，被告应及时作出补偿的处理意见。遂判决责令被告于本判决生效之日起3个月内对原告所有的案涉房屋的损失采取补救措施；驳回其他诉讼请求。

11. 寿光中石油昆仑燃气有限公司诉寿光市人民政府解除特许经营协议案。

【基本案情】

2011年7月15日，寿光市人民政府授权寿光市住房和城乡建设局与寿光中石油昆仑燃气有限公司（本部分简称昆仑燃气公司）签订《天然气综合利用项目合作协议》，约定由昆仑燃气公司在寿光市从事城市天然气特许经营，特许经营期限为30年。协议签订后，昆仑燃气公司办理了一部分开工手续，并对项目进行了开工建设，但一直未能完工。

2014 年 7 月 10 日，寿光市住房和城乡建设局发出催告通知，告知昆仑燃气公司在收到通知后 2 个月内抓紧办理天然气经营许可手续，否则将收回燃气授权经营区域。2015 年 6 月 29 日，昆仑燃气公司向寿光市人民政府出具项目建设保证书，承诺在办理完相关手续后 3 个月内完成项目建设，否则自动退出授权经营区域。2016 年 4 月 6 日，寿光市人民政府决定按违约责任解除特许经营协议并收回昆仑燃气公司的特许经营权。昆仑燃气公司不服，经复议未果，遂起诉请求确认寿光市人民政府收回其天然气特许经营权的行为违法并撤销该行政行为。

【裁判结果】

经潍坊市中级人民法院一审，山东省高级人民法院二审认为，特许经营协议在履行过程中，出现了损害社会公共利益的情形，符合协议解除的法定条件，行政机关可以单方解除特许经营协议并收回特许经营权，但该行为亦应遵循法定程序，给相对方造成损失的还应当予以补偿。

本案中，寿光市人民政府多次催促昆仑燃气公司完成天然气项目建设，但昆仑燃气公司长期无法完工，致使授权经营区域内居民供气目的无法实现，损害了社会公共利益，解除特许经营协议的法定条件成立。寿光市人民政府解除特许经营协议并收回昆仑燃气公司已获得的特许经营权，应依据《市政公用事业特许经营管理办法》第 25 条之规定告知昆仑燃气公司享有听证的权利，但其未能履行相应的告知义务，违反法定程序。

因此，被诉行政行为虽然内容合法，但程序违法。鉴于被诉行政行为涉及社会公共利益，该行为一旦撤销会影响城市发展需要和居民供气需求，故该行为应判决确认程序违法但不予撤销。寿光市人民政府对此应采取相应的补救措施，对昆仑燃气公司的合理投入予以弥补。

12. 徐某某诉安丘市人民政府房屋补偿安置协议案。

【基本案情】

1993 年 12 月，徐某某以非本村集体经济组织成员身份在王五里村购得 1 处宅基地，并盖有占地 2 间房屋的 2 层楼房。2013 年，安丘市人民政府设立指挥部，对包括徐某某房屋所在的王五里村实施旧村改造，并公布安置补偿政策为"……房屋产权调换：每处 3 间以上的合法宅基地房屋在小区内安置调换 200m² 楼房，分别选择一套 80m²、一套 120m² 的十二层以下小高层楼房屋；2 间以下的安置一套 100m² 的小高层楼房。实际面积超出或不足部分，按安置价找差……"。同年 8 月 5 日，指挥部与徐某某签订《产权调换补偿协议书》，该协议第 2 条约定的补偿方式为"徐某某选择住宅楼回迁，选择住宅楼两套均为 12 层以下小高层，户型以 120m² 和 80m² 户型设计……"。协议签订后，徐某某领取房屋及地上附着物补偿款、临时安置费、搬迁费等共计 152 984 元。2017 年 7 月，指挥部交付徐某某 1 套 100m² 楼房安置。对此，相关部门答复称"根据当时的拆迁政策，徐某某只能享受 100m² 安置房一套。"徐某某不服，遂起诉请求判令安丘市人民政府继续履行《产权调换补偿协议书》，交付剩余的 100m² 楼房。

【裁判结果】

潍坊市中级人民法院一审认为，根据《行政诉讼法》第 75 条的规定，行政行为有实施主体不具有行政主体资格或者没有依据等重大且明显违法情形的，人民法院判决确认无效。本案中，安丘市人民政府作为旧城改造项目的法定实施主体，制定了安置补偿政策的具体标准，该标准构成签订安置补偿协议的依据，而涉案《产权调换补偿协议书》关于给徐某某 2 套回迁安置房的约定条款严重突破了安置补偿政策，应当视为该约定内容没有依据，属于无效情形。同时考虑到签订涉案协议的目的是改善居民生活条件、实现社会公共利益，如果徐某某依据违反拆迁政策的协议条款再获得 100m² 的安置房，势必增加政府在旧村改造项目中的公共支出，侵犯整个片区的补偿安置秩序，损害社会公共利益。因此，根据《合同法》（已失效）第 52 条之规定，涉案争议条款关于给徐某某 2 套回迁安置房的约定不符合协议目的，损害社会公共利益，亦应无效。故徐某某在按照安置补偿政策已获得相应补偿的情况下，其再要求安丘市人民政府交付剩余 100m² 的安置楼房，缺乏事实和法律依据，人民法院遂判决驳回徐某某的诉讼请求。双方当事人未上诉。

（三）民间机构评选的影响性案例

中国政法大学检察公益诉讼研究基地于 2020 年 1 月 11 日向全国各级人民法院、人民检察院发出了"2019 年检察公益诉讼典型案例"征集函，此后共收到了 599 件检察公益诉讼案例，其中刑事附带民事公益诉讼案件 89 件，行政公益诉讼案件 62 件，民事公益诉讼案件 49 件，行政公益诉讼诉前案件 399 件。经 18 家单位 38 位专家的三轮评估，最终评出 10 件典型案例、10 件优秀案例。典型案例是：

1. 江苏省睢宁县人民检察院诉睢宁县生态环境局行政公益诉讼案。

【基本案情】

在办理"冯某某等污染环境案"过程中，检察机关于 2019 年 4 月至 5 月间，多次到现场调查，发现睢宁县生态环境局对于该案油泥的处置并没有依法履职到位，存在涉案油泥均未移交有处置危废资质的单位处置、转移停放地某危险品运输有限公司不具备贮存油泥条件、贮存油泥现场未设置危险废物识别标志等问题。

2019 年 5 月 27 日，江苏省睢宁县人民检察院向睢宁县生态环境局发出检察建议，要求该局对冯某某等污染环境案中涉案危险废物依法贮存进行监管，依法履行环境监管职责，尽快将涉案危险废物移交有处置危废资质的单位合法处置。由于睢宁县生态环境局仍未依法履行职责，经层报至江苏省人民检察院审批后，江苏省睢宁县人民检察院于 2019 年 7 月 16 日向徐州铁路运输法院提起行政公益诉讼。诉请确认被告对涉案危险废物的贮存情况不履行监管职责的行为违法。判决被告依法履行监管职责，尽快将涉案危险废物移交有处置危废物品资质的单位依法处置。

该案已于 2019 年 8 月 14 日开庭审理。在审理期间，睢宁县生态环境局依法履行了职责，审判机关对于检察机关的诉讼请求予以支持，依法判决行政机关不履职行为违法。

【推荐理由】

本案厘清了《固体废物污染环境防治法》第 55 条所规定的"所在地"以及对应职责范围；对作为刑事案件中重要证据的油泥，在依照法定程序取证之后进行提前处置的意见，保护了受到侵害的社会公共利益。案件对于民事公益诉讼、行政公益诉讼之间的衔接进行了实践探讨，也厘清了刑事诉讼中作为证据使用的油泥的处置主体，通过监督行政机关将油泥无害化处理，取得了良好的效果。

2. 湖北省赤壁市人民检察院诉赤壁市水利局怠于履行饮用水安全监管职责案。

【基本案情】

赤壁市某自来水厂自建成运营至今，一直未取得卫生许可证。水厂制水设施陈旧老化，过滤塔处于闲置状态，净水塔没有建造混凝池、沉淀池。水厂从白石水库取水到净水塔后，经过简单加氯消毒，即通过管网输送至用户家中。2016 年至 2017 年，市疾病预防控制中心对该水厂的检测结果总体评价为不合格。2018 年 4 月 19 日，市卫生和计划生育局的相关检测结果也不达标。2018 年 6 月 19 日，湖北省赤壁市人民检察院向赤壁市水利局发出检察建议书，建议该局依法正确履职，采取有效措施，保障农村饮用水安全。2018 年 7 月 15 日，赤壁市水利局作出书面回复，但未实现应有效果。

2019 年 1 月 10 日，湖北省赤壁市人民检察院向赤壁市人民法院提起行政公益诉讼。2019 年 5 月 23 日，赤壁市人民法院作出一审判决，判令被告赤壁市水利局于本判决生效后 60 日内依法对赤壁市某自来水厂生产的生活饮用水水质履行监管职责。行政机关随后启动了对自来水厂的升级改造工程，整改期间，沿用原管道供水，并由赤壁市水利局、市卫生和计划生育局、镇政府联合加强对消毒环节、监测环节的管理，辖区老百姓喝上了达标水。

【推荐理由】

饮水安全是保障人民身体健康的基本条件，虽不属于传统食品药品安全领域，但是关乎重大公共利益。检察机关通过诉前程序，进而提起行政公益诉讼。人民法院审查之后，认为赤壁市水利局是本案适格被告且未合法履行其法定职责，支持了检察机关的诉求。通过人民法院的支持判决，最终督促了职能部门履行职责，实现了涉案自来水厂的升级改造，也带动了其他自来水厂及管网的更新改造，从根本上解决了 1 万余居民用水安全问题。

3. 海南省人民检察院第一分院督促琼海市政府、省自然资源和规划厅对海南省上溪、尖岭自然保护区林地所有权依法履职案。

【基本案情】

2009 年，在原省林业厅统一部署的林权改革工作中，琼海市政府违规给位于上溪和尖岭 2 个保护区的村集体和个人颁发林权证 140 宗，涉及林地共计 6467.08 亩，导致占地毁林合法化、增加了保护区管理机构监管执法的难度、原有天然森林植被的灭失和生物多样性生态系统功能的破坏等众多问题。省原林业厅长期以来未协调琼海、万宁2个市纠正越界颁发林权证违法行政行为，也存在怠于履行法定职责的问题。

海南省人民检察院第一分院先后10余次与琼海市政府、万宁市政府、原海南省林业厅等部门领导和业务专家专题座谈，深入行政机关了解情况，听取相关专业人员意见，到自然保护区现场实地勘查，并与一线管护站人员多次沟通。针对调查发现的问题，海南省人民检察院第一分院于2019年4月24日分别向琼海市政府、省自然资源和规划厅发出诉前检察建议，建议依法履职，及时纠正违法颁发林权证的行为，研究提出村集体和个人农业生产退出自然保护区的措施方案，保证自然保护区的完整性和生态功能恢复等。

2019年12月琼海市正式启动林权证撤证工作，依照规定程序注销林权证157宗，另有无法送达9宗待公告期满后注销，涉9431.43亩林地。琼海、万宁2个市和相关村委会根据检察建议对保护区内无公害生产方式进行了工作协调，加强了保护站的监管工作。

【推荐理由】

本案是海南省首个监督地方政府行政违法的行政公益诉讼诉前案件。因涉及农村维稳等复杂敏感问题，有较高的办案风险和难度。检察机关积极行使调查核实权查清问题，克服单纯办案思想，尊重行政权运行规律，与行政机关形成整改合力，合理、稳妥解决生态监督问题。积极与多个行政机关沟通协调，对地方政府纠正违法的具体措施提出分步骤解决的方案，最大限度通过推动行政机关依法履职实现保护公益的目的，取得了良好的法律效果和社会效果。

4. 山东省庆云县人民检察院诉庆云县水利局案。

【基本案情】

2018年8月至9月期间，庆云县人民检察院履职中发现庆云县餐饮店、洗车店普遍存在违法取水现象。庆云县水利局作为水行政主管部门，怠于履行水资源监督管理职责，既未督促经营业户依法办理取水许可证、安装取用水计量设施、缴纳水资源费，也未依法查处其违法取水行为，致使国家利益持续处于受侵害状态。

2018年9月3日报经检察长决定立案。2018年9月6日，庆云县人民检察院向行政机关发出检察建议，建议其依法履行水资源监督管理职责。2018年11月5日，行政机关作出书面回复，称非法取水问题已经整治到位，但检察机关在跟进调查中发现，某汽车美容服务中心仍违法取用地下水洗车。2019年4月30日，检察机关向庆云县人民法院提起诉讼，请求判令庆云县水利局依法继续履行监管职责，对该汽车美容服务中心非法取水行为进行查处。

庆云县人民法院于2019年5月7日立案，2019年9月24日组织庭前证据交换，2019年11月4日开庭审理，11月13日判决：被告已履职到位答辩主张不能成立，公益诉讼起诉人的诉讼请求应予支持。

【推荐理由】

《山东省水资源条例》自2018年1月1日起实施，其中明确规定，对已有的地下水取水工程，由县级以上人民政府水行政主管部门会同有关部门制订方案，限期封闭，并统一规划建设替代水源，调整取水布局。

检察机关在履职中发现车码头汽车服务中心等多家餐饮及店铺未依法办理合法取水证，造成地下水资源无序开采，国家利益和公共利益处于持续受侵害状态，根据《山东省水资源条例》制发检察建议，督促行政机关履行水资源监督管理职责。法院在判决书中明确了应从行政机关是否采取有效措施制止违法行为、行政机关是否依法全面及时运用行政监管手段、国家利益或社会公共利益是否得到有效保护3个方面对行政机关是否履职到位进行综合判断。相关司法文书的论证结构清晰、语言规范；并采取实质合法性标准审查被诉行政行为，具有重大的理论与实务价值。

5. 湖北省钟祥市人民检察院诉钟祥市人民防空办公室怠于履行征收人防工程易地建设费法定职责案。

【基本案情】

2012年，钟祥市"某泰公司"和"某诚公司"分别开发建设2处房地产项目，截止各自项目竣工并公开销售之时未申报办理人防手续，未修建防空地下室，亦未缴纳人防工程易地建设费，致使国家和社会公共利益受到侵害。

2018年3月20日，钟祥市人民检察院对负有监督管理职责的钟祥市人民防空办公室（本部分简称钟祥市人防办）怠于履行职责案件进行立案。2018年4月17日，检察机关向钟祥市人防办发出诉前检察建议，建议其依法履行人民防空监督管理职责，分别采取有效措施依法追缴2家公司欠缴的人防工程易地建设费。2018年7月3日，钟祥市人防办向钟祥市人民检察院书面回复，称其已上门宣传相关法律法规，发出追缴通知书，力争尽快追缴到位。随后再次回复，称其为维护地方政府招商引资的严肃性，建议减免某泰公司与某诚公司应缴人防工程易地建设费。

2019年8月16日，钟祥市人民检察院向钟祥市人民法院提起行政公益诉讼，钟祥市人民法院于同日受理立案。审理过程中钟祥市人防办答辩称，检察机关提起行政公益诉讼的时间已超过行政诉讼法规定的起诉期限。2019年12月18日，钟祥市人民法院分别作出一审判决，责令被告钟祥市人防办继续履行追缴2家公司人防工程易地建设费的法定职责。

【推荐理由】

本案既关涉人防工程易地建设费类及国有财产保护类保护问题，也关涉检察机关提起行政公益诉讼是否适用《行政诉讼法》第46条、47条的问题。约定不收涉案项目人民防空工程易地建设费的合同签订于2010年1月，检察机关于2018年4月向钟祥市人防办发出诉前检察建议，建议其依法履行人民防空监督管理职责，于2019年8月提起行政公益诉讼。

本案的指导意义在于明确检察机关作为公益诉讼起诉人，不能适用《行政诉讼法》第46条关于公民、法人或者其他组织针对行政行为起诉期限的规定，同时明确行政机关依职权履行法定职责案件，不能适用《行政诉讼法》第47条关于依申请履职案件起诉期限的规定。基于行政公益诉讼维护客观秩序的目的，本案揭示了立法机关或者最高司法机关应进一步明确行政公益诉讼应当适用何种起诉期限。

6. 辽宁省宽甸满族自治县人民检察院督促宽甸满族自治县农业农村局对"中华蜜蜂资源保护"依法履职案。

【基本案情】

中华蜜蜂是中国独有的珍稀蜜蜂品种。长白山型中华蜜蜂是分布于长白山周边的中华蜜蜂品种，是在东北严酷的原生态条件下，经过自然进化和长期驯化而形成的优良蜂类，其自身结构优势、对气候的适应性、蜂蜜中酶肽类含量等均远胜西蜂，2006年被列为国家和辽宁省畜禽遗传资源保护名录，意大利蜂等为其天敌。

宽甸县人民检察院在履职中发现，《宽甸满族自治县长白山型中华蜜蜂品种资源保护条例》颁布实施后，保护区周边主要路口、重要地段并没有按照条例规定的设立保护标识牌；保护区内外相关人员对条例的颁布实施不了解；保护区内有大量外来蜜蜂饲养者进入保护区内饲养意大利蜜蜂，保护区内的中华蜜蜂品种资源受到严重威胁。

宽甸县人民检察院及时向宽甸满族自治县农业农村局发出诉前检察建议，要求其依法全面履行法定职责，督促其加强宣传工作，对在保护区内饲养意大利蜂的情况及时作出处理，采取有效措施保护中华蜜蜂品种资源。该局在收到检察建议后，迅速组织整改工作，采取了在保护区内主要交通路口、重要地段共设立了10处"长白山型中华蜜蜂品种资源保护标识牌"，在政府相关网站、县有线电视台、县报及丹东日报等各种新闻媒体平台进行宣传等一系列措施，全面履行了中华蜜蜂品种资源保护的监管职责，有效地保护了保护区内中华蜜蜂的品种资源。

【推荐理由】

保护中华蜜蜂关系到我国特有遗传资源的安全，也关系到维护生物多样性。本案是一件司法保护生物多样性并取得良好的法律效果和社会效果的示范案件。检察机关积极发挥检察公益诉讼制度的国家治理功效，坚持在监督中磋商，在整改中配合，多次与县农业农村局进行交流、沟通，确保问题得到实质性解决。

为了建立长效保护机制，检察机关与宽甸满族自治县农业农村局密切配合，成立了中华蜜蜂品种鉴定专家组，对全县蜂业开展普查，有序发放养蜂证，建议县人民政府制定《〈宽甸满族自治县长白山型中华蜜蜂品种资源保护条例〉实施办法》和《宽甸满族自治县长白山型中华蜜蜂品种资源保护和产业发展规划》，力图为中华蜂保护工作法制化、规范化奠定扎实基础。

7. 河北省石家庄市人民检察院督促国家税务总局石家庄市税务局对10家企业违规申请环保退税依法履职案。

【基本案情】

根据《财政部、国家税务总局关于印发〈资源综合利用产品和劳务增值税优惠目录〉的通知》，已经享受该通知规定的增值税即增即退政策的纳税人，因规范税收环境保护的法律法规受到处罚的，自处罚决定下达的次月起，不得享受即征即退政策。

2019 年 7 月 2 日，河北省石家庄市人民检察院收到省院第八检察部关于石家庄市违规申请环保退税企业退税追缴的线索，落实检察长责任制，成立以检察长为主办检察官的办案组。首先向环境保护部门调取相关企业违法行政处罚案件的相关信息，再通过税务部门调取企业环保退税的信息，核实享受的环保退税政策情况以及企业受到处罚后税务部门应征缴和实际交的税额。检察机关发现共有 10 家企业在享受增值税即征即退政策期间受到环保部门行政处罚，税务机关未及时追缴 10 家企业的即征即退税款。截至 2019 年 7 月 15 日，10 家企业中仍有 4 家企业未返还应退税款。在前期走访调查过程中，办案组主动配合税务机关向涉及企业释法说理，立案前，其中 2 家企业主动将需退缴的 732.4 万元税款全部上缴税务机关。

2019 年 8 月 8 日，检察机关向国家税务总局石家庄市税务局发出诉前检察建议，督促石家庄市税务局及时追缴剩余 2 家企业的环保退税，加强对下级税务机关减免税、退税管理工作的监管，加强与生态环境部门信息共享。税务部门高度重视，采取了查封、冻结等多种执法手段积极追缴税款。2019 年 9 月 16 日，国家税务总局石家庄市税务局对检察建议做出回复，剩余 2 家企业所欠 1134.4421 万元税款已成功追缴，避免了国家财产的损失。

【推荐理由】

本案是由检察长亲自主办的防止国有财产流失类行政公益诉讼诉前案件。检察机关在监督过程中，督促职能部门履行了职责，追缴税款 1800 余万元。与此同时，行政公益诉讼的诉前办案机制还为环境保护机关与税务机关的各自信息孤岛构架起信息流通的桥梁，通过信息汇集分析，督促税务部门依法履职，间接提升了企业的环境保护意识，避免了国家的财产损失。案件将监督与被监督的办案模式变为合作治理的双赢模式，实现了良好的法律效果和社会效果。

8. 江西省龙南县人民检察院督促龙南县文化广电新闻出版旅游局依法完全履行客家围屋保护监管职责案。

【基本案情】

2019 年 5 月，经龙南县人民检察院调查查明，多处赣南客家围屋存在年久失修、不同程度的自然破败和人为破坏情况，有较大安全隐患或者现实危险。龙南县人民检察院率先探索客家围屋保护公益诉讼办案，经报请赣州市检察院、江西省检察院批复同意，7 月 19 日向本行政区域内承担文物保护工作的龙南县文化广电新闻出版旅游局"座谈送达"、公开宣告检察建议，与该局沟通交流案件办理情况，介绍检察机关公益诉讼办案职责、理念，进行释法说理，达成保护客家围屋共识。同时，将检察建议报县人大常委会备案。

客家围屋保护行政公益诉讼诉前检察建议书发出后，龙南县人民检察院加强了与文物保护主管行政单位龙南县文化广电新闻出版旅游局及其内设部门文物局沟通协作，指定专人对接办案，形成日常沟通联系机制。公益诉讼办案组分别于 8 月 28 日和 9 月 16 日与龙南县文化广电新闻出版旅游局工作人员现场核实检察建议事项整改落实情况。截至 9 月 26 日，案涉 5 座客家围屋的整改情况最终进展顺利，也推动了其他龙南客家围屋维修工作加快进行。

【推荐理由】

赣南客家围屋是珍贵的历史文化遗产，具有重要的历史、艺术、科学文化价值，但围屋保护标志不全，年久失修，部分围屋存在较大的安全隐患或者现实危险。《环境保护法》将"环境"解释为影响人类生存和发展的各种天然的和经过人工改造的自然因素的总体，其中包括自然遗迹、人文遗迹、自然保护区、风景名胜区等。对赣南客家围屋的保护属于一种广义的生态环境和资源的保护。

因此检察机关有权办理人文遗迹保护类行政公益诉讼案件。龙南县检察机关结合当地文化特色，积极督促文物保护部门履行人文遗迹保护职责，推动了保护围屋行政执法工作的开展，最终形成了与行政主管机关共同保护文物治理机制，推动了地方政府落实人大立法，具有法治治理与多元治理的典型意义。

9. 广东省东莞市人民检察院支持东莞市环境科学学会诉袁某某等 3 人环境污染民事公益诉讼案。

【基本案情】

2016 年 6 月至 2017 年 1 月期间，袁某某等 3 人通过私设的暗管，将约 700 吨电镀废水直接排放到市政下水道，电镀废水流入中心涌，并最终流向东江、中堂水道。经检测，倾倒点电镀废水各类重金属超出《电镀水污染物排放标准》（DB44/1597-2015）排放限值 700 至 8000 多倍，偷排的废水被认定为有毒物质。该行为严重破坏生态环境，损害社会公共利益。东莞市人民检察院对该线索依法立案，于 2017 年 8 月 9 日在《检察日报》上发表公告，督促适格机关和有关组织起诉。

2017 年 8 月 10 日，东莞市环境科学学会函复将对此案提起民事公益诉讼，并请求检察机关支持起诉。2018 年 7 月 24 日，检察机关支持东莞市环境科学学会向广州市中级人民法院对袁某某等 3 人提起水污染责任环境民事公益诉讼。2019 年 7 月 23 日，广州市中级人民法院作出一审判决，判决三被告共同赔偿生态环境修复费用 875 万元、环境损害鉴定评估费用 22 万元及其他各项费用合共计 927 万余元，并公开赔礼道歉。三被告不服一审判决，向广东省高级人民法院提起上诉。2020 年 2 月 25 日，广东省高级人民法院作出二审判决，驳回上诉，维持原判。

【推荐理由】

本案是检察机关在环境民事公益诉讼中支持起诉的典型案件。《民事诉讼法》最初制定时便规定了支持起诉作为重要的法律原则。2017 年全国人大常委会在《民事诉讼法》第55条中增加第2款，明确授权给检察机关除提起民事公益诉讼之外，可以支持法律规定的机关和有关组织提起公益诉讼，是对《民事诉讼法》支持起诉原则的细化与扩展。

本案检察机关前期案件证据搜集工作非常规范、扎实，在收到东莞市环境科学学会支持起诉的申请之后，将案件材料全部移交。没有检察机关的支持，作为初次提起民事公益诉讼的社会组织很难启动调查、起诉等程序。本案在检察机关支持起诉的具体支持内容和履职方式等方面都具有实践示范与理论研究的典型意义。

10. 内蒙古锡林郭勒盟东乌珠穆沁旗人民检察院诉王某某等3人非法狩猎刑事附带民事公益诉讼案。

【基本案情】

2017年12月20日，王某某等3人驾车到锡林郭勒盟东乌珠穆沁旗乌里雅斯太镇，在第九加油站北1公里附近的草滩上先后毒杀了4484只百灵鸟。该行为严重破坏草原生态平衡和草原生物多样性，严重损害了社会公共利益。东乌珠穆沁旗人民检察院提前介入该案刑事侦查阶段，并引导公安机关重点侦查非法狩猎人毒杀鸟类的种类、数量、对草原生态环境的影响等公益损害方面的违法事实。

2018年5月，东乌珠穆沁旗人民检察院以王某某等3人涉嫌非法狩猎罪起诉至东乌珠穆沁旗人民法院，同时提起刑事附带民事公益诉讼，请求法院判令王某某等3人对非法猎杀百灵鸟产生的国家财产损失、生态经济价值损失、鉴定费用等共计440.45万元承担连带赔偿责任，并在新闻媒体上向社会公开赔礼道歉。

2018年11月21日，东乌珠穆沁旗人民法院作出一审判决，驳回诉讼请求中的赔偿国有财产损失。检察机关依法向锡林郭勒盟中级人民法院提出上诉，二审判决撤销原判决，依法改判支持了检察机关的全部诉讼请求。

【推荐理由】

野生动物保护类刑事附带民事公益案件的诉讼目的在于，惩罚刑事犯罪同时协力修复生态环境失衡问题。本案受损的社会公共利益不应限于被毒杀的野生动物本身之经济价值，毒杀百灵鸟可能会引发损害草原植被和土壤、危及生物物种安全等连锁性问题。

办案检察机关坚持严惩刑事犯罪与赔偿损失、修复生态并重的办案理念，采取"一案双查"方式，在办理刑事案件时让公益诉讼部门检察官提前介入，引导公安侦查、收集证据，为办理附带民事公益诉讼案件打下牢固基础。人民法院支持检察机关追究刑事责任的同时，支持生态环境损害赔偿、赔礼道歉等诉讼请求，充分体现了恢复性司法理念，发挥了检察公益诉讼环境保护的积极治理功效。

第四章
中国诉讼法的研究状况

第一节　刑事诉讼法学研究状况[*]

一、研究概况

在研究成果方面，2019 年共在 CSSCI（2019—2020 年）收录的 33 种法学期刊和《中国社会科学》上发表刑事诉讼法学的学术文章 300 余篇，其中在三大权威期刊《中国社会科学》《法学研究》《中国法学》上发表论文 22 篇；出版教材、著作 39 部。研究内容涉及刑事诉讼原理、制度和程序等各个方面，还有许多探讨刑事司法改革的成果。在科研项目方面，2019 年刑事诉讼法学共获得省部级以上项目立项 70 项，其中国家社科基金项目 25 项，含国家社科基金重大项目 1 项；教育部人文社科研究项目 8 项；最高人民检察院课题 28 项；最高人民法院司法研究重大课题 1 项；司法部国家法治与法学理论研究课题 7 项；中国法学会部级课题 1 项。

在学术交流与合作方面，2019 年 9 月 21 日，中国刑事诉讼法治与司法改革高端论坛在中南民族大学召开。论坛由中国刑事诉讼法学研究会和中南检察研究院联合主办，中南财经政法大学法学院、中南民族大学法学院、中南财经政法大学法治发展与司法改革研究中心承办。来自北京大学、中国人民大学、中国政法大学、浙江大学、武汉大学、华中科技大学、中南财经政法大学和最高人民检察院、湖北省纪委监委、湖北省人民检察院、湖北省公安厅、辽宁省检察院等高等院校和有关实务部门的 120 余名专家学者参加了本次论坛。论坛聚焦职务犯罪案件司法审查机制研究，探讨新形势下推动《监察法》与《刑事诉讼法》衔接的理论与实践问题。2019年 11 月 16 日至 17 日，中国刑事诉讼法学研究会 2019 年年会暨会员代表大会在广州

＊　执笔人：中国政法大学诉讼法学研究院王贞会教授。本部分写作得到中国政法大学刑事司法学院硕士研究生王大可的协助。

举行。本次年会由中国刑事诉讼法学研究会主办，广东外语外贸大学法学院与广东外语外贸大学法治研究院共同承办。本次年会以"法治建设与刑事诉讼——刑事诉讼法40年"为主题。中国法学会党组成员、副会长王其江，最高人民法院副院长高憬宏，最高人民检察院副检察长陈国庆，中国刑事诉讼法学研究会名誉会长陈光中、会长卞建林，广东省法学会会长梁伟发，广东外语外贸大学校长石佑启等领导出席会议。来自全国人大法工委、全国人大监察与司法委、最高人民法院、最高人民检察院、中国政法大学、中国人民大学等单位的350多位法学法律界代表参加了此次会议。2019年11月30日，由中国政法大学诉讼法学研究院主办，青岛大学法学院承办，北京市中伦（青岛）律师事务所协办的"诉讼法学高端论坛（2019）——新时代诉讼制度发展的新形势新问题研讨会"在青岛举行。来自中国政法大学、清华大学、北京师范大学、浙江大学、上海交通大学、湖南大学、中南大学、武汉大学、厦门大学、广州大学、云南大学、西北政法大学、甘肃政法大学、四川大学、山东大学等高等院校的专家学者，以及来自最高人民法院、浙江省宁波市中级人民法院、云南省昆明市中级人民法院、北京中伦（青岛）律师事务所等单位的实务专家代表共150余人参加了本次论坛。

国际交流方面，2019年6月3日，中国政法大学诉讼法学研究院卞建林教授应邀赴美国纽约大学法学院进行学术交流。座谈会由著名中国法专家、纽约大学法学院亚美法研究所主任 Jerome Cohen（孔杰荣）教授主持，纽约大学法学院亚美法研究所执行主任 Ira Belkin（伯恩敬）教授以及 Katherine Wilhelm、Elias Blood-Patterson、Bruce Aronson 等研究人员、访问学者近20人参与了座谈。卞建林教授对中国刑事诉讼制度改革与实践中的相关问题进行了介绍，并回答了关于国家监察体制改革、刑事辩护全覆盖等方面的相关问题。2019年7月6日至7日，中韩刑事诉讼国际学术研讨会在韩国济州岛举行，本次会议由中国刑事诉讼法学研究会、韩国刑事诉讼法学研究会联合举办，济州大学法学院承办。来自中国人民大学、中国政法大学、中国社科院法学所、吉林大学、安徽大学、广东外语外贸大学的中方学者以及首尔市立大学、高丽大学、庆尚大学、江陵原州大学、济州大学、济州地方检察院、大邱高级检察院、白山律师事务所的韩方学者等共40余人参加了研讨会。本次会议的主题是"数字时代的刑事诉讼"。与会专家学者就数字时代刑事诉讼面临的挑战与机遇、电子数据、人工智能法律及科技侦查等问题进行了深入研讨。2019年9月14日，由中国政法大学刑事司法学院、中国政法大学诉讼法学研究院主办，中国政法大学刑事诉讼法学研究所承办的"中德刑事法前沿问题国际研讨会"在北京举行。本次研讨会邀请了来自德国马普外国和国际刑法研究所所长阿尔布莱希特教授、帕绍大学的博伊尔克教授、奥斯陆布鲁克大学的葛祥林教授、波鸿鲁尔大学的艾肯斯坦教授、格肯洋教授、马尔堡大学的普实克教授。同时，与会的还有来自北京大学等33所高校的刑事诉讼法专家，以及来自最高人民检察院、国家检察官学院、北京市人民检察院等多地的法律实务专家。2019年9月23日至27日，由国家"2011计划”司法文明协同创新中心、德国明斯特大学主办的“中德刑事法研讨会”在德国明斯特大学顺利召开。本次会议由中国政法大学终身教授陈光中先生召集，来自清华大学、中国社会科学院、中国政法大学、浙江大学、四川大学、西南政法大学的 8 位国内专家学者，来自德国明斯特大学、波鸿鲁尔大学、格赖夫斯瓦尔德大学、马尔堡大学、汉诺威大学的 11 位德国高校教授以及博士生、其他人员共 40 余人参加了本次会议。2019 年 10 月 31 日，中国人民大学法学院、中国人民大学普通法中心，在英中协会的大力支持和帮助下，邀请英国最高法院首任院长 Lord Phillips（菲利普斯大法官）做客“大法官讲坛”，主讲“陪审团在刑事审判中的角色”。本次“大法官讲坛”由朱景文教授主持，北京大学国际法学院常驻知名学者 Susan Finder 教授、英中协会高级顾问江冰女士、英中协会项目主管 Nathan Hubbard-Miles 先生、英中协会项目主管 Josh Toohey 先生、魏晓娜教授、邓矜婷副教授、吴至诚助理教授以及各专业博士生、硕士生出席讲坛并参与讨论。

二、重点研究内容

（一）刑事诉讼法学基础理论研究

自 1980 年首部刑事诉讼法施行以来，我国的刑事诉讼法治发展经历了 40 个年头。刑事诉讼法治的从无到有、从粗疏到精细、从模糊到规范，是中国特色社会主义法治国家建设历程中的重要组成部分。回顾 40 年来刑事诉讼法治的发展，我国在刑事诉讼的制度建设与价值选择上取得了从“有法可依”到“良法善治”、从“打击犯罪”到“人权保障”的重要成就，也获得了一系列法治建设的经验。回首过去的成就与经验，是为了更好地出发。在未来，刑事诉讼法治应当坚持党的领导、强化法治民主、贯彻实事求是，进一步推进刑事诉讼法治的精细化、科学化、合理化，在更高的水平下实现宪法规定的各项要求，为法治中国的建设增添动力。[1]

关于刑事诉讼法的目的和价值，有学者指出，从我国的刑事诉讼立法来看，关于刑事诉讼目的的表述是和刑事诉讼法的任务扣接在一起的，从 1979 年我国首部刑事诉讼立法开始就在开篇规定了刑事诉讼立法的任务。但是，中国刑事诉讼立法“重打击，轻保护”的趋向一直没有得到明显改善，直到 2012 年《刑事诉讼法》修改才将保障人权问题明确提出。大体上看，有关刑事诉讼目的的研究经历了 2 个阶段：“一是将惩罚犯罪作为首要目的的时期，这以一些刑事诉讼法教科书的有关论述为标志；二是将惩罚犯罪与保障人权并列为刑事诉讼目的的时期。”[2]

关于刑事诉讼模式，有学者在比较我国大陆地区与我国台湾地区刑事诉讼模式的基础上指出，如果以“职权主义”与“当事人主义”诉讼模式作为参照，当前大陆之刑事诉讼模式仍是以职权主义为基础的，但过往之“强职权主义”色彩已逐渐褪去，取而代之的是兼采职权主义与当事人主义之长，进而保留或引入符合现实需

---

〔1〕 陈卫东：“刑事诉讼法治四十年：回顾与展望”，载《政法论坛》2019 年第 6 期。

〔2〕 拜荣静：“刑事诉讼法学研究的变迁与展望”，载《政法论坛》2019 年第 5 期。

求的合理元素，助力刑事司法改革。相比之下，我国台湾地区刑事司法改革走得更远，引入的当事人主义元素也相对更多，虽然同样未曾摒弃职权主义诉讼模式之传统，但"改良式当事人进行主义"已经深入人心。[1]

关于刑事诉讼研究方法，有学者指出，尽管社会实证研究是对制度运行、理论实效进行检验的科学方法，但它不是刑事诉讼法学基础性研究方法，只是在基础性研究方法统领下的基本研究方法之一。规范研究是刑事诉讼法学基础性研究方法。其理由在于：这源于所有部门法学研究的共性规律；刑事诉讼法律规范对诉讼活动有显著的构建功能；规范研究是能够实现刑事诉讼法学理论增量的研究方法。法教义学研究是刑事诉讼基本研究方法，是司法取向研究的基本范式。规则、学说和案例三位一体、齐头并进，构成法教义学研究的完整视野。程序裁判的缺席、案例来源的匮乏，使刑事诉讼法教义学视野残缺。全视野的刑事法教义学需要理论与实务的合力推动。立法取向的研究更具有开放型，应倡导多元方法综合运用。[2]

（二）认罪认罚从宽制度改革研究

自 2018 年《刑事诉讼法》明确规定以来，认罪认罚从宽制度一直是我国刑事诉讼法学界的热点问题。关于认罪认罚从宽案件中的上诉问题，有学者指出，实务中被告人可能在 2 种情形下提起上诉：一是"假上诉"。即，被告人表面上系因不服一审判决而提起上诉，但其真实目的是希望"打擦边球"，利用上诉期达到留所服刑之目的。二是"真上诉"。即，被告人确实对一审判决不服或者因其他程序性事由而提起上诉，前者如法院未采纳检察机关的量刑建议，而被告人则认为量刑过重，后者如被告人认为值班律师能力不适任、为其提供了错误的法律帮助和咨询而提起上诉。[3] 也有学者认为，为了防止滥用上诉权、保障认罪认罚制度的效率价值，我国应建立二元上诉结构，即在速裁程序中引入裁量型上诉和上诉许可制，在普通程序和简易程序中，沿用《刑事诉讼法》第 227 条规定的权利型上诉。[4] 还有学者认为，为了将司法实践中的有益探索和尝试予以规范化和制度化，应当在保留被告人上诉权的前提下，以认罪认罚从宽具结书为依据对上诉和抗诉进行限制，如果法院判决的刑罚未超出检察机关的量刑建议，且属于 3 年有期徒刑以下的刑罚，被告人提起上诉，则需要对上诉理由进行审查，决定是否准予上诉。[5]

关于认罪认罚从宽制度与值班律师制度，有学者认为，考虑到一般意义的辩护理论很难被直接套用到值班律师制度中，我们可以借鉴协同性司法理念中的沟通、

---

〔1〕 卞建林："刑事诉讼模式的演化与流变——以海峡两岸刑事司法改革为线索"，载《政法论坛》2019 年第 1 期。

〔2〕 徐阳："论规范研究统领下的刑事诉讼法学研究方法"，载《政法论坛》2019 年第 2 期。

〔3〕 万毅："认罪认罚从宽程序解释和适用中的若干问题"，载《中国刑事法杂志》2019 年第 3 期。

〔4〕 牟绿叶："认罪认罚案件的二审程序——从上诉许可制展开的分析"，载《中国刑事法杂志》2019 年第 3 期。

〔5〕 王洋："认罪认罚从宽案件上诉问题研究"，载《中国政法大学学报》2019 年第 2 期。

合作因素，进一步拓宽协同性辩护的应用范围，探讨协同性法律帮助的适用性，在充分保证被追诉人自主行使辩护权的积极性的基础上，确定值班律师负有协助被追诉人了解、理解认罪认罚从宽制度及其法律后果的职能定位，引导辩方内部进行及时有效的互动并形成一致的意见，实现认罪认罚案件的有效法律帮助。[1] 还有学者提出，欲实现刑事案件律师辩护全覆盖，应在坚持值班律师属于特殊的法律援助律师这一角色定位的基础上，充分发挥值班律师的辩护前法律帮助功能；进一步发展完善法律援助制度，扩展法律援助范围；支持引导社会律师积极承担辩护律师职责，最终形成以委托辩护律师、法律援助辩护律师为主体，以值班律师为必要补充的律师辩护覆盖体系。[2]

关于认罪认罚从宽案件中的量刑建议，有学者指出，检察机关的量刑建议权，在认罪认罚从宽制度改革的背景下，被赋予了新的含义，检察机关如何提高量刑建议的精准化水平，不仅事关量刑建议被审判机关采纳率的高低，也是确保犯罪嫌疑人具结悔过和体现检察机关公信力的重要内容。[3] 还有学者提出，为凸显认罪认罚从宽制度的价值，认罪认罚应当作为单独量刑情节予以评价，并根据认罪认罚的不同诉讼阶段设置阶梯化从宽幅度，当前检察机关量刑建议的精准化水平仍不高，应当通过完善量刑规范和指导意见、应用大数据智能辅助系统、加强学习培训等方式提升检察机关量刑建议的能力和水平。[4]

关于认罪认罚从宽制度中的检察官主导责任，有学者指出，修改后的《刑事诉讼法》确立的认罪认罚从宽制度，更是一个十分典型的以检察官主导责任为基础的诉讼制度设计，有人把它称为中国版的"诉辩交易"。根据这个制度，检察官要更加负责、明确地在庭前即与犯罪嫌疑人就案释法：如果认罪，案件将会依法从宽处理。检察官把道理讲清楚，让辩护人与犯罪嫌疑人沟通达成一致意见，犯罪嫌疑人同意检察官提出的量刑建议，签署认罪认罚具结书，案件将起诉到法庭，这就是在践行检察官的主导责任。[5]

关于认罪认罚案件中的证明标准，有观点认为，认罪认罚促使程序的推进方式发生了变化，但这并非降低证明标准。基于职权主义的诉讼价值追求，认罪认罚案件的证明标准应当坚持法定证明标准，而不能因为庭审程序简化而降低标准。这是确保认罪认罚符合客观真相的关键所在，也是证明标准一元化的客观需要，同时也

---

〔1〕 周新："值班律师参与认罪认罚案件的实践性反思"，载《法学论坛》2019 年第 4 期。

〔2〕 詹建红："刑事案件律师辩护何以全覆盖——以值班律师角色定位为中心的思考"，载《法学论坛》2019 年第 4 期。

〔3〕 鲍键、陈申骁："认罪认罚从宽制度中量刑建议的精准化途径与方法——以杭州市检察机关的试点实践为基础"，载《法律适用》2019 年第 13 期。

〔4〕 陈国庆："量刑建议的若干问题"，载《中国刑事法杂志》2019 年第 5 期。

〔5〕 张军："关于检察工作的若干问题"，载《国家检察官学院学报》2019 年第 5 期。

是与简易程序及速裁程序证明标准相协调的体现。[1] 还有论者提出,在恪守"排除合理怀疑"的狭义证明标准的前提下,因应认罪认罚案件的特点和规律,对证明对象范围和证据查证方式进行差异化处理,可以在保证司法公正和案件办理质量的前提下,最大限度地提高司法效率。在全面实施认罪认罚从宽制度的过程中,全国各地的司法机关可以结合实际情况,对认罪认罚案件的证明对象范围做合理限缩,并完善证据开示、自愿认罪认罚过程的同步录音录像等证据的收集、固定、审查和认定程序,以在更高层次上实现公正和效率的统一。[2]

(三) 刑事检察工作发展研究

探索刑事检察工作新发展,是新时代检察工作转型升级的内在要求,也是检察机关改革发展的必由之路。刑事诉讼法修改丰富了检察权的内涵,给刑事检察工作带来了新的发展契机。检察机关如何立足法律、国情和司法实际,在理念碰撞与角色更新中找准定位,在尊重规律与改革创新中找准发展路径,显得意义重大。[3]

关于检察机关侦查权的变化,有学者提出,作为监察机制的补充手段,检察机关的"新"自侦权,无论是对强化法律监督(特别是诉讼监督),还是对防控诉讼侵权,都具有较为积极的意义。不过,检察机关需对"新"自侦权的行使风险未雨绸缪,不仅要防止"自侦中心主义"的复活,也要避免程序构造失调的再现,甚至还要注意个案触发概率的走低。[4] 也有论者认为,修改后的刑事诉讼法给检察机关保留的侦查权虽然有限,所侦查的案件总量也不会很多,但它对于进一步优化办案资源配置、提高反腐败整体效能,坚持检察机关的宪法定位和中国特色,支撑检察机关的诉讼监督,激发检察制度的活力,都具有重要意义,因而必须高度重视,把它摆到重要位置。[5]

关于刑事附带民事公益诉讼,有学者通过研究指出,刑事附带民事公益诉讼具有刑事诉讼、刑事附带民事诉讼、其他民事行政公益诉讼所不具备的优势,彰显了其独特价值,应当在刑事诉讼法中加以规定,既体现公益诉讼的特殊性,又体现其对刑事诉讼的依附性。在构建刑事附带民事公益诉讼程序时,应扩大其审理范围,管辖法院应采取"附随刑事案件管辖"规则,基层法院不应当采取 7 人合议庭,不

---

[1] 肖沛权:"论认罪认罚案件的证明标准",载《法学杂志》2019 年第 10 期。

[2] 李小东:"认罪认罚从宽制度证明标准差异化的实证研究",载《中国刑事法杂志》2019 年第 3 期。

[3] 陈国庆:"刑事诉讼法修改与刑事检察工作的新发展",载《国家检察官学院学报》2019 年第 1 期。

[4] 李奋飞:"检察机关的'新'自侦权研究",载《中国刑事法杂志》2019 年第 1 期。

[5] 朱孝清:"检察机关如何行使好保留的职务犯罪侦查权",载《中国刑事法杂志》2019 年第 1 期。

必诉前公告，适当规范检察机关的调解、撤诉。[1] 但也有学者认为，刑事附带民事公益诉讼的起诉书不应以我国《刑事诉讼法》为法律依据，诉前公告程序必须履行，一审法院必须适用 7 人陪审合议庭。要破解刑事附带民事公益诉讼的主体困境，一方面应把海洋生态环保领域的案件和诉讼标的额超出基层法院管辖上限的案件排除于基层检察院可提起刑事附带民事公益诉讼的范围之外，另一方面应把"刑事附带民事公益诉讼被告与刑事被告人一致"设定为法院受理的硬性条件。[2]

作为检察系统内设机构的改革措施，"捕诉一体"改革受到学术界和实务界的广泛关注并产生了争议。对此，有学者指出，捕诉一体化是对检察办案组织的职能改革，其内生逻辑是检察机关在多重因素叠加变化下通过重新配置办案资源，改革内部办案方式从而对新的司法需求进行回应，捕诉一体化与批捕权的归属问题不应混为一谈，前者不会异化审查逮捕程序和削弱检察机关的内部监督，反而有利于推进以审判为中心的诉讼制度改革，在当前司法改革的背景下具有相对合理性，捕诉一体化可以通过限制适用层级、尊重地方实践模式、及时评估调整的制度试行方式予以适用，并通过落实审查逮捕实质化、切断捕诉利益关联、强化侦查监督引导等配套措施，最大限度地避免其副作用的产生。[3] 还有论者认为，捕诉合一的实效在于提高办案效率、强化侦查监督、保障审前辩护、减少审前羁押和强化监督制约。捕诉合一的办案模式在实际运行中也存在一定的倾向性问题。对此，完善捕诉合一办案模式的关键在于：优化捕诉关系，进一步开展逮捕案件司法化审查，细化对侦查的引导机制，平衡检察机关的办案节奏，明确检察官依法履职的监督机制。[4] 不过，也有学者提出担忧，认为"捕诉合一"的核心问题在于，由缺乏必要的独立性和中立性的检察官行使批准逮捕的权力，既不符合刑事诉讼制度的发展规律，也违反了《公民权利和政治权利国际公约》等国际性、区域性人权公约的相关规定，我国应及时终止检察机关的所谓"捕诉一体"改革，废止"捕诉合一"的法律制度，以便为国家批准《公民权利和政治权利国际公约》扫清障碍。[5]

（四）刑事侦查程序研究

关于刑事侦查，有学者指出，回顾我国刑事侦查 40 年的发展历程，可以发现我国刑事侦查逐步形成了 4 项主要功能，即全面准确打击刑事犯罪、充分深入推进人权保障、全力有效维护社会安定以及有力协助开展追逃追赃。我国刑事侦查 40 年的

---

[1] 谢小剑："刑事附带民事公益诉讼：制度创新与实践突围——以 207 份裁判文书为样本"，载《中国刑事法杂志》2019 年第 5 期。

[2] 刘加良："刑事附带民事公益诉讼的困局与出路"，载《政治与法律》2019 年第 10 期。

[3] 陈实："论捕诉一体化的合理适用"，载《法商研究》2019 年第 5 期。

[4] 原立荣、刘铃悦："司法责任制背景下捕诉合一的合理根据及完善"，载《西南政法大学学报》2019 年第 2 期。

[5] 孙长永："'捕诉合一'的域外实践及其启示"，载《环球法律评论》2019 年第 5 期。

发展历程为新时代刑事侦查发展提供了有益的经验启示。[1] 还有学者从侦查权的角度指出，在公安司法实践中，一定程度上存在公安侦查权与行政权交错适用的现象，既有公安行政权替代刑事侦查权的现象，也有刑事侦查权替代公安行政权的现象。违法和犯罪二元一体的追究模式，治安案件与刑事案件的划分方式，行政程序与刑事诉讼程序宽松严苛的差异，导致了公安侦查权与行政权的交错。在制度层面，区分公安机关侦查行为与行政行为宜采取综合权衡标准，确立比例原则，规范行政证据转换为刑事证据的程序与实体制约规则，完善《行政诉讼法》和《国家赔偿法》相关规定，适当调整违法和犯罪的二元一体模式。[2]

　　关于大数据侦查，有论者指出，随着国家大数据战略和数字中国战略总体规划的推进与落实，政策层面的"大数据"开始逐步浸透到我国的刑事侦查领域。实践中的大数据侦查存在行政逻辑过剩和司法逻辑不足的问题，具体体现为法律文本滞后带来的程序规则适用风险、数据采集共享隐含的公民权利保护风险以及技术自身特性导致的刑事错案风险。通过程序制约数据，通过数据制约程序，以规制为核心的司法逻辑应当作为大数据侦查的应然走向。就程序规制数据而言，包括证据维度、侦查措施维度、辩护保障维度的立法与释法创新；就数据规制程序而言，包括内部的执法规范指引机制、外部的程序风险提示机制。[3] 也有学者认为，需要在平衡犯罪控制与人权保障两项基本价值的框架下规制数据侦查行为，加强数字正当程序的理论供给，具体体现为建立被指控人获得合理的数据推论的权利、设立司法预审制度以及对侦查程序中的具体相关性规则予以修正，在此基础上对国家刑罚权运用过程中的国家权力和公民权利关系予以重新矫正。[4] 还有学者从职务犯罪侦查的角度提出，传统的侦查模式已经无法应对查办职务犯罪过程中遇到的种种难题，面对新的挑战，专案侦查员从传统的寻找"物质痕迹"转变为寻找"信息痕迹"，根据海量的案件数据，建立起合理的恰当的数据模型来认识案件，可以在短时间内将犯罪嫌疑人的基本情况、关联线索信息、行踪轨迹、人际关系网络等情况清晰分析和展示。在数据优先、关联分析、数据共享与协作理念下，建立以数据为载体的"信息引导侦查"思维模式，能在新时代反腐中大大提高查处职务犯罪案件的效率和质量。[5]

　　关于技术侦查，有学者认为，在技侦证据的使用方面，无论是国内的理论研究、法律制度设计，还是司法实践都相对匮乏，存在着立法不完善、获取技术证据的资源不足、对技侦证据的使用不足、对技侦证据的合法性审查及损害救济的规制不明

---

　　〔1〕　井晓龙："中国刑事侦查四十年"，载《法学杂志》2019 年第 7 期。

　　〔2〕　张泽涛："论公安侦查权与行政权的衔接"，载《中国社会科学》2019 年第 10 期。

　　〔3〕　张可："大数据侦查之程序控制：从行政逻辑迈向司法逻辑"，载《中国刑事法杂志》2019 年第 2 期。

　　〔4〕　裴炜："数据侦查的程序法规制——基于侦查行为相关性的考察"，载《法律科学》2019 年第 6 期。

　　〔5〕　郭哲："大数据时代查办职务犯罪侦查模式认识论"，载《政法论丛》2019 年第 3 期。

等问题。我国应完善技术侦查的相关法律规定、充实基层技术侦查措施力量、明确技侦证据运用规则和保护性措施、建立检法对技侦证据的合法性审查制度、建立技术侦查措施的救济途径。[1] 也有学者从监控类技术侦查的角度指出，监控类技术侦查是指记录监控、行踪监控、通信监控、场所监控等措施，在实践运行中存在含义模糊、案件范围不清、适用原则不明、证据转化过度等程序和证据多重问题。立法应明确"重大毒品犯罪"及"系列性、跨区域性、团伙性重大犯罪"的含义，确立最后手段原则和比例性原则，降低行踪监控和记录监控的程序要求，明确对被害人手机或网络账号进行监控无需适用技术侦查程序，确立通信监控和场所监控的中立机关审查原则，减少技侦证据的转化使用。[2]

关于侦查中的讯问制度，有学者提出，侦讯天然具有强制性，其产生机制包括行为和情境2个方面。从比较法的角度看，基于人权保障和发现真实的需要，各国均在讯问行为和讯问情境上设置诸如沉默权、禁止非法讯问等强制性的削弱机制。我国侦讯强制性的削弱机制存在制度缺位和实效性差的问题，应立足中国特定的制度背景和实践样态选择较为契合的削弱机制。长期来看，赋予被追诉人沉默权是削弱侦讯强制性、实现侦讯法治化的治本之道。[3] 也有观点认为，由于办案条件的变化，单警讯问不仅有必要性，而且具有可行性。单警讯问适用于案情比较简单的刑事案件；单警讯问必须在全程录音录像、智能化办案场所、录审分离、实时监督和事后监督与制约等条件的保障下进行；单警讯问应当通过完善的办案系统实现程序制约并在发现不符合条件时转换为二人讯问。[4]

关于侦查监督，有学者认为，侦查活动监督是防范侦查权滥用，推进严格公正司法的重要制度安排。在全面推进依法治国的新形势下，司法体制改革的决策部署、人民群众的法治期待、人权保障的时代要求、侦查办案的发展变化都对强化侦查权监督制约提出了新的要求。加强和改进侦查活动监督，确保侦查权在法治轨道上运行，是检察机关面临的重要课题。当下，应在遵循侦查活动监督基本原理和原则的基础上，进一步拓展监督途径，强化监督手段，完善监督方式，优化监督模式，从而全面提升侦查活动监督质效。[5]

（五）缺席审判程序研究

缺席审判程序是我国2018年《刑事诉讼法》新增设的刑事特别程序。对此程序的设立，有学者指出，刑事缺席审判制度起源于古罗马时期，并为美国、法国、德国等国家吸收和认可，是在公正和效率、惩罚犯罪与保障人权之间进行价值平衡和选择的产物，既体现对贪腐等重大犯罪的打击力度，又兼顾对合法权益的人权保障，

---

〔1〕 刘滨："浅论技术侦查证据的法律实务问题"，载《法学杂志》2019年第6期。

〔2〕 刘海湘："监控类技术侦查措施实证研究"，载《华东政法大学学报》2019年第4期。

〔3〕 陈真楠："侦讯强制性的适度削弱机制研究"，载《西南政法大学学报》2019年第1期。

〔4〕 李玉华："同步录音录像下单警讯问的突破"，载《法学》2019年第4期。

〔5〕 孙谦："刑事侦查与法律监督"，载《国家检察官学院学报》2019年第4期。

弥补刑事诉讼制度的漏洞。[1] 也有学者提出，缺席审判程序的设立具有必要性，有利于司法机关获得国际司法协助，也有利于被告人行使程序选择权。缺席审判程序的实施具有正当性，诉讼原则也存在适用例外，价值权衡下的"客体程序"同样能够体现司法公正。通过程序内与诉讼原则和证据规则体系的契合，以及程序外公众参与和审判公开制度的配合，缺席审判程序将日益完善。[2]

关于缺席审判程序的适用条件，有学者认为，缺席审判程序的正当性建立在被告人事先知悉开庭信息和听审权并自愿放弃此权利的基础上。从适用条件看，"犯罪嫌疑人、被告人在境外"不仅指有可信的证据证明犯罪嫌疑人、被告人已经出境，而且指犯罪嫌疑人、被告人未死亡。缺席审判启动的证据条件是"有明确的指控犯罪事实"。[3] 也有学者认为，刑事缺席审判程序打破了固有的刑事诉讼构造样态，对其适用范围应当作出严格限制，对被追诉人的诉讼权利也应进行全面保障。就刑事缺席审判的适用范围而言，基本上有 3 种模式，即仅适用于轻罪的缺席审判的模式、轻重罪皆适用缺席审判的模式以及完全禁止适用缺席审判的模式。[4] 还有学者指出，这一程序设计与当前反腐败背景有很大关系，在某种程度上突破了传统刑事审判的原则。但实际上，缺席审判制度的价值基础应当是多元化的，从长远来看，可在总结实践经验的基础上适当扩大刑事缺席审判的适用范围，满足社会发展带来的新需要。[5]

关于缺席审判中的被追诉人权利，有学者指出，检察机关在适用刑事缺席审判制度的过程中，要始终把握本质要求，即缺席审判制度不是克减被追诉人权利的诉讼制度，相反，检察机关应当更为审慎地尊重和保障被追诉人的各项合法权利，通过严格依法履行审查起诉、出庭公诉、法律监督与司法救济等各项诉讼职责，实现缺席审判程序中惩治犯罪与保障人权的平衡与有机统一。[6] 也有学者指出，刑事缺席审判的制度设计应该以"便利当事人"为目的，遵循刑事诉讼的基本构造，基于此，被告人已经死亡的不该成为缺席审判的情形；要充分保障被追诉人的知情权、救济权和获得辩护权，避免制度落入"程序制裁"的窠臼，兼顾公正与效率的平衡，守住公平与正义的底线。[7] 还有学者从程序性救济的角度指出，我国刑事缺席审判

---

〔1〕 陈伟、王文娟："刑事缺席审判制度的源流、现状及分歧澄清"，载《河北法学》2019 年第 11 期。

〔2〕 袁义康："刑事缺席审判程序的合理性及其完善"，载《华东政法大学学报》2019 年第 2 期。

〔3〕 周长军："外逃人员缺席审判适用条件的法教义学分析"，载《法学杂志》2019 年第 8 期。

〔4〕 杨帆："刑事缺席审判制度的比较法考察——以适用范围与权利保障为切入点"，载《政治与法律》2019 年第 7 期。

〔5〕 赵琳琳："我国刑事缺席审判程序的多维度探析"，载《中国政法大学学报》2019 年第 2 期。

〔6〕 陈卫东、刘婉婷："检察机关适用刑事缺席审判的几个问题"，载《国家检察官学院学报》2019 年第 1 期。

〔7〕 鲍文强："权利与义务视阈下刑事缺席审判程序的理论展开"，载《法学杂志》2019 年第 8 期。

案件主要的程序性救济即"重新审理"，但在具体理解和司法适用上可能会有歧义。"重新审理"可以有 3 种模式：一是 2018 年《刑事诉讼法》设置的"重审"救济，问题是会与生效缺席判决的确定力发生冲突以及产生一些技术难题；二是通过审判监督程序进行的"再审"救济，这种方式虽然可以保证生效裁判的确定力，却会陷入另一个法理困境；三是类似于美国法上通过宣告无效审判所做的"失审"救济，这种方式与我国当前规定的"重新审理"在文义上最契合，但由于二者制度语境的不同，因而不能直接引用无效审判的具体规则；在 2018 年《刑事诉讼法》修改之初，有必要在综合前三者的基础上，对"重新审理"作出合理的法律解释以明确缺席审判程序中"重新审理"的法律性质及其操作规则。[1]

关于缺席审判程序与没收程序之间的关系，有学者指出，鉴于这两种程序在适用条件、适用范围、程序功能上的高度重合性，应当将这两种程序作合并处理，在缺席审判程序兼具对"人"裁判和对"物"裁判的前提下，将没收程序并入缺席审判程序中，对于被告人为逃避刑事追诉而"潜逃"的案件，应当启动缺席审判程序对被告人定罪量刑，追缴、没收涉案财物。[2] 不过，也有学者认为，通过深入分析可以发现，独立没收程序仍有其独立的适用空间，不仅表现在适用案件类型上相对于缺席审判程序更为广泛，还表现在可对境内的犯罪嫌疑人、被告人进行"追赃"。同时，当缺席审判程序的适用面临证据难题和国际刑事司法合作困境之时，独立没收程序可以用来追缴违法所得及其他涉案财产。[3]

（六）未成年人刑事案件特别程序研究

自我国 2012 年《刑事诉讼法》初设未成年人刑事案件特别程序以来，关于该程序的讨论便从未停息，且涉及该程序的完善及未成年人权利保护的各个方面。

关于未成年人的辩护权利，有学者通过实地调研发现，侦查阶段法律援助率低、通知与指派信息交流不畅、律师意见的针对性和专业性不足、未成年人法律援助专业化程度低等问题依然突出。应确立强制辩护原则，将未成年被害人纳入应当援助的范围，扩充法律援助律师权利，通过少年司法信息共享平台提升通知、指派和律师介入办案的效率，建立专业化法律援助队伍以提高未成年人法律援助的有效性。[4] 也有学者从未成年人自行辩护的角度指出，未成年被追诉人具有相对刑事诉讼行为能力，其自主性辩护权不可以被代理行使。立法应当以诉讼监护制度替代法

---

〔1〕 罗维鹏："刑事缺席审判中被追诉人权利的程序性救济：模式选择与规则完善——以 2018 年《刑事诉讼法》为视角"，载《甘肃政法学院学报》2019 年第 5 期。

〔2〕 施鹏鹏："缺席审判程序的进步与局限——以境外追逃追赃为视角"，载《法学杂志》2019 年第 6 期。

〔3〕 李海滢、王延峰："缺席审判抑或独立没收：以'追赃'为基点的程序选择"，载《政治与法律》2019 年第 7 期。

〔4〕 宋志军："未成年人刑事法律援助有效性实证分析"，载《国家检察官学院学报》2019 年第 4 期。

定代理制度，监护人在未成年人刑事案件中应当全程参与，与未成年被追诉人各自独立地行使辩护权，分歧意见的解决以有利于未成年人为原则。[1]

关于针对未成年人的强制措施，有学者通过实地调查研究后指出，严格限制适用逮捕措施是未成年人刑事诉讼的一项原则要求。应当实现审查逮捕阶段听取辩护律师意见的全覆盖；完善逮捕社会危险性证明和审查评估机制；落实对被逮捕未成年人的分押分管和分别教育原则；加强对被逮捕未成年人的羁押必要性审查；完善未成年人非羁押的家庭监护和社会支持体系。[2] 还有学者通过调查发现，导致羁押率居高不下的原因在于办案人员"以捕代侦"的司法理念，适用羁押措施的标准不统一，羁押替代性措施不完备，社会观护机制不健全以及风险评估机制缺失等。针对这一司法顽疾，有必要建构一套体系科学、层次分明、功能完备的程序性控制路径，即细化羁押必要性审查程序，丰富羁押替代性措施，设立羁押替代性措施风险评估体系，实行逮捕与羁押绝对分离等，进而有效降低涉罪未成年人在整个诉讼程序中的羁押率。[3]

关于附条件不起诉，有学者认为，附条件不起诉的实践适用不尽理想，适用对象的罪名、刑罚限制及与相对不起诉的关系等均有争议，适用罪名过窄，应取消罪名限制，并由检察官裁量决定。"一年有期徒刑以下刑罚"限制附条件不起诉适用的真正原因在于对未成年人量刑的特殊性缺乏认识，附条件不起诉与缓刑高度一致，应将所有可能判处缓刑的案件纳入附条件不起诉的适用范围。"是否具有监督考察的必要性"应当作为相对不起诉与附条件不起诉选择适用的标准，并成为未成年人审前转处措施选择的整体性标准。[4] 也有学者从附条件不起诉考察帮教机制的角度指出，附条件不起诉的帮教工作绝不应是独断的、教条的或家长式的灌输，而是引导未成年犯罪嫌疑人对自己的欲望信念作出反思评估；更是通过某些优秀人物的示范作用，在他们内心产生某种道德感动，进而启迪他们的心灵。[5]

关于犯罪记录封存制度，有学者通过调查发现，犯罪记录封存制度在实践中发挥了积极的作用。但是，制度运行中仍然存在监督与救济程序缺失、查询程序不规范、封存效力不明确以及相关部门之间的衔接与配合脱节等问题。此外，该制度在运行中与少年司法其他制度之间存在着冲突，而且单一的封存模式以及适用条件，

---

〔1〕 陶朗道："未成年人自主性辩护权行使问题研究"，载《北方法学》2019 年第 5 期。

〔2〕 王贞会："未成年人严格限制适用逮捕措施的现状调查"，载《国家检察官学院学报》2019 年第 4 期。

〔3〕 自正法："涉罪未成年人羁押率的实证考察与程序性控制路径"，载《政法论坛》2019 年第 4 期。

〔4〕 何挺："附条件不起诉适用对象的争议问题：基于观察发现的理论反思"，载《当代法学》2019 年第 1 期。

〔5〕 夏纪森："未成年犯罪嫌疑人的权益保障研究——从附条件不起诉的考察帮教机制切入"，载《西南政法大学学报》2019 年第 4 期。

不利于实现双向保护的目的。应当通过采取"原则+例外"的立法模式、设置合理的考验期、完善监督与救济措施、明确封存效力以及加强各部门之间的衔接与配合等方式，对制度进行完善。此外，应当以整体性视角看待该制度，缓解犯罪记录封存制度与其他少年司法制度之间的冲突，使制度内部相互协调。[1]

（七）刑事诉讼制度与监察制度衔接问题研究

2018 年 10 月 26 日，新修正的《刑事诉讼法》公布实施，为监察制度与刑事诉讼制度之间的衔接工作提供了新的法律依据和制度指引。正如有学者指出的那样，为因应两法衔接之现实需求，《刑事诉讼法》于 2018 年 10 月进行了修正，对职务犯罪的调查、审查起诉和审判等程序作了针对性调整，为线索移送、工作协助配合、证据衔接或转化、案件移送与审查等两法衔接核心议题的解决提供了基础性的法律依据。但法律之调整尚不足以满足司法实践的需要，国家监察委员会应当适时出台《监察法》的监察解释，为两法衔接程序和机制提供细则化和具有可操作性的法律规范。[2] 还有学者提出，监察调查与刑事诉讼的有效协调对接是职务犯罪有效治理的重要保障。修改后的刑事诉讼法对监刑对接问题在管辖、强制措施、证据适用等方面都做出了规定，但是从技术层面来看，管辖衔接还存在着需要细化的空间，监察措施与刑事强制措施的衔接亟待进一步完善，证据适用的衔接问题也需要进一步规范化。[3]

关于监察证据是否适用非法证据排除规则，有学者认为，监察机关办理和移送审查起诉的案件，其证据资格、证明力与证明标准应当与审查起诉、刑事审判的要求相一致；以非法方法收集的证据应当依法排除，不得作为案件处置的依据。这是监察法治体系与刑事法治相协调的关键问题之一。这有效地契合了监察机关职务犯罪调查权的法律属性，符合司法改革的价值取向，反映建立"以审判为中心"的刑事诉讼制度改革的基本要求，有利于防止"侦查中心主义"或者"监察中心主义"对反腐败法治体系和法治能力现代化建设的消解作用，避免监察证据转化或重复取证中的证据损耗和法治资源浪费，为建立"集中统一、权威高效"的国家监察体系奠定证据制度基础。[4] 还有学者提出，在《宪法》与《监察法》对检察机关与监察机关的关系作出进一步修改或解释之前，当下现行《刑事诉讼法》第 57 条应对监察案件非法证据的排除作出过渡性安排，比如可以增列 1 款单独规定，在审查起诉的过程中，人民检察院接到报案、控告、举报或者发现调查人员以非法方法收集证据的，应当进行调查核实。对于确有以非法方法收集证据的，应当提出纠正意见。构成犯

---

〔1〕 宋英辉、杨雯清："我国未成年人犯罪记录封存制度研究"，载《国家检察官学院学报》2019年第 4 期。

〔2〕 江国华："国家监察与刑事司法的衔接机制研究"，载《当代法学》2019 年第 2 期。

〔3〕 孟穗、冯靖："监察调查与刑事诉讼的衔接问题研究"，载《河北法学》2019 年第 4 期。

〔4〕 徐汉明、李少波："《监察法》与《刑事诉讼法》实施衔接路径探究"，载《法学杂志》2019年第 5 期。

罪的，应当依法移送有关部门追究刑事责任。[1]

关于留置措施与刑事诉讼法的衔接，有学者提出，留置措施与刑事强制措施的衔接并非自行衔接，而必须是经过检察机关严格审查后的依法衔接，留置措施的转换应适用"案退、人不退"的原则，即使案件退回监察机关补充调查，也不宜恢复留置措施。[2] 也有学者认为，职务犯罪调查中，留置替代"两规"是法治进步的体现。但游离于刑事司法体系之外的留置存在被异化或被滥用的风险。留置衔接刑事诉讼的重点在于3个层面：刑事犯罪追诉的体系化视角下，留置程序应遵循刑事司法的基本规律，体现正当法律程序的要义；职务犯罪调查中的被留置人权利应纳入刑事诉讼人权保障的整体考量；留置具有刑事强制措施的某些属性，应与刑事强制措施体系有效衔接。[3] 还有学者从退回补充调查的角度指出，依据案件系属理论，对于审查起诉阶段退回补充调查的情形，系属关系并未消灭，案件仍系属于检察院，处于审查起诉阶段，对犯罪嫌疑人应当继续沿用之前的强制措施，并继续保障辩护人的相关诉讼权利。[4]

（八）关于域外制度的比较研究

关于认罪认罚从宽制度，有学者从域外国家被告人上诉权的角度指出，英美法对认罪的被告人就定罪问题的上诉权进行了极其严格的限制，但对其不服量刑的上诉权仍然给予保障；大陆法系的意大利、德国也分别通过立法或者实践对认罪协商案件中的上诉权进行了限制。我国认罪认罚从宽制度的运行条件与域外不同，现阶段不宜对认罪认罚案件的上诉权进行限制。但从发展方向看，对认罪认罚被告人的上诉权进行一定的限制，乃是完善刑事诉讼中认罪认罚从宽制度的内在要求，也符合以审判为中心的刑事诉讼制度改革的趋势和刑事司法规律。在立法模式上，可以借鉴域外立法经验，对允许上诉的理由进行列举性规定；在立法修改以前，司法机关可以开展通过协议限制被告人上诉权的试点工作，但应提供必要的程序保障。[5] 还有学者从诉讼模式的角度指出，围绕认罪认罚从宽制度，存在着诸多的争议，可以在综合考量其他国家和地区相关做法的基础上，结合我国的具体国情作出适当的选择。从历史发展的角度看，包括认罪认罚从宽制度在内的"放弃审判制度"的盛行，标志着刑事诉讼"第四范式"的形成，它意味着刑事司法的结构性变革。与一些法治发达国家相比，我国是在刑事诉讼"第三范式"发育尚不充分的情况下迈向刑事诉讼"第四范式"的，尤其应当注意防范可能产生的风险，通过系统性、综合

〔1〕 程雷："刑事诉讼法与监察法的衔接难题与破解之道"，载《中国法学》2019年第2期。

〔2〕 卞建林："配合与制约：监察调查与刑事诉讼的衔接"，载《法商研究》2019年第1期。

〔3〕 胡铭："职务犯罪留置措施衔接刑事诉讼的基本逻辑"，载《北方法学》2019年第4期。

〔4〕 董坤："法规范视野下监察与司法程序衔接机制——以《刑事诉讼法》第170条切入"，载《国家检察官学院学报》2019年第6期。

〔5〕 孙长永："比较法视野下认罪认罚案件被告人的上诉权"，载《比较法研究》2019年第3期。

性改革，重塑符合公正原则要求的法治秩序，保障认罪认罚从宽制度健康发展。[1]

关于刑事证据理论，有学者通过比较域外国家的证据补强规则与我国的"孤证不能定案"规则指出，防止错案、限制裁量权的现实需求为英美法系的补强规则提供了继续生存的空间，但补强规则在英美法系的衰弱以及对补强规则的争议也表明，随着对证据理论认识的不断深入，对补强规则的范围、效力、例外等方面需要进行更精细的研究，才能构建更为合理的补强规则。应当将"孤证不能定案"的功能严格限定在证据补强方面，而不是作为单纯的数量规则。对于因存在利害关系或证人本身原因而具有较大虚假风险的言词证据等几类证据，仍需遵循"孤证不能定案"规则。但对于口供之外其他可以确定证明力较强的直接证据等几类证据，无需适用"孤证不能定案"规则。[2] 也有学者从跨境电子取证的角度，通过研究中外法律及国际公约后指出，在过去的一些年间，中国采取了赋予侦查机关以远程勘验、技术侦查等权力的单边路线来收集境外电子数据，然而这种程序法制度不仅与《网络犯罪公约》及一些国家的国内立法形成了明显的差异，而且也与我国外交部门的立场及既有的刑事司法协助机制不符。有必要严格限制我国侦查机关采取单边路径跨境远程电子取证的权力。具体而言，可以在跨境远程电子取证的侦查程序规范中继续授权网络在线提取措施，专门设计经同意的远程勘验和搜查制度，并将采用技术手段非经同意的搜查纳入技术侦查措施并严格限制运用。[3]

此外，还有学者以诉讼行为作为研究对象，通过比较德、法、意3国法律发现，德国、法国和意大利对诉讼行为这一概念的理解并不相同，不应混为一谈。意大利刑事诉讼采用最广义的界定，即诉讼主体在整个刑事诉讼过程中所实施的所有行为及其产生的后果。意大利《刑事诉讼法典》对每种诉讼行为均确立了周密的制裁制度，主要包括不予受理、逾期无效、程序无效以及不可用。意大利刑事诉讼中的诉讼行为理论为中国学术界提供了一个非常宏大且相对完整的分析框架。但一套逻辑起点似乎极为简单的理论却几乎将刑事诉讼法典的所有规则全部纳入研究视野，其理论的精密度也难免让人心存疑虑。[4]

---

〔1〕 熊秋红："比较法视野下的认罪认罚从宽制度——兼论刑事诉讼'第四范式'"，载《比较法研究》2019年第5期。

〔2〕 纵博："'孤证不能定案'规则之反思与重塑"，载《环球法律评论》2019年第1期。

〔3〕 梁坤："跨境远程电子取证制度之重塑"，载《环球法律评论》2019年第2期。

〔4〕 施鹏鹏："刑事诉讼中的诉讼行为理论研究"，载《比较法研究》2019年第3期。

第二节 民事诉讼法学研究状况*

一、研究概况

在研究成果方面，2019 年共在 CLSCI 收录的 22 种法学核心期刊和《中国社会科学》上发表民事诉讼法学学术文章 74 篇，其中在三大权威期刊《中国社会科学》《法学研究》《中国法学》上发表论文 5 篇；出版著作 6 部，教材 5 部。在科研项目立项方面，2019 年民事诉讼法学方面的国家社科基金项目 25 项；教育部人文社科研究项目 5 项；最高人民法院司法研究重大课题 8 项；最高人民检察院检察理论研究课题 12 项；司法部国家法治与法学理论研究课题 11 项；中国法学会部级课题 5 项。

在学术交流与合作方面，2019 年 4 月 20 日，由中国行为法学会执行行为专业委员会和中国国际经济贸易仲裁委员会共同主办的"仲裁裁决的执行与强制执行立法研讨会"在北京举行。2019 年 5 月 11 日，由中国法学会民事诉讼法学研究会主办，西南政法大学法学院、西南政法大学比较民事诉讼法研究中心承办的"第三届民诉法学研究的实体之维学术研讨会"在重庆举办。2019 年 10 月 11 日，由中国法学会民事诉讼法学研究会主办、南昌大学法学院承办的中国法学会民事诉讼法学研究会 2019 年年会暨"民事司法智能化、信息化·公益诉讼"研讨会在南昌召开。2019 年 10 月 19 日，由西北政法大学民商法学院主办，民事司法改革研究所承办，陕西高理律师事务所、陕西法智律师事务所协办的中国法学会民事司法改革研究方阵"民事诉讼中的检察监督高端论坛"在西安举办。2019 年 11 月 23 日，由中国法学会民事诉讼法学研究会执行理论研究专业委员会（筹）主办、西南政法大学法学院与西南政法大学民事执行研究中心联合承办的第二届民事执行论坛在重庆举行。

二、重点研究内容

2019 年民事诉讼法学研究在民事诉讼法的基本原则和制度等部分均有涉及，具体内容如下：

（一）民事诉讼基本原则

1. 处分原则。处分原则的行使是当事人自由决定是否以及如何行使自己的诉讼权利以实现实体权利的体现。但我国"处分原则"的行使受到诸多限制，要么是诉讼制度没有规定相应的权利，要么是权利规定过于空泛，没有具体的规则予以保障，这种现象一定程度上架空了处分原则在民事诉讼中的基础性地位。有学者提出，"以撤诉权为例，我国《民事诉讼法》第 145、173 条分别规定了撤回起诉、撤回上诉须经法院准许的内容，这使得'撤诉权'异变为'撤诉申请权'，丧失了应有的处分

---

* 执笔人：中国政法大学诉讼法学研究院肖建华教授。

效力。"[1]

2. 诚实信用原则。作为民法领域的"帝王条款"，诚实信用原则产生于罗马法中的"善意"一词，包括行使权利不得含有加害意思及应善意衡平进行诉讼。[2] 市场经济的快速发展，为诚实信用原则成为现代民法的重要指导原则之一提供了必要条件。我国《民法总则》（已失效）第7条明确规定"民事主体从事民事活动，应当遵循诚信原则，秉持诚实，恪守承诺。"个人本位主义的传统诉讼观向社会本位主义的现代诉讼观转变，使得诚实信用原则被引入《民事诉讼法》。我国2012年修正《民事诉讼法》时，在第13条确立了程序法的"诚实信用原则"。诚实信用原则，要求当事人与其他诉讼参与人在民事诉讼过程中信守承诺、诚实不欺地行使自己的权利、履行自己的义务，法官诚信地行使自由裁量权，实现当事人利益与社会利益的平衡。学者们普遍认为诚实信用原则的适用主体不仅包括当事人，还应当包括法官及其他诉讼参与人。对当事人而言，不进行虚假诉讼、无据诉讼，不滥用诉讼权利，履行真实陈述的义务；对法官而言，要禁止滥用自由裁量权，恰当行使释明权；对其他诉讼参与人而言，应当不做虚假证言、不做违背事实的鉴定、不滥用和超越诉讼代理权等。

3. 调解原则。调解原则作为民事诉讼法学的一项重要基本原则，对于节约司法资源，提高结案效率发挥着重大作用。基于我国国情，相比于诉讼结案的方式，百姓更愿意以较和缓的方式解决纠纷。调解程序也一直贯穿于我国民事诉讼始终。但是传统民事诉讼法理论对于调审结合的方式提出了质疑，认为我国应该追求适当的调审分离的模式。主张适当调审分离的学者认为由于调解和审判的性质和程序理论不一致，不应当将调解队伍和审判队伍重合。如果进行审判的法官和调解的法官为同一人，当事人可能会不愿意在调解过程中透露更多信息，因此不利于调解的顺利进行。而调解程序也不如审判程序有着严格的评判标准，民众可能会对法官的调解能力产生怀疑。除此之外，赋予法官调解结案的权利也可能造成法官强制调解等不法情形。看似上述说理清晰严密，但将其结合制度、理论和实践三方面考虑却有许多漏洞。首先，调解从审前程序就已经有所规定。对于比较复杂的案件，法官会在审前归纳争议焦点，并寻求调解契机。如果将审前调解法官和审判法官分离，那么审判法官还需要重新归纳争议焦点，审前准备阶段将会变得毫无意义。而在审判过程中，法官也需要视情况判断是否应该进行调解以及如何组织调解，也就是说，审判和调解的实践和节奏一直都是高度统一的。因此，调审分离在我国现有制度上的实施是没有现实基础的。就理论而言，调审分离和案件分流界限一直都很模糊，没有被有效地区分开来。无论是诉前，法院经过考量将案件交给调解组织进行调解还是立案后委托调解其实都是合理分配司法资源，提高诉讼效率的案件分流的表现。

---

〔1〕 王次宝："处分原则的限制及其路径"，载《北方法学》2019年第1期。

〔2〕 王利明："论公序良俗原则与诚实信用原则的界分"，载《江汉论坛》2019年第3期。

有学者认为调审分离的内涵也不明确。绝大多数主张调审分离的学者主张以诉讼和解取代法院调解。但是缺少法官调解可能导致无法有效解决纠纷。在实践过程中，上海、徐州、淮南、南京等地中院均适当实验了调审分离的模式，其中存在一些问题。划分调解组和裁判组导致其无法适应案件的灵活变化，对可调解的案件进行人为划分缺乏科学性。而且调解组和裁判组的分化加大了法院对人才的需求，还有可能出现重复处理案件的情况。而调审结合不仅可以在调解无法进行时，以最快的速度进入到审判程序，节约司法资源。还符合我国现实情况，即法官一般都被视为父母官，帮助百姓调解解决矛盾。因此，我国民众大多时候比较依赖法官的调解。调审结合的正当性来源于上述理由。[1]

4. 绿色原则。绿色原则是我国民事立法的一大创新，规定于《民法总则》（已失效）第9条："民事主体从事民事活动，应当有利于节约资源、保护生态环境。"该原则在立法时一波三折，如今学界对之亦褒贬不一。未来如何发展，亟需深思。有学者认为，《民法总则》（已失效）第9条的绿色原则并非仅有环境保护一端，而是有环境保护与节约资源双重面向。环境保护诚然是绿色原则的重点，但无论是在公法层面还是在私法层面，环保意义上的绿色原则均难以有所作为，诸多应用舛误重重。节约资源有片面和全面之分，片面的节约资源在目前实践中颇为常见，但均为绿色原则之误用；全面的节约资源等同于社会成本最小化或社会财富最大化，即法经济学，而这才是绿色原则的未来。[2]

（二）诉源治理问题

2016年7月，成都法院研究制定了《关于全面深入推进诉源治理的实施意见》，并提出了一系列配套措施。自此，成都法院在全国率先提出并开展了一项新的重大改革举措——"诉源治理"。2019年，最高人民法院的《关于深化人民法院司法体制综合配套改革的意见——人民法院第五个五年改革纲要（2019—2023）》明确提出"创新发展新时代'枫桥经验'，完善'诉源治理'机制，坚持把非诉讼纠纷解决机制挺在前面，推动从源头上减少诉讼增量"。最高人民法院的《关于建设一站式多元解纷机制 一站式诉讼服务中心的意见》将诉源治理机制建设列为工作举措。《2019年人民法院工作要点》将诉源治理作为重要内容予以规定。诉源治理，从地方经验成为全国性的改革方案，也成为众多地方法院探索的改革方向。

1. 诉源治理的理论阐释[3]。诉源治理是指社会个体及各种机构对纠纷的预防及化解所采取的各项措施、方式和方法，使潜在纠纷和已出现纠纷的当事人的相关利

---

〔1〕　李喜莲："我国民事审判中调审关系的再思考"，载《法律科学（西北政法大学学报）》2019年第6期。

〔2〕　贺剑："绿色原则与法经济学"，载《中国法学》2019年第2期。

〔3〕　四川省成都市中级人民法院编著：《诉源治理：新时代"枫桥经验"的成都实践》，人民法院出版社2019年版；四川省成都市中级人民法院课题组、郭彦："内外共治：成都法院推进'诉源治理'的新路径"，载《法律适用》2019年第19期。

益和冲突得以调和，进而减少诉讼性纠纷，并且采取联合行动所持续的过程。[1]

诉源治理具体包含 4 个层次含义：一是从深化社会基层治理的层次，依靠党委政府，调动基层组织和群众力量，推进基层善治，避免和减少纠纷的发生；二是从及时调和矛盾纠纷的层次，构筑科学合理的解纷防线，促进纠纷通过前端防线有效地解决和过滤，防止已出现的纠纷矛盾不断激化；三是从减少纠纷进入诉讼的层次，通过完善诉非衔接程序，引导适宜通过非诉讼方式解决的纠纷在诉前向诉外分流；四是从诉讼解决的层面，构建一个梯度性的案源治理机制，优质高效化解已经形成诉讼的纠纷，有效减少二审、执行、涉诉信访等诉内"衍生案件"。对应这 4 个层面，以诉的初始源头为起点，纠纷的产生、激化（诉前）、起诉（登记立案）为 3 个节点，可以划分出诉源治理的 4 个层级。

诉源治理的必要性体现在 5 个方面：基于社会稳定的基础考量；基于公平正义的根本考量；基于社会治理的整体考量；基于法院内部需求的重点考量；诉源治理有助于破解司法改革难题。

诉源治理需要厘清的四大关系：诉源治理与"枫桥经验"之间，诉源治理继承了"枫桥经验"的基本精神、扩展了"枫桥经验"的纠纷化解链条、延伸了"枫桥经验"的纠纷化解领域；诉源治理与多元化纠纷解决机制之间，诉源治理拓展了"多元化纠纷解决机制"的广度和深度；诉源治理与社会治理之间，诉源治理是社会治理体系不可或缺的部分、是构建新时代社会治理格局的重要内容；诉源治理与司法改革之间，诉源治理是司法体制改革的必然选择、是破解司法改革难题的重要途径。

2. 诉源治理地方实践经验总结。有学者总结，成都法院在实践中形成了诉源治理的九大法院样本：一是依托党委政府，形成源头治理大格局；二是助推乡村善治，止解纠纷于乡村；三是引导城市社区法治，止解纠纷于社区；四是服务产业发展，止解纠纷于行业；五是保障重大项目建设，止解纠纷于辖区；六是聚焦多发领域纠纷联处，止解纠纷于"一站式"平台；七是协同非诉优质资源，止解纠纷于诉前；八是创新信息化应用，止解纠纷于线上；九是深化案源治理，止解纠纷于诉内。[2]

3. 诉源治理之多元化纠纷解决机制。有学者提出，"把非诉讼纠纷解决机制挺在前面"是完善诉源治理机制的核心要义，也是发挥诉源治理机制效能的必然要求。该学者通过实证分析方法，考察了重庆法院非诉讼纠纷解决机制建设，总结出"五大措施"的经验：①推动诉源治理，全方位构建纠纷多元化解机制。②发挥行业调

---

〔1〕 郭彦："内外并举全面深入推进诉源治理"，载《法制日报》2017 年 1 月 14 日，第 7 版，转引自四川省成都市中级人民法院编著：《诉源治理：新时代"枫桥经验"的成都实践》，人民法院出版社2019 年版，第 213 页。

〔2〕 四川省成都市中级人民法院编著：《诉源治理：新时代"枫桥经验"的成都实践》，人民法院出版社 2019 年版，第 45 页。

解，多领域搭建纠纷多元化解平台。③坚持法院参与，系统化构建纠纷化解联动体系。④立足司法职能，全程化整合多元纠纷化解力量。⑤运用智能科技，智能化打造在线多元解纷平台。并且，还总结出两大非诉讼纠纷解决机制的典型模式：城镇矛盾纠纷化解中心的"荣昌模式"和乡村治理"三联"互动的"酉阳模式"。此外，通过考察，发现非诉讼纠纷解决机制建设中也存在发展不平衡以及协同对接能力、工作落实、配套保障不到位等诸多问题。据此，该学者提出，应从树立现代纠纷解决理念、完善诉调对接机制、建立线上线下互联融通机制、以及优化多元化纠纷解决法律体系等方面综合施策，努力构建党委领导、政府负责、民主协商、社会协同、公众参与、法治保障、科技支撑的社会治理体系。[1]

有的学者则从推进多元化纠纷解决机制立法的角度对域外一些国家和地区的替代性纠纷解决机制立法实践进行比较研究。各国涉及替代性纠纷解决机制的立法形式主要有替代性纠纷解决综合型法、单行法以及与诉讼体制相融合型的非诉讼程序法等几种。各国在替代性纠纷解决机制立法过程中注意处理好 5 对关系：立法与司法体制改革之间、立法的统一性和实践的丰富性之间、立法中启动程序的自愿性与强制性之间、立法中解纷主体的民间性与职业性之间、解纷费用的公益性和市场化之间的关系问题。我国在推进国家治理体系和治理能力现代化的进程中，可以借鉴域外经验，在国家层面建立具有中国特色的多元化纠纷解决机制的"促进型立法"，不仅有助于实现多元化纠纷解决机制法制化目标，而且还可以提升国家社会治理的法治化水平。[2]

4. 诉源治理机制的类型化适用。诉源治理这一新机制为减少部分类型案件诉讼增量提供了新的解决思路。有的学者则主张以诉源治理的视角发挥涉人伤机动车责任保险的社会治理功能，构建理诉衔接规则，以期达到"推动从源头上减少诉讼增量"目标。具体完善措施包括：一是树立保险社会治理理念，构建人伤理赔新格局；二是尽快制定《机动车责任保险人身损害理赔示范条款》，规定受害人直接向保险机构主张权利以及保险机构在一定条件下承担惩罚性赔偿、诉讼费、鉴定费条款，弥补保险合同权利不对等的缺陷；三是将人伤理赔程序特别是人伤案件伤残等级和"三期"鉴定在《机动车交通事故责任强制保险条例》和保险条款中予以明确规定，促进保险合同当事人地位的平等；四是将人伤案件调解和伤残鉴定前置，制定赔偿数额参照体系，减少进入司法程序的案件。[3]

---

〔1〕 龙飞："'把非诉讼纠纷解决机制挺在前面'的实证研究——以重庆法院实践为样本"，载《法律适用》2019 年第 23 期。

〔2〕 龙飞："替代性纠纷解决机制立法的域外比较与借鉴"，载《中国政法大学学报》2019 年第 1 期。

〔3〕 赵志、莫嘉敏："论诉源治理下车险人伤案件理诉衔接的规则重构"，载《法律适用》2019 年第 22 期。

（三）诉讼请求权与诉讼标的问题

诉讼请求权与诉讼标的属于民事诉讼法的基础理论，一直以来都是民事诉讼法学领域的研究热点。2019 年的相关研究主要集中在对重复起诉的识别标准的探讨，以及既判力和既判力的本土化方面，亦有部分学者对诉的变更、部分请求进行相关研究。

1. 禁止重复起诉。重复起诉作为民事诉讼一项基础理论一直是学界研究的重点领域。2015 年出台的最高人民法院的《关于适用〈中华人民共和国民事诉讼法〉的解释》于第 247 条初步建构了重复起诉的规范框架，但是，学术界的理论分歧和司法实践中的适用困境并未因规范的供给而得到有效解决。第 247 条规定的"诉讼标的"与"诉讼请求"的概念极具模糊性与抽象性，并且重复起诉制度关乎到诉讼标的与既判力等复杂概念，明确重复起诉的识别标准成为民事诉讼理论界的重要任务。2019 年的研究重点仍然集中在重复起诉的识别标准上，同时亦有学者对于重复起诉的概念选定、制度价值、诉讼抵消中的重复起诉进行研究与论证。

在重复起诉的识别标准上，多个学者提出了不同的观点。其一，有学者指出，应当在旧实体法说下的诉讼标的理论的基础上采取二要件说来识别重复起诉，即一般情况下以当事人和诉讼标的是否相同来判定是否属于重复起诉，特殊情况下，有保障当事人诉权之必要的，可适用"诉讼请求相同或后诉实质否定前诉的裁判结果。"[1] 其二，也有学者指出，应当以诉讼标的这一个要素作为识别重复起诉的标准，同时引入中间判决制度或争点效制度，以解决旧实体法说下的诉讼标的理论在前诉实体性先决事项成为后诉诉讼标的时遭遇的实践困境[2]。其三，还有学者认为，应当将第 247 条的重复起诉划分为"实质的一诉"和"后诉诉讼请求实质否定前诉裁判结果" 2 种形态。在旧实体法说的诉讼标的理论下，诉讼标的和诉讼请求应做同义理解，并且可以借助审判对象这一概念来界定前诉与后诉的同一性：实质的一诉中，审判对象相同，即前诉与后诉请求权基础和构成要件相同；后诉诉讼请求实质否定前诉裁判结果的形态中，审判对象不同但是生活事实相同，重复审理将导致矛盾的判决[3]。其四，另有学者认为，应当区分"诉讼系属中"和"裁判生效后" 2 个阶段，采取不同的识别标准。诉讼系属中，应当对第 247 条的 3 个要件做宽泛理解，除三者完全相同的案件之外，还应当包含前后诉主要争点共同或实体权利保护目标相同的情形；判决生效尤其是后诉诉讼请求实质否定前诉裁判结果则应当严格理解[4]。其五，有学者认为，在"两相同一否定"形态的重复诉讼中，应当基

〔1〕 郑涛："禁止重复起诉之本土路径"，载《北方法学》2019 年 3 期。

〔2〕 段厚省："重复诉讼判断标准检讨——以法释（2015）5 号第 247 条为分析对象"，载《甘肃政法学院学报》2019 年第 5 期。

〔3〕 袁琳："民事重复起诉的识别路径"，载《法学》2019 年第 9 期。

〔4〕 陈晓彤："重复起诉识别标准的统一与分立——诉讼系属中与裁判生效后重复起诉的'同异之辨'"，载《甘肃政法学院学报》2019 年第 5 期。

于我国禁止重复起诉的立法意图厘清裁判结果的概念，其认为裁判结果应当理解为已经发生既判力的、覆盖裁判主文和核心判决理由的实体性裁判或者程序性裁判，而裁判结果具体是部分结果抑或是全部结果应当区分情况对待[1]。总体而言，2019年学界对于重复起诉的研究集中于重复诉讼标准的构建，但是学术界尚未对这一问题达成统一的结论。

除重复起诉标准之外，还有学者对诉讼抵消中的重复诉讼进行了研究论证，并指出在旧实体法说理论下，无论是"抗辩先行型"还是"另诉先行型"抗辩均不构成重复起诉，但是为了避免重复裁判，法官应当充分行使释明权，并且在后诉中可以适用诉讼中止制度进行缓和[2]。关于"重复起诉"的概念确定和制度价值，有学者指出，"一事不再理"和"既判力"都不能涵盖重复起诉的所有内涵，选取"禁止重复起诉"在理论上和实践中都更具有妥当性。禁止重复起诉的核心价值应当是维持诉讼程序的安定性，并且应当弱化绝对禁止矛盾裁判的理念、转换一次性解决纠纷的路径[3]。

2. 诉的理论与诉讼标的。诉讼标的作为识别与把握当事人争议对象以及法院审判对象的概念工具，自引入我国民事诉讼理论与立法中以来，一直受到学界的持续关注。学者们在尝试着从大陆法系诸多学说中择取一种通行于所有案件类型，用以发挥识别诉的变更、诉的合并、诉讼系属以及既判力客观范围功能的统一概念工具。

就诉的变更而言，我国民事诉讼法虽原则上规定了当事人在诉讼系属中可以进行诉讼请求的变更，但是，由于没有对诉讼请求变更的应有条件以及相应程序作出规定，导致诉讼请求变更呈现出随意性，并由此引发当事人双方之间就诉讼请求的变更是否正当的争议，从而极大地影响了诉讼的正常进行。有学者指出，诉讼请求的变更不能简单依据案由加以确定，而应当将诉讼标的作为判断根据，诉讼请求数额变更，原则上不宜作为诉讼请求变更，应分别纳入程序和管辖问题，按照相应的制度予以处理，诉讼请求变更制度的有效运作，关键是如何设置诉讼请求变更的要件和程序[4]。变更诉讼请求亦涉及释明问题，但我国既有释明变更诉讼请求的理论尚难以为司法实践提供明确标准，故有学者结合最高人民法院的相关裁判文书，尝试勾勒释明变更诉讼请求的具体类型，并重新审视旧"证据规定"第35条第1款的规范目的——纠纷的一次性解决，即以当事人的请求范围及其要件事实主张作为释明基础，以为释明变更诉讼请求提供统一标准，并实现当事人自我选择和纠纷一次

---

〔1〕 范卫国："重复诉讼规则中'裁判结果'的理论诠释与实践路径"，载《甘肃政法学院学报》2019年第5期。

〔2〕 蒋玮："诉讼抵销中重复起诉之判断及程序应对"，载《甘肃政法学院学报》2019年第5期。

〔3〕 郑涛："禁止重复起诉之本土路径"，载《北方法学》2019年3期。

〔4〕 张卫平："诉讼请求变更的规制及法理"，载《政法论坛》2019年第6期。

性解决之间的平衡[1]。

诉的客观合并作为诉讼标的理论的"试金石"之一，是一项重要的制度安排，诉的客观合并必须满足其法定要件，我国民事诉讼法对此的规定并不完善，这就成为诉的客观合并之制度化的最大障碍，有学者认为，对其制度化障碍的克服应立足于立法论的立场，并区分诉的客观合并在诉讼初和诉讼中不同的合并要件[2]。

部分请求是大陆法系民事诉讼理论的经典问题，其核心争议在于残部请求的容许性，其中渗透着诉讼标的与既判力的理论纠葛。我国民事司法实务中当事人分割诉讼请求的原因多样，法院囿于诉讼标的与既判力的不同解释论，对部分请求容许性做不同之处理，"同案不同判"现象突出。有学者从立法论与解释论的角度对部分请求的规制提出完善建议，认为应以当事人分割诉讼请求是否已具备正当理由作为标识，仅当原告分割诉讼请求具备正当理由时允许再诉；同时强调法院应进行必要的阐明并宽待请求的追加与合并[3]。

3. 既判力。我国的既判力理论尚不成熟，由于我国的民事实体法与诉讼法均以大陆法系国家为蓝本，故既判力理论还需依托大陆法系的基本框架，但必须立足于我国实际情况以探寻比较法与本土诉讼规范、实践的契合点。有学者主张，在既判力客观范围方面提供一套体系性界定消极作用与积极作用并划清二者界限的相对明确的标准作为构建既判力本土理论的一项尝试以便体系性地处理前诉裁判对后诉的影响[4]。在实务中，既判力的客观范围和主观范围都可能存在扩张情形，学者们采用诉讼与实体相结合的方法论从不同角度对判决效力问题进行研究。如有学者围绕连带保证责任所发生的前诉与追偿之诉进行类型化探讨，认为根据债权人的处分并附之以法院必要的职权调整，前诉可能形成 3 种诉讼主体结构，并且诉讼标的的构成也有所区别，所形成的债权人胜诉判决对追偿之诉也产生不同的效力，如保证人与债务人作为共同被告时，前诉判决对追偿之诉不会产生消极既判力，但可能发生积极既判力客观范围的扩张[5]。需要注意的是，原判决的将来预测性可能使得其既判力效力延伸至将来事实变更判决之诉，此时需要审视原判决与变更判决之诉之间的关系，故有学者试图在既判力理论视角下构建我国变更判决之诉，认为变更判决之诉的变更事实属于原判决所预测到的事实，变更判决之诉旨在全部或者部分地解除

　　〔1〕　任重："释明变更诉讼请求的标准——兼论'证据规定'第 35 条第 1 款的规范目的"，载《法学研究》2019 年第 4 期。

　　〔2〕　赵志超："论我国诉的客观合并之制度化障碍及其克服"，载《政治与法律》2019 年第 12 期。

　　〔3〕　占善刚，刘洋："部分请求容许性的'同案不同判'及其规制——基于 107 份裁判文书的文本分析"，载《华东政法大学学报》2019 年第 2 期。

　　〔4〕　陈晓彤："既判力理论的本土化路径"，载《清华法学》2019 年第 4 期。

　　〔5〕　陈杭平："前诉与后诉视角下的连带保证人追偿之诉"，载《法学》2019 年第 3 期。

了原判决的既判力[1]。

目前，我国理论研究尚未与实践很好地联接和对话，具体到诉的理论、诉讼标的与既判力等研究方面，学者们通过所了解的诉讼实践状态和诉讼实务存在的问题，都在尝试就重复起诉的识别标准、既判力及其本土化以及诉讼请求的变更在理论和制度构建等研究方面有所作为和增进，以推进该领域的研究更为系统、深入和细致。

（四）民事诉讼当事人问题

1. 当事人恒定原则。根据司法实践案例的类型化分析，诉争客体基于法律行为的转移和基于法律规定的转移均属于当事人恒定原则的适用范畴，前者包括债权转让、物权转让、债务承担，至于第三人单纯受让诉讼标的物是否适用当事人恒定原则，需根据诉讼标的之实体属性作出判断，只有当诉讼标的是物权法律关系时，判决效力才能约束受让诉讼标的物之第三人，但实体法上的善意取得人应该豁免。所以，当事人恒定原则虽然填补了诉讼过程中"诉争客体转移"这一微观程序问题处理的"立法空白"，但我国当事人恒定原则所追求的维护程序安定性、实现诉讼经济的要求使得必须在受让人程序利益保障之间寻求平衡，尽可能为第三人提供事前、事中、事后的程序保障，考验法官在诉讼系属中如何平衡保护各方的权利。[2]

2. 共同诉讼制度。具体纠纷领域的共同诉讼类型是本年度的热点问题。公司决议纠纷中，已有股东针对公司决议瑕疵提起诉讼，其他股东或董监事对同一瑕疵提起的后诉可以与前诉形成共同诉讼，且前诉既判力只有在原告胜诉时才能发生扩张。[3] 股东补充责任在诉讼形态上因基础债务和补充债务在诉讼标的上具有牵连性，在共同诉讼形态上构成单向的类似必要共同诉讼。[4] 侵权补充责任在诉讼形态上并不统一，影响其诉讼形态的因素包括既判力的客观范围、故意与过失的主观因素、责任兼具相应和补充二重性特征等。[5] 在分配方案异议之诉的原告或被告为数人时，由于我国分配方案异议之诉的判决既判力会扩张到分配方案异议之诉当事人以外的其他债权人，为避免矛盾判决，法院应对诉讼标的进行合一确定，因此在共同诉讼类型上属于类似必要共同诉讼。[6] 在原审案件中被遗漏的必要共同诉讼能否通过第三人撤销之诉寻求救济问题上，从文义解释和目的解释方法出发，撤销之诉中的第三人应当包含被遗漏的必要共同诉讼人在内，且适用时多以案件涉嫌虚假诉

〔1〕 毋爱斌："变更判决之诉的立法论——兼论定期金给付制度的适用"，载《法律科学（西北政法大学学报）》2019 年第 6 期。

〔2〕 王聪："当事人恒定原则之本土路径——以《民诉法解释》第 249 条、第 250 条为起点"，载《华东政法大学学报》2019 年第 1 期。

〔3〕 丁勇："组织法的诉讼构造：公司决议纠纷诉讼规则重构"，载《中国法学》2019 年第 5 期。

〔4〕 陈鸣："论股东补充责任的诉讼形态"，载《东南司法评论》2019 年卷。

〔5〕 刘洋、邱敏："论侵权补充责任的诉讼形态"，载《法律适用》2019 年第 9 期。

〔6〕 刘颖："分配方案异议之诉研究"，载《当代法学》2019 年第 1 期。

讼为前提。[1] 共同诉讼中，法官对当事人诉讼地位的释明有其独立的价值，应构建法院应当释明、可以释明、不必释明的具体事项，并明确法院消极释明和过度释明的法律后果。[2]

3. 第三人制度。在公司决议诉讼中，未参加诉讼的其他股东和董监事均具有诉讼参加利益，法院需对其实体法上利害关系的有无进行个体判断。[3] 针对第三人在诉讼中的权能和应承担的后果不对称的问题，有研究指出我国应构建判决参加效制度，参加效可能存在于无独立请求权第三人和任意一方当事人之间，出现于判决主文中或与无独立请求权第三人相关的判决理由中且存在未获实质程序保障的例外事由。[4]

（五）公益诉讼问题

2019 年有关公益诉讼问题的研究主要集中在公益诉讼基本理论、检察公益诉讼、环境公益诉讼以及其他类型的公益诉讼这 4 个方面，故本文也以这 4 个方面为中心展开对公益诉讼研究现状的总结归纳。

1. 公益诉讼基本理论。公益诉讼分为民事公益诉讼和行政公益诉讼 2 种类型，两者可能会发生竞合，竞合时应结合具体情况进行分析判断，看哪一种诉讼类型更有利于保护公共利益；当然实践中也会发生案件类型竞合的情形，学者认为要全面考量案件的性质、公共利益损害的范围、公共利益保护的效果等，合理地确定案件类型。[5]

（1）提起公益诉讼的主体。有学者认为我国的司法类型属于政策实施型，司法机关被规设为借助法律贯彻国家政策的智识枢纽。检察机关作为法律监督机关而提起公益诉讼，旨在通过修复、整合法律秩序，将公共利益的救济与国家政策实施的一致性恢复一并作成。但是，由于法律监督基础薄弱以及为了回避学界争议，检察机关超越传统，以公益诉讼人的身份提起诉讼的方式，这不仅很难完整地实现预期目标，而且还会衍生出其他问题。为今之计，应当立足于本土语境，以"法律监督"为主线，拟定公益诉讼制度的改革方略。[6]

当下公益诉讼在起诉主体资格上，体现出了鲜明的"国家化"[7] 趋势，这集中

---

〔1〕 熊跃敏、梁喆妮："原审被遗漏的必要共同诉讼人能否提起第三人撤销之诉——基于民事诉讼法第 56 条第 3 款的法解释学分析"，载《法治现代化研究》2019 年第 6 期。

〔2〕 陈琳："论当事人诉讼地位释明在共同诉讼中的适用"，载《法律适用》2019 年第 19 期。

〔3〕 丁勇："组织法的诉讼构造：公司决议纠纷诉讼规则重构"，载《中国法学》2019 年第 5 期。

〔4〕 陈晓彤："民事诉讼中第三人权责不对称问题研究——以我国参加效制度的缺失与构建为中心"，载《苏州大学学报（法学版）》2019 年第 1 期。

〔5〕 参见高德清："检察公益诉讼若干程序问题研究"，载《法治研究》2019 年第 3 期。

〔6〕 参见梁鸿飞："检察公益诉讼：法理检视与改革前瞻"，载《法制与社会发展（双月刊）》2019 年第 5 期。

〔7〕 公益诉讼"国家化"是指将提起公益诉讼或者说维护公共利益的主体资格收敛于国家机关及半官方的组织。

体现在规范和实践 2 个层面。规范层面的"国家化"表现为法律对社会组织提起公益诉讼设立了较高门槛，检察机关逐渐成为公益诉讼最重要的发起主体；实践层面的"国家化"表现为在相关领域，社会组织提起的公益诉讼案件少，这种行政化倾向可能会违反当事人平等原则。因此有学者提出应为社会组织提起公益诉讼提供便利、激励，同时，应适当降低原告主体资格的标准，允许更多的社会组织参与维护消费领域的公共利益。[1]

（2）新型制裁措施的选择。关于公益诉讼案件的制裁措施问题，近年来司法者通过诠释公共利益的精神属性，将赔礼道歉引入民事公益诉讼，但有学者认为对比私益诉讼中赔礼道歉司法适用的限制主义，法院在民事公益诉讼中以精神利益受损为适用赔礼道歉的构成要件，普遍支持原告的赔礼道歉请求，民事公益诉讼中赔礼道歉请求的当然化使得赔礼道歉在私益诉讼和公益诉讼中呈现出不同的构成要件，有损规范体系的自洽。在刑事判决后提出赔礼道歉请求，对威慑、教育的目标并无助益。鉴于赔礼道歉与不表意自由的冲突，赔礼道歉在民事公益诉讼中的司法适用应坚持比例原则，整体考虑法律规范的保护法益、加害者的主观意图、损害后果和其他救济方式的可获得性。[2]

2. 检察公益诉讼。构建检察公益诉讼制度的根本目的在于保护公益。从国家治理层面看，检察公益诉讼开辟了"国家力量"进场的公益保护中国道路，检察公益诉讼中，检察机关与审判机关共同担负公益诉讼职权主义的角色功能。两阶化的纵向构造则可充分体现检察机关作为公益诉讼主体的特质性，也有助于保障检察监督功能的发挥。[3]

（1）检察公益诉讼案源构成问题。当下公益诉讼在案源构成上有一些问题，表现为刑事附带民事公益诉讼占比过高、案件领域不均衡、地区发展不平衡，不少基层法院还存在立案空白现象，因此，有学者认为，长远来说，应当修订司法解释，明确由基层人民检察院、人民法院对第一审民事公益诉讼案件行使管辖权，使基层司法机关对民事公益诉讼案件管辖制度化、常态化，有重大影响的案件，才由上级司法机关管辖。[4] 在这一问题上也有学者认为，应完善检察监督权与行政权的协同互动机制，进一步明确检察机关督促协同配合的程序及责任机制。[5]

（2）检察公益诉讼调查核实权的强化。近年来，在检察公益诉讼领域，学者探

〔1〕　参见陈杭平、周晗隽："公益诉讼'国家化'的反思"，载《北方法学》2019 年第 6 期。

〔2〕　参见阙占文："赔礼道歉在民事公益诉讼中的适用及其限制"，载《政法论坛》2019 年 4 期。

〔3〕　参见刘辉："检察公益诉讼的目的与构造"，载《法学论坛》2019 年第 5 期。

〔4〕　参见高德清："检察公益诉讼若干程序问题研究"，载《法治研究》2019 年第 3 期。

〔5〕　参见陈晓景："新时期检察环境公益诉讼发展定位及优化进路"，载《政法论丛》2019 年第 6 期。

讨最多的还属检察机关的调查核实权问题[1]，在诉讼庭审中，检察机关要使法官确信待证事实存在高度盖然性，这种过严的证明标准对举证主体来说困难较大。调查核实权的不足，将促使诉讼模式越来越倾向于选择附带性公益诉讼，有学者提出为了丰富检察机关的调查核实权，应增加调查核实权强制性手段或约束性制裁措施，在调查核实权持平设定下，降低证明标准、举证责任。[2]

3. 环境公益诉讼。2019 年环境公益诉讼请求权基础、环境公益诉讼与生态损害赔偿之诉关系等一系列理论问题成为学界关注的热点。而随着立法的不断完善以及司法实践中审判思路的清晰，有关当事人资格等制度问题的热度有所下降。

（1）基础理论。首先，我国环境民事公益诉讼定位出现错误。有学者指出，环境民事公益诉讼被定位为侵权诉讼之一种，主要依据司法解释运行，具有法律依据不足、混同"代位执法"诉讼与损害填补诉讼、适用泛化、行政消极卸责、司法过度能动、公众参与不足等弊端。未来应扭转其作为民事诉讼的错误定位，以公法诉讼为指向完善相关制度。就目前法治实践而言，当务之急是修改相关司法解释，妥善拟定民法典侵权责任编相关条款，协调民法一般规则与环境特别立法的关系，科学推进民法典之绿色化。长远来看，应制定专门的环境公益损害救济法，对环境公益诉讼和生态损害赔偿分别作专章规定，前者应囊括民事公益诉讼与行政公益诉讼；后者应综合利用诉讼、磋商、行政执法等多种机制，并以对《生态环境损害赔偿制度改革方案》的立法转化为核心。[3]其次，我国环境民事公益诉讼的法律依据不明。《民事诉讼法》第 55 条中"社会公共利益""污染环境"这 2 个关键词的含义只能由另一个关键词"侵犯众多消费者合法权益"的含义来规定。社会公共利益是分属于众多的主体的利益，"污染环境损害社会公共利益的行为"是污染环境致人损害的环境侵权行为，而非环境损害行为。这就导致了其只能是有关"污染环境致人损害的环境侵权行为"的规定，而非关于公共利益受损的规定。[4]再其次，环境公益诉讼与生态损害赔偿之诉衔接不畅。有学者认为在生态损害赔偿诉讼中，行政机关是针对生态损害诉请义务人赔偿，义务人所应当赔偿的，是污染环境、破坏生态行为造成的生态环境利益的损害，此类诉讼具有明显的公益属性，其本质仍然是民事公益诉讼，是环境民事公益诉讼中带有一定特殊性的一类诉讼，应本着有利于环境公益诉讼开展的原则，处理政府提起的生态损害赔偿诉讼与社会组织、检察机关提

---

〔1〕 调查核实权是指检察院在办理民事公益诉讼和行政公益诉讼案件过程中，为证明公益性侵权责任的构成要件事实，依照法定程序主动进行证据收集与案情核实的非实体处分性权力。

〔2〕 参见樊华中："检察公益诉讼的调查核实权研究——基于目的主义视角"，载《中国政法大学学报》2019 年第 3 期。

〔3〕 参见巩固："环境民事公益诉讼性质定位省思"，载《法学研究》2019 年第 3 期。

〔4〕 参见徐祥民："2012 修订的《民事诉讼法》没有实现环境公益诉讼'入法'"，载《清华法学》2019 年第 3 期。

起的环境民事公益诉讼的关系。[1] 有观点则认为政府作为赔偿权利人提起生态环境损害赔偿诉讼优先于社会组织提起的环境民事公益诉讼，社会组织对生态损害赔偿制度规定范围外部分的损害环境公共利益的行为，有权提起环境民事公益诉讼。[2] 最后，我国环境民事公益诉讼具有非传统性。生态公益所衍生的环境权及派生的并由成分利益所衍生的生态公益维护权等环境成员权，共同体现出一种无法被私有化的整体性，这决定了环境公益诉讼是以整体为逻辑基点，其具有了新型的权利依据、新型的法律关系以及新型的诉讼目标，与传统诉讼相较，体现出一种非传统性，这就决定了其并不属于民事诉讼与行政诉讼，需要区分实质原告与形式原告、构建预防责任制度。[3]

（2）其他制度。除基础理论及原告制度外，部分研究涉及公益诉讼证明与执行等问题。其一，有关证明问题，有观点认为各司法解释关于举证责任分配的问题存在与上位法不尽一致、条文相互冲突、过于简单化的问题。环境民事公益诉讼不应再适用举证责任倒置，需专门立法明确环境民事公益诉讼的适用范围及举证责任，海洋自然资源与生态环境损害赔偿纠纷案件举证责任倒置范围需适当限缩。[4] 其二，有关执行问题，环境民事公益诉讼案件具有执行主体权利有限性、执行内容多样多变性、执行程序纷繁复杂性的特征，实践中存在执行推动动力不足，修复资金管理无规、依法监督程序缺失、执行联动机制缺乏等问题，应从建立依申请启动执行模式、健全财产执行及监管规范、完善执行联动机制、强化对执行的检察监督等方面进行建构。[5]

4. 其他类型公益诉讼。关于消费公益诉讼，有观点认为：目前消费民事公益诉讼请求的类型不能满足制度目的和功能需求，我国应借鉴欧盟关于消费者集体利益保护的指令提案，扩宽消费公益诉讼中确认请求的范围；依照损害的性质对损害赔偿请求进行分类，允许原告请求公益性和私益性损害赔偿；谨慎对待集体惩罚性赔偿；在确认请求和损害赔偿请求的关系方面，可以采用并限制"两步走"的方案。[6]

---

〔1〕　参见李浩："生态损害赔偿诉讼的本质及相关问题研究——以环境民事公益诉讼为视角的分析"，载《行政法学研究》2019 年第 4 期。

〔2〕　参见陈爱武，姚震宇："环境公益诉讼若干问题研究——以生态环境损害赔偿制度为对象的分析"，载《法律适用》2019 年第 1 期。

〔3〕　参见刘清生："论环境公益诉讼的非传统性"，载《法律科学（西北政法大学学报）》2019 年第 1 期。

〔4〕　参见王秀卫："我国环境民事公益诉讼举证责任分配的反思与重构"，载《法学评论》2019 年第 2 期。

〔5〕　参见吕凤国、苏福："论环境民事公益诉讼案件执行制度的建构"，载《法律适用》2019 年第 1 期。

〔6〕　参见姚敏："消费民事公益诉讼请求的类型化分析"，载《国家检察官学院学报》2019 年第 3 期。

关于教育公益诉讼，有学者提出其适用于保护遭受侵害的社会民众的受教育权而非特定主体的受教育权，目前我国既有的立法基础、司法实践尝试和国外的立法经验保障了教育公益诉讼设置的可行性，教育公益诉讼应首先向义务教育权利保护领域、学校教育方式和质量领域、平等受教育权领域和社会教育培训治理领域开放。最终通过《民事诉讼法》《行政诉讼法》和《教育法》双重规定的方式，在我国构建独具特色的教育公益诉讼制度，有力地倒逼教育体制改革。[1]

（六）民事诉讼电子化和数据化

随着人工智能技术的成熟、智慧法院建设进程的加快，我国电子诉讼在实践中得到了快速发展。2019 年我国民事诉讼法学界在电子诉讼、数据证据以及人工智能司法适用的相关领域，发表了一批相关的研究成果。

1. 电子诉讼基础理论研究。有学者对电子诉讼的本质、制度建构、适用限度以及适用等方面进行了深入的讨论，认为电子诉讼是以诉讼为本质，运用信息技术，对诉讼法律关系主体之间法律交往方式的线上再造，它与智慧法院或者互联网法院是不同层面的概念。电子诉讼的制度建构应当坚持以当事人为中心的发展理念，强化诚实信用原则约束，功能等值式的进行。信息技术的进步性赋予了电子诉讼在诉讼效益、司法公开、接近正义等方面的比较优势。而信息技术的局限性会对私权保障、诉讼仪式性和直接言词原则造成冲击，这构建了电子诉讼适用的限度。电子诉讼的适用应当尊重当事人的程序选择权。程序选择权的运用会受到主体类型或诉讼行为类型的影响。在当事人选择适用的前提下，法院应当在必要限度内，发挥诉讼指挥权，规范引导电子诉讼适用。[2]

2. 电子数据证据问题研究。随着大数据时代的到来，各种电子数据也被用作证据以证明案情，对于这一证据如何定位，各国法律界存在着不同的理论争论和实务处理，主要包括鉴定意见说、专家辅助人意见说、证人证言说等。有学者认为，考虑到数据证据具有专业性和科学性，中国现实的便宜选择是将其纳入鉴定意见的证据法定形式。对于这一证据如何审查判断，我国应当聚焦真实性与关联性规则进行创新。具体来说，针对海量数据本身的真实性问题，要建设以"大"真实性为主的真实性规则；针对数据分析结果的真实性问题，要构建判断机器算法是否可信的真实性规则；针对数据分析结果所揭示的关联性结论，要构建基于整体数据与具体数据分层的关联性规则，特别是探索超越人类经验判断的关联性规则。[3]

还有学者认为，电子数据是以电子形态的数据来证明案件事实的，电子数据的真实性判断既包括对源电子数据的判断，还包括对目标电子数据和呈述性电子数据的判断。源电子数据是直接来源于案件事实的电子数据，即在案件发生、发展过程

---

〔1〕 参见崔玲玲："教育公益诉讼：受教育权司法保护的新途径"，载《东方法学》2019 年第 4 期。

〔2〕 张兴美："电子诉讼制度建设的观念基础与适用路径"，载《政法论坛》2019 年第 5 期。

〔3〕 刘品新："论大数据证据"，载《环球法律评论》2019 年第 1 期。

中产生的电子数据。在诉讼证明中，本源数据是基础性的，不可或缺的。从电子数据的生成过程来看，一个特定的电子数据一般都是由输出数据和附属数据构成，并从不同侧面以其所表征的数据信息合力构成了该电子数据的证据信息。基于输出数据与附属数据的形成与分态，"人的主观意志"和"程序系统的运行"是影响其客观真实性的主要因素，考虑电子数据的完整性反映的不同角度，以及影响电子数据真实性的因素维度，我国应当建立多维度立体式的电子数据审查规则。[1]

另有学者关注电子数据证据存在的"偏在问题"，即由于结构性偏在致使一方当事人无法取得他方持有的电子数据，有碍其诉讼上的主张与举证。其提出，传统书证的提出义务规则是解决书证偏在的有效方式，但书证与电子数据的证据方法存在差异，因此，需要深入分析电子数据的属性与适用的证据方法，借鉴他国或地区解决电子数据偏在的模式，从而明确符合条件的电子数据准用书证的证据规则。只有在完善我国书证提出义务规则的基础上，平衡负有举证责任当事人的"证据声明权"与持有电子数据者的"拒绝提交权"的关系，才能有效避免电子数据偏在导致不公正结果的出现。[2]

3. 人工智能司法实践适用研究。有学者认为，利用人工智能的推理技术和机器学习技术，以及建立海量且有效的法律知识库，算法有可能接管司法决策。目前已经获得广泛应用的法律信息检索系统、法律专家系统皆属辅助型法律智能系统，它们的研发和使用为决策型司法智能系统奠定了技术和经验基础。然而，要使司法决策成为可能，人工智能必须在运用法律推理、掌握法律语言以及深度学习经验性知识方面取得决定性突破。人工智能司法决策必然要求重新审视法律推理逻辑，重构审判责任理论，重塑法官职业身份内涵，甚至改变司法决策过程中人机互动的关系格局。为了避免变革所带来的负面影响，须划定人工智能司法决策模型建构的限度。人工智能的技术应用应符合国际通行的技术安全标准，介入应以司法公正为价值追求。通过构建合理的算法规则机制，对算法不透明性提供必不可少的制度约束。[3]

（七）民事诉讼证据与证明

1. 证据制度。2019 年 12 月 25 日，最高人民法院公布了《关于民事诉讼证据的若干规定（2019 修正）》（法释〔2019〕19 号，本部分简称《新民事证据规定》），自 2020 年 5 月 1 日起施行。对于《新民事证据规定》的出台，学界普遍给予了积极的评价。

在《新民事证据规定》之外，对于民事诉讼证据理论的研究也有不菲成果。有学者从分析"新的证据"的立法改革出发，提出证据失权仍然应该作为规制逾期举

---

〔1〕　郭金霞："电子数据鉴真规则解构"，载《政法论坛》2019 年第 3 期。

〔2〕　高波："电子数据偏在问题之解决——基于书证提出义务规则的思考"，载《法律科学》2019 年第 2 期。

〔3〕　周尚君、伍茜："人工智能司法决策的可能与限度"，载《华东政法大学学报》2019 年第 1 期。

证行为的措施，解释论上可以适用诚实信用原则以及当事人平等原则作为证据失权的裁判依据，以避免机械适用《最高人民法院关于适用〈中华人民共和国民事诉讼法〉的解释》第 102 条可能导致的当事人故意逾期但是实体获益远远超出费用制裁的情况，以及其他程序严重不正义的情形。适时提出主义以及"新的证据"都属于判断举证期限届满后提交到法院的证据方法是否具有可采性的机制。前者通过证据失权排除逾期证据，后者通过将逾期证据定性为"新的证据"纳入证据调查的范围。在证据失权发挥效力的情况下，"新的证据"的机制就将担负更重的证据可采性筛查的责任。[1]

2. 证明责任。在民事诉讼证明问题方面，2019 年的研究重点内容仍集中于证明责任的相关问题上。整体而言，我国学界对"规范说"下的客观证明责任性质已无太大争议，学者们均肯定客观证明责任为证明责任的本质内涵，并以此为基础展开对实践问题的讨论。有学者指出证明责任本质上是针对抽象规范对应具体案件事实的法律适用困境，其对象应从生活事实重新回归定位为法律要件事实，相应地证明责任的主观涵义应从对生活事实的举证证明，转向作为法律适用核心环节的案件事实与规范要件相连接的归属论证。[2] 有学者从法官裁判的视角指出，我国证明责任规范处于实体法和程序法交错的场域，其与归责原则的互动形式是证据法与实体法的对话模型。证明责任规范功能的有效发挥有赖于证据法与实体法在立法格局上的统一安排。[3] 也有学者通过梳理《民法总则》（已失效）及其他民法规范，指出我国民法规范在分配证明责任的过程中出现了将同一要件事实的证明责任分配给双方当事人等不同程度的适用问题，并主张应摒弃依靠法官自由裁量以及学说解释论的解决路径，确立立法论解决路径。[4]

除了对证明责任的本质内涵、分配原则等传统问题进行探讨外，以某一类型案件甚至某一构成要件为对象，对证明责任的具体分配进行分析的做法在近年也成为一种潮流。对医疗行为侵权的因果关系要件，有学者认为应坚持由原告负担证明责任，但在立法规定的框架内，为平衡医患双方利益，法官在自由心证过程中可以采取运用经验法则补足证明力、强调医院的解明义务、进行比例认定等方式干预当事人的主观证明责任。[5] 在个人信息泄露侵权纠纷中，有学者指出信息权人对信息泄露行为与损害间的因果关系这一要件事实负有证明责任，与其证明能力的不匹配，

---

〔1〕 吴俊："适时提出主义——以'新的证据'与证据失权的关系为中心"，载《北方法学》2019年第 1 期。

〔2〕 胡学军："在'生活事实'与'法律要件'之间：证明责任分配对象的误识与回归"，载《中国法学》2019 年第 2 期。

〔3〕 刘鹏飞："证明责任规范的功能性审视：以归责原则为重心"，载《政法论坛》2019 年第 3 期。

〔4〕 刘小砚："论证明责任分配视域下民法典的规范构造"，载《华东政法大学学报》2019 年第 3 期。

〔5〕 刘鹏飞："医疗行为侵权因果关系证明责任的解释与平衡"，载《法学杂志》2019 年第 7 期。

容易纵容泄露隐私信息的行为，而应由信息控制者负因果关系证明责任。[1] 在产品责任纠纷中，有学者认为产品缺陷的证明责任分配应在类型化的基础上借助实质相似性证明技巧，厘清证明妨碍的法律效果层次、在客观证明责任的分配中强调法的安定性。[2] 在环境侵权纠纷中，有学者主张污染行为和损害结果之间关联性的证明责任应当根据关联性所依靠的证明方法进行类型化分析，科学配置证明标准、划定相关概念边界、确保原被告在进行司法鉴定时的负担平衡。[3] 在环境民事公益诉讼中，有学者指出举证责任分配存在各司法解释与上位法不尽一致、条文相互冲突、过于简单化的问题，需专门立法明确环境民事公益诉讼的适用范围及举证责任，海洋自然资源与生态环境损害赔偿纠纷案件举证责任倒置范围需适当限缩等。[4]

（八）审判程序

1. 繁简分流问题。为破解"案多人少"的司法困局，最高人民法院于 2016 年出台了《关于进一步推进案件繁简分流优化司法资源配置的若干意见》，并在一些法院进行改革试点，以实现"简案快审、繁案精审"，提升审判质效。针对繁简分流改革的效果以及如何对繁简分流制度进一步完善等问题，有学者对此展开了调研与探索。

针对繁简分流机制运行中出现的问题，有学者提出了相应的对策。其一，针对繁简分流的甄别标准，提出了 2 种做法，一种是"采取诉讼标的额为主，兼具案件疑难复杂程度的分流标准"，另一种是"最高人民法院参照小额诉讼的立法模式，以各地上年度就业人员年平均工资为基数来划定"。其二，针对简易程序适用范围过于狭窄的问题，应当对适用范围进行完善，比如，对于一些"起诉时被告下落不明的"但案件并不疑难复杂，以及一些"一方人数众多的"但并不影响社会稳定的案件，不必将其排除在简易程序的适用范围之外。其三，目前，审判资源的有效投入不足，需要改善"审判资源的需求与供给的矛盾"，繁简分流改革才能达到理想的效果。其四，针对"简转普"中的问题，认为对于不属于疑难复杂的案件可采用独任制，可以解除"普通程序"与"合议制"审判组织之间的捆绑。其五，应当加强对法官职业保障制度的完善，不能"片面强调追究主办法官的信访治理责任"。[5]

2. 扩大独任审判。在研究的落脚点方面，近年来的民事诉讼法学者对于独任审判问题的研究及成果主要在于为扩大其适用建言献策；在研究方法方面，学者比较统一地选择了实证研究的路径，同时也稍有采用比较法研究并借鉴的思路。

---

〔1〕 刘海安："个人信息泄露因果关系的证明责任——评庞某某与东航、趣拿公司人格权纠纷案"，载《交大法学》2019 年第 1 期。

〔2〕 刘鹏飞："反思与重述：产品缺陷的证明责任分配"，载《当代法学》2019 年第 5 期。

〔3〕 田亦尧、刘英："环境侵权诉讼中关联性的证明责任"，载《法律适用》2019 年第 24 期。

〔4〕 王秀卫："我国环境民事公益诉讼举证责任分配的反思与重构"，载《法学评论》2019 年第 2 期。

〔5〕 潘庆林："民事案件繁简分流制度的完善——基于对 A 省基层法院的调研"，载《法学杂志》2019 年第 9 期。

（1）总结扩大独任审判之障碍。有学者从多方面陈列和论证了独任审判推进面临的诸多问题，认为该工作在司法理念上和制度设计上的确都存在着阻力因素[1]——其一，这项工作有悖当前民事司法的基本原则和对司法程序设计的期待：独任制的过度扩张打破了我国目前一审程序"合议为主、独任为辅"的诉讼原则，其亦存在影响司法质量和形象的风险，可能滋生司法腐败，另外法官的素质可能还无法满足独任制推进的要求。其二，其有可能突破现行法律，尚存在操作障碍：我国认识桎梏虽错误但难以打破，也就是简易程序与独任制的紧密相关性难以改变，再者简易程序的适用范围其实still未厘清。

（2）回应扩大独任审判之疑虑。有学者将其对某省独任制推进工作的情况进行说明并认为不论是在基层法院还是二审法院，扩大民事案件独任制适用范围，对于司法质量、司法权威，并不必然产生负面影响，不仅可以期待和尝试，同时也有相对丰厚的实践土壤。[2]

（3）寻找扩大独任审判之路径。关于扩大独任审判之思路，学者大都从确定原则和其他细节2个方面进行论证。有学者从"基本原则""立法思考"和"综合配套机制"3个角度进行建议：原则方面，独任制的功能预设不应简单等同于提升效率，而是应立足多元化的诉讼价值理念，在案件繁简分流机制改革、多元化纠纷解决机制改革等大背景中，寻找扩大独任制适用的正当性；立法方面，首先要扩大独任制适用的案件范围，其次应规定普通程序可适用独任制审理，再其次要将二审程序有条件地适用独任制，最后应构建程序内部切换机制；综合配套机制方面，作者认为有3条路径：即"构建科学合理的审级制度""积极开展改革试点""深化司法体制综合配套改革"。[3]

近年对于独任制的态度，民事诉讼法学界学者比较统一，也就是响应国家繁简分流，优化司法资源配置政策，从学理和实务上进行包括正当化独任制、落实推广独任制等工作，为司法改革之进一步深化建言。

（九）民事诉讼与刑事诉讼程序交叉

关于民事诉讼与刑事诉讼程序交叉问题，学界的探讨多集中于案件审理顺序、判决效力以及财产处理等问题。

1. 刑民交叉案件的审理顺序问题。由审判实践可知，"先刑后民"模式是司法机关选择的主要处理方式。因此，学界对此展开了探讨，研究角度包括"处理原则""先决关系""必要性"等。

---

[1] 陈琨："扩大民事案件独任制适用范围的现实路径——基于 B 省近 3 年独任制适用情况的实践考察"，载《法律适用》2019 年第 15 期。

[2] 陈琨："扩大民事案件独任制适用范围的现实路径——基于 B 省近 3 年独任制适用情况的实践考察"，载《法律适用》2019 年第 15 期。

[3] 陈琨："扩大民事案件独任制适用范围的现实路径——基于 B 省近 3 年独任制适用情况的实践考察"，载《法律适用》2019 年第 15 期。

有学者从宏观层面提出刑民交叉案件的处理原则：以可操作性原则为基础。处理实体类的刑民交叉案件一般原则是罪刑法定原则；对于程序类的刑民交叉案件，以"刑民并行"为主、以"先刑后民"或"先民后刑"为辅，兼顾受害人权益优先保护原则。[1]

有学者认为，审理上的"必要性"情形包括：其一，权利请求上的必要性。其二，民事案件涉及的责任人或责任方式需要经过刑事诉讼程序确定的，在此种情形下，应当采用刑事优先的审理方式。其三，证据方面的必要性。[2]

另外，有学者认为，在处理刑民交叉案件时，不宜"一刀切"，不应在"同一事实"的判断上纠缠不清，而应立足于更加保护当事人利益的立场，按照实事求是的原则处理。根据刑民交叉案件中刑、民诉讼发生的时间顺序，以及两者之间的审理是否存在依存关系，来确定刑事诉讼和民事诉讼的受理和审理。[3]

2. 刑民交叉案件中判决效力和事实认定问题。关于刑民交叉案件中判决效力和事实认定问题，学界的研究内容为刑事判决与民事判决在后诉中的效力。

关于刑事判决在后诉中的效力，学者对此进行多层次区分。有学者认为，应当区分判决主文与判决理由效力，赋予刑事判决主文的绝对效力。限缩刑事判决预决力的主体范围，没有参与刑事诉讼程序的民事诉讼的当事人则无需受到先前判决的拘束。同时，维护民事审判之独立性与专业性。特定情况下，应当允许审理民事案件的法官对刑事判决中认定的事实做出重新的评估与认定。[4]

另外，有学者将刑事判决的效力分为如下层次：其一是既判力，应赋予判决主文以既判力。若判决没有被再审程序撤销，主文部分具有绝对的约束力；其二是拘束力，即有关定罪量刑的要件事实的认定对前诉当事人具有拘束力；其三是免证效力。判决理由中对要件事实的认定，在有利于案外人的情形下，对案外人具有免证效力；其四是证据效力。间接事实、辅助事实的认定对后诉具有证据效力。[5]

3. 刑民交叉案件财产处理问题。有学者认为，在刑民交叉案件中，财产处置需要平衡民商事主体的财产利益和刑事案件相关人的财产关系问题，各主体的财产权益应当被公平对待。法院执行和政府处置不是一个概念，不应无端将未涉刑财产充公，而是应当依据标准规则和程序处理。[6]

关于刑事责令退赔与民事诉讼的关系，有学者认为责令退赔与民事执行程序的竞合源于责任的竞合，在责任竞合下，被害人应当具有选择权，但由于目前我国法律规定的执行顺序是责令退赔优先于民事债务，因此，在不存在其他责任主体的情

---

〔1〕　汪明亮："刑民交叉案件的处理规则与原则"，载《法律适用》2019年第16期。

〔2〕　纪格非："刑民交叉案件的诉讼问题"，载《法律适用》2019年第16期。

〔3〕　于同志："重构刑民交叉案件的办理机制"，载《法律适用》2019年第16期。

〔4〕　纪格非："刑民交叉案件的诉讼问题"，载《法律适用》2019年第16期。

〔5〕　邢会丽："刑民交叉案件中刑事判决的效力问题研究"，载《河北法学》2019年第6期。

〔6〕　李有星："把握刑民交叉的本质、处理好程序与实体问题"，载《法律适用》2019年第16期。

况下，选择责令退赔是当事人和法院的一种理性选择。但考虑到责令退赔的本质仍是民事救济，其本身并不具有排除其他民事救济的优先性，在存在其他民事责任承担主体的情形下，若根据存在刑事责令退赔判决直接终止民事执行程序，对被害人的保护不利，也不符合责令退赔的制度目的，此时，应当根据具体情形进行分析，若民事执行依据并无撤销原因，应当赋予被害人程序选择权。[1]

（十）民事执行措施

对于民事执行，2019 年学者们进行了很多相关研究。有学者通过分析中国民事执行制度的形成及变迁历程，认为最高人民法院通过司法解释及具有司法解释性质的其他规范性文件补充供给执行规则发挥了极为重要的功能，但亦存在着效力层级较低、涉嫌实质性造法、程序运行者制定程序规则等问题，立法机关应当尽快制定民事执行法。[2] 有学者提出民事强制执行法的现代化，应从执行权力法治化、执行体制定型化、权利实现高效化、执行效力权威化、执行程序正当化、科技执行制度化、执行治理精准化、体系结构科学化等 8 个面向展开，以达到内容合规律性、价值合正义性、形式合科学性的良法要求。[3]

1. 相关执行制度构建。民事审判权与执行权的分离依然是研究的重点。《中共中央关于全面推进依法治国若干重大问题的决定》明确提出推动审执分离体制改革试点，对执行权的合理配置再次成为焦点问题。有学者认为，执行权的功能由执行程序启动、执行查控、执行标的实体权益判断、执行标的变价交付、执行救济裁判 5 个部分组成，执行程序启动权、执行标的实体权益判断权、执行救济裁判权只能由法院行使，能够"外分"的只有执行查控权和执行标的变价交付权。执行难和执行乱的症结对应在执行查控权、执行标的变价交付权上，可分别通过建立信息化的执行查控系统、法院自主网络司法拍卖加以解决。该两项权能配置缺陷弥补后，审执分离的配置重心将转移到执行程序启动权、查控标的实体权益判断权、执行救济裁判权的建设上，而完善执行标的实体权益判断权为审执分离方案的远期建设核心。[4] 有学者认为，应将"审执分离"纳入民事诉讼法基本原则范畴，解决我国民事诉讼基本制度的设计存在的缺陷。对于"执行难""执行乱""执行腐败"等问题，建议缩限一般意义上的执行权，打造专门化的执行队伍；构建执行命令权体系，让民事执行变为纯粹的事务性工作；建立完善的执行救济机制，加强对执行当事人的诉权保护；完善民事执行权属性学说，明确国家权力参与民事流转边界。[5]

针对执行依据，有学者认为执行依据不明时，除明显的笔误可适用补正裁定制

---

[1] 邢会丽："论刑民交叉案件中刑事退赔程序与民事执行程序的竞合"，载《法律适用》2019 年第 21 期。

[2] 黄忠顺："中国民事执行制度变迁四十年"，载《河北法学》2019 年第 1 期。

[3] 邵长茂："论制定一部现代化的民事强制执行法"，载《法律适用》2019 年第 11 期。

[4] 马登科："审执分离运行机制论"，载《现代法学》2019 年第 4 期。

[5] 朴顺善："试论司法权控制下的审执分离模式选择"，载《中国政法大学学报》2019 年第 3 期。

度外，实务中应区分 2 种情境：一是执行内容自身不明，需要执行法官或者诉讼法官加以解释；二是执行内容所附条件的成就情况不明，需要执行法官通过对申请人的举证及听证情况加以调查。在解释调查及其程序救济均未奏效的前提下，则适宜引导当事人选择就争议部分乃至全部请求另行诉讼，且应由诉讼法院对诉之利益作具体判断，由此可为实务应对构建循序渐进的程序体系。[1]

针对执行实施权，有学者认为执行实施权的优化配置，以集约化执行改革为依托。集约化执行改革的本质是分权和集约，经过长期实践探索，执行实施权在集约层面已经得到优化配置。分权层面，则因近几年执行信息化建设的大力推进，导致执行实施权在执行指挥中心、执行实施庭、执行团队之间以及各自内部重新排列组合，各地法院的配置模式差异较大。因此，执行实施权优化配置的进路重在优化分权，即完善执行指挥中心运行机制、强化三个统一的执行工作机制、推行以法官为核心的执行团队办案模式、探索执行实施事务内部分权和外部委托的限度。[2]

2. 具体类型案件之执行。在夫妻共同财产的执行问题上，夫妻共同财产的"执行难"可被进一步定义为，债权人仅获得针对夫妻一方的生效给付判决与对夫妻共同财产进行强制执行之间的紧张关系。学者认为解决方案有三：一是为债权人起诉夫妻另一方提供明确的请求权基础，从而能够确保其经由诉讼获得针对夫妻另一方的生效给付判决，进而满足民事诉讼基础理论的要求；二是追加夫妻另一方为被执行人，作为执行合法原则的例外；三是在无执行依据也并未追加夫妻另一方的情况下，径行执行夫妻共同财产中被执行人的份额。通过明确债权人在夫妻共同债务中的请求权基础，强调夫妻个人债务强制执行中的形式化原则，将能够在充分保障夫妻另一方程序权利的条件下，有限度和有效率地克服夫妻共同财产的"执行难"问题。[3]

3. "执转破"程序。"执转破"程序使执行程序与破产程序两者实现了有效的衔接，在一定程度上解决被执行企业资不抵债的问题。然而，司法实践中"执转破"程序仍然面临着当事人意愿不强、破产财产分配激励不足、无产可破等制约因素，客观上需要建立执行程序与破产程序的有效双向互通机制，实现执破结合、相互贯通的良性循环。浙江省温州市瓯海区人民法院对"执转破"及"破涉执"程序展开了理论层面上的探索以及司法实践层面上的尝试，力求完善执破双向互通联动

---

〔1〕　马家曦："执行内容确定之程序展开——以'执行依据'不明的解释及应对为中心"，载《甘肃政法学院学报》2019 年第 3 期。

〔2〕　肖建国、庄诗岳："论民事执行实施权的优化配置——以我国的集约化执行改革为中心"，载《法律适用》2019 年第 11 期。

〔3〕　任重："民事诉讼法教义学视角下的'执行难'：成因与出路——以夫妻共同财产的执行为中心"，载《当代法学》2019 年第 3 期。

机制。[1]

在总结各地法院审判实践的基础上，有学者认为，"执转破"机制的长期建设目标应当是构建执行与破产携手并进的债权实现体系，形成分工明确、联系紧密、运行协调的强制执行和破产制度，并构想了现阶段"执转破"衔接机制的优化原则和实践完善措施。而执行程序与破产程序的衔接优化应当满足以下4个主要原则：一是高效，要通过流程设计提高"执转破"的程序效率；二是便捷，为执破衔接提供明确、易识别、标准化的操作方案；三是灵活，对于执行程序的有效性充分继受和沿用；四是公正，在追求效率的同时，给予债权人、债务人和其他利害关系人合理的意见表达机会和司法救济途径。[2]

（十一）民事执行救济

近年来，民事执行问题一直是我国理论界和实务界讨论的重点。2016年4月，最高人民法院印发《关于落实"用两到三年时间基本解决执行难问题"的工作纲要》，此后各地法院相继采取一系列措施，在民事执行工作上投入更多精力，以期实现"基本解决执行难"的目标。但在解决"执行难"的过程中，不应忽视的是民事执行救济问题。

民事执行救济，是指在民事执行程序中，执行当事人或案外人因自己的合法权益受到或者可能受到侵害，依法向有关机关提出采取保护和补救措施的请求，有关机关依法矫正或者改正已经发生或者业已造成损害的不当执行行为的法律制度。2019年在核心期刊中刊载的与民事执行相关的论文文献，几乎都提到了民事执行救济的相关内容，学者们讨论较多的是执行异议之诉问题以及执行救济制度的体系化构建问题。

1. 执行救济制度体系化构建。我国的执行救济制度作为民事执行制度的有机组成部分，经历了从无到有的完善与发展。但是由于我国民事执行制度的构建是在民事执行实践中不断摸索逐渐形成的，由于实践和观念上的局限，执行救济制度的现实状态与更有效地解决执行乱、维护当事人合法权益的理想目标仍有一定距离，因此需要进一步加以完善。具体而言，需要从体系化的角度，系统性考察研究民事执行救济体系的基本因素，并在此基础上调整、补充和完善民事执行救济的各项制度，实现各项制度之间的整合与协调。

我国现行民事执行救济制度的基本结构包括3类：第一类，执行救济异议制度，该类制度的基本特点是异议的提出、审查、裁决程序属于非讼程序，异议的对象是违法执行行为。第二类是执行救济诉讼制度，包括案外人或第三人异议之诉、债权

---

[1] 浙江省温州市瓯海区人民法院课题组、蔡雄强："从'执转破'到'破涉执'——执破双向互通联动机制之司法探索"，载《法律适用》2019年第3期。

[2] 白田甜、景晓晶："'执转破'衔接机制的优化原则与实践完善"，载《法律适用》2019年第3期。

人（申请人）异议之诉和分配方案异议之诉，是通过诉讼的方式解决执行中的争议。第三类则是执行回转制度。

有学者对我国现行民事执行救济制度进行分析，认为其具有 3 个特征，分别表现为：其一，执行中实体争议与程序争议既分离又混同；其二，在执行完结之后执行根据被撤销时，直接采取执行回转的非讼方式恢复原有的状态；其三，执行救济制度的非体系化。[1] 进而认为形成这 3 个特征的原因包括：其一，执行中涉及被执行人或案外人权益的争执或不满——无论是实体还是程序——都被笼统地视为一种争议，需要法院面对和解决；其二，高效快捷地解决争议在民事执行救济的价值维度中一直处在最高纬度；其三，实体争议与程序争议的不同处理必然使得争议解决程序被细分，也就使得程序变得精细复杂；其四，从法院的科层化和司法运作的行政化角度看，法院总体上更倾向于非讼纠纷解决方式；其五，虽然将执行中关于维护执行当事人和利害关系人合法权益的制度称为执行救济，属于权利救济，但在司法中更将其视为一种纠错机制。[2]

对此需要对我国执行救济制度进行充实与完善，应当明确执行救济的基本框架，按照实体与程序分离的结构分别予以体系化构建。首先，应当建立请求异议之诉，目的在于排除执行根据的执行力。其次，增设执行回转之诉，将其设为特殊诉讼程序，实行一审终审，以简易快捷的程序提供救济，即只要原债务人能够在诉讼中证明执行根据已经撤销，财产状态尚未恢复原状，就可以获得相应的给付判决。再其次，审慎对待执行文付、执行制度与执行文异议之诉。最后，要完善债权人异议之诉。对此，可以借鉴我国台湾地区的许可执行之诉制度，即在执行机关驳回执行申请并且涉及实体理由时，债权人有权将执行债务人（包括债务人的继受人以及其他因执行根据效力扩张所涉及的人）作为被告向法院提起许可执行之诉。[3]

通过把实际问题与程序问题分离、审判权与执行权分离、执行权性质与行使边界的划定作为一种大致的原则和框架，在这一基础之上科学合理地设置民事执行救济制度，对于完善我国执行体系具有重要意义。

2. 执行异议之诉的问题探究。审判实践中，夫妻一方以达成的离婚协议为由对不动产主张权利，第三方同时提起案外人执行异议之诉，对于离婚协议财产约定能否排除执行，实务中存有争议。一方面，依合同的相对性原理，夫妻双方的离婚协议属于双方当事人的意思自治，不发生对世效力，相关第三人不受该合同的拘束，离婚协议不发生排除执行的效力；另一方面，在特定情况下夫妻一方对于讼争财产享有物权，具有排除其他权利的效力，能够对抗案外人的相应权利。对于此问题，有学者认为，对于已经达成离婚协议的情况下案外人执行异议之诉的审理，应当在

---

〔1〕 张卫平：“执行救济制度的体系化”，载《中外法学》2019 年第 4 期。
〔2〕 张卫平：“执行救济制度的体系化”，载《中外法学》2019 年第 4 期。
〔3〕 张卫平：“执行救济制度的体系化”，载《中外法学》2019 年第 4 期。

结合个案实际情况的前提下，重点考量以下 3 个因素：其一，判断各方当事人享有的权利性质。除法律规定的无过错物权期待权、房屋消费者物权期待权、建设工程价款优先受偿权情形之外，案外人权利不能排除申请执行人对执行标的享有的优先权。其二，审查权利取得的来源与时间。应审查夫妻离婚的事实是否真实发生，离婚时间发生于申请执行人权利的形成前后等因素。其三，考量当事人的过错程度。作为离婚协议的一方当事人，夫妻一方应积极追求物权变动的意思效果。如果一方系因故意或重大过失而未主张自身权利，则其相应权益即不值得法律保护。[1]

3. 分配方案异议之诉的构建。分配方案异议之诉即指债权人或债务人对于已经形成的分配方案声明异议，而由于其他债权人或债务人对该异议持反对陈述，致使异议未终结，由声明异议人对作出反对陈述的债权人或债务人提起的诉讼。对于分配方案异议之诉的性质问题，存有形成之诉说、确认之诉说、命令诉讼说和救济诉讼说 4 种学说。其中，形成之诉说认为分配方案异议之诉的原告主张分配方案上所载原告及被告的分配额与实体法规定不符的，其诉讼标的为原告在分配程序上的异议权，因异议权为形成权，故为形成之诉。既为形成之诉，其判决结果所生的形成力有对世效力，因其诉讼标的为对分配方案的异议权，故对该分配方案，原则上任何人皆不得否认。此外，现行《民事诉讼法》及相关司法解释并未规定原告或被告必须一同起诉或被起诉才符合当事人适格。

当某一债权债务关系已经形成分配方案后，债务人主张债权因清偿等事由而消灭不存在时，一方面可提起债务人异议之诉，另一方面亦可主张该债权不存在而提出对于分配方案的异议，此时分配方案异议之诉与债务人异议之诉发生竞合。有学者认为，当二者出现竞合时，应当以既判力的约束范围是否相同来作为认定的标准：如确认权利不存在之诉提起在先，其既判力即为权利是否存在，此时在后的分配方案异议之诉所主张的事由"权利不存在"，受前诉既判力的拘束，故不得再提起分配方案异议之诉；反之，前诉无既判力拘束时，两诉争点相同，无既判力适用，仍得再提起分配方案异议之诉。如仅仅因为争点相同即限制异议人起诉，则过分剥夺异议人的权利，横生纠纷，执行机构在认定上也会产生相当大的困难。[2]

---

〔1〕 汤莉婷："关于离婚协议能否排除执行的案外人执行异议之诉审查标准解析"，载《法律适用》2019 年第 10 期。

〔2〕 王玲："民事执行程序中分配方案异议之诉研究"，载《法学论坛》2019 年第 4 期。

第三节　行政诉讼法学研究状况 *

一、研究概况

2019 年，行政诉讼法学界的讨论集中在行政法基本原则的适用、原告资格的确定、规范性文件的附带审查、行政协议相关问题的探讨、行政公益诉讼制度的反思、复议双被告制度的完善、行政诉讼中的证明制度等主题上，既有对基础理论的深度挖掘，也有对前沿问题的学术争鸣。

二、重点研究内容

（一）行政法基本原则的适用

行政法基本原则是否可以得到直接适用以及如何在判决中得到适用？许多学者通过观察个案裁判，梳理判决书的裁判要旨，对比例原则、正当程序原则、对等原则的适用进行了较为深入的研究。

蒋红珍通过分析案例，总结了司法实践中合比例性的举证责任、审查标准和审查强度。她认为，比例原则在我国的适用已从行政处罚扩张到多种行政行为领域。比例原则已成为法院评判行政行为实质合法性的重要准则。法院可以根据"滥用职权"和"明显不当"标准，对行政行为进行合比例性审查。对于目的正当性和手段的适当性、必要性、均衡性的规范认识还存在一定的分歧，审查标准并不统一。另外，在合比例性举证责任上，一些案件并没有完全遵循行政诉讼举证责任倒置规则。在合比例性审查强度上，似乎大多是宽松审查或低密度审查。对于行政行为是否符合比例原则，法官在个案中有着巨大的裁量空间，但大多数判决论证说理还较为简单。作为人权保障利剑的比例原则，势必在我国得到更加广泛的适用，合比例性分析方法与技术有待进一步提高，其未来适用应注意确定性与灵活性的平衡。[1]

周佑勇、许春晖、蒋红珍、章剑生分别从不同的角度对正当程序原则的司法适用进行了探讨。周佑勇通过对典型个案裁判的观察发现，正当程序原则通过一次次司法判决的重大推动，在我国得以不断发展。对适用正当程序原则的正当性基础、适用的程度、适用的方式都有了更深的认识，推动了正当程序原则适用的制度化发展。[2] 许春晖认为，正当程序原则的合法地位，源自《行政诉讼法》所规定的行政行为不得滥用职权。法院审查行政行为是否存在滥用职权的判断标准之一，是正当程序原则。而上述规则的确立，经历了学说借鉴、政策回应、司法实践和法律确认

＊　执笔人：中国政法大学诉讼法学研究院陈锦波讲师、博士生陈姿君。

〔1〕　刘权："行政判决中比例原则的适用"，载《中国法学》2019 年第 3 期。

〔2〕　周佑勇："司法判决对正当程序原则的发展"，载《中国法学》2019 年第 3 期。

的发展过程。[1] 蒋红珍结合丰富的司法实践，探讨了正当程序原则适用的前提、审查的标准以及解释路径。她认为，以界分作为规则的正当程序和作为原理的正当程序为前提，在司法适用中需探寻行为法意义之"实定法基础"和裁判法意义之"审查标准"的匹配。就正当程序原则与实定法规范的关系来看，我国司法审判实践并存着"竞合模式""推导模式"和"空缺模式"3种样态并发展出不同的解释路径；就审查标准来看，已然出现"单一适用"和"选择适用"之间的选择困顿。解决正当程序原则司法适用的正当性难题，需要回归规范立场来弥合其作为论证理由和裁判依据之间的沟壑。[2] 章剑生探讨了"法定程序"和"正当程序"之间的关系。他认为，行政法学理对"违反法定程序"的解释，与2009年之前相比并没有发展出新的学说。对"程序轻微违法"的解释则主要通过整理判例列出若干情形，但未作类型化处理和一般化判断规则的提炼。结合过去10年最高法院公布的判例，可以发现"违反法定程序"作为司法审查标准未能发展成更为精细化、多元化的判断标准；在没有法定程序的情况下，法院仍然采用"正当程序原则"的司法审查标准，但不断扩大其适用的行政领域范围。2014年修改后的《行政诉讼法》实施以来，未见最高人民法院公布因被诉行政行为"程序轻微违法"而作出确认违法判决的判例，这种状况可能会影响法院确认违法判决的正确适用。[3]

杨金晶关注到我国《行政诉讼法》研究中被遗忘的对等原则条款。他分析了对等原则条款未得到有效适用的原因并提出了解决思路。他认为，究其原因，对等原则条款的相关概念没有完全厘清，且适用对等原则的操作层面存在多重阻碍。这些阻碍既有法官重"同等"而轻"对等"的办案倾向，也有外国法查明困难、对等适用标准难定等问题。要解决上述问题，除了在检讨涉外行政诉讼立法模式和实际效用的基础上进一步完善可供操作的配套规范以外，删去对等原则条款的做法可能更符合当前的域外立法趋势和涉外行政诉讼的司法实践。[4]

（二）保护规范理论与原告资格判断

保护规范理论主张，公法规范必须包含"私人利益保护指向"，才能确认该规范会生成主观公权利。这一理论不仅促成了客观公法规范与主观公权利的互相剥离，也为个人公法权利的判定提供了核心指针。保护规范理论自提出开始，历经方法的变迁、规则的调整和重心的转移，并逐渐形成架构完整的理论谱系。最高人民法院通过"刘广明案"引入域外法上的"保护规范理论"，结合中国具体国情形塑了一个行政诉讼原告资格判断结构，学界对"保护规范理论"以及"原告资格判断"的争

---

[1] 许春晖："正当程序：滥用程序权的判断标准"，载《法学评论》2019年第2期。

[2] 蒋红珍："正当程序原则司法适用的正当性：回归规范立场"，载《中国法学》2019年第3期。

[3] 章剑生："再论对违反法定程序的司法审查基于最高人民法院公布的判例（2009—2018）"，载《中外法学》2019年第3期。

[4] 杨金晶："涉外行政诉讼中被忽视的对等原则——兼论我国行政诉讼法对等原则条款被虚置问题的解决"，载《政治与法律》2019年第4期。

鸣达到了高潮。

章剑生认为，行政诉讼原告资格判断标准经历了"直接利害关系标准""行政相对人标准""法律上利害关系标准"和"利害关系标准"4个发展阶段。在"刘广明案"之前，最高人民法院公布的判例中，没有发现有引入保护规范理论的判例，法院判断"利害关系"时，要么采用"直接联系论"，要么采用"实际影响论"，其判断标准都偏向于主观性，因而难以避免个案中法院判断方法上的任意性。即：公法规范要件、法定权益要件和个别保护要件。该行政诉讼原告资格判断结构淡化了行政诉讼原告资格判断标准的主观性，同时增加了其可操作性。[1] 赵宏认为，我国行政审判自2017年明确采用保护规范理论，并将其作为判定原告资格的重要基准。这一基准的纳入不仅使我国行政诉讼原告资格的判定有了清晰的思考步骤，也使对原告权益的保障摆脱了诉讼法明确列举的桎梏，而转向对行政决定所涉及的客观法规范的保护意旨的解释。[2] 主观公权利是德国现代公法的核心设置，其核心是在法治国框架下重新构建个人相对于国家独立的法地位，它的提出亦使权利成为理解和整序公法的全新线索。主观公权利在德国法上历经复杂嬗变，这也使其意涵相当复杂多样。我国对这一理论的吸收目前还局限于行政诉讼原告资格的判定。但这一传统学理的当代价值更在于：其对个人权利的探求是在实证法中找到连接点，并借助请求权的解释框架和教义，有效避免因为现代行政作用效果不断扩散所导致的个人自由的无轮廓和无边界，个人权利也因此获得稳定清晰的实证法基础。德国公法在主观公权利支配下所形成的公民实体请求权与诉权的相互对照，揭示了一种体系化的公法权利观对于整体公法所产生的统摄和影响作用。[3]

对于"举报人"的原告资格问题，伏创宇、彭涛发表了不同的见解。伏创宇认为，在行政举报案件原告资格的认定上，我国应当确立"受害人诉讼"模式，不予承认独立的程序请求权，遵循"主观公权利—权益受侵害的可能性—权益保护的必要性"的三层次构造，进而恪守我国个人权利诉讼的基本定位，避免司法权在公法保护义务的判断上形成对立法权的僭越，建构权益受侵害认定的类型化，维护行政诉讼与其他救济机制的必要分工。[4] 彭涛认为，举报人在行政法上规定的权利状态是判断举报人是否享有行政诉讼原告资格的基础。举报人的权利与行政诉讼原告资格的关键因素"权利""利益"以及"关系"相结合可以判定举报人的行政诉讼原告资格。当前只有在法律规范中明确规定举报人可以获得奖励及答复的权利的时候，举报人才享有提起行政诉讼的原告资格。在举报人其他的举报权利被侵害的时候需要综合权利、利益及关系因素才能判断举报人是否具有行政诉讼原告资格。为了公

〔1〕 章剑生："行政诉讼原告资格中'利害关系'的判断结构"，载《中国法学》2019年第4期。

〔2〕 赵宏："保护规范理论的历史嬗变与司法适用"，载《法学家》2019年第2期。

〔3〕 赵宏："主观公权利的历史嬗变与当代价值"，载《中外法学》2019年第3期。

〔4〕 伏创宇："行政举报案件中原告资格认定的构造"，载《中国法学》2019年第5期。

共利益，可以将举报人的原告资格由"有限"拓展至"扩大"，即可以在与行政公益诉讼相关的方面赋予举报人更广泛的原告资格。[1]

（三）行政规范性文件的附带审查

对行政规范性文件附带审查的讨论围绕着司法审查的对象、依据、标准以及行政规范性文件附带审查的后续处理等命题展开。

袁勇围绕着行政规范性文件附带审查的对象和标准展开深入研究。他认为，根据规范概念论与言语行为论，该类审查的准确对象并非规范性文件的合法性，而是由语义和语力结合成的语用学规范的合法性。语用维度内的规范合法性审查对象是被审查文件内语义学规范的合法性，以及生成被审查文件效力的制规行为要件的合法性。前者包含规范的适用条件、规范模式及规范内容的合法性，后者包括制规主体资格、制规意图表示、制规实体行为前件及制规程序的合法性。因制规行为的合法性单向决定制规结果的合法性，因此法院等审查机关应当既审查文件内语义学规范的合法性又审查制规行为各要件的合法性，否则将得不出完整的审查结论。[2] 同时，他指出，现有的司法审查标准是从经验中总结出的行政规范性文件的5种不合法情形。但这"五情形标准"分类混乱不清、涵义模糊不明，已不顺应司法审查工作的实用性要求。根据言语行为理论和意向性理论等原理，可厘定行政规范性文件的司法审查的对象、依据及两者的契合处，并由此界定行政规范性文件的司法审查的本质。通过上述努力，现有的司法审查标准可转化为立规意向事态实例标准——如果立规事实整体上是/不是4类相联锁的立规规范的强制性意向事态的完整实例，那么，由它所构成的行政规范性文件合法/不合法。"五情形标准"可随之被重构成4类相联锁的标准，即立规地位标准、立规意向标准、立规程序标准与立规实体标准。按照前述标准，在个案中，仅需5步就能建构具体的行政规范性文件的司法审查标准。[3]

作为附带审查对象的行政规范性文件，必须与所诉行政行为之间存在依据关系，这是合法性审查的前提。王春业认为，司法实践中产生了对依据关系如何认定的司法争议，也反映了对依据关系进行认定的复杂性。出于对规范性文件有效监督和司法校正的目的，法院应当从更为宽松的角度来认定规范性文件的依据关系，只要该规范性文件与所诉行政行为存在一定的关联性，无论是直接依据还是间接依据、形式依据抑或实质依据，无论是被告承认的依据或虽不承认但实际作为依据等情形，法院都应该作为依据来认定，并对规范性文件进行合法性审查。[4]

---

〔1〕 彭涛："举报人的行政诉讼原告资格"，载《行政法学研究》2019年第2期。

〔2〕 袁勇："规范性文件合法性审查的准确对象探析"，载《政治与法律》2019年第7期。

〔3〕 袁勇："行政规范性文件的司法审查标准：梳理、评析及改进"，载《法制与社会发展》2019年第5期。

〔4〕 王春业："论行政规范性文件附带审查中'依据'的司法认定"，载《行政法学研究》2019年第3期。

（四）行政协议相关问题的探讨

众所周知，行政协议是近年来的学术研究热点。学界围绕着行政协议第三人原告资格、行政协议的识别、行政协议的救济等话题进行了探讨。

行政协议有着不同于具体行政行为的特殊性，行政协议第三人原告资格问题无法因为"具体行政行为"概念的隐匿而消解。白云峰认为，行政协议第三人诉请合同履行权益时原告资格需回归行政相对人标准，诉请固有权益时则依然遵循利害关系标准。利害关系标准下，行政协议前置或之中的单方行政行为以及与协议相对人的基础纠纷构成第三人与行政协议之间利害关系的截断。理论上，第三人与行政协议整体有直接利害关系之时方具备起诉行政协议的原告资格，但实践中，法官对此应有释明的义务。[1]

行政协议的判断是一道难题，余凌云、陈天昊对如何识别行政协议进行了探讨。余凌云着眼于基本理论，他认为要证成行政协议，"主体说""目的说"（公共利益）都显得苍白无力，形式意义大于实质意义。上述标准都必须结合并最终落实到"具有行政法上权利义务内容"这一重要标准上。其在合同之中的具体体现，以往学者多拘束于行政优益权理论，而忽视了隐含在行政契约之中的行政机关对未来权力行使的事先处分与约定。这决定了行政协议与民事合同在解决纠纷上的不同理路，成为判断行政协议的根本性标准。[2] 而陈天昊从司法实践出发，发现最高人民法院行政庭法官倾向于通过"行政职责"要素对行政协议的边界进行扩张解释，而最高人民法院民事庭法官则倾向于基于"行政职权"要素对其边界进行限缩解释。他认为，造成双方分歧的原因，乃是根植于我国宪法中"保障公共利益"与"尊重私人权益"两者价值之间的内在张力。化解双方的分歧，需要引入"比例原则"，即只有当行政职责足够重要时行政主体才可适用行政协议制度，若通过民事合同便能确保行政职责的实现，则显然不必认定行政协议；与此同时，为了避免造成司法资源的不必要浪费，民事庭法官亦需要尊重法定的"有名行政协议"之范围，为诉讼当事人提供相对确定的管辖指引。[3]

张青波认为当前行政协议的司法审查面临步骤不清以及依据、规则不明的困境，因而要重构其思路，进而对行政协议是否成立、缔约主体的认定、效力瑕疵的判断等提出了一系列观点。其一，应以意思表示一致、缔约主体、约定内容判断是否成立行政协议。其二，若非对人身权的处罚或强制，行政机关皆可缔约，除非法律法规规章禁止。其三，缔约行政机关未必是行政主体，但应有相应职权，并遵守程序和形式规定。其四，要分别双务协议与和解协议各自需遵守的规范，要求协议在内

〔1〕 白云峰："论行政协议第三人原告资格"，载《行政法学研究》2019 年第 1 期。

〔2〕 余凌云："行政协议的判断标准——以'亚鹏公司案'为分析样本的展开"，载《比较法研究》2019 年第 3 期。

〔3〕 陈天昊："行政协议的识别与边界"，载《中国法学》2019 年第 1 期。

容上不得违反法律法规规章的规定，并审查有无民法上的效力瑕疵。其五，违法行政协议原则上无效。[1] 对于行政协议无效的认定，王敬波从公私法规则的特殊性及对立性出发，认为公私法规则在关于合同效力的价值取向上存在对立冲突，因此，无论是同时还是单独适用行政诉讼法或者民事法律，均无法搭建逻辑周延的行政协议的效力框架。与此同时，公法和私法在法律原则、法律规范等方面仍然存在相互融通并具备为提取效力认定的公因式提供可能性。以违法作为无效的起点，无效行政协议的标准介于单方行政行为无效标准和民事合同无效标准之间。以列举形式在行政主体资格、私方合同当事人资格、协议内容、协议程序方面建构无效行政协议的标准，是解决理论和实践难题的出路。[2]

我国尚未有实体法对行政协议及其救济制度构建作出明确规定，刘飞提出了行政协议诉讼制度的构想。他主张要认清行政协议与行政行为的关系定位，这是构建行政协议诉讼制度的关键性前提。先期对行政诉讼制度加以调整，借助"行政争议"而非"行政行为"界定行政诉讼受案范围，有助于缓解当下制度设计与学理之间的紧张关系，为未来行政协议诉讼制度的构建提供必要的制度空间。[3] 同时，在行政契约履行救济渠道上，我国行政机关因为受限于原告被告角色恒定性的立法预设，无法提起契约之诉。于立深认为，为有效解决行政契约履行争议，除了恢复行政机关的契约诉讼原告资格和诉权之外，契约当事人的自我约定强制执行制度、与行政优益权相匹配的其他法定处理权等，可以作为破局的尝试。但是，这些制度设计也可能消解行政契约的合意性、平等性，不仅应该使其法定化而且应该力求慎用。[4]

（五）行政公益诉讼制度的完善

在党中央文件指引及推动作用下，2015年7月全国人大通过授权最高人民检察院在部分地方开展为期2年的检察公益诉讼实践探索，后通过立法的形式将这一制度正式确定下来。行政公益诉讼制度的发展引起学界的关注，其讨论集中在原告资格、第三人参与、受案范围及判决类型等问题上。

检察机关是法律规定的唯一能提起行政公益诉讼的原告，覃慧认为，这种"国家化"的安排优势明显。如诉前程序的设置，发挥了检察机关督促执法、过滤案件、节约司法资源的作用，在案件调查证据收集过程中拥有"法定"方式，这些是"国家化"安排的独特优势。同时她也认为，这样的安排在试点期间也暴露了不少问题：检察机关在案件的发现上高度依赖单一的案件线索获取方式；在选择案件上存在着"趋易避难""避重就轻"的倾向；在地方政治生态中的微妙处境，制约了其在公益诉讼中的作为。因此她建议围绕"国家化"行政公益诉讼的优势，激活检察系统内

---

〔1〕 张青波："行政协议司法审查的思路"，载《行政法学研究》2019年第1期。
〔2〕 王敬波："司法认定无效行政协议的标准"，载《中国法学》2019年第3期。
〔3〕 刘飞："行政协议诉讼的制度构建"，载《法学研究》2019年第3期。
〔4〕 于立深："行政契约履行争议适用《行政诉讼法》第97条之探讨"，载《中国法学》2019年第4期。

部责任机制、精细化相应的制度构建；拓展个人组织的诉讼资格，实行"国家化"与"社会化"的并轨。[1] 行政公益诉讼这一过程是否会涉及私主体的利益以及该私主体是否需要以第三人的身份加入诉讼进程，这是理论与实践都无法回避的课题。练育强通过观察行政公益诉讼案件的实践，并通过全样本的实证分析，发现了各地对于是否需要第三人认知不一致、第三人参加诉讼是为了维护利益还是为了查明事实不清楚、第三人在诉讼中的权利义务不清晰这 3 个方面的问题。他认为，产生这些问题既有理论上的因素，也有制度上的原因。解决的路径应是在理论上继续深入探讨行政公益诉讼的定位与第三人的性质，制度上尽快制定"公益诉讼法"以明确第三人的地位。[2]

我国《行政诉讼法》将行政公益诉讼的受案范围作了 5 项列举规定，后续有 1 个兜底条款。关保英认为，此种立法技术仍然是对可受理事项的选择式限定，是对公共利益的选择性处理。这对侵害公共利益的救济或者公共利益纠纷的化解来讲，会带来诉讼片面化、问题导向、形象化、无序化等弊害。为此，必须拓展行政公益诉讼中的公共利益，其中公共利益维度、公共利益时空、公共利益类型、公共利益考量方式的拓展是主要方面。可以通过行政公益诉讼机制化、界定公益概念、概括加列举规定公共利益内涵、诉权主体自行选择、公共利益判定宽路径、公共利益作为最终依据等进路予以拓展。[3]

履行判决在行政公益诉讼案件中是富有生机的判决形式。崔瑜认为，当前行政公益诉讼履行判决的相关规定较为概括。他通过对司法实践中典型案例的梳理与剖析，发现履行判决的适用情形和内容存在一定争议。前者的关键是对行政机关"不履行""法定职责"的认定；后者的核心是法院在"如何履行"的内容限定上享有多大权力。对这些问题的反思必须回归到客观诉讼视野中，行政公益诉讼履行判决的适用不能完全等同于一般行政诉讼的履行判决，应当凸显监督行政机关依法行政和保护公共利益这两项客观诉讼目的。[4]

（六）对复议双被告制度的反思

行政复议机关做共同被告制度是我国 2014 年《行政诉讼法》修改的一个亮点，意在"倒逼"复议机关依法积极、负责地开展复议工作。该制度在实践中取得了一定的成效，但也有学者发现了这一制度的弊病。

王青斌从成本收益分析的角度及理性分析的角度出发，认为该制度不仅存在着成本过高等问题，而且从理论角度而言，行政复议"行政性"的性质判定导致了行政复议和原行政行为"一体化"的制度设计，并且将行政复议决定作为行政诉讼的

---

〔1〕　覃慧："检察机关提起行政公益诉讼的实证考察"，载《行政法学研究》2019 年第 3 期。

〔2〕　练育强："行政公益诉讼第三人制度的实证反思与理论建构"，载《行政法学研究》2019 年第 4 期。

〔3〕　关保英："行政公益诉讼中的公益拓展研究"，载《政治与法律》2019 年第 8 期。

〔4〕　崔瑜："行政公益诉讼履行判决研究"，载《行政法学研究》2019 年第 2 期。

对象更是错误地将"程序标的"误认为是行政诉讼标的的结果。因此无论从成本收益分析角度而言，还是从理性分析角度而言，都不应让行政复议机关作为行政诉讼共同被告，恢复行政复议"准司法"的固有属性，同时通过建立事后的责任追究机制等，让行政复议发挥其作用，进而成为我国解决行政争议的主渠道。[1]

方世荣主张区分"被告"与"共同被告"不同的价值功能以展开后续的制度设计。他认为，"双被告"制度只考虑了复议机关做"被告"的价值功能，没有反映出复议机关做"共同被告"的价值功能。复议机关在做共同被告时既是被告也是共同被告，故其制度设计要能兼顾 2 种价值功能。不同类型共同被告的价值功能各有重点：因同一行政行为产生的共同被告，其价值功能主要在于方便法院查明 2 个以上被告共同作出同一个行政行为的案件事实，公平认定和划分它们应分担的法律责任；因同类行政行为产生的共同被告，其价值功能主要在于对 2 个以上被告分别作出的同类行政行为并案审理，以达成简化程序、节省诉讼成本的目的。复议机关对原行政行为作出维持决定，本质上是对其予以肯定性评价的同类行政行为，由此形成的共同被告案件在审理上应以原行政行为为主，对复议维持决定可实行附带审查并探索书面审理的方式，以简化程序、减少法院司法成本和复议机关应诉成本的耗费。[2]

（七）行政诉讼中的证明

我国行政诉讼制度对证明制度的规定仍然存在法律漏洞，不少学者关注到行政诉讼中的证明责任分配、证明标准等问题，并对此展开研究和探讨。

江必新、徐庭祥认为，应当通过建构责任分配的基本规则来填补我国行政诉讼制度中客观证明责任分配存在的法律空白。应以行政职权为中心，规定由行使行政职权的当事人对职权形成要件承担客观证明责任；主张不行使行政职权的当事人，对职权妨碍要件、职权消灭要件、职权排除要件应承担客观证明责任。该基本规则具有普适性、明确性和确定性，可为行政诉讼客观证明责任分配提供稳定预期，也可填补现行制度未规定行政相对人负客观证明责任若干情形的法律空白。[3] 罗智敏关注到行政赔偿案件中原被告的举证责任问题，她认为理论及实务界对原被告举证责任的认识仍有分歧，尤其当原告请求的赔偿损害数额无法查清时，被告是否承担客观举证责任，存在不同观点，这直接导致原告的权益能否得到司法保护。通过对举证责任的含义及《行政诉讼法》关于举证责任规定的综合分析，应该明确，在行政赔偿案件中，一般情况下，原告承担举证责任，包括主观举证责任与客观举证责任，因被告原因导致原告无法举证的特殊情形下，被告的行为构成证明妨碍，举证责任倒置，由被告承担客观举证责任，原告只承担主观举证责任，应该降低原告的

---

〔1〕　王青斌："反思行政复议机关作共同被告制度"，载《政治与法律》2019 年第 7 期。

〔2〕　方世荣："论复议机关做被告与做共同被告的不同价值功能"，载《中外法学》2019 年第 2 期。

〔3〕　江必新、徐庭祥："行政诉讼客观证明责任分配的基本规则"，载《中外法学》2019 年第 4 期。

证明标准。经法院调查后有关损失数额事实仍然无法确定时，法官应该酌情裁量赔偿数额，需要明确法官酌情裁量权的前提条件与审查标准，加强判决书的说理性。[1]

作为我国行政诉讼证明标准通说的多元论存在适用混乱、内涵不清等弊端。徐庭祥认为，行政诉讼证明标准具有独立性，应当建构统一的一般证明标准。我国行政诉讼的一般证明标准应以大陆法系通说的真实确信理论为其法理基础；以我国《行政诉讼法》第 69 条规定的"证据确凿"为制度资源，为其注入引自德国法的"法官心证达到实际生活中必要程度的确信，使心中怀疑沉默，但无需完全排除"之内涵，从而为我国行政诉讼建构内涵清晰的一般证明标准。在一般证明标准基础上，辅以提高或者降低一般证明标准的法理，从而形成以一般证明标准为中心的分层式证明标准，使我国由多元论转向一元分层论，能够在保证证明标准的法之安定性基础上，与证明标准的灵活性形成平衡。[2]

（八）对几类特殊案件的讨论

有学者对信息公开、行政批示、息诉承诺等特殊案件进行了群案研究，提出了自己的观点和主张。

彭錞通过观察 2011—2018 年间 108 份公共企事业单位信息公开行政案件裁判发现，我国法院在适用修订前的《政府信息公开条例》第 37 条过程中，围绕"谁是公共企事业单位"和"信息应否公开"两大问题，就"参照执行"的主体和方式已发展出颇为系统、精细的审查逻辑，并在很大程度上推翻了以往研究所提出的"阶段渐进论""主体类同-职能类同"和"形式主义-实质主义"模式等识别公共企事业单位的学说，以及用以判定信息应否公开的"最少存留适用"规则。但既存审查逻辑也存在值得进一步完善之处。在修订后的《政府信息公开条例》实施过程中，更为理想的审查思路是：认定公共企事业单位时，应扩大形式性依据的参考范围，借鉴正在进行的事业单位和国有企业分类改革，对相关组织的业务职能做实质性考量；判断信息应否公开时，不应从正面要求信息被列举为公开项目，而应从反面考察信息是否属于实体性或程序性的公开例外。[3] 程琥认为，新修订的《政府信息公开条例》确立了以公开为常态、不公开为例外的原则，在实体和程序上均作出一些重大创新和修改。新条例实施必将对政府信息公开行政诉讼产生重要影响，尤其是政府信息公开行政诉讼的原告资格、被告资格等方面在新条例实施后亟待确立新标准。新条例对政府信息公开工作作出一些创新规定，因此，对于法院审理政府信息公开行政诉讼案件而言，准确把握审查重点和审查思路尤为重要。结合新条例规定和政

---

[1] 罗智敏："行政赔偿案件中原被告举证责任辨析"，载《中国法学》2019 年第 6 期。

[2] 徐庭祥："论建构我国行政诉讼的一般证明标准"，载《政治与法律》2019 年第 12 期。

[3] 彭錞："公共企事业单位信息公开的审查之道：基于 108 件司法裁判的分析"，载《法学家》2019 年第 4 期。

府信息公开司法实践，有必要按照政府信息"是不是—有没有—给不给—怎么给"的"四步审查法"进行审查。[1]

邓炜辉通过考察中国裁判文书网收录的涉行政批示案件，发现我国各级法院普遍将行政批示定性为行政机关的一种过程性、阶段性或内部行为，在具体审查行政批示可诉性时，多数法院并未直接以此为由否定行政批示个案的可诉性。大量司法裁判实践表明，判断行政批示可诉性的核心，在于考察该批示行为是否对相对人产生实际影响。在具体审查起诉过程中，法院应当从行政批示内容的涉及相对人权益（涉权性）、法律效果的直接性、形式的明确性和职权外化等方面进行综合判定。[2]

蒋成旭通过对涉及息诉承诺的行政诉讼和国家赔偿案件进行梳理考察发现，法院存在"诉权可得抛弃"与"诉权不受妨碍"2种相对明确的裁判进路。但诉权处分通常不作为单独的裁判理由，而带有补强性、宣教性说理的色彩；法院往往已对案件作了实质审查，确信纠纷已获实际解决之后，才最终裁定驳回起诉或者判决驳回诉讼请求。基于行政诉讼的制度功能考虑，对于当事人抛弃诉权后再行提起行政诉讼的，原则上应予以立案审查；是否构成"诉权滥用"应作审慎考量。制度功能上的内在张力，决定了行政诉讼侧重维护公法秩序时，诉权处分的效果应受限制；侧重解决行政争议时，诉权处分的效果则相对显著。[3]

另外，经济社会不断深入发展，行政争议无论是数量还是涉及的领域均不断扩张。如何迅速、实质性地解决行政争议和实现行政正义，成为各国行政法重点关注的课题。高秦伟关注到英国裁判所的经验与问题。英国提出的争议解决的适当性原则值得关注。目前，英国裁判所朝着司法化的改革方向不断前进，为缓解法院压力带来了积极的作用，但是过于强调司法化导致裁判所丧失了之前较法院系统所具有的优势，近年来立法与行政机关又开始关注行政复议机制的运用。争议解决的适当性原则关注争议性质与方式的互动，对中国行政争议解决方面的立法和实践具有一定的启示。[4] 此外，刘一玮对行政诉讼简易程序存在的问题提供了解决思路。他认为，《行政诉讼法》增设的行政诉讼简易程序具有提高行政诉讼效益的制度功能，但是在司法实践中却面临着适用率普遍偏低、不同法院的认可度存在差异、地方"各自为政"违反司法统一性、随意简化和过分简化减损程序价值等问题。当前简易程序存在诸多问题的一个重要原因就是法律对简易程序的制度规则供给不足。因而，

---

〔1〕 程琥："新条例实施后政府信息公开行政诉讼若干问题探讨"，载《行政法学研究》2019年第4期。

〔2〕 邓炜辉："行政批示可诉性：司法图景与标准判定——基于我国法院相关裁判文书的规范考察"，载《政治与法律》2019年第1期。

〔3〕 蒋成旭："行政诉权处分的司法审查——以行政审判中的息诉承诺为例"，载《法学家》2019年第5期。

〔4〕 高秦伟："行政正义与争议解决的适当性原则——英国裁判所的经验与课题"，载《比较法研究》2019年第3期。

确保简易程序规则的统一性与权威性、不断丰富与优化简易程序的规则内容成为完善简易程序制度的必由之路。[1]

第四节　证据法学研究状况*

一、研究概况

2019 年，学界就证据法的体系、证据属性、证据排除规则、印证证明、证明标准、电子数据以及其他证据法学重点问题展开了深入探讨，并且对部分内容进行了激烈争辩。其中，发表在核心学术期刊上的相关文章总量达数十篇，凸显出证据法学研究的不断丰富与发展。

二、重点研究内容

（一）证据法的体系问题

近年来，我国证据法特别是刑事证据规范的建设得到了高度重视，证据法律规范在数量上大幅增加。与此同时，证据法的体系化问题也受到各界的关注。

吴洪淇教授在文章中指出，近年来我国的证据法虽然得到了快速发展，但也面临诸多困境，主要表现在：①证据规范数量众多，但缺乏体系性。②证据法理论话语来源众多，但彼此杂糅、互不兼容。③证据法学蓬勃发展，但学科发展空间相对有限。对此，文章认为基本的解决路径是通过基础理论的构建来化解冲突，即有效整合来源不同的术语、概念和理论，形成相对协调的理论体系和制度实践，而法理学正是为证据法的整合提供了平台：首先，通过阐释制度背后的基本法理，可以为证据法的规范框架提供基本的学理依据和可能的建构模板，有助于实现从证据法理论问题到证据规范架构的跨越；其次，借助法理学的反思性方法，可以对证据规范进行理论反思，进而加以整合，以更好地融入证据规范体系；最后，法理学可以为证据法学提供一个学科的基本标准和理想图景，即通过提供源发性理论问题、学理阐释方法的借鉴以及吸收跨学科成果的理论框架等，为证据法的学科整合提供基本的理论平台。[2]

杨波教授则对我国刑事证据制度的功能问题进行了反思。证据法的逻辑起点在于事实认定，其内在功能应当指向事实认定的准确性，才能为法官的判决提供事实基础，裁判才能具备基本的正当性。但在我国，"事实认定的准确性"只是作为抽象的目标存在于理论探讨和证据立法的隐性需求中，而从未被作为证据法的核心功能来探讨制度化与有效实现的问题。此外，我国以非法证据排除规则为主体的立法与

---

〔1〕　刘一玮："行政诉讼简易程序的理性反思与完善路径"，载《行政法学研究》2019 年第 4 期。

*　执笔人：中国政法大学诉讼法学研究院张璐讲师。

〔2〕　吴洪淇："证据法体系化的法理阐释"，载《法学研究》2019 年第 5 期。

事实认定的准确性要求之间还存在功能悖反，以防范冤假错案为主要目标的证据审查判断规则也难以满足事实认定准确性的要求，最终影响到证据规则体系的构建。以审判为中心的诉讼制度改革改变了刑事司法中的事实形成机制，为证据规则的适用提供了可能与空间，因此当前亟待进一步明确证据制度的功能，并建构一整套证据规则以适应新要求。而以事实认定的准确性为核心进行规则建构，应当从证据资格规则入手，其一，以相关性为基础，确立直接服务于准确认定案件事实的规则；其二，以合法性为保障，完善体现正当程序要求的规则。而在证据的审查判断方面，实现以事实认定的准确性为核心，必须确立证据资格审查与证明力评估相分离的动态证据审查机制。[1]

（二）证据属性问题

2019 年，证据属性问题再次引起学界关注。张保生教授对"证据客观说"进行了批判，提出应当以相关性取代客观性作为证据法的逻辑主线。另外还有学者从证据能力等方面探讨了证据属性问题。

张保生教授在文章中指出，尽管相关法律文本中并未出现任何关于证据客观性的表述，但教科书中认为客观性是证据根本属性的观点占据统治地位，且在实践中证据的客观性有时成为法官采纳证据或认定案件事实的一个重要理由。但以证据客观性来论证定罪之准确性，对准确认定案件事实并不能发挥实际作用，只能成为法官规避责任的遁词。"证据客观说"在我国盛行，主要源于对辩证唯物主义的片面解读以及苏联法学观点与我国传统司法理念的影响。而该说的危害在于：其一，混淆证据与客观存在的区别，将证据法研究禁锢在存在论范围内，阻碍了对证据法的认识论研究；其二，将证据混同于事实，误将现在时的事实作为证据法的研究对象，阻碍了对历史事实的证据推理研究；其三，以"证据客观说"为基础形成的传统司法理念，成为部分冤假错案的成因，也阻碍了法律职业化的发展。有鉴于此，张保生教授对存在、事实与证据之间的关系进行了重新梳理。首先，"存在"是本体论范畴内的独立于经验事实的客观世界，也是经验事实产生的原因。其次，"事实"是进入人类认识视野的、成为认识对象被人类感官和思维所把握的部分存在，具有经验性，并且具有真实性和可陈述性。最后，"证据"与"事实"之间存在重要区别：①证据存在真假之分。②事实被陈述后成为证据，但并非所有证据都能表达事实。③证据对听取事实的陈述者而言，可以具有可信性。而正由于证据存在真假之分，当事双方对同一事实提供的证据可能截然相反，且当前人类世界并不存在对证据客观性进行检验的标准，故而无法将客观性作为证据的根本属性。而考察证据本身，可知证据内核是感官对象中所承载的信息，而由于承载信息的多样性，认知主体从中析出的信息必须要与其所要证明的事项相关，否则即为无意义之信息，即一个信息

---

〔1〕 杨波："以事实认定的准确性为核心——我国刑事证据制度功能之反思与重塑"，载《当代法学》2019 年第 6 期。

能作为证据，必须对待证事实具有证明作用。因此，主张相关性才是证据的根本属性。证据的相关性规则是证据制度的理性之源，有助于促进事实认定的准确性。而在我国的证据理论与证据制度中，相关性作为证据根本属性的观点正在被普遍接受，呈现从客观性向相关性的观念转型趋势。[1]

此外，有学者就证据能力要件问题进行了再思考。该学者认为，随着我国开始在审判程序中构建独立的、相对分离的证据收集合法性调查程序，证据能力的作用时点发生变化，其主要作用落实到组织收集不合法的诉讼证据进入法庭调查程序上，使得以往借鉴德国理论引入的证据能力要件体系出现解释力不足的问题，需要从最新的立法和司法实践出发进行重构。其一，"经过法庭调查程序"的作用是为法官评价证据的证明力、形成事实认定的心证基础提供程序性保障，故而不应成为刑事证据的证据能力要件。其二，根据刑事诉讼法对证据概念的明确规定，关联性仅指证据材料具有证明案件事实作用的性质，描述的是一种"自然（逻辑）关联性"，也不应作为证据能力要件。学者认为，我国刑事证据的证据能力要件主要是指未被法律排除适用，具体包括5种类型：①未因取证主体不合法而无证据能力。②未因取证手段不合法而无证据能力。③为因取证程序违法而无证据能力。④未因证据的表现形式不合法而无证据能力。⑤未因取证对象不合法而无证据能力。[2]

（三）证据排除问题

近年来，随着非法证据排除规则的日渐完善，学界对证据排除问题的研究也逐步往具体细节与深度性方向发展。

对以威胁、引诱、欺骗方法获取的口供之排除问题，有文章指出由于《刑事诉讼法》第52条的规定过于原则化，导致实践适用出现困难，可以尝试法教义学的研究思路，对其进行学理上的限定：首先，将《刑事诉讼法》第56条至第60条解释为第52条的规则性条文，作为解决第52条适用的前提；其次，梳理分析相关规范的演变可知，威胁、引诱、欺骗方法获取口供的排除目的已从防止口供虚假转变为保障口供自愿性，是更高层次的口供排除理念；再其次，威胁、引诱、欺骗取供行为的核心是对被询问人供述自愿性的破坏，鉴于此类行为的特殊性及其与正常讯问策略的相似性，宜采用"破坏供述自愿性——行为达到特定严重程度或可能导致口供虚假"的双阶层排除标准；最后，类推适用第56条的排除机制对此类非法方法所取得的口供予以排除，在经验和理论上均具有正当性。[3]

有学者对非法拘禁型供述的排除问题进行了专门研究。对《严格排非规定》第4条所规定的"等非法限制人身自由的方法"的理解，应认定为是与非法拘禁具有内

---

[1]　张保生："证据客观性批判"，载《清华法学》2019年第6期。
[2]　艾明："我国刑事证据能力要件体系重构研究"，载《现代法学》2020年第5期。
[3]　孔令勇："从排除原则到排除规则——以威胁、引诱、欺骗方法获取口供排除规则的教义学构造"，载《法律科学（西北政法大学学报）》2019年第2期。

在的同质性或等效性，其判断要素包括：其一，行为主体是否为国家公权力机关的办案人员或受公权力机关指派的其他人；其二，行为对象是否为刑事诉讼中的犯罪嫌疑人、被告人等诉讼参与人；其三，行为目的是否是为了收集供述等言词证据；其四，行为步骤是否对法定程序有严重违反；其五，行为效果是否对人身自由有实质限制。因此，超期羁押及相应的变相拘禁、变相羁押均应纳入非法证据排除规则的调整范围。而在非法拘禁型供述适用的排除规则方面，由于非法拘禁与供述之间的因果关系并不明显、难以判断，故自白任意性规则的适用存在解释力不足的问题，有必要借鉴域外经验，转向新的理论法则。对此，学者认为美国非法证据排除规则中的通过排除非法逮捕后的衍生证据（供述）以反向吓阻此类严重违宪行为的毒树之果理论可作为重要参考，无论是在维护公民的宪法性权利，还是满足刑事政策的需求方面，对有效规制通过非法拘禁等非法限制人身自由的取证行为具有现实合理性。而就实践中出现的疑难问题，也应作出相应的理论回应。如明确排除非法拘禁型供述应基于行为人的故意，即对故意采用非法限制人身自由的方法收集的供述应直接排除，而对一时疏忽的情形，根据毒树之果的吓阻理论，原则上则不是必须通过排除证据的形式加以制裁。此外，还应注意区分非法拘禁型方法与羁押后的讯问程序违法，在二者出现竞合时，应分别认定，明确对合法传唤、拘传后在超时限讯问时继续剥夺人身自由的行为，无论其是否构成疲劳讯问，均可认定为非法拘禁，直接排除相关供述。而未来，还可以考虑按照毒树之果理论，设置若干例外，以保证非法拘禁型供述排除规则兼具原则性与灵活性，以应对打击犯罪的实践压力，确保认罪认罚从宽制度改革持续推进。[1]

对于重复供述的排除问题，有文章指出，我国当前采取的"原则加例外"模式是一种固定、封闭的体系，没有涵盖与充分供述问题相关的所有考虑因素，也无法照顾到个案中可能出现的特殊情形，导致其在实践中没有取得预期效果。对此，建议借鉴域外"个案分析"模式，要求法官结合个案情况，综合考虑违法行为、行为影响、取证主体、加重告知义务、律师介入等多种因素，来决定是否排除重复供述。同时，还应注意对法官的审查判断进行规制：其一，强调对作为先决条件的第一次供述进行强化审查，以限制法官裁量范围；其二，明确应结合个案情形，围绕各种因素展开充分说理，以进一步规范法官裁量权；其三，明确个案分析中的考量因素，以监督一审法官进行合理谨慎审查，并确保二审法院在上诉审查中实现有效监督。在证明机制中，法院可依申请或依职权启动审查的不可采，但控方必须结合相关的考量因素来收集、提交证据，帮助法官综合判断重复供述的可采性，且排除重复供述和非法供述的证明标准应保持一致，都应达到证据确实、充分的程度。[2]还有文章对《严格排非规定》中确立的重复供述的"例外不排除"模式进行了分析与反思。

---

〔1〕 董坤："非法拘禁型供述排除规则研究"，载《中国法学》2019年第5期。
〔2〕 牟绿叶："论重复供述排除规则"，载《法学家》2019年第6期。

从法意解释上看，由于考虑司法实际的需要，在平衡惩罚犯罪与保障人权的基础上，才形成了"原则排除——例外不排除"的重复供述排除规则。从文义解释上对重复供述排除规则进行解构，其运行逻辑为：先确定先前讯问过程是否存在刑讯逼供，再判断后续讯问过程是否存在特定情形，如存在特定情形则无需排除重复供述，反之则应排除，即例外情形决定是否排除。从目的解释看，重复供述排除规则存在排除概率与一般非法供述差距不明显、例外情形设置不合理增大不排除概率、裁判文书梳理单薄甚至缺失等问题。而在设置重复供述排除之例外的理论根据方面，虽然相关条文反映出一定的可靠性保障理论、关联性阻断理论以及自愿性矫正理论，但在实践中并未得到充分体现，且实务机关在观念层面也未形成充分的理论自觉。而实践中排除程序与标准不明，也共同导致了司法适用中的缺陷。因此，作者建议除明确设置例外因素的理论根据外，还应围绕例外因素构建排除的程序与标准，在认定先前供述的性质后，综合审查例外因素介入的合理性与重复供述的合法性，并判断控方能否将其证明至特定标准，最终做出是否排除的决定。[1]

对瑕疵证据的问题，学者们也继续进行了探讨。易延友教授指出，瑕疵证据的问题主要是欠缺证据法上的可靠性要求，排除瑕疵证据的目的是过滤掉真实性没有保障的证据，而不具有制裁性质。因此，我国建立瑕疵证据排除规则的目的在于提升裁判中认定事实的精确性，与保障人权的目标并无直接联系。而从对裁判文书的实证分析中也可看出，司法实践中绝大多数的证据瑕疵都属于对证据真实性提出的质疑，且大部分都与验真环节缺失有关。对瑕疵证据问题的处理，作出合理解释的主要方式是"被告人曾表示确认""笔误""疏忽大意""条件限制"等；进行补正的通常方法是"补充签名或盖章""重新询问并制作询问笔录""提交录音录像或照片说明"等。因此，瑕疵证据补正规则的实质就是对缺乏真实性保障的证据提供补强，以加强证据的可信度。而实践中，排除瑕疵证据的原因多为缺失验真环节无法补正，或者由于其他原因导致真实性无法保障。瑕疵证据的排除比率高于非法证据，正是由于法官更有动力排除在真实性、可靠性上存在疑问的证据。瑕疵证据排除规则存在的主要问题在于其与非法证据存在混淆，瑕疵证据规则弹性过大导致法官自由裁量权过于宽泛，以及证据规定中将证据资格规范与证明力审查判断规范合并规定，导致实务中的混乱等。因此，需要从以下方面进行完善：①明确瑕疵证据补正规则的正当性是为促进案件真实的发现，区别于为保障基本人权而设置的非法证据排除规则。②对瑕疵证据补正规则进行重新定位，区分非法证据与瑕疵证据，实现概念的精细化与规则的精致化，以此限缩法官的自由裁量权。③增设证据资格审查程序，明确相应的举证责任与证明标准。[2]

---

〔1〕　孔令勇："非法证据排除的'例外模式'——重复供述排除规则的教义学展开"，载《法学家》2019 年第 6 期。

〔2〕　易延友："瑕疵证据的补正与合理解释"，载《环球法律评论》2019 年第 3 期。

此外，有文章对英美非法证据排除中的中间上诉制度进行了较为全面的梳理。英美两国针对初审法官对证据可采性问题所作裁决的中间上诉制度，其主要功能在于：①及时排除非法证据，提高最终判决的准确性。②纠正错误的或不一致的法律适用，促进发展统一的规则。③避免不必要的诉讼，节省司法资源，保障被告人的权利。而中间上诉制度的形成，也依赖于英美法系特殊的制度土壤：首先，二元审判主体及其职能分工更有利于中间上诉程序发挥作用；其次，英美法发达的证据排除规则和听证程序为中间上诉提供了制度铺垫；最后，英美法系侧重规制的诉讼阶段特点也决定了中间上诉的适用空间。在具体的制度设计上，为控制上诉数量、提高审查质量，两国基本采取了裁量型上诉和上诉许可制，并设置了严格的上诉条件和审查标准，明确法院经中间上诉所作裁决具有终局效力。针对我国当前存在的只能通过二审一并审查一审中的证据裁决，难以实现尽早消除非法证据影响、不利于被告人合法权利保障等问题，文章认为，可以参考英美的中间上诉制度探索我国非法证据排除中上诉问题的完善，如在侦查或审查起诉阶段，被告方不服检察机关关于非法证据的调查结论的，可以考虑建立诉讼化救济模式，即通过中间上诉寻求法院救济，一方面可以尽早发现和排除非法证据，最大限度降低其对审判程序和裁判结果的影响，另一方面也可以促使控辩双方及时改变诉讼策略，促进审前程序分流，实现司法资源优化配置。此外，还应考虑设置严格的上诉条件，通过上诉许可控制上诉数量，以防止当事人权利滥用，避免诉讼拖延，保障审判的中心地位。[1]

还有学者就职务犯罪案件中非法证据的审查与排除问题进行了专门探讨。文章指出，我国监察法中明确规定了非法证据排除规则，而监察委员会的独特性与相关立法的宏观性引发了监察法与刑事诉讼法在证据规则衔接上的新问题。监察机关的职务犯罪调查权本质是职务犯罪侦查权，因而带有侦查权容易失调的传统弊端。因此，在非法证据的排除问题上，应当注意：其一，要摆脱"侦查中心主义"，积极应对以审判为中心的诉讼制度改革，监察调查中应按照刑事审判的证据要求对证据进行审查；其二，审查起诉是监察程序与刑事诉讼程序衔接的起点，应注重对监察机关收集证据行为的检察监督，促进庭前证据审查的实质化；其三，应当注重辩护权行使对非法证据排除的作用，在监察法未赋予监察对象相应权利的情况下，特别需要保障监察案件被移送至检察机关后对犯罪嫌疑人辩护权的保障。[2]

（四）印证证明问题

近年来，学界围绕印证证明展开了第二轮热烈讨论，在2019—2020年度，该问题依然是学界研究重点，正反两方学者不仅存在争议，同时也提出了相应的解决实际问题的对策。

---

〔1〕 牟绿叶："英美非法证据排除的中间上诉制度初探"，载《环球法律评论》2019年第2期。

〔2〕 刘艳红："职务犯罪案件非法证据的审查与排除——以《监察法》与《刑事诉讼法》之衔接为背景"，载《法律评论》2019年第1期。

有学者指出，当前对印证证明的讨论深度虽有较大拓展，但仍未有合适的模式理论来准确呈现我国刑事证明模式的比较法特征及其问题。对此，应当着眼于认识论维度，以建构推理逻辑所用的事理、证据事实、证据关系构造以及推理结论认知判断等的类型差异为基本分析对象，并区分规范要求和实践习惯 2 个层面：在规范上，较宜将刑事证明模式的常规形态称为客观推断模式，以区别于其他法治国家的证明标准所匹配的情理推断模式；在实践上，可以将常见的习惯做法标识为准客观推断表象化，即情理推断后台化的形态。而在应然层面，我国刑事证明模式的转型方向应该是情理推断的一般正当化、公开化及规范化。[1]

栗峥教授则对印证的证明原理进行了分析。该文首先指出，印证不是严格意义上的完备证明，而是一种非饱和性的、进阶性论证，其最基本的运行方式是"相互"，而其对立面则是"孤证"。而印证的运作原理在于：其一，证据间相互印证的前提是"非同一来源"，即 2 个证据能够相互印证的前提是二者相互绝缘；其二，相互印证的逻辑基础并非因果律，而是"概率叠列"，即从大可能性中逐渐聚焦达到足够小可能性的科学方法，使得印证获得有效性与合理性。而根据印证原理，司法实践中最常用的口供印证勘验笔录的方式，由于其通常来源于同一渠道或体系，存在"基因缺陷"，且在证明方式上存在使用不当的问题，应注意避免单纯套用对应关系以建立表面"吻合"，防止出现可能性偏差，及时矫正错案。在印证如何作用于信念并最终决定事实认定的问题上，文章主张应走出与自由心证的纠缠，以信念理性作为心理认知的基础，以印证调控外在，以信念理性规划内在。此外，印证与信念理性的哲学教义立足于可靠主义，其不仅为印证模式奠定了理性基础，在确定性与不确定性之外拓展出第三维度，还为信念理性提供了理论产生，解决了认知心理学与司法证明科学之间的脱节。因此，从印证到信念理性再到可靠主义，实际上开脱了司法证明科学化进程中的一条有效路径，具有重要的现实意义。[2]

对于"孤证不能定案"问题，也有学者进行了专门分析。文章指出，"孤证不能定案"是我国刑事司法中的一项证据潜规则，可以界定为"如果案件中仅有一个证明被告人实施了犯罪行为的实质性证据，不得据此认定被告人有罪。该规则起源于刑事诉讼法规定的口供补强规则，并随司法解释的相关印证条款的确立而逐步扩张了适用范围。而在实践适用中，"孤证不能定案"存在以下问题：①未对"孤证"进行准确界定，导致证据补强规则成为纯粹的数量规则，并且潜藏了错误采信的风险。②随适用范围的扩张导致事实认定机械化，如使得事实认定结论完全依赖于证据数量及印证而挤压了法官自由心证的空间，否定对证明力进行判断的其他方法而导致证据判断方法单一且不科学，以及因缺乏例外而导致法官无法灵活处理案件的特殊情况等。③阻碍刑事证明标准改革，即"孤证不能定案"规则在实践中的扩张运用

---

〔1〕　周洪波："中国刑事印证理论的再批判与再超越"，载《中外法学》2019 年第 5 期。

〔2〕　栗峥："印证的证明原理与理论塑造"，载《中国法学》2019 年第 1 期。

与我国刑事证明标准由重视客观印证转向兼重主观心证的改革趋向相悖，其将证据数量、印证关系作为判断客观真实与否的标准，延续了证明标准判断中"证据确实、充分"的客观部分，否定法官自由判断的可能性。但从比较法视角考察，英美法系的补强证据规则虽然面临很大危机，但其依然是防止虚假证据、追求证据真实性和可靠性的重要手段，甚至是不可替代的证据判断方法。对我国而言，现阶段"孤证不能定案"规则同样不具备废除的条件，而是需要对其进行重新梳理，抑制负面效果，在合理范围能发挥其应有的证据补强功能：首先，应当将"孤证不能定案"的功能限定在对能够证明案件主要事实的孤证进行补强后才能定案；其次，应当明确规定该规则的适用范围及例外，对因存在利害关系或证人本身原因而具有较大虚假风险的言词证据等几类证据仍需遵循"孤证不能定案"规则，而对口供职权其他可以确定证明力较强的直接证据等则无需使用；再其次，明确该规则不适用于对中间事实、部分事实，以及有利于被告人的事实的认定；最后，在运用"孤证"进行定案时，需要注意是否作出了排除合理怀疑的判断。[1]

（五）证明标准相关问题

证明标准问题是证据法学研究的核心之所在，自 2012 年《刑事诉讼法》修改对我国刑事证明标准作出调整，以及相应的诉讼制度改革措施的不断落实以来，对证明标准的研究也逐渐从其本体扩展到具体适用以及与其他制度的协调融贯方面。

栗峥教授在 2019 年发表的论文对"合理怀疑"进行了解读。文章认为"怀疑"是贯彻刑事诉讼的一种状态与过程，不同的疑点产生不同的疑点效，并聚合形成疑点群，而疑点的功能在于对司法证明产生动摇。对"合理怀疑"的理解，必须基于中国语境与实践的本土路径来重现诠释其概念并建构其类型。基于对错案的实证分析，可以总结出合理怀疑的具体怀疑版本类型。怀疑版本的生成体现出刑事诉讼的内在需求，即聚集构成某类整体以产生合理效应，且可以将其概括为聚类集成。基于聚类集成的主体思路，则可以将司法证明划分为微分式证明与积分式证明 2 种范式，司法证明是不断积分的过程，而怀疑同样需要借助于将诸中怀疑进行聚合的积分式证明，以实现从微观向宏观的聚拢。因此，合理怀疑需要达到的状态是：对全案的证据进行谨慎细致的微积分式考量后，能够形成足以对抗有罪版本的怀疑版本，进而产生"无罪"的信念。同时还需要强调，对合理怀疑的高标准要求并不是对有罪判决的纵容，而是由于目前我国刑事司法尚显粗放，需要设置相应的"底线"，即要求合理怀疑在满足怀疑版本类型条件下获得无罪判决。[2]

自认罪认罚从宽制度实施以来，因为立法并未对此类案件的证明标准作出明确规定，学界存在不同主张，实践中也存在不同做法，有损司法公正与司法权威。有观点提出，认罪认罚案件因控辩双方对指控的犯罪事实已达成一致意见而降低了法

---

〔1〕 纵博："'孤证不能定案'规则之反思与重塑"，载《环球法律评论》2019 年第 1 期。

〔2〕 栗峥："合理怀疑的本土类型与法律建构"，载《中国社会科学》2019 年第 4 期。

官在证据审查乃至案件事实认定上的难度，进而促使对此类案件的证明相对于其他案件更容易达到证明标准，但庭审程序相对简化以及容易达到证明标准只是促使程序推进方法的转变，但基于职权主义的诉讼价值追求，法官担负着查明案件事实真相的职责，证明标准不能因此降低。此外，坚持法定证明标准，也是证明标准一元化的客观需要，以及与简易程序和速裁程序证明标准相协调的体现。[1] 但有学者提出，适用统一的证明标准，是历次程序简化改革效果不理想的根本原因，会导致认罪认罚从宽制度与司法责任制之间的冲突难以调和，也导致实践与理论悖反，更会抑制了认罪认罚从宽制度正当性基础的转换，因此，需要将调整证明标准作为推进认罪认罚从宽制度实施的核心措施。应当认识到，证明标准包含主客观两方面，且二者并不完全对应，存在主线与辅线之别，而我国证明标准的主线应从客观方面转化为主观方面。以此为前提，应当设置层次化的证明标准，在认罪与不认罪案件、罪行轻重不同的认罪案件以及特别类型的认罪案件中，对客观方面的证据印证程度进行区别对待，且未来应当在类型化的基础上进一步走向精准化。[2]

还有学者从网络犯罪的特殊性出发，对该类案件的定罪标准与刑法立法模式的冲突进行了分析，并提出了优化建议。当前我国刑法不断增加打击网络犯罪的立法供给，但并未起到很好的遏制犯罪的效果，其中程序法与实体法的不协调，尤其是在"定量"证明标准问题上，坚持"人证中心主义"，而未转向信息时代的"数据中心主义"，机械贯彻印证论，导致大量"有数据、无人证"的网络犯罪无法查处。从实证考察情况可知，当前网络犯罪的惩治总体效果较差，尤其在惩处率方面，因为数额难以确定而导致以数额作为定罪标准的网络犯罪惩处率低下，而以数据作为定罪标准的网络犯罪则惩处率较高。而其背后，则是刑法采取的"定性+定量"立法模式提高了入罪门槛，与"犯罪事实清楚，证据确实、充分"的高刑事证明标准构成"双高标准"，导致了部分类型案件的定案难题。对比西方的立法与实践情况，高刑事证明标准一般只适用于"只定性不定量"的刑法模式，而对定量问题通常属于量刑程序并适用不同的证明标准。因此，该文认为，对数额的证明要求应当考虑网络犯罪的特殊性，即基于数额犯的立法缺陷，应当考虑简化证明要求。在未来修法时，应对定性与定量采用不同的证明标准，明确"定性"应坚持最高刑事证明标准，而对定量因素可以进行综合认定，由"事实清楚，证据确实、充分"转向"数据真实、信息充分"，使司法机关可以采用更为简化的证明方法。此外，在具体方法上可以考虑采用诸如部分抽样取证、全案综合认定、等约计量、举证责任倒置后进行综合认定等方法。[3]

---

〔1〕　肖沛权："论认罪认罚案件的证明标准"，载《法学杂志》2019 年第 10 期。

〔2〕　秦宗文："认罪案件证明标准层次化研究——基于证明标准结构理论的分析"，载《当代法学》2019 年第 4 期。

〔3〕　高艳东："网络犯罪定量证明标准的优化路径：从印证论到综合认定"，载《中国刑事法杂志》2019 年第 1 期。

对证明标准层次性理论的适用问题，有学者结合《刑事诉讼法》第55条第2款之规定，进行了专门论述。我国2012年修法将"排除合理怀疑"纳入"证据确实、充分"的构成要件，据此可以对刑事证明标准作广义与狭义的区分，其中"排除合理怀疑"为狭义的证明标准，专指法律对裁判者认定事实之心证程度的要求，"证据确实、充分"则为广义的证明标准，除心证程度要求外，还包括获得心证程度的对象即"据以定罪量刑的事实"与路径即"法定程序"。在此基础上，从技术角度，可以通过限缩证明对象、简化法定程序与降低证明标准3种方法降低广义证明标准，亦即实现证明标准的层次性。而在排除不具正当性的限缩证明对象之方案后，可将证明标准的层次性区分为对不同性质的事实作不同心证程度要求的显性层次，与在心证程度不变的情况下因法律对该心证程度之形成所要求的法定程序在严格性上的差别而形成的隐性层次2个方面。由此，可以理解：其一，不同诉讼阶段证明标准层次性的关键不在于要求不同阶段达到不同的心证程度，而在于获取心证的具体程序设置上的差别导致各阶段所达到的"证据确实、充分"在实质上不可能完全相同；其二，如能对死刑案件的法定程序作出较普通案件更严格的要求，则意味着实质上为死刑案件设置了更高的证明标准；其三，在简易程序中，可通过降低获取"排除合理怀疑"心证的法定程序的严格性而降低其证明标准。另外，在显性层次方面，刑事诉讼中对被告有利之量刑事实、违法所得与犯罪工具之追缴与没收，以及临时心证标准等情况中，都可能存在区别于定罪所需之"排除合理怀疑"的心证要求。[1]

但有学者为以审判为中心的诉讼制度改革背景下的统一证明标准进行了辩护，指出，反对统一证明标准的一些论证观点，存在可商榷之处。首先，统一证据标准并未违反认识规律，只是要求侦控机关在侦查终结、提起公诉时在认识上要达到事实清楚，证据确实、充分，在其全面调查事实，负有客观公正义务的前提下，并非不切实际；其次，审前可以具备判断确实充分的程序条件和功能，因为单向的证据调查同样可以查明真相，而侦查起诉职能与审判一样要查明事实真相、实现实体正义，可以实现查获犯罪嫌疑人、启动审查程序建立在事实清楚，证据确实、充分的基础上；再其次，统一证明标准并未强化侦查中心主义，强化侦查在发现事实上的重要作用是认定事实的需要，而以审判为中心的判断标准是审判能否发挥制约侦查的作用，而不在于在哪个阶段完成对犯罪事实的调查，且降低审前证明标准与防止侦查机关干预审判并没有必然联系；最后，统一证明标准未必比降低审前证明标准更容易放纵犯罪，从实务和数据上很难判断何种模式更容易放纵犯罪，且如降低侦查公诉证明标准，将导致侦查机关收集证据、识别罪犯、论证犯罪的功能弱化，进而产生放纵犯罪的新问题。因此，需要对统一证明标准进行重新认识：其一，作为

---

〔1〕 孙远："刑事证明标准层次性理论之适用问题研究——以《刑事诉讼法》第55条第2款之解释为视角"，载《法学家》2019年第5期。

统一证明标准基础的分工制约配合原则强调的是三机关的制约关系，侦查中心主义下侦查决定审判的现象只是该原则异化的产物；其二，统一证明标准的确立，是防止滥诉、保障被告人人权的需要，也是保障侦查查明真相的需要；其三，我国侦查阶段具有发现真相的程序空间及判断条件。因此，以审判为中心的诉讼制度改革应当坚持统一的证明标准，以审判为标准统一侦控机关对证据规格和证明标准的实践把握尺度。[1]

（六）电子数据问题

自 2012 年《刑事诉讼法》修改被列为法定证据种类后，电子数据在证明案件事实的过程中发挥着越来越重要的作用，也产生了不少新情况和新问题，成为研究的热点。

有文章对我国刑事电子数据的规制路径进行了梳理，指出，《刑事诉讼法》及配套司法解释和相关规范性文件的规定，已经初步构建了我国刑事电子数据规制体系。作为证明案件事实的证据种类之一的电子数据，在收集提取、移送展示以及审查判断的规则上必须符合刑事诉讼法对证据的一般要求、符合现代法治的基本要求。而作为现代科技特别是信息技术发展的产物，对其进行规则还必须考虑相关技术特性、遵循相关技术标准。因此，电子数据规则的建构，必须基于法律与技术 2 个维度，规范电子数据的提起和运用，确保电子数据的真实性、合法性与关联性，促进电子数据更好地发挥证明案件事实的作用。[2]

有学者通过对相关裁判文书的分析发现，电子数据在刑事审判实践中的运用存在诸多问题：在取证与展示方式上，公安司法机关经常为追求便利性而将电子数据与其他种类的证据相混同，与法律、司法解释的规定存在较大差距；在审查判断上，主要围绕电子数据的真实性展开，对其关联性的审查实质上也是真实性审查，而合法性审查也主要是为了保障真实性。而为保障电子数据的真实性而进行的司法鉴定，因为尚未被纳入司法行政机关统一管理的鉴定种类、缺乏统一的鉴定资质要求与具体的检验办法、法官缺乏必要的审查判断能力等缺陷，在实践中也经常遭受质疑。此外，专家辅助人虽可以有效解决电子数据鉴定面临的鉴定机构与鉴定资质问题，但因尚未获得立法的准确定位，实践中也难以真正发挥作用。而现代科技的飞速进步又给电子数据的取证、认证等带来了更多困难。对此，该学者认为，应当在真实性与正当程序保障的价值权衡中确立电子数据的审查判断规则。其一，在规范层面，应当辨识电子数据与传统数据的共性规则和电子数据的特有规则。在共性规则方面，目前我国的电子证据规范主要是围绕真实性的审查判断，而缺失相关直接涉及公民基本权利的电子数据取证行为的制度规范，建议通过司法审查来实现电子数据取证

---

[1] 谢小剑："以审判为中心改革中的统一证明标准：学术争辩与理论反思"，载《当代法学》2019 年第 5 期。

[2] 喻海松："刑事电子数据的规制路径与重点问题"，载《环球法律评论》2019 年第 1 期。

的正当化，并将其转化为非法电子数据的审查和排除问题。在差异性规则方面，应当基于电子数据的特点确立真实性审查规则，必须对电子数据的收集、保存、鉴定等制定符合其特点的规则。其二，在司法层面，应当注意从当前的侧重电子数据真实性审查走向真实性审查与正当程序保障的平衡。我国电子数据使用的短板正是欠缺全面、充分的电子数据合法性审查，而对电子数据的合法性审查应主要围绕程序问题，明确违法的程序性后果，即对电子数据的收集、保管违反程序规则，足以影响其他人的重大权益的，应当适用非法证据排除规则。[1]

针对电子数据取证问题，有文章从电子通讯数据的搜查、扣押角度，提出了制度建构设想。由于电子通讯数据的存储介质的特殊性，侦查人员进行搜查、扣押时，极易发生侵犯公民个人隐私权与财产权的情况。但我国目前立法与司法解释以及相关规范性文件多是为保障收集的电子数据的真实性和同一性而对收集和审查的技术性规则作出规定，对收集的法律程序则几乎没有规定，完全无视保护相对人的合法权利、防止公安司法人员滥用权力等问题，因此，有必要在未来修改刑事诉讼法时，对搜查、扣押电子数据的适用条件、程序以及救济机制等作出规定。考察域外电子通讯数据搜查、扣押的情况，可知其适用条件通常高于搜查、扣押普通信件，且普遍要求必须遵循比例原则，具体而言体现为3个方面：其一，明确只能适用于比较严重的犯罪；其二，强调只有采用传统侦查措施难以查清案件事实时才能搜查、扣押电子通讯数据；其三，必须申请法官许可。有鉴于此，我国将来修法时，应当借鉴域外经验，建立搜查、扣押电子通讯数据的司法审查机制。针对电子通讯数据的特性，在具体适用程序设置上，还应注意：①明确侦查人员有权要求电信运营商、犯罪嫌疑人及其他专业人士提供协助，以弥补侦查人员相关专业知识不足的缺陷。②规定侦查机关应当尽可能将电子通讯数据转换为书面或其他能够直接识别的形式，以方便进行全面审查。③必须将原始存储介质予以封存，以便于进行真实性审查。④明确与案件无关的以及诉讼不再需要的信息必须及时删除、销毁，以提高对犯罪嫌疑人及相关人员的隐私权保护力度。在犯罪嫌疑人及相关人员的权利保障方面，还应增加规定：①辩护律师有权在侦查机关搜查、扣押电子通讯数据时在场。②搜查、扣押完毕应及时告知犯罪嫌疑人及相关人员。③犯罪嫌疑人及其辩护人有权了解、查阅被搜查、扣押的电子通讯数据。④排除采用非法手段收集的电子通讯数据。[2]

还有部分学者对跨境电子取证问题进行了专门研究。如有学者指出，与跨境远程电子取证在实践中的广泛运用相比，不仅学界对此关注明显不足，且在规范层面也因规则建构的理念不清和对侦查措施的选择性规范导致实务中出现各种乱象，且

---

〔1〕 胡铭："电子数据在刑事证据体系中的定位与审查判断规则——基于网络假货犯罪案件裁判文书的分析"，载《法学研究》2019年第2期。

〔2〕 陈永生："论电子通讯数据搜查、扣押制度建构"，载《环球法律评论》2019年第1期。

现行国内法规则与国际法原则脱节，导致我国在该领域忽略了应有的程序保障和权力控制，而且存在潜在的国际法风险。而考察跨境电子取证的域外规则，虽然存在不少争议，但其所蕴涵的尊重国家主权原则、对网络环境下的个人权利保障以及对侦查权进行制约的精神，可以用作分析、检讨我国相关制度的规则：其一，单方授权侦查机关进行跨境远程勘验或技术侦查，与既定司法协助框架存在冲突；其二，具体侦查措施缺乏保障个人权利与制约侦查权的考量，如对境外计算机系统进行的远程勘验和技术侦查多属秘密侦查，缺乏事前或事后告知的制度设计，授权开展的侦查措施带有强制侦查的性质但缺乏有效的监督制约机制等。对此，需要以对国家主权原则的遵循以及网络环境下的权利保障和侦查权的控制为指导理念，完善相应制度：首先，继续将《电子数据规定》中的网络在线提取措施进行单列，实现与国际社会普遍接受的类似侦查措施的对接；其次，设计专门的经同意的勘验和搜查制度，降低侵权风险；最后，将采用技术手段非经同意的搜查纳入技术侦查措施范围并严格限制适用，以为未来的国际合作奠定基础。[1] 还有学者通过分析数据主权之下跨境电子取证的实际运作与制度演进，提出"数据本土化"与单边取证方式都无法解决实践中的取证难题，解决方案之一是制定关于跨境电子数据取证的国际公约，在国际法与国内法互动的基础上，探索一种相互尊重主权、重视程序参与者权利保障、高效便捷的跨境电子取证新机制。对我国而言，在强化程序参与者权利保障方面，其一，要在宏观层面完善刑事诉讼、个人信息保护、隐私权等方面的立法，尽快建立跨境电子取证的专门立法，全面提高电子取证中的权利保障；其二，在具体案件中，应严格遵守刑事司法协助中的特定性原则，严禁将通过司法协助获得的电子数据用于其他案件或其他目的，严格履行电子数据交回或处置的承诺，以促进对数据权利、隐私权等的保障。在对跨境取得的电子数据的可采性评价方面，也关注：①规定司法协助调查取证方式的优先性。②强调跨境电子取证中的权利保障与可采性中的关联性，排除以严重侵犯程序参与人个人权利的方式获得的电子证据的可采性。③注重证据鉴真问题，建立电子数据载体在不同主题之间流转的完整记录制度，通过各类技术手段保障境外电子数据内容的同一性、完整性。[2]

当前将大数据材料应用于刑事案件办理已经成为不可逆转的趋势，但由于相关基础问题尚未得到解决，实际适用也容易造成混乱。刘品新教授通过对大数据证据的价值与运用的分析，就具体规则建设提出了构想。将大数据资料用作证据有着重要意义：首先，随着案件专业化、巨型化的演变态势，依靠大数据证据证明案件事实已经成为司法实践的客观需要；其次，通过扩充证据范围，引入大数据证明案件事实，有助于降低司法证明难度；最后，大数据能够反映案件整体或其中很大一部分的人、事、物、时、空等信息，较传统证据，具有独到价值。而大数据用作证据

---

〔1〕　梁坤："跨境远程电子取证制度之重塑"，载《环球法律评论》2019 年第 2 期。

〔2〕　冯俊伟："跨境电子取证制度的发展与反思"，载《法学杂志》2019 年第 6 期。

的具体方式，即通过计算机算法将海量数据凝练成规律性认识，以专业分析报告的形式加以呈现，其类似于鉴定意见但专业化程度更高。因此，在未来的证据法中，有必要单列为独立的证据种类，当前从实然角度，则可以将其归类为鉴定意见。而在具体适用的证据规则方面，应当注意根据大数据证据的特色进行创新：其一，创建以"大"真实性为主的大数据来源真实性规则，在对数据来源的真实性审查判断时，注重以宏观真实性为主，兼顾微观真实性，进行综合判断；其二，构建针对机器算法是否真实可信的大数据分析结果真实性规则，通过组织司法鉴定机构或行业组织的专业人员进行黑箱测试，或者组织控辩双方进行对抗，听取双方专家的专家作证意见等方式，评价算法的可信性；其三，探索超越人类经验判断的大数据证据关联性规则，鉴于部分大数据分析解释的关联性结论可能无法依靠人类经验进行确认的现实，可以从整体数据与具体数据两方面构建规则，在整体数据方面考察其与案件中的人事物时空的关联性，在具体数据方面则应关注由机器识别的关联性意见转化为人类接受和认同的因果关系认识。[1] 另外，还有文章就算法取证问题进行了专门分析。该文认为，网络电子数据算法取证的难题在于关联性确立、证据能力确认以及传统证明模式的影响3个层面。首先，网络电子数据的搜集，是计算机系统通过一定的数据模型自动识别的结果，具有科学性，与传统的经验性判断存在巨大差异。其次，在证据能力方面，通过大数据算法搜集的数据具有人为因素，超出了传统的传闻证据规则、最佳证据规则等的规制范围，而算法的非人格化、弥漫性和以数理定律的方式容易形成滥权而导致普通公民的权利遭受侵犯，因此对证据本身的可信性与合法性造成了冲击。最后，我国以印证证明模式和客观真实标准为核心的证明制度体系，也对审前的网络电子数据算法取证造成障碍。对此，文章提出，可以在既有的刑事证据规则体系内，依照教义法学的原理，通过对既有证据制度及网络电子数据规则条文的语义空缺或规范漏洞进行合目的性弥补，使算法取得的电子数据获得可采性。其一，由于算法所依赖的模型是基于设计者、开发者的主观选择，即算法所依存的思维方式依然与证据收集的关联性规则相契合，且所抓取的数据最终是通过根据关联性考量的主观判断被应用于具体案件，因此，关联性规则在算法取证中依然可以适用。其二，应当借鉴科技证据可采性的规则与理论，确立算法取证的可靠性规则，并参照刑事侦查取证尤其是技术侦查的基本原则和理念，设定适当的程序原则以保证算法取证的合法性。其三，要实现刑事证明理念与方式的转变，即由印证证明模式向现代自由心证回归，以对话和论证证明模式，逆向助推算法取证制度的完善。[2]

（七）其他问题

除上述热门主题外，本年度，学界还就证据法的其他相关问题展开了讨论。如

---

〔1〕 刘品新："论大数据证据"，载《环球法律评论》2019 年第 1 期。

〔2〕 何邦武："网络刑事电子数据算法取证难题及其破解"，载《环球法律评论》2019 年第 5 期。

有文章对刑事证据分布理论进行了初步介绍与探索。[1] 文章指出，当前探索的类罪证据收集指引与刑事证据分布密切相关，对证据法的讨论，理应回到证据收集、保管、移送、运用等问题的起点，关注犯罪行为发生后的证据分布问题。刑事证据分布受到内在的法律因素与外在的社会因素的共同影响，在内在影响因素方面，主要涉及实体法上的个罪的构成要件、诉讼法上的证据定义与法定证据种类等；在外在影响因素方面主要包括社会认知能力、社会环境、行为方式等。作者以数种罪名的一审判决书为分析样本，研究发现：①不同犯罪构成要件下，个罪案件中的证据分布存在较大差异。②同一犯罪构成要件下，个罪案件中的证据分布则有一定的规律性。③同一犯罪构成要件下，受网络技术发展等因素的影响，案件中的证据分布也在发生变化。因此，证据分布受到犯罪构成要件及其他诸如社会环境、技术发展等综合因素的影响，在当前强调证据相互印证的背景下，如仅以一类案件的证据分布作为证据认定原则，将导致实践中其他类案件难以认定，另外，在同一犯罪构成要件下，立法者可以通过调整外在因素来改善证据分布状况，促进刑事司法中的证据供给。而证据分布的特征，为类罪证据收集指引的探索提供了理论参照：①构建证据收集指引的一般逻辑是"犯罪构成要件—证据分布—证据收集指引"。②证据收集指引应定位于指导性、参照性，不得机械适用。③在重视证据收集指引的同时，要着力改善个案中的证据分布。④证据收集指引不能完整呈现证据分布，个案中的证据收集应注意全面性。根据证据分布理论，在类罪证据规则的构建方面，要尊重刑事证据法的一般原理，不应指定类罪证据"标准"，而只能构建"证据指引"，同时还要关照不同犯罪构成要件下证据问题的特殊性，构建类罪证据的认定规则。而在证明标准的适用方面，应当对我国现行的印证证明模式进行重新审视，对证明标准的理解应回归个案，关注个案中的证据分布情况，明确不应对每个案件都强调注重证据间的相互印证，且印证并不能全面描述证据之间的复杂关系。[2]

〔1〕 冯俊伟："刑事证据分布理论及其运用"，载《法学研究》2019 年第 4 期。
〔2〕 冯俊伟："刑事证据分布理论及其运用"，载《法学研究》2019 年第 4 期。

第五章
国际诉讼法的发展动态

第一节　国际刑事诉讼法的发展动态

一、日本刑事诉讼法的最新发展 *

2019 年日本刑事诉讼法的关注焦点依然在刑事诉讼法修订后的实施准备上。2016 年 5 月 24 日，日本国会通过了《刑事诉讼法等的部分条文法律修改提案》，并计划分 3 年将修改内容逐步实施完毕（实施进度参见下表）。[1]这次修改主要有 2 个主题：其一，摆脱对讯问的过度依赖，实现证据收集手段的正当化、多样化；其二，摆脱对供述证据的过度依赖，加强被告人防御活动，实现庭审的进一步实质化。[2]为了实现上述目标，修改方案囊括了多方面的内容，包括扩大犯罪嫌疑人国选辩护的范围，侦查审判协助型合意制度、刑事免责制度，在法庭中以视频连线方式询问证人的方法，侦查讯问中的录音录像制度，通信监听中引进运用密码技术的"特定装置"等。自 2016 年起，日本刑事诉讼法学界和司法实务界一直处于修法后的探索阶段。以下笔者就 2019 年实施的内容进行具体介绍。

---

　* 执笔人：中国政法大学诉讼法学研究院倪润副教授。

　〔1〕 本表参见笔者 2016 年 6 月收到的日本辩护人协会印发的讲座资料。

　〔2〕 参见"時代に即した新たな刑事司法制度の基本構想"，载 http：//www. moj. go. jp/keiji1/kei-ji14_ 00070. html，最后访问日期：2019 年 1 月 20 日。

修改项目	修改内容	实施时间（4 个阶段）
明确裁量保释判断中应当考虑的事项	有可能逃跑或隐匿、消灭罪证；存在因继续羁押导致被告人在健康上、经济上、社会生活上或防御准备上遭受到不利的其他情形	2016 年 6 月 23 日
保障向法庭提出真实证据的措施	提高藏匿犯人、隐灭证据以及胁迫证人等罪的法定刑	同上
完善证据开示制度	"证据一览表交付制度"扩大审判前整理程序的请求权主体范围扩大类型与证据开示对象	2016 年 12 月前
加强辩护人的法律援助	选任辩护人等的告知事项	同上
通信监听的合理化和效率化	适用对象扩大	同上
加强证人、被害人等的保护	证人等姓名信息的保护制度	同上
保障向法庭提出真实证据的措施	放宽拘传证人的必要条件	同上
认罪案件的简易迅速处理	放宽撤回公诉后再起诉的条件	同上
加强辩护人的法律援助	扩大犯罪嫌疑人国选辩护的范围	2018 年 6 月前
引入合意制度、刑事免责制度	引入侦查审判协助型合意制度、刑事免责制度	同上
加强证人、被害人等的保护	在法庭中以视频连线方式询问证人的方法	同上
引进侦查讯问中的录音录像制度	适用对象适用例外检察官请求调查记录媒体的义务	2019 年 6 月前
通信监听的合理化和效率化	引进适用密码技术的"特定装置"	同上

（一）侦查讯问中的录音录像制度

为了解决"密室讯问"滋生冤案的问题，日本学界和实务界很早就提出了"侦查可视化"的方案。[1] 这次《日本刑事诉讼法》的修改，侦查讯问中的录音录像制度作为一项重要的制度被明文化，体现在《日本刑事诉讼法》新增 301 条之二中。

1. 适用范围。录音录像的适用对象为裁判员裁判的案件和检察官独自侦查的案件。具体而言，①死刑、无期惩役或应判监禁之罪的案件。②相当于短期 1 年以上有期惩役或监禁之罪，并且是因故意犯罪致使被害人死亡的案件。③司法警察送致或送付案件以外的案件（前 2 种案件除外）。第一、二种情形与裁判员裁判的案件范围重合，第三种情形是检察官独自侦查的案件，既包括检察机关特搜部独立侦查的案件，也包括直接向检察官提起告诉或检举的案件，且案件可以涉及任何罪名。检察官、检察事务官或司法警察讯问上述对象案件中的被拘留或逮捕的犯罪嫌疑人时，原则上应当全程录音录像。

2. 不适用的情形。如果存在以下情形，可以不录音录像：①录音录像设备发生故障或者存在其他不得已的事由，无法录音录像的。②犯罪嫌疑人拒绝录音录像或根据犯罪嫌疑人的言行，认为录音录像将导致其无法充分供述的。③认为案件是由指定的暴力团体的成员实施的。④根据犯罪的性质、相关人的言行、犯罪嫌疑人参加的暴力团体犯罪以及其他情况，认为公开犯罪嫌疑人的供述及其相关情况，有可能会发生损害犯罪嫌疑人及其亲属的身体、财产的行为或者有可能产生使上述人感到害怕或难以应付的情形，从而使犯罪嫌疑人无法充分供述的。

关于上述情形 1，如果录音录像设备只是发生暂时故障，在合理的时间内能够修理完毕的，则不属于可以不录音录像的情形。关于上述情形 2 和 4，判断犯罪嫌疑人能否"充分供述"的不是犯罪嫌疑人本人，而是侦查人员。故，当犯罪嫌疑人主动要求录音录像，而侦查人员认为这样做会导致其不能"充分供述"的，也不会对其实施录音录像。侦查人员适用上述例外事由是否适当，之后由法官在法庭上审查决定。

3. 检察官请求调查记录媒体的义务。在庭审中，当拘留或逮捕中侦查口供的自愿性受到质疑时，检察官有对记录侦查状况的媒体提出证据调查请求的义务。如果检察官不提出证据调查的请求，法官将以决定的形式驳回其申请调查口供笔录的请求。上述规定是这次《日本刑事诉讼法》为了落实录音录像制度而设置的保障措施。尽管如此，如果存在以下 2 种情形，检察官的调查义务可以被免除：①属于前述录音录像例外情形的。[2] ②因不得已的事由导致记录媒体不存在的。[3]

---

[1] "侦查可视化"有广义和狭义之分，广义的"侦查可视化"是指辩护人在场以及制作侦查状况报告书（《犯罪搜查规范》第 182 条之 2 第 1 款）等。狭义的"侦查可视化"就是指对侦查讯问过程进行录音录像。

[2] 如果是因为侦查人员误认为存在前述录音录像例外情形而没有录音录像的，则不符合上述要求。

[3] "不得已的事由"包括由于灾难等意外事件导致记录媒体灭失等情形。参见後藤昭："刑诉法改正と取调べの録音・録画制度"，载《法律時報》2016 年第 88 卷 1 号，第 14～15 页。

（二）通信监听

监听作为一种强制处分，具体实施要件及措施规定在 1999 年制订的《关于犯罪侦查中监听通讯的法律》（本部分简称《通讯监听法》）之中。为了更为有效地打击有组织犯罪，同时也为了摆脱对讯问的过度依赖，实现证据收集手段的正当化与多样化，这次修订进一步完善了监听制度，对《通讯监听法》进行了诸多修改。其中，为了保障监听程序的合理化，这次修订新增了适用密码技术的"特定装置"的规定。该部分于 2019 年实施，以下笔者予以重点介绍。

根据原《通讯监听法》的规定，监听是由侦查人员向通信营业机构管理人出示令状，在通信营业机构管理人在场见证的情形下，在通信营业机构实施。上述规定固然可以从程序上保障监听的合法性，但在实践中却会妨碍监听的及时进行，甚至影响犯罪的侦查。按照侦查机关和通信营业机构的协议，实施监听前需给予通信营业机构必要的准备时间。但是，如遇紧急情况需要立刻实施监听，通信营业机构却无法马上提供监听，最佳侦查时机便可能因此而错过。

对此，这次刑事诉讼法修改尝试运用新技术来进行破解。刑事诉讼法条文中增加了"特定装置"的规定，该特定装置可以自动记录监听到的通信信息以及监听过程，并及时进行加密处理，之后再来解密还原。因此，今后在侦查机关所在地就可以对通讯进行同步监听，无需通信营业机构管理人在场见证，也无需对记录监听内容的载体进行封印。具体操作过程如下：其一，监听场所为侦查机关所在地的情形。通信营业机构对被监听内容进行加密处理后，传送到侦查机关所在地的"特定装置"之中。检察官或司法警官收到加密信息后，将之解密还原后实施监听。如果检察官或司法警官因故无法同步接收，"特定装置"则将通信信息暂存于记录载体中，随后再解密播放。信息被解密播放后，"特定装置"将自动删除通信信息，保护通信秘密和个人隐私。其二，监听场所为通信营业机构所在地的情形。通信营业机构将通讯内容加密暂存，之后再解密还原实施监听。信息解密播放后，通信营业机构人员便将记载内容全部删除。其三，加密和解密还原的密码由法院制作后交付给侦查机关。其四，为了防止监听记录被篡改，侦查机关应当将加密的被监听内容毫不迟延地提交给法官。因为"特定装置"的运用，监听过程中可能存在的诸多违法行为丧失了操作的空间，见证人的功能被"特定装置"所代替，原来因为监听中必须要有见证人在场而引发的诸多问题也迎刃而解。

二、德国刑事诉讼法的最新发展[*]

2009 年，认罪协商制度新增入德国《刑事诉讼法典》，但实践中关于该制度的讨论并没有终结。认罪协商在司法实践中已经出现了很多问题，尤其是宪法所保障的被追诉人的基本权利与认罪协商实践之间往往存在一些冲突。2020 年 11 月底，备受德国学界关注的认罪协商第三方评估报告（报告全文共计 539 页）正式对外公布，

---

[*] 执笔人：中国政法大学比较法学研究院黄河副教授。

该报告全面考察和总结了德国认罪协商制度在最近 10 年来的司法实务的发展，可以作为人们"窥视"德国司法实践的一个小窗口。

这个实证研究报告为何如此重要，人们需要回到 2013 年联邦宪法法院的一个标杆性的裁定。该裁定正文中明确提到："即使目前不能从认罪协商修正案执行不力的情况下得出结论，认为该法律规定属于违宪，但立法机关必须密切关注进一步的发展。如果司法实践继续在相当大的程度上无视法律规定，如果认罪协商修正案的实体性和程序性预防措施不足以消除已查明的施行中的缺陷，无法满足宪法对刑事诉讼中认罪协商的要求，则立法机关必须采取适当的措施抵制这种不良发展。如果立法机构惰于行使权力，则会造成违宪的状况。"[1] 由此可见，针对认罪协商是否符合《基本法》，德国联邦宪法法院认为，刑事诉讼中的认罪协商原则上符合《基本法》规定，但与此同时，德国联邦宪法法院也注意到了认罪协商的规则在实践中存在"异化"的情况。正如时任联邦宪法法院第二审判庭的承办法官 Landau 所言，认罪协商在实践中往往会突破基本法为程序规则所设置的"藩篱"（Palisadenzaun）。[2]

因此，联邦宪法法院对立法者提出如下 3 点要求：

1. 应当关注认罪协商领域的当前发展动态。

2. 在现有规章制度不足的情况下，要着手建立实体和程序上的预防措施。

3. 抵御可能出现的不良（异化的）发展事态。

换言之，联邦宪法法院希望认罪协商在实践中"飞一会儿"，然后客观地评价该制度是否偏离了立法规定，存在"野性生长"的情况。如果实证评估报告认为弊大于利，而且立法者对此置之不理，则联邦宪法法院不排除直接废弃该制度的可能性。

在这一背景下，德国联邦司法部面向全欧洲公开进行招标。最终来自杜塞尔多夫大学（Altenhain 教授）、法兰克福大学（黑森州高等法院法官 Jahn 教授）和图宾根大学（Kinzig 教授）的联合研究团队获得了这一实证研究项目的资助。该研究从 2018 年开始到 2020 年 11 月结束，对 2013 年以后（即 2013 年 3 月 19 日联邦宪法法院裁定公布之日起）德国认罪协商司法实践中的问题进行实证调研和评估。

（一）评估报告的研究设计

除了对案例的深入分析，该项目将主要以实证为导向，在定性和定量研究方法的基础上，对刑事诉讼中认罪协商法案的规范在实践中的运用进行研究。在项目实施过程中，将通过各种（在线）调查记录有关行为者（法官以及检察官和辩护律师）的观点，以阐明联邦最高法院判例中的要求与认罪协商司法实践中所产生的冲突和紧张关系。

在方法上，该研究项目分为 5 个模块：

1. 判例分析（Prof. Dr. Matthias Jahn 负责）。

---

〔1〕 BVerfGE 133, 168 (235 f. Tz. 121).

〔2〕 Landau NStZ 2014, 425, 426.

（1）目标：对现有判例进行深入分析，确定判例法中的论证要点。

（2）内容：对上诉审判法院判例中所认定的违反程序进行认罪协商以及相应的理由说明进行梳理，为实证调查奠定坚实的基础。

2. 书面（在线）调查（Prof. Dr. Karsten Altenhain 负责）。

（1）目标：对刑事诉讼中成功达成认罪协商的实际情况进行调查。

（2）内容：在 16 个联邦州中，各选取 1 个或 2 个地方法院或者地区法院，对这些法院中认罪协商案件进行调查，特别是调查认罪协商的达成、审判组织、罪行和判刑情况；梳理法官主动提供的认罪协商案件的编号，为下一步卷宗分析打下基础。

3. 卷宗分析（Prof. Dr. Matthias Jahn 负责）。

（1）目标：确定认罪协商的实际做法，尤其是认罪协商的具体内容。

（2）内容：分析选定的 235 份卷宗档案；审查认罪协商的实体性和程序性条件。

4. 司法人员进行在线调查（Prof. Dr. Jörg Kinzig 负责）。

（1）目标：从司法行动者的主体视角，来考察认罪协商的法律现实；发掘实践中的规避法律的策略。

（2）内容：对 3 个专业组（法官、检察官和辩护律师）进行一般性的问题以及关于认罪协商实践专业问题的调查，尤其是关于"法律规则"之外的认罪协商的内容、理由以及关于认罪协商法定记录义务的透明度问题。

5. 结构化访谈（Prof. Dr. Karsten Altenhain 负责）。

（1）目标：对法官、检察官、辩护律师进行结构化访谈，发掘书面调查中未发现的问题或者对已经发现的问题进行进一步的分析。

（2）内容：重点对下列问题进行深度访谈。①进行认罪协商的理由。②认罪协商的签署和协商的对象。③有罪供述的形式、范围以及相应的审查核实。④量刑幅度的讨论和确定。⑤认罪协商的公开义务和协商内容的记录义务。⑥法院在认罪协商中的实际操作。⑦协商后提出上诉和放弃上诉的问题。

（二）评估报告内容概要

1. 非正式的协商仍然是司法实践的一部分。该研究项目的一个核心问题是，实践中人们有没有遵守认罪协商的相关法律制度。因此，本研究试图分析在联邦宪法法院 2013 年 3 月 19 日所作的裁定之后，是否仍存在非正式协商的现象。在模块 4 中，研究者调查了法官、检察官和辩护律师，希望通过他们间接了解在他们的职业生涯中，所碰见的非正式协商的频率有多高。44.4% 的法官作出了肯定的回答（答案为"很少""经常"或"很常见"），59.3% 的检察官和高达 81.2% 的辩护律师也作出了肯定的回答。而当被调查者被问及，在自己的业务中，自己从事非正式协商的比率有多高时，只有 29.4% 的法官主动承认自己至少从事过 1 次非正式的协商。相比之下，检察官和辩护律师主动承认的比例较高，分别为 46.7% 和 80.4%。模块 5 中的电话访谈还提供了关于地方法院和地区法院法官之间差异的不同数值。在地方法院所有认罪协商中，非正式协商的平均比例为 31.7%（检察官：21.1%，辩护律师：45.4%），而地区法院只有 7.0%（检察官：7.5%，辩护律师：20.2%）。

这一现象至少存在 2 个方面的疑问：其一，为什么地方法院与地区法院之间的非正式认罪协商的比率不同？其二，法官、检察官、辩护律师主观上所预估的差异是如何产生的？地方法院比地区法院较少遵守法定规例，其中一个可能的解释是，地方法院的法官由于诉讼程序较多，较倾向于不理会他们认为过于"费时"和"复杂"的程序性规例。根据此前的一项研究，地方法院的诉讼程序一般被描述为"非正式或不太正式"，原因是地方法院要处理的刑事诉讼案子太多，不可能在现有时间内妥善处理每一个诉讼，特别是不可能充分履行依职权查清事实真相的义务。

当然，法官的社会理想中的反应行为也可能是 3 个职业群体对非正式协商发生率不同评价的主要原因。因为恰恰是法官有责任确保认罪协商规则得到遵守。此外，作为其法律监督职能的一部分，检察官也有责任监督规范的遵守情况。因此，可以认为，他们也不太愿意承认自己的违法行为，更倾向于自觉或不自觉地将自己的行为视为守法。另一方面，辩护律师的角色不同，这也是为什么他们的陈述一方面显得比较有弹性，但也可能在这个问题上有意无意地夸大。但总的来说，结果无疑表明，仍有相当数量的非正式认罪协商是所有 3 个专业团体都参与的。

除了这种规避或至少是无视认罪协商的刑事诉讼规范外，调查中也发现，某些程序上违反认罪协商规范的行为，参与者并没有意识到。例如在模块 5 中，部分受访法官表示，他们从来没有参与非正式的认罪协商。但与此同时，他们对遵守程序规则问题的回答表明，这些法官之中，并非每一个人都遵守所有相关的程序规则。此外，在模块 4 中，20%以上的法官表示，他们经常或非常频繁地发现自己处于一种不确定的状况，即自己应当如何充分遵守透明度和书面记录规则，才属于完全遵照法律要求而行事。因此，在已查明的违反程序的法官行为中，58.6%的行为与透明度和记录义务有关。

总的来说，在所有模块研究中，研究者都发现认罪协商的各个规则都有被违反的情况发生。

2. 进行非正式认罪协商的原因。为什么会选择这种非正式的偏离规则之外的认罪协商。很多接受访谈的法官和检察官认为，虽然立法者 2009 年制定了认罪协商的程序性规则，但随后联邦最高法院通过很多的判例又确立了各种细化的程序性要求。这些繁杂的规则在实务工作者看来，显得"繁文缛节""不切实际"。尤其是对于实际上参与过至少 1 次非正式认罪协商的司法人员而言，他们往往通过非正式的协商给予被告人宽大量刑的处遇，因为如此一来便无需进一步取证，从而能够加快诉讼程序。对专业律师来说，这种做法的最重要原因是，非正式认罪协商会给被告带来更有利的结果。而且所有专业团体还指出，其他诉讼参与人都希望采取非正式的办法。

3. 认罪协商规则的复杂性难题。与达成非正式协议的原因密切相关的是，许多行为者认为，认罪协商的有关法律规定以及联邦最高法院判例中对规则的解释过于复杂。在模块 4 中接受调查的法官中有超过 30% 的人表示，他们曾经遇到过不确定自己的认罪协商做法是否属于合法还是非法的情况。这一结论与模块 5 中的结论相一致，即 22% 的法官表示，他们做出非正式的认罪协商，仅仅是因为他们不确定如何才能正确地做出符合规范要求的认罪协商。此外，35.6% 的法官作出非正式的认罪协商，因为他们认为法律规则体系过于混乱。

4. 没有始终如一地遵守透明度和记录义务。2009 年修法之时，立法者为确保认罪协商的公正性，要求保障协商的透明度。在庭审证据调查之前，法官要向所有到庭人员履行 2 个重要的告知义务，其一是法院在审前达成了协商，协商的具体内容要向所有在场的人员告知；其二是从否定的角度履行告知义务，即在审前诉讼参与人之间没有进行过协商，或者说尝试过协商但协商努力不成功。

通过本次实证调研发现，这些告知义务法院都没有很好地遵循。这既适用于在主审程序开始时当庭告知已经达成认罪协商，也适用于否定性告知，即庭前没有达成这种认罪协商。另外，告知义务也并非总是完整地记录在案。受访的法官表示，否定性告知通常记录在法庭笔录中，但根据检察官和辩护律师的观察，否定性告知并没有记录在法庭笔录中。这一点得到了卷宗档案研究的证实，即根据对达成认罪协商的相关卷宗材料的调查发现，并非在所有案件中都提到认罪协商的具体内容问题。简言之，认罪协商的实际情形与法官所述之间存在不一致。

5. 以坦白换取量刑折扣。在（正式或非正式）认罪协商的情况下，被告人在诉讼中表达"诚意"的方式通常在于主动供述有罪（当然，根据刑事诉讼法的规定，有罪供述并不是认罪协商的前置要件）。在模块 3 的调查中，通过对卷宗进行分析后发现，有认罪协商的刑事案件卷宗中，94.1% 的案件被告人的有罪供述被视为是被告人与刑事追诉机关进行"合作"的重要表现。而在模块 4 的在线调查中，65.3% 的法官表示，被告人如果做出有罪供述，他们才会考虑同意进行认罪协商。这一结果也得到了模块 5 电话访谈的证实，即 72% 的法官认为，有罪供述总是协商的主要对象。

在大多数情况下，作为对被告人按照认罪协商所做的供述的回报，被告人会获得刑期折扣。因此，从模块 3 的卷宗分析可以看出，在 94.1% 的认罪协商成功的案件中，也达成了量刑协商。另外，在讨论认罪协商时，模块 5 中 76.7% 的法官表示他们总是围绕量刑问题展开协商讨论。在非正式认罪协商的情况下，量刑协商问题似乎起着次要的作用，在模块 5 中接受调查的法官中，只有 44% 的人认为他们总是或经常与被告人进行量刑折扣的协商，换言之，在这些情况下，法官与被告人协商的对象可能集中于其他的问题，例如处理证据调查申请的问题。

6. 明里暗里的"精准量刑折扣"。在认罪协商的情况下，根据《德国刑事诉讼法》第 257c 条第 3 款第 2 句的规定，法院必须明确规定所可能判处的刑罚范围的上限和下限。因此，准确的量刑结果不属于认罪协商的一部分。不过，在实践中确实有这样的"精准量刑折扣"的情形。而 34.6% 的法官、51.5% 的检察官和 71.4% 的专业律师表示，他们只提出了一个刑罚的上限。在模块 3 的卷宗调查中，人们发现有达成认罪协商的 5 个案件中，只提到了刑罚的上限，而最后被告人获得的刑罚后果也恰好处于该"上限"。

但即使法院按照要求向被告人说明了可能的刑罚幅度，实践中诉讼参与人也很明显对处罚的具体量刑结果都很清楚。在模块 4 的在线调查中，58.1% 的受访者表示，尽管法院指定了刑罚的上下限，但所有参与者都非常清楚在达成协商的情况下会受到什么处罚。模块 5 的调查还显示，五分之一的法官和四分之一的检察官和辩护律师认为，尽管法官给出了处罚范围，但也属于变相的"精准量刑折扣"。

7. 达成认罪协商通常以辩护律师的参与为前提。在模块 5 中，51.3% 的地方法院法官表示，他们不会与没有律师代理的当事人达成任何协商，这就导致了对于没有辩护律师的被告人来说，即便所遇到的法官是一个愿意沟通和协商的法官，也可能无法最终达成认罪协商。在模块 3 中，研究也发现有辩护律师的被告人，与没有辩护律师的被告人相比，前者更容易成功地达成认罪协议。总之，被告人所享受的认罪协商机会并不相同，而最受惠于达成认罪协商的正是被告人，不应该取决于被告人是否有辩护律师。

8. 放弃上诉仍是认罪协商的对象。关于认罪协商与放弃上诉的问题，目前在国内也是一个很重要的话题，德国刑事诉讼立法中规定，禁止声明放弃上诉。但德国认罪协商的调查结果显示，要求被告人放弃上诉，也是法院、检察官和辩护律师协商的一个筹码。达成协商后，很多情况下被告人宣布放弃上诉。这一点已经在模块 1 的判例分析中有所体现，其中有 5 个认罪协商案件中存在违反规定要求放弃上诉的情形，这些案件最后在法律审上诉中被上级法院所撤销。但在模块 3 的案件卷宗分析中，无法发现违反规定放弃上诉救济的情况。在模块 4 的在线调查中，11.3% 的受访法官表示，在他们的实践中，放弃上诉或限制上诉也是认罪协商的主题。在模块 5 中，47.7% 的地方法院法官和 16.4% 的地区法院法官表示，至少发生过 1 次检察官、被告人或其辩护律师宣布放弃上诉的情况。而且在该部分的调查中，38.5% 的法官将《德国刑事诉讼法》第 302 条第 1 款第 2 句中所规定的"禁止宣布放弃上诉"这一规则的实用性评级为"差评"。此外，研究人员对德国联邦最高法院以及联邦总检察院的司法人员进行电话访谈时，当工作人员被问及各种规定的实用性时，《德国刑事诉讼法》第 302 条第 1 款第 2 句中禁止放弃上诉的规定被提到的次数最多（71.4%）。因此，实务中不少下级法院以下列方式来规避上级法院对原审判决的事实审或法律审上诉审查机制，即法官跟被告人协商好，在判决宣告之后，被告人先提出上诉的意思表示。被告人随后又去法院将上诉撤回，而按照德国刑事诉讼法规定，如果被告人提起上诉之后，又撤回上诉申请的话，即便判决的上诉期限没有过，判决的既判力则会及时产生。

9. 地方法院和地区法院在遵守认罪协商规则方面存在差异。地方法院的非正式协议比地区法院的非正式协议发生得更频繁，大量非正式的、偏离规则之外的认罪协商问题发生在最低层级的地方法院。根据地区法院法官自己的评价认为，这种非正式的协商在地区法院很少出现，甚至几乎不存在。根据检察官和辩护律师提供的资料，可以注意到，虽然地区法院的法官往往比地方法院的法官较少地达成非正式的协商，但非正式的协商并不像表面上看到的那样少。总的来说，地区法院的法官——根据他们自己的陈述——比地方法院的法官更重视认罪协商的制度规则，地区法院核实认罪供述和履行指示、通知和记录的义务比地方法院做得更好，而且遵守程度更高。

10. 检察官只在有限的范围内发挥其监督作用。德国检察官的理想角色是发挥法律监督作用的守护者，但不少人对德国检察官发挥的客观义务抱有"不切实际的幻想"，在认罪协商的司法实践中，检察官是否已经在多大程度上发挥了法律监督作用。该评估报告发现，有时候检察官遇到法官偏离认罪协商规则时，可能会睁只眼闭只眼，检察官的这种监督职责在一定程度上没有得到有效发挥。

模块 1 中的判例分析显示，检察官在认罪协商案件中提出法律审上诉的案件数量很少，即便是在检察官提起法律审上诉的案件中，大多数情况下检察官也没有对法官违反认罪协商规则的行为专门提出异议。在模块 4 的在线调查中，只有 70.5% 的检察官、51.6% 的法官和 24.1% 的辩护律师"非常认同"或"在很大程度上认同"检察官应当履行"法律守护人"职责这一说法。在模块 5 的电话调查中，62.9% 的专业刑事辩护律师表示，自联邦宪法法院的裁决做出以来，他们没有注意到检察官在这方面的行为有任何变化。此外，法庭在多大程度上遵守法定记录认罪协商内容的义务，也没有任何信息能够证实检察官履行了监管职责。

另外，大多数检察官都没有完全证实，在认罪协商中应当注意哪些必须要遵守的程序性规则，换言之，检察官看中的是是否能够达成协商，至于如何达成，可能并不重要。相比之下，在法庭违反其他程序规则的情况下，检察官的监督职责发挥得要更好一些。

总之，检察官并没有严格正确履行监督职能，如果检察官怠于履行监督职责，实践中也几乎没有给具体的检察官带来任何消极后果或者制裁。检察官作为"法律守护人"和"法治和合法程序的保证人"，只能在非常有限的程度上满足联邦宪法法院的要求，即检察官应当对认罪协商规则的遵守情况进行监督。

第二节　国际民事诉讼法的发展动态*

一、美国民事诉讼法的发展动态

2018 年以来美国民事诉讼领域立法的主题主要在于使程序与司法实践更好地保

---

　*　执笔人：中国政法大学诉讼法学研究院肖建华教授。

持一致，从而促进司法实践的效率。其中，2018 年对于 FRCP 第 5、23、62、65.1 条进行了较大的修订，2019 年《美国民事诉讼程序规则》（本部分简称《民诉规则》）无变动。

根据美国联邦最高法院 2019 年 4 月 25 日公布的 2018—2019 年度联邦法院诉讼规则修订报告，早在 2017 年 5 月美国联邦司法会议委员会就向最高法院提交了关于修订《民诉规则》第 5、23、62、65.1 条的提案。[1] 该提案在最高法院经过小范围的删改与润色后，于 2018 年 4 月在最高法院通过并形成修正案，经国会批准后于 2018 年 12 月 1 日正式生效。[2]

鉴于互联网信息技术已经发展为日常生活中较为可靠的信息传送工具，首先修订的第 5 条（b）款在一定程度上放开了对电子送达方式的限制，是《民诉规则》2018 年修正案中较为重要的修改。[3] 之前的第 5 条允许有条件的电子送达，要求必须在受送达人事先出具书面同意的情况下才可以进行。而修订后的第 5 条规定：只要当事人使用联邦法院的案件管理和电子案件档案系统（CM／ECF）向法院提交材料，则默认其同意接受其他当事人通过 CM/ECF 系统对其进行送达，除非法院另有命令不允许该种送达方式。[4] 这就说明在法院没有明确禁止的情况下，只要送达人和受送达人方都使用过美国法院的官方电子信息系统，那么无需受送达人额外的同意即可通过系统对其进行电子送达。但是通过 CM/ECF 之外的其他电子送达方式来送达材料的话，仍然需要受送达人的书面同意。[5]

与此同时，《民诉规则》第 5 条（d）款第 1 项进行了措辞上的修正，使起诉后的送达材料提交期间更为明确。[6] 旧规则规定"起诉后，任何需要送达的材料都必须在送达完成后的合理时间内（within a reasonable time）提交（给法院）"。这个规则可能会被误解为必须在提交材料之前将材料送达给受送达人。新修订的规则用"不迟于"（no latter than）代替"在……内"一词来纠正这一误解："任何起诉后需要送达的材料，提交（给法院）的时间必须不迟于送达后的合理时间。"

而修订后的规则第 5 条（d）款第 1 项与第 3 项为了更好地发挥 CM/ECF 系统在诉讼程序中的作用，对电子提交进行了特别规定。第 1 项明确了通过 CM／ECF 提交

---

[1] See https：//www.federalrulesofcivilprocedure.org/category/federal - rules - of - civil - procedure - up-dates/.

[2] See https：//www.federalrulesofcivilprocedure.org/category/federal - rules - of - civil - procedure - up-dates/.

[3] See https：//www.dwt.com/insights/2018/12/the-20182019-amendments-to-the-federal-rules-of-civil-procedure.

[4] See Fed. R. Civ. P. 5.

[5] See https：//www.federalrulesofcivilprocedure.org/category/federal - rules - of - civil - procedure - up-dates/.

[6] See https：//www.federalrulesofcivilprocedure.org/category/federal - rules - of - civil - procedure - up-dates/.

文件时不需要提供送达凭证；但是，如果通过其他电子方式进行送达，则必须在送达文件中附带送达凭证，或在送达文件后的合理时间内提供凭证，且送达凭证应注明送达日期和方式。[1] 而修订的《民诉规则》第 5 条（d）款第 3 项规定，由律师代理的所有当事人都必须以电子方式提交材料，除非有例外情况；而自我代理的当事人只能在起诉地的材料提交规则或法院允许下才可以以电子方式提交材料，但可以由法院要求或根据起诉地的材料提交规则来强制自我代理的当事人通过电子方式提交材料，除非有合理的例外情况致使其不能通过电子方式提交。不仅如此，在该规则的注释中，司法咨询委员会明确指出，应注意确保以电子方式提交的命令不会妨碍当事人将争议诉诸法院的权利。[2]

不仅如此，随着数字签名工具在美国境内的繁荣发展，《民诉规则》第 5 条（d）款第 3 项还构建了有关数字签名效力的国家标准，规定通过某人的电子提交系统的账户进行材料提交，那么只要提交行为是提交者授权的且提交者在电子签名框内署名，则提交者的数字签名产生效力。[3]

而针对集体诉讼当事人成分复杂、人员数量庞大的特点，2018 年《民诉规则》修正案扩展了对集体诉讼成员的通知方式，并进一步明确达成集体诉讼和解协议与异议的要求：首先，修正后的第 23 条（c）款第 2 项对潜在的集体成员进行通知的要求更为现代化。传统上，法院一直要求通过一类邮件[4]向集体诉讼的成员发出通知，但现在该项规则将其扩展为"综合各种情况下最佳的、切实可行的通知方式"，故可以是通过其他美国邮件种类、电子手段或其他适当的手段进行通知。[5] 而司法咨询委员会对此作出了进一步解释：技术变革"引入了其他通信方式，通过一些可靠的替代方法来通知集体诉讼的成员也是可行的，例如电子邮件"；但委员会也强调了没有固定且首选的通知方法，当事人应与法院讨论哪种通知方法最有效。[6] 其次，新规则对集体诉讼资格的初步批准提出了额外的要求。在新规则下，如果有当事人证明法院很可能会批准集体诉讼和解协议，且法院确认了集体可就和解协议获取相应判决的资格，那么法院必须就此直接通知全体集体诉讼成员。[7] 不仅如此，以前的《民诉规则》就如何认定集体诉讼和解协议是"公平、合理且适当的"并未提供指导方针；而今新规则阐述了一些必须考虑的因素，包括集体诉讼代表与律师是否充分代表了集体意志，和解提议是否经过了充分磋商，为集体诉讼成员提供的

---

〔1〕　See Fed. R. Civ. P. 5（d）（1）.

〔2〕　See Fed. R. Civ. P. 5（d）（1）.

〔3〕　See Fed. R. Civ. P. 5（d）（3）.

〔4〕　一类邮件，即 first-class mail，指美国境内的专门用于邮寄书信和其他书面材料的挂号邮件。

〔5〕　See Fed. R. Civ. P. 23（c）（2）.

〔6〕　See Fed. R. Civ. P. 23（c）（2）.

〔7〕　See Fed. R. Civ. P. 23（e）（1）.

救济途径是否合理有效，和解提议是否公平地对待每一个成员。[1] 最后，对于不认同和解协议的集体诉讼成员，新规则为之设定了新的义务与程序要求：有异议的集体诉讼成员必须详细说明其异议原因，并说明究竟哪些人存在此异议。与此同时，新规则允许提出异议的成员随时撤回异议而无需法院批准，除非其撤回行为是基于他人给予的利益。[2]

而《民诉规则》第62条与第65.1条都与债务纠纷判决的后置程序有关。旧的第62条为债务人提供了14天的保护期限，目的是给其机会通过上诉或提起审后动议来推翻可能错误的判决，因此要债权人只能在判决之日起的14天后方可申请执行。而新规则将该期限延长到了30天，并且赋予了法院在个案中中止（即效果上的延长）、取消该期限的权力。[3]

不仅如此，为了更好地保护债务人或其他利益第三人的权利，新的第62条还扩大了通过提供担保来中止执行的方式与主体。旧的第62条要求只能由上诉方提供金钱担保（担保额一般为判决金额），且中止的效力自担保实际提供之时起；而新的第62条规定任何一方（即使不是当事人）提供担保均可中止执行；而且，只要法院批准了担保申请，即使尚未实际提供担保也可中止执行。[4] 而第65.1条的修订纯粹是为了配合第62条的变动，在此不再赘述。

2019年4月初，在收集了公开征求的意见以及附属委员会的意见与建议后，民事规则咨询委员会向美国司法实践与程序规则委员会正式提交了建议草案；根据美国联邦最高法院2019年4月25日公布的2019—2020年度联邦民事诉讼规则动态公告，2019年无新的联邦民事诉讼规则变动，但是该报告提及了美国民事规则咨询委员会关于修订第30条（b）款第6项的建议；同年10月，美国联邦司法会议委员会采纳了该草案，并向美国联邦最高法院递送了关于修订联邦民事诉讼规则第30条（b）款第6项的提案。

二、加拿大民事诉讼法的发展动态

加拿大每个省都有单独的民事诉讼规则，其中魁北克隶属于民法司法管辖区域，其他省份和地区属于普通法司法管辖区域。对于一些事项，加拿大联邦法院有优先管辖权，但是最终上诉法院是加拿大最高法院。[5] 加拿大民事诉讼的发展以节约经济和时间、高效、简化、透明的方式解决民事纠纷为主旨方向。这些特点在加拿大

---

〔1〕 See Fed. R. Civ. P. 23 (e) (2) (C).

〔2〕 See Fed. R. Civ. P. 23 (e) (5).

〔3〕 See Fed. R. Civ. P. 62.

〔4〕 See Fed. R. Civ. P. 62.

〔5〕 Shelby R. Grubbs (Editor), "*International Civil Procedure* (*World Law Group Series*)", Kluwer Law International, (October 28, 2003).

集体诉讼中尤为明显。[1] 安大略省的《集体诉讼法》（"*Ontario Class Proceedings Act*"）和《民事诉讼程序规则》（"*Ontario Rules of Civil Procedure*"）在最近 2 年进行了修改。新修改后的法案提高了司法保护的效率，同时也更贴近当下的生活状态。

安大略省法律委员会在 2019 年 7 月完成了对安大略集体诉讼程序的全面审查，并提出修改意见，主要在认证阶段提高拟议的集体诉讼的速度和降低成本。并于 2019 年 12 月提出了 161 号法案（"*Smarter and Stronger Justice Act*"，本部分简称 161 号法案）。该法案为安大略省 1992 年的集体诉讼程序法提供了修改的参考，[2] 即以提高集体诉讼的公平性、透明度和更高效为修改的主要方向。

2020 年 10 月 1 日安大略省的新《集体诉讼法》生效。修改后的法案有助于确保案件的处理速度加快，同时为法院提供了平衡的框架，以便于更好地评估集体诉讼中的赔偿要求是否合理。首先，新法案更新了集体诉讼的立案认证程序，同时要求法院考虑集体诉讼在不同司法管辖区域重叠的情况。在认证集体诉讼时，要求法院核实在其他省内是否有涉及同一主题的正在审理中的集体诉讼案件。[3] 如果是，则需要考虑该诉讼是否有必要继续被立案和审理。新修订的集体诉讼法还授予当事人在法院认证案件前，提出在与另一个省的集体诉讼重叠的情况下继续提起诉讼（或者其他救济）的主张。[4] 修改后的这部分规定与不列颠哥伦比亚省、艾伯塔省和萨斯喀彻温省的规定相同。其次，新法案允许无可辩驳的案件提早结案，该修改大大提高了集体诉讼的效率；同时规定了被告和原告都有权通过认证命令向上诉法院提出上诉，以前只有原告拥有此上诉权。同时禁止了原告对认证通知书、上诉请求书进行实质性的修改。[5] 该修改避免了原告在上诉过程中对案情进行实质性变更的情况发生；关于当事人达成和解时需要提供的证据，寻求和解的当事方必须披露有关和解的信息，包括为什么和解、如果继续诉讼可能存在的风险、集体成员的总数以及由此产生的预期追回的结算和费用。法院在决定是否批准和解时，必须考虑上述情况。[6] 最后，关于集体诉讼的认证测试方面的修改。原集体诉讼法中要求将集体诉讼程序作为解决常见问题的首选程序，新修订的法案中要求集体成员共有的事实或法律问题在个别问题中占主导地位。也就是说要求常见、普遍问题胜于单个问题，以便于确认以集体诉讼程序审理该案件更为可取。此外，要求法院考虑是否有其他

---

〔1〕　The Hon. Frank Iacobucci, "*What is Access to Justice in the Context of Class Actions?*" in Accessing Justice: Appraising Class Actions Ten Years After Dutton, Hollick and Rumley, Ed. Jasminka Kalajdzic（Markham: LexisNexis, 2011）, page 19.

〔2〕　"*Class Proceedings Act*", 1992, S. O. 1992, c. 6

〔3〕　新《安大略集体诉讼法》（"*Ontario Class Proceedings Act*"）第 s. 5 (6), 5 (8) 条。

〔4〕　新《安大略集体诉讼法》（"*Ontario Class Proceedings Act*"）第 s. 2 (1.1) 条。

〔5〕　新《安大略集体诉讼法》（"*Ontario Class Proceedings Act*"）第 s. 30 (1) ~ (2) 条。

〔6〕　新《安大略集体诉讼法》（"*Ontario Class Proceedings Act*"）第 s. 27.1 (7) 条。

替代性程序比集体诉讼程序更适合该案件的审理。[1] 修改后的新规定使安大略省在该方面的规定与美国的相关制度保持一致。在新的制度中，集体诉讼程序一改往日的首选地位，同时也使得原告在安大略省提起集体诉讼时需要做更多的诉讼准备。

集体诉讼法的改革反映了总体上更大范围的民事司法改革的战略重点。但在信息、数据传播、收集、共享和分析方面，司法系统通常被认为落后于其他公共服务。[2] 整个加拿大司法系统的决策者和利益相关者都同意有必要提高司法透明性系统和经验数据。因此，关于改善数据收集和支持集体诉讼中基于证据的政策制定的改革应当被给予更大的关注。[3]

第三节 国际行政诉讼法的发展动态*

一、外国行政诉讼法研究动态

2019 年，外国行政法与行政诉讼法的学术发展既包括规制、司法审查、行政程序等基本理论和制度的思考，还有对网络平台治理、人工智能治理、数据治理等前沿问题的研究。

在规制的发展方面，有学者就合规时代对企业的规制监督进行了研究，指出与诉讼和规则制定不同的是，基于监督的决定很大程度上不为公众所见，经常也不能被法院审查。最初的规制监督是对金融、交通和基础设施的监督，后来逐步发展为对健康、安全和环境的监督，还有就是对消费者保护、竞争和劳工的有限监督。学者认为这种监督涉及合作治理、自我规制和市场转型，并由此讨论了外部和内部问责机制。[4] 也有学者就如何实施放松管制作出回应，即调整科学的实体内容、调整内部资源和程序、改变科学审议规则和强化科学咨询委员会作用。[5]

在司法审查方面，有学者对行政法上的诉讼资格和救济权利进行研究，通过对具体司法案例的分析，指出法院确定原告资格需要从两方面进行审查：一是原告所

---

〔1〕 新《安大略集体诉讼法》（"*Ontario Class Proceedings Act*"）第 s. 5（1.1）条。

〔2〕 See for example the concerns of the Auditor General, "*Section* 4. 07, *Court Services*"（2010 *Annual Report*）; "*Section* 3. 07, *Court Services*"（2008 Annual Report）; "Section 4. 12, Youth Justice Services Program"（2014 Annual Report）; "Section 3. 02, Criminal Prosecutions"（2012 Annual Report）; all available online: http: //www. auditor. on. ca/.

〔3〕 Law Commission of Ontario, Class Actions: Objectives, Experiences and Reforms（Final Report）, 2019, p. 2.

* 执笔人：中国政法大学诉讼法学研究院高家伟教授、硕士研究生高润青。

〔4〕 Rory Van Loo, "Regulatory Monitors: Policing Firms in the Compliance Era", *Columbia Law Review*, Vol. 119, No. 2, 2019, p. 369.

〔5〕 Thomas Owen McGarity, Wendy E. Wagner, "Deregulation Using Stealth 'Science' Strategies", *U of Texas Law*, *Public Law Research Paper*, No. 704, 2019, p. 1720.

指控的行为是否给其造成了事实上的损害；二是是否可以论证，原告所要保护的利益落在了成文法律所保护或规制、或宪法所保障的利益范围内。[1]

在行政程序的完善方面，有学者反思了对程序主义的迷恋，认为程序的诱惑在于去确保合法性和公共责任，而程序主义的盛行可能会耗费行政资源，导致延迟、阻碍行政行为，有时会导致更多的不作为而非作为，导致对现状的遵从。[2] 亦有部分学者对行政程序中的说明理由制度进行研究，从宏观和微观层面阐释其价值，分析说明理由制度与规则制定间的关系，对说明理由中的"理性"因素进行考量。

在网络平台治理方面，有学者对亚马逊、谷歌、脸书、苹果等公司进行了分析，并建议将平台功能与交易功能相分离，防止平台因本身开展交易，和其他平台上的交易主体之间产生不公平竞争。[3] 也有学者主张平台是私人所有的官僚机构，有监督和实施负责法律和宪法框架之权，认为平台可以制定规则、进行裁决，可以颁布规则、政策声明、指南，来支配表达自由和在线隐私，裁决关于基本权利的争议。[4] 关于人工智能的治理，外国行政法和行政诉讼的研究主要集中在算法、执法机器人、无人驾驶汽车的实证分析和规制上。关于数据治理，有学者分析了数据共享的原因、风险和责任，并提出在安全的数据共享地点，应是安全、保护隐私的环境，不会泄露原始数据，所有数据共享都是透明、可稽核的。透明并不意味着所有数据共享都成为"公共"的事务，但当认识到数据利用可能涉及保密时，在适宜的情形下，可以让组织和规制者体察到这些活动。安全的数据共享场所能削减风险，确保若干规制与治理形式的践行，为新经济提供法律—技术的基础设施。[5] 当然，还有学者注意到了大数据时代下的个人信息保护和反垄断问题，结合其所在国家的实际状况，提出解决进路，促进私权保护、公权力监督与数据发展间的平衡。

二、外国行政诉讼法实施动态

（一）域外多国出台无人机管理新规

近年来，随着无人机飞行行为的增多，许多国家都针对无人机驾驶行为出台管理办法。英国无人机新规定于2019年3月13日生效，禁飞范围扩大至距离英国所有机场5公里范围内。英国交通部表示，"扩大禁飞范围将能更好地保护机场免受滥用无人机行为的干扰"。此外，英国政府将拟定法律，给予当地警方更多权力截查被怀疑有恶意的无人机使用者，还可以查阅无人机内部的电子资料。美国联邦航空局（FAA）可以对违规的无人机操作人员处以最高2.75万美元的民事罚款。如果利用

---

[1] Caleb Nelson, Standing and Remedial Rights in Administrative Law, 105 Va. L. Rev. 703（2019）. 1970年 Association of Data Processing Service Organizations v. Camp.

[2] Nicholas Bagley, The Procedure Fetish, 118 Mich. L. Rev. 345（2019）.

[3] Lina M. Khan, The Separation of Platforms and Commerce, 119 Colum. L. Rev. 973（2019）.

[4] Hannah Bloch-Wehba, Global Platform Governance：Private Power in the Shadow of theState, 72 S. M. U. L. Rev. 27（2019）.

[5] LisaM. Austin & David Lie, Safe Sharing Sites, 94 N. Y. U. L. Rev. 581（2019）.

无人机进入犯罪领域，罚款最高可达 25 万美元。当然，也有出于种种考虑直接禁止无人机飞行行为的国家。如柬埔寨，从 2016 年 2 月开始即全面禁止使用无人机，除非有特别许可。

鉴于此前发生的多起无人机干扰航空安全事件和首起无人机公诉案件，加拿大也于 2019 年推出了新的无人机法规。此项新规适用于重量在 250 克至 25 千克之间的所有无人机，无论无人机操作员是为了娱乐还是为了工作而飞行。倘若要操作飞行重量超过 25 千克的无人机，操作员需得到加拿大运输部的特别许可。无人机操作员被要求登记无人机并用登记号码标记。进行基本无人机操作要求最低年龄为 14 岁，操作高级无人机必须年满 16 岁。驾驶范围在地面以上 400 英尺（约 120 米）以下的空间，并要远离载人航空交通、机场和发生紧急情况的地方，同时要求将无人机保持在视线范围内。新法规同时禁止酒驾和毒驾。违反新无人机法规的个人最高可被罚款 3000 加元，公司最高可被罚款 25 000 加元。

综上，在寻求保证航空和公众安全与激励无人机创新型经济增长的平衡点上，各国应适时出台相应法规政策，对无人机的飞行条件、监管措施、处罚手段等加以规定，避免因无人机的不当行为造成危害后果。同时，也为正常的无人机驾驶提供了法律支持和保障，推进了无人机产业的发展。

（二）域外多国推行司法信息化

2019 年，美国更新《联邦司法部门信息技术长期规划》（本部分简称《规划》），包括"战略重点"和"IT 计划的投资"两部分，旨在发掘信息技术在法院工作中的潜力。《规划》还列出了信息技术建设的 4 个目标，包括：继续构建稳定和灵活性强的技术系统和应用，包括面向社会公众的电子化服务、文档电子化管理、行政管理信息技术、安全保障等方面的内容；从司法角度协调和整合国内的信息技术系统和应用，充分利用现有规定提高服务；探索发展体系化的技术应用途径，实现高效且低成本的技术应用；改善和更新安全措施，即在现有的安全保障基础上，司法部门将会通过防止网络和系统内部的恶意活动，监测、分析和减轻干扰，营造网络安全的环境。以上这些规划目标在实践中也得以充分体现，人工智能被广泛应用于案件预防、预测、审理等环节。

英国在 2019 年也对司法信息化改革进行推进，主要包括 3 个方面：一是所有程序和庭审都采用数字化和最先进的技术；二是简化程序和流程，以便为民事、家事、刑事以及法庭司法制定统一和共同的程序制度；三是推进司法建筑的现代化，使法院和调解庭更有效地共同办公，并支持新的工作模式。

另外，2019 年 1 月，欧洲委员会通过了《人工智能和数据保护指南》，其准则是"确保人工智能尊重人类尊严、人权和自由的基础"。2019 年 2 月欧洲委员会在其主办的人工智能大会上发表声明，提出人工智能的发展应"以人为中心"，要确保其为人类社会谋福利。因此，人工智能必须在充分的监督和控制之下发展。具体而言，就是在实践中要加强公众对人工智能潜在风险的认识，须采取有效机制防止出现侵犯人权以及歧视和不平等现象。人工智能工具的设计、发展和应用必须要经得起现有社会准则的检验，所有自动化程序都应由人类审查员来审查。

在智慧法院建设方面，非洲也已经形成了司法数字化转型路线图。东南非共同市场法院的数字司法系统瞄准安全、便捷、效率，作出有效探索。巴基斯坦正在建设电子法院，智利、阿根廷等国家也在电子证据等方面开展尝试。

（三）新加坡发布网络新闻打假法案

互联网技术在为经济变革、政府行政和司法审查提供便利的同时，也产生了诸多社会治理难题，比如在数字化信息大爆炸的过程中，掺杂着虚假消息与不实言论的新闻数量在逐年上升，给社会发展造成了不良影响。为了应对国内假新闻泛滥的局势，新加坡于 2019 年出台了《防止网络假信息和网络操纵法案》（本部分简称法案）。

法案规定，不遵守法案的网络平台最高可被罚款 100 万新元（1 新元约合 5 元人民币），恶意散播虚假信息的个人可被判处最高 10 万新元的罚款和最长 10 年的监禁。法案实施后，新加坡资讯通信媒体发展局将设立新办事处，针对假新闻向各政府部门提供资讯与建议。根据该法案的规定，部长们有权下令纠正或删除网上谎言。如果这些虚假信息损害公共利益，还可以要求封锁传播此类谎言的网站。被处罚的个人或网站可以向部长们提出改变或取消命令的申请。如申请被驳回，则还可以在法庭上质疑，由法院作出最终裁决。据此，假新闻将不再必须依赖法院等机构处理，而可以由新加坡政府迅速采取措施加以应对。

该法案出台后，新加坡政府会与各大科技公司联合制定行业准则，提高各大科技公司对新闻打假的重视程度，从源头上打击假新闻。在法案的引导下，英国广播公司新闻编辑室的核心部门成立了专业的新闻核查团队，社交媒体脸书（Facebook）在 2019 年与法新社合作，在新加坡推行事实核查服务。在行政机关、司法机关、社交媒体乃至社会公众的努力下，该法案得以顺利实施。与此同时，如何更好地推进法案，如何平衡好打击假新闻和保护言论自由两者间的关系也成为新加坡行政机关和司法机关在新闻打假路上必须要思考的问题。

第四节　美国刑事诉讼证据规则的最新发展[*]

过去 2 年中对美国《联邦证据规则》（Federal Rules of Evidence）的修订延续了长期以来的一贯保守政策，法条内容总体保持不变，仅在 2 处条款文本上做了技术性微调，其目的并非要突破立法原意，而是对规则本身措辞和可操作性的完善。具体而言，针对规则 807 其余传闻例外的修订于 2019 年 12 月 1 日正式生效，以及针对

---

[*] 执笔人：中国政法大学证据科学研究院汪诸豪副教授。

规则 404（b）品格证据：其他犯罪、错误或行为的修订于 2020 年 12 月 1 日正式生效。

特别值得关注的 2 点是：其一，上述 2 项法案的修订及颁布实施进度并未受到美国严重新冠疫情的影响，照常按既定日期颁布实施。笔者认为，其原因在于美国联邦法律修订的前期准备周期很长，上述 2 项规则的修法起草和主体论证工作均已在 2018 年（或更早前）完成，后续程序仅为美国最高法院和美国国会的程序性核准，因此修法进度未受疫情影响。[1] 其二，不同于 2015 年以来联邦证据规则咨询委员会的修法提案集中于回应新兴科学技术发展对证据规则的冲击和影响，[2] 2019 年和 2020 年的规则修订回归到了对传统的传闻证据规则和品格证据规则之完善，彰显了立法者秉持证据规则在经典与新兴领域均衡发展且并重的理念。

一、对美国《联邦证据规则》807 其余传闻例外的修订

众所周知，美国拥有一整套复杂且庞大的传闻证据（Hearsay Evidence）规则体系。根据规则 802 传闻基本原则，传闻证据[3]不可采，联邦制定法、本法其他条文和美国最高法院的另行规定除外。规则 803 和 804 以传闻陈述人是否可能出庭作证为界，分别规定了 23 项和 5 项具体的传闻例外规定，允许采纳符合其要求的传闻证据。[4] 在此基础之上，《联邦证据规则》还专门设置了传闻例外规定的"兜底"条款——规则 807"其余传闻例外"。该项规定是为应对新出现和不可预期的情况而设计的，即在这些情况中的庭外陈述看起来非常可信且必要，但其不契合规则 803 或 804 中任何既定的采纳传闻证据例外。

修订之前的规则 807 要求，若要满足该项传闻例外的兜底条款，所示传闻证据必须要拥有与现有既定传闻例外（规则 803 或 804）"同等"的"可信度保证"。实践中，美国法院在适用该项具体要求时常感为难，因为规则 803 和 804 中各类传闻例外

---

〔1〕 参见"美国司法会议实践和程序规则委员会备忘录"（2018 年 8 月 15 日，撰稿人：实践和程序规则委员会主席 David G. Campbell 法官，公开向美国法院、律协和公众征求关于联邦证据规则 404（b）修订的意见），载 https：//www. uscourts. gov/sites/default/files/2018－08－15－preliminary_ draft_ rev. _ 8－22－18_ 0. pdf，最后访问日期：2021 年 3 月 1 日；"美国司法会议实践和程序规则委员会备忘录"（2017 年 8 月 11 日，撰稿人：实践和程序规则委员会主席 David G. Campbell 法官，公开向美国法院、律协和公众征求关于联邦证据规则 807 修订的意见），载 https：//www. uscourts. gov/sites/default/files/preliminary_ draft_ 08_ 2017_ 0. pdf，最后访问日期：2021 年 3 月 1 日。

〔2〕 详见汪诸豪："美国《联邦证据规则》的最新发展（2016）"，载卞建林主编：《中国诉讼法治发展报告（2016）》，中国政法大学出版社 2017 年版，第 249~252 页；汪诸豪："美国《联邦证据规则》的最新发展（2017—2018）"，载卞建林主编：《中国诉讼法治发展报告（2018）》，中国政法大学出版社 2019 年版，第 331~344 页。

〔3〕 根据美国《联邦证据规则》801，"传闻证据"被定义为用于证明该陈述内容本身确实为真的庭外（口头和书面）陈述。参见：Aviva Orenstein 著，汪诸豪、黄燕妮译：《证据法要义》，中国政法大学出版社 2018 年版，第 83~85 页。

〔4〕 规则 803 对传闻陈述人是否可能出庭作证不做要求。规则 804 以传闻陈述人必须无法出庭作证为采纳的前提。

规定对传闻的可信度保证要求本身就存在不均衡的情况。例如，规则 803（2）激奋话语（excited utterance）（不是很可靠）与规则 804（b）（1）先前证言（former testimony）（在宣誓后做出且受制于交叉询问要求，因而可靠性很高）的可靠性保证明显是不同等的。修订后的规则 807 删除了"与既有传闻例外规定同等的可信度保证"要求，取而代之由庭审法官直接裁定该传闻证据是否有充分的可信度保证。并且，修订后的规则 807 提示庭审法官在考量其可信度时注意审查该传闻证据是否拥有佐证（corroborating evidence）。[1]

此外，修订之前的规则 807 要求，只能在对方当事人审前或听证开始前已合理收到通知的情况下提出证据，从而防范不公平的意外（证据突袭）。这是一项用意很好的规定，但却存在操作漏洞。为此，本轮修订中联邦证据规则咨询委员做了有针对性的完善。修订后的规则 807 要求，①证据提出方在给对方当事人的通知中须提供该庭外陈述的"实质"内容。②审前通知须以书面方式提供，电子形式的通知等同于书面方式。③明确了该项审前通知要求存在可由审判法官自由裁量权决断的正当理由例外，即审前通知失败但情有可原的情况。[2]

与此同时，修订后的规则 807 删除了原规则中要求所供庭外陈述"须构成重要事实"和"符合公正的利益且与《联邦证据规则》的目的一致"的规定。咨询委员会认为这 2 项要求已被证实为多余，因为规则 102（《联邦证据规则》的目的）和规则 401（相关性）中已做相应要求。[3]

长期以来，美国普通法的先例传统是规则 807 仅在极为罕见的情况下适用。证据提出方只有在穷尽了规则 803 和规则 804 传闻例外适用可行性的情况下方可考虑倚靠规则 807 提请法院采纳证据。之所以如此安排，是立法者不希望规则 807 在司法实践中成为了吞噬传闻证据主体规则（规则 802、803 和 804）的黑洞。2019 年修订后的规则 807 为法庭采纳更多不符合规则 803 或 804 要求但依然可靠的庭外陈述提供了可能性，并在一定程度上增加了审判法官的自由裁量权，因此总体呈现出了放宽适用规则 807 的趋势。但咨询委员会依然保持警觉并在规则 807 修法注释中强调，规则 807 不得成为侵蚀规则 803 或 804 类型化传闻例外规定的工具，即当事人不得在明显存在规则 803 或 804 类型化传闻例外适用的情况下直接请示法院通过规则 807 其余传闻例外采纳庭外陈述。[4]

〔1〕 参见"美国《联邦证据规则》807（2019 年）修法注释"，载 https：//www.law.cornell.edu/rules/fre/rule_807，最后访问日期：2021 年 3 月 1 日。

〔2〕 参见"美国《联邦证据规则》807（2019 年）修法注释"，载 https：//www.law.cornell.edu/rules/fre/rule_807，最后访问日期：2021 年 3 月 1 日。

〔3〕 参见"美国《联邦证据规则》807（2019 年）修法注释"，载 https：//www.law.cornell.edu/rules/fre/rule_807，最后访问日期：2021 年 3 月 1 日。

〔4〕 参见"美国《联邦证据规则》807（2019 年）修法注释"，载 https：//www.law.cornell.edu/rules/fre/rule_807，最后访问日期：2021 年 3 月 1 日。

二、对美国《联邦证据规则》404（b）品格证据：其他犯罪、错误或行为的修订

长期以来，与美国传闻证据排除规则交相辉映（或者说同等声名狼藉）的是美国品格证据（或被称作"品性证据"，Character Evidence）规则。《联邦证据规则》404（a）（1）规定，关于某人性格特征或者倾向的证据，一般不得采纳以证明其在某特定场合中的行为与其品性一致。类似地，规则404（b）（1）规定，先前的具体犯罪、错误或其他行为的证据不得采纳用于证明某人容易做出类似该类不良行为并因此很可能再次实施了类似行为。但如上文所述传闻证据规则，品格证据规则亦存在一些重要例外，其中之一就是规则404（b）（2）"为非品性目的使用证据"。

传统上，普通法系排斥品格证据，倾向于以人们在争议事件中的行为作为裁判依据，而不是依据其个性、倾向或者过去的行为。品格证据往往不会特别有说服力（至少心理学家是这么告诉我们的）。然而，尽管其仅具有轻微的证明力，品格证据却可能严重影响到陪审团，陪审员们容易过度信任品格证据。负面性格特征可能会导致事实审理者不喜欢某位当事人或证人，甚至可能会达到有意或无意在当前案件审理中惩罚该人先前不当行为的地步，但其先前不当行为并非当前案件中被指控的行为。此外，美国人有个基本信念，即相信人自我改变和自我重塑的可能性。因此，基于对"人是可以改变"之观念的认同，排除品格证据有理可循。然而，有时候看似不被允许的品格证据仍然获得法庭的采纳，是因为证据提出方宣称所供证据并非作为品格证据引入，而是另作他用。换言之，该证据的提出并非用于证明品性或倾向性。根据规则404（b）（2），某些未被指控的先前不当行为（其他错误行为、犯罪或行动）可被采纳来证明除倾向性之外的"其他目的"，包括动机、意图、准备、知识、无错误、身份、机会、共同计划或阴谋等等。[1]

在规则404（b）修订之前，根据联邦证据规则咨询委员会对全美联邦案件判决的监测，大量案例表明每年都有数量庞大的证据通过规则404（b）（2）"其他目的"条款被法庭采纳从而进入事实认定者的视野，但这些证据不可避免地同时带有品格证据的特征，且法官给陪审团的限制性指令在实践中效用存疑，因此存在当事方通过适用规则404（b）以规避品格证据排除主体规则的风险。为了避免规则404（b）成为吞噬品格证据主体规则的黑洞，联邦证据咨询委员会考虑通过对法条修订来达成该规则在司法实践中得以更为审慎适用的目的。咨询委员会考虑了多种修法方案。最终，出于对矫枉过正的顾忌，即修法导致规则404（b）的证据采纳窗口被严重限缩以至于大量有证明价值的证据无法进入法庭，咨询委员会采取了对该法条文本最轻微的调整模式——主要是对刑事案件中打算适用规则404（b）出示证据的检控方施以额外（更为细化）的审前通知义务（通知对象为审判法院和刑事被告方）。

---

〔1〕 参见 Aviva Orenstein 著，汪诸豪、黄燕妮译：《证据法要义》，中国政法大学出版社 2018 年版，第 26~28 页。

　　具体而言，修订后的规则 404（b）"通知要求"发生了以下几方面变化[1]：首先，检控方必须不仅要披露其意图通过规则 404（b）在法庭上出示的证据，而且需要阐述该证据之所以被提出的非品性目的以及该证据在该目的之下的相关性。修订前的规则 404（b）仅要求检控方完成提供该证据"基本属性"的通知义务。这一模糊措辞导致了不少法院在审理实践中允许检控方在未描述该证据意在证明的具体行为及未解释该证据在非品性目的之下相关性的情况下便可满足通知义务。本次修订明确了该通知义务的具体要求。其次，该审前通知须以书面方式完成。电子送达方式等同于书面送达。再其次，该检控方的该项通知义务务必在审前完成，以便刑事被告方有充分的机会了解该证据。在控方提供充分理由的情况下法院或可酌情豁免该项要求。当在无法避免的特殊情况下，该通知义务在庭审过程中才得以完成时，法院或需要考虑采取保护性措施（如休庭），以确保被告方不会因此而遭遇不公平的对待。最后，修订后的规则 404（b）取消了被告方在检控方发出通知之前必须先行提出"获得通知"请求的要求。该项规定已被实践证明并无存在的必要，又有给那些粗心的刑事被告方设置陷阱之嫌，因此联邦证据规则咨询委员会成员一致认定须以删除。

---

　　[1]　参见"美国《联邦证据规则》404（b）（2020 年）修法注释"，载 https：//www. law. cornell. edu/rules/fre/rule_ 404，最后访问日期：2021 年 3 月 1 日。

附　录*

2019 年诉讼法学期刊论文统计

作者、论文题目	期刊名称	期刊期次
栗峥：合理怀疑的本土类型与法理建构	中国社会科学	2019 年第 4 期
张泽涛：论公安侦查权与行政权的衔接	中国社会科学	2019 年第 10 期
王锴：合宪性、合法性、适当性审查的区别与联系	中国法学	2019 年第 1 期
朱勇：论中国古代的"六事法体系"	中国法学	2019 年第 1 期
李奋飞：论"唯庭审主义"之辩护模式	中国法学	2019 年第 1 期
陈天昊：行政协议的识别与边界	中国法学	2019 年第 1 期
栗峥：印证的证明原理与理论塑造	中国法学	2019 年第 1 期
王杏飞：对我国民事诉判关系的再思考	中国法学	2019 年第 2 期
陈瑞华：刑事对物之诉的初步研究	中国法学	2019 年第 1 期
胡学军：在"生活事实"与"法律要件"之间：证明责任分配对象的误识与回归	中国法学	2019 年第 2 期
程雷：刑事诉讼法与监察法的衔接难题与破解之道	中国法学	2019 年第 2 期
王敬波：司法认定无效行政协议的标准	中国法学	2019 年第 3 期
刘权：行政判决中比例原则的适用	中国法学	2019 年第 3 期

---

* 执笔人：中国政法大学诉讼法学研究院何锋研究馆员、胡思博副教授。

作者、论文题目	期刊名称	期刊期次
孙长永：认罪认罚从宽制度的基本内涵	中国法学	2019 年第 3 期
周佑勇：司法判决对正当程序原则的发展	中国法学	2019 年第 3 期
蒋红珍：正当程序原则司法适用的正当性：回归规范立场	中国法学	2019 年第 3 期
于立深：行政契约履行争议适用《行政诉讼法》第 97 条之探讨	中国法学	2019 年第 4 期
付立庆：财产损失要件在诈骗认定中的功能及其判断	中国法学	2019 年第 4 期
吴洪淇：司法改革与法律职业激励环境的变化	中国法学	2019 年第 4 期
周少华：刑事案件的差异化判决及其合理性	中国法学	2019 年第 4 期
段文波：我国民事管辖审查程序的反思与修正	中国法学	2019 年第 4 期
黄文艺：新时代政法改革论纲	中国法学	2019 年第 4 期
章剑生：行政诉讼原告资格中“利害关系”的判断结构	中国法学	2019 年第 4 期
马长山：智慧社会背景下的“第四代人权”及其保障	中国法学	2019 年第 5 期
伏创宇：行政举报案件中原告资格认定的构造	中国法学	2019 年第 5 期
庄绪龙：“犯罪所得投资收益”追缴的影响因素与判断规则	中国法学	2019 年第 5 期
刘计划：我国逮捕制度改革检讨	中国法学	2019 年第 5 期
董坤：非法拘禁型供述排除规则研究	中国法学	2019 年第 5 期
肖永平：“长臂管辖权”的法理分析与对策研究	中国法学	2019 年第 6 期
管华：党内法规制定技术规范论纲	中国法学	2019 年第 6 期
罗智敏：行政赔偿案件中原被告举证责任辨析	中国法学	2019 年第 6 期
苗生明：新时代检察权的定位、特征与发展趋向	中国法学	2019 年第 6 期
陈璇：注意义务的规范本质与判断标准	法学研究	2019 年第 1 期

作者、论文题目	期刊名称	期刊期次
顾培东：法官个体本位抑或法院整体本位——我国法院建构与运行的基本模式选择	法学研究	2019 年第 1 期
郭松：被追诉人的权利处分：基础规范与制度构建	法学研究	2019 年第 1 期
江国华、张硕：监察过程中的公安协助配合机制	法学研究	2019 年第 2 期
胡铭：电子数据在刑事证据体系中的定位与审查判断规则——基于网络假货犯罪案件裁判文书的分析	法学研究	2019 年第 2 期
章程：从基本权理论看法律行为之阻却生效要件——一个跨法域释义学的尝试	法学研究	2019 年第 2 期
梁坤：基于数据主权的国家刑事取证管辖模式	法学研究	2019 年第 2 期
左卫民、张潋瀚：刑事辩护率：差异化及其经济因素分析——以四川省 2015—2016 年一审判决书为样本	法学研究	2019 年第 3 期
巩固：环境民事公益诉讼性质定位省思	法学研究	2019 年第 3 期
刘飞：行政协议诉讼的制度构建	法学研究	2019 年第 3 期
冯俊伟：刑事证据分布理论及其运用	法学研究	2019 年第 4 期
任重：释明变更诉讼请求的标准——兼论“证据规定”第 35 条第 1 款的规范目的	法学研究	2019 年第 4 期
赵军：正当防卫法律规则司法重构的经验研究	法学研究	2019 年第 4 期
熊晓彪：刑事证据标准与证明标准之异同	法学研究	2019 年第 4 期
邓建鹏：清代州县词讼积案与上级的监督	法学研究	2019 年第 5 期
吴洪淇：证据法体系化的法理阐释	法学研究	2019 年第 5 期
崔国斌：大数据有限排他权的基础理论	法学研究	2019 年第 5 期
王万华：行政复议法的修改与完善——以“实质性解决行政争议”为视角	法学研究	2019 年第 5 期

续表

作者、论文题目	期刊名称	期刊期次
王志强：论清代刑案诸证一致的证据标准——以同治四年郑庆年案为例	法学研究	2019 年第 6 期
何挺：附条件不起诉制度实施状况研究	法学研究	2019 年第 6 期
曹志勋：文书真伪认定的中国路径	法学研究	2019 年第 6 期
董坤：认罪认罚从宽中的特殊不起诉	法学研究	2019 年第 6 期
李洋：近代在华美国法律职业群体形象的多重建构	中外法学	2019 年第 1 期
方世荣：论复议机关做被告与做共同被告的不同价值功能	中外法学	2019 年第 2 期
强世功：批判法律理论的谱系 以《秋菊打官司》引发的 法学思考为例	中外法学	2019 年第 2 期
邵六益：审委会与合议庭：司法判决中的隐匿对话	中外法学	2019 年第 3 期
章剑生：再论对违反法定程序的司法审查基于最高人民法院公布的判例（2009-2018）	中外法学	2019 年第 3 期
江必新、徐庭祥：行政诉讼客观证明责任分配的基本规则	中外法学	2019 年第 4 期
张卫平：执行救济制度的体系化	中外法学	2019 年第 4 期
周新：审查逮捕听证程序研究	中外法学	2019 年第 4 期
黄美玲：监察模式及其权力本质的历史解释	中外法学	2019 年第 4 期
周洪波：中国刑事印证理论的再批判与超越	中外法学	2019 年第 5 期
曹鎏、冯健：行政复议"双被告"制度的困境与变革	中外法学	2019 年第 5 期
周立民：诉讼经历者的司法信任何以形成 对 87 名随机当事人的模糊集定性比较分析	中外法学	2019 年第 6 期
魏晓娜：刑事审判中的事实问题与法律问题 从审判权限分工的视角展开	中外法学	2019 年第 6 期
公丕祥：新时代中国司法现代化的理论指南	法商研究	2019 年第 1 期

作者、论文题目	期刊名称	期刊期次
卞建林：配合与制约：监察调查与刑事诉讼的衔接	法商研究	2019 年第 1 期
阳东辉：论我国律师网络广告法律规制之完善——美国的经验及其借鉴	法商研究	2019 年第 1 期
姚志伟：技术性审查：网络服务提供者公法审查义务困境之破解	法商研究	2019 年第 1 期
姚莉：监察案件的立案转化与"法法衔接"	法商研究	2019 年第 1 期
彭宁：最高人民法院司法治理模式之反思	法商研究	2019 年第 1 期
王禄生：司法大数据与人工智能技术应用的风险及伦理规制	法商研究	2019 年第 2 期
韩轶：疑罪价值一元化反思	法商研究	2019 年第 2 期
孔令勇：被告人认罪认罚自愿性的界定及保障——基于"被告人同意理论"的分析	法商研究	2019 年第 3 期
陆永棣：死刑冤案发现与纠正的难题及其破解	法商研究	2019 年第 4 期
陈伟：毒品犯罪案件适用认罪认罚从宽制度状况研究	法商研究	2019 年第 4 期
陈学权：论被追诉人本人的阅卷权	法商研究	2019 年第 4 期
陈实：论捕诉一体化的合理适用	法商研究	2019 年第 5 期
欧卫安：辩护事实论要——案件事实的一种新分类	法商研究	2019 年第 5 期
龙宗智：刑事再审案件的审理方式与证据调查——兼论再审案件庭审实质化	法商研究	2019 年第 6 期
刘忠：中国法院改革的内部治理转向——基于法官辞职原因的再评析	法商研究	2019 年第 6 期
严仁群：禁止不利变更原则之教义学分析——兼评"劝烟猝死案"	法商研究	2019 年第 6 期
徐汉明：习近平司法改革理论的核心要义及时代价值	法商研究	2019 年第 6 期

续表

作者、论文题目	期刊名称	期刊期次
田夫：监督与公诉的关系——以苏中比较为中心	清华法学	2019 年第 1 期
黄河：陪审向参审的嬗变——德国刑事司法制度史的考察	清华法学	2019 年第 2 期
周光权：论刑法与认罪认罚从宽制度的衔接	清华法学	2019 年第 3 期
徐祥民：2012 修订的《民事诉讼法》没有实现环境公益诉讼"人法"	清华法学	2019 年第 3 期
陈晓彤：既判力理论的本土化路径	清华法学	2019 年第 4 期
郑玉双：孝道与法治的司法调和	清华法学	2019 年第 4 期
施鹏鹏：意大利"双重卷宗"制度及其检讨	清华法学	2019 年第 4 期
山本克己、史明洲："第二次世界大战"后日本民事诉讼法学的诉讼标的论争	清华法学	2019 年第 6 期
张保生、阳平：证据客观性批判	清华法学	2019 年第 6 期
罗维鹏：示意证据规则建构	清华法学	2019 年第 6 期
梁根林：罪刑法定原则：挑战、重申与重述——刑事影响力案件引发的思考与检讨	清华法学	2019 年第 6 期
卢正敏：论法院强制拍卖无效的事由	法学家	2019 年第 1 期
陆晓燕："裁判式调解"现象透视——兼议"事清责明"在诉讼调解中的多元化定位	法学家	2019 年第 1 期
牛颖秀：仅就裁判理由可以上诉吗？——以上诉受理机制为中心的考察	法学家	2019 年第 2 期
伍德志：文盲、法盲与司法权威的社会效力范围变迁	法学家	2019 年第 2 期
魏晓娜：结构视角下的认罪认罚从宽制度	法学家	2019 年第 2 期
聂友伦：检察机关批捕权配置的三种模式	法学家	2019 年第 3 期
曹建军：论民事调查令的实践基础与规范理性	法学家	2019 年第 3 期
王钢：警察防卫行为性质研究	法学家	2019 年第 4 期

续表

作者、论文题目	期刊名称	期刊期次
向燕：性侵未成年人案件证明疑难问题研究——兼论我国刑事证明模式从印证到多元"求真"的制度转型	法学家	2019 年第 4 期
孙光宁：区别技术在参照指导性案例之司法实践中的应用及其改进——以指导性案例第 24 号为分析对象	法学家	2019 年第 4 期
张智辉：论司法职权内部配置的优化	法学家	2019 年第 4 期
彭錞：公共企事业单位信息公开的审查之道：基于 108 件司法裁判的分析	法学家	2019 年第 4 期
雷磊：反思司法裁判中的后果考量	法学家	2019 年第 4 期
孙远：刑事证明标准层次性理论之适用问题研究——以《刑事诉讼法》第 55 条第 2 款之解释为视角	法学家	2019 年第 5 期
孙海波："同案同判"：并非虚构的法治神话	法学家	2019 年第 5 期
曹志勋：经验法则适用的两类模式——自对彭宇案判决说理的反思再出发	法学家	2019 年第 5 期
蒋成旭：行政诉权处分的司法审查——以行政审判中的息诉承诺为例	法学家	2019 年第 5 期
樊传明：陪审案件中的审判责任制——以保障和管控人民陪审员裁判权为核心	法学家	2019 年第 5 期
孔令勇：非法证据排除的"例外模式"——重复供述排除规则的教义学展开	法学家	2019 年第 6 期
牟绿叶：论重复供述排除规则	法学家	2019 年第 6 期
汪雪城：防卫限度判断标准的司法检视与理论反思——基于 750 个刑事样本的实证考察	法学家	2019 年第 6 期
武飞：论司法过程中的案件事实论证	法学家	2019 年第 6 期

续表

作者、论文题目	期刊名称	期刊期次
雷磊：从"看得见的正义"到"说得出的正义"——基于最高人民法院《关于加强和规范裁判文书释法说理的指导意见》的解读与反思	法学	2019 年第 1 期
方乐：法官责任制度的司法化改造	法学	2019 年第 2 期
邓君韬：警察使用武器行为之正当性判断	法学	2019 年第 3 期
陈卫东、胡晴晴、崔永存：新时代人民监督员制度的发展与完善	法学	2019 年第 3 期
陈杭平：前诉与后诉视角下的连带保证人追偿之诉	法学	2019 年第 3 期
梁坤：纪检监察措施分类适用的法规范解读	法学	2019 年第 3 期
李玉华：同步录音录像下单警讯问的突破	法学	2019 年第 4 期
俞波涛：即席控辩方式的理论叙述与实践展开	法学	2019 年第 4 期
徐凤：论扩大指导性案例产生主体的路径及理论支撑	法学	2019 年第 4 期
于洋：论社会主义核心价值观的司法适用	法学	2019 年第 5 期
杨依：我国逮捕的"结构性"错位及其矫正——从制度分离到功能程序分离	法学	2019 年第 5 期
曲玉梁：论我国法律职业伦理教育学科体系的构建	法学	2019 年第 6 期
周新：认罪认罚案件中量刑从宽的实践性反思	法学	2019 年第 6 期
熊谋林、刘任：大清帝国的赎刑：基于《刑案汇览》的实证研究	法学	2019 年第 6 期
陈征楠：系统论视野中司法与媒体间的技术格局	法学	2019 年第 7 期
金印：论债务人异议之诉的必要性——以防御性司法保护的特别功能为中心	法学	2019 年第 7 期
谭家超：《监察法》实施过程中监察建议的制度建构	法学	2019 年第 7 期

续表

作者、论文题目	期刊名称	期刊期次
李奋飞：论司法决策的社会期望模式——以"于欢案"为实证切入点	法学	2019 年第 8 期
倪铁：监察刑事调查权的程序重塑	法学	2019 年第 8 期
唐冬平：公安协助配合监察事项范围之限缩	法学	2019 年第 8 期
袁琳：民事重复起诉的识别路径	法学	2019 年第 9 期
谢小剑：监察调查与刑事诉讼程序衔接的法教义学分析	法学	2019 年第 9 期
王秀梅、尹燕红：论中国内地与香港逃犯移交制度的构建——以欧盟逮捕令为参考	法学	2019 年第 10 期
吴思远：我国重罪协商的障碍、困境及重构——以"权力—权利交互说"为理论线索	法学	2019 年第 11 期
张建：论法官绩效考评制度改革及其实践效果	法学	2019 年第 11 期
陈运生：规范性文件附带审查的启动要件——基于 1738 份裁判文书样本的实证考察	法学	2019 年第 11 期
陈肇新：通过法律议论回应司法中的政策——以"二阶证立理论"的困境与超越为线索	法制与社会发展	2019 年第 2 期
王志勇："司法裁判的客观性"之辨析	法制与社会发展	2019 年第 3 期
王聪：我国司法判决说理修辞风格的塑造及其限度——基于相关裁判文书的经验分析	法制与社会发展	2019 年第 3 期
孙海波：类似案件应类似审判吗？	法制与社会发展	2019 年第 3 期
闫召华：听取意见式司法的理性建构——以认罪认罚从宽制度为中心	法制与社会发展	2019 年第 4 期
陈永生：论电子通讯数据搜查、扣押的制度建构	环球法律评论	2019 第 1 期
霍海红："优先保护权利人"诉讼时效理念的困境	法制与社会发展	2019 年第 4 期
向燕：论司法证明中的最佳解释推理	法制与社会发展	2019 年第 5 期

续表

作者、论文题目	期刊名称	期刊期次
袁勇：行政规范性文件的司法审查标准：梳理、评析及改进	法制与社会发展	2019 年第 5 期
梁鸿飞：检察公益诉讼：法理检视与改革前瞻	法制与社会发展	2019 年第 5 期
葛洪义、赵健旭：初审权相对独立的若干问题	法制与社会发展	2019 年第 5 期
樊传明：陪审制导向何种司法民主？——观念类型学分析与中国路径	法制与社会发展	2019 年第 5 期
刘颖：分配方案异议之诉研究	当代法学	2019 年第 1 期
何挺：附条件不起诉适用对象的争议问题：基于观察发现的理论反思	当代法学	2019 年第 1 期
张海燕：执行程序中被执行人配偶追加问题研究	当代法学	2019 年第 1 期
雷彤：执行体制改革背景下"执行员"的再解读	当代法学	2019 年第 1 期
江国华：国家监察与刑事司法的衔接机制研究	当代法学	2019 年第 2 期
李玉华：从涉众型经济犯罪案件看涉案财物的先期处置	当代法学	2019 年第 2 期
彭诚信、陈吉栋：论人工智能体法律人格的考量要素	当代法学	2019 年第 2 期
裴炜：刑事立案前后电子取证规则衔接问题研究——以电子数据证据过程性为视角	当代法学	2019 年第 2 期
左卫民：一种新程序：审思检监衔接中的强制措施决定机制	当代法学	2019 年第 3 期
任重：民事诉讼法教义学视角下的"执行难"：成因与出路——以夫妻共同财产的执行为中心	当代法学	2019 年第 3 期
孙道萃：我国刑事司法智能化的知识解构与应对逻辑	当代法学	2019 年第 3 期
李海滢：海外追逃、追赃背景下反腐败立法的协调与联动	当代法学	2019 年第 3 期

续表

作者、论文题目	期刊名称	期刊期次
程衍：论非法证据排除程序中侦查人员的程序性被告身份	当代法学	2019 年第 3 期
毕潇潇：利益衡量视角下行为保全适用条件研究	当代法学	2019 年第 4 期
刘君博：论虚假诉讼的规范性质与程序架构	当代法学	2019 年第 4 期
沈伟：地方保护主义的司法抑制之困：中央化司法控制进路的实证研究——以执行涉外仲裁裁决内部报告制度为切入视角	当代法学	2019 年第 4 期
秦宗文：认罪案件证明标准层次化研究——基于证明标准结构理论的分析	当代法学	2019 年第 4 期
刘鹏飞：反思与重述：产品缺陷的证明责任分配	当代法学	2019 年第 5 期
黄河：裁判者的认知与刑事卷宗的利用——直接审理原则的展开	当代法学	2019 年第 5 期
谢小剑：以审判为中心改革中的统一证明标准：学术争辩与理论反思	当代法学	2019 年第 5 期
杨波：以事实认定的准确性为核心——我国刑事证据制度功能之反思与重塑	当代法学	2019 年第 6 期
陈刚：试述马克思对普鲁士刑事自诉程序的批判	当代法学	2019 年第 6 期
龙飞：人工智能在纠纷解决领域的应用与发展	法律科学	2019 年第 1 期
刘清生：论环境公益诉讼的非传统性	法律科学	2019 年第 1 期
纵博：人工智能在刑事证据判断中的运用问题探析	法律科学	2019 年第 1 期
王方玉：新兴权利司法推定：表现、困境与限度——基于司法实践的考察	法律科学	2019 年第 2 期

作者、论文题目	期刊名称	期刊期次
孔令勇：从排除原则到排除规则——以威胁、引诱、欺骗方法获取口供排除规则的教义学构建	法律科学	2019 年第 2 期
任凡：论家事诉讼中未成年人的程序保障	法律科学	2019 年第 2 期
陈兴良：刑民交叉案件的刑法适用	法律科学	2019 年第 2 期
高波：电子数据偏在问题之解决——基于书证提出义务规则的思考	法律科学	2019 年第 2 期
马家曦：民事诉讼证据预断之防止及限定	法律科学	2019 年第 3 期
刘君博：执行和解协议中担保条款研究	法律科学	2019 年第 4 期
刘星：基层法庭空间的塑造：从中国另类实践看	法律科学	2019 年第 4 期
刘原：认罪认罚具结书的内涵、效力及控辩应对	法律科学	2019 年第 4 期
方乐：非制度化因素对法院就地化解纠纷的影响及其意涵——内在视角的考察	法律科学	2019 年第 5 期
张丽霞：恐怖主义行为认定的行刑衔接机制探究	法律科学	2019 年第 5 期
王彬：司法裁决中的后果论思维	法律科学	2019 年第 6 期
李喜莲：我国民事审判中调审关系的再思考	法律科学	2019 年第 6 期
裴炜：数据侦查的程序法规制——基于侦查行为相关性的考察	法律科学	2019 年第 6 期
高波：电子数据偏在问题之解决——基于书证提出义务规则的思考	法律科学（西北政法大学学报）	2019 年第 2 期
许少波：论民事案件受理权与管辖权的统一与分开	法律科学（西北政法大学学报）	2019 年第 3 期
王霞：从"德发案"看税收核定司法证明标准的适用	法律科学（西北政法大学学报）	2019 年第 4 期

作者、论文题目	期刊名称	期刊期次
毋爱斌：变更判决之诉的立法论——兼论定期金给付制度的适用	法律科学 （西北政法大学学报）	2019 年第 6 期
刘哲玮：论诉讼抵销在中国法上的实现路径	现代法学	2019 年第 1 期
张吉喜：违法所得没收程序适用中的相关问题研究	现代法学	2019 年第 1 期
龙宗智、孙海龙：加强和改善审判监督管理	现代法学	2019 年第 2 期
汪庆华：人工智能的法律规制路径：一个框架性讨论	现代法学	2019 年第 2 期
霍海红：执行时效性质的过去、现在与未来	现代法学	2019 年第 2 期
马登科：审执分离运行机制论	现代法学	2019 年第 4 期
于龙刚：人民法院立案环节的压力化解策略及其改革	现代法学	2019 年第 5 期
李红勃：监察法规的法律地位及其规范体系	现代法学	2019 年第 5 期
周新：公安机关办理认罪认罚案件的实证审思——以 G 市、S 市为考察样本	现代法学	2019 年第 5 期
朱丹：国际刑事法院对侵略罪行使管辖权的困境及我国的对策	现代法学	2019 年第 6 期
卞建林：刑事诉讼模式的演化与流变——以海峡两岸刑事司法改革为线索	政法论坛	2019 年第 1 期
杨依：逮捕制度的中国进路：基于制度史的理论考察	政法论坛	2019 年第 1 期
王二环：登记立案制度之构建与完善——兼议登记立案制度之功能	政法论坛	2019 年第 2 期
易延友：疲劳审讯的认定与界定——以 817 个实务案例为基础的展开	政法论坛	2019 年第 2 期
徐阳：论规范研究统领下的刑事诉讼法学研究方法	政法论坛	2019 年第 2 期

续表

作者、论文题目	期刊名称	期刊期次
徐忠明：清代中国司法类型的再思与重构——以韦伯"卡迪司法"为进路	政法论坛	2019 年第 2 期
王青斌：论监察赔偿制度的构建	政法论坛	2019 年第 3 期
王超：中国刑事证明理论体系的回顾与反思	政法论坛	2019 年第 3 期
刘鹏飞：证明责任规范的功能性审视：以归责原则为重心	政法论坛	2019 年第 3 期
罗嘉威：仲裁与诉讼的分流机制研究——以司法文明建设为视角	政法论坛	2019 年第 3 期
郑飞：论中国司法专门性问题解决的"四维模式"	政法论坛	2019 年第 3 期
郭金霞：电子数据鉴真规则解构	政法论坛	2019 年第 3 期
魏东："涉黑犯罪"重要争议问题研讨	政法论坛	2019 年第 3 期
元轶：庭审实质化压力下的制度异化及裁判者认知偏差	政法论坛	2019 年第 4 期
自正法：涉罪未成年人羁押率的实证考察与程序性控制路径	政法论坛	2019 年第 4 期
郭晓红：影响性刑事案件中的权利诉求及其实现——以《南方周末》评选的 78 个影响性刑事案件为例	政法论坛	2019 年第 4 期
康宁：契约性与司法化——国际商事仲裁的生成逻辑及对"一带一路"建设的启示	政法论坛	2019 年第 4 期
阙占文：赔礼道歉在民事公益诉讼中的适用及其限制	政法论坛	2019 年第 4 期
肖沛权：论庭审实质化视角下定罪证明标准的适用	政法论坛	2019 年第 5 期
张兴美：电子诉讼制度建设的观念基础与适用路径	政法论坛	2019 年第 5 期

作者、论文题目	期刊名称	期刊期次
张泽涛：论刑事诉讼非法证据排除规则的虚置——行政证据与刑事证据衔接的程序风险透视	政法论坛	2019 年第 5 期
拜荣静：刑事诉讼法学研究的变迁与展望	政法论坛	2019 年第 5 期
谢小剑：贿赂犯罪案件的查办需求与程序供给——兼论监察调查程序的改革思路	政法论坛	2019 年第 5 期
李树民：论刑事特别程序创设的一般法理	政法论坛	2019 年第 6 期
汪海燕：中国刑事审判制度发展七十年	政法论坛	2019 年第 6 期
张卫平：诉讼请求变更的规制及法理	政法论坛	2019 年第 6 期
陈卫东：刑事诉讼法治四十年：回顾与展望	政法论坛	2019 年第 6 期
陈雪：刑罚、持续性以及现代监狱制度——读《论犯罪与刑罚》	政法论坛	2019 年第 6 期
陈瑞华：刑事辩护制度四十年来的回顾与展望	政法论坛	2019 年第 6 期
周新：我国检察制度七十年变迁的概览与期待	政法论坛	2019 年第 6 期
谢澍：直面认罪协商制度的"复杂性"——《庭审之外的辩诉交易》之方法论启示	政法论坛	2019 年第 6 期
左卫民：有效辩护还是有效果辩护	法学评论	2019 年第 1 期
王秀卫：我国环境民事公益诉讼举证责任分配的反思与重构	法学评论	2019 年第 2 期
李声高：执行难的民刑交叉治理路径反思——以终本程序与拒执罪关系为切入点	法学评论	2019 年第 2 期
王超：中国刑事证据法学研究的回顾与转型升级	法学评论	2019 年第 3 期
胡晓霞：上诉利益的判断标准	法学评论	2019 年第 3 期
江保国：两岸民事判决相互认可和执行实证研究：兼论互惠不均衡状态之克服简	法学评论	2019 年第 4 期
赵恒："认罪认罚从宽"内涵再辨析	法学评论	2019 年第 4 期

续表

作者、论文题目	期刊名称	期刊期次
李拥军：作为治理技术的司法：家事审判的中国模式	法学评论	2019 年第 6 期
周新：论认罪认罚案件救济程序的改造模式	法学评论	2019 年第 6 期
谢冬慧：特色、价值与局限：民国后期行政审判述论	法学评论	2019 年第 6 期
叶青、程衍：关于独立监察程序的若干问题思考	法学论坛	2019 年第 1 期
刘练军：监察追诉的时效问题	法学论坛	2019 年第 1 期
沈伟：我国仲裁司法审查制度的规范分析——缘起、演进、机理和缺陷	法学论坛	2019 年第 1 期
洪浩：刑事诉讼视域下的国家监察机关：定位、性质及其权力配置	法学论坛	2019 年第 1 期
魏昌东：监督职能是国家监察委员会的第一职能 理论逻辑与实现路径——兼论中国特色监察监督系统的规范性创建	法学论坛	2019 年第 1 期
冯俊伟：行政执法证据进入刑事诉讼的规范分析	法学论坛	2019 年第 2 期
王秀梅、黄玲林：监察法与刑事诉讼法衔接若干问题研究	法学论坛	2019 年第 2 期
王玲：民事执行程序中分配方案异议之诉研究	法学论坛	2019 年第 4 期
李奋飞：论"交涉性辩护"——以认罪认罚从宽作为切入镜像	法学论坛	2019 年第 4 期
陈瑞华：刑事诉讼的公力合作模式——量刑协商制度在中国的兴起	法学论坛	2019 年第 4 期
周新：值班律师参与认罪认罚案件的实践性反思	法学论坛	2019 年第 4 期
柳砚涛、原浩洋：构建我国行政诉讼中合法、法定和适用法律法规的复合审查标准体系	法学论坛	2019 年第 4 期

作者、论文题目	期刊名称	期刊期次
徐继敏、张洪亮：论监察留置裁量及其有效规制	法学论坛	2019 年第 4 期
詹建红：刑事案件律师辩护何以全覆盖——以值班律师角色定位为中心的思考	法学论坛	2019 年第 4 期
王春业：论行政规范性文件附带审查的后续处理	法学论坛	2019 年第 5 期
刘辉：检察公益诉讼的目的与构造	法学论坛	2019 年第 5 期
秦前红、石泽华：论依法监察与监察立法	法学论坛	2019 年第 5 期
钱小平：监察追诉时效问题的再思考——兼与刘练军教授商榷	法学论坛	2019 年第 5 期
李奋飞：职务犯罪调查中的检察引导问题研究	比较法研究	2019 年第 1 期
张中：论监察案件的证据标准 —— 以刑事诉讼证据为参照	比较法研究	2019 年第 1 期
陈瑞华：论国家监察权的性质	比较法研究	2019 年第 1 期
褚福民：以审判为中心与国家监察体制改革	比较法研究	2019 年第 1 期
王贵松：安全性行政判断的司法审查——基于日本伊方核电行政诉讼的考察	比较法研究	2019 年第 2 期
李倩：德国附条件不起诉制度研究	比较法研究	2019 年第 2 期
左卫民：如何打造具有法理合理性的刑事诉讼法——审思 2018 年刑事诉讼法修正案	比较法研究	2019 年第 3 期
孙长永：比较法视野下认罪认罚案件被告人的上诉权	比较法研究	2019 年第 3 期
余凌云：行政协议的判断标准——以"亚鹏公司案"为分析样本的展开	比较法研究	2019 年第 3 期
姜丽丽：论我国仲裁机构的法律属性及其改革方向	比较法研究	2019 年第 3 期
秦前红、刘怡达：国家监察体制改革的法学关照：回顾与展望	比较法研究	2019 年第 3 期

作者、论文题目	期刊名称	期刊期次
高秦伟：行政正义与争议解决的适当性原则——英国裁判所的经验与课题	比较法研究	2019 年第 3 期
施鹏鹏：刑事诉讼中的诉讼行为理论研究	比较法研究	2019 年第 4 期
李文军：庭审实质化改革的成效与路径研究——基于实证考察的分析	比较法研究	2019 年第 5 期
熊秋红：比较法视野下的认罪认罚从宽制度——兼论刑事诉讼"第四范式"	比较法研究	2019 年第 5 期
邓炜辉：行政批示可诉性：司法图景与标准判定——基于我国法院相关裁判文书	政治与法律	2019 年第 1 期
林彦：论人大执法检查对审判权运行的影响	政治与法律	2019 年第 2 期
谭宗泽：论国家监察对象的识别标准	政治与法律	2019 年第 2 期
马明飞、蔡斯扬：我国承认与执行外国判决中的互惠原则：困境与破解	政治与法律	2019 年第 3 期
杨金晶：涉外行政诉讼中被忽视的对等原则——兼论我国行政诉讼法对等原则条款被虚置问题的解决	政治与法律	2019 年第 4 期
邓超：阶层性犯罪构成视阈下的证明标准探析	政治与法律	2019 年第 5 期
李海滢、王延峰：缺席审判抑或独立没收：以"追赃"为基点的程序选择	政治与法律	2019 年第 7 期
杨帆：刑事缺席审判制度的比较法考察——以适用范围与权利保障为切入点	政治与法律	2019 年第 7 期
袁义康：证据法视野下的刑事缺席审判程序	政治与法律	2019 年第 7 期
王青斌：反思行政复议机关作共同被告制度	政治与法律	2019 年 7 期
练育强：争论与共识：中国行政公益诉讼本土化探索	政治与法律	2019 年 7 期
袁勇：规范性文件合法性审查的准确对象探析	政治与法律	2019 年 7 期
关保英：行政公益诉讼中的公益拓展研究	政治与法律	2019 年 8 期

续表

作者、论文题目	期刊名称	期刊期次
林鸿潮：行政行为审慎程序的司法审查	政治与法律	2019 年 8 期
刘加良：刑事附带民事公益诉讼的困局与出路	政治与法律	2019 年第 10 期
徐庭祥：论建构我国行政诉讼的一般证明标准	政治与法律	2019 年第 12 期
苏志强：民事诉讼律师强制代理：当事人主义诉讼模式的一种修正机制	政治与法律	2019 年第 12 期
赵志超：论我国诉的客观合并之制度化障碍及其克服	政治与法律	2019 年第 12 期
廖永安、王聪：法院如何执行公共政策：一种实用主义与程序理性有机结合的裁判进路——以"电梯内劝阻吸烟案"为切入点	政治与法律	2019 年第 12 期
白云锋：论行政协议第三人原告资格	行政法学研究	2019 年第 1 期
张青波：行政协议司法审查的思路	行政法学研究	2019 年第 1 期
张松波：论行政诉讼原告诉讼请求对法院的拘束力	行政法学研究	2019 年第 1 期
陈新民：论复议申请人（原告）资格与信赖利益保护的运用——基于冯书军案的分析	行政法学研究	2019 年第 1 期
刘群：实质解决行政争议视角下的行政履行判决适用研究	行政法学研究	2019 年第 2 期
秦前红、泽华：基于监察机关法定职权的监察建议：功能、定位及其法治化	行政法学研究	2019 年第 2 期
崔瑜：行政公益诉讼履行判决研究	行政法学研究	2019 年第 2 期
王春业：论行政规范性文件附带审查中"依据"的司法认定	行政法学研究	2019 年第 3 期
刘春：确认无效诉讼起诉期限的司法填补	行政法学研究	2019 年第 3 期
覃慧：检察机关提起行政公益诉讼的实证考察	行政法学研究	2019 年第 3 期
曾凡燕："礼让行人"规范的实施路径——全国首例"斑马线罚款案"评析	行政法学研究	2019 年第 3 期

作者、论文题目	期刊名称	期刊期次
刘一玮：行政诉讼简易程序的理性反思与完善路径	行政法学研究	2019 年第 4 期
李浩：生态损害赔偿诉讼的本质及相关问题研究——以环境民事公益诉讼为视角的分析	行政法学研究	2019 年第 4 期
张运昊：论行政程序重启的容许性——基于王建设诉兰考县人民政府不履行法定职责一案的分析	行政法学研究	2019 年第 4 期
练育强：行政公益诉讼第三人制度的实证反思与理论建构	行政法学研究	2019 年第 4 期
程啸：新条例实施后政府信息公开行政诉讼若干问题探讨	行政法学研究	2019 年第 4 期
龚学德：论公法制裁后环境民事公益诉讼中的重复责任	行政法学研究	2019 年第 5 期
王留一：论行政行为明确性原则的司法适用与制度实现	行政法学研究	2019 年第 5 期
何兵：行政行为的违法性继承——最高法院"饭垄堆案"判决释评	行政法学研究	2019 年第 6 期
周尚君、伍茜：人工智能司法决策的可能与限度	华东政法大学学报	2019 年第 1 期
王聪：当事人恒定原则之本土路径——以《民诉法解释》第 249 条、第 250 条为起点	华东政法大学学报	2019 年第 1 期
占善刚、刘洋：部分请求容许性的"同案不同判"及其规制——基于 107 份裁判文书的文本分析	华东政法大学学报	2019 年第 2 期
袁义康：刑事缺席审判程序的合理性及其完善	华东政法大学学报	2019 年第 2 期
刘小砚：论证明责任分配视域下民法典的规范构造	华东政法大学学报	2019 年第 3 期
谢澍：反思印证："亚整体主义"证明模式之理论研判	华东政法大学学报	2019 年第 3 期

作者、论文题目	期刊名称	期刊期次
刘海湘：监控类技术侦查措施实证研究	华东政法大学学报	2019 年第 4 期
唐力：论民事上诉利益	华东政法大学学报	2019 年第 6 期
刘品新：论大数据证据	环球法律评论	2019 年第 1 期
李晓飞：司法信任的二元结构及其中国涵义	环球法律评论	2019 年第 1 期
纵博："孤证不能定案"规则之反思与重塑	环球法律评论	2019 年第 1 期
喻海松：刑事电子数据的规制路径与重点问题	环球法律评论	2019 年第 1 期
霍海红：再论未定履行期限债权的诉讼时效起算	环球法律评论	2019 年第 1 期
陈永生：论电子通讯数据搜查、扣押的制度建构	环球法律评论	2019 年第 1 期
左卫民：热与冷：中国法律人工智能的再思考	环球法律评论	2019 年第 2 期
牟绿叶：英美非法证据排除的中间上诉制度初探	环球法律评论	2019 年第 2 期
梁坤：跨境远程电子取证制度之重塑	环球法律评论	2019 年第 2 期
易延友：瑕疵证据的补正与合理解释	环球法律评论	2019 年第 3 期
周立民：诉讼经历与城市居民的司法信任——以上海为例的调查分析	环球法律评论	2019 年第 3 期
赵恒：认罪认罚与刑事和解的衔接适用研究	环球法律评论	2019 年第 3 期
王敏远：透视"捕诉一体"	环球法律评论	2019 年第 5 期
孙长永："捕诉合一"的域外实践及其启示	环球法律评论	2019 年第 5 期
何邦武：网络刑事电子数据算法取证难题及其破解	环球法律评论	2019 年第 5 期
何挺：合适成年人讯问时在场：形式化背后的"无用论"反思	环球法律评论	2019 年第 6 期
朱孝清：检察机关如何行使好保留的职务犯罪侦查权	中国刑事法杂志	2019 年第 1 期

作者、论文题目	期刊名称	期刊期次
刘静坤：以审判为中心的诉讼制度改革之立法思考	中国刑事法杂志	2019 年第 1 期
李奋飞：检察机关的"新"自侦权研究	中国刑事法杂志	2019 年第 1 期
杨雄：对外逃贪官的缺席审判研究	中国刑事法杂志	2019 年第 1 期
张向东：黑社会性质组织犯罪涉案财物的处置困境及应对	中国刑事法杂志	2019 年第 1 期
高艳东：网络犯罪定量证明标准的优化路径：从印证论到综合认定	中国刑事法杂志	2019 年第 1 期
马静华：现场讯问研究	中国刑事法杂志	2019 年第 2 期
李锟：论物证鉴真的方法与效力——以毒品案件为切入	中国刑事法杂志	2019 年第 2 期
张可：大数据侦查之程序控制：从行政逻辑迈向司法逻辑	中国刑事法杂志	2019 年第 2 期
万毅：认罪认罚从宽程序解释和适用中的若干问题	中国刑事法杂志	2019 年第 3 期
卞建林、陶加培：论监察法与刑事诉讼法衔接中录音录像制度	中国刑事法杂志	2019 年第 3 期
孙谦：刑事立案与法律监督	中国刑事法杂志	2019 年第 3 期
牟绿叶：认罪认罚案件的二审程序——从上诉许可制展开的分析	中国刑事法杂志	2019 年第 3 期
李小东：认罪认罚从宽制度证明标准差异化的实证研究	中国刑事法杂志	2019 年第 3 期
曹东：论检察机关在认罪认罚从宽制度中的主导作用	中国刑事法杂志	2019 年第 3 期
冯俊伟：论跨境追诉中的辩护权保障——主要以域外取证为例的分析	中国刑事法杂志	2019 年第 4 期
杨宗辉：刑事案件的事实推定：诱惑、困惑与解惑	中国刑事法杂志	2019 年第 4 期

作者、论文题目	期刊名称	期刊期次
何挺：附条件不起诉扩大适用于成年人案件的新思考	中国刑事法杂志	2019 年第 4 期
陈卫东：检察机关适用不起诉权的问题与对策研究	中国刑事法杂志	2019 年第 4 期
童建明：论不起诉权的合理适用	中国刑事法杂志	2019 年第 4 期
刘艺：刑事附带民事公益诉讼的协同问题研究	中国刑事法杂志	2019 年第 5 期
陈国庆：量刑建议的若干问题	中国刑事法杂志	2019 年第 5 期
顾永忠：刑事辩护制度改革实证研究	中国刑事法杂志	2019 年第 5 期
谢小剑：刑事附带民事公益诉讼：制度创新与实践突围——以 207 份裁判文书为样本	中国刑事法杂志	2019 年第 5 期
刘少军：保密与泄密：我国律师保密制度的完善——以"吹哨者运动"下的美国律师保密伦理危机为视角	法学杂志	2019 年第 2 期
赵晨光：论我国腐败犯罪境外追赃机制存在的问题及其完善	法学杂志	2019 年第 3 期
王秀梅、朱贝妮：反腐败追逃追赃域外追诉探讨	法学杂志	2019 年第 4 期
王秋玲：刑事搜查扣押中的被追诉人财产权保障与非法证据排除	法学杂志	2019 年第 4 期
方明：职务犯罪监察调查与刑事诉讼的衔接	法学杂志	2019 年第 4 期
左卫民：七人陪审合议制的反思与建言	法学杂志	2019 年第 4 期
邱陵：反腐败国际合作从联合侦查向自主侦查路径转变探讨	法学杂志	2019 年第 4 期
张磊：道义与信任：新时代反腐败追逃追赃的精神意蕴	法学杂志	2019 年第 4 期
甄贞、杨静：缺席审判程序解读、适用预期及完善建议	法学杂志	2019 年第 4 期

作者、论文题目	期刊名称	期刊期次
于增尊：效率追求如何契合公正：刑事诉讼期限立法的基本原则	法学杂志	2019 年第 5 期
徐汉明、李少波：《监察法》与《刑事诉讼法》实施衔接路径探究	法学杂志	2019 年第 5 期
曹俊：监察权的法理思考	法学杂志	2019 年第 5 期
冯俊伟：跨境电子取证制度的发展与反思	法学杂志	2019 年第 6 期
朱全景、赵丹：合宪性审查提请机制的完善——兼论检察机关宪法定位的充分落实	法学杂志	2019 年第 6 期
刘滨：浅论技术侦查证据的法律实务问题	法学杂志	2019 年第 6 期
施鹏鹏：缺席审判程序的进步与局限——以境外追逃追赃为视角	法学杂志	2019 年第 6 期
黄风：协助外国追缴违法所得的条件与程序	法学杂志	2019 年第 6 期
赖早兴：惩治黑恶势力犯罪中宽严相济刑事政策之贯彻	法学杂志	2019 年第 6 期
井晓龙：中国刑事侦查四十年	法学杂志	2019 年第 7 期
杨翔：法院机制的中国化过程及其影响	法学杂志	2019 年第 7 期
刘鹏飞：医疗行为侵权因果关系证明责任的解释与平衡	法学杂志	2019 年第 7 期
周长军：外逃人员缺席审判适用条件的法教义学分析	法学杂志	2019 年第 8 期
黄豹：刑事缺席审判程序对侦查的冲击与影响研究	法学杂志	2019 年第 8 期
董坤：论外逃人员缺席审判的三重关系	法学杂志	2019 年第 8 期
鲍文强：权利与义务视阈下刑事缺席审判程序的理论展开	法学杂志	2019 年第 8 期
朱全宝：论检察机关的提前介入：法理、限度与程序	法学杂志	2019 年第 9 期

续表

作者、论文题目	期刊名称	期刊期次
吴建雄：监察法学学科创立的价值基础及其体系构建	法学杂志	2019 年第 9 期
何慧：我国死刑复核制度之完善研究——以清朝秋审为视角	法学杂志	2019 年第 9 期
张旭、杨丰一：新时代腐败犯罪的法治防控研究	法学杂志	2019 年第 9 期
潘庆林：民事案件繁简分流制度的完善——基于对 A 省基层法院的调研	法学杂志	2019 年第 9 期
杨帆：认罪自愿性的边界与保障	法学杂志	2019 年第 10 期
肖沛权：论认罪认罚案件的证明标准	法学杂志	2019 年第 10 期
张泽涛：认罪认罚从宽制度立法目的的波动化及其定位回归	法学杂志	2019 年第 10 期
冷罗生、李树训：生态环境损害赔偿制度与环境民事公益诉讼研究——基于法律权利和义务的衡量	法学杂志	2019 年第 11 期
曾新华：审判委员会讨论决定权的法教义学阐释	法学杂志	2019 年第 11 期
毛淑玲、林驰：司法推定的适用条件与要求	法学杂志	2019 年第 12 期
季金华：司法的法律发展功能及其价值机理	政法论丛	2019 年第 1 期
蓝寿荣：民间借贷虚假诉讼的逆向选择与司法应对	政法论丛	2019 年第 1 期
高通：两岸刑事司法互助证据的证据能力	政法论丛	2019 年第 3 期
郭哲：大数据时代查办职务犯罪侦查模式认识论	政法论丛	2019 年第 3 期
屈茂辉课题组：医疗损害侵权责任认定中鉴定意见适用研究	政法论丛	2019 年第 4 期
张艳丽：中国家事审判改革及家事审判立法——兼谈对台湾地区"家事事件法"的借鉴	政法论丛	2019 年第 5 期

作者、论文题目	期刊名称	期刊期次
周长军：认罪认罚从宽制度推行中的选择性不起诉	政法论丛	2019 年第 5 期
石晓波、梅傲寒：检察机关提起刑事附带民事公益诉讼制度的检视与完善	政法论丛	2019 年第 6 期
陈晓景：新时期检察环境公益诉讼发展定位及优化进路	政法论丛	2019 年第 6 期
张玉洁：区块链技术的司法适用、体系难题与证据法革新	东方法学	2019 年第 3 期
张庆立：区块链应用的不法风险与刑事法应对	东方法学	2019 年第 3 期
卞建林：论公安刑事执法规范化	东方法学	2019 年第 4 期
纪格非：案件管理与一体化背景下的欧洲大陆法系民事诉讼发展动向	东方法学	2019 年第 4 期
段厚省：远程审判的双重张力	东方法学	2019 年第 4 期
崔玲玲：教育公益诉讼：受教育权司法保护的新途径	东方法学	2019 年第 4 期
孙海波：越法裁判的可能、形式与根据	东方法学	2019 年第 5 期
上海市人民检察院第二分院课题组：检察办案模式法律问题研究	东方法学	2019 年第 5 期
周佑勇：智能技术驱动下的诉讼服务问题及其应对之策	东方法学	2019 年第 5 期
刘军：警察即时强制权的规范化行使——以公民权利保护为线索	东方法学	2019 年第 6 期
张可：大数据侦查措施程控体系建构：前提、核心与保障	东方法学	2019 年第 6 期
罗斌：反腐败国际合作：追逃劝返制度的规则构建	东方法学	2019 年第 6 期
倪铁：监察技术调查权运作困境及其破局	东方法学	2019 年第 6 期
章志远：新时代我国行政审判的三重任务	东方法学	2019 年第 6 期

续表

作者、论文题目	期刊名称	期刊期次
王志安：云计算和大数据时代的国家立法管辖权——数据本地化与数据全球化的大对抗？	交大法学	2019 年第 1 期
刘海安：个人信息泄露因果关系的证明责任——评庞某某与东航、趣拿公司人格权纠纷案	交大法学	2019 年第 1 期
李子龙：刑事再审请求审的证据审查模式	交大法学	2019 年第 1 期
陈苏豪：侦查初期律师帮助权的欧洲标准及其启示——以欧洲人权法院萨多斯诉土耳其案为中心的分析	交大法学	2019 年第 2 期
赵宏：原告资格从"不利影响"到"主观公权利"的转向与影响——刘广明诉张家港市人民政府行政复议案评析	交大法学	2019 年第 2 期
沈岿：行政行为实施主体不明情形下的行政诉讼适格被告——评"程宝田诉历城区人民政府行政强制案再审裁定"	交大法学	2019 年第 3 期
黄凯绅：仲裁临时保全措施及法院本位主义：法制变革上的建议	交大法学	2019 年第 3 期
何天文：保护规范理论的引入与问题——基于最高法院裁判的观察	交大法学	2019 年第 4 期
袁相亭、刘方权：监察与司法的管辖衔接机制研究	交大法学	2019 年第 4 期
蒋成旭：论行政诉讼中的"被告致原告无法举证"——以第 91 号指导性案例为中心	交大法学	2019 年第 4 期
万春：检察法制建设新的里程碑——参与《人民检察院组织法》修订研究工作的体会	国家检察官学院学报	2019 年第 1 期
万毅：《人民检察院组织法》第 21 条之法理分析	国家检察官学院学报	2019 年第 1 期
王卫东：中国检察教育培训的制度演进与时代发展	国家检察官学院学报	2019 年第 1 期

续表

作者、论文题目	期刊名称	期刊期次
杨立新：认罪认罚从宽制度理解与适用	国家检察官学院学报	2019 年第 1 期
陈卫东、刘婉婷：检察机关适用刑事缺席审判的几个问题	国家检察官学院学报	2019 年第 1 期
陈国庆：刑事诉讼法修改与刑事检察工作的新发展	国家检察官学院学报	2019 年第 1 期
黄河：新时代检察教育培训的方向和方法	国家检察官学院学报	2019 年第 1 期
樊崇义：2018 年《刑事诉讼法》修改重点与展望	国家检察官学院学报	2019 年第 1 期
刘品新、陈丽：数据化的统一证据标准	国家检察官学院学报	2019 年第 2 期
孙皓：论非典型性无罪	国家检察官学院学报	2019 年第 2 期
张建伟：逻辑的转换：检察机关内设机构调整与捕诉一体	国家检察官学院学报	2019 年第 2 期
施鹏鹏：迈向刑事诉讼的宪法化——意大利的"奥兰多"改革及其评价	国家检察官学院学报	2019 年第 2 期
小林学、郝振江：日本民事审判的 IT 化和 AI 化	国家检察官学院学报	2019 年第 3 期
吕泽华、杨迎泽：认罪认罚从宽制度的根基、困惑与走向	国家检察官学院学报	2019 年第 3 期
朱福惠：被害人个人隐私信息保护的理论证成与体系化建构	国家检察官学院学报	2019 年第 3 期
李奋飞、王怡然：监狱检察的三种模式	国家检察官学院学报	2019 年第 3 期
吴宏耀、赵常成：程序性违法的量刑补偿机制研究	国家检察官学院学报	2019 年第 3 期
张文显等：新时代"枫桥经验"大家谈	国家检察官学院学报	2019 年第 3 期
姚敏：消费民事公益诉讼请求的类型化分析	国家检察官学院学报	2019 年第 3 期
韩大元、许瑞超：认罪认罚从宽制度的宪法界限	国家检察官学院学报	2019 年第 3 期
王贞会：未成年人严格限制适用逮捕措施的现状调查	国家检察官学院学报	2019 年第 4 期

作者、论文题目	期刊名称	期刊期次
刘飞：PPP 协议的法律性质及其争议解决途径的一体化	国家检察官学院学报	2019 年第 4 期
孙谦：刑事侦查与法律监督	国家检察官学院学报	2019 年第 4 期
宋志军：未成年人刑事法律援助有效性实证分析	国家检察官学院学报	2019 年第 4 期
宋英辉、杨雯清：我国未成年人犯罪记录封存制度研究	国家检察官学院学报	2019 年第 4 期
张勤：近代司法研究的个案方法及其运用	国家检察官学院学报	2019 年第 4 期
侯晓焱、邢永杰：我国证人证言排除的刑事司法实务观察	国家检察官学院学报	2019 年第 4 期
黄风：检察机关实施《国际刑事司法协助法》若干问题	国家检察官学院学报	2019 年第 4 期
路旸：司法目标与国家权力结构：《人民检察院组织法》立法变迁的经纬线	国家检察官学院学报	2019 年第 4 期
于浩：中国司法中的国家角色	国家检察官学院学报	2019 年第 5 期
万春：最高检指导性案例的发展历程和创新完善	国家检察官学院学报	2019 年第 5 期
纪格非：医疗侵权案件过错之证明	国家检察官学院学报	2019 年第 5 期
张军：关于检察工作的若干问题	国家检察官学院学报	2019 年第 5 期
郑曦：刑事侦查中远程在线提取电子数据的规制	国家检察官学院学报	2019 年第 5 期
徐媛媛：案例指导制度中的理性建构偏好——基于审判指导性案例的展开	国家检察官学院学报	2019 年第 5 期
最高人民检察院检务督察局课题组：完善检察官办案内部监督机制研究——以强化检务督察职能为视角	国家检察官学院学报	2019 年第 5 期
李勇：认罪认罚案件"程序从简"的路径	国家检察官学院学报	2019 年第 6 期

续表

作者、论文题目	期刊名称	期刊期次
张卫平：民事诉讼法比较研究方法论——对民事诉讼法比较研究中若干关联因素的思考与分析	国家检察官学院学报	2019 年第 6 期
秦前红、石泽华：新时代法律监督理念：逻辑展开与内涵阐释	国家检察官学院学报	2019 年第 6 期
董坤：法规范视野下监察与司法程序衔接机制——以《刑事诉讼法》第 170 条切入	国家检察官学院学报	2019 年第 6 期
邢文升：论介入因素对因果关系的判断及刑罚裁量的影响——基于指导案例第 685 号的分析	法律适用	2019 年第 1 期
吕凤国、苏福：论环境民事公益诉讼案件执行制度的建构	法律适用	2019 年第 1 期
江必新：中国环境公益诉讼的实践发展及制度完善	法律适用	2019 年第 1 期
陈爱武、姚震宇：环境公益诉讼若干问题研究——以生态环境损害赔偿制度为对象的分析	法律适用	2019 年第 1 期
周科、郭继光、刘英：环境民事公益诉讼中"诉讼请求全部实现"的司法审查	法律适用	2019 年第 1 期
赵春晓：中国特色司法文明建设的探索与实践——以最高人民法院第二巡回法庭的改革实践为视角	法律适用	2019 年第 1 期
耿宝建、殷勤：集体土地征收与补偿过程中可诉行政行为的判定与审查——兼谈《土地管理法》修改建议	法律适用	2019 年第 1 期
程银、朱若苏、谢丽珍：论证人出庭"温州经验"的新挑战与实务应对	法律适用	2019 年第 1 期
李年清：主观公权利、保护规范理论与行政诉讼中原告资格的判定——基于（2017）最高法行申 169 号刘广明案的分析	法律适用	2019 年第 2 期

作者、论文题目	期刊名称	期刊期次
南京铁路运输法院课题组：行政协议案件判决方式研究	法律适用	2019 年第 2 期
马一德：知识产权司法现代化演进下的知识产权法院体系建设	法律适用	2019 年第 3 期
白田甜、景晓晶："执转破"衔接机制的优化原则与实践完善	法律适用	2019 年第 3 期
刘静坤：司法证明的禁止性规则	法律适用	2019 年第 3 期
张陈果：论德国示范确认之诉改革对我国环境公益诉讼的启示与借鉴	法律适用	2019 年第 3 期
张倩雯：多元化纠纷解决视阈下国际投资仲裁裁决在我国的承认与执行	法律适用	2019 年第 3 期
易继明：司法体制改革中的知识产权法庭	法律适用	2019 年第 3 期
徐海波：《关于办理贪污贿赂刑事案件适用法律若干问题的解释》第 16 条第 2 款之意涵诠释——兼论特定关系人与国家工作人员受贿共犯的限定	法律适用	2019 年第 3 期
浙江省温州市瓯海区人民法院课题组：从"执转破"到"破涉执"——执破双向互通联动机制之司法探索	法律适用	2019 年第 3 期
樊崇义：刑事诉讼法修改的重点难点问题解读	法律适用	2019 年第 3 期
张怡静、陈越峰：公正适当裁量中的"相关考虑"——从对中国行政审判案例第 71 号的讨论切入	法律适用	2019 年第 4 期
尹振国、方明：我国刑事特别没收手段的反思与重构——兼论《刑法》第 64 条的完善	法律适用	2019 年第 5 期
刘文勇：民事一审裁判上诉利益的判断	法律适用	2019 年第 5 期
李杰：重新理解审判庭——一个组织的视角	法律适用	2019 年第 5 期
李学军、刘静：监察调查中的一体化研究	法律适用	2019 年第 5 期

续表

作者、论文题目	期刊名称	期刊期次
赵琳琳：我国区际刑事司法中跨境取证问题探析——以证据能力的分析为重点	法律适用	2019 年第 5 期
赵毅宇：法院专职调解员制度：根据、实践与完善	法律适用	2019 年第 5 期
崔玮：我国刑事赔偿义务承担机制之检讨	法律适用	2019 年第 5 期
王军：信息公开中意见征求程序的司法适用——（2015）黄浦行初字第 292 号行政判决评析	法律适用	2019 年第 6 期
霍振宇：举报投诉人行政诉讼原告资格探讨——兼论行政诉讼原告资格的判断方法	法律适用	2019 年第 6 期
刘行：土地行政赔偿案件疑难问题研究	法律适用	2019 年第 7 期
杜邈："排除合理怀疑"标准的司法适用	法律适用	2019 年第 7 期
李茜：存疑无罪案件中证明模式的样态、逻辑与转型	法律适用	2019 年第 7 期
陈迎江：集体土地征收补偿行为之合法性审查	法律适用	2019 年第 7 期
谭红、孔冰冰：对行政协议纠纷案件受案范围的理解与适用	法律适用	2019 年第 8 期
包献荣：我国员额法官退出机制的构建与完善	法律适用	2019 年第 9 期
杨奕：我国法官准入标准及选任机制研究——以新修订的《法官法》为研究背景	法律适用	2019 年第 9 期
胡昌明：健全法官职业保障制度的价值与路径——以新修订的《法官法》为视角	法律适用	2019 年第 9 期
侯学宾：我国法官等级制的反思与重构——以《法官法》修订为契机的分析	法律适用	2019 年第 9 期
侯猛：从《公务员法》看新修订的《法官法》——以法官管理制度为主线	法律适用	2019 年第 9 期
潘金贵、谭中平：论刑事远程视频庭审规程的构建	法律适用	2019 年第 9 期

续表

作者、论文题目	期刊名称	期刊期次
赵学军：坦白的正当化根据与合法性适用	法律适用	2019 年第 7 期
刘学涛：按日连续处罚案法定程序适用研究——以银烁公司诉红河州环保局环境保护行政管理案为例	法律适用	2019 年第 10 期
汤莉婷：关于离婚协议能否排除执行的案外人执行异议之诉审查标准解析	法律适用	2019 年第 10 期
余晓龙、孙继发：部门规范性文件的选择适用标准与综合考量——对一起食品违法行为举报行政奖励案的分析	法律适用	2019 年第 10 期
张铮：刑事推定在批量侵犯公民个人信息刑事案件中的司法运用	法律适用	2019 年第 10 期
张嘉艺：运用间接证据定案证明规则探析——以首例"零口供"老鼠仓案为例	法律适用	2019 年第 10 期
高小刚：到期债权执行问题研究——以执裁分离实践及典型案例分析为视角	法律适用	2019 年第 10 期
王启江：执行工作长效机制建构下的立审执衔接问题研究	法律适用	2019 年第 11 期
王玲芳：司法责任制视角下对审判监督程序的思考	法律适用	2019 年第 11 期
王晓东、曲鹏程：论贪污贿赂犯罪财产刑的适用	法律适用	2019 年第 11 期
肖建国、庄诗岳：论民事执行实施权的优化配置——以我国的集约化执行改革为中心	法律适用	2019 年第 11 期
陈恒：执行管理长效机制的构建	法律适用	2019 年第 11 期
邵长茂：论制定一部现代化的民事强制执行法	法律适用	2019 年第 11 期
邵新、姜源：司法责任制全面落实背景下裁判文书少数意见公开的再思考	法律适用	2019 年第 11 期

续表

作者、论文题目	期刊名称	期刊期次
谢耀宗、皮德智：基层法院执行绩效考评长效机制的构建——以 M 区法院为样本	法律适用	2019 年第 11 期
褚宁：司法改革背景下的少年家事审判融合发展路径探索	法律适用	2019 年第 11 期
毕凯丽、赵昭：合同解除"反向确认之诉"的司法审查要点——以希格玛电气（珠海）有限公司诉北京普驰电气有限公司合同纠纷案为例	法律适用	2019 年第 12 期
周蓉蓉：心证过程：认知科学助力裁判文书充分说理论要——以 W 高院 1394 件改发案件裁判文书为实证分析样本	法律适用	2019 年第 12 期
孟庆瑜、张思茵：环境行政公益诉讼中行刑责任衔接问题研究——关于沭阳县农业委员会不履行法定职责行政公益诉讼案的探讨	法律适用	2019 年第 12 期
南京铁路运输法院课题组：跨区划集中管辖背景下行政争议实质性化解研究	法律适用	2019 年第 12 期
夏文浩、李根：协议搬迁项目中不动产搬迁收购协议的性质和诉讼路径	法律适用	2019 年第 12 期
王庆刚：认罪认罚从宽的制度属性与司法适用——综合制度属性视野下对"从宽"的理解与适用	法律适用	2019 年第 13 期
包建华、陈宝贵：技术标准在司法裁判中的适用方式	法律适用	2019 年第 13 期
刘冠华：对人民法院量刑规范化改革的检视与修正——以量刑程序独立改革为视角	法律适用	2019 年第 13 期
孙长永：认罪认罚案件"量刑从宽"若干问题探讨	法律适用	2019 年第 13 期
肖瑶：中基层法院院庭长监督指导重大案件的实践运行与机制完善	法律适用	2019 年第 13 期
何君、秦新举：国家司法救助目的论	法律适用	2019 年第 13 期

续表

作者、论文题目	期刊名称	期刊期次
宋善铭：认罪认罚从宽案件中法官作用的实证研究	法律适用	2019 年第 13 期
鲍键、陈申骁：认罪认罚从宽制度中量刑建议的精准化途径与方法——以杭州市检察机关的试点实践为基础	法律适用	2019 年第 13 期
于文轩、牟桐：论环境民事诉讼中"重大风险"的司法认定	法律适用	2019 年第 14 期
龙立、张旭城：技侦证据在庭审中的直接运用与审查标准	法律适用	2019 年第 14 期
熊秋红：在刑事程序法上加强民营企业家人身财产安全保护的若干建议	法律适用	2019 年第 14 期
王中义：我国环境资源刑事附带民事诉讼探悉	法律适用	2019 年第 15 期
王雄飞：执行和破产程序衔接具体法律问题研究——基于浙江的执破衔接工作实践展开	法律适用	2019 年第 15 期
张荷詹、王镇、丁永财：浅谈当事人庭审话语权的保障——以基层人民法院民商事案件庭审为视角	法律适用	2019 年第 15 期
陈琨：扩大民事案件独任制适用范围的现实路径——基于 B 省近 3 年独任制适用情况的实践考察	法律适用	2019 年第 15 期
黄芳：美国引渡制度研究	法律适用	2019 年第 15 期
管俊兵、刘克河：以审判为中心改革中"定放两难"困境反思与进路探索——囿于事实认定的场域	法律适用	2019 年第 15 期
于同志：重构刑民交叉案件的办理机制	法律适用	2019 年第 16 期
朱芒：行政诉讼中的保护规范说——日本最高法院判例的状况	法律适用	2019 年第 16 期
纪格非：刑民交叉案件的诉讼问题	法律适用	2019 年第 16 期

续表

作者、论文题目	期刊名称	期刊期次
李有星：把握刑民交叉的本质、处理好程序与实体问题	法律适用	2019 年第 16 期
汪明亮：刑民交叉案件的处理规则与原则	法律适用	2019 年第 16 期
范纪强：民事司法语境中"以裁拒裁"——基于 266 件"裁定驳回起诉"司法实例的考察与归纳	法律适用	2019 年第 16 期
曹磊：行政法律规范冲突化解之司法方法论	法律适用	2019 年第 16 期
梁健：刑民交叉案件的有关疑难问题探讨	法律适用	2019 年第 16 期
于志强：预防性监禁的模式比较与中国选择——以中、澳、德三国为中心的比较法考察	法律适用	2019 年第 17 期
叶子豪：庭审公开的域外实践与中国经验——从新闻报道与公正审判的关系切入	法律适用	2019 年第 17 期
叶甄皓：离婚纠纷多元化解机制的构建：以调审适当分离为中心	法律适用	2019 年第 17 期
吴小军：刑事案件快速处理程序改革进路与展望——兼论治安法院之设立	法律适用	2019 年第 17 期
黄子宜：仲裁员质疑裁量标准初探——基于英国伦敦商事仲裁院（LCIA）仲裁员质疑数据库的分析	法律适用	2019 年第 17 期
戴曙：我国涉外协议管辖制度的理解与适用	法律适用	2019 年第 17 期
王若时："慎刑"原则在清朝秋审中区分"实"、"缓"的运用	法律适用	2019 年第 18 期
吕宁：行政许可延续规则适用的困境与优化——兼评《行政许可法》第 50 条	法律适用	2019 年第 18 期
邵新、李鲲：刑事指导性案例制度的现实运行与未来重塑——以互联网时代产品思维为框架	法律适用	2019 年第 18 期
冒智桥：虚假申报操纵市场认定规则探究——以阮某诉证监会行政处罚案为例	法律适用	2019 年第 18 期

作者、论文题目	期刊名称	期刊期次
郭雪、杨科雄：行政协议中非基于行政优益权的单方变更权	法律适用	2019 年第 18 期
石磊：指导性案例的选编标准与裁判要点类型分析	法律适用	2019 年第 18 期
陈琳：论当事人诉讼地位释明在共同诉讼中的适用	法律适用	2019 年第 19 期
吴英姿：论保障型审判管理机制——以"四类案件"的审判管理为焦点	法律适用	2019 年第 19 期
程琥：行政诉讼合法性审查原则新探	法律适用	2019 年第 19 期
王占林、杨志超：论民事诉讼中释明制度存在的问题及完善——以 200 份民事裁定书为分析样本	法律适用	2019 年第 20 期
朱晖、刘晨晖：大数据在同案审判中的应用研究	法律适用	2019 年第 20 期
顾金才、蔡鹏：浅析生态环境损害赔偿诉讼案件审理的三大要点——评江苏省人民政府诉安徽海德化工科技有限公司生态环境损害赔偿一案	法律适用	2019 年第 20 期
温辉：行政非诉执行司法审查标准	法律适用	2019 年第 20 期
王海燕、温贵能：国有土地上被征收房屋强拆案件的司法审查	法律适用	2019 年第 20 期
李友根：论司法个案推进法律发展的机制	法律适用	2019 年第 20 期
王旭光：论生态环境损害赔偿诉讼的若干基本关系	法律适用	2019 年第 21 期
王树江：文化、治理及转型——"诉调对接"实践的三层考量	法律适用	2019 年第 21 期
邢会丽：论刑民交叉案件中刑事退赔程序与民事执行程序的竞合	法律适用	2019 年第 21 期

作者、论文题目	期刊名称	期刊期次
刘慧慧：生态环境损害赔偿诉讼衔接问题研究	法律适用	2019 年第 21 期
吴一冉：生态环境损害赔偿诉讼中修复生态环境责任及其承担	法律适用	2019 年第 21 期
黄风：不适用死刑承诺面临的困境及相关应对建议	法律适用	2019 年第 21 期
乌兰：行政附带民事公益诉讼若干问题研究——基于最高人民检察院检例第 29 号指导性案例的分析	法律适用	2019 年第 22 期
赵志、莫嘉敏：论诉源治理下车险人伤案件理诉衔接的规则重构	法律适用	2019 年第 22 期
龙飞："把非诉讼纠纷解决机制挺在前面"的实证研究——以重庆法院实践为样本	法律适用	2019 年第 23 期
毕玉谦：对我国民事诉讼中审判与调解同质化现象的反思与检讨	法律适用	2019 年第 23 期
赵龙、杨林法：律师协会处分行为之司法救济策论——以法律职业共同体之行政诉讼化解法律服务风险为视角	法律适用	2019 年第 23 期
北京互联网法院课题组："互联网+"背景下电子送达制度的重构——立足互联网法院电子送达的最新实践	法律适用	2019 年第 23 期
田亦尧、刘英：环境侵权诉讼中关联性的证明责任	法律适用	2019 年第 24 期
刘学在、刘鋆：诉前约定送达地址问题研究	河北法学	2019 年第 1 期
安梓慧：督促程序之支付令既判力范围探析	河北法学	2019 年第 1 期
黄忠顺：中国民事执行制度变迁四十年	河北法学	2019 年第 1 期
王嘉铭：侦查过程中偶然监听所得材料的证据能力	河北法学	2019 年第 2 期

作者、论文题目	期刊名称	期刊期次
崔志伟：刑事司法的"回应型"转向——寻求处罚实质合理性的基点	河北法学	2019 年第 2 期
冯兆慧：《完善法律援助制度研究》评介	河北法学	2019 年第 3 期
柯阳友、李琼：家事审判中程序正义之维护	河北法学	2019 年第 3 期
姚敏：中国消费仲裁的问题与进路——基于美国消费仲裁的启示	河北法学	2019 年第 3 期
曾哲、杨庆：大陆法系国家之监察法权立法言说	河北法学	2019 年第 3 期
刘旭东：执破衔接视阈下"执转破"要点透视及规范进路	河北法学	2019 年第 4 期
张莹、冀宗儒：法官职业伦理责任制的构建——由错案追究制所带来的困境谈起	河北法学	2019 年第 4 期
孟穗、冯靖：监察调查与刑事诉讼的衔接问题研究	河北法学	2019 年第 4 期
秦前红：监察法学的研究方法刍议	河北法学	2019 年第 4 期
曹波：全国刑事速裁程序试点宏观状况实证研究	河北法学	2019 年第 4 期
盖晓慧：狭义环境损害的民事救济困境及制度救赎	河北法学	2019 年第 4 期
桂梦美、刘成江：构建刑事诉讼管辖权异议制度之逻辑展开	河北法学	2019 年第 5 期
李幸祥：民营化背景下行政给付受益权的司法保护研究	河北法学	2019 年第 5 期
邢会丽：刑民交叉案件中刑事判决的效力问题研究	河北法学	2019 年第 6 期
陈海平、刘丰：从"有"辩护到"有效"辩护：死刑辩护的万例大样本分析	河北法学	2019 年第 6 期
梁君瑜：复议维持"双被告制"之再检讨	河北法学	2019 年第 6 期

续表

作者、论文题目	期刊名称	期刊期次
郭华、李红霞：司法改革背景下的捕诉关系路径选择	河北法学	2019 年第 7 期
刘学在、阮崇翔：论损害赔偿额之酌定时的举证责任减轻	河北法学	2019 年第 8 期
王聪：调判分离还是调判结合：再论法院调解的中国图景——为"调判结合"辩护	河北法学	2019 年第 9 期
陈磊：执行信息化背景下分段集约执行的实效偏差与模式重构	河北法学	2019 年第 9 期
张艳丽：我国家事调解程序前置的立法设计	河北法学	2019 年第 10 期
陈伟、王文娟：刑事缺席审判制度的源流、现状及分歧澄清	河北法学	2019 年第 11 期
赵泽君、庞晓：论美国判决要约规则对我国民事诉讼和解制度的借鉴	河北法学	2019 年第 12 期
曾哲、梭娅：行政举报答复行为可诉性的规制路径探析	河北法学	2019 年第 12 期
王次宝：处分原则的限制及其路径	北方法学	2019 年第 1 期
吴欢：民初行政审判实践中的"民告官"底色——以《平政院裁决录存》为素材的考察	北方法学	2019 年第 1 期
杨文革、李佳臻：死刑犯申诉权保障研究——从董伟、邱兴华、贾敬龙三案切入	北方法学	2019 年第 2 期
刘天来：俄罗斯行政检察制度研究	北方法学	2019 年第 3 期
郑涛：禁止重复起诉之本土路径	北方法学	2019 年第 3 期
叶青、王小光：监察委员会案件管辖模式研究	北方法学	2019 年第 4 期
李蓉：监察机关非罪化处置权及其限制	北方法学	2019 年第 4 期
胡铭：职务犯罪留置措施衔接刑事诉讼的基本逻辑	北方法学	2019 年第 4 期
陶朗道：未成年人自主性辩护权行使问题研究	北方法学	2019 年第 5 期

作者、论文题目	期刊名称	期刊期次
曹云吉：民事诉讼正当当事人判断标准的建构——兼谈起诉条件的"双重高阶化"	北方法学	2019 年第 5 期
石经海、田恬：何为实体"从宽"：基于认罪认罚从宽制度顶层设计的解读	北方法学	2019 年第 6 期
陈杭平、周晗隽：公益诉讼"国家化"的反思	北方法学	2019 年第 6 期
梁君瑜：论行政纠纷可诉性	北方法学	2019 年第 6 期
卞建林、吴思远：刑事速裁程序的实践观察与立法展望	中国政法大学学报	2019 年第 1 期
左德起：我国律师工作底稿规则探析	中国政法大学学报	2019 年第 1 期
龙飞：替代性纠纷解决机制立法的域外比较与借鉴	中国政法大学学报	2019 年第 1 期
张青：员额制改革后基层司法的案件压力及其应对——以 Y 省三个典型基层法院为例	中国政法大学学报	2019 年第 1 期
王洋：认罪认罚从宽案件上诉问题研究	中国政法大学学报	2019 年第 2 期
赵琳琳：我国刑事缺席审判程序的多维度探析	中国政法大学学报	2019 年第 2 期
王约然：虚假诉讼程序救济论	中国政法大学学报	2019 年第 3 期
朴顺善：试论司法权控制下的审执分离模式选择	中国政法大学学报	2019 年第 3 期
张燕龙：美国的版权犯罪刑罚制度及对我国的启示——兼论人工智能时代我国的量刑规范化改革	中国政法大学学报	2019 年第 3 期
樊华中：检察公益诉讼的调查核实权研究——基于目的主义视角	中国政法大学学报	2019 年第 3 期
薛向楠：中国刑事拘留制度的发展轨迹与完善路径（1954-2018）	中国政法大学学报	2019 年第 3 期
张子学：公司法纠纷可仲裁性初步研究	中国政法大学学报	2019 年第 4 期
王一彧：检察机关提起环境行政公益诉讼现状检视与制度完善	中国政法大学学报	2019 年第 5 期

续表

作者、论文题目	期刊名称	期刊期次
罗海敏：我国台湾地区未决羁押制度的改革及启示	中国政法大学学报	2019 年第 5 期
章惠萍："审理者裁判"视野下主审法官会议的职能定位	中国政法大学学报	2019 年第 6 期
王宏璎：论轻微刑事案件诉讼程序之适用	甘肃政法学院学报	2019 年第 1 期
张威：论监察体制改革中证据能力适用的三个层面	甘肃政法学院学报	2019 年第 2 期
洪浩、朱良：论监察委留置权：权力属性、运行原则及程序衔接	甘肃政法学院学报	2019 年第 2 期
马家曦：执行内容确定之程序展开——以"执行依据"不明的解释及应对为中心	甘肃政法学院学报	2019 年第 3 期
张晋邦：检察机关一般法律监督权：规范内涵、宪制机理与调整方向——兼论检察院组织法原第 5 条的修改	甘肃政法学院学报	2019 年第 4 期
陈书全、邓宇冠：检察权的构建及论证	甘肃政法学院学报	2019 年第 4 期
陈晓彤：重复起诉识别标准的统一与分立——诉讼系属中与裁判生效后重复起诉的"同异之辨"	甘肃政法学院学报	2019 年第 5 期
范卫国：重复起诉规则中"裁判结果"的理论诠释与实践路径	甘肃政法学院学报	2019 年第 5 期
罗维鹏：刑事缺席审判中被追诉人权利的程序性救济：模式选择与规则完善——以 2018 年《刑事诉讼法》为视角	甘肃政法学院学报	2019 年第 5 期
孟凡骞：侦查讯问程序违法的法律规制	甘肃政法学院学报	2019 年第 5 期
段厚省：重复诉讼判断标准检讨——以法释（2015）5 号第 247 条为分析对象	甘肃政法学院学报	2019 年第 5 期
蒋玮：诉讼抵销中重复起诉之判断及程序应对	甘肃政法学院学报	2019 年第 5 期

续表

作者、论文题目	期刊名称	期刊期次
刘超：环境行政公益诉讼的绩效检视与规则剖释——以 2018 年第 140 份环境行政公益诉讼判决书为研究样本	甘肃政法学院学报	2019 年第 6 期
冯铁拴：国家监察立法体系化论析	西南政法大学学报	2019 年第 1 期
陈真楠：侦讯强制性的适度削弱机制研究	西南政法大学学报	2019 年第 1 期
周浩仁：行政诉讼变更判决的规范分析	西南政法大学学报	2019 年第 2 期
原立荣、刘铃悦：司法责任制背景下捕诉合一的合理根据及完善	西南政法大学学报	2019 年第 2 期
白云锋：论行政诉讼原告资格的审慎审查义务——基于行政协议第三人诉讼的省思	西南政法大学学报	2019 年第 3 期
李弥：基层法院编制内法官助理制度的困境与对策	西南政法大学学报	2019 年第 3 期
陈小炜、吴高飞：监察体制改革背景下自行补充侦查和退回补充调查关系论纲	西南政法大学学报	2019 年第 3 期
夏纪森：未成年犯罪嫌疑人的权益保障研究——从附条件不起诉的考察帮教机制切入	西南政法大学学报	2019 年第 4 期
李杰、许雪凤：人权保障视野下刑事制定法与刑事习惯法的"互养式互动"模式	西南政法大学学报	2019 年第 5 期
林偶之：日本二审法院如何审查裁判员认定的事实——以日本最高法院 2012 年第 2 月 13 日判决为例	西南政法大学学报	2019 年第 5 期
叶必丰等：以司法丈量法治中国之进度——法治政府司法指数报告	中国法律评论	2019 年第 1 期
顾永忠：2018 年刑事诉讼法再修改对律师辩护的影响	中国法律评论	2019 年第 1 期
于安：守护城市发展的法治底线——评李波、张平诉山东省惠民县政府案裁定	中国法律评论	2019 年第 2 期

作者、论文题目	期刊名称	期刊期次
马怀德：行政诉讼法的时代价值——行政诉讼三十年：回首与前行	中国法律评论	2019 年第 2 期
王周户：社会关注对推动法治建设进程具有重要作用——麻某诉公安局行政行为违法及赔偿纠纷案点评	中国法律评论	2019 年第 2 期
王敬波：贤成大厦案：中国行政诉讼的活化石	中国法律评论	2019 年第 2 期
刘艺：环境正义的司法治理路径探索——六枝特区人民检察院环境行政公益诉讼案评析	中国法律评论	2019 年第 2 期
江必新：行政诉讼三十年发展之剪影——从最高人民法院亲历者的角度	中国法律评论	2019 年第 2 期
杨伟东：公益性组织在行政法上地位的发展——中华环保联合会案的贡献和意义	中国法律评论	2019 年第 2 期
杨建顺：完善标准和证据制度、以正当程序确保权利救济实效性——张先著公务员录取资格案评析	中国法律评论	2019 年第 2 期
应松年：回顾制定行政诉讼法时讨论的主要问题	中国法律评论	2019 年第 2 期
张相军："两高"共同发挥监督作用推进维护劳动者合法权益法治进程——评刘自荣工伤认定纠纷抗诉案	中国法律评论	2019 年第 2 期
陈瑞华：从经验到理论的法学研究方法	中国法律评论	2019 年第 2 期
姜明安：为行政审判"参照规章"确立规则——评任建国不服劳动教养复查决定案	中国法律评论	2019 年第 2 期
董皞：涉境外行政诉讼第一案——台湾"光大二号"行政处罚案点评	中国法律评论	2019 年第 2 期
程琥：改革开放视域下行政审判创新发展	中国法律评论	2019 年第 2 期
童卫东：关于行政诉讼法修改时的几个争议问题	中国法律评论	2019 年第 2 期

续表

作者、论文题目	期刊名称	期刊期次
湛中乐：司法对高校管理行为的审查——田永诉北京科技大学案评析	中国法律评论	2019 年第 2 期
王莘子：国家秘密确定行为司法审查问题研究	中国法律评论	2019 年第 3 期
高鸿：行政程序重开的条件、处理及司法审查	中国法律评论	2019 年第 3 期
刘静坤：冤假错案的司法治理：政策、风险与防范	中国法律评论	2019 年第 4 期
陈光中：司法不公成因的科学探究	中国法律评论	2019 年第 4 期
梁平：司法改革语境下知识产权法院的设立与运行机制研究	知识产权	2019 年第 2 期
张爱国：评技术调查意见的不公开——以民事诉讼法的基本原理为视角	知识产权	2019 年第 6 期
卞建林：刑事诉讼法再修改面面观	法治研究	2019 年第 1 期
朱孝清：修改后刑诉法与监察法的衔接	法治研究	2019 年第 1 期
张树壮、周宏强、陈龙：我国酌定不起诉制度的运行考量及改良路径——以刑事诉讼法修改后 S 省酌定不起诉案件为视角	法治研究	2019 年第 1 期
顾永忠：公职人员职务犯罪追诉程序的重大变革、创新与完善——以《监察法》和《刑事诉讼法》的有关规定为背景	法治研究	2019 年第 1 期
郭华：我国检察机关侦查权调整及其互涉案件程序的探讨	法治研究	2019 年第 1 期
黄学贤、刘益洧：权力清单法律属性探究——基于 437 份裁判文书的实证分析	法治研究	2019 年第 1 期
韩旭：2018 年刑诉法中认罪认罚从宽制度	法治研究	2019 年第 1 期
颜运秋：生态环境公益诉讼的司法模式与司法组织探讨	法治研究	2019 年第 1 期
王敏远：刑事诉讼法修改重点问题探讨	法治研究	2019 年第 2 期

续表

作者、论文题目	期刊名称	期刊期次
张兆松：贪贿高官量刑规范化研究——基于2013 年—2017 年省部级以上高官刑事判决的分析	法治研究	2019 年第 2 期
黄涧秋：征地补偿安置争议解决机制的体系化阐释——以多阶段行政行为为中心	法治研究	2019 年第 2 期
曾粤兴、孙本雄：当代中国毒品犯罪刑事政策的检讨与修正	法治研究	2019 年第 2 期
王祺国：论确立整体检察监督观	法治研究	2019 年第 3 期
徐汉明、邵登辉：新时代枫桥经验的历史地位与时代价值	法治研究	2019 年第 3 期
高德清：检察公益诉讼若干程序问题研究	法治研究	2019 年第 3 期
刘宪权、张俊英：人工智能时代机器人异化与刑事责任	法治研究	2019 年第 4 期
刘练军："红"与"专"：法官职业认知的理念与规范叙事	法治研究	2019 年第 5 期
张瑞：法官助理的身份困境及其克服	法治研究	2019 年第 5 期
韩旭、徐冉：庭审实质化背景下证人保护制度实施问题研究	法治研究	2019 年第 6 期

2019 年诉讼法学著作统计

学科类别	作者、著作名称	出版社	出版日期
刑事诉讼	王广聪：变迁时代的福利司法：未成年人刑事审前程序的完善	法律出版社	2019 年 1 月
刑事诉讼	孙茂利：新刑事诉讼法释义与公安实务指南	中国人民公安大学出版社	2019 年 1 月

续表

学科类别	作者、著作名称	出版社	出版日期
刑事诉讼	陈卫东：2018刑事诉讼法修改条文理解与适用	中国法制出版社	2019年1月
刑事诉讼	陈亮：攻防之道：刑事诉讼控辩攻略与技巧	法律出版社	2019年4月
刑事诉讼	戴长林：非法证据排除规定和规程：理解与适用	法律出版社	2019年1月
刑事诉讼	马永平：刑事程序性法律后果研究	法律出版社	2019年2月
刑事诉讼	王爱立、雷建斌：刑事诉讼法立法精解	中国检察出版社	2019年3月
刑事诉讼	李扬：未成年被告人诉讼权益保障及辩护实务	法律出版社	2019年2月
刑事诉讼	宋英辉、刘广三：刑事诉讼法与证据适用	中国检察出版社	2019年3月
刑事诉讼	秋山贤三：法官因何错判	法律出版社	2019年2月
民事诉讼	徐德臣：民事诉讼程序性制裁机制研究	中国政法大学出版社	2019年2月
刑事诉讼	韩正武：辩护权的基本权利之维	法律出版社	2019年2月
刑事诉讼	卞建林：诉讼法学理论新苑（第一卷）	中国人民公安大学出版社	2019年3月
行政诉讼	关保英：行政法与行政诉讼法——理论实务案例	中国政法大学出版社	2019年1月
刑事诉讼	孙谦：刑事诉讼法案例解析	中国检察出版社	2019年3月
刑事诉讼	汪枫：刑事DNA证据的法理基础和应用价值	安徽师范大学出版社	2019年3月
司法制度	张鸿巍：美国检察制度研究	法律出版社	2019年3月
司法制度	罗晖：中国刑事预审制度研究	法律出版社	2019年3月
刑事诉讼	法律出版社法规中心：刑事诉讼常见法律问题及疑难解决法条速查与文书范本	法律出版社	2019年3月
刑事诉讼	童建明：刑事诉讼法修改决定的理解与适用	中国检察出版社	2019年3月

续表

学科类别	作者、著作名称	出版社	出版日期
行政诉讼	曾祥华：行政救济法论：第二届行政救济法论坛论文集	法律出版社	2019 年 3 月
行政诉讼	穆云红：行政诉讼制度研究	北京理工大学出版社	2019 年 3 月
刑事诉讼	朱晋峰：刑事诉讼中鉴定意见证据能力的程序性保障及审查	法律出版社	2019 年 4 月
行政诉讼	唐文：正当程序原则在中国：行政诉讼中原则裁判理论与实践	法律出版社	2019 年 3 月
刑事诉讼	薛火根：有效辩护新路径	法律出版社	2019 年 4 月
行政诉讼	阎巍：行政诉讼证据规则：原理与规范	法律出版社	2019 年 3 月
刑事诉讼	卞建林：改革开放 40 年法律制度变迁·刑事诉讼法卷	厦门大学出版社	2019 年 5 月
刑事诉讼	乔治·德·菲格雷多·迪亚士：刑事诉讼法	社会科学文献出版社	2019 年 4 月
行政诉讼	刘平：行政救济的法理思辨	学林出版社	2019 年 5 月
行政诉讼	陈凯：司法行政典型案例评析	浙江工商大学出版社	2019 年 5 月
刑事诉讼	福建省人民检察院：刑事抗诉成功 56 例抗点精讲	中国检察出版社	2019 年 5 月
行政诉讼	李广宇：司法的温度与界限：行政裁判文书自选集	法律出版社	2019 年 6 月
民事诉讼	张雪楳：诉讼时效审判实务与疑难问题解析：以《民法总则》诉讼时效制度及司法解释为核心	人民法院出版社	2019 年 6 月
民事诉讼	郑涛：民事诉讼禁止重复起诉研究	社会科学文献出版社	2019 年 6 月
刑事诉讼	熊红文：优秀公诉人是怎样炼成的——从公诉技巧到公诉理念（修订版）	中国检察出版社	2019 年 6 月
行政诉讼	王箭、王宇焘：法治的技术：行政诉讼镜鉴	中国法制出版社	2019 年 7 月

续表

学科类别	作者、著作名称	出版社	出版日期
民事诉讼	邱庭彪：澳门民事诉讼法概论：宣告之诉	社会科学文献出版社	2019 年 6 月
刑事诉讼	张本才：检察实务前沿问题研究（七）	中国检察出版社	2019 年 7 月
刑事诉讼	张本才：法律监督热点问题研究（七）	中国检察出版社	2019 年 7 月
司法制度	张彩旗：司法体制改革研究	武汉大学出版社	2019 年 7 月
刑事诉讼	张智辉：刑事检察实务问题研究	中国检察出版社	2019 年 7 月
刑事诉讼	陈卫东等：羁押必要性审查制度的理论与实践	中国法制出版社	2019 年 6 月
行政诉讼	陈思融：行政诉讼补救判决研究	法律出版社	2019 年 7 月
行政诉讼	赵宝华：行政救济法律制度：实践与探究	法律出版社	2019 年 7 月
司法制度	高一飞：狱务公开基本原理（修订版）	中国检察出版社	2019 年 7 月
司法制度	郭超群：司法改革的基层视角——"娄星模式"的理论阐述与经验总结	中国法制出版社	2019 年 7 月
司法制度	蒋银华：新时代人权司法保障研究	社会科学文献出版社	2019 年 6 月
刑事诉讼	焦盛荣、李东亮：检察案例研究（第 3 辑）	中国政法大学出版社	2019 年 7 月
刑事诉讼	缪树权：中华人民共和国刑事诉讼法逐条解读与适用指引	中国法制出版社	2019 年 7 月
刑事诉讼	王贞会：涉罪未成年人司法处遇与权利保护研究	中国人民公安大学出版社	2019 年 8 月
行政诉讼	余凌云：行政法案例分析和研究方法	清华大学出版社	2019 年 8 月
司法制度	张永进：中外检察官办案责任制比较研究	中国人民公安大学出版社	2019 年 8 月
司法制度	黄俊华：南京国民政府检察制度研究（1927—1937）	人民出版社	2019 年 8 月
民事诉讼	韩波：民事诉讼判决生效后救济程序研究	商务印书馆	2019 年 8 月

续表

学科类别	作者、著作名称	出版社	出版日期
民事诉讼	韩艳：民事诉讼法原理与实务	中国政法大学出版社	2019 年 8 月
行政诉讼	蔡小雪：行政诉讼 30 年：亲历者的口述	法律出版社	2019 年 8 月
行政诉讼	王红建：高等教育行政纠纷裁判规则类型化研究	郑州大学出版社	2020 年 1 月
行政诉讼	何海波：行政法治奠基时：1989 年《行政诉讼法》史料荟萃	法律出版社	2019 年 9 月
刑事诉讼	张兆松、张曙：刑事诉讼法专题研究	浙江大学出版社	2019 年 7 月
行政诉讼	张晗：行政诉讼法律适用冲突研究	上海人民出版社	2019 年 9 月
刑事诉讼	陈晨：刑事法律援助：提供免费法律咨询的新举措	中国铁道出版社有限公司	2019 年 9 月
行政诉讼	章志远：社会转型与行政诉讼制度的新发展	北京大学出版社	2019 年 9 月
司法制度	梁展欣：司法现代化的探索	人民法院出版社	2019 年 8 月
刑事诉讼	葛晓娟：大韩民国刑法与刑事诉讼法	中国人民公安大学出版社	2019 年 9 月
司法制度	支振锋、叶子豪：中国司法公开新媒体应用研究报告	中国社会科学出版社	2019 年 10 月
司法制度	孙佑海：我国司法改革回顾与展望	中国法制出版社	2019 年 10 月
刑事诉讼	李卫红：刑事和解的精神	社会科学文献出版社	2019 年 8 月
司法制度	周登谅：中国传统司法的深层规则	中国政法大学出版社	2019 年 11 月
行政诉讼	黄学贤、杨红：行政法学热点问题探讨	当代世界出版社	2019 年 10 月
刑事诉讼	薛晓蔚：刑事诉讼制约论	法律出版社	2019 年 10 月
刑事诉讼	万春：检察办案思路与观点集成（第一辑）	中国检察出版社	2019 年 10 月
行政诉讼	江必新等：行政诉讼法比较研究	中国法制出版社	2019 年 10 月
司法制度	江国华：中国特色社会主义司法制度研究（对策篇）	科学出版社	2019 年 11 月

续表

学科类别	作者、著作名称	出版社	出版日期
司法制度	江国华：中国特色社会主义司法制度研究（实证篇）	科学出版社	2019 年 11 月
司法制度	李拥军：司法的普遍原理与中国经验	北京大学出版社	2019 年 11 月
行政诉讼	罗智敏：行政法案例研习（第一辑）	中国政法大学出版社	2019 年 11 月
行政诉讼	蔡小雪：行政行为的合法性审查	中国民主法制出版社	2019 年 11 月
行政诉讼	王才亮：行政诉讼实务谈	红旗出版社	2019 年 1 月
行政诉讼	王红建：从典型案例看行政机关在行政诉讼中败诉风险的防范	法律出版社	2019 年 12 月
行政诉讼	向忠诚、邓辉辉：行政诉讼撤诉制度研究报告	中国政法大学出版社	2019 年 8 月
行政诉讼	黄雪娇：我国多元行政纠纷解决机制研究	郑州大学出版社	2019 年 12 月
行政诉讼	梁君瑜：行政诉权研究	中国社会科学出版社	2019 年 10 月

2019 年诉讼法学教材统计

学科类别	主编、教材名称	出版社	出版日期
刑事诉讼	何家弘、刘品新：证据法学	法律出版社	2019 年 3 月
刑事诉讼	宋英辉、甄贞：刑事诉讼法学	中国人民大学出版社	2019 年 3 月
刑事诉讼	洪浩：刑事诉讼法学	武汉大学出版社	2019 年 8 月
刑事诉讼	程荣斌、王新清：刑事诉讼法	中国人民大学出版社	2019 年 8 月
行政诉讼	孙利：行政法与行政诉讼法	对外经贸大学出版社	2019 年 3 月
行政诉讼	沈福俊、邹荣：行政法与行政诉讼法学	北京大学出版社	2019 年 2 月
行政诉讼	叶必丰：行政法与行政诉讼法	中国人民大学出版社	2019 年 8 月
行政诉讼	姬亚平：行政诉讼法学	中国政法大学出版社	2019 年 8 月
行政诉讼	欧元军：行政诉讼法教程	中国政法大学出版社	2019 年 8 月

续表

学科类别	主编、教材名称	出版社	出版日期
行政诉讼	马怀德：行政诉讼法学	北京大学出版社	2019 年 10 月
刑事诉讼	陈光中：证据法学	法律出版社	2019 年 3 月
刑事诉讼	卞建林、谭世贵：证据法学	中国政法大学出版社	2019 年 8 月

2019 年诉讼法学项目统计

学科类别	负责人、项目名称	项目类型
行政诉讼	刘飞：行政诉讼类型制度的构建研究	2019 年国家社科基金重大项目
刑事诉讼	孙长永：认罪认罚从宽制度实施问题研究	2019 年国家社科基金重大项目
民事诉讼	刘贵祥：民事强制执行立法研究	2019 年国家社科基金重点项目
民事诉讼	徐伟功：我国涉外民事审判中法官自由裁量权实证研究	2019 年国家社科基金重点项目
民事诉讼	常廷彬：失信被执行人惩戒机制研究	2019 年国家社科基金一般项目
民事诉讼	陈杭平：民事判决效力体系性研究	2019 年国家社科基金一般项目
刑事诉讼	崔凯：刑事诉讼法典中实体法因素研究	2019 年国家社科基金一般项目
刑事诉讼	邓立军：正当法律程序视野下的监察调查措施研究	2019 年国家社科基金一般项目
刑事诉讼	董坤：立法规范下监察与司法的衔接机制研究	2019 年国家社科基金一般项目
行政诉讼	傅贤国：我国消费民事公益诉讼司法规则研究	2019 年国家社科基金一般项目
司法制度	高志宏：公共利益的立法表达与司法考量研究	2019 年国家社科基金一般项目
民事诉讼	胡宜奎：我国股东直接诉讼体系建构研究	2019 年国家社科基金一般项目

续表

学科类别	负责人、项目名称	项目类型
刑事诉讼	胡宇清：大数据时代刑案事实认定的经验法则适用规则研究	2019 年国家社科基金一般项目
刑事诉讼	黄士元：认罪认罚从宽制度下的刑事错案预防研究	2019 年国家社科基金一般项目
民事诉讼	黄忠顺：诉讼实施权配置视阈下的惩罚性赔偿消费公益诉讼研究	2019 年国家社科基金一般项目
民事诉讼	江保国：粤港澳大湾区商事纠纷解决合作机制研究	2019 年国家社科基金一般项目
民事诉讼	蒋玮：实体与程序交错视阈下诉讼系属规则本土化研究	2019 年国家社科基金一般项目
刑事诉讼	李倩：现代法治视野下侦查行为的起点问题和法律边界研究	2019 年国家社科基金一般项目
民事诉讼	刘加良：检察民事公益诉讼的基本法理与有效运行研究	2019 年国家社科基金一般项目
刑事诉讼	刘梅湘：监控类技术侦查证据运用研究	2019 年国家社科基金一般项目
刑事诉讼	娄义鹏：刑事法一体化背景下的轻罪诉讼体系构建研究	2019 年国家社科基金一般项目
刑事诉讼	莫湘益：刑事再审与审级制度衔接研究	2019 年国家社科基金一般项目
刑事诉讼	欧卫安：刑事被告人答辩问题研究	2019 年国家社科基金一般项目
刑事诉讼	潘金贵：刑事案件事实认定中的经验法则研究	2019 年国家社科基金一般项目
刑事诉讼	彭海青：中国特色军地刑事诉讼法治融合研究	2019 年国家社科基金一般项目
民事诉讼	史玉成：生态恢复性司法的实证考察与制度完善研究	2019 年国家社科基金一般项目
民事诉讼	史长青：重复诉讼识别中的利益衡量研究	2019 年国家社科基金一般项目

续表

学科类别	负责人、项目名称	项目类型
民事诉讼	王国柱：作品独创性的司法裁判逻辑研究	2019 年国家社科基金一般项目
行政诉讼	王红建：行政指导性案例实证研究	2019 年国家社科基金一般项目
司法制度	王玉：法治语境中的司法审判与公民参与良性互动机制研究	2019 年国家社科基金一般项目
民事诉讼	翁杰：涉外民事法律适用释法说理问题研究	2019 年国家社科基金一般项目
刑事诉讼	吴洪淇：科学证据错误的生成与防范机制研究	2019 年国家社科基金一般项目
行政诉讼	吴欢：民国初期平政院裁决实践中的行政法理研究	2019 年国家社科基金一般项目
民事诉讼	夏小雄：公司双重股权结构司法审查标准研究	2019 年国家社科基金一般项目
民事诉讼	熊跃敏：民事诉讼庭前会议制度研究	2019 年国家社科基金一般项目
民事诉讼	杨晋玲：民法典婚姻家庭编与民事诉讼法对接问题研究	2019 年国家社科基金一般项目
刑事诉讼	杨文革：正当防卫的证明问题研究	2019 年国家社科基金一般项目
民事诉讼	袁中华：请求权视角下民事诉讼法与民法典问题对接研究	2019 年国家社科基金一般项目
刑事诉讼	张云鹏：刑事案件事实认定中的经验法则研究	2019 年国家社科基金一般项目
民事诉讼	赵秀举：执行异议之诉的实体权利基础及原理研究	2019 年国家社科基金一般项目
民事诉讼	赵言荣：影响我国法官裁判方法选用的因素及制度、程度规制研究	2019 年国家社科基金一般项目
民事诉讼	朱晓喆：优化营商环境视野下的新型担保司法裁判研究	2019 年国家社科基金一般项目
刑事诉讼	邓矜婷：监察法实施中的证据问题研究	2019 年国家社科基金青年项目

续表

学科类别	负责人、项目名称	项目类型
刑事诉讼	高通：监察程序与刑事诉讼程序衔接中的证据双向转化使用研究	2019 年国家社科基金青年项目
刑事诉讼	巩寒冰：刑事案件事实认定的推论基础与解释性结构研究	2019 年国家社科基金青年项目
刑事诉讼	郭晶：国际追逃中的刑事缺席审判制度研究	2019 年国家社科基金青年项目
民事诉讼	金印：民事实体法与程序法相互作用研究	2019 年国家社科基金青年项目
刑事诉讼	李本灿：全球性合规风险背景下刑事合规制度建构的方法及其边界研究	2019 年国家社科基金青年项目
刑事诉讼	刘婧：司法改革背景下的律师能力评价实证研究	2019 年国家社科基金青年项目
刑事诉讼	裴炜：刑事跨境数据取证法律问题研究	2019 年国家社科基金青年项目
民事诉讼	史明洲：民事诉讼视野下的"执行并破产"研究	2019 年国家社科基金青年项目
刑事诉讼	宋维彬：辅助证据的证据规则研究	2019 年国家社科基金青年项目
行政诉讼	张亮：基于行政裁判数据的法治政府差距研究	2019 年国家社科基金青年项目
民事诉讼	赵清：实体性诉讼行为研究	2019 年国家社科基金青年项目
刑事诉讼	郑曦：个人信息保护视域下的刑事诉讼领域被遗忘权研究	2019 年国家社科基金青年项目
行政诉讼	张青波：行政协议案件司法审查研究	2019 年国家社科基金后期资助一般项目
行政诉讼	冯之东：中国行政调解制度研究	2019 年国家社科基金后期资助一般项目
民事诉讼	郝晶晶：家事审判改革背景下婚姻诉讼程序研究	2019 年国家社科基金后期资助一般项目

续表

学科类别	负责人、项目名称	项目类型
民事诉讼	余彦：中国公益诉讼法典化研究	2019 年国家社科基金后期资助一般项目
刑事诉讼	陈实：刑事司法人工智能的规制研究	2019 年教育部人文社会科学研究规划基金项目
刑事诉讼	陈晓辉：监察权、警察权与检察权的结构之维研究	2019 年教育部人文社会科学研究规划基金项目
刑事诉讼	姜起民：中国监察权与检察权的应然关系研究	2019 年教育部人文社会科学研究规划基金项目
行政诉讼	李大勇：行政诉讼视域下的司法批复研究	2019 年教育部人文社会科学研究规划基金项目
刑事诉讼	吕泽华：量刑证明庭审实质化问题研究	2019 年教育部人文社会科学研究规划基金项目
民事诉讼	宋汉林：中国民事执行制度史研究	2019 年教育部人文社会科学研究规划基金项目
刑事诉讼	袁丽：司法鉴定标准化统一问题及解决路径研究	2019 年教育部人文社会科学研究规划基金项目
行政诉讼	章志远：行政诉权分层保障机制优化研究	2019 年教育部人文社会科学研究规划基金项目
刑事诉讼	赵珊珊：刑事诉讼中儿童证人研究	2019 年教育部人文社会科学研究规划基金项目
民事诉讼	杜志红：继承权制度体系化构建研究——以"同案异判"问题为切入点	2019 年教育部人文社会科学研究青年基金项目
民事诉讼	李凌：庭审中心视角下的事实主张阶段化审查模式研究	2019 年教育部人文社会科学研究青年基金项目
刑事诉讼	李小恺：刑事证据信息化管理的理论与方法研究	2019 年教育部人文社会科学研究青年基金项目
民事诉讼	梁春艳：生态环境损害赔偿与环境公益诉讼的衔接机制研究	2019 年教育部人文社会科学研究青年基金项目

学科类别	负责人、项目名称	项目类型
民事诉讼	刘东：民事第三人权利救济体系研究	2019 年教育部人文社会科学研究青年基金项目
刑事诉讼	向燕：未成年刑事被害人司法保护制度研究	2019 年教育部人文社会科学研究青年基金项目
民事诉讼	曹云吉：人民法院民事立审执工作协调运行实践与理论研究	2019 年司法部国家法治与法学理论研究项目中青年课题
刑事诉讼	黄泽敏：法律人工智能的案件事实论证模型研究	2019 年司法部国家法治与法学理论研究项目中青年课题
行政诉讼	蒋成旭：行政诉权处分的基础理论研究	2019 年司法部国家法治与法学理论研究项目中青年课题
民事诉讼	刘颖：民事强制执行立法背景下的执行程序启动规范化研究	2019 年司法部国家法治与法学理论研究项目中青年课题
刑事诉讼	吕玉赞：裁判文书释法说理的论证建模研究	2019 年司法部国家法治与法学理论研究项目中青年课题
民事诉讼	欧元捷：民事纠纷解决新形势下的无庭审判研究	2019 年司法部国家法治与法学理论研究项目中青年课题
刑事诉讼	王一超：国际刑事司法合作视野下的缺席审判程序研究	2019 年司法部国家法治与法学理论研究项目中青年课题
民事诉讼	朱腾飞：强制执行立法视野下的动产交付执行问题研究	2019 年司法部国家法治与法学理论研究项目中青年课题
刑事诉讼	周赟：基于裁判逻辑的司法评鉴制度构建研究	2019 年司法部国家法治与法学理论研究项目重点课题
民事诉讼	曹明德：生态环境损害赔偿诉讼与环境公益诉讼关系研究	2019 年司法部国家法治与法学理论研究项目一般课题
行政诉讼	高秦伟：行政复议制度改革研究	2019 年司法部国家法治与法学理论研究项目一般课题
民事诉讼	贾玉平：快件损失赔偿审判实务问题研究	2019 年司法部国家法治与法学理论研究项目一般课题

学科类别	负责人、项目名称	项目类型
民事诉讼	马登科：环境公益诉讼判决对私益诉讼效力结构研究	2019 年司法部国家法治与法学理论研究项目一般课题
刑事诉讼	马贵翔：证据链规则研究	2019 年司法部国家法治与法学理论研究项目一般课题
行政诉讼	王红建：行政协议司法审查研究	2019 年司法部国家法治与法学理论研究项目一般课题
民事诉讼	王丽美：民法典时代善意取得制度的司法续造	2019 年司法部国家法治与法学理论研究项目一般课题
民事诉讼	杨奕：夫妻共同债务认定与清偿研究——以确立涉夫妻债务纠纷案件类案索引与类案规则为目标	2019 年司法部国家法治与法学理论研究项目一般课题
刑事诉讼	詹建红：刑事案件律师辩护全覆盖的实现模式研究	2019 年司法部国家法治与法学理论研究项目一般课题
行政诉讼	张青波：公私合作协议司法审查研究	2019 年司法部国家法治与法学理论研究项目一般课题
民事诉讼	黄旭东：粤港澳大湾区民商事纠纷解决机制研究	2019 年司法部国家法治与法学理论研究项目专项任务课题
刑事诉讼	刘春玲：性骚扰认定中的证明责任问题研究	2019 年司法部国家法治与法学理论研究项目专项任务课题
民事诉讼	孙晨曦：民事裁判的思维与方法研究	2019 年司法部国家法治与法学理论研究项目专项任务课题
刑事诉讼	安凤德、冉克平、许娟、孙道林：类案裁判规范化、标准化建设研究	2019 年最高人民法院司法研究重大课题
民事诉讼	万国营、袁荷刚、陈立如、祖鹏、洪英：深化多元化纠纷解决机制改革研究	2019 年最高人民法院司法研究重大课题
行政诉讼	戴军、黄锡生：行政案件繁简分流改革研究	2019 年最高人民法院司法研究重大课题
民事诉讼	郭伟清、王克玉：仲裁司法审查制度研究	2019 年最高人民法院司法研究重大课题

学科类别	负责人、项目名称	项目类型
行政诉讼	贺耀：行政案件繁简分流改革研究	2019 年最高人民法院司法研究重大课题
民事诉讼	王麟：农村承包地"三权"分置背景下相关纠纷法律适用及审判执行工作机制研究	2019 年最高人民法院司法研究重大课题
民事诉讼	刘俊、刘力、银温泉、高圣平、龚德家、王麟：农村承包地"三权"分置背景下相关纠纷法律适用及审判执行工作机制研究	2019 年最高人民法院司法研究重大课题
民事诉讼	周招社、朱福勇：仲裁司法审查制度研究	2019 年最高人民法院司法研究重大课题
民事诉讼	郝银钟、王轶：公益诉讼前沿问题研究	2019 年最高人民法院司法研究重大课题
民事诉讼	张亮：环境民事公益诉讼证明责任分配研究	2019 年最高人民检察院检察理论研究课题
民事诉讼	高文英：环境行政公益诉讼诉前程序研究	2019 年最高人民检察院检察理论研究课题
民事诉讼	刘华：检察机关公益诉讼调查程序立法研究	2019 年最高人民检察院检察理论研究课题
行政诉讼	刘泽鑫：环境保护行刑衔接立法研究	2019 年最高人民检察院检察理论研究课题
行政诉讼	罗青：行政公益诉讼诉前程序司法化研究	2019 年最高人民检察院检察理论研究课题
行政诉讼	秦海威：行政公益诉讼诉前程序司法化研究	2019 年最高人民检察院检察理论研究课题
民事诉讼	邵世星：引领司法理念语境下民事抗诉标准的实证研究	2019 年最高人民检察院检察理论研究课题
行政诉讼	沈淬、付玉明：涉土地行政非诉执行检察监督研究	2019 年最高人民检察院检察理论研究课题

学科类别	负责人、项目名称	项目类型
民事诉讼	滕艳军：民事裁判结果类案监督实证研究	2019 年最高人民检察院检察理论研究课题
行政诉讼	吴卫东：行政公益诉讼诉前程序司法化研究	2019 年最高人民检察院检察理论研究课题
行政诉讼	余敏：行政公益诉讼诉前程序司法化研究	2019 年最高人民检察院检察理论研究课题
行政诉讼	张相军：民营经济发展语境下行政诉讼检察监督研究	2019 年最高人民检察院检察理论研究课题
行政诉讼	朱全宝：行政公益诉讼诉前程序司法化研究	2019 年最高人民检察院检察理论研究课题
民事诉讼	王功杰：民事检察调查核实权研究	2019 年最高人民检察院检察应用理论研究课题
民事诉讼	李卫东：民事虚假诉讼监督研究	2019 年最高人民检察院检察应用理论研究课题
民事诉讼	朱斌：民事非诉执行活动检察监督困境及对策	2019 年最高人民检察院检察应用理论研究课题
民事诉讼	谭泽林：民事虚假诉讼监督研究	2019 年最高人民检察院检察应用理论研究课题
刑事诉讼	曾庆云：检察机关调查核实权研究	2019 年最高人民检察院检察应用理论研究课题
刑事诉讼	柴畅达：监察机关与检察机关办案衔接机制研究	2019 年最高人民检察院检察应用理论研究课题
刑事诉讼	陈复军：检察机关调查核实权研究	2019 年最高人民检察院检察应用理论研究课题
刑事诉讼	陈晓华：认罪认罚从宽制度适用问题研究	2019 年最高人民检察院检察应用理论研究课题
刑事诉讼	程相鹏：论人民检察院与监察委员会办案衔接机制之构建	2019 年最高人民检察院检察应用理论研究课题

学科类别	负责人、项目名称	项目类型
刑事诉讼	高保京：司法责任制改革背景下检察机关内部监督工作研究——以构建司法办案廉政风险防控责任为视角	2019 年最高人民检察院检察应用理论研究课题
民事诉讼	高树勇：生态环境领域刑事公诉与民事公益诉讼、行政公益诉讼、政府提起诉讼衔接问题研究	2019 年最高人民检察院检察应用理论研究课题
刑事诉讼	葛志军：监检衔接中的证据问题研究	2019 年最高人民检察院检察应用理论研究课题
刑事诉讼	胡胜友：认罪认罚案件量刑建议精确化研究	2019 年最高人民检察院检察应用理论研究课题
刑事诉讼	华东升：认罪认罚从宽制度适用问题研究	2019 年最高人民检察院检察应用理论研究课题
刑事诉讼	金石：检察调查核实权研究	2019 年最高人民检察院检察应用理论研究课题
刑事诉讼	乐绍光："捕诉一体"运行机制研究——以浙江实践为视角	2019 年最高人民检察院检察应用理论研究课题
刑事诉讼	李鹏飞：危险驾驶罪案件认罪认罚从宽制度适用问题研究	2019 年最高人民检察院检察应用理论研究课题
刑事诉讼	刘刚：认罪认罚从宽制度适用研究	2019 年最高人民检察院检察应用理论研究课题
刑事诉讼	刘娟：检察官诉前、诉中和诉后主导责任研究	2019 年最高人民检察院检察应用理论研究课题
刑事诉讼	马连龙：认罪认罚从宽制度背景下速裁案件上诉审查程序研究	2019 年最高人民检察院检察应用理论研究课题
刑事诉讼	欧秀珠：职务犯罪案件缺席审判制度研究	2019 年最高人民检察院检察应用理论研究课题
刑事诉讼	邱运龙：检察建议宣告机制的规范化构建	2019 年最高人民检察院检察应用理论研究课题

学科类别	负责人、项目名称	项目类型
刑事诉讼	沈迪满：认罪认罚从宽制度适用问题研究	2019 年最高人民检察院检察应用理论研究课题
刑事诉讼	沈威："捕诉一体"改革背景下审查逮捕期间辩护律师阅卷权研究	2019 年最高人民检察院检察应用理论研究课题
刑事诉讼	苏金基：职务犯罪案件缺席审判制度研究	2019 年最高人民检察院检察应用理论研究课题
刑事诉讼	孙长国：程序衔接+实体配合：监察机关与检察机关办案中沟通机制研究	2019 年最高人民检察院检察应用理论研究课题
刑事诉讼	王新峰：认罪认罚从宽适用研究	2019 年最高人民检察院检察应用理论研究课题
刑事诉讼	王新阳：监检职务犯罪调（侦）查办案衔接机制研究	2019 年最高人民检察院检察应用理论研究课题
刑事诉讼	韦九报：监察体制改革背景下检察机关法律监督职能新探索——以提前介入制度为切入点	2019 年最高人民检察院检察应用理论研究课题
刑事诉讼	熊国钦：检察调查核实权及其运行机制探析	2019 年最高人民检察院检察应用理论研究课题
行政诉讼	徐燕平：跨行政区划公益诉讼检察机制研究	2019 年最高人民检察院检察应用理论研究课题
刑事诉讼	叶燕培：检察建议的刚性效力及其保障机制研究	2019 年最高人民检察院检察应用理论研究课题
行政诉讼	俞静尧：行政非诉执行检察监督研究	2019 年最高人民检察院检察应用理论研究课题
刑事诉讼	张学军：认罪认罚从宽制度检察环节实践问题研究	2019 年最高人民检察院检察应用理论研究课题
刑事诉讼	郑立泉："捕诉一体"刑事办案运行机制实证研究	2019 年最高人民检察院检察应用理论研究课题
行政诉讼	朱小芹：跨行政区划公益诉讼检察机制研究	2019 年最高人民检察院检察应用理论研究课题

续表

学科类别	负责人、项目名称	项目类型
民事诉讼	包冰峰：检察机关公益诉讼调查程序立法研究	2019 年最高人民检察院检察应用理论研究课题
行政诉讼	丁霞敏：行政非诉执行检察监督研究	2019 年最高人民检察院检察应用理论研究课题
行政诉讼	孔宪府：行政非诉执行检察监督实务相关问题探析	2019 年最高人民检察院检察应用理论研究课题
行政诉讼	李强：行政非诉执行检察监督研究	2019 年最高人民检察院检察应用理论研究课题
行政诉讼	李晓红：检察机关提起公益诉讼参与湖泊污染防治研究	2019 年最高人民检察院检察应用理论研究课题
行政诉讼	刘凡：行政机关败诉案件调查研究——以 2000 余份生效行政裁判文书为样本	2019 年最高人民检察院检察应用理论研究课题
行政诉讼	刘权：民营经济发展语境下行政诉讼检察监督研究	2019 年最高人民检察院检察应用理论研究课题
行政诉讼	宋春波：行政非诉执行检察监督的构建	2019 年最高人民检察院检察应用理论研究课题
行政诉讼	田力：行政非诉执行检察监督研究	2019 年最高人民检察院检察应用理论研究课题
行政诉讼	田效录：跨行政区划公益诉讼检察机制研究	2019 年最高人民检察院检察应用理论研究课题
行政诉讼	同振魁：生态环境领域公益诉讼类型选择及衔接研究	2019 年最高人民检察院检察应用理论研究课题
行政诉讼	王岩：未检民事行政诉讼工作的发展研究	2019 年最高人民检察院检察应用理论研究课题
行政诉讼	夏晓鹏：行政非诉执行检察监督研究	2019 年最高人民检察院检察应用理论研究课题
行政诉讼	杨淑雅：行政公益诉讼诉前程序司法化研究	2019 年最高人民检察院检察应用理论研究课题

续表

学科类别	负责人、项目名称	项目类型
民事诉讼	敖希颖：互联网金融司法案例研究	最高人民法院 2018—2019 年司法案例研究课题
民事诉讼	陈明：稳妥处置"僵尸企业"司法案例研究	最高人民法院 2018—2019 年司法案例研究课题
民事诉讼	管晓峰：证券纠纷类别化研究及司法策略分析	最高人民法院 2018—2019 年司法案例研究课题
民事诉讼	黄祥青、席建林：加强产权保护改善营商环境司法案例研究	最高人民法院 2018—2019 年司法案例研究课题
民事诉讼	马强、苏号朋：违约金法律适用司法案例研究	最高人民法院 2018—2019 年司法案例研究课题
民事诉讼	王锐：防范化解金融风险司法案例研究	最高人民法院 2018—2019 年司法案例研究课题
行政诉讼	王云霞：涉及 P2P 网络借贷平台案件法律问题研究	最高人民法院 2018—2019 年司法案例研究课题
民事诉讼	张学群、郭洁：服务乡村振兴背景下村民委员会借贷合同纠纷司法问题与对策研究	最高人民法院 2018—2019 年司法案例研究课题
行政诉讼	邓可祝：环境公益诉讼中检察权的限度研究	2019 年中国法学会部级法学研究自选课题
行政诉讼	何源：德国联邦行政法院典型判例研究：行政决定篇	2019 年中国法学会部级法学研究自选课题
民事诉讼	李文志：民事裁判文书说理性研究	2019 年中国法学会部级法学研究自选课题
民事诉讼	章晶：美国民事诉讼中的长臂管辖权制度的比较法研究	2019 年中国法学会部级法学研究自选课题
民事诉讼	王慧：民事执行法典化背景下不作为执行制度研究	2019 年中国法学会部级法学研究自选课题
民事诉讼	滕艳军：民事诉讼监督标准实证研究	2019 年中国法学会部级法学研究自选课题

续表

学科类别	负责人、项目名称	项目类型
民事诉讼	曹建军：中国特色社会主义法治体系下检察公益调查核实权的强制属性研究	2019 年中国法学会部级法学研究自选课题
刑事诉讼	张泽涛：刑事诉讼数据安全立法研究	2019 年中国法学会部级法学研究一般课题
民事诉讼	李林启：实现担保物权非讼程序研究	2019 年中国法学会后期资助项目
刑事诉讼	马天博：司法责任制改革背景下检察决策模式的现状及完善	2019 年北京市法学会市级法学研究课题
刑事诉讼	吴小军：扫黑除恶专项斗争涉案财产处置实证研究	2019 年北京市法学会市级法学研究课题